新世纪高等学校教材 | 历史学系列教材 | 北京高等教育精品教材

中国历史文选

（第2版）

Selected Readings of Chinese History

汝企和　主编　　张　升　副主编

北京师范大学出版集团
BEIJING NORMAL UNIVERSITY PUBLISHING GROUP
北京师范大学出版社

图书在版编目（CIP）数据

中国历史文选/汝企和主编. —2版. —北京：北京师范大学出版社，2020.10

新世纪高等学校教材　历史学系列教材

ISBN 978-7-303-26192-5

Ⅰ.①中…　Ⅱ.①汝…　Ⅲ.①中国历史－古代史－史籍－高等学校－教材　Ⅳ.①K204

中国版本图书馆CIP数据核字（2020）第158177号

营销中心电话　010－58807651
北师大出版社高等教育分社微信公众号　新外大街拾玖号

ZHONGGUO LISHI WENXUAN

出版发行：北京师范大学出版社 www.bnup.com
北京市西城区新街口外大街12-3号
邮政编码：100088

印　　刷：北京虎彩文化传播有限公司
经　　销：全国新华书店
开　　本：730 mm ×980 mm　1/16
印　　张：31.25
字　　数：613千字
版　　次：2020年10月第1版
印　　次：2025年9月第2次印刷
定　　价：68.00元

策划编辑：刘东明　　　责任编辑：岳　蕾
美术编辑：李向昕　　　装帧设计：李向昕
责任校对：丁念慈　　　责任印制：马　洁

前 言

本部教材首次出版于1999年，迄今有二十余年。总体来说，这一教材最大的特色是以文字学、音韵学、训诂学(此三学古代合称“小学”)内容统领全书。这主要基于如下考虑：课程目的的要求，大学课程与中学课程质的区别，以往教学实践的启示，以及中学文言文课水平的不断提高。

对于“中国历史文选”的课程目的，学术界历来看法不一(这些歧异观点集中反映于两辑《中国历史文选教学研究》和已出版的各教材之中)。我们认为，这门课是历史系的语言工具课，并以此为出发点来设计这门课程的内容。无论学习何种语言，最基本因素皆为字词和语法，古汉语亦不例外。古汉语语法与现代汉语有着千丝万缕的联系，但许多古汉语语言现象却非语法所能涵盖，因此古汉语字词问题就显得更为突出。以往的教学实践充分表明：对于古汉语特有的语法规律，学生掌握起来比较容易，短时间内就能有较大提高，而字词方面若想有明显进步，则须长时间积累。语言大师王力先生曾在《古代汉语的学习和教学》中指出：“我们在研读古代汉语的时候……应该首先抓哪一方面呢？我想应该先抓词汇方面……语法方面固然很重要，但是由于语法是比较稳固的，古今差别不大，只消知道几个粗线条，再学习一些古代虚词，也就差不多了。至于词汇，它是变化比较快的……所以先抓词汇方面是对的。”

要掌握字词，不外乎从形、音、义三个方面下功夫。众所周知，对汉字的形、音、义，古人千百年来已做了极为深入的研究，其成果集中反映于文字学、音韵学、训诂学当中。这三项专门之学作为本科生课程，一向由中文系开设，历史系本科生迄今很少有开设这些课的。然而作为历史系的语言工具课，“中国历史文选”的教学适当引入“小学”的实用部分却完全必要。

“中国历史文选”与中学的文言文课紧密相连，作为大学课程，除在量的方面大大扩展外，与中学课程质的不同在于：大学除传授知识外，还要教给学生学习方法(用现在常讲的话说，即要提高学生的能力)。而“小学”的研究成果，恰为驾驭古汉语字词提供了最佳途径。学生掌握了这“三学”的实用部分，就可对每个汉字有非常深刻的理解，从而不但可准确把握每个字的各种含义，还可举一反三，即在离开教师之后仍能运用这些知识不断提高古汉语水平。正如刘家和先生指出的，这种方法给予学生的就不只是一杯水或一桶水，而是给了他们长流水的水源。刘先生的话，指出了“中国历史文选”的发展方向。

实践是检验真理的唯一标准。以往的实践表明，引入“小学”知识确为解决“文选”教学难点的有效手段。有不少同行在这方面已进行了宝贵的探索。例如，陈虹先生在《历史文选与古代汉语》一文中，以数则精彩例证，说明运用音韵学知识可使教学中的疑难迎刃而解。她在文中总结道：“音韵学这把钥匙，就是这样为同学们打开了众多的知识大门。”在1997年全国“中国历史文选”教学研讨会上提交的《历史系古代汉语教学之我见》一文中，她进一步总结出运用“小学”内容教学的方法，即文字学方面，第一是要讲透每个汉字部首的含义，第二是要讲清汉字字形在历史长河中的诸次演变；音韵学方面，形声字、多音字则同样可以利用来作为明白易懂的范例，等等。

孙绍华先生也在《历史文选教学中的辩证法》一文中指出：“学生自从掌握了钱大昕在声母上的新发现‘有舌头，无舌上，有重唇，无轻唇’之后，对大量类似‘匪’读‘彼’以及据此形成的通假关系，几乎是一点即通。”“由于平时在教学中，对于阅读古籍，强调要善识通假，运用古音韵知识解决疑难，引导学生从音韵角度切入，问题往往迎刃而解。”她还明确提出了要“从汉字的实际出发，充分发挥文字、音韵、训诂之学的功用”的观点。1997年的研讨会上，梅显懋先生亦在《浅谈启发式原则在中国历史文选教学中的运用》一文中指出：“当教师综合运用文字、音韵、训诂等知识来疏通文义时，学生往往表现出极大兴趣。”此外，论及在教学中运用“小学”知识的，还有刘启林先生的《中国历史文选教学法摭言》等文章。总之，以往的大量实践雄辩地证明：将“小学”知识引入课堂，不但完全可能，而且已取得非常好的效果。

本教材突出上述特色的尝试主要体现在如下四方面。

第一，知识介绍。我们将文字学、音韵学、训诂学中实用的内容深入浅出地摘编为短文，并精选历代名家关于小学的论述若干篇，附于短文之后。讲课时，将上述内容适当穿插于各篇课文之间进行讲解(其中较浅显易懂者则作为练习让学生翻译)。这样安排，首先是将“小学”知识摆在课本最突出的位置，以引起学生充分重视。而更为重要的是切实以这些知识贯穿全部教学始终，以使学生逐步加深理解，从而最终达到能独立运用这些知识来解决阅读中难题的目的。

第二，选篇。我们所选名篇，多出自先秦、两汉之作，如前四史、子书和大部分经书等，这些名篇恰为中国历史上被后世学者注释最多的篇章。例如，《周易》一书，几千年来对其诠释、研究之书竟达三千余种，在这方面古今中外没有哪一部著作可以与之相媲美，堪称世界之最。对其他名篇的注释也往往超过原文几倍、几十倍，这些注释是“小学”资料的渊薮，且具有一定的权威性。因此选这些篇章，非常便于教师展开讲授“小学”内容。

第三，注释。我们在新教材注释中也注意引入“小学”方法。例如，《尚书·牧誓》的第一句为“时甲子昧爽”，其中“昧”为“暗”，学生容易理解，而“爽”为“明”则不易懂。我们在注释中指出：“爽，会意字，像古代的窗棂，其空白处表示透进的光。”与仅仅注“爽”为“明”相比，这样注释显然可使学生对字义的理解深刻得多。又如，《文史通义·书教下》所引《易·系辞》的“(易)穷则变”一句，“穷”很容易被误解为“贫穷”。我们在注释中指出：“穷，身躬于穴，表示无出路之意。”这样从字形中分析字义，生动形象，可给学生留下深刻印象。

第四，实习系列。以往教科书中，仅有几部有练习题，罕有安排实习者。我们于 1994 年设立文献实习室，故此次新编教材，首辟实习系列。该系列前两单元为实习如何使用工具书，后几单元则是实习如何从文字学、音韵学、训诂学的角度剖析与理解汉字。

我认为，大学生在四年内能学会使用多少种工具书，是其学术水平高下的主要标志之一。多掌握一种工具书，其自学能力便增长一分，这对古汉语学习尤为重要。要想真正掌握“小学”知识，有些工具书(如《辞源》《说文解字》《古文字类编》等)必须学会使用。以前课上我们也向学生介绍工具书，但由于没有教师指导下的实习，对于一些较复杂的工具书，学生课上似乎学会了，但课后仍不会查。近年来我们在实习室内带领学生查找工具书，对于查找过程中出现的问题，教师当堂给予指导和解决，这样学生很快便可掌握了。

文字学、音韵学、训诂学本身即为实践性较强的学科，白兆麟先生曾指出：“显然，综合性和实用性是这门学科(指训诂学)的两大特征。”(见《简明训诂学》之“导论”)我们向学生介绍时，又偏重于其实用部分，因此要掌握这些内容，实习就显得格外重要。这次新编教材，我们制订出围绕“小学”知识的实习系列内容，并将其按文字学、音韵学、训诂学的次序分别排列。

在选篇方面，这部教材也有一些与其他选本的不同之处。

第一，首次选入“小学”篇章(详见上文)。

第二，首次遍选四书五经。以往的二十多种教材，无一例外都选了经书，但对群经之首的《周易》却很少问津；选《论语》《孟子》者甚多，而选取《大学》《中庸》者却鲜有闻。这次我们不但选入《周易》，且全文选入《大学》和《中庸》，从而使本书成为遍选四书五经的第一种选本。

众所周知，自汉武帝独尊儒术以来，五经就成为历代选官取士的必考内容。两千年来中华大地上每一位知识分子，特别是管理者与各方面的杰出人物，无不自幼苦读经书，对其内容烂熟于胸。中国封建社会国家机器的各层管理者——从天子到大臣，直至县乡官吏，亦无不尊奉经书为其统治的最高指南。四书为南宋大理学家朱熹选定，其《四书章句集注》也成为后世知识分子必读之书。元皇庆二年(1313 年)十一月，元仁宗下诏定考试科目曰：“考试程式……《大学》《论语》《孟子》《中庸》内出题，并用朱氏《章句集注》……”(《元史》卷八十一《选举志》)自此以后考试皆在四书范围内出题，明清数百年间一仍此例。故四书对中国六百年封建社会后期的影响，亦为其他任何文献所无法相比。四书五经的思想，已融入千百年来的知识分子特别是国家各级管理者的血液之中，成为指导他们处理一切国政大事的最高原则。从这一事实得出的必然结论是：五经(后期包括四书)是对中国封建社会历史发展影响最为深远的文献，因此也应是我们编纂《中国历史文选》时应首先考虑选入的篇章。

“中国历史文选”课的早期开拓者一直在考虑如何使这门课更好地为学生学习历史服务，但其效果正如白寿彝先生所指出的：“最初是强调跟中国古代史相配合。做了一个时期，大家都感觉到这个办法行不通。文选的一篇文章，往往需讲上一两个星期，古代史的几百年过程有时一两个小时就可以讲完，这两门课说什么也配合不上。”我认为，选学四书五经，就是将《中国历史文选》与中国古代史真正配合的方法——这是一种高层次的配合，有了这种配合，才能对千百年来中国各级统治者共同尊奉的指导思想有较全面的了解，从而也才有可能对其间的社会变化取得更深层次的理解。

第三，首次选入佛经、道藏。随着改革开放的深入，我国史学界逐渐拓宽眼界，将研究触角深入社会各个领域和层面。我们这次编修，除注意选取竹简、诏令奏议、笔记文集、类书等篇章外(甲骨文、金文已成专门之学，故未选)，还特选佛经、道藏各一篇。

佛教自东汉传入华夏大地后，对两千年来的中国社会产生了极为深刻的影响，从最高统治者到庶民百姓，或多或少都要受到其直接、间接的影响(我认为，对反宗教者来讲，宗教同样对他们产生了很大影响，只是影响的性质不同而已)。道教是中国土生土长的宗教，中国古代的统治思想、伦理学乃至养生学等，无不带有其印迹，历史上以道教为旗号的大规模农民起义也为人所共知。人们常以儒、释、道三者并举，就说明在中国历史上，这三者皆起过不容忽视的重大作用。因此要想真正理解中国社会的发展变化，亦须对释、道有所了解。

近代以来，不少史学巨匠已将研究触角深入宗教领域。例如，陈垣先生曾撰写了《明季滇黔佛教考》《清初僧诤记》《中国佛教史籍概论》等佛教研究专著。他还撰写了《南宋初河北新道教考》一书，对道教亦有所探研。当代著名史学家何兹全先生、刘家和先生等也都对佛教有所研究，并撰写了重要论文。我们的《中国历史文选》不可能全面介绍释、道二教，然让学生了解佛经、道藏亦为重要史料，却十分必要。我们选入佛经、道藏，正是基于这种考虑。

第四，别具特色的白文选篇。与以往相比，本教材中的白文选篇有两个特点，一为所选之书皆与前面所注释之书不同，这样可使学生接触更多史籍，拓展其史学眼界；二为对习见史书，注意选取其最具特色的篇章。

本次修订，特增选子部文献两篇，即荀子的《天论》与韩非子的《五蠹》。子部文献中有许多是研究中国古代思想史不可或缺的珍贵史料，这两篇更是先秦思想史中的名篇，其中蕴含丰富的哲理，于今读之仍感受益匪浅，故增之。我们还对栏目体例进行了调整，以方便阅读学习，并对错讹之处作了订正。

编写这样一部涉及许多专门之学的教材，不当之处在所难免，诚望前辈、同人不吝赐教。

汝企和

2020 年 1 月

目　录

新注选篇·经部/39

“小学”基础知识

文字学常识

汉字的形体

所谓汉字的形体，就是指汉字的外形或体式。几千年来，汉字的形体发生了很大变化，大致可分为以下三个阶段：一是由商代的甲骨文，周代的金文、籀文和古文变为秦代的小篆；二是由秦代的小篆变为汉代的隶书；三是由汉代的隶书变为魏晋以后的楷书。汉字从甲骨文到小篆，可统称为古文字；隶书以后可统称为今文字。

甲骨文

这种文字因刻在龟甲、兽骨上而得名。又因这种文字主要用于占卜，所以也有人将其内容称为甲骨卜辞。甲骨文已摆脱了原始的孤立的象形符号，而形成了较完整的文字体系，这是因为：第一，甲骨文尽管有些字的象形成分很重，但它毕竟是一种文字符号了。作为文字，必须具备三个条件：稳定的字形、固定的读音和确切的字义。这些条件甲骨文都已具备了。第二，从造字方法上看，若暂且抛开转注不论，则其他五种造字方法，即象形、指事、会意、形声、假借，在甲骨文中皆已存在。第三，从数量上看，甲骨文的字数已相当可观。据《甲骨文编》(1965 年)统计，共 4672 字。而当时的实际数字显然要比这个数字大得多。

金　文

这种文字因主要是铸刻在钟鼎一类金属器皿上而得名，又叫钟鼎文或铜器铭文。迄今发现的铸有铭文的铜器已超过七千件，其中以西周时期的居多。

金文与甲骨文在形体上十分相似，从历史上讲，二者有直接的承袭关系。与甲骨文相比，金文形体的特点是笔画预粗、大小匀称，结构也日趋方整。

籀文　古文　小篆

籀文是春秋战国时期流行于秦国的一种文字，相传为周宣王时太史籀所造，故名。籀文就是通常所说的大篆，我们今天仍能从许慎的《说文解字》中见到籀文的字体。古文是战国时通行于东方六国的文字，这种文字出现于汉代时发现的一批古文献上，与当时的籀文形体不同，故而有人以为是仓颉所造、孔子所传，因此叫古文。《说文》中收录的古文约有五百字。

小篆是秦代文字。秦统一六国后，在省改籀文的基础上创小篆，同时废除六国文字，使汉字写法整齐划一。小篆又叫秦篆。《说文》曰："篆，引书也。"段玉裁注："引书者，引笔而著于竹帛也。"因此"篆"无非就是一种书写方式而已。

籀文、古文、小篆的形体特点是：籀文与金文很相似，字形结构繁迭，但形体工整匀称；古文与籀文比，结构要简化许多；小篆形体线条化，整个字形匀圆整齐。

隶书　楷书

隶书起源于秦代，通行于汉代，因最初为徒隶所用，故名。汉字由篆书变为隶书，此即常讲的"隶变"，这是汉字形体与结构上的一次极为重要的变革。隶书是古今文字的分水岭。

楷书是源于汉末而通行于魏晋以后的一种字体。"楷"是楷模之意。楷书实际是隶书的变体、简体。楷书和隶书的区别主要在于形体而不在于结构。与小篆相比，隶书的特点是变圆为方，构件笔画化，形体更加趋于约易；而楷书的形体特点是彻底摆脱了象形文字的束缚，构件彻底笔画化，横平竖直，结构也更加方整、简易。

几千年来，汉字发展的总趋势是由繁变简。虽然汉字的字体几经变化，但它却始终未改变方块字的表意性质。

汉字的构造——六书

"六书"是战国末年到汉代，人们分析汉字的构造和使用而归纳出来的六种条例。

对六书历来有几种不同的说法，最为流行也符合汉字实际的一种是"象形、指事、会意、形声、转注、假借"六种。

象形　指事　会意

象形字：指字形象实物之形或该物特征的字。

例如：日、月、火，在甲骨文中为：⊖、☽、山。

象形字比较直观地反映出一字最初的意义。

指事字：指本身是象征性符号或用象征性符号指出形体的某些部位、某个作用的字。

字本身即象征性符号的，如：一、二、三、四、五、六、七、八、九、十，在甲骨文中为：一、二、三、亖、㐅、∧、十、八、九、丨。

用象征性符号指出形体某个部位的，如：本、末，在金文中为木(指出树根的部位)、木(指出树梢的部位)。

会意字：指会合两个或两个以上独体字来表示一个意义的字。

例如：囚，在金文中为囚，会合"人""口"表示囚禁。

会意字可以帮助我们认识字的本来意义，如竄[窜]，从穴从鼠，因此其本义是用老鼠逃进洞穴中来表示"躲藏"之义，而"逃跑"则是后来的引申义。

上面所举只是这三种字最简单的例子，实际上还有许多变化，就不一一列举了。

象形、指事、会意这三种字既有区别，又有共同特点，即都是建立在象形的基础之上的：指事字的主体仍是象形字，会意字的组成部分也都是象形的独体字。三种字都没有表音的成分。

形声

形声字是指由表示字义类属部分与表明字音部分组成的字。其中表示字义类属的部分叫"形符"或"义符"，表明字音的部分叫"声符"或"音符"。

形符与声符的组成方式非常灵活，如：

左形右声：江、鞭、桃、论；

左声右形：鸠、和、颔、锦；

上形下声：花、室、篇、霄；

上声下形：召、想、架、盟；

外形内声：街、固、阁、裹；

外声内形：闻、辩、衡、闷。

还有的字声符只占一个角落，如“新”，从木从斤，“辛”声（省），所以“新”的本意是析木。可见形声字在造字时，形符和声符的位置非常灵活。

象形、指事、会意都是建立在象形的基础上，因此对许多词，如抽象概念等，无法予以记录。而形声字就突破了这种限制，一切抽象概念、语言中产生的新词，都能用形符和声符相组合的方式记录下来。所以在汉字中，形声字占了一多半。

形声字的形符对阅读古书、掌握汉字的本义有一定的作用。一般讲，形符表示出该字的范畴。

例如，松、柏、杨、柳、杏、梨、桃、橘等字，其形符“木”说明这些字皆属“树木”的范畴。

又如，额、颊、颜、题、领、颠等字，其形符“页”的本义是人的头部，所以这些字的本义都与头有关。

转注　假借

转注是六书中争论最大的问题，历来众说纷纭，至今无法统一。这里只简单介绍一种说法：转注是指同源词，即有共同来源、有亲属关系的词，如天，颠；水，川；火，毁；弱，柔等。（详见王力《同源字典》）

转注与阅读古书关系不是很直接，而与训诂学关系较密切，故此处不多介绍。（详见本书中蒋礼鸿的文章：《“转注”的几种解释》）

假借是指古汉语中用音同或音近的字来表示另一个字的含义的情况。

假借字义分为两种情况。

(1)本有其字的假借，这种情况又称为“通假”。例如，“畔”同“叛”、“蚤”同“早”、“罢”同“疲”、“被”同“披”、“锡”同“赐”等，都是本已有这个字，后来却又以另一个字借用为这个字。

这种假借字产生的原因，一是古人写的别字，时间长了，得到了人们承认，就成为“通假字”。二是各地的不同习惯，这实质上仍是别字。

(2)本无其字的假借，虚词中这种情况最多。例如，“而”本义是胡子，但因说话中“而”字很常用，本来又没有这个字，于是便借用“而”来做这个虚词。又如，语气词“与”是借用动词“与”，副词“乃”是借用表示出气困难的“乃”。

我们了解六书，目的在于掌握汉字构造的类型，从而加深对汉字的理解，更自觉地去区分和把握每个汉字的本义和引申义，识别假借字，提高阅读古书的能力。

文字学选篇

经籍籑诂序①

训诂之学，发端于《尔雅》②，旁通于《方言》③，六经奥义，五方殊

---

① 《经籍籑诂》，训诂书。清阮元(1764—1849 年)主编，一百零六卷。阮元字伯元，江苏仪征人，乾隆进士，官至湖广、两广、云贵总督。阮元于浙江督学任上“总汇名流”四十五人，分书类辑，历时两年编成本书。专训字义，不解字形，不注字音，收字按平水韵韵部排列，一韵一卷，故为一百零六韵。训解、例证全部采自前代文字训诂。作为综合性资料来使用甚为方便，许多资料为其他字书、辞书所不备。对文字本义、转注、假借分析十分精细，是阅读、研究古籍必备的工具书。今存嘉庆十七年(1812 年)阮氏原刻本。1982 年中华书局据此出版精装影印本，订正明显错误，加笔画索引、同字异体表。本次注释即据此本节选。本篇为王引之为《经籍籑诂》所作的序。王引之(1766—1834 年)为清代著名训诂学家，字伯申，号曼卿，江苏高邮人，王念孙之子。嘉庆进士，官至工部尚书。长于音韵训诂之学，与父王念孙世称高邮王氏父子。著有《经传释词》《经义述闻》。

② 《尔雅》：训诂书，撰者不详。今本为十九篇。实为我国第一部词典，对后世影响颇大，为十三经之一。

③ 《方言》：全称《輶轩使者绝代语释别国方言》。训诂书，为西汉扬雄所撰。十三卷(一说原本十五卷)。扬雄向集于都城的各地孝廉和士兵调查记录方言，再经整理，前后历时二十七年方成此书。体例与《尔雅》相同，为汉语方言学的第一部著作。是方言史、语音史之重要资料。

语，既略备于此矣。嗣则叔重《说文》①，稚让《广雅》②，探赜索引，厥谊③可传。下及《玉篇》《广韵》《集韵》④，亦颇搜罗遗训。而所据之书，或不可考；且旧书雅⑤记，经史转注，未录者犹多。至于网罗前训，征引群书，考之著录⑥家，罕见有此，惟《旧唐志》⑦载天圣太后《字海》一百卷，诸葛颖《桂苑珠从》一百卷，《新唐志》载颜真卿《韵海镜源》三百六十卷⑧。自古字书、韵书未有若此多者，意⑨其详载先儒训释，是以卷帙浩繁，而惜乎其书之已逸也。

曩者戴东原庶常⑩，朱笥河学士⑪，皆欲纂集传注，以示学者，未及

---

① 叔重《说文》：即《说文解字》，字书。东汉许慎（约 58—147 年）撰。十五卷，今本每卷分上下，共三十卷。许慎字叔重，汝南召陵（今河南省漯河市召陵区）人。此书历时二十二年方成，旨在分析文字形体结构，探究原始意义。为我国第一部字典。对后世影响十分巨大，乃至形成“《说文》学”。至今仍是治古汉语特别是识读、研究甲骨文、金文的重要工具。

② 稚让《广雅》：训诂书，为三国魏张揖所撰。张揖字稚让，清河（今属河北）人，明帝太和中博士，精通文字训诂，著述甚富。本书为增广《尔雅》而作，全书共十卷，体例与《尔雅》全同，但收词广泛，是继《尔雅》《方言》《说文》《释名》后又一重要语文著作，是研究古代词汇和训诂的重要资料。

③ 谊：意义。

④ 《玉篇》《广韵》《集韵》：《玉篇》：字书。南朝梁顾野王（519—581 年）撰。三十卷。本书除可供研究字形、训诂使用外，还可作为音韵书来使用，是研究中古读音形成的重要资料。《广韵》：韵书。北宋陈彭年（961—1017 年）等奉诏撰。五卷。在王仁昫《刊谬补缺切韵》被发现以前，是保存最完好、最早的切韵系统韵书。《集韵》：韵书。北宋丁度（990—1053 年）等奉敕撰。十卷。收字远远超过《切韵》《广韵》，是确定生僻字、异体字今读的重要依据。

⑤ 雅：指正规的、标准的。

⑥ 著录：目录学术语，即把书名作系统记载。

⑦ 《旧唐志》：即《旧唐书·经籍志》。是二十四史中继《汉书·艺文志》《隋书·经籍志》后，又一篇著录一代藏书的志书。

⑧ “载天圣太后……三百六十卷”：前两句见《旧唐书·经籍志》，后一句见《新唐书·艺文志》。三部书皆已佚。

⑨ 意：推测。

⑩ 戴东原庶常：即戴震（1724—1777 年），字慎修，一号东原。清代杰出哲学家、音韵训诂学家。曾任翰林院庶吉士。庶吉士通常称为庶常。

⑪ 朱笥河学士：即朱筠（1729—1781 年），字竹君，号笥河。清代学者，官至侍读学士。

成编。吾师云台先生①，欲与孙渊如编修②，朱少河孝廉③共成之，亦未果。及先生督学浙江，乃手定体例，逐韵增收，总汇名流，分书类辑，凡历二年之久，编成一百六十卷。展一韵而众字毕备，检一字而诸训皆存，寻一训而原书可识。所谓握六艺④之钤键，廓九流之潭奥⑤者矣。

夫训诂之旨，本于声音，揆厥⑥所由，实同条贯。如《周南·关雎篇》“左右芼之”之“芼”，传训“芼”为“择”，后人不从，而不知“芼”“苗”声近义同。“左右芼之”之“芼”，传以为“择”，犹“田苗蒐狩”之“苗”，《白虎通》以为“择取”。《尔雅》：“芼，搴也。”亦与择取之义相近也⑦。《召南·甘棠篇》“勿剪勿拜”，笺训“拜”为“拔”，后人不从，而不知“拜”与“拔”声近而义同也⑧。《邶风·柏舟篇》“不可选也”，传训“选”为“数”，后人不从，而不知“选”与“算”古字通。朱穆《绝交论》作“不可算也”，郑注《论语》“何足算也”，以“算”为“数”，正与此义同也⑨。

《新台篇》“籧篨不鲜”，笺训“鲜”为“善”，后人不从，而不知《尔雅》“鲜”“省”二字皆训为“善”，正是一声之转。且下云“籧篨不殄”，“殄”读

---

① 云台先生：即阮元，号云台，清代著名学者、文学家。

② 孙渊如编修：即孙星衍(1753—1818年)，字伯渊，号渊如。清代文学家。乾隆进士，授编修。

③ 朱少河孝廉：即朱筠之子锡庚，字少白，又字少河。

④ 六艺：即六经，指《诗》《书》《礼》《易》《乐》《春秋》。

⑤ 九流：原指先秦时的九个学术流派，即儒家、道家、法家等。后泛指各学术流派。潭奥：原指幽深的内室，后引申为深奥之处。

⑥ 揆厥：揆(kuí)：估量；揣测。厥：其。

⑦ “《周南》”数句：“左右芼之”，《毛传》：“芼，择也。”据《说文·手部》：“择，柬选也。”“苗”据《说文·艸部》：“草生于田者，从艸田。”“田苗蒐狩”为古代田猎名称。《公羊传》桓公四年：“狩者何？田狩也。春曰田，夏曰苗，秋曰蒐，冬曰狩。”《白虎通·田猎》：“夏谓之苗何？则去其怀任者也。”

⑧ “《召南》”数句：“勿剪勿拜”，郑玄笺：“拜之言拔也。”古代解释《诗经》者认为“拜”义为“攀下其枝，如人之拜也”。

⑨ “《邶风》”数句：“不可选也”，《毛传》：“物有其容，不可数也。”按：“数”“算”字义本同。朱穆文集已佚，《绝交论》见《后汉书·朱穆传》注。《论语·子路》：“斗筲之人，何足算也！”何晏《集解》：“郑云算，数也。”

曰"腆"，其义亦为善也[①]。《小雅·采绿篇》"六日不詹"，传训"詹"为"至"，后人不从，而不知"詹"之为"至"载于《尔雅》，乃古之方言。是以《方言》亦云：楚语谓"至"为"詹"也[②]。《曲礼》"急缮其怒"，郑读"缮"为"劲"[③]，后人不从，而不知"缮"之为"劲"，乃耕、仙二部之相转，犹"辨秩东作"通作"平秩"[④]，"平平左右"亦作"便蕃左右"[⑤]也。《学记》"术有序"，郑注云："术"当为"遂"，声之误也。后人不从，而妄改为"州"，而不知"术""遂"古同声，故《月令》"审端径术"，注云："术"，《周礼》作"遂"也[⑥]。

---

① "《新台篇》"数句：《诗经·邶风·新台》："籧篨不鲜"，"籧篨不殄"。"籧篨"，粗竹席。"鲜"，郑笺："善也。""不鲜"意思是不值得赞美。"殄"，王引之认为读曰"腆"，"不腆"是古代成语，作"不成体统""不体面"解。《尔雅·释诂》："鲜、省，善也。"

② "《小雅》"数句："六日不詹"，《毛传》："詹，至也。"《尔雅·释诂》："摧、詹，至也。"郭注："詹、摧，皆楚语方言云。"

③ "《曲礼》"数句："急缮其怒"，郑注："急犹坚也。缮读曰劲。""急缮其怒"意思是激励军队的威怒。

④ 通作"平秩"：《尚书·尧典》："寅宾出日，平秩东作。"意思是在寅月君主行祭天日之后，发动大家按部就班地从事农业生产。"平秩东作"，孔安国曰："平均次序东作之事，以务农也。"司马贞《史记索隐》谓《尚书·大传》曰："'辨秩东作'，则是训秩为程，言便课其作程者也。"

⑤ "便蕃左右"：《诗经·小雅·采菽》："平平左右。"《毛传》："辨治也。"《左传》襄公十一年引《诗经》作："便蕃左右。"

⑥ "《学记》"数句：《礼记·学记》："术有序。"郑玄注："术当为遂，声之误也。"《礼记·月令》："审端径术。"注："术"，《周礼》作"遂"。顾炎武认为"术"古音为"遂"。陈可大《集说》改"术"为"州"，非也。详见《日知录》卷六"术有序"条。

文字蒙求序①

雪堂②谓筠③曰：“人之不识字也，病于不能分。苟能分一字为数字，则点划必不可以增减，且易记而难忘矣。苟于童蒙时，先令知某为象形，某为指事，而会意字即合此二者以成之，形声字即合此三者以成之，岂非执简御緐④之法乎？惟是象形，则有纯形，有兼意之形⑤，有兼声之形⑥，有声意皆兼之形⑦；指事，则有纯事，有兼意之事⑧，有兼声之事，有声意皆兼之事⑨，不可不辨也。

至于会意，虽即合形、事以为意，然有会两形者，有会两事者，有会一形一事者，亦有会形声字者。且或以顺递为意⑩，或以并峙为意，或于字之部位见其意⑪，或从是字而小变其字之形以见其意，或以意而兼形⑫，或以意而兼事⑬，或所会不足见意而意在无字之处⑭，或所会无

① 《文字蒙求》，清王筠(1784—1854年)撰。该书共四卷，从《说文解字》中选字两千个，分象形、指事、会意、形声四类编排。每字先书楷体，后附篆体，以便对照。多数不注字音。释义或先采《说文》原说，再加申说，或直接用作者己意。亦吸收他人之成果，大多平实允当，对许氏说法多有订正。偶有牵强附会之处。本次注释，据中华书局1962年影印本。本篇是王筠为《文字蒙求》所作之自序。文中对六书剖析入理，堪为一篇文字学佳作。

② 雪堂：即陈山嵋，王筠之友，清代学者。

③ 筠：即本书作者，字贯山，号菉友，山东安丘人，道光元年(1821年)举人，曾任山西乡宁知县。对文字学研究精深，有《说文释例》《说文句读》等著作多种。

④ 緐：即“繁”。

⑤ 如“母”：《文字蒙求》：“从女，像怀子形。一曰像乳。”

⑥ 如“舫”：意为小船。既取“方”之形，又兼取其声。

⑦ 如“金”：《文字蒙求》：“点象金形。从土，土生金也。今声。”

⑧ 如“甘”：《文字蒙求》：“从口含一。不定为何物，故以一指之。”

⑨ 如“牵”：《文字蒙求》：“从牛，从叀之古文玄。意兼声，冖象引牛之縻也。”

⑩ 如“天”：《文字蒙求》：“从一大。此两字顺递为意者也，不可云从大一，亦不可云从一从大也。”

⑪ 如“王”：《文字蒙求》：“一贯三为王，三者，天地人之道也，而三通之者，王也。……是由部位见意者也。”然据今之研究，“王”为大斧之象形，大斧象征权力。

⑫ 如“牢”。

⑬ 如“步”：《文字蒙求》：“此两足相接，是步也。”

⑭ 如“爽”：《文字蒙求》：“明也……取窗棂之意，其空白处乃字义也。”

此意而转由所从与从之者以得意①。而且本字为象形、指事、而到②之即可成意，反之即可成意③，省之、增之又可以成意④，叠二⑤、叠三⑥无不可成意。且有终不可会而两体、三体各自为意者⑦，此其变化又不可不详辨也。

至于形声，则由篆变隶，大异本形者，必采之；为它字之统率者，必采之，不过三百字而尽。总四者而约计之，亦不过二千字。而尽当小儿四五岁时，识此二千字非难事也。而于全部《说文》九千余字，固已提纲挈领、一以贯之矣。余久欲勒⑧为一书，而夙⑨夜在公，未之能成，然终以为训蒙之捷径也。于蕖友何如？"筠曰："善。"爰如雪堂意纂之，于象形、指事、会意，字虽无用者，亦皆搜辑。形声字所收者四类，总二千余字而已，诚约而易操者乎。说解取其简或直不加注，兼以诱之读《说文》也。篆文依钟鼎，以《说文》传写有讹也。恒见字⑩不加音切，不欲其繇也。

既成，以示雪堂，雪堂曰："善。适铁庵为我刊正《字略》，即以是书报谢之。"雪堂者，陈其姓，山嵋其名，筠之同年友也。铁庵者，杨其姓，承注其名，又雪堂之同年同部友也。皆奇士，与筠善。

道光十有八年戊戌十二月三日，安邱王筠序。

---

① 如"建"：《文字蒙求》："立朝律也……聿尚无律意，而建以从聿为律者，因律从聿也。"

② "到"：通"倒"。如"帀"：《文字蒙求》："子答切，周也，从倒'㞢'。'㞢'者，'出'也。"

③ 如"司"：《文字蒙求》："臣司事于外者。从反'后'。"

④ 省之成意，如"支"："去竹之枝也，从又持半竹。"增之成意，如"丰"：《文字蒙求》："丰从生而达于下，以见其盛也。"

⑤ 如"林""从"。

⑥ 如"晶"，精光也；"聂"，附耳私小语也。

⑦ 如"君"：《文字蒙求》："尊也，从尹。发号，故从口。案此两对立文，不可合为一义。"

⑧ 勒：统率。

⑨ 夙：早。

⑩ 恒见字：即常见字。

“转注”的几种解释①

许慎说“转注”道：“转注者，建类一首，同意相受，考、老是也。”这个说法语焉不详，后来研究《说文》的人，纷纷立说，绝大多数的人附和许氏的话，少数则抛开许说，自立新义。许氏的话既是那样简单，以至我们无从确知后来诸家是否真得许氏之意，其抛弃许氏的又是否恰当。《古汉语通论》于“转注”缺而不说，就是为此。但这样做终究不能慰希望略知“转注”之说者的意，所以这里略举清代以来较为流行的解释，以补《通论》之略，供寻究“六书”者参考。

“互训”说是较早的有影响的说法，主之者为戴震、段玉裁、王筠、刘师培等人。

戴震的《答江慎修先生论小学书》首先提出互训之说，他说：

> 震谓“考、老”二字属谐声（即形声）、会意者，字之体；引之言转注者，字用之，“转注”之云，古人以其语言立为名类，通以今人语言，犹曰“互训”云尔。转相为注，互相为训，古今语也。《说文》于“考”字训之曰“老也”，于“老”字训之曰“考也”，是以序（指《说文叙》）中论转注举之。《尔雅·释诂》有多至四十字共一义，其六书转注之法欤？别俗异字，古雅殊语，转注而可知，故曰“建类一首，同意相受”。如“初、哉、首、基”之皆为始，“卬、吾、台、予”之皆为我，其义转相为注，曰“转注”。

戴震的弟子段玉裁，以及后来的《说文》学者王筠把“互训”的说法更加附合于《说文》，区分《说文》里的“同部转注”和“异部转注”（即两个以上可以相互解释的字在《说文》相同或不同的部里），并分析为许多条例，要之不出戴说的范围。这个说法的内容很简单，即：一、互相解释的字为转注；二、同义字（词）为转注。

至于怎样叫作“建类一首”，则戴氏未加说明。段氏为之弥缝道：

① 本文作者为蒋礼鸿（1916—1995），著名语言学家、敦煌学家、辞书学家。

"建类一首"，谓分立其义之类而一其首，如《尔雅·释诂》第一条①说"始"是也。(《说文解字》第十五篇注)

照段氏的话看来，凡属同义字(词)即为"类"，而它们的义就是"首"。这实在是很勉强的。因为这样的"类"将多至无数，而且会琐碎丛杂，无条例可寻；而如"考，老也；老，考也"又将以何为首呢？有人讥戴、段以《释诂》为例来说转注是"建类一足"而非"建类一首"，这是谑而近虐的讥评，但却是戴、段所很难自解的。再者，戴、段以《释诂》为例来说互训，其实《释诂》一条中的几个字并非都能互相训释。例如：

话、猷、载、行、讹，言也。

"话"，案《说文》是"会合善言也"，《毛诗传》是"善言也"，《书·盘庚》中的"乃话民之弗率"，就是会合善言的意思；而"讹"是妖言、谣言。这两个字怎么能互训呢？

刘师培论转注，也以戴、段"互训"之说为据，而于用《尔雅》来解释互训则感觉其不可通，以为是"泛滥而失厥归②"，因此他在其《转注说》里对戴、段说作了修正，以为只有《说文》里同部互训的字才算"转注"，除老部"老、考"互训以外，如草部"薐(菱)、芰"互训、"茅、菅"互训，言部"谏、证"互训，木部"枏、梅"互训、"极、栋"互训等都是。刘氏的说法虽然纠正了戴、段泛滥之病，但仍然没有说清楚什么是"建类一首"。而且"六书"的条例于许慎之前，怎么能根据《说文》的分部来立"转注"的条例呢？可见，对戴、段说的补苴，是不能给我们以满足的。

"互训"说是企图从训诂方面来得到解释的，另有一些人则从形体方面来解释。为了便于称说，这里拟将这些人分为两类，而称之为"省形"说和"分注"说。

---

① 《尔雅·释诂》第一条："初、哉、首、基、肇、祖、元、胎、俶、落、权舆，始也。"

② 归：归宿。

持“省形”说者有钱大昭、曾国藩。钱氏在他的《说文统释自序》里述说了对转注的看法，话说得很简单，后来曾国藩在《与朱太学孔扬论转注书》里对此说作了详细的阐述。他说：

不佞窃不自揆，谬立一说，笃守许氏“老、考”之旨，以为：“老”者会意字也，“考”者转注字也。部首之可指数者，如牦部、爨部、画部、眉部、冓部、筋部、稽部、橐部、㝱部、重部、老部、履部、饮部、盐部、弦部、酉部，皆转注之部也。凡形声之字，大抵以左体为母，以右体之得声者为子，而母字从无省画者。凡转注之字，大抵以会意之字为母，亦以得声者为子，而母字从无不省画者，省画则母字之形不全，何以知子之所自来？唯好学深思，精心研究，则形虽不全，而意可相受。如“老”字虽省去“匕”字，而可知“考、耆”等字之意从“老”而来；“履”字虽省去“舟、夂”，而可知“屦、屐”等字之意从“履”而来；“橐”字虽省去“豕”字，而可知“囊、橐”等字之意从“橐”而来；“㝱”字虽省去“夢[梦]”字，而可知“寤、寐”等字之意皆从“㝱”来；推之“犛[牦]、爨、畫[画]、眉”等部，莫不皆然。其曰“建类一首”者，母字之形模尚具也；其曰“同意相受”者，母字之画省而意存也。

这里已经说得很清楚，如若要用我们的话来翻译一遍，那就是，形符被省去一部分笔画的形声字，就是转注字。

持“分注”说的有郑珍、孙诒让。郑氏的说法见于他儿子知同的《说文浅说》所引，孙氏的说法见于他的《名原》的《转注揭橥》篇，举郑说可以该孙说：

盖当文字少时，一字有数字之用，久之患其无别，于字义主分何字，即以何字注之。试举《说文》示、玉两部为例：如示部“斋”训“戒洁也。从示，齐省声”，“禷”训“以事类祭天神也。从示、类声”，玉部“玠”训“大圭也。从玉，介声……”，“瑁”训“诸侯执圭朝天子，

> 天子执玉以冒之，似犁冠。……从玉冒，冒亦声”。此等字寻常视之只是形声，推究其原，“齐、类、介、冒”即其本文，考诸经典，止作“齐戒”，止作“类于上帝”，止作“同冒”，其加示加玉为之偏旁，皆“注”也。合诸真形声字如“球、琳、琅、玕”等，成字时为形声两旁并作，单举“求、林、良、干”，则非此用矣。可知形声字以形旁为主，一形可造若干字，但各取声旁配之。转注大相别，字以声旁为主，一字分为若干用，但各以形旁注之。转注与形声事正相反，而实相成。

这个说法也很清楚，用我们的话来说就是，凡以假借字作声符(“齐、类、介、冒”不能就有斋戒、祭祀和玉器的意义)的形声字，就是转注。

“省形”说和“分注”说出发点不同，但是殊途同归，都把形声字说做了“转注”。这也是欠妥的。既然承认省声字是形声，有什么理由不承认省去形符一部分的字也是形声呢？说“球、琳、琅、玕”是真形声，而“斋、禷、玠、瑁”是假形声，前者以形旁为主，后者以声旁为主，这也不免是强为之说。形声字总是应该以声旁为主的，这里给郑氏立说以便利的是，古书有的是“齐、类、介、冒”作“斋、禷、玠、瑁”用，而没有以“求、林、良、干”作“球、琳、琅、玕”用，其实这完全是事出偶然，要是古人拿“求、林、良、干”当“球、琳、琅、玕”用，那又有什么不可以呢？从“乌”的字有“呜、玛、鸠”(虽然《说文》不载“呜”，但总不能不说它是一个字)，而“呜呼”字古书是作“乌”的，同样是一形一声的字，为什么要判定“玛、鸠”是真形声，“呜”是假形声呢？再推衍一下，“说、悦”的声符是“兑”，古书通以“说”为喜悦(yuè)，不作“悦”，难道“悦”不是以声旁为主吗？又难道“悦”不是真形声吗？可见拿声旁或形旁为主来判别形声或转注是很难成立的。既然“省形”和“分注”的字都是形声字，那么就不应该从形声字中拉出来管它们叫“转注”。

“省形”说附合《说文》特别紧密，把“建类一首，同意相受”都说出个道理来了。但也不是不容置疑的。第一，说《说文》有“转注之部”，这是强转注服从《说文》，其病与刘师培的“同部转注”同。第二，如所说，

“首”是《说文》的部首。“首”是什么，许氏自己没有讲，而只说过《说文》的编制是“分别部居”的，“部首”之名尚在许氏之后，因而“首”是否就是部首也就无从质言了。

章炳麟也以同义之字为转注，而以声音为经（刘师培也有这个意思，从略），可以称为转注的“音转”说。他的《转注假借说》道：

> 字之未造，语言先之矣。以文字代语言，各循其声。方语虽殊，名义一也，其音或双声互转，叠韵相迆[①]，则为更制一字，此所谓转注也。
>
> 何谓“建类一首”？“类”谓声类。郑君（玄）《周礼序》曰：“就其原文字之声类。”《夏官·序官》注曰：“‘薙’读如‘鬀小儿头’之‘鬀’[②]，书或为‘夷’，字从类耳。”……“首”者，今所谓语基。《管子》曰：“凡将起五音凡首。”（《地员篇》）《庄子》曰：“乃中经首之会。”（《养生主篇》）此声音之基也。
>
> “考、老”同在幽类，其义相互容变，其形小变，按形体，成枝别，审语言，同本株，虽制殊文，其实公族也。

章氏认为在语言里本是一个词儿，由于声音转变，用文字写下来，就成了形体不同、声音上有一定联系的几个字，这就是转注。文字因语言转变而不同，这是正确的，但这样是不是转注呢？可以看出，章氏比戴氏、段氏虽然多了个声音上的限制，但他所说的转注仍然是很泛滥的，任何象形、指事、会意、形声的字，只要意义相近或相同，字音有联系，都可以不加其他条件而称为转注。这样宽泛的说法也难以为我们所接受。至于他解释许慎的八个字，那更是他的一家之说。他的所谓“声类”，实际是他在《国故论衡》《文始》里建立和使用的古韵二十三部，这又是拿自己的律令来驾驭造字和用字的古人了。二十三部是清代以来很多古韵学家共同努力的结果，怎么古人造字和用字的时候就先有了这个“类”呢？

---

① 迆：演变。

② 鬀：即今“剃”字。

“首为语基”尤其渺茫难以捉摸，和段氏的“分立其义之类而一其首”同样不可指名，章氏在他的长达二千四五百言的《转注假借说》里，除了笼统地说出“语言根柢”是“首”以外，就没有明白指出有怎样一种“语言根柢”。

从戴氏到章氏，虽然解释的角度不同，但他们都是从“建类一首，同意相受，考、老是也”出发或附合于这个定义和举例的。《说文》学者朱骏声抛弃了许说而特立一说，即“引伸”说，他在《说文通训定声》的叙论里以两句简单扼要的话说明了他的主张：

> 转注者，体不改造，引意相受，令、长是也。假借者，本无其意，依声托字，朋、来是也。

这个说法也是很清楚的，即引伸就是转注，声借就是假借。《说文通训定声》里的各个篆文下常常立有转注一目，如“重”篆的“转注”目中引《礼记·祭统》“而又以重其国也”注：“犹尊也。”“尊”就是“重”的引申义。

这样讲转注，完全离开了许慎所说的话，从治《说文》的人看来，当然是“叶落而不粪本，狐死而不首丘”。假使从这样的观点看：象形、指事、会意、形声是文字的结构，转注、假借是文字的运用，那末以引伸为转注，以声借为假借，倒也是安排恰当，而能说明文字运用的问题的。但这只能看作对“六书”的新见解，是否于古义有当，却无从证实了。要不要把引伸充当转注，看来只是一个名称问题，但“引伸”既然足以明白了当地说明文字的运用，那又何必要把它塞入“六书”这张中药抽屉的柜子，而前无所据地强名之为“转注”呢？

这篇文章没有什么结语，要结语，则是：在文献不足的情况下，要构拟一说来充当古货，这不过是聊以自慰而已。

音韵学常识

音韵学又叫声韵学。它是分析研究汉字的字音及其历史变化的一门科学。它跟语音学不一样，只有汉语才有。

要学习音韵学，首先应明白这样一个道理：语音是有变化的。语音的变化，在时间上表现为古今音的差别，在空间上表现为现代方言的差别。这一点其实我们很好理解，因为方言的差别是明摆着的，而古今音的差别从古书中就可以看出来。

传统上的音韵学分为三类：古音学、今音学和等韵学。所谓古音学，就是上古音韵系统，主要指《诗经》音韵，以研究《诗经》为主。所谓今音学，指的是隋、唐、宋时期的语音，其中以研究《广韵》为主。等韵学以宋、元以来的等韵图作为研究对象，主要分析《切韵》语音系统，可以说是中国古代的普通语音学，是探讨语音学的一般原理的。

音韵学范围那么广，应如何入手呢？应先从反切、声母、韵母、声调这些基本概念入手。

反　切

"反切"是中国古代的一种注音方法，它是用两个汉字注出另一个汉字的读音，如：当孤切都。反切的基本原理是：上一个字取声（声母），下一个字取韵（韵母，包括调）。一开始古代人并不知道如何取声、取韵，只是把两个字连起来，连读快一点，便切出这个字的读音。

关于反切的起源，一般认为是在汉末。汉末佛教传入中国，佛经是用梵文写的。梵文是一种拼音文字，中国学者在翻译佛经的过程中，受到梵文拼音的启发，于是创造了反切注音法。

反切早期不用"切"字，只叫"某某反"，或"某某翻"。到了唐代，皇帝很忌讳"反"字，怕老百姓造反，才将"反"字改为"切"字。"反"和"切"的意思是一样的，都是反反复复、反复切摩的意思。

各个时代有各个时代的反切用字，所以有些反切，我们切不出正确的读音，如：古红切，上字取 g，下字取 óng，切出来的字，普通话没有这个音。这是为什么呢？这是因为近现代的平声字有阴、阳之分，古代则没有。那么，依古代的平声怎样读出现代的阴平、阳平来呢？这就有个规定：反切上字是清声母，切出阴平；是浊声母，切出阳平。"古"的声母是 g，清声母，所以应念阴平 gōng（公）。又如：同都切，同是浊声母，阳平，切出"徒"字。我们再看看另一个例子：古奚切 gī，普通话中也没有这个音。原来古代的 g、k、h，后来在齐齿呼或撮口呼的前边变成 j、q、x，所以这里 gī 应念 jī，古奚切鸡。所以我们要看懂古代的反切注音或者自己切出古代的注音，就必须知道一些反切规则。

反切注音较之以往的注音方法是一个大进步，但仍存在着很大的局限性。例如，必须是反切上、下字都会念；古今音和方言的问题，反切不好解决；反切用字太多，记起来很麻烦，等等。因此，长期以来，人们在不断改进着反切注音方法。明末吕坤《交泰韵》、清初潘耒《类音》等韵书中，设计了一套新的反切。首先，讲究用字。例如：四呼一致，开口切开口，齐齿切齐齿，合口切合口，撮口切撮口。这种方法便于切出字音。其次，将反切下字改用以元音开头的字(即零声母字)。例如：笃翁切东(原来是德红切东)，翁 wōng 是零声母字，这样也便于切音。但是，以元音开头的字不好找，有时只好用生僻字，这样反而又增加了麻烦。后来，清人李光地《音韵阐微》一书中，在前人基础上做了一些改进，尽量不用生僻字。如碰到上面那种情况，宁可用非零声母的常用字。旧版《辞海》《辞源》都采用李光地的方法。

但不管怎样改良，仍然摆脱不了用汉字去给另一个汉字注音这样一种局面。唯一的出路是用拼音字母来注音。

声母　韵母　声调

一个汉字所代表的语音单位叫音节，任何一个汉语音节均包括声母、韵母、声调三部分内容。古代人并无所谓声母、韵母的概念，他们称声母为声、声纽、纽，韵母为韵、韵部、部，声调为调。

(一)声母

古代没有音标，就用一个汉字来代表一个声母，共有三十六个：(1)帮、滂、并、明，重唇。(2)非、敷、奉、微，轻唇。(3)端、透、定、泥，舌头。(4)知、彻、澄、娘，舌上。(5)见、溪、群、疑，牙音。(6)精、清、从、心、邪，齿头。(7)照、穿、床、审、禅，正齿。(8)晓、匣、影、喻，喉音。(9)来，半舌音；日，半齿音。以上把发音部位相同或相近的并列为一组，一组叫一“系”，如“帮系”“照系”，以此类推。讨论古代的声母，都是从这三十六字出发的。我们现代人利用古人定的发音部位、发音方法，并参照现代方言，大致能猜出这些字所代表的音。

（二）韵母

前面提到的三十六个声母，它们出现后，基本没有什么变化，后人研究韵书提及声母，都用这三十六个字。而韵母的情况比较复杂，各个朝代都有不同。例如：《广韵》有二百零六韵，“平水韵”为一百零六韵。又有把《广韵》合并为十六摄的，也就是十六个大类：通、江、止、遇、蟹、臻、山、效、果、假、宕、梗、曾、流、深、咸。此外，《中原音韵》还有十三辙。所以我们看中古时代一个字属某一韵，应该先了解这个韵是据哪种方式分类的。

上面讲了中古时代有关韵的分类。各个时期一般都有各自的标准用韵，如“平水韵”出现前依《广韵》、后依“平水韵”或十六摄，而明、清两代作诗都依“平水韵”。这是有韵书作标准的。关于上古的韵部则更为复杂，各人研究成果不一样，因而分类也不同。我们看上古某字属某韵，一定要看它是从哪一家之说。

（三）声调

现代普通话有四个声调：阴平、阳平、上声、去声。古代也有四声：平、上、去、入，起源于南北朝时期。它们之间的关系如下图所示：

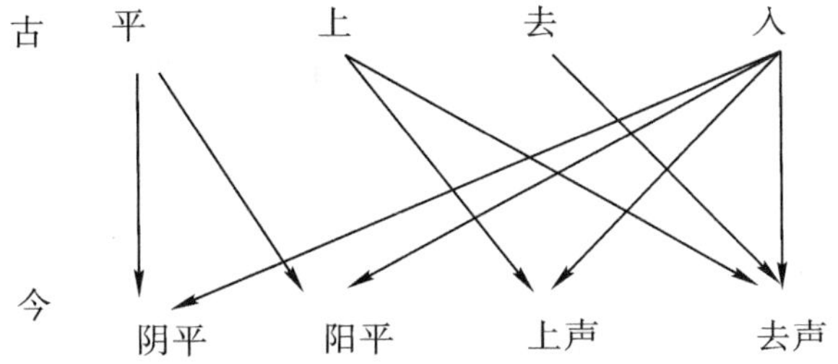

古代的“平”声字分化为现代的阴平、阳平字。

古代的“上”声字绝大部分在现代仍为上声字，少数演变为去声字。

古代的“去”声字发展到现代全为去声字。

古代的“入”声字现代四声字中均有。

掌握声调的知识，对于我们分辨古音的平仄有十分重要的作用。平指平声，仄指上、去、入三声。诗歌讲究平仄，就是为了使其产生抑扬顿挫的美感。

上古音韵系统

上古音的研究是从韵部开始的。汉代以后人们读《诗经》《楚辞》等先秦韵文，发现很多诗歌都已不押韵。这到底是什么原因造成的呢？最先来解释这种现象的是宋朝时的朱熹。他认为，古代为了相押，会在读时临时改变一个字的读音(即叶音)。例如，《诗经·大雅·绵》："乃召司空，乃召司徒，俾立室家。""家"因叶音而念 kū。朱熹还在《诗经》中找到了与"家"相叶的字，如"帑""图"等。

显然，朱熹的认识是不对的，因为他根本就不承认语音有古今之分，认为只是古人临时改变一个字的字音来押韵而已。到了明末，陈第对《诗经》不押韵的原因有了中肯的解释："时有古今，地有南北，字有更革，音有转移。"他认为不是古人临时改变读音，将"家"jiā 念为 kū，而是上古时"家"本来就念 kū。陈第的观点为古音学的建立奠定了理论基础。

为了研究上古的韵，后人把上古经常用来押韵的字综合归纳起来，从而构成上古韵母系统。这方面研究的奠基人是明末清初的顾炎武，他著有《音学五书》，把古音分为十部：东、阳、庚、蒸、支、鱼、歌、真、萧、侵。顾氏的十部虽然还很粗疏，但奠定了古韵分部的基础。顾氏之后，比较有代表性的为段玉裁、黄侃、王力三人的分部。

段玉裁在《六书音均表》(亦作《六书音韵表》)中将古韵分为十七部：之、宵、幽、侯、鱼、蒸、侵、谈、东、阳、耕、真、文、元、脂、支、歌。段氏分部的特点有三，后来都成定论：(1)支、脂、之分部；(2)真、文分部；(3)侯部独立。

黄侃在《音略》中分古韵为二十八部，称"古本韵"。他在其老师章炳麟二十三部的基础上进一步发展，即从支部分出锡部，从之部分出德部，从鱼部分出铎部，从侯部分出屋部，从宵部分出沃部。黄氏的古韵分部从大体上说可能是比较接近于先秦书面语言的实际的。

王力《汉语史稿》分古韵为二十九部，在他主编的《古代汉语》里又增为三十部。这三十个韵部又可以概括为十一类，按阴、入、阳排列如下：

	阴声韵	入声韵	阳声韵
第一类	之部	职部	蒸部
第二类	幽部	觉部	冬部
第三类	宵部	药部	
第四类	侯部	屋部	东部
第五类	鱼部	铎部	阳部
第六类	支部	锡部	耕部
第七类	脂部	质部	真部
第八类	歌部	月部	元部
第九类	微部	物部	文部
第十类		缉部	侵部
第十一类		盍部	谈部

上古音韵系统研究对古韵部的划分达到了相当完善的地步，但对古声母的研究却没有取得相应的成果。因为研究古音的学者首先接触到的是《诗经》和《楚辞》的韵读问题，所以在古韵部上下的功夫多些，而在古声母上下的功夫少些。只有钱大昕在上古声母系统研究方面比较突出，他的《古无轻唇音》和《舌音类隔之说不可信》两篇文章都很有创见，是研究上古声母系统的重要文献。

钱氏在《古无轻唇音》中说：“凡轻唇之音，古读皆为重唇。”他举了一百多条证据来说明他的论断，如《诗经·邶风·谷风》：“凡民有丧，匍匐救之。”《檀弓》引《诗》作“扶服”。“匍”，今读重唇，“扶”，今读轻唇。又说，古音“负”如“背”，《释名》：“负，背也，置项背也。”《汉书·高帝纪》：“常从王媪、武负贳酒。”古称老妪为“负”，若今称“婆”，“武负”即“武婆”。“负”轻唇，“背”“婆”皆重唇。钱氏说：“六朝以后，转重唇为轻唇。后世不知有正音，乃强为类隔之说，谬矣！”其论证是十分确凿可信的。

钱氏在《舌音类隔之说不可信》中说：“古无舌头舌上之分，‘知彻澄’三母，以今音读之，与‘照穿床’无别也；求之古音，则与‘端透定’无异。”钱氏用了大量的例证来说明自己的观点。依据这一观点和《古无轻唇音》一文的内容，在上古声母中，“三十六字母”中的“非、敷、奉、微”应该归入“帮、滂、并、明”，“知、彻、澄”应该归入“端、透、定”。

后来，章炳麟接受了钱氏的学说，在《古音娘日二纽归泥说》一文中主张上古声母分为二十一类：见、溪、群、疑、晓、匣、影(喻)、端(知)、透(彻)、定(澄)、泥(娘日)、来、照(精)、穿(清)、床(从)、审(心)、禅(邪)、帮(非)、滂(敷)、并(奉)、明(微)。在此基础上，黄侃又定古声为十九纽：影(喻为)、晓、匣、见、溪(群)、疑、端(知照)、透(彻穿审)、定(澄神禅)、泥(娘日)、来、精(庄)、清(初)、从(床)、心(邪疏)、帮(非)、滂(敷)、并(奉)、明(微)。黄侃把十九纽视为古本声，括号内的字母是变声。这样，上古声母系统也就大体形成了。

音韵学选篇

古无轻唇音(节选)①

凡轻唇之音，古读皆为重唇。《诗》：“凡民有丧，匍匐救之。”②《檀弓》引《诗》作扶服，《家语》引作扶伏。③ 又，“诞实匍匐。”《释文》：“本亦作扶服。”④《左传》昭十三年：“奉壶饮冰，以蒲伏焉。”《释文》：“本文作匍匐；蒲，本亦作扶。”昭二十一年：“扶伏而击之。”《释文》：“本或作匍匐。”《史记·苏秦传》：“嫂委蛇蒲服。”《范雎传》：“膝行蒲服。”《淮阴侯传》：“俛⑤出袴下蒲伏。”《汉书·霍光传》：“中孺扶服叩头。”皆匍匐之异

---

① 本篇选自清钱大昕《十驾斋养新录》卷五。钱氏根据经典异文、古书音注、声训及方言等资料，论证凡后世轻唇之音，古皆读为重唇。本篇注释所据为上海书店1983年版《十驾斋养新录》。

② 见《诗经·邶风·谷风》。

③ 《家语》，即《孔子家语》。《广韵》模韵，匍与蒲同音，簿胡切。德韵，匐，蒲北切。屋韵，伏与服同音，房六切。按三十六字母反切上字分组，匍匐同属并母，扶服同属奉母，钱氏据异文证明轻唇音古读重唇。

④ 诞实匍匐：语出自《诗经·大雅·生民》。《释文》：即唐陆德明《经典释文》。

⑤ 俛：同“俯”。

文也。[①]

古读弗如不。《广韵》不与弗，同分勿切。《说文》：吴谓之不律，燕谓之弗，秦谓之笔，笔弗声相近也。[②]

古读方如旁。《书》：“方鸠僝功。”[③]《说文》两引：一作“旁逑孱功”，一作“旁救孱功”。[④]《史记》作“方聚布功”。[⑤] 方又读如谤。《论语》：“子贡方人。”[⑥]郑康成[⑦]本作谤人。《广雅》：“方，表也”“边，方也”。《说文》：“方，并船也。”古人读方重唇，与边、表、并声相近。《字林》：“穮，方遥反。襮，方沃反。邶，方代反。”[⑧]吕忱，魏人，其时初引反语，即反语可得“方”之正音。六朝以后，转重唇为轻唇，后世不知有正音，乃强为类隔之说，谬矣！[⑨]

古读封如邦。《论语》：“且在邦域之中矣。”[⑩]《释文》：“邦或作封。”“而谋动干戈于邦内。”《释文》：“郑本作封内。”《释名》：“邦，封也。有功，于是故封之也。”

古文妃与配同[⑪]。《诗》：“天立厥配。”[⑫]《释文》：“本亦作妃。”《易》：“遇其配主。”[⑬]郑本作妃。

---

① 匍匐的异文有扶服、扶伏、蒲伏、蒲服四种。

② 所引弗、不同音的切语见《广韵》物韵。分字读轻唇音为非母，读重唇音为邦母。不字有平(甫鸠切)、上(甫九切)、去(甫救切)三音见尤韵。钱氏据不、笔二音证明弗字古读重唇音。

③ 见《尚书·尧典》。

④ 引文分别见于《说文解字》辵部逑字下、人部孱字下。唯这里所引有误字，“逑”字句的“孱”字当作“孱”，“救”字句的“孱”字当作“孱”。

⑤ 见《史记·五帝本纪》。“方”字当作“旁”。

⑥ 见《论语·宪问》。

⑦ 郑康成：东汉经学家郑玄，曾给《论语》作注。

⑧ 《字林》已佚，任大椿有《字林考逸》。“穮”字音见《诗经·周颂·载芟》释文，“襮、邶”二音见《考逸》。

⑨ 这一段钱氏根据异文和训诂用字证明汉魏以前轻唇读重唇。

⑩ 见《论语·季氏》。

⑪ 配：滂佩切。滂母队韵。妃、配同音，见队韵。妃，又音芳非切，敷母微韵。

⑫ 见《诗经·大雅·皇矣》。

⑬ 见《易经·丰卦》。《释文》云郑玄注的《易经》本子“配”作“妃”。此例说明滂母敷母古读不分。

古读无如模。《说文》："𣞤[①]，或说规模字。"汉人规模字或作橅。《易》："莫夜有戎。"[②]郑读莫如字，云：无也。无夜，非一夜。《诗》："德音莫违。"[③]笺："莫，无也。"《广雅》："莫无也。"《曲礼》："毋不敬。"《释文》云："古人言毋，犹今人言莫也。"[④]释氏书多用南无字，读如曩谟。梵书入中国，翻译多在东晋时，音犹近古，沙门守其旧音不改，所谓礼失而求诸野[⑤]也。无又转如毛，《后汉书·冯衍传》："饥者毛食。"注云："按衍集[⑥]，毛字作无。"《汉书·功臣侯表序》："靡有孑遗，耗矣。"注："孟康曰：耗音毛。师古曰：今俗语犹谓无为耗。"大昕案：今江西、湖南方音读无如冒，即毛之去声[⑦]。

古读房如旁。《广韵》："阿房，宫名，步光切。"《释名》："房，旁也。在堂两旁也。"《史记·六国表》：秦始皇二十八年"为阿房宫"，二世元年"就阿房宫"，宋本皆作旁。旁、房古通用。[⑧]

古今字音之变迁[⑨]

古今字音，变迁甚多。试就可考者言之，可分为六期。兹用世界通历(俗称西历)，表明其每期之起讫，而附注帝王之朝名于下，以便参考(纪年之用处，在能比较年代之先后长短。中华自来用帝王纪年，于比较上全无用处，等于无纪年。今欲表明每期之起讫，惟有用世界通历之一法)。

第一期　纪元前十一世纪——前三世纪(周秦)

---

① 𣞤：篆文"无"字。

② 见《易经·夬卦》。

③ 见《诗经·邶风·谷风》。

④ 引《曲礼》，见《礼记》第一句。"古人言毋"，"言"字，《释文》原作"云"字。

⑤ 礼失而求诸野：语出《汉书·刘歆传》。喻古音不存，可以从佛典翻译音求之。

⑥ 衍集：指《冯曲阳集》，有《汉魏六朝百三名家集》本。

⑦ 这一段说明古音明、微二母不分。

⑧ 旁：步光切，唐韵并母。《史记·秦始皇本纪》三十五年，《正义》曰："房，白郎反。"这一段说明古音并、奉不分。

⑨ 本文选自《钱玄同文集》第五卷，6～9页，北京，中国人民大学出版社，1999。钱玄同(1887—1939年)，原名钱夏，号疑古，浙江吴兴人。1913年始，先后任北京高等师范学校、北京大学教授。有音韵学和辞书等著述多种。

第二期　前二世纪——二世纪（两汉）

第三期　三世纪——六世纪（魏晋南北朝）

第四期　七世纪——十三世纪（隋唐宋）

第五期　十四世纪——十九世纪（元明清）

第六期　二十世纪初年（现代）

以上所述各期之起讫，非有精密之划分，但略示其界限而已。

兹将各期不同之点略述于下。

第一期　此期之音，习惯上称为“古音”。以无韵书之故，自来皆不能详言其真相。近三百年来，治古音者辈出，据《诗经》、《楚辞》、诸子、秦碑用韵之处，及《说文解字》，参校考订，而后此期之音乃炳焉大明。原来古者谐声字之音读，必与声母相同，声母在某韵，从其声者皆与之同韵。此期字形，尚用籀篆，体正声显，故虽无韵书，而文中用韵之界限甚严。欲知此期音韵之大概，可参考段玉裁之《六书音韵表》、严可均之《说文声类》诸书。

第二期　此期承第一期而渐变。籀篆省为隶草，则字形淆乱，谐声字之声渐渐不可审知。而韵书未作，字音无标准，故任意变易，用韵甚宽。今观汉人所作韵文，犹可知其大概。

第三期　此为韵书之初期。周秦以声母为标准之法，至此期已完全不适用。而字音任情变易，则妨碍甚多，故韵书兴焉。作韵书者，逐字定音，记以反切，此与今之希望国音统一者命意相似。此期韵书（即《声类》《韵集》诸书），今无存者，不知其分韵分纽与后世之《广韵》异同如何。今据以考见此期字音之反切者，惟陆德明之《经典释文》而已。

第四期　此期为韵书全盛之期。《切韵》《唐韵》《广韵》《集韵》四书，为此期最有价值之韵书。今《切韵》《唐韵》虽亡，而《广韵》《集韵》俱在。《广韵》一书，兼赅古今南北之音，凡平仄、清浊、洪细、阴阳诸端，分别甚细。今日欲研究古音，当以《广韵》为阶梯。欲制定国音，亦当以《广韵》为重要之参考物。

第五期　《广韵》（《集韵》大致相同）之音，兼赅古今南北。以之审音，则信美矣。然纽韵繁多，实际上断非一人所能尽读，故在应用方面，不能不有他种韵书。此期文学，以北曲为主，于是有以北音为主之韵书发生，如元周德清之《中原音韵》及《菉斐轩词林韵释》之类。彼时惟用古代死语所作之诗，尚沿唐宋之旧韵。至用当时活语所作之曲，即用《中原音韵》一派之新韵。此派新韵，其始虽限于方隅，然其潜伏之势力甚大，明初之《洪武正韵》，即本于此。明清之文人学士所作韵文，多喜排斥《正韵》，仍守唐宋用韵之旧。然唐宋旧韵，虽时时争持于纸上，而实则节节失败于口中。此六百年之普通口音，即为《中原音韵》《洪武正韵》等韵书之音。其故因此期南北混一，交通频繁，集五方之人而共处于一堂，彼此谈话，必各牺牲其方音之不能通用者，而操彼此可以共喻之普通音。此普通音之条件有二：一、全国中多数人能发之音。二、纽韵最简少之音。多数，则普及易；简少，则学习易也。就南、北、中三部之中而择取合于上列二条件之普通音，实为直隶、山东、山西、河南、陕西、甘肃及江苏、安徽北部之音。因此类之音，纽韵最为简少，而其所占之区域，则甚为广大也(此类之音，泛称可曰“北音”)。由此而发生一种普通语言，即俗称“官话”者是。“官话”之名，甚不雅驯。或即以此为京话，尤非其实。实则此种语言，为六百年来一种不成文之国语。

第六期　近二十年来，国人有感于中华字音之无一定之标准，为教育前途之大障碍。于是有王照之《官话字母》、劳乃宣之《简字谱》等发生，欲以音标之形式代旧日之反切。其用意甚美。惜其以京兆一隅之音为全国之标准音，而所作音标又甚不美观，未能通行。民国二年(通历一九一三年)，教育部开读音统一会，征集各省代表，审定国音，遂制成“注音字母”三十九文，音读沿第五期之趋势，以所谓“北音”者为准。自此以后，中华字音将脱离韵书时代，而入于音标时代矣。会事既毕，由会员吴敬恒编为《国音字典》，其书今已告成，闻教育部不久即将公布。今后国音国语之统一，胥赖是书矣。

依上所述，此六期又可括为三期。即第一第二合为一期，以第二期包括于第一期之中，此期之音，以声母为准。第三第四合为一期，以第三期包括于第四期之中，此期之音，以韵书为准。第五第六合为一期，以第五期包括于第六期之中，此期之音，以音标为准。

兹所讲述，但举其大要，不暇详说。而注重之点，尤在应用的方面，不以考古为重。故于所谓“古音”一部分，叙述最略。而“注音字母”则言之较详。至《广韵》一书，含音至博。三代之古音，今后之新音，悉赖《广韵》而明其源流分合。是《广韵》于考古通今，其用甚大，故首先叙述，而所叙亦较其他两者为详。

训诂学常识

训诂的方法

训诂学的一个重要任务，就是总结前人的训诂方法，即词义解释的方法。前人训诂着眼于字，因而很早以前就从字的形、音、义三个方面创造了多种词义解释的方法。以下就从这三个方面分述之。

（一）以形说义

以形说义，旧称形训，就是通过对汉字形体的分析来解释字义，从而探明词义的方法。

汉字是以象形为基础发展起来的表意文字，其形体和意义有密切的关系，因而造字时的基本意义往往可以从对字形的探讨、分析中显示出来。这种方法早在训诂萌芽时期就已经出现了，如《左传》中的“止戈为武”“皿虫为蛊”，《韩非子》中的“自环为厶，背厶为公”等。不过，这些对有关字形的分析是作者用来阐明自己的某个论点的，并不符合造字时的原意。

东汉的许慎根据师传的“六书”理论，在《说文解字》中全面而系统地运用了形训的方法，例如：

气：云气也。象形。（气部）

玉：石之美有五德者。象三玉之连，丨，其贯也。（玉部）

泉：水原也。象水流出成川形。（泉部）

上：高也。此古文丄，指事也。（上部）

甘：美也。从口含一。一，道也。（甘部）

寸：十分也。人手卻一寸动脉谓之寸口，从又一。（寸部）

企：举踵也。从人止。（人部）

采：捋取也。从木从爪。（木部）

戒：警也。从𠬞戈，持戈以戒不虞。（奴部）

术[術]：邑中道也。从行术声。(行部)

穹：穷也。从穴弓声。(穴部)

和：相应也。从口禾声。(口部)

许慎是通过对字形结构的分析来说解字义的。例如，“气、玉、泉”三字，指明是“象形”或“象某形”；“上、甘、寸”三字，指明是“指事”或用“从某某”表明是指事；“企、采、戒”三字，用“从某从某”或“从某某”表明是会意；“术、穹、和”三字，用“从某某声”表明是形声。

以形说义的第一个作用，就是能把字词的意义解释得很清楚。例如：

(1)未几，敌兵果舁炮至。(《清稗类钞·冯婉贞胜英人于谢庄》)

(2)获而取之，何有于二毛？(《左传》僖公二十二年)

例(1)的“舁”一般都注为“抬”。查《说文》，原来“舁”字的上下两部分各是一双手的象形，是“以手共举”的意思，因此注为“抬”是恰当的。

例(2)的“取”有的选本注为“获取”。“取”与“获”是同义词，但句中却用“而”字相连，是不是两个动作呢？《说文·又部》曰：“取，捕取也。从又耳。《周礼》：‘获者取左耳。’《司马法》曰：‘载献聝。’聝者。耳也。”许慎引《周礼》和《司马法》，说明“取”字是“以手取耳”之义。因此“获”是俘获，“取”是割耳，是两个不同的动作。

以形说义的第二个作用在于揭示词的本义，由此出发，探明词的引申义。例如，“要”字：

(1)昔楚灵王好士细要。(《墨子·兼爱》)

(2)是全要领以从先大夫于九京也。(《礼记·檀弓》)

(3)使数人要于路。(《孟子·公孙丑下》)

(4)便要还家，设酒杀鸡作食。(《桃花源记》)

(5)虽曰不要君，吾不信也。(《论语·宪问》)

(6)然后知秉要执本。(《汉书·艺文志》)

(7)骞自月支至大夏，竟不能得月支要领。(《汉书·张骞传》)

(8)故为情者要约而写真，为文者淫丽而烦滥。(《文心雕龙·情采》)

以上各句中的“要”字，意思各不相同，它们之间的联系中心就是由“要”字的形体体现出来的本义。《说文·臼部》：“要，身中也。象人要自臼之形。从臼交。”原来“要”即“腰”的本字。“身腰”是其本义。例(1)“细要”即

"细腰"，例(2)"要领"即"身腰和颈脖"，用的都是本义。"身中"引申为"中间"，用作动词即"中途拦截"，如例(3)。又引申为"迎住""邀请"，如例(4)。从"中途拦截"又引申为"要挟"，如例(5)。"身中"是重要部位，引申为"重要的东西""要点"，例(6)的"秉要"即"抓住要点"，例(7)的"要领"是用来比喻"主要情况"。例(8)的"要"用作形容词，即"简要"。

训诂实践表明，在应用形训时，应尽量采用时代较早的形体，以求字形与字义的联系更直接一些；同时参考《说文》，证以古代文献。

(二)因声求义

因声求义，旧称声训或音训，即寻求读音相同或相近的字来解释词义的方法。

古代的声训，归纳起来有下面三种方式：

(1)利用形声字

《论语》："政者，正也。"

《荀子》："君，群也。"

《尔雅》："古，故也。""诰，告也。"

《说文》："袷，大合祭先祖亲疏远近也。"

《释名》："颊，夹也，面旁称也，亦取挟敛食物也。"

"皮，被也，被覆体也。"

"铭，名也，记名其功也。"

"纪，记也，记识之也。"

"消，削也，言减削也。"

上举"政、正""诰、告""袷、合""颊、夹""铭、名"，是用声旁字训释形声字，"君、群""古、故""皮、被"，是用形声字训释声旁字，而"颊、挟""纪、记""消、削"，则是用同声旁的形声字训释。

(2)利用音同、音近字

《周易・说卦》："乾，健也。""坤，顺也。""震，动也。""坎，陷也。"

《孟子・滕文公》："庠者养也，校者教也，序者射也。"

《尔雅》："樊，藩也。""粤，于也。"

《说文》："天，颠也。""旁，溥也。""祈，求也。"

《方言》："络，来也。""怛，痛也。"

《释名》："广平曰原。原，元也。"

"武，舞也。""烦，繁也。""星，散也。""雾，冒也。""日，实也。""月，缺也。"

上举"乾、健""樊、藩""原、元""武、舞""烦、繁"为同音相训，"震、动""粤、于""旁、溥""祈、求""络、来""怛、痛""星、散""雾、冒"为同声相训，其余"坤、顺""庠、养""天、颠""日、实"等皆为同韵相训。

(3)利用同形字

《诗经·大序》："风，风也。"

《孟子·滕文公》："彻者，彻也。"

《周易》："比者，比也。""蒙者，蒙也。"

同字相训，被释者往往有特定的含义，释者用一般的含义。例如，前一"风"字是《诗经》的一种文体的名称，即"风、雅、颂"之"风"；后一"风"字是"风化"(鼓动)之义。前一"彻"字是周代赋税的名称，后一"彻"字是"彻取"之义。这样训释，今人难解，但在当时还是有一定效果的。

因声求义的第一个作用是寻求本字。本字相对借字而言，是指专门记写某个词，其形体与该词意义有直接联系的字。借字即前面讲过的通假字。古代声训的任务首先就是说明通假，以免读者望文生义，如上所引《尔雅》的例子："樊""藩"二字在古书中常通用；"粤""于"二字属于双声通假，即旧训诂家所谓"一声之转"。

在更多情况下，旧训诂并不限于说明通假，还要依据借字的字音，沿着音同或音近的途径求得本字，然后通过本字的形体来说明词义。例如：

《吕氏春秋·本生》："万人操弓，共射一招。"高诱注："招，埻的也。""埻的"即"准的"。"招"是借字，"的"是本字。

《汉书·项籍传》："(项梁)数使使趣齐兵俱西。"颜师古注："趣，读曰促。""趣"是借字，"促"是本字。

利用音训方法寻求本字，可纠正某些注释的失误。例如，《战国策·楚策》："不知夫穰侯方受命于秦王，填黾塞之内。"王力主编《古代汉语》曾释"填"为"填满军队"，后改为"布满军队"。其实原文是借"填"为"镇"，即"镇守"之义。上古音"镇"读如"田"，与"填"字音同。

因声求义的作用之二是推求语源。

语源是就根词和赖以产生的派生词之间的关系而言的。由同一根词派生出来，因而音义皆近、音近义同或义近音同的词，叫同源词。所谓推求语源，主要是指确定同源派生词之间的“渊源”关系。前面所引《论语》《释名》等书的例子中，大多属于此类，如“政”和“正”，“诰”和“告”，“祫”和“合”，“挟”“夹”和“颊”，“烦”和“繁”等。其中有不少是系联得合理的，如“政、正”同音，“正”是“政”的语源。“诰、告”同音，本同义词，后人加以区别。“合、祫”既双声又叠韵，“合”是“祫”的语源。“夹、颊、挟”叠韵，声纽亦近，三者同源。“烦、繁”同音，亦为同源。

运用因声求义的方法，必须明古音、重证据，切忌滥用，否则易陷入主观，流于穿凿。

（三）直陈词义

直陈词义，旧称义训，就是不借助字形和字音，而用一个词或一组词来直接说明某词的含义。其特点是简明而准确。

直陈词义的方式很多，主要有：

(1)同义相训：即用同义词解释词义，是义训中常见的一种方式。例如：

《方言》卷十：“崽者，子也。”

《广雅·释训》：“拳拳、区区、款款，爱也。”

《说文》：“入，内也。”“内，入也。”

(2)反义相训：即用某词的反义词来解释该词的意义。这主要是因为有些词在上古本来兼有正反两种意义，而后世只通行其中一种。例如：

《尔雅·释诂》：“乱，治也。”“故，今也。”

《释言》：“陶”训“喜”又训“忧”。

(3)以狭义释广义：即用概念外延较小的词语解释外延较大的词语。例如：

《论语·为政》：“道之以政，齐之以刑。”孔注：“政谓法教。”

《礼记·乐记》：“以道制欲，则乐而不乱；以欲忘道，则惑而不乐。”郑注：“道谓仁义也，欲谓邪淫也。”

(4)以共名释别名：即指出某一事物所属的种类。例如：

《说文》：“薇，菜也。”“李，果也。”“橙，橘属。”

(5)标明义界：即用下定义的方式来表述词义的内容和特点。例如：

《说文·衣部》：“衰，艸雨衣也。”

《诗经·沔水》毛传："规，正圆之器也。"

(6)由反知正：即用反义词加上否定词来阐明词义。例如：

《说文》："拙，不巧也。""暂，不久也。""假，非真也。"

(7)增字足意：即把被释词放在释词的地位，另加一个或几个词以完足词义的解释。例如：

《诗经·邶风·静女》毛传："静，贞静也。"

《说文》："与，党与也。""宽，屋宽大也。""维，车盖维也。"

(8)描述比况：即对词所表示的事物加以描写，或用类似事物加以比拟。例如：

《尔雅·释鸟》："二足而羽谓之禽，四足而毛谓之兽。"

《尔雅·释兽》："兕，似牛。犀，似豕。"

《释名》："日月亏曰食，稍稍侵蚀，如虫食草木叶也。"

最后必须指出：以形说义、因声求义二者都离不开直陈词义的方法，都要靠它在解说中起联系作用。因此三种训诂方法不是平列的，在训诂实践中应以直陈词义的方法为基础。而且，上述各种方法是交互使用或同时并举的，这在阅读古代注疏时应予以注意。

古注的术语

古人在给古书做注解时曾使用过一整套术语，这些术语各自都有特定用法，读古书不可不知。

常见的古注术语有以下几种。

(1)也、者

用"也"字是表明某词的释义已说尽，用"者"字是提示被释之词。其格式是"甲，乙也""甲者，乙也"。例如：

《周易·乾传》："元，始也。"

《孝经·庶人章》正义："庶者，众也。"

(2)曰、为、谓之

使用这几个术语时，被释之词总是放在它们后面。其格式是"乙曰甲""乙为甲""乙谓之甲"。例如：

《论语·学而》郑注："同门曰朋，同志曰友。"

《楚辞·离骚》王逸注：“害贤为嫉，害色为妒。”

《尔雅·释草》：“草、敷，荣也。木谓之华，草谓之荣。”

(3)谓

“谓”与“谓之”不同，用“谓”时，被释之词都放在它前面。其格式是“甲谓乙”。例如：

《诗经·邶风·谷风》毛传：“有谓富也，无谓贫也。”

《诗经·鄘风·柏舟》毛传：“天谓父也。”

(4)言

用“言”和用“谓”的格式相同，但用法不一样。“谓”一般用来解释词义，而“言”往往用来串讲文意。例如：

《诗经·魏风·葛屦》孔疏：“俭啬言爱物，褊急言性躁。”

《诗经·召南·行露》毛传：“岂不，言有是也。”

(5)貌

用“貌”字时，被释的词往往是表示性质或状态的形容词。其格式是“甲，乙貌”。例如：

《论语》郑注：“恂恂，恭顺貌。”

《诗经·卫风·氓》朱熹注：“沃若，润泽貌。”

(6)犹

用“犹”字有四种情况：一是同义相训，二是说明引申义，三是以本字释借字，四是以今语释古语。其格式是“甲犹乙也”。例如：

《诗经·魏风·伐檀》毛传：“侧，犹崖也。”

《孟子·梁惠王上》：“老吾老以及人之老，幼吾幼以及人之幼。”赵岐注：“老犹敬也，幼犹爱也。”

《文选·册魏公九锡文》：“若赘旒然。”李善注引何休《公羊解故》：“赘犹缀也。”

《说文》“尔”下云：“丽尔，犹靡丽也。”段注：“丽尔，古语；靡丽，汉人语。以今语释古语，故云‘犹’。”

(7)之言、之为言

这两个术语表示声训。其格式是“甲之言乙也”“甲之为言乙也”。例如：

《尔雅·释训》：“鬼之言归也。”

《论语·卜筮篇》："夫蓍之为言耆也，龟之为言旧也。"

(8)读为、读曰、读若、读如

"读为""读曰"往往是用本字来说明通假字。其格式是"甲读为乙""甲读曰乙"。旧训诂家称为"破读"。例如：

《诗经·卫风·氓》郑笺："泮读为畔。畔，崖也。"

《尚书·尧典》："播时百谷。"郑玄注："时读曰莳。"

"读若""读如"一般是用来注音，有时也用来破通假字。例如：

《说文》："哙，咽也。从口会声。或读若快。"

《周礼·太祝》："奇拜。"杜子春注："奇，读如奇偶之奇。"

上述是古注中最常见的术语，我们要想正确理解古注，就必须准确把握这些术语的用法。

训诂学选篇

说文解字注序①

《说文》之为书，以文字而兼声音、训诂②者也。凡许氏形声③、读

---

① 《说文解字注》，字书，清段玉裁注，三十一篇。段玉裁(1735—1815年)，字若膺，江苏金坛人。乾隆举人，曾任贵州、四川等地知县。早年从师于戴震，是乾嘉学派中著名的文字训诂学家。段氏以向来治《说文》者多不通其条贯、考其文理，未得许学要旨，乃作此书，前后历三十余年(1776—1807年)，终成之。其特点在阐明许学体例，使读者能领悟原作旨意。许书重在析形，而此书音、形、义并重，以音韵为骨干进行训诂，提出诸多新看法订正许说，不少见解与甲骨文、金文暗合，令人钦佩。然亦偶有主观武断之处。要之，研究古文字离不开《说文》，而研究《说文》又离不开段注。其原刻经韵楼本今存。本篇底本为成都古籍书店1981年影印本。本序为清代学者王念孙所作。

② 训诂：解释古书字义。晋郭璞《尔雅序·疏》："诂，古也，通古今之言使人知也。训，道也，道物之貌以告人也。"

③ 形声：此指形声字的结构，以及形声字与声旁字之间声音上的关系。

若[①]，皆与古音相准，或谓古之正音[②]，或为古之合音[③]。“方以类聚，物以群分”[④]。循而考之，各有条理，不得其远近分合之故，则或执今音以疑古音，或执古之正音以疑古之合音，而声音之学晦矣。

《说文》之训，首列制字之本意，而亦不废假借[⑤]。凡言“一曰”[⑥]及所引经类多有之，盖以广异闻，备多识，而不限于一隅也。不明乎假借之指，则或据《说文》本字以改书传假借之字，或据《说文》引经假借文字以改经之本字，而训诂之学晦矣。

吾友段氏若膺，于古音之条理，察之精，剖之密。尝为《六书音均表》[⑦]，立十七部以综核之。因是为《说文注》，形声、读若，一以十七部之远近分合求之，而声音之道大明。于许氏之说正义、借义[⑧]，知其典要，观其会通，而引经[⑨]与今本异者，不以本字废借字，不以借字易本字，揆诸经义[⑩]，例以本书，若合符节[⑪]，而训诂之道大明。

训诂、声音明而小学[⑫]明，小学明而经学明。盖千七百年来无此作矣。若夫辨点画之正俗，察篆隶之繁省，沾沾[⑬]自谓得之，而于转注、假借之通例[⑭]，茫乎未之有闻，是知有文字而不知有声音、训诂也。其

---

① 读若：训诂学术语，用来表示字形与字音的关系。

② 正音：即段氏所谓“音之正”，如古韵之部中的之韵，宵部中的宵、萧韵等。

③ 合音：指古韵同部的诸韵，即段氏所谓“音之变”，如之部中的咍韵，宵部中的豪、肴韵等。

④ 方以类聚，物以群分：出自《周易·系辞》。据段注：“类聚为同部也，群分为异部也。”

⑤ 不废假借：《说文》中的解释不限于用本义，有时兼以假借之义解释。

⑥ “一曰”：《说文》中往往用“一曰”来解释字的形、音、义。如：“贞，卜问也。从卜贝……一曰鼎省声。”

⑦ 《六书音均表》：“均”即“韵”。该书分同声符字为十七部，多附《说文段注》之后。

⑧ 正义：指《说文》所说解的本义。借义：即文字之假借义。

⑨ 引经：指《说文》引经以说解。

⑩ 揆(kuí)：准则。此处意为以经文之义为准则。

⑪ 符节：古代用作凭证之物，用竹、木或金属制成。

⑫ 小学：文字学、音韵学、训诂学合称小学，相对经学而言。

⑬ 沾沾：形容自以为是状。

⑭ 转注、假借之通例：指《六书》中的转注、假借，本是字义寓于字音，因音以得其义，是谓通例。

视若膺之学，浅深相去为何如邪！余交若膺久，知若膺深，而又皆从事于小学，故敢举其荦荦大者[①]，以告缀学[②]之士云。

嘉庆戊辰五月高邮王念孙序。

释　相[③]

自周秦以来，凡宰辅之臣皆名曰相[④]。相之取名，必是佐助之义(《诗》："相维辟公。"[⑤]《论语》："则将焉用彼相矣！"[⑥])乃《说文》相在目部，本义为省视，为以目观木(《易》："地可观者，莫可观于木[⑦]")，曷尝有佐助之义[⑧]？此必是假借之字。其本字为何？曰："襄"字也[⑨]。古人

---

① 其荦荦大者：出自《史记·天官书》。荦，牛杂色也。索隐曰："荦荦，事之分明也。"

② 缀学：出自《大戴礼记》，意为承学。

③ 本篇选自《研经室集》一集卷一。《研经室集》，清阮元(1764—1849年)撰，五十八卷。阮元字伯元，号云台，江苏仪征人。乾隆进士，历官浙江、江西等省巡抚，湖广、两广、云贵总督，晚年为体仁阁大学士，卒谥"文达"。阮氏一生提倡治学，勤于校勘编书，曾主编《经籍籑诂》，校刻《十三经注疏》，汇刻《皇清经解》等。《研经室集》包括一集十四卷、二集八卷、三集五卷、四集二卷、诗十一卷、续集十一卷、再续集七卷、外集五卷。前四集为其自订，隐然以经、史、子、集为次。余为诗文合编，多出于属员鲍廷博、何元锡之手。元虽为达官，不废学问，于经史、小学、天算、舆地、金石、校勘，无不精研达微。自称其学在训诂，盖在由训诂以明义理，治经史方能得其本原。故集中以论经史、小学之文居多，而卓识精义迭出。有道光三年(1823年)文选楼刻本，本篇即据此本，是论述文字音与义的关系、阐明"义寓于声"的重要文章。

④ 相：古代亦作官名，《吕氏春秋》所谓"相也者，百官之长也"。秦官有"相国""丞相"，汉又有"计相"(见《史记·张丞相传》)。唐代更有"内相"等(见《唐书·陆贽传》)。

⑤ 引文见《诗经·周颂·雍》，又见《论语·八佾》。辟公，即诸侯。毛传："相，助也。"

⑥ 引文见《论语·季氏》。

⑦ 莫可观于木：《说文》目部："相，省视也。从目木。"《说文》"相"字下引《周易》曰："地可观者，莫可观于木。"段注："谓地上可观者莫如木也。"

⑧ 曷尝有佐助之义："相"字按中古音是两读字。《广韵》一读"息良切"，平声，在阳韵。一读"息亮切"，去声，在漾韵。古书中"相"作专名用时，皆读平声，如《尔雅·释天》："七月为相"，此"相"为月份名。《礼记·曲礼》："士不名家相长妾。""家相"即助理家事的人。作"佐助"讲时，则读去声，如《周易·泰卦》："辅相天地之宜，以左(佐)右(佑)民。"

⑨ "襄"字也：《说文》衣部：襄从衣𤕦声。段注："息良切。"《说文》引汉令："解衣而耕谓之襄。"段注："此襄字所以从衣之本义，唯见于汉令也。"

韵缓，平仄皆可同义。是以辅相之相亦可平声，赞襄之襄亦可去声。后人昧此，故不知“襄”“相”音同，可假借矣。

《说文》衣部“襄”字云：“汉令：解衣而耕谓之襄。”凡耕者必有耦，故但言耕而即有佐助之义，即所谓相人偶[①]之偶也（《仪礼·大射仪》“聘礼公食大夫礼[②]”，《礼记·中庸》[③]、《论语》注[④]，皆有相人偶之义）。非佐助不成耦耕，故事之相佐者皆曰襄。如《尚书·虞书》“思日赞赞襄哉”[⑤]，其最古者也。“赞”有佐助之义，凡《周礼》“赞王”“赞命”“赞工”皆是也。“赞赞”为叠字，凡叠字皆形容之字，以赞赞形容襄字，犹“浩浩滔天”，以“浩浩”形容滔字。“荡荡怀山襄陵”[⑥]，以“荡荡”形容怀字、襄字也。自《虞书》以后，襄字不常写，多假同音之“相”字写为宰相之相，是以“相”有佐助之训，辅赞之义，顾名而不知其义矣。

至于襄之训因[⑦]、训除[⑧]，相之训道[⑨]、训勴[⑩]，皆从人偶耕辟赞助而引申之者也。襄有因训（《谥法》“因事有功曰襄”），则“相”亦必训因，凡二人、二事之有因者，必以相字连缀之，如相成、相佐、相偶之类是也。其实“相”皆借字，本义皆在解衣而耕之襄字也。《说文》恐后人不解

---

① 相人偶：据《周礼·考工记》“匠人”：“耜广五寸，二耜为偶。”郑注：“古者耜一金，两人并发之。”故“耦之言偶也”。《左传》襄公二十九年：“射者三耦，公臣不足，取于家臣。”耦，同“偶”。旧注：“两人为耦。”《广雅》：“耦，耕也。”

② 聘礼公食大夫礼：据《仪礼·大射仪》：“仆人正徒相大师。仆人师相少师。仆人士相少工。”其中“徒”为空手之义。“仆人正”是仆人的领班，“仆人师”是仆人正的辅佐，“仆人士”是仆人正的吏。师有大师、少师之别，师是工之长，大师是乐工之长。

③ 《礼记·中庸》有“万物并育而不相害，道并行而不相悖”之语。

④ 《论语》注：《论语·微子》：“长沮桀溺耦而耕。”《集解》引郑注：“两耜为耦。”

⑤ 引文见《虞书·皋陶谟》。

⑥ 引文见《尚书·尧典》。

⑦ 襄之训因：《尔雅·释诂》：“儴、仍，因也。”《释文》“儴”字下引《论语》：“其父攘羊”，释之作“攘”，注云：“因来而盗曰攘。”可见“儴”作“因”解正是“攘”的记音字。

⑧ 训除：《尔雅·释言》：“襄，除也。”按：《诗经·鄘风·墙有茨》：“墙有茨，不可襄也。”毛传：“襄，除也。”

⑨ 相之训道：《尔雅·释诂》：“相，导（教导）也。”

⑩ 训勴：《尔雅·释诂》：“相，勴也。”郭注：“勴，谓赞勉。”按：“赞勉”亦为教导之义。

襄字收入衣部之故，故引汉令以明之，而佐助之义即在其中。且《说文》衣为覆二人①，本有偶并之义，故不再为训也。襄又训除，乃《说文》引申之义，非第一义也。

襄又训驾②，《诗·大东》："两服上襄。"③此两马并驾之义，即两人并耕之义。以襄驾之训例之，知襄字之义重并耕而不重解衣矣。《诗·棫朴》："金玉其相。"④"相"亦"襄"之假借字，言金玉两并为追琢之章也。传训"相"为"质"，似望"章"字而始生其义，非本义也。

至于"襄""相"假借之见于经籍者，《文选·上林赋》："消摇乎襄羊。"《西京赋》："相羊乎五柞之宫。"《汉书·外戚传》："唯幼眇之相羊。"《诗·出车》："玁狁于襄。"《释文》："本或作攘。"《礼记·祭法》："相近于坎坛。"郑注："相近当为攘祈。"皆其迹也。又《诗》曰："诞后稷之穑，有相之道。"⑤此"相道"即"襄道"。襄道者，耦耕也，攘草也。故下直接曰"茀厥丰草"也。

---

① 《说文》衣为覆二人：《说文》衣部："衣，依也。上曰衣，下曰裳(下裙也)。象覆二人之形。"

② 襄又训驾：《尔雅·释言》："襄，驾也。"

③ 引文见《诗经·郑风·大叔于田》。郑笺："襄，驾也。"《诗经·小雅·大东》："终日七襄。"郑笺："襄，驾也。"

④ 引文见《诗经·大雅·棫朴》："追琢其章，金玉其相。"毛传："相，质也。"

⑤ 引文见《诗经·大雅·生民》："诞后稷之穑，有相之道，茀厥丰草。"毛传："相，助也。"按："助"即"锄(草)"也。

新注选篇·经部

周　易①

乾第一②

䷀(乾下乾上)③

《乾》④：元亨。利贞。⑤

---

① 《周易》又称《易经》，简称《易》。儒家经典。旧传伏羲做八卦，文王做辞，萌芽期可能早在殷周之际。书为经、传两部分：六十四卦与三百八十四爻，附卦辞、爻辞为经，作占卜之用，称《易经》《古经》。解释卦辞与爻辞的七种文字，即《象》(上、下)、《象》(上、下)、《系辞》(上、下)、《文言》、《说卦》、《序卦》、《杂卦》共十篇，旧称“十翼”，统称为《易传》。经文以象征八种自然现象的八卦形式推测自然和人事变化，把千变万化的事物抽象概括为阴、阳一对基本因素，认为阴阳二气交感是产生万物的本源，又提出“刚柔相推，变在其中”的朴素辩证法观点。从史学角度看，它记载的社会现象相当广泛，诸如政治、经济、社会制度、社会生活、思想意识等，都有所涉及，因此是相当重要的上古社会史料。《易传》则是古典哲学中异常重要的著作。西汉时经传别行，后合而为一。旧有郑玄注，已佚。今通行本有三国魏王弼、东晋韩伯注，唐孔颖达《周易正义》、李鼎祚《周易集解》等。本篇底本为中华书局《十三经注疏》本(1979年)。此篇即为《乾》卦的卦象、卦辞与爻辞。

② 《周易》共六十四卦，《乾》卦为第一。

③ 六爻卦中，上三爻为上卦，下三爻为下卦。“乾”是三爻卦的卦名。

④ 这个“乾”是六十四卦的卦名。

⑤ 元：大。亨：即享。大享为祭祀之名。利贞：卜问则结果有利。贞，《说文》：“卜问也，从卜，贝以为贽。”贽，礼物。

初九①：潜龙，勿用。②

九二：见龙在田，利见大人。③

九三：君子终日乾乾，夕惕若，厉无咎。④

九四：或跃在渊，无咎。⑤

九五：飞龙在天，利见大人。

上九：亢龙，有悔。⑥

用九：见群龙无首，吉。⑦

坤第二⑧

䷁(坤下坤上)⑨

《坤》⑩：元亨。利牝马之贞。⑪ 君子有攸往⑫，先迷后得主⑬，利，

---

① 九：《周易》中凡遇阳爻则记为九。六爻卦中，自下而上，阳爻分别记为：初九、九二、九三、九四、九五、上九。

② 潜：《说文》："藏也。"勿用：高亨："谓勿施行某事也。"故全句意为：筮遇此爻，不可有所作为。

③ 见：现。大人：《易经》中指贵族。全句意为：筮遇此爻，大人到民间活动则有利，就像龙出现在地上一样。

④ 乾乾：勤勉努力。惕若：惕然。惕，警惕。厉：危险。咎：灾难。全句意为：君子白天勤勉努力，夜间保持警惕，即使在危险的环境中也不会有灾难。

⑤ 或：有时。此句承上文，省去主语"龙"。

⑥ 亢：王肃："极高曰'亢'。"悔：较小的不幸。

⑦ "九"读为"迥"，通也。用九是《乾》卦特有的爻题，仅用于《乾》卦六爻皆动，变为《坤》卦之时。见：现。全句意为：群龙出现在天空，龙头都被云遮住了。用来比喻众人都得志而高飞，所以吉。

⑧ 此篇即为《坤》卦的卦象、卦辞与爻辞。

⑨ 参见《乾第一》注③。

⑩ 这个"坤"是六十四卦的卦名。

⑪ 牝马：母马。贞：卜问。筮遇有关母马的事，遇到《坤》卦则有利。

⑫ 有攸往：有所往。

⑬ 迷：《说文》："惑也，从辵，米声。"《广雅·释诂》："迷，误也。"此即迷路之意。主：主人。全句意为：君子有所往，先迷路，后得主人招待。

西南得朋①，东北丧朋②。安贞吉③。

初六④：履霜，坚冰至⑤。

六二：直方⑥大不习，无不利⑦。

六三：含章，可贞⑧。或从王事，无成有终⑨。

六四：括囊，无咎无誉⑩。

六五：黄裳，元吉⑪。

上六：龙战于野，其血玄黄⑫。

用六：利永贞⑬。

---

① 朋：《周易集解》引崔憬曰："双贝为朋，价直二十大贝。"《诗经·小雅·菁菁者莪》："锡我百朋。"郑笺："古者货贝，五贝为朋。"王国维曰："古贝五枚为系，二系为朋，释五贝者举其一系之数也。"另一说："朋"为朋友。但《易经》中朋友称"友"，如《损》六三："一人行则得其友。"故释朋贝为胜。

② 丧：失。全句意为：向西南行则得朋贝，向东北行则丧失朋贝。

③ 安贞吉：占问平安则吉。

④ 六：《周易》中凡遇阴爻则记为六。六爻卦中，自下而上，阴爻分别记为：初六、六二、六三、六四、六五、上六。

⑤ 履：《说文》："足所依也，从尸从彳从夊。"故其本义为鞋。此处活用为动词，为践踏之义。全句意为：人在踏霜之时，坚冰将至。喻人事之吉凶皆为逐渐到来。

⑥ 直：持也。方：并船也。

⑦ "大"疑为衍文。全句意为：人持方舟渡河，因方舟不易翻船，故虽不熟悉驾船之术，亦无不利。

⑧ 含章：含有文章。可贞：所占之事可行。意为人有文章在内，则占问之事可行。

⑨ 或：或许，有时。终：事情有好的结果。全句意为：如果从事于王者，即使不能成功，也会有好的结果。

⑩ 括：《周易集解》引虞翻曰："括，结也。"括囊，即束结囊口。无咎，无灾祸。全句喻人遇事而闭口不言，这样既无灾祸，又无美誉。

⑪ 裳：《说文》："下帬也"，音 cháng，即今之裙裤。元：大。全句意为：穿黄色的裙裤，大吉。

⑫ 玄黄：青黄混合之色。全句意为：龙相战于郊野，流血染泥土，成青黄混合之色。喻人双方作战，俱有牺牲。

⑬ 用六：《坤》卦特有的爻题，仅在《坤》卦六爻皆变时，才以用六爻辞断事。全句意为：筮遇用六，利于占问长期的吉凶。

系辞（上）（节选）①

天尊地卑，乾坤定矣②。卑高以陈，贵贱位矣③。动静有常，刚柔断矣④。方以类聚，物以群分，吉凶生矣⑤。在天成象，在地成形，变化见矣⑥。是故刚柔相摩，八卦相荡⑦。鼓之以雷霆，润之以风雨⑧。日月运行，一寒一暑⑨。乾道成男，坤道成女⑩。乾知大始，坤作成物⑪。乾以易知，坤以简能⑫。易则易知，简则易从⑬。易知则有亲，易从则有功⑭。有亲则可久，有功则可大⑮。可久则贤人之德，可大则贤人之业。易简而天下之理得矣。天下之理得，而成位乎其中矣⑯。

---

① 《系辞》是解释《周易》的七种文字之一，分上、下两篇，旧传为孔子所作，但自北宋欧阳修即疑非出孔子之手。内容为泛论《易》理，颇为驳杂。

② 尊：甲骨文作，双手高举酒器状，后引申出尊贵、长辈等义。此处作“高”讲，接近其本义。卑：下。乾：天。坤：地。

③ 以：同“已”。陈：陈列。位：名词活用为动词，确定位置。

④ 常：恒久。刚：天的属性。柔：地的属性。断：分开。

⑤ 方：甲骨文作，似人形。《说文》：“方，并船也，像两舟省总头形。”后引申出方位等义。高亨：“方当作人，篆文人作，方作，形似而误。”俞樾：“方之言四方也。”

⑥ 象：此指日、月、风、雨等自然现象。形：此指山泽、草木、鸟兽等。

⑦ 刚柔：指阳爻、阴爻所象的刚、柔两类物质。摩：《说文》：“研也，从手麻声。”郑玄：“摩，犹迫也，谓阴阳相薄（同‘搏’）也。”荡：冲激。

⑧ 鼓：动。之：指万物。霆：闪电。润：滋润。在八卦中，震为雷，巽为风，坎为雨。

⑨ 在八卦中，离为日，坎为月。

⑩ 乾：天。坤：地。成：为。

⑪ 王念孙：“知犹为也，为亦作也。”大始：最开端。

⑫ 易：平易。知：即智。简：简易。全句意为：乾以平易成其智，坤以简易成其能。

⑬ 第一个“易”是平易，后两个“易”是容易。知：了解。从：遵从。

⑭ 亲：亲近天道的人。有功：发挥功效。

⑮ 久：永恒不绝。大：发扬光大。

⑯ 成位：确定位置。全句意为：掌握了天下万物之理，就可以在其中确定阴阳、刚柔、上下、贵贱的位置了。

尚　书①

盘庚(上)②

盘庚迁于殷③。民不适有居④，率吁众戚出，矢言曰⑤："我王⑥来，

---

① 《尚书》，先秦称《书》，入汉始称《尚书》，又称《书经》，"尚"通"上"，《尚书》，意即"上古之书"，是我国最早的一部历史文件汇编。相传为孔子所删定，按虞、夏、商、周四代顺序，以典、谟、训、诰、誓、命等形式，记录了上起传说时的尧、舜、禹，中经夏、商、周三代，下迄春秋中期的秦穆公时期的部分事迹，是学习和研究我国上古历史的重要史料。汉初，有由伏生传授的《今文尚书》二十八篇，流传至今。景帝时，鲁恭王坏孔子宅，又得多出伏生所传十六篇的《古文尚书》，后于魏晋间全部亡佚。东晋时梅赜献《古文尚书》，历经明清学者考证，定为伪作。清代《十三经注疏》本《尚书》，将《今文尚书》和《古文尚书》合编在一起，引用时必须慎重。《尚书》不仅在内容上史料价值很高，在体例和编纂方法上对后世亦有深远的影响。《尚书》每篇有一标题，在标题之下记一个完整的人或事件。它是纪事本末体的萌芽。全书编排按照朝代顺序，每一朝代又按帝王顺序排列文献的先后，使人读后能了解一个王朝的兴衰历史过程。这实际上又是我国编年史的开端。特别是《禹贡》一篇，既为我国最早的一篇地理志，又为后世书志体开其先例。《尚书》的注本有：唐孔颖达《尚书正义》(《十三经注疏本》)；清孙星衍《尚书今古文注疏》(《万有文库》本)；今人曾运乾《尚书正读》；今人杨筠如《尚书核诂》。本篇底本为中华书局《十三经注疏》本(1979年)。

② 《尚书·盘庚》是盘庚迁都时对臣民的三次讲话，但这三篇的排列次序与盘庚讲话的先后次序不相符。本文《盘庚(上)》，标题沿用旧称，实则为第三次讲话。

③ 盘庚：商王名，成汤的十世孙，商代第十九世王。商王朝建立后，曾五次迁都，而第五次盘庚自奄(今山东曲阜)迁殷(今河南安阳)后，国都再无迁移，直至商亡。故又称商为殷。盘庚迁于殷，即盘庚要迁都于殷。

④ 适：往。有：名词词头。居：指新都邑之居。

⑤ 率：皆。吁：呼。戚：亲贵大臣。出：出来。矢：直。主语"民"一直贯到"曰"。从"我王来"至"底绥四方"是人民对众戚说的话。

⑥ 我王：指迁奄的南庚。

即爰宅于兹[①]，重[②]我民，无尽刘[③]。不能胥匡以生[④]，卜稽[⑤]，曰其如台[⑥]？先王有服[⑦]，恪[⑧]谨天命，兹犹不常宁[⑨]。不常厥邑[⑩]，于今五邦[⑪]。今不承于古[⑫]，罔知天之断命[⑬]；矧曰其克从先王之烈[⑭]，若颠木之有由蘖[⑮]，天其永我命[⑯]于兹新邑，绍复[⑰]先王之大业，厎绥四方[⑱]？"

① 爰宅：犹《诗经·邶风·击鼓》的"爰居爰处"。爰，因。宅，动词，居。兹：此，指奄邑。

② 重：重视。

③ 刘：杀，伤害。

④ 胥：互相。匡：救助。生：生存。

⑤ 卜：占卜。稽：卜以问疑。卜稽：占卜以决疑。

⑥ 曰：如今语"这样说"。其：副词。如台(yí)：如何。其如台：可怎么样呢？上句说南庚迁于此奄邑，能重视我民。而今则政治上不能相救助以资生存，却要迁都，占卜也不能解决。说这话作为反对迁都的理由。

⑦ 先王：指盘庚以前的商王，如汤、仲丁等人。服：事。

⑧ 恪(kè)：敬。

⑨ 兹：此，这样。犹：尚且。宁：安。

⑩ 不常厥邑：不恒其都邑。厥，其。

⑪ 于今五邦：从立国到现在，已经建都五地了。即汤始居亳(今河南商丘北)，仲丁自亳迁于嚣(即隞，今河南荥阳)，河亶甲自嚣迁相(今河南内黄)，祖乙居庇(今山东定陶)，南庚自庇迁奄(今山东曲阜)。这是说迁都也要从天。先王能恪谨天命，奉天命行事，才能不常厥邑。

⑫ 承：继。古：指先王的规矩。

⑬ 罔：无。断命：决定之命。

⑭ 矧(shěn)：况。克：能。烈：事业，功绩。

⑮ 若：如。颠木：斫倒的树。颠，倒。由蘖(niè)：《说文》引作"甹櫱"。蘖是"櫱"的或体。《说文》解："甹，木生条也。""櫱，伐木余也。"伐木余，即树干斫倒后所余根部一小段。这一小段叫蘖，今语树兜。蘖身生芽长条，叫"甹"，今写作"由"。"由蘖"古人连用为一词，即萌蘖。

⑯ 永我命：长久地延续我们的生命。永，延长。

⑰ 绍：继。复：光复。

⑱ 厎(zhǐ)：定。颠木有由蘖，由生于蘖，比喻事物必有根源。这是说而今则不承于先王的规矩，不知上天的决意，何况说(更谈不上)能从先王的事业，天还会延长我们的生命于新迁之邑，让我们绍复先王大业，安定四方吗？

盘庚斅于民由①乃在位，以常旧服②，正法度③。曰："无或敢伏小人之攸箴④！"

王命众悉至于庭⑤。王若⑥曰："格⑦，汝众⑧！予告汝，训汝猷⑨。黜乃心，无傲从康⑩。"

"古我先王亦惟图任旧人共政⑪，王播告之⑫，修不匿厥指⑬，王用丕钦⑭。罔有逸言⑮，民用丕变⑯。今汝聒聒⑰，起信险肤⑱。予弗知乃所讼⑲。"

---

① 斅(xué)：觉悟(《说文》)，明白。民由：人民的情由。盘庚觉悟到人民反对迁都，实由对政治不满。

② 乃：副词，就。在位：指君主及居于高位的职官。以：用。常：经常。旧服：先王的旧制与故事。

③ 正：饬，整顿。法度：法制。

④ 曰：盘庚警告职官说。无：不要。或：有人。伏：压制。小人：小民。攸：所。箴(zhēn)：谏(马融说)，规诫。人民主要是对当时政治不满。盘庚觉悟到这点，就与职官修旧职、正法度。盘庚警告说：谁都不许压制人民的规诫。这样就缓和了人民与君主、亲贵大臣的矛盾。然后盘庚又为迁都事命众人至庭，诰诫说服，事见下文。

⑤ 众：臣民。悉：尽，都。庭：朝廷。

⑥ 若：乃。

⑦ 格：来。

⑧ 汝众：你们大家。

⑨ 训汝猷：给你们说明迁都的谋划。训，解释，说明。猷，谋。

⑩ 黜乃心：你们要降心相从。黜，降。无傲从康：不要傲君上之命，从一时之安。康，安乐。

⑪ 古：昔。惟：是。图：谋，考虑。任：任用。旧人：指世代做官的人。共政：为政，管理政事。共，动词。

⑫ 王：指先王。播：布。之：代指共政之旧人。

⑬ 修：行。不匿厥指：不失其意旨。匿，亡(《说文》)，失。厥，其。指，意旨。

⑭ 王用丕钦：王因此很敬重臣下。用，因。丕，大。钦，敬。

⑮ 罔：无。逸言：犹后言。

⑯ 民用丕变：人民因而大变化。

⑰ 聒聒(guō)：《说文》引作"䛡䛡"，愚而自用的样子。

⑱ 起：兴。信：伸。险：邪恶。肤：浮浅之言。

⑲ 乃：你们。讼：争辩。予弗知乃所讼：我不知道你们所争辩的是什么。这句是指责他们任意妄说，造出一些邪恶浮浅的话。

“非予自荒兹德①，惟汝含德不惕予一人②。予若观火③。予亦拙谋④，作乃逸⑤。”

“若网在纲⑥，有条而不紊⑦；若农服田⑧，力穑乃亦有秋⑨。汝克黜乃心⑩，施实德⑪于民，至于婚友⑫。丕乃敢大言汝有积德⑬。乃不畏戎毒于远迩⑭。惰农自安⑮，不昏作劳⑯，不服⑰田亩，越其罔有黍稷⑱。”

“汝不和吉言于百姓⑲，惟汝自生毒⑳，乃败祸奸宄以自灾于厥身㉑。

---

① 荒：废。兹德：指任用旧人之德。

② 含德：存心。惕：敬(《说文》)，敬畏。

③ 观：与“爟”(guàn)音意同，即举火。观火：比喻自己能烛照隐微。

④ 拙谋：明示迁都的谋划。拙：《说文》引作“炪”(音与“拙”同)，火光。

⑤ 作乃逸：作成你们的安逸，使你们安逸。

⑥ 纲：网上的总绳。

⑦ 条：条理。紊：乱。

⑧ 服田：治田。服，事，治。

⑨ 力：尽力。穑：耕作。乃：才。秋：禾谷熟。

⑩ 克：能。黜：降。乃心：指私心。

⑪ 实德：实在的好处，指迁新都。

⑫ 至于婚友：施好处并及于你们的亲戚和左右。婚，亲戚。友，左右佐助的人。婚友是“汝”的婚友。

⑬ 丕：大。大言：放言。汝有积德：你们有积累的德行。

⑭ 乃：才。不畏：不怕。戎：大。毒：害。远迩：远处和近处。

⑮ 惰：懒惰。自安：自己心安。

⑯ 昏(mǐn)：勉。作劳：犹言作苦。作，动词。

⑰ 服：事。

⑱ 越：句首助词。其：副词，表推断语气。罔有：没有。黍稷：指百谷。黍，黏米。稷，小米。

⑲ 和：谐。吉言：好话，指王迁都的话。于百姓：在百官当中。

⑳ 惟：是。自生毒：自己种下祸根。

㉑ 乃败祸奸宄：就生出败祸奸宄。乃，就。败，危败。祸，灾祸。奸，在外作恶。宄(guǐ)，在内作恶。自灾：自害。厥：其。

乃既先恶于民①，乃奉其恫②，汝悔身③何及？相时憸民④，犹胥顾于箴言⑤，其发有逸口⑥，矧予制乃短长之命⑦！汝曷弗⑧告朕，而胥动以浮言⑨，恐沈于众⑩？若火之燎于原⑪，不可向迩⑫，其⑬犹可扑灭？则惟汝众自作弗靖⑭，非予有咎⑮。”

“迟任有言曰⑯：‘人惟求旧⑰，器非求旧⑱，惟新⑲。’古我先王暨乃祖乃父胥及逸勤⑳，予敢动用非罚㉑？世选尔劳㉒，予不掩尔善㉓。兹予大享于先王㉔，尔祖其从与享之㉕。作福作灾㉖，予亦不敢动用非德㉗。”

---

① 乃：你们。既：已经。先恶于民：给民导恶。先恶，导恶。
② 乃：而。奉：承受。恫：痛苦。
③ 身：谓自身。
④ 相：看。时：是，这。憸(xiān)民：小民。
⑤ 犹：副词，还。胥：相，互相。顾于：顾及。箴言：规诫的话。
⑥ 逸口：失言。
⑦ 矧：况。制：掌握。短长之命：指生死之命。
⑧ 曷弗：何不。
⑨ 胥：相。动：鼓励。浮言：无根据的流言。
⑩ 恐：惧。沈：陷溺。
⑪ 若：如。燎：燃烧。原：野。
⑫ 向：面向。迩：靠近。
⑬ 其：语气副词。
⑭ 靖：安。
⑮ 咎：过错。此句意为：你们自作不安，不是我的过错。
⑯ 迟任(rén)：郑玄：“迟任，古之贤史”。
⑰ 人惟求旧：用人要求旧人。
⑱ 器：器用。
⑲ 惟新：引以指国都也如器用，不合用了便不用，当徙新邑。惟，宜，应该。
⑳ 暨：与。胥及：相与。逸：安逸。勤：勤劳。
㉑ 非罚：不当的、非分的刑罚。此句为反问。
㉒ 选：择，称举。劳：勤劳。
㉓ 掩：遮盖。
㉔ 兹：今。大享：大祭。
㉕ 从与享之：跟着受祭祀。与(yù)，参与。
㉖ 作福作灾：作善作恶。
㉗ 非德：不当的、非分的奖赏。不敢动用非德，意为秉承先王及尔祖的意志来处置。

“予告汝于难[1]，若射之有志[2]。汝无侮老成人[3]，无弱孤有幼[4]。各长于厥居[5]，勉[6]出乃力，听予一人之作猷[7]。无有远迩[8]，用罪伐厥死[9]，用德彰厥善[10]。邦之臧[11]，惟汝众[12]；邦之不臧，惟予一人有佚罚[13]。凡尔众，其惟致告[14]。自今至于后日，各恭[15]尔事，齐乃位[16]，度乃口[17]，罚及尔身，弗可悔[18]。”

牧　誓[19]

时甲子昧爽[20]，王朝至于商郊牧野[21]，乃誓[22]。王左杖黄钺[23]，右秉

---

① 于：介词，在。难：艰难。

② 射：射箭。志：标识。

③ 侮：欺侮。老成人：老年人。

④ 弱：轻，小视。孤有幼：孤与幼。

⑤ 长：长远。居：指新都的居所。

⑥ 勉：勤勉。

⑦ 猷：谋。

⑧ 远迩：指关系的亲疏。

⑨ 罪：刑罚。伐：惩处。死：当死，指恶。

⑩ 德：恩德，指爵禄。彰：表彰。

⑪ 邦：国家。臧：善。

⑫ 惟汝众：是你们众人的功劳。

⑬ 佚：失，过错。罚：罪。有佚罚：有罪过。

⑭ 其：副词，表祈使语气。惟：思，考虑。

⑮ 恭：汉石经作“共(gōng)”，行。

⑯ 齐：整饬。位：职事。

⑰ 度：本作“敷”，闭的意思，今借“杜”字。此句意为：闭塞浮言之口。

⑱ 罚及尔身，弗可悔：否则惩罚到你们身上，悔之无及。

⑲ 本篇选自《尚书》，记载了周武王在牧野战前的誓师之词。《史记》在记述武王灭纣的历史时，曾大量采用此篇，学习时可相互参考。

⑳ 时：其时。甲子：古代用来记日的干支。武王继位十一年正月甲子日(周历二月五日)。昧爽：《说文》“旦明”，即黎明。昧，暗。爽，会意字，像古代的窗棂，其空白处表示透进的光，所以其义为“明”。两字合用表示天欲明而未明。

㉑ 王：周武王。朝：早晨。至于：来到。于，介词。商郊：商都郊外。牧野：地名，在商都以南七十里。

㉒ 乃：就。誓：誓师。

㉓ 杖：持。黄钺(yuè)：黄铜制的大斧。

白旄以麾①，曰：“逖②矣，西土之人③！”

王曰：“嗟！我友邦冢君御事④，司徒、司马、司空⑤，亚旅、师氏⑥，千夫长、百夫长⑦，及庸，蜀、羌、髳、微、卢、彭、濮人⑧。称⑨尔戈，比尔干⑩，立⑪尔矛，予其⑫誓。”

王曰：“古人有言曰：‘牝鸡无晨⑬。牝鸡之晨，惟家之索⑭。’今商王受惟妇言是用⑮，昏弃厥肆祀弗答⑯，昏弃厥遗王父母弟不迪⑰；乃惟四

---

① 秉：握。白旄(máo)：白色的牦牛尾。麾(huī)：《说文》作“靡”，“旌旗所以指麾也”。这里是右手拿着旄指挥。

② 逖(tì)：远。

③ 西土：指周族发源地，今陕西岐山地区。人：指从征战士。

④ 嗟：叹词。友邦：称联盟各邦。冢君：君长。冢(zhǒng)，“长”的借字。御：控制，统治。这里是称呼友邦君长与掌权的大臣。

⑤ 司徒、司马、司空：官名，司徒管民，司马管兵，司空管土地。

⑥ 亚旅：指地位比卿低的大夫。亚，次。旅，众。师氏：中大夫。

⑦ 千夫长：统千人之帅。百夫长：统百人之帅。《周礼·夏官司马》：“二千有五百人为师，师帅皆中大夫；五百人为旅，旅帅皆下大夫。”千夫长即师帅，百夫长即旅帅。

⑧ 及庸……濮人：皆西南方诸侯，武王率领的联盟。庸，在今湖北竹山西南。蜀，在四川成都。羌，在甘肃东南境。髳(máo)，在今山西平陆南。微，在今陕西眉县境。卢，在今湖北襄阳西南。彭，在今湖北房县附近。濮，约在今重庆、湖北交界处的长江北岸。

⑨ 称：举。

⑩ 比：排齐。干：盾。

⑪ 立：竖立。

⑫ 其：副词，表郑重语气。

⑬ 牝(pìn)：雌，母。晨：晨啼。

⑭ 索：尽。

⑮ 受：即“纣”。二字古同音异写。惟妇言是用：只是听用妇人的话。这句为突出宾语，用“惟……是……”句式，下文“惟四方之多罪逋逃是崇……”句式同。

⑯ 昏(mǐn)：灭，同“泯”。昏弃：即《左传》昭公二十九年之“泯弃”。肆祀：大祭。肆，大。答：应，承。

⑰ 遗：留存。王父母弟：同祖兄弟。王父母，祖父母。迪：用。

方之多罪逋逃是崇是长[①]，是信是使[②]，是以为大夫卿士[③]，俾暴虐于百姓[④]，以奸宄[⑤]于商邑。今予发惟恭行天之罚[⑥]。今日之事，不愆于六步七步[⑦]，乃止齐焉[⑧]。夫子勖哉[⑨]！不愆于四伐五伐六伐七伐[⑩]，乃止齐焉。勖哉夫子！尚桓桓[⑪]，如虎如貔，如熊如罴[⑫]。于商郊，弗迓克奔[⑬]，以役西土[⑭]。勖哉夫子！尔所弗勖[⑮]，其于尔躬有戮[⑯]。”

---

① 乃惟：却是。逋逃：逃亡，这里指罪人。逋(bū)，亡。崇：尊重。长：敬。

② 信：信任。使：使用。

③ 以为大夫卿士：以这些罪人为大夫卿士。

④ 俾(bǐ)：使。暴虐：施暴虐。

⑤ 奸宄：残害。

⑥ 发：武王自称名。恭行：奉行。恭，共。

⑦ 愆：注家皆以为“过愆”的“愆”，即僭，误。愆只训“过失”之“过”，不训“超过”之“过”。这里“愆”是“遷(qiān)”的同音假借字，超过。

⑧ 止齐：停下来整齐行阵。

⑨ 夫子：对人的敬称。勖(xù)：勉励。

⑩ 伐：刺杀。一击一刺称为一伐。

⑪ 尚：副词，表祈使语气。桓桓：《说文》引作“狟狟”，音同，威武的样子。

⑫ 貔(pí)：豹类。罴(pí)：似熊而大。“尚桓桓”至“如罴”句意已完整，“于商郊”意连下，作“弗迓”的状语。

⑬ 弗迓：《史记》作“不御”，“御”古音“迓”。御，禁。克奔：指能奔来归附的人。

⑭ 以役西土：以之服役于周国。役，服役。西土，指周国。

⑮ 尔所弗勖：你们有不努力的。所，代词。

⑯ 其：副词，表警告语气。躬：身。戮：惩罚。

诗　经①

七　月②

七月流火③，九月授衣④。一之日觱发⑤，二之日栗烈⑥；无衣无

---

① 《诗经》是我国最早的一部诗歌总集。原只称《诗》，汉武帝立五经博士后，才称《诗经》，成为儒家经典之一。汉代传《诗》者有齐(辕固)、鲁(申培)、韩(韩婴)、毛(亨)四家，东汉末郑玄为《毛诗》作笺，流传渐广，其他三家逐渐衰废。唐初孔颖达等为之作正义。《诗经》收周代诗歌三百零五篇，分为《风》《雅》《颂》。《风》包括周南、召南、邶、鄘、卫、王、郑、齐、魏、唐、秦、陈、桧、曹、豳十五国风，共一百六十篇。大部分是民间歌谣，小部分是贵族作品。《雅》分《大雅》《小雅》，共一百零五篇。《小雅》大部分是贵族的作品，小部分是民间歌谣。《大雅》则全是贵族的作品。《颂》有《周颂》《鲁颂》《商颂》，共四十篇。大多是西周、鲁、宋的最高统治者用于宗庙祭祀的乐歌。《诗经》作品的形式，主要是四言。声调多采用双声叠韵。表现手法分为赋、比、兴三种，赋，直抒其情；比，借物言志；兴，托物兴辞。《诗经》产生的时代，上自西周初期，下至春秋中期，共五百多年，保存了丰富的社会历史材料，是反映上古社会生活的百科全书，至为宝贵。《诗经》的通行本有清阮元刻《十三经注疏》本《毛诗正义》，1980 年上海古籍出版社出版的高亨《诗经今注》等。本篇底本为中华书局 1980 年影印阮元《十三经注疏》本《毛诗正义》。

② 本诗是《国风》中的第一长篇。凡八章八十八句，描写豳邑农民一年四季的农业劳动和劳役、田猎等事。他们饱受统治阶级的剥削压迫，过着悲惨的生活。本诗是研究西周史的珍贵资料。

③ 七月：指夏历七月。此诗用夏历与周历。凡言“月”指夏历，凡言“某之日”指周历。周历建子，夏历建寅，周历比夏历早两个月。流：向下运行。火：星宿名，或称“大火”，即心宿二，天蝎座的主星。每年夏历五月黄昏，火星出现在正南方，方向最正，位置最高。到了七月，就偏西向下。

④ 授衣：指将衣授人，使之御寒。一说将裁制冬衣的工作交给妇女。

⑤ 一之日：一月之日，指周历的正月，即夏历十一月。以下言日均类推之。觱发(bìfā)：大风触物的声音。

⑥ 栗烈(lǐnliè)：寒气逼人。双声联绵词。

褐[1]，何以卒岁[2]！三之日于耜[3]，四之日举趾[4]；同我妇子[5]，馌彼南亩[6]，田畯至喜[7]。

七月流火，九月授衣。春日载阳[8]，有鸣仓庚[9]。女执懿筐[10]，遵彼微行[11]，爰求柔桑[12]。春日迟迟[13]，采蘩祁祁[14]。女心伤悲，殆及公子同归[15]。

七月流火，八月萑苇[16]。蚕月条桑[17]，取彼斧斨[18]。以伐远扬[19]，猗

---

① 褐：用麻编织的粗衣。

② 卒岁：度过冬天。

③ 于耜(sì)：修理农具。于，为，修理。耜，挖土用犁，泛指农具。

④ 举趾：开始耕地。趾，足趾，以“趾”指代下田耕种。

⑤ 同：会合。我：家长自称。妇子：女人和小孩子。

⑥ 馌(yè)彼南亩：把饭送到田头，给农夫吃。馌，送饭。南亩，泛指农田。

⑦ 田畯(jùn)：农官，也称农正或田大夫，古代贵族派到田间去监督农业劳动的下级官吏。喜(xī)：通“饎”，酒食。用酒食招待田畯。一说欢喜。

⑧ 载阳：天气开始暖和。载，始。

⑨ 有：动词词头。仓庚：鸟名，即黄莺，也叫离黄或黄鹂。叠韵词。

⑩ 懿筐：深深的箩筐。

⑪ 遵彼微行(háng)：顺着桑间小道走去。遵，顺，循。微行，小路。

⑫ 爰：动词词头，于是。柔桑：柔嫩的桑叶。

⑬ 迟迟：缓慢的样子。

⑭ 蘩：菊科植物，即白蒿。据明徐光启说，蚕子未孵化，煮白蒿叶汁浇它，容易孵化，当是一种蚕种催生术。祁祁：众多貌。此句意指采蘩的人很多。

⑮ 殆：只怕。公子：贵族子弟。同归：一说被贵公子占有，一说陪同出嫁。

⑯ 萑(huán)苇：即蒹葭，也叫芦荻。八月萑苇成长，收割晒干，可做蚕箔，让蚕在上面居歇。此处名词作动词用。

⑰ 蚕月：指夏历三月，养蚕时间。条桑：修剪桑枝，准备摘桑叶。

⑱ 斧斨(qiāng)：泛指斧头。斧柄孔圆的叫斧，方的叫斨。

⑲ 远扬：指长得又高又长的枝条。

彼女桑[1]。七月鸣鵙[2]，八月载绩[3]。载玄载黄[4]，我朱孔阳[5]，为公子裳。

四月秀葽[6]，五月鸣蜩[7]。八月其获[8]，十月陨萚[9]。一之日于貉[10]，取彼狐狸，为公子裘[11]。二之日其同[12]，载缵武功[13]。言私其豵[14]，献豜于公[15]。

五月斯螽动股[16]，六月莎鸡振羽[17]。七月在野[18]，八月在宇[19]，九月

---

① 猗(yī)：通“掎”，牵引、拉着。引申为摘取。女桑：即柔桑，柔嫩的桑叶。

② 鵙(jú)：鸟名，即伯劳。表示天气将寒。

③ 载绩：开始绩麻织布。

④ 载：又、再。玄：黑红色。黄：黄色。此句意指将丝麻织品染成黑红色、黄色。玄、黄均作动词用。

⑤ 我朱孔阳：以大红为最鲜明。我，指示代词，彼。朱，大红。孔，很。阳，鲜明。

⑥ 秀葽(yāo)：结子的苦葽。葽，《说文》引刘向说它味苦，名苦葽，或是四月结子的某种苦菜。一说黄瓜或远志。

⑦ 蜩(tiáo)：蝉，知了。

⑧ 其获：收获庄稼。其，动词词头。

⑨ 陨萚(yǔntuò)：落叶。萚，草木脱落的皮或叶。

⑩ 于貉(hé)：捕捉貉子。于，动词词头。貉，貉子，也叫狸，其毛皮非常珍贵。一说“貉”通“祃”，祃即祃祭，出兵时祭神。古代狩猎也是“习兵之礼”，故贵族集合奴隶田猎前也用此礼。

⑪ 裘：皮袍。

⑫ 其同：指出猎前会合众人。其，动词词头。同，会合、集合。

⑬ 载缵(zuǎn)武功：继续练习武功，指田猎之事。清崔述《读风偶识》云：“一之日三句指‘私猎’。二之日四句指‘大猎’。”

⑭ 言私其豵(zōng)：猎到的小野兽归我们私有。言，动词词头。私，私有。豵，一岁的小野猪，这里泛指小兽。

⑮ 豜(jiān)：三岁的大野猪，泛指大野兽。献豜于公，大野兽要献给公家。

⑯ 斯螽(zhōng)：昆虫名，即螽斯，蝗类，振翅能发声，古人以为是两腿摩擦发声。动股：双腿摩擦发声。股，腿。

⑰ 莎(suō)鸡：昆虫名，纺织娘。振羽：振动翅膀发声。

⑱ 野：原野，田野。

⑲ 宇：屋檐下。

在户[①]，十月蟋蟀入[②]我床下。穹窒熏鼠[③]，塞向墐户[④]，嗟[⑤]我妇子，曰为改岁[⑥]，入此室处[⑦]。

六月食郁及薁[⑧]，七月亨葵及菽[⑨]。八月剥枣[⑩]，十月获稻。为此春酒[⑪]，以介眉寿[⑫]。七月食瓜，八月断壶[⑬]，九月叔苴[⑭]。采荼薪樗[⑮]，食[⑯]我农夫。

九月筑场圃[⑰]，十月纳禾稼[⑱]。黍稷重穋[⑲]，禾麻菽麦。嗟我农夫，

---

① 户：屋里。

② 入：进入。

③ 穹(qióng)窒(zhì)熏鼠：把屋子里的洞穴全部堵塞，用烟熏逐老鼠。穹，穷尽。窒，堵塞。

④ 塞向：塞好朝北的窗子。向，朝北方向的窗子。墐(jǐn)户：用泥浆涂抹柴门。墐，涂。

⑤ 嗟(jiē)：感叹词，这里作吩咐讲。

⑥ 曰为改岁：又算是过年了。曰，句首语气词。改岁，更改年岁，指过年，这里指周历。

⑦ 入此室处：进室内居住以避寒。处，居处。

⑧ 郁(yù)及薁(yù)：郁、薁都是植物名。郁，郁李，果实似李子，可吃。薁，野葡萄，果实可吃、可酿酒。

⑨ 亨：同"烹"，煮。葵：菜名，古称"百菜之主"，是一种重要蔬菜。菽：大豆，也指各种豆类。

⑩ 剥(pū)枣：打枣子。剥，扑、打。

⑪ 春酒：以稻、枣为原料，冬天酿造，经春才成，故称春酒。

⑫ 以介眉寿：祈求长寿。介，佐助。眉寿，长寿。孔颖达疏说，人到老了，眉上长有毫毛，叫作秀眉，所以称长寿为眉寿。

⑬ 断壶：摘断瓠瓜。断，摘断。壶，通"瓠"，瓠瓜。葫芦科草本植物，嫩果可为菜，壳可作瓢。

⑭ 叔苴：叔，拾取。苴，大麻的雌株，也叫子麻，麻子可食。

⑮ 采荼(tú)薪樗(shū)：采苦菜，砍臭椿。荼，苦菜，叶有齿，嫩苗可食。樗，臭椿，苦木科落叶乔木。薪，作动词，砍来当柴烧。

⑯ 食(sì)：使动用法，给……吃。这里指养活。

⑰ 场圃：打谷场，菜园，即筑场于圃。古代场圃同地，春夏为圃，秋冬为场。

⑱ 纳：指把粮食纳入谷仓。禾稼：泛指一般谷物。

⑲ 重穋(tónglù)：重，通"种"，早种晚熟的谷。穋，通"稑"，晚种早熟的谷。

我稼既同①，上入执宫功②！昼尔于茅③，宵尔索绹④，亟其乘屋⑤，其始⑥播百谷。

二之日凿冰冲冲⑦，三之日纳于凌阴⑧。四之日其蚤⑨，献羔祭韭⑩。九月肃霜⑪，十月涤场⑫。朋酒斯飨⑬，曰⑭杀羔羊。跻彼公堂⑮，称彼兕觥⑯，万寿无疆⑰！

---

① 既同：已经聚集。指把收获物集中起来送进仓库。

② 上入执宫功：上，通“尚”，还要。执，执行，指服役。宫，指贵族的宫室。功，工作。此句意为：农事既毕，还要替贵族服家内劳役。

③ 昼尔于茅：白天去割茅草。尔，语助词。于，动词词头。一说割取。

④ 宵尔索绹(táo)：晚上去搓绳子。宵，晚上。索，搓，绞。绹，绳子。

⑤ 亟其乘屋：赶快爬到屋顶去修理房子。亟，急。乘，升，登。

⑥ 其始：指岁始，即初春。

⑦ 冲冲(chōngchōng)：象声词，凿冰的声音。

⑧ 凌阴：冰窖。凌，聚集的冰。阴，即“窨”，地窖。古代大夫以上贵族享有用冰祭祀和纳凉的特权。

⑨ 蚤：通“早”。朱熹说即早朝，指下文的祭祖仪式。

⑩ 献羔祭韭：用羔羊和韭菜祭祖。古礼，仲春二月(周历四月)开冰献羔，用以祭祀祖先。

⑪ 肃霜：天高气爽。双声古联绵字。

⑫ 涤场：天空澄净。一说指农事完毕，把场地打扫干净。双声古联绵字。

⑬ 朋酒斯飨(xiǎng)：乡人在一起饮酒欢会。朋酒，两樽酒。斯，衬字。飨，享受。

⑭ 曰：句首语气词。

⑮ 跻(jī)彼公堂：跻，升、登。公堂，公共场所。一说贵族的厅堂。

⑯ 称彼兕觥(sìgōng)：举起酒杯。称，举起。兕觥，犀牛角酒器。

⑰ 万寿无疆：颂祝之词。万寿，大寿。无疆，无边界，引申为无止境。

公　刘①

笃公刘②！匪居匪康③。乃埸乃疆④，乃积乃仓⑤。乃裹糇粮⑥，于橐于囊⑦。思辑用光⑧。弓矢斯张⑨，干戈戚扬⑩，爰方启行⑪。

笃公刘！于胥斯原⑫。既庶既繁⑬，既顺乃宣⑭，而无永叹⑮。陟则在巘⑯，复降在原⑰。何以舟⑱之？维玉及瑶⑲，鞞琫容刀⑳。

---

① 本诗六章，每章十句，叙述的是周始祖后稷之曾孙公刘率领部落去邰迁豳，开创基业。为周人自叙开国史诗六篇之一。

② 笃：厚，忠厚老实。公刘：姓姬名刘，后稷的曾孙，开创周王业的第二个伟大人物。公是国人对国君的尊称。《史记·周本纪》载："公刘虽在戎狄之间，复修后稷之业，务耕种，行地宜，自漆、沮度渭，取材用，行者有资，居者有畜积，民赖其庆。百姓怀之，多徙而保归焉。周道之兴自此始，故诗人歌乐思其德。"

③ 匪：通"非"，不。居：安。康：宁。此句意为：公刘不敢在邰安居乐业。

④ 乃：于是。埸(yì)：小田的边界。疆：大田的边界。此句意为：整治田亩。

⑤ 积：露天堆着。仓：用作动词，把粮食存放在粮仓里。

⑥ 裹：包扎、包裹。糇(hóu)粮：干粮。

⑦ 于：介词，在。橐(tuó)：没有缝底的口袋，装物后，用绳扎紧两头。囊(náng)：缝底的口袋。

⑧ 思辑用光：思以辑和其人民，从而光显其国家。辑，和睦。用，以。光，光显、光大。

⑨ 弓矢：弓和箭。斯：指示代词，复指弓矢。张：拉开弓弦。

⑩ 干戈：盾和平头戟。戚扬：斧和钺。干戈戚扬，指准备各种武器。

⑪ 爰：于是。方：始，开始。启行(háng)：出发，启程。这里指从邰迁往豳。

⑫ 于：动词词头。胥：相也，即察看。斯原：这块大平原，即豳地原野。

⑬ 庶：人口多。繁：物产盛。朱熹《诗经集传》云："庶、繁，谓居之者众也。"

⑭ 既顺乃宣：民心归顺，民情舒畅。朱熹《诗经集传》云："顺，安。宣，遍也。言居之遍也。"

⑮ 永叹：长叹。

⑯ 陟(zhì)：登。巘(yǎn)：山顶。

⑰ 复降：又下来。原：平原。连上句指公刘上山下原，察看地势。

⑱ 舟：带，佩带。通"周"。

⑲ 维：语气词。玉及瑶：美玉和宝石。

⑳ 鞞(bǐng)：刀鞘的装饰物。琫(běng)：刀柄的装饰物。容刀：装饰过的佩刀。

笃公刘！逝彼百泉[①]，瞻彼溥原[②]。乃陟南冈[③]，乃觏于京[④]。京师之野[⑤]，于时处处[⑥]，于时庐旅[⑦]，于时言言[⑧]，于时语语[⑨]。

笃公刘！于京斯依[⑩]。跄跄济济[⑪]，俾筵俾几[⑫]，既登乃依[⑬]。乃造其曹[⑭]，执豕于牢[⑮]；酌之用匏[⑯]，食之饮之，君之宗之[⑰]。

笃公刘！既溥既长[⑱]。既景乃冈[⑲]，相其阴阳[⑳]。观其流泉[㉑]；其军

---

① 逝：往。百泉：许多泉水。百，虚数。

② 瞻：看。溥(pǔ)原：广大的平原。溥，大、广大。

③ 南冈：南面的山冈。

④ 觏(gòu)：看见。京：地方，豳的邑名。

⑤ 京师：许多人住在高地上。京，高地。师，人多。后人把皇帝住的地方称作京师。

⑥ 于时：于是。处处：指住着的屋子。

⑦ 庐旅：指寄住的客人。

⑧ 言言：指把话直说出来。言，直言。

⑨ 语语：指说话。与人商量，向人询问。语，论难曰语。以上四句，朱熹《诗经集传》云："于是为之居室，于是庐其宾旅，于是言其所言，于是语其所语，无不于斯焉。"表示人们在此安居乐业。

⑩ 依：安居。

⑪ 跄跄(qiǎngqiǎng)：指许多人走路从容的样子。济济(jǐjǐ)：指许多人有礼貌的样子。朱熹《诗经集传》："跄跄济济，群臣有威仪貌。"

⑫ 俾：使。筵(yán)：竹席，用作动词，指铺席。几：矮桌，用作动词，指设几。

⑬ 登：指坐上筵席。依：指凭几如礼。

⑭ 造：到，即走到。曹：群，指养牲口的地方。

⑮ 执：捉。豕：猪。牢：关牲畜的屋子。此句意为：以猪肉为菜肴。

⑯ 酌之：给众宾客斟酒喝。匏：葫芦壳。此句意为：用剖开的葫芦壳当作舀酒器。

⑰ 君之：指君王，即公刘。宗：宗主，即公刘。之：指示代词，指众宾客，即群臣。

⑱ 既溥既长：指公刘芟夷垦辟，土地既广且长。

⑲ 景：通"影"，日影。这里指测日影以定方向。冈：山冈。这里指爬上山冈，瞭望远方。

⑳ 相：视，察看。阴阳：山北和山南。这里指辨别地气冷暖。

㉑ 流泉：指水泉灌溉之利。

三单[①]，度其隰原[②]。彻田[③]为粮；度其夕阳[④]，豳居允荒[⑤]。

笃公刘！于豳斯馆[⑥]。涉渭为乱[⑦]，取厉取锻[⑧]。止基乃理[⑨]，爰众爰有[⑩]，夹其皇涧[⑪]。溯其过涧[⑫]。止旅乃密[⑬]，芮鞫之即[⑭]。

---

① 三单：把军队分成三批，轮班服役。单，通“禅”，有更番代替之意。郑玄笺：“邰，后稷上公之封，大国之制三军，以其余卒为羡。今公刘迁于豳，民始从之，丁夫适满三军之数。单者，无羡卒也。”

② 隰原：低田和高田。

③ 彻田：周代税制，收田里收成十分之一的税。一说开垦荒田。

④ 夕阳：指山的西面。此句意为：为了扩充土地，又勘测山的西面地方。

⑤ 允荒：实在大得很。允，实在，确实。荒，大。

⑥ 于豳斯馆：在豳地要营造他的宫室。馆，用作动词，指造宫室。

⑦ 渭：渭水。为乱：指船在水面上横渡过去。水正常流动为顺，横渡时扰乱了水的顺流，故叫乱。朱熹《诗经集传》：“涉渭取材，而为舟以来往。”

⑧ 厉：石料。锻：铁料。

⑨ 止基：定居的基础。止，居。基，定。理：治理好。

⑩ 爰众爰有：人民越来越多，钱越来越足。众，人多。有，财足。

⑪ 皇涧：水名。此句意为：皇涧的两岸都住着人。

⑫ 溯：通“遡”，指向河的来源寻上去。过涧：水名。此句意为：过涧的源头也住着人。

⑬ 止旅：定居的人民。密：多、众。

⑭ 芮(ruì)：水名。一作“汭”。鞫(jū)：水外面的地。之：指示代词，指芮鞫。即：就。

礼　记①

大　学②

大学之道③，在明明德④，在亲民⑤，在止于至善⑥。

---

① 《礼记》，亦称《小戴礼记》，儒家经典之一。西汉刘向编定《礼记》一百三十篇，戴德删其繁重，选定八十五篇，称《大戴礼记》，戴圣又从《大戴礼记》中选定四十九篇，称《小戴礼记》，成为战国至西汉初期儒家各种论礼著作的选集。戴圣，字次君，梁(今河南商丘)人，曾任九江太守，与叔父戴德俱学礼于后苍，是西汉今文礼学"小戴学"的开创者。汉宣帝时立为博士，参加石渠阁议，时称"小戴"。《礼记》的内容大致为孔子弟子及其后学所记。记述礼的定义和各种礼的细节，特别是丧礼、祭礼，占十七篇之多；记述爵禄、赐田、朝聘、学校、教学、养老、燕射、服饰等社会制度；记述音乐原理和音乐作用；记述政治理想和治国、治学方法；记述春夏秋冬气候及应时的各种措施等。是研究我国古代礼制、儒家思想的重要资料。《礼记》的通行本有清朱彬《礼记训纂》本、孙希旦《礼记集解》本、《十三经注疏》本等。本篇底本为中华书局1980年影印阮元《十三经注疏》本《礼记正义》。

② 《大学》原为《小戴礼记》中的一篇，是儒家最有系统的论述治国平天下的学说。汉武帝时，随《礼记》成为五经之一而立于学官。宋以前并不单行。北宋程颢、程颐将其从《小戴礼记》中抽出，加以整理，单独成篇，并与《中庸》《论语》《孟子》相配，合称四书。南宋朱熹作《四书章句集注》，将《大学》列为四书之首。元以来，成为科举考试的必读教科书。《大学》的作者已不可考。按传统说法，是曾参所作。清以后一般学者都认为成书于战国末期至西汉之间。

③ 大学之道：大，旧音"泰(tài)"，含至高至极之意。大学，古代天子所设学校，与小学对举而言，教以穷理正心修己治人之道。道，儒家的道有多种解释，大致指一定的人生观、世界观、政治主张和思想体系，这里指宗旨、原则。

④ 明明德：前一明字为使动词，使……显明。明德，美德，光明的德性。此句意为：使光明的德性显明起来。

⑤ 亲民：程颐、朱熹认为亲当作"新"，形容词作使动词，使人民革旧布新。民，人民。王守仁认为亲仍作"亲"解，亲爱其人民。

⑥ 止：达到。至善：善的最高境界。至，极、最。

知止而后有定[①]，定而后能静[②]，静而后能安[③]，安而后能虑[④]，虑而后能得[⑤]。

物有本末[⑥]，事有终始[⑦]。知所先后[⑧]，则近道[⑨]矣。

古之欲明明德于天下[⑩]者，先治其国；欲治其国者，先齐其家；欲齐其家者，先修其身；欲修其身者，先正其心；欲正其心者，先诚其意；欲诚其意者，先致其知[⑪]；致知在格物[⑫]。

物格而后知至[⑬]，知至而后意诚，意诚而后心正，心正而后身修，身修而后家齐，家齐而后国治，国治而后天下平。

自天子以至于庶人[⑭]，一是[⑮]皆以修身为本。

其本乱而末治者[⑯]，否[⑰]矣。其所厚[⑱]者薄，而其所薄[⑲]者厚，未之

① 知止：知道所当达到的最善境界。定：定向，目标。

② 静：心不妄动。

③ 安：所处而安。

④ 虑：思虑周详。

⑤ 得：获得。

⑥ 物：事物。本末：树的根本和末梢。古文作“𣎴”，指事字，引申为根本和枝节。这里的“本”指明德，“末”指亲民。

⑦ 终始：结局和开端。这里的“终”指能得，“始”指知止。

⑧ 知所先后：能够知道和把握道德修养程序的主次先后、轻重缓急。所，结构助词。

⑨ 道：指大学的道理，即至善之道。

⑩ 明明德于天下：使天下之人皆有以明其明德。即平天下。

⑪ 先致其知：首先要获得丰富的知识。致，推极也。知，犹“识”也。推极吾之知识，欲其所知无不尽也。

⑫ 致知：求得知识。致，达到，求得。知，知识。格物：推究事物的原理。格，至。一作“正”，正其不正。物，事。穷至事物之理。

⑬ 物格：遇事接物之间一一加以推究明白。知至：知识蕴藏于内心，无所不知。

⑭ 庶人：古代对农业劳动者的称谓。秦汉以后泛指没有官爵的平民。

⑮ 一是：一切，一律。

⑯ 本：根本，此处指修身。乱：紊乱，含破坏之意。末治：指搞好齐家、治国、平天下之事。末，末节。

⑰ 否：不，不可能。

⑱ 厚：丰厚，重视。

⑲ 薄：淡薄，轻视。

有也。

《康诰》[1]曰："克[2]明德。"《大甲》[3]曰："顾諟天之明命[4]。"《帝典》[5]曰："克明峻[6]德。"皆自明[7]也。

汤之《盘铭》曰[8]："苟[9]日新，日日新，又日新。"《康诰》曰："作[10]新民。"《诗》[11]曰："周虽旧邦[12]，其命维新[13]。"是故君子无所不用其极[14]。

---

① 《康诰》：《尚书·周书》中的篇名，是周公对康叔受封于殷地时的训辞。他教育康叔明德慎罚，治理好殷民。这是一篇探讨周朝历史和政治思想的重要文献资料。

② 克：能，能够。

③ 《大甲》：《尚书·商书》中的篇名。大，音"泰"。大甲，商代国王，商汤嫡长孙，大丁之子。既立，无道，不理国政。伊尹放之于桐，后大甲改悔，伊尹迎其复位，作《大甲》以戒之。

④ 顾諟(shì)天之明命：这是伊尹告诫大甲的话。顾，回顾，引申为经常想念。諟，是，此。明命，即明德，天所赋予的美德。

⑤ 《帝典》：《尚书》中的篇名，即《尧典》，主要叙述尧、舜二帝的历史。

⑥ 峻：《尧典》中作"俊"，伟大崇高之意。

⑦ 自明：自明己德。

⑧ 汤：指商汤。子姓，名履，商朝的建立者。《盘铭》：古代在青铜器上镌刻的用以申戒的铭文。盘，青铜制的盥洗器具。铭，镌刻在青铜器上用以称颂功德或鉴戒自警的文字，后成为一种文体，称金文。

⑨ 苟：诚，如果，假如。

⑩ 作：鼓之舞之之谓作，振作兴起之意。

⑪ 《诗》：指《诗经》，这里所引两句诗出自《诗经·大雅·文王》，这是一首歌颂周文王的诗篇。

⑫ 周：指周王国。周自后稷开国，居于西方，在夏、商两朝都是诸侯国；至文王时，国力逐渐强盛，奠定了灭商的基础；至武王时，灭掉了商朝，建立了周朝。旧邦：古老的诸侯国。邦，古代诸侯封国之称。

⑬ 命：上天的命令、意志。维新：更新，除旧布新。

⑭ 君子：这里指统治者。极：尽。

《诗》云："邦畿[①]千里，维民所止[②]。"《诗》云："缗蛮黄鸟[③]，止于丘隅[④]。"子曰[⑤]："于止[⑥]，知其[⑦]所止。可以人而不如鸟乎！"《诗》云："穆穆[⑧]文王，于缉熙敬止[⑨]。为人君，止于仁[⑩]；为人臣，止于敬[⑪]；为人子，止于孝[⑫]；为人父，止于慈[⑬]；与国人交[⑭]，止于信[⑮]。"《诗》云："瞻彼淇澳[⑯]，菉竹猗猗[⑰]。有斐君子[⑱]，如切如磋[⑲]，如琢如磨[⑳]。瑟兮

---

① 邦畿(jī)：古代天子之京都，方圆千里，包括京城及郊区。邦，都，京城。畿，郊区。

② 维民所止：为人民居住之处。维，为。民，人民。止，居住。这两句诗引自《诗经·商颂·玄鸟》，这是一首祭祀时所唱的颂歌，叙述殷商始祖契因其母简狄吞玄鸟卵而生的传说，以及商王建立王业、武丁中兴功绩。所引两句诗在于说明一切事物都应有个落脚点。

③ 缗(mín)蛮：鸟鸣声。缗，原诗为"绵"字。黄鸟：黄雀，一种小鸟。

④ 止于丘隅(yú)：停在山丘的一角。止，栖息。于，介词，在。丘，多树的土山。隅，原诗为"阿"字，山坡。这两句诗引自《诗经·小雅·绵蛮》，意在说明小鸟尚且知道选择居住之处，何况人呢？

⑤ 子曰：孔子说。子，先生、老师，古代男子的通称。

⑥ 于止：进退居处。于，叹词，无义。止，居处。

⑦ 其：它，指代鸟。

⑧ 穆穆：端庄而深远。

⑨ 缉熙敬止：光明而又做到恭敬。缉，继续。熙，光明。敬，恭敬。止，安所止。这两句诗引自《诗经·大雅·文王》，意在说明止于至善。

⑩ 仁：仁政，仁义。

⑪ 敬：尊敬，恭敬。

⑫ 孝：孝顺父母。

⑬ 慈：慈爱子女。

⑭ 国人：住在都城里的人，也指周围的人们。古代有国、野之分。交：交往。

⑮ 信：诚信，讲究信用。

⑯ 瞻彼淇(qí)澳(yù)：看那淇水岸边。瞻，看，瞧。彼，它，那个。淇，淇水，在今河南北部，古代属卫国。澳，原诗作"奥"，亦作"隩"，崖岸弯曲的地方。

⑰ 菉竹：绿色的竹子。菉，通"绿"。猗猗(yīyī)：修美茂盛的样子。

⑱ 有：助词，无义。斐：斐然，才华丰茂的样子。君子：指卫武公，曾为周天子卿士，有善政。

⑲ 如切如磋：古代治骨器的不同方法。切，用刀切断。磋，用锉锉平。《尔雅·释器》："骨谓之切，象谓之磋。"比喻治学要像切锉骨器那样严谨。

⑳ 如琢如磨：古代治玉石器的不同方法。琢，用刀雕刻。磨，用沙磨光。比喻修身应像琢磨玉石器那样精细。

僩兮[①]，赫兮喧兮[②]。有斐君子，终不可喧兮[③]!”如切如磋者，道学[④]也。如琢如磨者，自修[⑤]也。瑟兮僩兮者，恂栗[⑥]也。赫兮喧兮者，威仪[⑦]也。有斐君子，终不可喧兮者，道盛德至善[⑧]，民之不能忘也。《诗》云：“于戏[⑨]！前王不忘[⑩]。”君子贤其贤而亲其亲[⑪]，小人乐其乐而利其利[⑫]，此以没世[⑬]不忘也。

子曰：“听讼[⑭]，吾犹[⑮]人也，必也使无讼乎!”无情[⑯]者，不得尽其辞[⑰]，大畏民志[⑱]，此谓知本[⑲]。

---

① 瑟兮僩(xiàn)兮：庄重威武的样子。瑟，“璱”的假借字，庄重。僩，威严，武毅。兮，语气词。

② 赫兮喧(xuān)兮：光明盛大的样子。赫，光明。喧，原诗作“咺”，显扬。

③ 喧：原诗作“谖”，忘记。以上九句诗引自《诗经·卫风·淇奥》。意在鼓励人们以卫武公为榜样，不断修身进德，止于至善。

④ 道：言、说。学：治学的功夫。

⑤ 自修：自我修养。

⑥ 恂栗(xúnlì)：惶恐战栗。引申为谦恭谨慎的样子。

⑦ 威仪：威声盛大，仪容肃穆。

⑧ 道：言，说。盛德至善：高尚的品德，达到了善的最高境界。

⑨ 于戏(wūhū)：同“呜呼”，叹词。

⑩ 前王：指周文王、周武王。以上两句诗引自《诗经·周颂·烈文》，意在说明后世蒙前王之泽，被前王之化，以见亲民之极功。

⑪ 君子：指后贤、后王。贤其贤：前一“贤”字为动词，作重视讲；后一“贤”字为名词，作贤人讲。亲其亲：前一“亲”字为动词，作亲近、亲爱讲；后一“亲”字为名词，作亲人讲。

⑫ 小人：指后世人民。乐其乐：前一“乐”字为动词，作享受讲；后一“乐”字为名词，作安乐讲。利其利：前一“利”字为动词，作获得讲；后一“利”字为名词，作利益讲。

⑬ 没世：终生，一辈子。

⑭ 听讼：审理案件。听，处理，判断。讼，诉讼，争讼。

⑮ 犹：同。

⑯ 无情：没有实情。情，实。

⑰ 辞：指狡辩、虚伪之言辞。

⑱ 民志：民心，引申为人民的舆论。

⑲ 本：根本。

此谓知本①，此谓知之至也②。

所谓诚③其意者，毋自欺④也。如恶恶臭⑤，如好好色⑥，此之谓自谦⑦。故君子必慎其独⑧也。小人闲居⑨为不善，无所不至⑩。见君子而后厌然⑪，揜其不善而著其善⑫。人之视己，如见其肺肝然，则何益矣！此谓诚于中⑬，形于外⑭。故君子必慎其独也。曾子⑮曰："十目⑯所视，十手⑰所指，其严⑱乎！"富润屋⑲，德润身⑳；心广体胖㉑，故君子必诚其意。

所谓修身正在其心者：身有所忿懥㉒，则不得㉓其正；有所恐惧，则

---

① 此谓知本：这就叫作知道根本。程颢、程颐认为这句是衍文。

② 此谓知之至也：知，知识。至，最高境界。朱熹认为"此句之上，别有缺文，此特其结语耳"。此缺文是释格物、致知的文字。于是他取程颢、程颐的意思，补写了"格物致知章"。由于此章非《大学》原文，故不列入。学习时可参考朱熹《大学章句》。

③ 诚：使动用法，使……诚实。

④ 毋：不。自欺：行有不慊于心，自己欺骗自己。

⑤ 恶(wù)恶(ě)臭：前一"恶"字作动词，作厌恶、厌恨讲。后一"恶"字为形容词，臭恶的。恶臭，臭气，难闻的气味。

⑥ 好(hào)好色：前一"好"字作动词，喜爱、喜欢。后一"好"字为形容词，美好的。好色，美好的颜色，指美女。

⑦ 自谦：自我满足。谦(qiè)：同"慊"，欢快、满足。

⑧ 慎其独：谨慎地警惕独处时的行为。

⑨ 闲居：平时独居。

⑩ 无所不至：没有地方不到，引申为什么坏事都干。

⑪ 厌(yā)然：隐蔽、掩藏的样子。

⑫ 揜(yǎn)：同"掩"，掩蔽，掩饰。著：显示，彰明。

⑬ 诚于中：里边有实在的东西。诚，实在，这里指心中藏着恶念。

⑭ 形于外：显露在外面。形，显露，表现。

⑮ 曾子：姓曾名参，孔子弟子。

⑯ 十目：虚数。指监视目光之多。

⑰ 十手：虚数。指监视人之多。

⑱ 严：严厉，严峻。

⑲ 富润屋：富贵可以使房屋华美。润，滋润，引申为修饰。

⑳ 德润身：有道德则足以润泽其身。

㉑ 胖(pán)：舒坦安康。

㉒ 身：心，内心。忿懥(fènzhì)：愤怒。

㉓ 得：能，能够。

不得其正；有所好乐[①]，则不得其正；有所忧患，则不得其正。心不在焉[②]，视而不见，听而不闻，食而不知其味。此谓修身在正其心。

所谓齐其家在修其身者：人之其所亲爱而辟焉[③]，之其所贱恶[④]而辟焉，之其所畏敬[⑤]而辟焉，之其所哀矜[⑥]而辟焉，之其所敖惰[⑦]而辟焉。故好而知其恶，恶而知其美者，天下鲜[⑧]矣。故谚[⑨]有之曰："人莫知其子之恶，莫知其苗之硕[⑩]。"此谓身不修不可以齐[⑪]其家。

所谓治国必先齐其家者：其家不可教[⑫]，而能教人者，无之。故君子不出家而成教于国[⑬]。孝者，所以事君[⑭]也；弟[⑮]者，所以事长也；慈[⑯]者，所以使众也。《康诰》曰："如保赤子[⑰]。"心诚求之[⑱]，虽不中[⑲]，不远矣。未有学养子而后嫁者也。一家仁[⑳]，一国兴[㉑]仁；一家让[㉒]，一

---

① 好乐：爱好逸乐。
② 焉：代词，此，这里。
③ 之：介词，对于。辟：偏向，偏见，偏私。
④ 贱恶：低贱，厌恶。
⑤ 畏敬：畏惧，尊敬。
⑥ 哀矜(jīn)：哀怜，同情。
⑦ 敖惰：简慢，怠惰。
⑧ 鲜(xiǎn)：少。
⑨ 谚：谚语。
⑩ 硕(shuò)：《说文》："本谓头大"，引申为大，这里有茂盛之意。
⑪ 齐：整齐，整顿。
⑫ 教：教育，教化。
⑬ 君子：这里指治国者。成教于国：在国家内完成教化任务。于，介词，在。
⑭ 事君：侍奉君主。
⑮ 弟(tì)：通"悌"。《说文》："善兄弟也"，恭敬兄长，友爱弟弟。
⑯ 慈：慈爱。
⑰ 保：保护，爱护。赤子：初生的婴儿，这里指老百姓。
⑱ 之：代词，他，指保护赤子之心。
⑲ 中：中式，达到标准。
⑳ 仁：仁爱。
㉑ 兴：兴起，兴盛，引申为崇尚，追求。
㉒ 让：谦让，谦逊。

国兴让；一人贪戾[①]，一国作乱：其机[②]如此。此谓一言偾事[③]，一人定国。尧、舜[④]率天下以仁而民从之。桀、纣[⑤]率天下以暴而民从之。其所令反[⑥]其所好，而民不从。是故君子有诸己[⑦]而后求诸人，无诸己而后非诸人。所藏乎身不恕[⑧]，而能喻[⑨]诸人者，未之有也。故治国在齐其家。《诗》云："桃之夭夭[⑩]，其叶蓁蓁[⑪]。之子于归[⑫]，宜其家人[⑬]。"宜其家人，而后可以教[⑭]国人。《诗》云："宜兄宜弟[⑮]。"宜兄宜弟，而后可以教国人。《诗》云："其仪不忒[⑯]，正是四国[⑰]。"其为父子兄弟足法[⑱]，而后民法之也。此谓治国在齐其家。

---

① 贪戾：贪婪暴虐。

② 机：作用。

③ 偾(fèn)事：败事。偾，覆败，败坏。

④ 尧、舜：传说中原始社会后期部落联盟首领。尧，陶唐氏，名放勋，史称唐尧，禅位于舜。舜，有虞氏，名重华，史称虞舜，禅位于禹。尧、舜被誉为两位圣明的君主。

⑤ 桀、纣：历史上的两个暴君。桀，名履癸，夏代亡国之君，荒淫暴虐，被商汤击败，放逐于南巢。纣，名辛，商代亡国之君，荒淫残暴，被周武王击败，自焚于鹿台。

⑥ 令：要人民从善的政令。反：违反，违背。

⑦ 有诸己：为自己所有的，指自己有了善的品德。诸，"之于"的合音，通"之"。

⑧ 恕：恕道。即做到"己所不欲，勿施于人"，以仁爱之心待人。

⑨ 喻：晓喻，开导。

⑩ 夭夭：草木茂盛的样子。《诗经》以桃花喻少女，指少女风华正茂，光彩照人。

⑪ 蓁蓁(zhēnzhēn)：树叶茂盛的样子。由桃叶喻少女将来家室之盛。

⑫ 之子于归：这个姑娘要出嫁。之，代词，这个。子，女子，姑娘，古代子、女均可称子。于归，出嫁。

⑬ 宜其家人：适宜于他的家人，使夫家和顺吉祥。以上四句诗引自《诗经·周南·桃夭》，这是一首祝贺女子出嫁及时之歌，意在说明家人和睦相亲，才能推而广之使国人和睦相亲。

⑭ 教：教化，教育。

⑮ 宜兄宜弟：家中兄弟之间和睦友爱。这句诗引自《诗经·小雅·蓼萧》，这是一首谢恩祝福的歌，意在说明兄弟之间相亲相爱，才能使国人相亲相爱。

⑯ 其仪不忒(tè)：他的礼仪没有差错。仪，礼仪，仪容。忒，差错。

⑰ 正是四国：可领导四方诸国。正是，亦作"是正"，含有纠正、匡正之意。四国，四方各国。以上两句诗引自《诗经·曹风·鸤鸠》，这是一首表面夸美，实为讽刺曹国国君之诗，意在说明只有自身正直，才能使人民效法。

⑱ 足法：足以为榜样。法，效法。

所谓平天下[①]在治其国者，上老老[②]而民兴孝，上长长[③]而民兴弟，上恤孤而民不倍[④]，是以君子有絜矩之道[⑤]也。

所恶于上，毋以使下[⑥]；所[⑦]恶于下，毋以事上；所恶于前，毋以先后[⑧]；所恶于后，毋以从前；所恶于右，毋以交[⑨]于左；所恶于左，毋以交于右，此之谓絜矩之道。

《诗》云："乐只君子[⑩]，民之父母。"民之所好好之[⑪]，民之所恶恶之[⑫]，此之谓民之父母。

《诗》云："节彼南山[⑬]，维石岩岩[⑭]，赫赫师尹[⑮]，民具尔瞻[⑯]。"有国者不可以不慎，辟则为天下僇矣[⑰]！

---

① 平天下：平治天下。

② 上：在上位者，指国君或统治者。老老：尊敬老人。前一"老"字作动词，尊敬、尊重。后一"老"字为名词，老人，也可作父母、长辈讲。

③ 长长：敬重长辈。前一"长"字作动词，敬重、尊重。后一"长"字为名词，长辈。

④ 恤(xù)孤：体恤、哀怜孤独无依的人。倍：同"背"，违背。

⑤ 絜(xié)矩之道：制作方形的规矩。执矩以度天下一切的方形，即以己之意以度人。引申为道德上的示范、榜样作用。絜，测量、计度。矩，方。

⑥ 恶(wù)：厌恶。毋：同"无"，不。

⑦ 所：连词，如果，表示假设。

⑧ 先后：先前的行为施加于后者。

⑨ 交：加给，施加。

⑩ 乐只君子：快乐的君子啊！只，语气词。这两句诗引自《诗经·小雅·南山有台》，意在说明君子应从民所欲，与民同好恶、共甘苦，才能无愧于民之父母。

⑪ 民之所好(hào)好之：两个"好"字均作喜爱讲。

⑫ 民之所恶(wù)恶之：两个"恶"字均作厌恶讲。

⑬ 节彼南山：那座雄伟高峻的南山啊！节，雄伟高峻的样子。彼，那。

⑭ 维石岩岩：累累堆积的岩层，高峻险巇。维，发语词，无义。

⑮ 赫赫：光明显耀的样子，引申为权势显赫。师尹：太师尹氏。师，太师，周王朝执政"三大"之一。

⑯ 民具尔瞻：人民的目光都注视着你。具，通"俱"，都。尔，你。瞻，怀着崇敬的心情去看，这里有注视之意。以上四句诗引自《诗经·小雅·节南山》，这是一首讥刺周天子执政太师尹氏为政不平、大失民望之诗，意在说明为国者应谨慎施政，从民所望。

⑰ 辟：偏差，偏向。僇：通"戮"，杀戮，引申为推翻。

《诗》云："殷之未丧师[①]，克配[②]上帝。仪监于殷[③]，峻命不易[④]。"道[⑤]得众，则得国；失众，则失国。

是故君子先慎乎德[⑥]。有德此[⑦]有人，有人此有土，有土此有财，有财此有用[⑧]。德者，本也；财者，末也。外本内末[⑨]，争民施夺[⑩]。是故财聚则民散，财散则民聚。是故言悖[⑪]而出者，亦悖而入；货悖[⑫]而入者，亦悖而出。

《康诰》曰："惟命不于常[⑬]。道善则得之；不善则失之矣。"《楚书》[⑭]曰："楚国[⑮]无以为宝，惟善[⑯]以为宝。"舅犯[⑰]曰："亡人无以为宝，仁亲

① 殷：殷朝。丧师：失去众人，引申为丧失民心。

② 克配：能够配合，引申为符合、秉承。

③ 仪监于殷：应该以亡殷为借鉴。仪，原诗为"宜"字，应该。监，原诗为"鉴"字，观察，引申为借鉴。

④ 峻命不易：获得上天的大命不容易。峻，大。以上四句诗引自《诗经·大雅·文王》，意在教育有国者以亡殷为鉴，争取民心。

⑤ 道：说。

⑥ 是故：所以。慎：谨慎。

⑦ 此：这，这就。

⑧ 用：财用充足。

⑨ 外本内末：疏远、轻视道德这个根本，亲近、重视财富这个末节。外，疏远、轻视。内，亲近、重视。本，道德。末，财富。

⑩ 争民：争利于民。施夺：施劫夺之政于民。

⑪ 言悖：语言违背情理。悖，逆，背。

⑫ 货悖：用违背情理的手段聚敛财富。

⑬ 惟：只，只有。命：天命。不于常：没有一定的常规。

⑭ 《楚书》：楚国的古书。论宝之事见《国语·楚语·王孙圉论国之宝》，王孙圉认为楚国观射(yì)父、左史倚相等德才兼备的名臣是宝。

⑮ 楚国：古国名。西周时立国于荆山一带，春秋时并吞周围五十多个小国，国力强大，战国时被秦所灭。

⑯ 善：好，指道德好。

⑰ 舅犯：狐偃，字子犯。晋文公之舅，故称舅犯。从晋文公流亡，有大功。

以为宝①。”

《秦誓》②曰：“若有一个③臣，断断兮④，无他技⑤。其心休休⑥焉，其如有容⑦焉。人之有技，若己有之。人之彦圣⑧，其心好⑨之，不啻⑩若自其口出。寔⑪能容之，以能保我子孙黎民，尚⑫亦有利哉。人之有技，媢疾⑬以恶之。人之彦圣，而违之俾不通⑭。寔不能容，以不能保我子孙黎民，亦曰殆⑮哉！”

唯仁人放流之⑯，迸诸四夷⑰，不与同中国⑱。此谓唯仁人为能爱人，能恶人。

---

① 亡人：流亡在外的人，这里是晋文公自称。仁亲：热爱亲人，指热爱晋献公。晋文公，名重耳，晋献公之子，公元前636—前628年在位。春秋五霸之一。公元前655年，晋文公避骊姬之谗，流亡在翟，时晋献公卒，秦穆公使子显吊之，因劝其复国。晋文公鉴于时机尚未成熟，不受秦命。这两句话是舅犯教晋文公答秦使子显的婉言报谢辞，表达了自己具有仁人之心。

② 《秦誓》：《尚书》中的一篇，内容为秦穆公败于晋而悔过自责之辞。

③ 个：原书作“介”。

④ 断断兮：忠诚老实、勤勤恳恳的样子。兮，语助词，无义。

⑤ 技：技艺，本领。

⑥ 休休：平易宽容的样子。

⑦ 有容：有容之量。

⑧ 彦圣：美好的德行。彦，美士。圣，通明。

⑨ 好：喜欢，喜爱。

⑩ 不啻(chì)：不仅，不但。

⑪ 寔：“实”的异体字。原书为“是”。

⑫ 尚：庶几，差不多。原书为“职”。

⑬ 媢(mào)疾：嫉妒。媢，原书为“冒”，忌。

⑭ 违：拂戾，压抑。俾(bǐ)：使。不通：不能通达于上。通，原书为“达”。

⑮ 殆：危险。

⑯ 仁人：具有仁德的人。放流：放逐，流徙。

⑰ 迸(bǐng)：通“屏”，屏除，屏退，引申为驱逐。四夷：东夷、西戎、南蛮、北狄，古代泛指四周边远地区的少数民族。

⑱ 与：和，跟，同。中国：当时指汉族所居住的黄河流域中原地区。

见贤而不能举[1]，举而不能先[2]，命[3]也。见不善而不能退[4]，退而不能远[5]，过[6]也。好人之所恶，恶人之所好，是谓拂人之性[7]，菑必逮夫身[8]。

是故君子有大道[9]，必忠信[10]以得之，骄泰[11]以失之。生财有大道[12]，生之者众，食之者寡，为之者疾[13]，用之者舒[14]，则财恒[15]足矣！

仁者以财发身[16]，不仁者以身发财[17]。未有上好仁而下不好义者也；未有好义其事不终[18]者也，未有府库[19]财非其财者也。

---

① 举：举荐、推举。

② 先：尽先使用，引申为信任、亲近。俞樾《群经平议》说："'先'盖'近'字之误。'见贤而不能举，举而不能近'与'见不善而不能退，退而不能远'正相对成文。'近'，古文作'岕'，篆文作'岦'，'先'字篆文作'兂'，两形相近，因而致误耳。"可参考。

③ 命：郑玄《礼记大学注》说："'命'当为'慢'，声之误也。"《程子外书》说："'命'当作'怠'，字之误也。"朱熹认为"未详孰是"，不作定论。这里似乎以慢为妥。作轻慢、怠慢讲。

④ 退：斥退，屏退。

⑤ 远：指边远地区。

⑥ 过：过失，错误。

⑦ 拂：拂逆，违背。性：人之本性。

⑧ 菑："灾"的异体字，灾祸。逮(dài)：及，到。

⑨ 大道：重大的原则。这里指为政以德。

⑩ 忠信：忠诚，信实。

⑪ 骄泰：骄纵恣肆。

⑫ 大道：以义为利。

⑬ 疾：快，引申为积极性高。

⑭ 舒：舒缓，引申为节用。

⑮ 恒：常，永远。

⑯ 以财发身：运用财富来发展自身的王业。

⑰ 以身发财：运用自身的权力来聚敛财富。

⑱ 终：终极，引申为成功。

⑲ 府库：国家储藏财富的地方。

孟献子[1]曰："畜马乘[2]，不察于鸡豚[3]；伐冰之家[4]，不畜牛羊；百乘之家[5]，不畜聚敛之臣[6]。与其有聚敛之臣，宁有盗臣[7]。"此谓国不以利为利，以义为利也。

长国家而务财用者[8]，必自小人矣[9]，彼为善之[10]。小人之使为国家，菑害并至，虽有善者[11]，亦无如之何矣。此谓国不以利为利，以义为利也。

---

① 孟献子：鲁国大夫仲孙蔑。

② 畜：养，豢养，引申为拥有。马乘(shèng)：四匹马拉的车。古代士初试为大夫，始得备车，驾四马。

③ 察：察看，查看，引申为关心。豚：小猪，这里指猪。

④ 伐冰之家：古代卿大夫丧祭时有用冰的特权，这里指代卿大夫。伐冰，凿冰。

⑤ 百乘之家：拥有四百匹马一百辆车的采邑，即卿大夫有封邑者。后指代卿大夫。

⑥ 聚敛之臣：搜刮人民财富的家臣。

⑦ 盗臣：盗窃公家府库财物的家臣。

⑧ 长(zhǎng)：掌握，领导。务：专门从事。

⑨ 自：由。此句指由小人误导。

⑩ 彼为善之：他们受到国君的重视。朱熹《大学章句》说："此句上下，疑有缺文误字。"

⑪ 善者：有贤德才能的人。

中　庸[1]

天命之谓性[2]，率性之谓道[3]，修道之谓教[4]。道[5]也者，不可须臾[6]离也；可离非道也。是故君子戒慎乎其所不睹[7]，恐惧乎其所不闻。莫见乎隐[8]，莫显乎微[9]，故君子慎其独[10]也。

喜怒哀乐之未发[11]，谓之中[12]；发而皆中节[13]，谓之和[14]。中也者，天下之大本[15]也；和也者，天下之达道[16]也。致中和[17]，天地位[18]焉，万

---

① 《中庸》原为《小戴礼记》中的一篇，是儒家学说中最早且最精密的一篇哲学论文，可以看作儒家学说的思想理论基础。以孔子为代表的言天道与性的哲学思想，至此而一变，形成思孟学派。因此，《中庸》受到历代学者的重视，从《礼记》中被辑出单行。北宋程颢、程颐认为“此篇乃孔孟传授心法”，视之为儒学道统传文。南宋朱熹把它与《大学》《论语》《孟子》合编为四书，并为之作注。元以后，成为科举考试必读教科书，影响十分深远。《中庸》的作者历来都被认为是孔子的孙子子思。至清代始有人怀疑，认为约成书于战国末期至西汉之间。《中庸》的中心思想在于阐述不偏不倚、无过无不及的中庸之道是最高最完美的道德，是人道的正直，天道的真理。

② 天命：由天所命，这里指自然的禀赋。性：人的本性。

③ 率(shuài)：遵循。道：人道。此句指人遵着理行事。

④ 修道：修明道德。教：教化。这里含有省察自己、教育他人之意。

⑤ 道：谓日常事物当行之理，蕴藏在内心。

⑥ 须臾(xūyú)：片刻，一会儿。

⑦ 是故：所以。君子：《中庸》中的君子，有时指有德行的人，有时指有地位的人。这里指有德行的人。戒慎：警戒，谨慎。睹(dǔ)：见，察看。

⑧ 见(xiàn)：同“现”，表现。隐：隐蔽，暗处。

⑨ 显：显现，明显。微：细微。

⑩ 慎其独：即慎独。独处时十分谨慎。其：语气助词，无义。

⑪ 喜：喜欢。怒：愤怒。哀：悲哀。乐(lè)：快乐。四者均属人的感情。发：表露。

⑫ 中：不偏不倚。

⑬ 中(zhòng)节：合于自然的道理。中，符合。节，法度，法则。

⑭ 和：无所乖戾，和洽。

⑮ 大本：大根源，指道之体。

⑯ 达道：天下人民共由之路，引申为事物运动变化所应遵循的普遍规律。

⑰ 致：到，达到。中和：指达到不偏不倚、无所乖戾、体用结合的境界。

⑱ 位：安于其所。

物育焉①。

仲尼②曰："君子中庸③，小人反④中庸。君子之中庸也，君子而时中⑤；小人之(反)⑥中庸也，小人而无忌惮⑦也。"

子曰："中庸其至⑧矣乎！民鲜⑨能久矣！"

子曰："道之不行也⑩，我知之矣。知者⑪过之，愚者不及也。道之不明也⑫，我知之矣。贤者过之，不肖者不及也。人莫不饮食也，鲜能知味⑬也。"

子曰："道其不行矣夫⑭！"

子曰："舜其大知也与⑮！舜好问而好察迩言⑯，隐恶而扬善⑰，执

---

① 育：生育，繁育。此句指万物各按自己的本性生长。

② 仲尼：孔子的字。孔子(公元前551—前479年)，名丘，字仲尼，春秋鲁国陬邑(今山东曲阜东南)人，我国古代伟大的思想家、教育家，儒学的创始人。

③ 中庸：儒家的最高道德标准。中，就是不偏不倚，无过无不及。庸，平常。

④ 反：违背。

⑤ 而(néng)：通"能"，能够。古籍中"而"和"能"常通用。时中：应时制宜，言行处处符合中道。

⑥ (反)：《十三经注疏》本《礼记·中庸》篇无"反"字。唐陆德明《经典释文》说王肃本作"小人之反中庸也"。程颐、朱熹均以为当有"反"字。

⑦ 忌惮：顾忌，害怕。

⑧ 至：极，最。

⑨ 鲜(xiǎn)：少。

⑩ 道：中庸之道。行：实行，流行。

⑪ 知者：聪明、睿智的人。

⑫ 明：著明，明了。按此段"行""明"二字当互易。因为"知""愚"就"明"言，"贤""不肖"就"行"言。二字互易，意更明白。

⑬ 味：滋味。

⑭ 其：助词。矣夫(fú)：叹词。

⑮ 舜：传说中父系氏族社会后期部落联盟领袖，姓姚，有虞氏，名重华，史称虞舜。知：同"智"，智慧。也与：语气词连用。与，同"欤"。

⑯ 好(hào)：喜欢。察：审查，体察。迩(ěr)言：浅近的话，即平常人的话。迩，近。

⑰ 隐恶而扬善：包涵缺点，表明优点。

其两端①，用其中于民，其斯②以为舜乎！”

子曰：“人皆曰：‘予知’③，驱而纳诸罟擭陷阱之中而莫之知辟也④。人皆曰：‘予知’，择乎中庸而不能期⑤月守也。”

子曰：“回⑥之为人也，择⑦乎中庸。得一善⑧，则拳拳服膺而弗失之矣⑨。”

子曰：“天下国家可均⑩也，爵禄可辞也⑪，白刃可蹈也⑫，中庸不可能也。”

子路问强⑬。子曰：“南方之强与⑭？北方之强与？抑而强与⑮？宽

---

① 执其两端：把握事物的两个极端，如大小、厚薄之类。两端，这里指过与不及。

② 斯：这个。

③ 予知：我是明智的。予，我。知，同“智”，明智。

④ 驱：驱逐，驱赶。纳：纳入，引申为落入。罟擭陷阱：比喻祸害所伏。罟擭(gǔhuò)，捕捉野兽的器具。罟，网的总称。擭，装有机关的捕兽木笼。陷阱，捕捉野兽的地坑。辟(bì)：通“避”，躲避。

⑤ 期(jī)：一周年、一整月或一昼夜。指时间短暂。

⑥ 回：颜回，字子渊，鲁国人，孔子最得意的学生，最有德行。

⑦ 择：选择。含有仔细审查之意。

⑧ 善：中庸的道理。

⑨ 拳拳：亦作“惓惓”，牢牢握着不舍弃的样子。服膺(yīng)：谨记在心，衷心信服。服，著。膺，胸。

⑩ 均：均平，引申为平定、治理。

⑪ 爵(jué)禄：爵位，俸禄。爵，古代按功劳的大小、地位的尊卑，分公、侯、伯、子、男五等爵制。历代遵行而略有调整。辞：推辞，辞让。

⑫ 白刃：明晃晃的利刃、快刀。蹈(dǎo)：踩，踏。

⑬ 子路：姓仲名由，字子路，也字季路。鲁国人，孔子的学生，好勇，故问强。强：刚强，坚强，含有武勇之意。

⑭ 与：语气词，表疑问。

⑮ 抑：语气词，表示选择，抑或。而：同“尔”，指子路。

柔以教[1]，不报无道[2]，南方之强也；君子居之[3]。衽金革[4]，死而不厌[5]，北方之强也；而强者居之。故君子和而不流[6]，强哉矫[7]；中立而不倚[8]，强哉矫；国有道[9]，不变塞[10]焉，强哉矫；国无道[11]，至死不变，强哉矫。”

子曰：“素隐行怪[12]，后世有述[13]焉；吾弗为[14]之矣。君子遵道[15]而行，半途而废；吾弗能已[16]矣。君子依乎中庸，遯世[17]不见知而不悔，唯圣者[18]能之。”

---

① 宽柔：宽厚温柔。教：教育、教化。

② 报：报复。无道：横暴无理。

③ 居之：守着它。

④ 衽(rèn)金革：指卧在兵戈甲胄上，安心于此。衽，卧席。金，兵戈之类武器。革，头盔铠甲之类战帽战袍。

⑤ 不厌：不悔。

⑥ 和而不流：善于与人和睦相处，又不无原则地迁就。和，和睦，调和。流，随波逐流，引申为无原则地迁就。

⑦ 强哉矫：赞许之辞。矫，强盛、武勇的样子。

⑧ 中立而不倚：指守中庸之道，无所偏倚。

⑨ 有道：指政治清明，天下太平。

⑩ 不变塞：不改变未达时的操守。塞(sè)，堵。

⑪ 无道：指政治黑暗，不太平。

⑫ 素隐行怪：指探求隐僻不正之理，做奇异怪诞之事，以欺世盗名。素，朱熹说：“按《汉书》当作索，盖字之误也。”按《汉书·艺文志·方技略·神仙家》引《中庸》云：“索隐行怪，后世有述焉，吾不为之矣。”“素隐”作“索隐”。颜师古注：“索隐，求索隐暗之事，而行怪迂之道，妄令后人有所祖述，非我本志。”可见“索”误为“素”，寻求、探索之意。

⑬ 述：称述，记述。

⑭ 为：做。

⑮ 道：中庸之道。

⑯ 已：停止，中止。

⑰ 遯(dùn)世：避世，这里意为终身。遯，“遁”的异体字。

⑱ 圣者：圣人。

君子之道①，费而隐②。夫妇之愚可以与知焉③，及其至④也，虽圣人亦有所不能知。夫妇之不肖，可以能行焉，及其至也，虽圣人亦有所不能焉。天地之大也，人犹有所憾⑤。

故君子语大，天下莫能载⑥焉；语小，天下莫能破⑦焉。《诗》⑧云："鸢飞戾天⑨，鱼跃于渊⑩。"言其上下察⑪也。君子之道，造端⑫乎夫妇，及其至也，察乎天地。

子曰："道不远人⑬，人之为道而远人⑭，不可以为道。《诗》⑮云：'伐柯伐柯⑯，其则⑰不远。'执⑱柯以伐柯，睨⑲而视之，犹以为远。故君子以人治人，改而止⑳。"

---

① 道：指中庸之道。

② 费(fèi)：道之用，指道之用广大无涯。隐：道之体，指道之体精细微妙。二者是用和体的关系。

③ 夫妇：有两种说法。一指男人、女人，并非指夫妻。郑玄主此说。一指夫妻。朱熹主此说。均可通。愚：愚笨。与：参与。

④ 至：最，极尽，最精微之处。

⑤ 憾(hàn)：遗憾，不满意。

⑥ 载：装载，承载。

⑦ 破：看破，引申为剖析。

⑧ 《诗》：指《诗经·大雅·旱麓》，这是一首赞扬有道德修养的人求福得福、能培养人才的诗。

⑨ 鸢(yuān)：鸟名。戾(lì)：到，达到。

⑩ 渊：深潭。

⑪ 察：至，含昭著明白之意。

⑫ 造端：开始，开端。造，开始。

⑬ 道：指率性讲。远人：远离人们。

⑭ 人之为道而远人：指有的人在修道时专门好高骛远，这样，使本来离人不远的道反而远了。

⑮ 《诗》：指《诗经·豳风·伐柯》，这是一首描写婚姻的诗。

⑯ 伐柯：砍斧柄。

⑰ 则：法则，引申为做斧柄的方法。

⑱ 执：握、拿。

⑲ 睨(nì)：斜视。

⑳ 以人治人：即以人固有的道理去治理人，启发人之明德以去其恶。改而止：直到他改正为止。

"忠恕违道不远①，施诸己而不愿②，亦勿施于人。"

"君子之道四③，丘④未能一焉。所求乎子以事父⑤，未能也；所求乎臣以事君，未能也；所求乎弟以事兄，未能也；所求乎朋友先施⑥之，未能也。庸德之行⑦，庸言之谨⑧；有所不足⑨，不敢不勉⑩，有余⑪不敢尽。言顾⑫行，行顾言，君子胡不慥慥尔⑬！"

君子素其位而行⑭，不愿乎其外⑮。素富贵，行乎富贵；素贫贱，行乎贫贱；素夷狄⑯，行乎夷狄；素患难，行乎患难。君子无入而不自得焉⑰。

在上位，不陵⑱下；在下位，不援⑲上。正己⑳而不求于人，则无

---

① 忠恕：尽己之心为忠，推己及人为恕。违道：离开中庸之道。

② 施：加。己：自己。

③ 君子之道四：即下文所说的孝、弟、忠、信四种道德。

④ 丘：孔子自称其名。

⑤ 求：责，要求。事：奉事，服侍。

⑥ 施：加，加给。

⑦ 庸德：平常的道德。行：实行。

⑧ 庸言：平常的言语。谨：谨慎。

⑨ 不足：不够。

⑩ 勉：勉励。

⑪ 有余：指言论方面自觉才力有余。

⑫ 顾：回头看，引申为照顾、顾及。

⑬ 胡：何。慥慥(zàozào)：忠厚笃实的样子。

⑭ 素：处在，安宁。位：地位。行：奉行。

⑮ 愿：倾慕，羡慕。其外：本位以外的东西。

⑯ 素夷狄：处在夷狄的地位上。夷狄，古代泛称居住在东方和北方的少数民族。

⑰ 入：合于，引申为安于。自得：无所不足于心，即随遇而安，悠然自得，不做非分之望。

⑱ 陵：同"凌"，欺凌，欺压。

⑲ 援：攀附，巴结。

⑳ 正己：端正自己。

怨，上不怨天，下不尤[①]人。故君子居易以俟命[②]，小人行险以徼幸[③]。子曰："射有似乎君子[④]，失诸正鹄[⑤]，反[⑥]求诸其身。"

君子之道[⑦]，辟[⑧]如行远，必自迩[⑨]；辟如登高，必自卑[⑩]。《诗》[⑪]曰："妻子好和[⑫]，如鼓瑟琴[⑬]。兄弟既翕[⑭]，和乐且耽[⑮]。宜尔室家，乐尔妻孥[⑯]。"子曰："父母其顺[⑰]矣乎！"

子曰："鬼神之为德[⑱]，其盛[⑲]矣乎！视之而弗见，听之而弗闻；体

---

① 尤：怨。

② 居易：处于平易而无危险的境地。易，平地，指素位而行。俟命：等待天命。

③ 行险：冒险。徼(jiǎo)幸：企图以偶然的机会获得成功，或意外地免除不幸。徼，"侥"的异体字。

④ 射有似乎君子：以射箭的道理来比喻君子，正己而不求于人。射，射礼。

⑤ 失诸正鹄(zhēnggǔ)：箭未射中靶子。失，指没有射中。正鹄，箭靶。古代射礼时所张的箭靶叫"侯"。侯之中缝一块皮叫"鹄"，鹄之中画一个中心叫"正"。以射中正、鹄为优。

⑥ 反：回过头来。

⑦ 君子之道：指求取君子之道的方法。

⑧ 辟(pì)：同"譬"，譬如。

⑨ 迩：近。

⑩ 卑：下，低。

⑪ 《诗》：指《诗经·小雅·棠棣》，这是一首称道家庭和睦、兄弟友爱的诗。

⑫ 好和：和合，融洽。

⑬ 鼓：弹奏，名词作动词用。瑟(sè)琴：古代两种拨弦乐器的名称。这里比喻夫妇感情和谐。

⑭ 翕(xī)：聚合，和合。

⑮ 乐：快乐。耽(dān)：原诗为"湛"字。

⑯ 妻孥(nú)：妻子儿女的统称。孥，儿子。

⑰ 顺：舒心和顺。

⑱ 鬼神：鬼，古人认为人死后灵魂不灭，称之为鬼。一般指已死的祖先。神，宗教及古代神话中所幻想的主宰物质世界，超乎自然，具有人格和意志的精灵。德：功德。

⑲ 盛：兴隆茂盛的样子。

物而不可遗①。使天下之人，齐明盛服②，以承祭祀③，洋洋乎④如在其上，如在其左右。《诗》⑤曰：'神之格思⑥，不可度思⑦！矧可射思⑧！'夫微之显⑨，诚之不可揜如此夫⑩。"

子曰："舜其大孝也与⑪！德为圣人⑫，尊⑬为天子，富有四海之内⑭，宗庙飨之⑮，子孙保⑯之。故大德，必得其位⑰，必得其禄，必得其名⑱，必得其寿。故天之生物，必因其材而笃焉⑲。故栽者培之⑳，倾者覆之㉑。"

---

① 体物：体察事物。遗：遗弃，遗忘。

② 齐(zhāi)明：祭祀之前斋戒沐浴，以示虔敬。齐，同"斋"，斋戒。明，洁净。盛服：穿戴整齐华美的冠服。

③ 承：奉，承奉。祭祀(sì)：指祭鬼祀神。祭，为祀神、供祖或以某种仪式追悼死者的通称。这里的祭是吉祭，目的在于祈福，与凶祭之"奠"不同。祭，从"示"，示，古"祇"字，以手持肉以享神祇，会意字。祀，祀神。

④ 洋洋乎：飘忽的样子。

⑤ 《诗》：指《诗经·大雅·抑》，原为西周时卫武公刺厉王，亦以自警之诗。所引三句，旨在说明中庸之道用广大而体精微。

⑥ 格思：至，来。思，语气助词，无意义。

⑦ 度(duó)思：测度，估计。

⑧ 矧(shěn)：况，况且。射(yì)思：厌弃。

⑨ 微：指鬼神之事虚无缥缈。显：指鬼神降祸福于人间又很明显。

⑩ 诚：诚信，至诚。揜(yǎn)：遮掩。夫(fú)：语气词。

⑪ 与：同"欤"，语气词。

⑫ 圣人：具有最高智慧和道德的人。

⑬ 尊：尊贵。

⑭ 四海之内：泛指全国范围内。

⑮ 宗庙飨之：指在宗庙里受祭献。宗庙，古代天子、诸侯祭祀其祖先的庙。飨，祭献。

⑯ 保：保守，保持。

⑰ 位：指至尊的天子之位。

⑱ 名：名声，名誉。

⑲ 因：按照。材：质量，本质。笃：厚。

⑳ 栽：栽植。培：培育。

㉑ 倾：倾倒。覆：摧败。

“《诗》①曰：‘嘉乐君子②，宪宪令德③。宜民宜人④，受禄于天，保佑命之，自天申⑤之。’故大德者必受命。”

子曰：“无忧⑥者，其惟文王⑦乎！以王季⑧为父，以武王⑨为子，父作⑩之，子述⑪之。武王缵大王⑫、王季、文王之绪⑬，壹戎衣⑭而有天下，身不失天下之显名⑮，尊为天子，富有四海之内，宗庙飨之，子孙保之。”

---

① 《诗》：指《诗经·大雅·假乐》，这是一首歌颂周成王的诗。引诗为《假乐》篇中的第一章，重申有大德者必受天命的观点。

② 嘉乐：喜欢，快乐。嘉，原诗为“假”字。“嘉”与“假”，同音假借字。君子：指周成王。

③ 宪宪：显著、盛明的样子，原诗为“显显”，意同。令德：美德。令，美、善。

④ 民：指没有地位的平民。人：指士大夫以上，有地位的贵族。

⑤ 申：重申其命。

⑥ 忧：忧愁，忧虑。

⑦ 文王：姓姬名昌，季历之子，继季历为诸侯，在位五十年，国力强盛，三分天下有其二，仍奉殷为天子，为武王灭纣打下坚实基础。

⑧ 王季：姓姬名季历，周太王古公亶父第三子。因其子姬昌贤能，古公亶父欲以季历继位，然后传昌。古公亶父长子泰伯、次子虞仲明父意，便逃亡至荆蛮，断发文身，以让季历。古公亶父卒，季历即位，修太王遗业，笃行仁义，传位于昌。武王建立周王朝，追尊季历为王季。

⑨ 武王：周王朝的建立者，姓姬名发，文王之子。他继承文王遗志，灭殷纣，建立周朝，定都于镐(今陕西西安南澧水东岸)。

⑩ 作：开创，创业。

⑪ 述：继承，绍述。

⑫ 缵(zuǎn)：继承。大王：即王季之父古公亶父，周朝基业的创立者。周武王建立周朝，追封其为大王，“大”古读“太”。

⑬ 绪：事业，这里指前人未竟之业。

⑭ 壹戎衣：有不同解释。一作一著军装以伐纣。朱熹主此说。一作歼灭大殷。郑玄、陈乔枞主此说。郑玄注曰：“衣，读如殷。”因为古“衣”字作“月”，“殷”字亦从“月”声。壹同“殪”，是诛灭之意。戎作“大”解。壹戎衣就是“灭大殷”。

⑮ 显名：昭明于世的好名声。

“武王末[1]受命，周公[2]成文、武之德，追王[3]太王、王季，上祀先公以天子之礼[4]，斯礼也，达乎诸侯大夫[5]，及士庶人[6]。父为大夫，子为士，葬以大夫，祭以士。父为士，子为大夫，葬以士，祭以大夫。期之丧[7]，达乎大夫；三年之丧，达乎天子；父母之丧，无贵贱，一[8]也。”

子曰：“武王、周公其达孝矣乎[9]！夫孝者，善[10]继人之志，善述[11]人之事者也。春秋[12]，修其祖庙[13]，陈其宗器[14]，设其裳衣[15]，荐其时食[16]。”

“宗庙之礼，所以序昭穆[17]也；序爵[18]，所以辨贵贱也；序事[19]，所

---

① 末：老，晚年。

② 周公：姓姬名旦，文王之子，武王之弟，故又称“叔旦”，因采邑在周地(今陕西岐山北)，又称“周公”。西周初年政治家。曾助武王灭纣，镇压武庚及三叔叛乱，辅成王摄政，分封诸侯，制礼作乐，建立西周一系列典章制度。

③ 追王(wàng)：追尊……为王。

④ 祀：祭祀。先公：指古公亶父之父组绀上溯到始祖后稷的历代祖先。

⑤ 达：至、到。诸侯：指西周、春秋时天子分封的各国国君，分公、侯、伯、子、男五等。大夫：周代国君之下有卿、大夫，管理国家政事。卿称上大夫，大夫称下大夫。一般泛称大夫。

⑥ 士：周代级别最低的贵族阶层。春秋时，士多为卿、大夫家臣。有的有食田，有的以俸禄为生。庶人：西周以后对农业生产者的称呼，其地位次于士而高于工、商、皂、隶。一般指平民。

⑦ 期(jī)：一整年。丧：丧礼，指丧葬祭奠之礼，古称“凶礼”。

⑧ 一：一致，一律。

⑨ 其：大概。达孝：天下之人通称之谓孝。达，通。

⑩ 善：善于，有委曲变通之意。

⑪ 述：遵循，依照。

⑫ 春秋：四季的代称，这里指祭祀的季节。

⑬ 修：洒扫清洁之意。祖庙：供祀祖先的宫庙。祖，古代祭祀祖先叫“祖”。

⑭ 陈：陈列。宗器：祭器，古代宗庙祭祀时所用的器物。

⑮ 设：陈设，摆设。裳衣：衣裙，古代上衣而下裳。裳，裙。

⑯ 荐：进献。时食：时鲜食品。

⑰ 昭穆：古代的一种宗法制度。宗庙中排列神主的次序是有规定的。始祖庙居中，以下父子按左昭、右穆的次序排列。这里指祭祀时，可以排列出父子、长幼、亲疏的秩序。

⑱ 爵：爵位。

⑲ 事：祭祀时的职事。

以辨贤也；旅酬下为上①，所以逮贱也②；燕毛③，所以序齿④也。”

“践其位⑤，行其礼，奏其乐；敬其所尊，爱其所亲，事死⑥如事生，事亡如事存⑦，孝之至⑧也。”

“郊社⑨之礼，所以事⑩上帝也；宗庙之礼，所以祀乎其先⑪也。明乎郊社之礼，禘尝之义⑫，治国其如示诸掌⑬乎！”

哀公问政⑭。子曰：“文武⑮之政，布在方策⑯。其人存，则其政

---

① 旅酬：旅，众。酬，以酒相劝。古代在宗庙中一种饮酒的礼节。众子弟举杯为自己的长辈敬酒。下为上：从下到上敬酒。

② 逮：及，及于。贱：指上文中的“下”者。

③ 燕毛：燕，同“宴”，宴会。毛，头发。祭祀完毕，举行宴会时，以毛发颜色来区别长幼，安排座次。

④ 序齿：按年龄大小排定座次或饮酒顺序。齿，年龄。

⑤ 践：登，履，升。其：指代先王、先公。以下的“其”所指均同。位：牌位，神主。

⑥ 死：刚死叫作死。

⑦ 亡：葬。存：活着。

⑧ 至：尽，极。

⑨ 郊社：周朝在冬至的时候于南郊举行祭天的仪式，称为“郊”或“郊天”；夏至的时候在北郊举行祭地的仪式，称为“社”或“郊社”。

⑩ 事：奉事。

⑪ 先：祖先。

⑫ 禘(dì)：古代一种极为隆重的祭礼，只有天子才能举行。这里所说禘祭，应为宗庙四时祭祀之一，于夏季举行。尝：四时宗庙祭礼之一，在秋季举行。《礼记・王制》：“天子、诸侯宗庙之祭，春曰礿，夏曰禘，秋曰尝，冬曰烝。”

⑬ 示(zhì)诸掌：放置在手掌上的东西，言极为容易。示，有两种说法。郑玄释“置”，像放在手掌上一样。朱熹释“视”，像看自己手掌那样容易。

⑭ 哀公：鲁国国君，名蒋，公元前494—前467年在位，卒谥“哀”。政：政治，即治理国家之事。

⑮ 文武：周文王和周武王。

⑯ 布：陈列。方策：指典籍。方，方版。策，同“册”，竹简。古时在木板和竹简上书写。

举[1]；其人亡，则其政息[2]。人道敏政[3]，地道敏树[4]。夫政也者，蒲卢[5]也。”

“故[6]为政在人，取人以身[7]，修身以道[8]，修道以仁[9]。仁者，人也，亲亲为大[10]。义[11]者，宜[12]也，尊贤[13]为大。亲亲之杀[14]，尊贤之等[15]，礼所生[16]也。”

“在下位[17]，不获[18]乎上，民不可得而治矣[19]。故君子不可以不修身；思修身，不可以不事亲；思事亲，不可以不知人[20]；思知人，不可以不知天[21]。”

“天下之达道五，所以行之者三[22]。曰：君臣也，父子也，夫妇也，

---

① 举：举起，引申为推行。

② 息：止息，停息。

③ 人道：指以人施政的道理。敏：迅速，敏捷。

④ 地道：指以沃土种植植物的道理。敏树：树木迅速成长。

⑤ 蒲卢：即蒲苇。卢，同“芦”。

⑥ 故：所以。

⑦ 取人：选取人才。以：介词，用。身：指修养自身。

⑧ 道：指中庸之道。

⑨ 仁：是孔子心目中的一种最高道德的名称，有多种解释。这里指爱人，也就是人们之间相亲相爱。

⑩ 亲亲为大：指人们虽然相亲相爱，但以爱自己的亲人为主。前一“亲”字为动词，作“爱”讲。后一“亲”字为名词，作“亲人”讲。

⑪ 义：仁义。

⑫ 宜：适宜。

⑬ 尊贤：尊敬贤人。

⑭ 杀(shài)：降等，减杀。

⑮ 等：等级。

⑯ 生：产生。

⑰ 下位：指处在臣子的地位。

⑱ 获：获得。

⑲ 民：人民。得：能。

⑳ 知人：了解人。

㉑ 知天：了解天，即知自然之理。

㉒ 达道：天下古今所共同必经的路。这里指五种伦常关系，靠知、仁、勇三者实行。

昆弟[①]也，朋友之交也。五者，天下之达道也。知[②]、仁[③]、勇[④]三者，天下之达德[⑤]也。所以行之者一[⑥]也。”

“或生而知之[⑦]，或学而知之[⑧]，或困而知之[⑨]，及其知之一也[⑩]。或安[⑪]而行之，或利[⑫]而行之，或勉强[⑬]而行之，及其成功一也。”

子曰：“好学近[⑭]乎知，力行近乎仁，知耻[⑮]近乎勇。”

“知斯三者[⑯]，则知所以[⑰]修身；知所以修身，则知所以治人；知所以治人，则知所以治天下国家矣。”

凡为天下国家有九经[⑱]，曰：修身也；尊贤也；亲亲也；敬大臣

---

① 昆弟：兄弟。昆，兄长。

② 知：同“智”，智慧。

③ 仁：仁德。

④ 勇：勇敢。

⑤ 达德：天下古今所同得之理，即通行于天下的美德，落实在一个“诚”字上，依靠诚而实行。

⑥ 一：诚实，至诚。

⑦ 或：有的。生而知之：天生就有知识。

⑧ 学而知之：通过学习掌握知识。

⑨ 困而知之：遇到困难而学习获得知识。

⑩ 及：等到，及至。一：一样。

⑪ 安：安适。

⑫ 利：利益。指为利益所驱动。

⑬ 勉强：力量不够而强求。

⑭ 近：接近。

⑮ 耻：耻辱，羞耻。

⑯ 斯：这，此。指示代词。三者：指好学、力行、知耻三事。

⑰ 所以：怎样。

⑱ 为：治理。九经：九条定理，九条常规，九条大纲。

也[1]；体[2]群臣也；子庶民也[3]；来百工也[4]；柔远人也[5]；怀[6]诸侯也。

修身则道立[7]，尊贤则不惑[8]，亲亲则诸父昆弟不怨[9]；敬大臣则不眩[10]；体群臣则士之报礼重[11]；子庶民则百姓劝[12]；来百工则财用足；柔远人则四方归[13]之；怀诸侯则天下畏[14]之。

齐明盛服，非礼不动。所以修身也；去谗远色[15]，贱货而贵德[16]，所以劝贤也；尊其位，重其禄，同其好恶[17]，所以劝亲亲也；官盛任使[18]，所以劝大臣也；忠信重禄，所以劝士也；时使薄敛[19]，所以劝百姓也；日省月试[20]，既禀称事[21]，所以劝百工也；送往迎来，嘉善而矜不能[22]，

---

① 敬：敬重，尊敬。大臣：指掌重权而有威望的辅政重臣。

② 体：体恤。

③ 子：作动词用，爱……如子。庶民：一般老百姓。

④ 来：招徕，招集。百工：西周时对工奴的总称，后泛指各种手工业工匠。

⑤ 柔：怀柔，安抚，引申为优待。远人：有人认为指蕃国，有人认为指远方商旅或外族人，均可通。

⑥ 怀：安抚，绥靖。

⑦ 道立：中庸之道建立。

⑧ 惑：迷惑。

⑨ 诸父：伯父，叔父。怨：怨恨，怨望。

⑩ 眩(xuàn)：眼花，引申为迷惑。

⑪ 报礼：报答。礼，含有敬意，即怀着崇敬之心加以报答。重：深厚。

⑫ 劝：勉励，受到鼓励。

⑬ 归：归顺，归附。

⑭ 畏：畏惧，畏服。

⑮ 去谗：摒弃谗佞小人的坏话。去，摒弃。谗，挑拨离间、说坏话的谗人。远色：远离女色。

⑯ 贱货：轻视财物。贵德：重视道德。

⑰ 同其好恶：指用同一标准进行奖赏和惩罚，不因亲疏而有异。

⑱ 官盛：官属众多。任使：听任差使。

⑲ 时使：使用百姓要适时，要不违农时，即“使民以时”。薄敛：减轻赋税的征收。

⑳ 日省月试：古代对百工每日考察，每月试评其勤惰而发给报酬。

㉑ 既禀(xìlǐn)：同“饩廪”。薪资粮米。称事：与工效相称。事，工效。发给的报酬与工作的效果相一致。

㉒ 嘉善：嘉奖善的、好的。矜：同情，怜悯。不能：才能不足的。

所以柔远人也；继绝世[①]，举废国[②]，治乱持危[③]，朝聘以时[④]，厚往而薄来，所以怀诸侯也。凡为天下国家有九经，所以行之者一[⑤]也。

凡事豫则立[⑥]，不豫则废[⑦]。言前定，则不跲[⑧]；事前定，则不困[⑨]；行前定，则不疚[⑩]；道前定，则不穷[⑪]。

在下位，不获乎上，民不可得而治矣。获乎上有道[⑫]，不信[⑬]乎朋友，不获乎上矣；信乎朋友有道，不顺[⑭]乎亲，不信乎朋友矣；顺乎亲有道，反诸身不诚，不顺乎亲矣；诚身有道，不明[⑮]乎善，不诚乎身矣。

诚者[⑯]，天之道也；诚之者[⑰]，人之道也。诚者，不勉而中[⑱]，不思而得[⑲]，从容中道[⑳]，圣人也。诚之者，择善而固执[㉑]之者也。

---

① 绝世：已经绝禄的世家。古代卿大夫的宗邑由子孙世袭。

② 废国：已被废灭的国家。

③ 治乱持危：治平乱事，扶危为安。

④ 朝聘(pìn)：古代诸侯定期朝见天子。一年一小聘，三年一大聘，五年一朝。以时：按时进行。

⑤ 一：诚。

⑥ 豫：豫备，准备。立：成功。

⑦ 废：废弃，引申为失败。

⑧ 跲(jiá)：绊倒，窒碍，这里指说话不流畅。

⑨ 困：困难，困惑。

⑩ 疚(jiù)：内心惭愧悔恨。

⑪ 道：道德。穷：完、尽；无出路。

⑫ 道：这里指方法。

⑬ 信：信任，诚信。

⑭ 顺：顺从，和顺。

⑮ 明：明白，懂得。

⑯ 诚者：上天赋予人们的道理。

⑰ 诚之者：人为的道理。

⑱ 勉：勉力，勉强。中：处事自然合理。

⑲ 得：获得。

⑳ 从容：举止行动自然安详。中道：中庸之道。

㉑ 固执：坚守不渝。执，握住。

博学[①]之，审问[②]之，慎思[③]之，明辨[④]之，笃行[⑤]之。有弗[⑥]学，学之弗能弗措[⑦]也；有弗问，问之弗知弗措也；有弗思，思之弗得弗措也；有弗辨，辨之弗明弗措也；有弗行，行之弗笃弗措也。人一能之，己百之；人十能之，己千之。果能此道[⑧]矣，虽愚必明，虽柔[⑨]必强。

自诚明[⑩]，谓之性；自明诚[⑪]，谓之教。诚则[⑫]明矣，明则诚矣。

唯[⑬]天下至诚，为能尽其性[⑭]；能尽其性，则能尽人之性[⑮]；能尽人之性，则能尽物之性[⑯]；能尽物之性，则可以赞天地之化育[⑰]；可以赞天地之化育，则可以与天地参[⑱]矣。

---

① 博学：广博地学习。

② 审问：审慎地询问。

③ 慎思：慎重地思考。

④ 明辨：明晰地辨析。

⑤ 笃行：笃实地履行。

⑥ 弗：不。

⑦ 措：放弃，废弃，引申为停止。

⑧ 道：道理，原则。

⑨ 柔：柔弱。

⑩ 自：由，从。诚明：诚先而明后。即由于内心诚实而明察事理，合于天道。

⑪ 明诚：明先而诚后。即由于明察事理而内心诚实，合于人道。

⑫ 则：就，就能。

⑬ 唯：只有。

⑭ 尽其性：尽量发挥自己天赋的本性。

⑮ 人之性：人的本性。

⑯ 物之性：万物的本性。儒家学者认为，人与万物的本性，都包含着“明德”，只有至诚的圣人，才能充分发挥自己以及一切人的本性，进而发挥万物的本性。

⑰ 赞：助，帮助。化育：生化养育。

⑱ 参(sān)：并列。

其次致曲[1]，曲能有诚，诚则形[2]，形则著[3]，著则明[4]，明则动[5]，动则变[6]，变则化[7]，唯天下至诚为能化。

至诚之道[8]，可以前知[9]。国家将兴，必有祯祥[10]；国家将亡，必有妖孽[11]。见乎蓍龟[12]，动乎四体[13]。祸福将至，善，必先知之；不善，必先知之。故至诚如神[14]。

诚者[15]，自成[16]也；而道[17]，自道[18]也。诚者，物之终始[19]；不诚，无物。是故，君子诚之为贵[20]。诚者，非自成己[21]而已也，所以成物也。成己，仁也；成物，知也；性之德[22]也，合[23]内外之道也，故时措[24]之

---

① 其次：指次于至诚的人，即通过学习达到至诚者。致曲：次于至诚的人，抓住善的一个方面努力去做，达到全体的至诚。致，推致。曲，达到至诚的一个方面，犹小小之事。

② 形：指表露于外。

③ 著：显著。

④ 明：光明。

⑤ 动：感动。

⑥ 变：转变，改变。

⑦ 化：指化育万物。

⑧ 道：原则，法则。

⑨ 前知：预知未来之事。

⑩ 祯(zhēn)祥：吉祥。

⑪ 妖孽：指事物反常的现象。

⑫ 见(xiàn)：同“现”。蓍(shī)龟：古代占卜用的蓍草和龟甲。

⑬ 四体：四肢。

⑭ 神：指灵验如神明。

⑮ 诚者：至诚，这里指天命之性。

⑯ 自成：指物之所以自然成就。

⑰ 道：道路，这里指率性之理。

⑱ 自道：指自己所当行的路径。

⑲ 终始：从头至尾，包括整个事物发生、发展过程。

⑳ 贵：珍贵。

㉑ 成己：使自己有成就。

㉒ 德：仁德。

㉓ 合：符合。

㉔ 措：施行，实行。

宜也。

故至诚无息①，不息则久，久则征②；征则悠远③，悠远则博厚④，博厚则高明⑤。博厚，所以载物也；高明，所以覆物也；悠久，所以成物也。博厚配⑥地，高明配天，悠久无疆⑦。如此者，不见而章⑧，不动而变，无为⑨而成。

天地之道⑩，可一言而尽⑪也：其为物不贰⑫，则其生物不测⑬。天地之道，博也，厚也，高也，明也，悠也，久也。今夫天，斯昭昭⑭之多，及其无穷也，日月星辰系焉⑮，万物覆焉。今夫地，一撮⑯土之多，及其广厚，载华岳⑰而不重，振河海而不洩⑱，万物载焉。今夫山，一卷石⑲之多，及其广大，草木生之，禽兽居之，宝藏兴⑳焉。今夫水，一

---

① 无息：不停息。

② 征：验证，证明。

③ 悠远：久远，长久。悠，久。

④ 博厚：广博而深厚。

⑤ 高明：高大而光明。

⑥ 配：匹配，相配。

⑦ 无疆：没有疆界。指无边无际。

⑧ 章：通“彰”，明显，显著。

⑨ 无为：无所作为。

⑩ 道：道理。

⑪ 尽：完。

⑫ 不贰：无二心，这里指纯一不二。

⑬ 不测：不能估计、测度。

⑭ 昭昭：小小的光明。

⑮ 星辰：星系的总称。系：悬挂，悬系。

⑯ 撮(cuō)：用指爪取物，形容其所取之少。

⑰ 华岳：西岳华山，为五岳之一。

⑱ 振：收，引申为收容、容纳。洩：同“泄”，泄漏，渗漏。

⑲ 一卷(quán)石：一块一块的小石头。卷，《七经考文》说：“卷，本作‘拳’。谓石小如拳。”

⑳ 兴：开发，发掘。

勺[1]之多，及其不测，鼋、鼍、蛟、龙、鱼、鳖生焉[2]，货财殖[3]焉。

《诗》[4]云："惟天之命，于穆不已[5]。"盖[6]曰天之所以为天也。"于乎不显[7]，文王之德之纯[8]。"盖曰文王之所以为文也，纯亦不已。

大哉[9]圣人之道：洋洋[10]乎发育万物，峻极[11]于天。优优[12]大哉！礼仪[13]三百，威仪三千[14]，待其人[15]然后行。故曰：苟不至德[16]，至道不凝焉[17]。故君子尊德性而道问学[18]，致广大而尽精微[19]，极高明而道中庸，温故而知新，敦厚[20]以崇礼。是故居上不骄，为下不倍[21]。国有道，其言

---

① 一勺：形容所取水之少。勺，勺子。古代舀酒的器具，青铜制，形如有曲柄的小斗。

② 鼋(yuán)：大鳖。鼍(tuó)：鳄鱼的一种，又称扬子鳄，爬行纲，鼍科。蛟：古代传说中龙一类的动物，能发洪水。龙：古代传说中一种有鳞有须有爪，能兴云作雨的神异动物。

③ 殖：生殖，产生。

④ 《诗》：指《诗经·周颂·维天之命》，这是一首祭祀文王的乐歌。

⑤ 于：叹词。穆：肃穆，深远。不已：不止。

⑥ 盖：推原之词，表示原因。

⑦ 于乎：同"呜呼"，叹词。不显：即丕显，非常光明昭著。不，同"丕"，语气词。

⑧ 纯：纯洁无瑕。

⑨ 大哉：伟大啊！

⑩ 洋洋：充足盈满的样子。

⑪ 峻极：极其高峻。

⑫ 优优：宽裕充足的样子。

⑬ 礼仪：经礼，典礼制度，如嘉、吉、丧、宾、军之礼。

⑭ 威仪：曲礼，指礼的细节。古时典礼中的动作、仪文及待人接物的仪节，如升、降、揖、退之类。三千：指礼节条文之多。

⑮ 人：圣人，贤人。

⑯ 苟：假使，如果。至德：最高的德性。

⑰ 至道：圣人之道，指中庸之道。凝：凝聚，形成。

⑱ 尊德性而道问学：尊敬、崇拜圣人自然至诚的德性，通过勤学好问、不懈努力达到至诚。

⑲ 致广大而尽精微：使学问和天赋德性日臻广大，达到精深高妙的境界。

⑳ 敦厚：加厚，笃厚。

㉑ 倍：同"悖"，违背。

足以兴①；国无道，其默足以容②。《诗》③曰：“既明且哲④，以保⑤其身。”其此之谓与⑥！

子曰：“愚而好自用⑦；贱而好自专⑧；生乎今之世，反⑨古之道；如此者，烖⑩及其身者也。”

非天子，不议礼⑪，不制度⑫，不考文⑬。今天下，车同轨⑭，书同文⑮，行同伦⑯。虽有其位⑰，苟无其德，不敢作礼乐⑱焉；虽有其德，苟无其位，亦不敢作礼乐焉。

子曰：“吾说⑲夏礼，杞⑳不足征也；吾学殷礼㉑，有宋㉒存焉；吾学周礼，今用之，吾从㉓周。”

---

① 兴：振兴，指振兴国家。

② 其默足以容：指缄默不语，足以为执政者所容，因而远避灾祸。

③ 《诗》：指《诗经·大雅·烝民》，这是一首歌颂周宣王大臣仲山甫的诗。

④ 既明且哲：既高明又智慧。

⑤ 保：保全。

⑥ 其此之谓与：这句诗说的大概就是这个意思吧。

⑦ 好：喜欢。自用：只凭自己主观意图行事。

⑧ 贱：卑贱。自专：按自己的主观意志独断专行。

⑨ 反：同“返”，引申为恢复、推行。

⑩ 烖(zāi)：同“灾”，灾祸。

⑪ 议礼：指制订礼制。

⑫ 制度：制定法度。

⑬ 考文：考订文字，指规定文字的笔画和形体。

⑭ 轨：车子两轮间的距离。古代造车，两轮间的距离都有定制，如秦始皇定制为六尺。

⑮ 书同文：书写的是同样书体的文字。

⑯ 伦：指伦理道德。

⑰ 位：职位，这里指天子之位。

⑱ 乐(yuè)：音乐。古代天子制礼作乐，以治理天下。

⑲ 说：讲说，谈论。

⑳ 杞(qǐ)：古国名，在今河南杞县。相传杞开国君主是夏禹后裔东楼公。

㉑ 殷礼：殷代礼法。

㉒ 宋：古国名，开国君主是商纣王的庶兄微子启，建都于商丘(今河南商丘南)。

㉓ 从：遵从，听从。

王天下有三重焉[①]，其寡过[②]矣乎！上焉者[③]，虽善无征[④]；无征不信；不信民弗从。下焉者[⑤]，虽善不尊；不尊不信，不信民弗从。故君子之道，本诸身[⑥]，征诸庶民，考诸三王而不缪[⑦]，建诸天地而不悖[⑧]，质[⑨]诸鬼神而无疑，百世以俟圣人而不惑。质诸鬼神而无疑，知天也。百世以俟圣人而不惑，知人也。

是故君子动而世为天下道[⑩]，行而世为天下法[⑪]，言而世为天下则[⑫]。远之则有望[⑬]，近之则不厌[⑭]。

《诗》[⑮]曰："在彼无恶[⑯]，在此无射[⑰]。庶几夙夜[⑱]，以永终誉[⑲]！"君子未有不如此，而蚤[⑳]有誉于天下者也。

---

① 王(wàng)：称王，统治天下。三重：三件重大的事，即议礼、制度、考文。

② 寡过：减少错误。

③ 上焉者：指远于当今之世的礼仪制度，如前文所说的夏礼、殷礼。

④ 征：验证，证明。

⑤ 下焉者：指身为圣人而处于下位的人，即孔子，虽善于礼，而不在尊位。

⑥ 本诸身：以修身为根本。

⑦ 三王：有不同说法，一指禹、汤、文武，一指禹、汤、周文王。缪(miù)：通"谬"，错误。

⑧ 建：建立。悖(bèi)：通"背"，违背。

⑨ 质：质问，询问。也可作证实讲。

⑩ 君子：指君主。动：指语言行动。道：道路，引申为遵行。

⑪ 法：法则，效法。

⑫ 则：准则。

⑬ 望：钦慕，景仰。

⑭ 厌：厌倦。

⑮ 《诗》：指《诗经·周颂·振鹭》，这是一首周王设宴招待来朝的诸侯时所奏的乐歌。《毛诗序》说："《振鹭》，二王之后来助祭也。"二王，指夏、殷之后代，杞、宋国君。

⑯ 彼：他，指诸侯所在国。恶(wù)：憎恶，厌恶。

⑰ 此：这，指周王所在地，即朝廷。射(yì)：通"斁"，厌恨，厌恶。

⑱ 夙(sù)夜：早晚。

⑲ 以永终誉：各诸侯长保众多的名誉。永，长久。终，"众"的假借字。誉，名誉，声誉。

⑳ 蚤(zǎo)：通"早"。

仲尼祖述[①]尧、舜，宪章[②]文、武，上律天时[③]，下袭水土[④]。辟如天地之无不持载[⑤]，无不覆帱[⑥]。辟如四时之错行[⑦]，如日月之代明[⑧]。万物并育而不相害[⑨]，道并行而不相悖[⑩]，小德川流，大德敦化[⑪]，此天地之所以为大也。

唯天下至圣[⑫]，为能聪明睿知[⑬]，足以有临[⑭]也。宽裕温柔，足以有容[⑮]也。发强[⑯]刚毅，足以有执[⑰]也。齐庄中正[⑱]，足以有敬[⑲]也。文理密察[⑳]，足以有别[㉑]也。

溥博渊泉[㉒]，而时出[㉓]之。溥博如天，渊泉如渊。见而民莫不敬，言而民莫不信，行而民莫不说[㉔]。

---

① 祖述：宗其道而传述之。含遵循、效法之意。

② 宪章：效法，取法。

③ 律：法，效法。天时：古时用意很广泛，有时指节气、气候，有时指阴晴寒暑变化。这里指自然变化的时序。

④ 袭：因，符合。水土：指地理环境。

⑤ 辟：同“譬”，譬如，比方。持载：承载。

⑥ 覆帱(dào)：覆盖的意思。帱，覆盖。

⑦ 错行：更迭交替运行。

⑧ 代明：交替照明。

⑨ 并育：同时生长。相害：互相妨害。

⑩ 道：天地之大道。隐指孔子的中庸之道。悖：违背。

⑪ 敦化：朴实淳厚。

⑫ 至圣：最伟大的圣人。

⑬ 睿(ruì)知：明智，智慧。

⑭ 临：临民，居上而治民。

⑮ 容：容纳，包容。

⑯ 发强：奋发自强。

⑰ 执：操执决断，固守天下之正理。

⑱ 齐(zhāi)庄：庄重、恭敬、虔诚的样子。中正：不偏不倚。

⑲ 敬：恭敬、谨慎。

⑳ 文理：文章条理。密察：缜密察明。

㉑ 别：明辨是非正邪。

㉒ 溥(pǔ)博：普遍广博。溥，普遍。渊泉：深潭。

㉓ 出：溢出，涌出。

㉔ 说(yuè)：同“悦”，喜悦，喜欢。

是以声名洋溢乎中国[①]，施及蛮貊[②]；舟车[③]所至，人力所通，天之所覆，地之所载，日月所照，霜露所队[④]，凡有血气者[⑤]，莫不尊亲[⑥]；故曰配天[⑦]。

唯天下至诚，为能经纶天下之大经[⑧]，立天下之大本[⑨]，知天地之化育，夫焉有所倚[⑩]？肫肫[⑪]其仁，渊渊其渊，浩浩[⑫]其天。苟不固聪明圣知达天德者[⑬]，其孰[⑭]能知之？

《诗》[⑮]曰："衣锦尚䌹[⑯]"。恶其文之著也[⑰]。故君子之道，闇然而日章[⑱]；小人之道，的然[⑲]而日亡。君子之道：淡[⑳]而不厌，简[㉑]而文，温

---

① 洋溢：充满，引申为广泛传播。中国：指华夏地区。

② 施(yì)：及、到，延续，引申为传播。蛮貊(mò)：指我国古代南蛮北貊等边远的少数民族。

③ 舟车：船和车。

④ 队(zhuì)：同"坠"，物体从高处落下叫坠。

⑤ 有血气者：指有生命的人。

⑥ 尊亲：尊重和亲近。

⑦ 配天：与天相匹配。

⑧ 经纶：原指整理丝缕，引申为治理、创制。大经：指常道、法则。

⑨ 大本：根本大德。

⑩ 倚：偏倚，倚傍。

⑪ 肫肫(zhūnzhūn)：诚恳、诚挚的样子。

⑫ 浩浩：原指水势浩大的样子，引申为广阔无际。

⑬ 固：实实在在。达天德者：通达天赋美德的人。天德，指天赋的仁、义、礼、智、信。

⑭ 孰：谁，哪一个。

⑮ 《诗》：指《诗经·卫风·硕人》和《诗经·郑风·丰》。《硕人》叙述庄姜初嫁庄公时的情景。《丰》是叙述男方迎亲而女方父母变志、女不得行而悔恨之诗。

⑯ 衣(yì)锦尚䌹(jiǒng)：穿着锦绣的衣服，外罩粗麻单衣，比喻真道蕴藏在内。衣，穿，作动词。尚，加在上面。䌹，粗麻单衣。

⑰ 恶：厌恶。文：文彩。著：显著，引申为耀眼。

⑱ 闇然：暗淡的样子。闇，同"暗"。日章：日渐彰明。章，同"彰"。

⑲ 的然：鲜艳的样子。的，鲜艳，显著。

⑳ 淡：平淡，恬淡。

㉑ 简：简约，简朴。

而理①，知远之近②，知风之自③，知微之显④，可与入德⑤矣。

《诗》⑥云："潜虽伏矣⑦，亦孔之昭⑧。"故君子内省不疚⑨，无恶于志⑩。君子之所不可及者，其唯人之所不见乎！

《诗》⑪云："相在尔室⑫，尚不愧于屋漏⑬。"故君子不动而敬⑭，不言而信⑮。

《诗》⑯曰："奏假无言⑰，时靡有⑱争。"是故君子不赏而民劝⑲，不怒而民威于鈇钺⑳。

---

① 理：条理。

② 知远之近：要往远处去，必须从近处开始。

③ 知风之自：教化别人，必须从自己做起。风，风教。

④ 知微之显：从微小苗头中推知显著的结果。微，小。

⑤ 入德：进入道德之门。

⑥ 《诗》：指《诗经·小雅·正月》，这是一首大夫刺周幽王之诗。

⑦ 潜：潜藏，潜伏。伏：隐匿。

⑧ 孔：很，甚。昭：明白，清楚。

⑨ 内省（xǐng）不疚（jiù）：经常在内心省察自己，不感到惭愧。疚，原意为久病，引申为忧虑不安、惭愧。

⑩ 无恶：无愧。志：心。

⑪ 《诗》：指《诗经·大雅·抑》，这是一首卫武公刺厉王，亦以自警之诗。

⑫ 相：看，注视。尔室：你的居室，指一人独居于室。

⑬ 屋漏：屋的西北角。古代室内西北隅施设小帐，安藏神主，为人所不见的地方。这里实指能慎独。

⑭ 动：行动。敬：恭敬。

⑮ 信：诚信，信任。

⑯ 《诗》：指《诗经·商颂·烈祖》，这是一首祭祀商王中宗太戊的乐歌。

⑰ 奏假（gé）：原诗作"鬷假"，意为祷告，指进祭而感格于神明。奏，同"鬷"，进。假，同"格"。无言：默默无声，引申为潜移默化。

⑱ 靡有：没有。

⑲ 赏：赏赐。劝：受到鼓励。

⑳ 鈇钺（fūyuè）：同"斧钺"，原指古代军法用以杀人的斧子，引申为刑杀。鈇，铡刀，古时用以腰斩的刑具。钺，古代一种兵器，青铜制，圆刃或平刃，安装木柄，持以砍斫。

《诗》[1]曰："不显[2]惟德，百辟其刑之[3]！"是故君子笃恭[4]而天下平。

《诗》[5]云："予[6]怀明德，不大声以[7]色。"子曰："声色之于以化民[8]，末[9]也。"《诗》[10]曰："德輶如毛[11]。"毛犹有伦[12]。"上天之载[13]，无声无臭[14]。"至[15]矣！

---

① 《诗》：指《诗经·周颂·烈文》，这是一首周成王亲政告祖，诸侯前来助祭，祭毕告诫诸侯之诗。

② 不显：充分显扬。不，通"丕"，大。

③ 百辟：指众诸侯。辟，君主。刑：同"型"，法则，榜样。

④ 笃恭：笃实，恭敬。

⑤ 《诗》：指《诗经·大雅·皇矣》，这是一首叙述周朝祖先开国创业的史诗。

⑥ 予：我。

⑦ 以：与，和。

⑧ 声色：言论和仪容，这里指厉声厉色。化：教化，感化。

⑨ 末：细枝末节。

⑩ 《诗》：指《诗经·大雅·烝民》。

⑪ 德輶(yóu)如毛：德行很轻，好比一根毫毛。德，指德的微妙深奥。輶，古时一种轻便的车，引申为轻。毛，羽毛，毫毛。

⑫ 伦：比较，类比。

⑬ 载：事。

⑭ 臭(xiù)：气味。"上天之载，无声无臭"引自《诗经·大雅·文王》，这是一首歌颂周文王的诗。

⑮ 至：极，最。

左　传[①]

郑伯克段于鄢[②]

初[③]，郑武公娶于申[④]，曰武姜[⑤]，生庄公及共叔段[⑥]。庄公寤生[⑦]，惊姜氏，故名曰“寤生”，遂恶[⑧]之。爱共叔段，欲立之。亟[⑨]请于武公，

---

① 《左传》，《春秋左氏传》的省称，原称《左氏春秋》。是我国先秦时期一部形式完备的编年体史书，也是一部文学名著。古文经学派以为它是专为解释《春秋经》而作。记事上溯周宣王二十三年（公元前805年），早于《春秋经》所记八十三年。书中编年记事起自鲁隐公元年（公元前722年），止于鲁悼公四年（公元前464年），共二百五十九年，比《春秋经》多出十七年。又记事下延至周贞定王十六年（公元前453年），已在孔子卒后二十六年。《左传》作者和成书年代，说法不一，《史记》载鲁人左丘明作，唐以前无异词。中唐后学者提出疑问。现在一般学者认为春秋末左丘明草创此书，而后由授受者逐步写定于战国中期以前。《左传》主要记述春秋时期各诸侯国的史事及其相互关系，内容涉及政治、经济、军事、外交、文化和各方面代表人物，兼及西周时期部分史事和夏、商以前的古史传说。取材甚广，包括各国旧史，故《志》及《训》《典》《语》《令》《世》等书，以及口碑传说。是研究春秋史的重要典籍。《左传》的通行本有清阮元刻《十三经注疏》附校勘记本，1981年中华书局版杨伯峻《春秋左传注》本等。本篇底本为中华书局1980年影印阮元《十三经注疏》本《春秋左传正义》。

② 本篇选自《左传》隐公元年，标题为后人所加。记述了郑庄公与其弟共叔段争夺君位的斗争，反映了春秋时期诸侯国内部贵族之间矛盾的加剧，刻画了郑庄公伪善的面貌和阴险毒辣的手段。

③ 初：当初。这是《左传》追记往事的习惯说法，这里指郑伯克段于鄢以前之事。

④ 郑武公：姓姬，名掘突，公元前770—前744年在位，都于今河南新郑。申：国名，姜姓，在今河南南阳。

⑤ 武姜：武公之妻。“武”是她丈夫的谥号，“姜”是母家的姓。

⑥ 庄公：郑庄公，公元前743—前701年在位，郑为伯爵，故称郑伯。为春秋初年势力强大的诸侯。共（gōng）叔段：共，国名，在今河南辉县。叔，表示弟辈的排行。段，名字。因段逃到共国，故称共叔段。

⑦ 寤（wù）生：即逆生，足先头后的难产。寤，通“牾”，逆，倒。

⑧ 恶（wù）：厌恶，厌恨。

⑨ 亟（qì）：屡次，多次。

公弗许。及庄公即位①，为之请制②。公曰："制，岩邑③也，虢叔死焉④。佗邑唯命⑤。"请京⑥，使居之，谓之京城大⑦叔。

祭仲⑧曰："都，城过百雉⑨，国之害也。先王之制：大都，不过参国之一⑩；中，五之一；小，九之一。今京不度⑪，非制⑫也。君将不堪⑬。"公曰："姜氏欲之，焉辟⑭害？"对曰："姜氏何厌⑮之有？不如早为之所⑯，无使滋蔓⑰！蔓，难图⑱也。蔓草⑲犹不可除，况君之宠弟乎？"公曰："多行不义⑳，必自毙㉑，子姑㉒待之。"

既而大叔命西鄙㉓、北鄙贰于己㉔。公子吕㉕曰："国不堪贰㉖，君将

---

① 及：到了，等到。即位：天子或诸侯就职叫即位。

② 制：地名，即虎牢，在今河南荥阳汜水镇。原为东虢国领地，为郑所占。

③ 岩邑：险要的城邑。

④ 虢叔：东虢国的国君。焉：那里。

⑤ 佗：通"他"。唯命：唯命是听。

⑥ 京：郑邑名，在今河南荥阳东。

⑦ 大(tài)：通"太"。

⑧ 祭(zhài)仲：名足，字仲，郑国大夫。

⑨ 都：指国都以外的都邑。城：城墙。雉：量词，高一丈，长三丈。百雉，高一丈，长三百丈。侯伯之城，方五里，径三百雉，故其大都不得超过百雉。

⑩ 参国之一：国都的三分之一。参，同"三"。国，国都。

⑪ 不度：不合法度。

⑫ 非制：不是先王的制度。

⑬ 不堪：受不了。堪，经得起。

⑭ 辟：同"避"，避开，避免。

⑮ 厌：通"餍"，饱，满足。

⑯ 早为之所：及早安排他在便于控制的地方。所，处所。

⑰ 滋蔓：滋长、蔓延，指势力不断扩张。

⑱ 图：图谋，指设法对付。

⑲ 蔓草：蔓延的野草。

⑳ 不义：不正义的事情。

㉑ 毙：踣(bó)也，跌倒。

㉒ 姑：姑且，暂且。

㉓ 既而：不久。鄙：边邑。

㉔ 贰于己：指使原属庄公管辖的边邑，同时臣属于自己。贰：两属，臣属于二主。

㉕ 公子吕：字子封，郑国大夫。

㉖ 国不堪贰：国家受不了两属的情况。

若之何[1]？欲与大叔，臣请事之；若弗与，则请除之，无生民心[2]。”公曰：“无庸[3]，将自及[4]。”

大叔又收贰[5]以为己邑，至于廪延[6]。子封曰：“可矣，厚将得众[7]。”公曰：“不义不暱[8]，厚将崩[9]。”

大叔完[10]聚，缮甲兵[11]，具卒乘[12]，将袭郑。夫人将启之[13]。公闻其期[14]，曰：“可矣！”命子封帅车二百乘[15]以伐京。京叛大叔段。段入于鄢[16]。公伐诸[17]鄢。五月辛丑[18]，大叔出奔[19]共。

《书》[20]曰：“郑伯克段于鄢。”段不弟[21]，故不言弟；如二君，故曰

---

① 若之何：拿他怎么办。

② 无生民心：不要使人民产生二心。

③ 无庸：用不着。庸，用，常与否定副词“无”“勿”等连用。

④ 自及：自己招来祸患。

⑤ 贰：指上文的两属之地。

⑥ 廪延：郑邑名，在今河南延津北。

⑦ 厚：指扩大土地。众：指取得民心。

⑧ 暱：亲近，这里指团结。此句意为：不义则不能团结民众。

⑨ 崩：原义为山崩塌，引申为崩溃。

⑩ 完：修固城墙。一说囤聚粮食。

⑪ 缮：制造。《广雅》：“缮，治也。”甲兵：铠甲和武器。

⑫ 具卒乘(shèng)：准备好步卒和兵车。乘，四马拉的兵车。

⑬ 夫人：指姜氏。启之：指为段打开城门，做内应。

⑭ 期：指段准备偷袭郑的日期。

⑮ 帅：通“率”，率领。车二百乘：兵车二百乘。古代兵制，兵车一乘，配备甲士三人、步卒七十二人。二百乘，有甲士六百人、步卒一万四千四百人。

⑯ 鄢(yān)：郑邑名。在今河南鄢陵县境。

⑰ 诸：“之于”的合词。

⑱ 五月辛丑：鲁隐公元年五月二十三日。

⑲ 奔：跑，逃亡。

⑳ 《书》：指《春秋经》。下文“郑伯克段于鄢”一句，为《春秋经》原文。随后几句解释《春秋经》何以要这样记载的原因。

㉑ 不弟：不遵守做弟弟之礼。

"克[①]"；称"郑伯"，讥失教也[②]：谓之郑志[③]。不言出奔，难之[④]也。

遂寘姜氏于城颍[⑤]，而誓之[⑥]曰："不及黄泉[⑦]，无相见也！"既而悔之。

颍考叔为颍谷封人[⑧]，闻之[⑨]，有献[⑩]于公。公赐之食。食舍肉[⑪]。公问之。对曰："小人有母，皆尝小人之食矣，未尝君之羹[⑫]，请以遗之[⑬]。"公曰："尔有母遗，繄[⑭]我独无！"颍考叔曰："敢[⑮]问何谓也？"公语之故，且告之悔。对曰："君何患[⑯]焉？若阙地及泉[⑰]，隧[⑱]而相见，其谁曰不然[⑲]？"公从之。公入而赋[⑳]："大隧之中，其乐也融融[㉑]！"姜出[㉒]而赋："大隧之外，其乐也泄泄[㉓]！"遂为母子如初。

---

① 克：战胜，攻克。

② 讥：讥讽，讥刺。失教：失于教诲弟弟之责。

③ 郑志：指杀段是郑庄公本意。

④ 难之：责难庄公。

⑤ 寘(zhì)：安置，这里含放逐之意。城颍：城邑名，在今河南襄城。

⑥ 誓之：向她发誓。

⑦ 不及黄泉：不到死亡。黄泉，地下的泉水，这里指墓穴，借指死亡。

⑧ 颍考叔：郑国大夫。颍谷：郑边邑，在今河南登封西南。封人：官名，掌管边疆事务。

⑨ 闻之：听到庄公有后悔之意。

⑩ 有献：有物进献。

⑪ 舍(shě)肉：将肉放置一边。舍，通"捨"，放置。

⑫ 羹：熟肉。《尔雅·释器》："肉谓之羹。"

⑬ 遗(wèi)：留给，赠给。之：她，指颍考叔之母。

⑭ 繄(yī)：语气词。

⑮ 敢：做谦词，胆敢，敢于。

⑯ 患：忧患，忧心。

⑰ 阙：通"掘"，挖掘。及泉：达到地下水。

⑱ 隧：用作动词，挖隧道。

⑲ 其：语气词，加强反问。不然：不是这样，指挖黄泉相见之事。

⑳ 入：进入隧道的一侧入口处。赋：赋诗。

㉑ 融融：和洽快乐的样子。

㉒ 出：指姜氏从隧道的另一侧入口处进入隧道，母子在隧道中相见，然后一起出来。

㉓ 泄泄(yìyì)：和睦快乐的样子。与"融融"文意相似，可互相为文。

君子曰[1]："颍考叔，纯孝[2]也。爱其母，施[3]及庄公。《诗》[4]曰：'孝子不匮[5]，永锡尔类[6]。'其是之谓乎[7]？"

召陵之盟[8]

四年[9]春，齐侯以诸侯之师侵蔡[10]。蔡溃[11]，遂伐楚[12]。楚子使与师言曰[13]："君处北海，寡人处南海[14]，唯是风马牛不相及[15]也。不虞君之

---

① 君子曰：作者假托君子对所记史事的评论。这是《左传》习用的评论方式。后来史书中的论、赞，即导源于此。

② 纯孝：大孝。纯，大。

③ 施(yì)：延，延及。指影响到。

④ 《诗》：指《诗经·大雅·既醉》。

⑤ 孝子不匮：孝子的孝道没有穷尽。匮，尽，匮乏。

⑥ 永锡尔类：永远赐予你的同类。锡，通"赐"，赐予，给予。类，同类，族类。

⑦ 其是之谓乎：大概说的就是这种情况吧。其，语气词，表委婉。是，这，这个。

⑧ 本篇选自《左传》僖公四年。公元前656年，齐桓公为称霸天下，亲率八国联军攻楚，但楚也毫不示弱，向齐开展针锋相对的外交斗争，不卑不亢，最终达成协议，签订盟约。

⑨ 四年：鲁僖公四年(公元前656年)。

⑩ 齐侯：齐桓公，姓姜名小白，公元前685—前643年在位。春秋五霸之一。齐属侯爵，故称齐侯。诸侯之师：据《春秋经》记载，指齐、鲁、宋、陈、卫、郑、许、曹八国诸侯军队。蔡：国名。姬姓，武王时所封。在今河南汝南、上蔡等地。齐桓公侵蔡原因，据《左传》僖公三年记载，是"齐侯与蔡姬乘舟于囿，荡公。公惧，变色；禁之，不可。公怒，归之，未之绝也。蔡人嫁之"。

⑪ 溃：溃败，溃散。

⑫ 遂伐楚：于是就讨伐楚国。据《史记·管晏列传》，伐楚为管仲之谋。管仲觉得桓公以私怨侵蔡，不光明正大，而伐楚却是名正言顺。

⑬ 楚子：楚成王，子爵，芈姓，公元前671—前626年在位，自称王。使与师言：派使臣到诸侯联军中去与齐桓公谈判。

⑭ 处：居住。北海、南海：泛指北方、南方，不必实考其地。寡人：谦词，君王自称。《礼记》孔颖达疏："寡人者，言己是寡德之人。"

⑮ 风马牛不相及：马牛发情相诱，也不会到达对方。比喻两国相距遥远，彼此互不相干。风，放，指牝牡相诱。

涉吾地也①，何故?”管仲②对曰：“昔召康公命我先君大公曰③：‘五侯九伯④，女实征之⑤，以夹辅⑥周室。’赐我先君履⑦：东至于海⑧，西至于河⑨，南至于穆陵⑩，北至于无棣⑪。尔贡包茅不入⑫，王祭不共⑬，无以缩酒⑭，寡人是征⑮；昭王南征而不复⑯，寡人是问⑰。”对曰：“贡之不入，寡君⑱之罪也；敢不共给？昭王之不复，君其问诸水滨⑲!”

---

① 不虞：不料。涉：本为蹚水过河之意，引申为进入。以涉代侵，是委婉的外交辞令。

② 管仲：齐国大夫，姓管，名夷吾，字仲。相桓公霸诸侯。

③ 召(shào)康公：召公奭，周成王时太保。因其封地在召(今陕西岐山县)，故称召公，“康”是谥号。先君：后代君臣对本国已故君主的称呼。大公：即姜太公，姓姜，名尚。辅佐武王灭纣建国，封于齐，为齐之始祖。大(tài)，后写作“太”。

④ 五侯九伯：泛指所有诸侯。五侯，指公、侯、伯、子、男五等爵。九伯，指九州之长。

⑤ 女实征之：你都可以征讨。女(rǔ)，同“汝”，你。实，语气词，表示命令或期望。

⑥ 夹辅：辅佐。

⑦ 履：践踏，指足迹可践踏的地方。即可以征讨的范围。

⑧ 海：指黄海和渤海。

⑨ 河：黄河。

⑩ 穆陵：地名，在楚境内。今湖北麻城西北一百里有穆陵山，疑即此地。以上两句与楚使之言针锋相对，表示自己有权征讨。

⑪ 无棣：地名。据杨伯峻《春秋左传注》，在今河北卢龙县一带。

⑫ 包茅：包束成捆的菁茅。茅，菁茅，楚地特产。入：纳，纳贡。

⑬ 共：通“供”，供给，供应。

⑭ 缩酒：缩，同“湑”，滤去酒糟。祭祀时仪式之一，把酒倒在菁茅上渗透下去，像神饮酒一样。

⑮ 征：征求，征取。

⑯ 昭王：周昭王，成王之孙，名瑕。南征：南巡，南行。复：返。昭王南征而不复，说的是周昭王晚年荒于国政，人民厌恶他，当他南巡渡汉水时，当地人民故意将一只用胶粘合的船让他乘坐，船至江心解体，昭王被溺死。这是齐伐楚的一个借口。

⑰ 问：责问，追究。

⑱ 寡君：古代臣子对别国人谦称自己的国君为寡君。

⑲ 君其问诸水滨：你还是到水边去问吧！其，语气词，表示委婉。诸，“之于”合词。水滨，水边。

师进[1]，次于陉[2]。

夏，楚子使屈完如师[3]。师退，次于召陵[4]。

齐侯陈诸侯之师[5]，与屈完乘[6]而观之。齐侯曰："岂不谷是为[7]？先君之好是继[8]！与不谷同好[9]，如何？"对曰："君惠徼福于敝邑之社稷[10]，辱收[11]寡君，寡君之愿也。"齐侯曰："以此众战[12]，谁能御[13]之！以此攻城，何城不克！"对曰："君若以德绥[14]诸侯，谁敢不服？君若以力[15]，楚国方城[16]以为城，汉水以为池[17]，虽众，无所用之！"

屈完及诸侯盟[18]。

---

① 师进：部队向前开进。

② 次：军队临时驻扎。陉(xíng)：山名。在今河南省漯河市郾城区南。

③ 屈完：楚大夫。楚之同姓公族，其先人采邑在屈，故以屈为氏。如师：去到联军中。

④ 召陵：地名。在今河南省漯河市郾城区东四十五里。因楚遣使求盟，故联军又退。

⑤ 陈：古"阵"字。此句指齐桓公摆开诸侯之军，向楚示威。

⑥ 乘：乘车。

⑦ 岂不谷是为：这难道是为了我？不谷，不善，古代国君自称的谦词。

⑧ 先君之好是继：这是为了继承我们先人的友好关系罢了。以上两句都是外交辞令。

⑨ 同好：共同友好。

⑩ 君惠徼(yāo)福于敝邑之社稷：蒙您赐惠为敝国的社稷求福。此句为外交辞令，实意是你不毁灭我国。惠，敬词，赐惠。徼，求。敝邑，谦词，我们的国家。社稷，土神和谷神，借指国家。

⑪ 辱：谦词，承你荣辱。收：收容，接纳。

⑫ 众战：这么多英勇的将士作战。

⑬ 御：抵御，抵挡。

⑭ 绥(suí)：安抚。

⑮ 力：武力。

⑯ 方城：山名，在今河南叶县南有方城山。相传楚人在春秋时因山筑长城以据中原，即此地。

⑰ 汉水：长江最长支流，源出陕西省西南部的宁强县，流经湖北省武汉市入长江。池：护城河。

⑱ 盟：结成召陵之盟。

宫之奇谏假道[①]

晋侯复假道于虞以伐虢[②]。宫之奇[③]谏曰："虢，虞之表[④]也。虢亡，虞必从之。晋不可启[⑤]，寇不可翫[⑥]，一之谓甚，其可再乎[⑦]！谚所谓'辅车相依[⑧]，唇亡齿寒'者，其虞、虢之谓也。"公曰："晋，吾宗也[⑨]，岂害我哉？"对曰："大伯、虞仲，大王之昭也[⑩]，大伯不从，是以不嗣[⑪]。虢仲、虢叔，王季之穆也[⑫]，为文王卿士，勋在王室，藏于盟府[⑬]。将虢

---

① 鲁僖公五年(公元前655年)，晋国国君献公向虞国借道征伐虢。虞国大夫宫之奇劝谏虞君无效，只得举族逃亡。而虞国也就在借道之后被灭虢回师的晋军消灭了。

② 晋侯：晋献公诡诸。鲁庄公十八年(公元前676年)立，鲁僖公九年(公元前651年)卒，在位二十六年。复假道：又借路。鲁僖公二年(公元前658年)，晋国曾向虞国借道征伐虢国，灭虢邑下阳。虞：姬姓国，在今山西平陆县东北。虢：指北虢，建都上阳，在今河南省三门峡市陕州区东南。

③ 宫之奇：虞国大夫。

④ 表：外屏，屏障。

⑤ 启：开，指引起晋国的贪心。

⑥ 寇：外寇。翫(wán)：同"玩"，轻视。

⑦ 一之谓甚，其可再乎：一次就过分了，怎能再有第二次。指鲁僖公二年借道给晋伐虢。谓，称为，叫作。再，第二次。

⑧ 辅车相依：辅，朱熹《诗经集传》："辅，如今人缚杖于辐，以防辅车也。"即车厢两旁的板。车依辅，依之以防辅；辅依车，辅附着于车也。是谓辅车相依。杜预注："辅，夹辅。车，牙车。"误。辅即为《诗经·小雅·正月》"其车既载，乃弃尔辅"之"辅"。

⑨ 晋，吾宗也：晋、虞、虢都是姬姓，同宗。

⑩ 大伯：周太王古公亶(dǎn)父的长子。大，同"太"。虞仲：周太王的次子。大王：即古公亶父。昭：古代宗庙规定，始祖神位居中，子在左，叫昭；孙在右，叫穆。

⑪ 大伯不从，是以不嗣：大伯知道大王想传位给小儿子季历，就跟虞仲出走到吴，没有继承王位。

⑫ 虢仲、虢叔：王季的次子和三子，文王的弟弟。虢的开国始祖。王季之穆：王季居昭位，故儿子虢仲、虢叔居穆位。王季，即季历。

⑬ 文王：周国王，姬姓，名昌，號西伯，王季的长子。卿士：执掌国政的大臣。勋：功勋。盟府：主管功勋盟誓的官署。勋在王室，藏于盟府，指虢仲、虢叔对王室有功，功勋还记载、收藏在盟府。

是灭，何爱于虞[①]？且虞能亲于桓、庄乎[②]，其爱之也？桓、庄之族何罪？而以为戮，不唯偪乎[③]？亲以宠偪，犹尚害之[④]，况以国乎[⑤]？”公曰：“吾享祀丰絜[⑥]，神必据[⑦]我。”对曰：“臣闻之，鬼神非人实亲，惟德是依。故《周书》[⑧]曰：‘皇天无亲，惟德是辅[⑨]。’又曰：‘黍稷非馨，明德惟馨[⑩]。’又曰：‘民不易物，惟德繄物[⑪]。’如是，则非德，民不和、神不享矣。神所冯[⑫]依，将在德矣。若晋取虞而明德以荐馨香[⑬]，神其吐之

---

① 将虢是灭，何爱于虞：虢国对王室有功，且与晋国的关系比虞国与晋国的关系近，晋尚且要灭虢，怎能不灭虞呢？

② 且虞能亲于桓、庄乎：再说晋献公爱虞国，还能比对待桓、庄的后代更亲近吗？桓，曲沃桓叔，晋献公的曾祖。庄，曲沃庄伯，晋献公的祖父。

③ 桓、庄之族：指桓叔、庄伯的后代，即晋献公的从祖兄弟。而以为戮：晋献公为了加强集权，用士蔿之计，尽杀这些从祖兄弟。偪：惠栋《春秋左传补注》、洪亮吉《春秋左传诂》、王引之《经义述闻》、俞樾《群经平议》、沈钦韩《春秋左氏传补注》、刘文淇《春秋左氏传旧注疏证》都无解。杜预注偪为“偪迫”，杨伯峻《春秋左传注》解偪为“压迫”，都是凭后起的词义推测，不确。偪是后起字，古字为“畐”。《说文》：“畐，满也。从高省，象高厚之形。读若伏。”《方言》六：“偪，满也。”《广韵》畐：芳逼切；偪，逼：彼侧切，同在职韵，实是一音（“芳”古音“旁”）。据《左传》《国语》所记，桓、庄之族虽然是晋献公同曾祖、祖父的宗族，又为统一晋国立了功劳，但并没有侵逼晋献公的事实。如果有侵逼晋献公的事实，那就除之有因，宫之奇不应当以此为例说明晋君的贪心并用同情的口吻说“不唯偪乎”，即不就是因为势力大才遭屠戮吗？

④ 亲以宠偪，犹尚害之：桓、庄之族是至亲，只因受宠爱而力量强盛，献公尚且杀之。以宠，介宾结构。

⑤ 况以国乎：何况别的国家强盛呢？

⑥ 享祀：泛指祭祀。丰：指祭品丰盛。絜：同“洁”，指祭品洁净。

⑦ 据：依靠，此指保佑。

⑧ 《周书》：此《周书》秦以后失传，或称《逸周书》。

⑨ 皇天无亲，惟德是辅：与上句“鬼神非人实亲，惟德是依”意思相同，即皇天鬼神只帮助那些有德之人。伪《古文尚书》采入《蔡仲之命》。

⑩ 黍稷非馨，明德惟馨：黍稷做的祭品并不馨香，只有光明的德行才馨香。伪《古文尚书》采入《君陈》。

⑪ 民不易物，惟德繄物：人们不必变换自己的祭品，只有有德之人供奉的祭品才会被神享用。易，变换。繄，通“才”。

⑫ 冯：同“凭”。

⑬ 明德：使明德。荐：献，指向神荐献。馨香：泛指各种祭品。

乎?”弗听，许晋使。宫之奇以其族行[①]，曰：“虞不腊[②]矣！在此行也，晋不更举[③]矣。”

……

冬十二月丙子朔[④]，晋灭虢。虢公丑奔京师[⑤]。师还，馆[⑥]于虞，遂袭虞。

城濮之战[⑦]

冬，楚子及诸侯围宋[⑧]，宋公孙固[⑨]如晋告急。先轸[⑩]曰：“报施，救患[⑪]，取威、定霸，于是乎在矣。”狐偃[⑫]曰：“楚始得曹而新昏于卫[⑬]，若伐曹、卫，楚必救之，则齐、宋免矣[⑭]。”于是乎蒐于被庐[⑮]，作三军[⑯]，谋元帅。赵衰[⑰]曰：“郤縠[⑱]可。臣亟闻其言矣，说礼乐而敦诗

---

① 以其族行：率领族人离开虞国。以，率领。

② 腊：腊祭，在夏历十二月举行的年终祭祀。

③ 晋不更举：晋不需再举兵。

④ 冬十二月丙子朔：此用周历，晋用夏历，为十月初一。

⑤ 丑：虢公名。京师：周王城，今洛阳。

⑥ 馆：驻扎。

⑦ 城濮之战，是鲁僖公二十八年(公元前632年)晋、楚两国为争夺霸权，在城濮进行的一次大战。当时，国力强盛的楚国实力超过晋国，但楚方主将子玉刚愎自用、恃强轻敌，结果被战前准备充分、战中指挥正确且采取高明外交策略的晋国打得大败。由此，城濮之战成为中国历史上一次著名的以少胜多、以弱胜强的战争。

⑧ 楚子：指楚成王。楚率陈、蔡、郑、许诸国围宋。

⑨ 公孙固：宋庄公的孙子，曾任宋大司马。

⑩ 先轸：晋大夫，因食采邑于原，亦称原轸。

⑪ 报施：报答恩施。救患：解救现在宋国被楚国包围的患难。

⑫ 狐偃：晋大夫，字子犯，晋文公的母舅，故又称舅犯。狐偃和其兄狐毛曾随从晋文公流亡。

⑬ 得曹：得到曹国的归附。昏：同“婚”。

⑭ 齐、宋免矣：齐、宋两国都可以免去患难。

⑮ 蒐(sōu)：本义是狩猎，此指军事演习。被庐：晋地。

⑯ 三军：上、中、下三军。

⑰ 赵衰：晋大夫，字子余。

⑱ 郤縠(xìhú)：晋大夫。

书①。诗书，义之府也。礼乐，德之则也。德义，利之本也②。《夏书》曰：'赋纳以言，明试以功，车服以庸③。'君其试之。"及使郤縠将中军④，郤溱佐之⑤。使狐偃将上军，让于狐毛而佐之。命赵衰为卿⑥，让于栾枝、先轸，使栾枝将下军，先轸佐之。荀林父御戎⑦，魏犨为右⑧。

晋侯始入而教其民⑨，二年⑩，欲用之。子犯曰："民未知义，未安其居⑪。"于是乎出定襄王⑫，入务⑬利民。民怀生⑭矣，将用之。子犯曰："民未知信，未宣其用。"于是乎伐原以示之信⑮。民易资⑯者，不求丰⑰焉，明征其辞⑱。公曰："可矣乎？"子犯曰："民未知礼，未生其共⑲。"于

① 说：同"悦"。敦：熟悉。

② 义之府：道义的府库。德之则：德行的法则。利之本：利益的根本。

③ 《夏书》：《尚书》中关于夏代的部分。引文见于《尚书·益稷》。赋纳：采纳、听取。明试：清楚地考察。功：成效。车服：车马服饰。庸：酬劳。此句意为：采纳有益的建议，考察其后果，用车马服饰酬劳其功绩。

④ 使郤縠将中军：使郤縠为中军将，即元帅。晋国三军各置将、佐，称为六卿。中军主将为元帅，正卿，是最高执政官。

⑤ 郤溱：晋大夫。佐：副手。

⑥ 为卿：为下军将、佐。

⑦ 荀林父：又称中行桓子、荀伯。御戎：指给晋文公驾驭兵车。

⑧ 魏犨(chōu)：魏武子，晋大夫。右：车右，指给晋文公做右军。

⑨ 晋侯：即晋文公重耳，曾流亡国外十九年，公元前636年回国即位。教其民：训练百姓作战。

⑩ 二年：指晋文公回国为君的第二年，即鲁僖公二十五年(公元前635年)。下文的"出定襄王"和"伐原"，都是在鲁僖公二十五年。

⑪ 未安其居：生活未安定。

⑫ 出定襄王：鲁僖公二十四年，周襄王被其弟叔带赶走，逃居于郑。次年，晋文公出兵杀叔带，护送襄王归国复位。

⑬ 务：努力从事。

⑭ 怀生：指人民依恋故土，各安生计。

⑮ 伐原以示之信：原，小国名，在今河南济源西北。据《左传》僖公二十五年记载，晋文公命士兵带三天粮伐原，粮尽未下，尽管谍报原将降，但晋文公为取信于军民，仍下令撤军。

⑯ 易资：交换物资。

⑰ 丰：多利。

⑱ 明征其辞：犹言明码实价。征，验。辞，此指价格。

⑲ 共：同"恭"，恭敬。

是乎大蒐以示之礼[①]，作执秩以正其官[②]。民听[③]不惑，而后用之。出谷戍，释宋围，一战而霸，文之教也[④]。

二十八年春，晋侯将伐曹，假道于卫[⑤]，卫人弗许。还自南河济[⑥]。侵曹伐卫。正月戊申，取五鹿[⑦]。二月，晋郤縠卒，原轸将中军，胥臣佐下军，上德也[⑧]。

晋侯、齐侯盟于敛盂[⑨]。卫侯[⑩]请盟，晋人弗许。卫侯欲与楚[⑪]，国人不欲，故出其君[⑫]以说于晋。卫侯出居于襄牛[⑬]。公子买戍卫[⑭]，楚人救卫，不克。公[⑮]惧于晋，杀子丛以说[⑯]焉。谓楚人曰："不卒戍[⑰]也。"

晋侯围曹，门[⑱]焉，多死。曹人尸诸城上[⑲]，晋侯患之。听舆人[⑳]之

---

① 示之礼：申明礼仪。

② 作：设置。执秩：掌爵禄秩位的官。

③ 听：听从命令。

④ 出谷戍：楚军撤除了齐国谷地的驻军。释宋围：解除了楚军对宋国的围困。一战而霸：城濮之战晋胜楚后，确立了自己的霸主地位。文之教：文德的教化。

⑤ 假道：借路。曹国在卫国东，晋军从西攻曹，卫是必经之路，故向卫国借路。

⑥ 还：绕道。自南河济：晋军本想经卫境东渡黄河伐曹，因卫不许，只有从今河南淇县南渡，出卫南转东北攻曹。

⑦ 五鹿：卫地名，今河南濮阳东北。

⑧ 胥臣：又名臼季，司空季子，曾随重耳流亡。上德：崇尚德行。原轸本为下军佐，位列第六。因为有德行，被晋文公提升为中军将，位列第一。

⑨ 齐侯：齐昭公，名潘，桓公之子。敛盂：卫地名，今河南濮阳东南。

⑩ 卫侯：卫成公，名郑，文公之子。

⑪ 与楚：指投靠楚国。

⑫ 出其君：赶走卫君。

⑬ 襄牛：卫地名，今河南睢县。

⑭ 公子买：字子丛，鲁大夫。当时鲁与楚结盟，故派子丛率鲁军驻守卫国。

⑮ 公：鲁僖公。

⑯ 杀子丛以说：此时晋、楚主力还未交锋，鲁国弱，便采取两面手法，杀子丛以取悦晋。

⑰ 不卒戍：是说子丛没有尽职地完成驻防任务，所以杀他。

⑱ 门：攻打曹国城门，名词活用为动词。

⑲ 尸诸城上：将晋军尸体陈列在城上。尸，陈尸，动词。

⑳ 舆人：众人。

谋，称："舍于墓。"①师迁焉，曹人凶惧②，为其所得者棺而出之③。因其凶也而攻之。三月丙午，入曹。数之，以其不用僖负羁而乘轩者三百人也。④ 且曰："献状！"⑤令无入僖负羁之宫而免其族，报施⑥也。魏犨、颠颉怒曰："劳之不图，报于何有？"爇⑦僖负羁氏。魏犨伤于胸，公欲杀之而爱其材，使问，且视之。病⑧，将杀之。魏犨束胸见使者曰："以君之灵⑨，不有宁也⑩？"距跃三百，曲踊三百⑪。乃舍之。杀颠颉以徇于师⑫，立舟之侨以为戎右⑬。

宋人使门尹般⑭如晋师告急。公曰："宋人告急，舍之则绝，告楚不

---

① 称：扬言。舍于墓：晋军将驻扎于曹国墓地，意为要掘曹人祖坟作为报复。舍，驻扎。

② 凶惧：恐惧。《说文》："凶，扰恐也。"

③ 为其所得者棺而出之：把得到的晋军尸体装入棺木送出来。棺，入棺，动词。

④ 数：责备。僖负羁：曹大夫。轩：大夫所乘的车。此句意为：晋文公斥责曹共公不用贤臣僖负羁而朝中大夫却多至三百人。

⑤ 且曰："献状"：（晋文公）并且辱骂曹共公："死狗样子！"《说文》："献，宗庙犬，名羹献。犬肥者以献之。从犬，鬳声。"《说文》："鬳，鬲属。"从《说文》可知"献"的本义是可以入鬲蒸煮以供祭祀的肥狗。古时犬同猪一样为祭祀之牲。《礼记·曲礼下》有"犬曰羹献"，《礼记·玉藻》有"士无故不杀犬豕"。注曰："谓祭祀之属。"状：样子。为什么用"献状"而不直接用"犬状""狗状"？这是因为犬将被宰杀作羹献时定是惶恐战栗的样子，正如《孟子》里觳觫之状的衅钟之牛。曹共公当年在晋文公落难时无礼，现在成了晋文公的俘虏，命运叵测，惶恐战栗如同羹献之犬，所以晋文公骂他"献状"。这个"献状"形象地表现了曹共公狼狈不堪的丑相，也准确地表达了晋文公这个战胜者报恶泄愤的神态及对曹共公厌恶鄙视的心情。

⑥ 报施：报答僖负羁的恩施。

⑦ 爇（ruò）：烧。

⑧ 病：伤重。

⑨ 灵：威灵。

⑩ 不有宁也：不是很安宁吗？

⑪ 距跃：向前跳跃。曲踊：曲膝向上跳。三百：虚数词，表示很多次。

⑫ 徇于师：在军中示众。

⑬ 立舟之侨以为戎右：撤魏犨车右之职，改由舟之侨担任。舟之侨，原是虢国旧臣，鲁闵公二年逃奔晋国。

⑭ 门尹般：宋大夫。门尹，官名。般，人名。

许①。我欲战矣，齐、秦未可，若之何?”先轸曰：“使宋舍我而赂齐、秦，藉之告楚②。我执曹君而分曹、卫之田以赐宋人。楚爱曹、卫，必不许也。③ 喜赂、怒顽④，能无战乎?”公说，执曹伯，分曹、卫之田以畀宋人。⑤

楚子入居于申⑥，使申叔去谷⑦，使子玉去宋。曰：“无从⑧晋师。晋侯在外，十九年矣⑨，而果得晋国。险阻艰难，备尝之矣；民之情伪⑩，尽知之矣。天假之年，而除其害。⑪ 天之所置，其可废乎?《军志》曰：‘允当则归。’⑫又曰：‘知难而退。’又曰：‘有德不可敌。’此三志者，晋之谓矣。”子玉使伯棼⑬请战，曰：“非敢必有功也，愿以间执谗慝之口⑭。”王怒，少与之师，唯西广、东宫与若敖之六卒实从之⑮。

---

① 舍之则绝：舍宋不救，则宋与晋关系断绝。告楚不许：求楚释宋围楚又不同意。

② 藉之告楚：让齐、秦两国替宋向楚请求退兵。藉，凭借。

③ 楚爱曹、卫，必不许也：楚国爱惜曹、卫两个盟邦，一定不会接受齐、秦两国的调解。

④ 喜赂、怒顽：齐、秦喜得宋国的贿赂，恼怒楚国不听调解的顽固。

⑤ 说(yuè)：高兴。曹伯：曹共公。畀(bì)：给予。

⑥ 楚子入居于申：楚成王由伐宋退居申地。申，国名。原姜姓国，后为楚灭，地在今河南南阳。

⑦ 申叔：楚大夫，即申公叔侯，侵齐谷邑的楚将。去：撤离。

⑧ 从：追逼。

⑨ 晋侯在外，十九年矣：晋文公于鲁僖公五年(公元前655年)出奔，二十四年(公元前636年)入晋，整十九年。

⑩ 情伪：真伪。情，实。

⑪ 天假之年：是说晋文公流亡国外十九年，犹能生存，是天赐其寿。假，借。除其害：指与晋文公对立的惠公、怀公、吕甥、郤芮等都被除掉。

⑫ 《军志》：古兵书，已失传。允当则归：即适可而止。

⑬ 伯棼(fén)：楚大夫，即斗椒，又字子越。

⑭ 间执：堵塞。谗慝之口：指说人坏话。此处暗指去年蒍贾说子玉“过三百乘其不能以入矣”的话。

⑮ 西广：楚军有左右广，是国君所属的亲兵部队，西广即右广。东宫：太子的卫队。若敖之六卒：一卒三十乘，六卒一百八十乘。楚成王不同意子玉出战，但又对此战抱有侥幸心理，故“少与之师”。若敖，楚武王之祖。楚君无谥号，都称敖，再加上葬地名。若敖葬于若，故称若敖，也是子玉祖父。

子玉使宛春[①]告于晋师曰："请复卫侯而封曹[②]，臣亦释宋之围。"子犯曰："子玉无礼哉！君取一，臣取二，不可失矣。[③]"先轸曰："子与之[④]！定人之谓礼，楚一言而定三国，我一言而亡之。我则无礼，何以战乎？不许楚言，是弃宋也。救而弃之，谓诸侯何？楚有三施[⑤]，我有三怨[⑥]，怨仇已多，将何以战？不如私许复曹、卫以携[⑦]之，执宛春以怒楚，既战而后图之。"公说，乃拘宛春于卫，且私许复曹、卫，曹、卫告绝于楚。子玉怒，从晋师，晋师退。军吏[⑧]曰："以君辟[⑨]臣，辱也。且楚师老[⑩]矣，何故退？"子犯曰："师直为壮，曲为老。岂在久乎？微[⑪]楚之惠不及此，退三舍[⑫]辟之，所以报也[⑬]。背惠食言，以亢其仇[⑭]，我曲楚直，其众素饱，不可谓老。我退而楚还，我将何求？若其不还，君退臣犯，曲在彼矣。"退三舍。楚众[⑮]欲止，子玉不可。

夏四月戊辰[⑯]，晋侯、宋公、齐国归父、崔夭、秦小子慭[⑰]，次[⑱]于

---

① 宛春：楚大夫。

② 复卫侯：卫成公出居襄牛，故曰恢复卫侯的君位。封曹：曹已为晋所灭，故子玉要求重新建立曹国。

③ 君取一：君指晋文公，一指释宋围。臣取二：臣指子玉，二指复卫侯、封曹。不可失矣：不可失去进攻楚国的好借口。

④ 子与之：您答应他。

⑤ 三施：指曹、卫、宋都可得利。

⑥ 三怨：晋不答应子玉的要求，三国都将怨晋。

⑦ 携：离间。

⑧ 军吏：军官。

⑨ 辟：同"避"。

⑩ 老：疲困。

⑪ 微：无，没有。

⑫ 三舍：九十里。古代行军，三十里为一舍。

⑬ 所以报也：以此报答楚国。

⑭ 亢(kàng)：庇护。其仇：指楚的敌国宋。

⑮ 楚众：楚国士兵。

⑯ 戊辰：初一。

⑰ 宋公：宋成公。国归父、崔夭：均为齐大夫。秦小子慭(yìn)：秦穆公之子。

⑱ 次：临时驻扎。古文"次"为"𠗝"(《说文》八下)，正如张开的帐篷。(从陆宗达之说)

城濮。楚师背酅①而舍，晋侯患之。听舆人之诵曰："原田每每，舍其旧而新是谋。②"公疑焉。子犯曰："战也！战而捷，必得诸侯。若其不捷，表里山河③，必无害也。"公曰："若楚惠何？"栾贞子曰："汉阳诸姬，楚实尽之④。思小惠而忘大耻，不如战也。"晋侯梦与楚子搏，楚子伏己而盬⑤其脑，是以惧。子犯曰："吉。我得天，楚伏其罪，吾且柔之矣⑥。"

子玉使斗勃⑦请战，曰："请与君之士戏⑧，君冯轼⑨而观之，得臣与寓目⑩焉。"晋侯使栾枝对曰："寡君闻命矣。楚君之惠，未之敢忘，是以在此。为大夫退，其敢当君乎？既不获命矣，敢烦大夫谓二三子⑪：戒尔车乘，敬尔君事，诘朝⑫将见。"

晋车七百乘，韅、靷、鞅、靽⑬。晋侯登有莘之虚以观师⑭，曰："少长有礼⑮，其可用也！"遂伐其木以益其兵⑯。己巳⑰，晋师陈于莘

---

① 酅(xī)：城濮附近的地名，是一个丘陵险阻的地方，楚军凭险而军。

② 原田每每：原野土地肥美。舍其旧而新是谋：抛弃旧的，谋取新的。意为晋文公喜新厌旧，抛弃楚恩。故下文有"公疑焉"。

③ 表里山河：晋外有黄河，内有太行山。

④ 汉阳诸姬，楚实尽之：汉水北面的姬姓国，都被楚国吞并了。阳，山南水北称"阳"。

⑤ 盬(gǔ)：吮吸。

⑥ 楚伏其罪：楚子伏，脸朝下，表示伏罪。柔：柔服，动词。因脑髓柔软，故引申为柔服。这是子犯为消除晋文公的疑虑编造出来的谎话。

⑦ 斗勃：楚大夫。

⑧ 戏：角力。

⑨ 冯(píng)轼：靠着车前用作扶手的横木。冯，同"凭"。

⑩ 寓目：寄目，观看。

⑪ 二三子：你们诸位。

⑫ 诘(jié)朝：明天早晨。

⑬ 韅(xiǎn)、靷(yǐn)、鞅(yāng)、靽(bàn)：马身上的皮甲、缰绳、络头之类。形容晋军装备整齐。

⑭ 有莘之虚：莘国遗址。莘，古国名，在今山东曹县西北。虚，同"墟"。观师：检阅军队。

⑮ 少长有礼：指晋军士兵懂得军礼。古代军礼，少壮者在前，老弱者在后。

⑯ 益：增加。兵：兵器。

⑰ 己巳：四月初四。

北①，胥臣以下军之佐当陈、蔡②。子玉以若敖之六卒将中军，曰："今日必无晋矣！"子西③将左，子上④将右。胥臣蒙马以虎皮，先犯陈、蔡，陈、蔡奔，楚右师溃。狐毛设二旆而退之⑤，栾枝使舆曳柴而伪遁⑥，楚师驰之⑦，原轸、郤溱以中军公族⑧横击之。狐毛、狐偃以上军夹攻子西，楚左师溃。楚师败绩，子玉收其卒而止，故不败。

晋师三日馆谷⑨，及癸酉⑩而还。

晏婴叔向论齐晋季世⑪

三年春王正月⑫……齐侯使晏婴请继室于晋⑬。……既成昏⑭，晏子受礼⑮，叔向从之宴⑯，相与语。叔向曰："齐其何如？"晏子曰："此季

---

① 陈：列阵。莘北：有莘古城之北，即城濮。

② 陈、蔡：陈、蔡联军，即子上统率的右军。

③ 子西：楚大夫斗宜申。

④ 子上：斗勃。

⑤ 设二旆(pèi)而退之：军中唯中军主帅设二旆。狐毛为上将军，却故意设二旆，伪装中军退却，以迷惑楚军。旆，大旗。

⑥ 使舆曳柴而伪遁：用战车拖着树枝，使尘土飞扬，假装逃跑。舆，车。曳，拖。

⑦ 楚师驰之：楚军以为晋军不敌逃跑，便急速追击晋军，正被晋中军拦腰攻打。

⑧ 中军公族：由晋贵族子弟组成的中军。

⑨ 三日馆谷：休整三天，吃楚军留下的粮。馆，驻扎，动词。

⑩ 癸酉：四月初六。

⑪ 本篇选自《左传》昭公三年，记叙齐国晏婴与晋国叔向的一番对话，反映了齐、晋两国奴隶主贵族没落和新兴地主阶级兴起的史实。

⑫ 三年：指鲁昭公三年，即公元前539年。王：指周历，因鲁尊周，以周历为王历。

⑬ 齐侯：齐景公，姓姜名杵臼，公元前548—前490年在位。晏婴：字仲，谥"平"，故又称晏平仲。夷维(今山东高密)人，齐景公相。继室：续娶夫人。昭公二年(公元前540年)四月，晋平公娶齐女少姜，同年秋，少姜去世。齐景公想与晋国保持婚姻关系，故派晏婴去晋，请求续娶齐女。

⑭ 成昏：订婚。昏，通"婚"。

⑮ 受礼：接受宾享之礼。

⑯ 叔向：名肸(xī)，羊舌氏，晋国大夫。从：跟从，引申为陪同。

世[1]也，吾弗知[2]。齐其为陈氏矣[3]。公[4]弃其民，而归于陈氏。齐旧四量[5]，豆、区、釜、钟[6]。四升为豆，各自其四[7]，以登于釜[8]。釜十则钟[9]。陈氏三量[10]，皆登一[11]焉，钟乃大矣[12]。以家量贷[13]，而以公量收之[14]。山木如市[15]，弗加于山[16]；鱼、盐、蜃、蛤[17]，弗加于海[18]。民参[19]其力，二入于公[20]，而衣食其一[21]。公聚朽蠹[22]，而三老冻馁[23]。国之诸

---

① 季世：末代，衰微之世。

② 弗知：犹言不敢保证。一说仍作“不知”讲。

③ 其：语气词。陈氏：即田氏。陈、田二字古音相通。其祖先陈完即田敬仲，为陈厉公子，陈国内乱，逃奔齐国。齐桓公任命他为工正。其后代逐渐强大，专齐国政，至陈和时，以田齐取代姜齐。

④ 公：指齐景公，也可指姜齐公室。

⑤ 四量：四种量器。

⑥ 豆、区(ōu)、釜(fǔ)、钟：齐国四种量器名称。

⑦ 各自其四：指升、豆、区逢四进位。

⑧ 以登于釜：四进位制到釜为止。登，升。

⑨ 釜十则钟：十釜为钟。以十进位，每釜为六斗四升，每钟为六斛四斗。

⑩ 三量：指豆、区、釜三种量器。

⑪ 皆登一：都在旧量中增加一，即旧量四升为豆改为五升为豆，四豆为区改为五豆为区，四区为釜改为五区为釜。登，加。

⑫ 钟乃大矣：钟的容量就大了。

⑬ 家量：指陈氏加大的新量器。贷：借，指借给人民。

⑭ 公量：指齐国的旧量器。收：收回。上文指陈氏以大斗出、小斗进收买人心。

⑮ 如市：到市场贸易。

⑯ 弗加于山：其价格不高于山上。

⑰ 蜃(shèn)：大蛤。蛤(gě)：蛤蜊。

⑱ 弗加于海：其价格不高于海边。

⑲ 参：同“三”。

⑳ 公：公室。

㉑ 衣食其一：其中一份作为维持生活的费用。衣食，穿衣吃饭，借指维持生活。

㉒ 公聚朽蠹：公室聚敛太多，年久腐朽，或生蛀虫。

㉓ 三老：老人。原有三解：杜预说：“三老谓上寿、中寿、下寿，皆八十以上，不见养遇。”孔颖达说：“三老者，工老、商老、农老。”郑玄说：“三老五更各一，皆年老更事致仕者也。”冻馁：挨饿受冻。

市，屦贱踊贵①。民人痛疾，而或燠休之②。其爱之如父母③，而归之④如流水。欲无获民⑤，将焉辟⑥之？箕伯、直柄、虞遂、伯戏，其相胡公、大姬已在齐矣。⑦”

叔向曰：“然⑧。虽⑨吾公室，今亦季世也。戎马不驾⑩，卿无军行⑪；公乘无人⑫，卒列无长⑬。庶民罢敝⑭，而宫室滋侈⑮。道殣相望⑯，而女富溢尤⑰。民闻公命，如逃寇仇。栾、郤、胥、原、狐、续、庆、伯⑱，降在皂隶⑲。政在家门⑳，民无所依。君日不悛㉑，以乐慆

---

① 屦(jù)贱踊贵：鞋子便宜，假脚昂贵。说明刑罚多而重。屦，鞋。踊，假脚。

② 或：有人，指陈氏。燠休(yǔxǔ)：亦作“噢咻”，厚加赏赐，以示安抚。燠，厚。休，赐。

③ 其：指代陈氏。之：指代百姓。

④ 归之：指人民归心陈氏。

⑤ 获民：获得人民的拥护。

⑥ 辟：同“避”，躲避。

⑦ 箕伯、直柄、虞遂、伯戏：舜的后代，均为陈氏的祖先。周武王时，封舜后于陈。胡公：陈始封之君。大姬：周武王之女，嫁胡公为妻。此句意为：陈氏的祖先神灵已在齐国，陈氏将取代姜齐了。

⑧ 然：对，是这样。

⑨ 虽：即使。

⑩ 戎马不驾：国君所乘战车的马不再驾战车。意指晋国力衰弱，无力出征。

⑪ 卿无军行(háng)：卿不掌握军队，没有军权。军行，又作“戎行”，军队。

⑫ 公乘无人：指公室的车乘无御者与戎右。

⑬ 卒列无长：军队里没有称职的长官。卒，古代军队编制，百人为一卒。列，步兵的行列。

⑭ 庶民：普通平民。罢(pí)敝：疲困。

⑮ 滋侈：愈加奢侈。滋，更，益。

⑯ 道殣(jǐn)相望：道路上饿死的人到处都是。殣，饿死。

⑰ 女富溢尤：嬖宠之家的财富多得装不下。女，嬖宠之家。溢，盈，满。尤，过也。

⑱ 栾、郤、胥、原、狐、续、庆、伯：晋国姬姓的八大卿、大夫家族。其祖依次为栾枝、郤缺、胥臣、先轸、狐偃、续简伯、庆郑、伯宗。

⑲ 皂隶：低贱役吏。

⑳ 政在家门：指卿大夫专政。家门，私门，指卿大夫之家。

㉑ 不悛(quān)：不知改悔。

忧[1]。公室之卑[2]，其何日之有？谗鼎之铭[3]曰：'昧旦丕显[4]，后世犹怠[5]。'况日不悛，其能久乎？"

晏子曰："子将若何[6]？"叔向曰："晋之公族尽矣。肸闻之，公室将卑，其宗族枝叶先落，则公从之[7]。肸之宗[8]十一族，唯羊舌氏[9]在而已。肸又无子，公室无度[10]，幸而得死[11]，岂其获祀[12]？"

齐晋鞍之战[13]

二年[14]春，齐侯伐我北鄙[15]，围龙[16]。顷公之嬖人卢蒲就魁门焉[17]。龙人囚[18]之。齐侯曰："勿杀！吾与而盟[19]，无入而封[20]。"弗听，杀而膊[21]

---

① 以乐慆(tāo)忧：以娱乐度过忧患。慆，通"韬"，隐藏。

② 卑：卑微。

③ 谗鼎：鼎名。本为鲁有，齐伐鲁，取之。铭：镌刻在鼎上的铭文。

④ 昧旦丕显：黎明即起，致力于声名显赫。昧旦，早起。丕，大。

⑤ 后世犹怠：后代仍会懈怠。

⑥ 若何：怎么办。

⑦ 从之：跟着凋零。

⑧ 宗：同祖为宗。

⑨ 羊舌氏：以羊舌为氏。羊舌，食邑名。叔向以叔为族，以羊舌为氏。

⑩ 无度：没有法度。

⑪ 得死：即获死，获终。指以老寿而善终。

⑫ 岂其获祀：难道还能享受子孙的祭祀？

⑬ 本篇选自《左传》成公二年，记叙了齐、晋鞍之战的起因、经过、结果的全过程，展示了齐军骄傲而败、晋军团结而胜的道理。

⑭ 二年：鲁成公二年，即公元前589年。

⑮ 齐侯：齐顷公，名无野。公元前598—前582年在位。我：指鲁国。北鄙：北部边邑。

⑯ 龙：地名，在今山东泰安东南。

⑰ 嬖(bì)人：受宠爱的人。卢蒲就魁：卢蒲是氏，本为姜姓，齐桓公之后。就魁是名字。门焉：攻打城门。

⑱ 囚：囚禁。

⑲ 而：同"尔"，你。盟：订立盟约。

⑳ 封：封境，即境土。

㉑ 膊：曝，暴尸。

诸城上。齐侯亲鼓[1]，士陵城[2]。三日，取龙，遂南侵，及巢丘[3]。

卫侯使孙良夫[4]、石稷[5]、宁相[6]、向禽将[7]侵齐，与齐师遇。石子欲还。孙子曰："不可！以师伐人，遇其师而还，将谓君何[8]？若知不能，则如无出。今既遇矣，不如战也。"

……[9]

石成子曰："师败矣！子不少须[10]，众惧尽[11]。子丧师徒[12]，何以复命？"皆不对。又曰："子，国卿[13]也。陨子[14]，辱矣[15]。子以众退，我此乃止[16]。"且告车来甚众[17]。齐师乃止，次于鞫居[18]。

新筑人仲叔于奚[19]救孙桓子，桓子是以免[20]。既[21]，卫人赏之以邑[22]，

---

① 鼓：动词，击鼓。
② 陵城：爬上城墙。
③ 巢丘：地名，在今山东泰安附近。
④ 卫侯：姓姬，名遬。公元前599—前589年在位。孙良夫：卫大夫，即孙桓子。
⑤ 石稷：即石成子。卫国名臣石碏(què)四世孙。
⑥ 宁相：卫公族大夫宁俞儿子。
⑦ 向禽将：卫臣。一说向禽为名，将连下读，作将要讲。
⑧ 将谓君何：指将何以向国君复命。
⑨ ……：原文有阙脱。此段应述齐、卫新筑之战。
⑩ 子：你，指孙良夫。少须：少待。
⑪ 众惧尽：士兵恐怕要被全部歼灭了。
⑫ 师徒：军士卒徒。
⑬ 国卿：执政的上卿。
⑭ 陨子：损伤您。陨，损失。
⑮ 辱矣：使国家蒙受耻辱。
⑯ 我此乃止：倒装句，意为我留在这里抵抗。
⑰ 且告：指石成子通告卫军。车来甚众：救援的兵车来得很多，以安定军心。
⑱ 次：驻扎。鞫(jū)居：地名，在今河北大名附近。
⑲ 仲叔于奚：新筑大夫。
⑳ 免：免于祸难。
㉑ 既：事后，副词，表时间。
㉒ 之：指代仲叔于奚。邑：采邑，指土地。

辞。请曲县、繁缨以朝①，许之②。

仲尼③闻之，曰："惜也，不如多与之邑！唯器与名④，不可以假人⑤，君之所司⑥也。名以出信⑦，信以守器⑧，器以藏礼⑨，礼以行义⑩，义以生利⑪，利以平民⑫，政之大节也⑬。若以假人，与人政也。政亡，则国家从之，弗可止⑭也已。"

孙桓子还于新筑⑮，不入⑯，遂如晋乞师。臧宣叔⑰亦如晋乞师。皆主郤献子⑱。晋侯许之七百乘。郤子曰："此城濮之赋也⑲。有先君之明⑳，与先大夫之肃㉑，故捷㉒。克于先大夫，无能为役㉓！"请八百乘。

---

① 曲县：悬挂在架上的乐器。县，同"悬"。繁(pán)缨：马鬃毛前的装饰，诸侯的礼饰。以上两物均为诸侯所用，邑宰用此，乃是僭礼。

② 许之：卫侯答应仲叔于奚的请求。

③ 仲尼：孔子的字。

④ 器：指曲县、繁缨等器物。名：指爵位名号。

⑤ 假人：借给别人。

⑥ 司：主管，掌握。

⑦ 名以出信：名号用来赋予人们威信。

⑧ 信以守器：威信用来保守器物。

⑨ 器以藏礼：器物用来体现礼制。

⑩ 礼以行义：礼制用来推行道义。

⑪ 义以生利：道义用来产生利益。

⑫ 利以平民：利益用来治理人民。

⑬ 政：政权。大节：重大的关键问题。

⑭ 止：制止。

⑮ 新筑：卫邑名，在今河北大名附近。

⑯ 入：指不回朝廷。

⑰ 臧宣叔：名许，鲁国大夫。

⑱ 主：主人。郤献子：郤克，跛一足，曾出使齐国，为齐国后宫妇女所笑，深以为恨，发誓报仇。

⑲ 城濮：地名，在今山东鄄城县西南。这里指发生在公元前632年的晋、楚城濮之战。赋：指军队兵车、士卒数目。

⑳ 先君：指晋文公。明：英明。

㉑ 先大夫：指先轸、狐偃等人。肃：敏捷，才具敏捷。

㉒ 捷：胜利。

㉓ 役：仆役。

许之。郤克将[1]中军，士燮佐上军[2]，栾书[3]将下军，韩厥为司马[4]，以救鲁、卫。臧宣叔逆[5]晋师，且道[6]之。季文子[7]帅师会之。及卫地，韩献子[8]将斩人，郤献子驰[9]，将救之，至，则既斩之矣。郤子使速以徇[10]，告其仆[11]曰："吾以分谤[12]也。"师从齐师于莘[13]。

六月壬申[14]，师至于靡笄[15]之下。齐侯使请战，曰："子以君师辱于敝邑，不腆敝赋[16]，诘朝[17]请见。"对曰："晋与鲁、卫，兄弟也。来告[18]曰：'大国朝夕释憾于敝邑之地[19]。'寡君不忍，使群臣请[20]于大国，无令舆师淹于君地[21]；能进不能退，君无所辱命[22]！"齐侯曰："大夫之许，寡

---

① 将：统率，率领。

② 士燮：士会之子，即范文子，一称范叔。佐：辅佐，即上军副帅。

③ 栾书：晋大夫，下军主帅。

④ 韩厥：晋大夫。司马：掌军法事宜。

⑤ 逆：迎。

⑥ 道：通"导"，做向导。

⑦ 季文子：名行父，鲁公族。

⑧ 韩献子：即韩厥。

⑨ 驰：驾马赶去。

⑩ 徇：示众。

⑪ 仆：御者。

⑫ 分谤：分担别人的毁谤、指责。

⑬ 莘：卫国地名，在今山东莘县境内。

⑭ 壬申：十六日。

⑮ 靡笄(jī)：山名，在今山东济南千佛山。

⑯ 不腆(tiǎn)敝赋：敝国的兵员很少。腆，厚，丰富。敝，谦词，敝国。赋，指将士兵员。

⑰ 诘朝：明天早晨。

⑱ 来告：指来求救援。

⑲ 大国：指齐国。朝夕：不分昼夜。释憾：泄愤，发泄怒气。敝邑：鲁、卫自称。

⑳ 请：请求。

㉑ 舆师：众多的军队。淹：久留。

㉒ 君无所辱命：犹言不致辱君命。表示许战的话。

人之愿也。若其不许，亦将见[①]也。”齐高固[②]入晋师，桀石[③]以投人；禽[④]之，而乘其车[⑤]，系桑本[⑥]焉，以徇[⑦]齐垒。曰：“欲勇者贾[⑧]余余勇！”

癸酉[⑨]，师陈于鞍[⑩]。邴夏御齐侯[⑪]，逢丑父为右[⑫]。晋解张[⑬]御郤克，郑丘缓[⑭]为右。齐侯曰：“余姑翦灭此而朝食[⑮]!”不介马而驰之[⑯]。郤克伤于矢[⑰]，流血及屦[⑱]，未绝鼓音[⑲]，曰：“余病[⑳]矣!”张侯[㉑]曰：“自始合[㉒]，而矢贯[㉓]余手及肘，余折以御[㉔]，左轮朱殷[㉕]，岂敢言病？吾

---

① 见：指兵戎相见。

② 高固：齐大夫，即高宣子。

③ 桀石：举起石头。桀，举。

④ 禽：通“擒”，捉，抓。

⑤ 车：战车。

⑥ 桑本：桑树根。将桑树根系在从晋人手中夺来的战车上，以示区别。

⑦ 徇：巡行示威。

⑧ 贾：买。

⑨ 癸酉：十七日。

⑩ 陈：摆开阵势。鞍：齐地名。在今山东济南附近。

⑪ 邴夏：齐大夫。御：驾车。即御者。

⑫ 逢丑父：齐大夫。右：车右，又称“骖乘”。古代制度，一车乘三人，尊者在左，御者在中，骖乘在右。但君王或战争时的主帅居中，御者在左。车右都是勇力之士，执干戈以御敌，并负责推车等力役之事。

⑬ 解(xiè)张：晋将。

⑭ 郑丘缓：晋将。郑丘为复姓。

⑮ 姑：姑且。翦灭：消灭。朝食：吃早饭。

⑯ 不介马：不给马披上甲。介，甲。驰之：驱马进攻。

⑰ 伤于矢：被箭射伤。

⑱ 屦(jù)：鞋。

⑲ 绝：断。鼓音：击鼓的声音。

⑳ 病：指受重伤。

㉑ 张侯：即解张。

㉒ 始合：一开始交战。

㉓ 贯：穿。

㉔ 余折以御：我把箭折断了继续驾车。

㉕ 朱殷(yān)：暗红色。朱，红色。殷，黑红色。

子忍之!”缓曰:“自始合,苟有险[1],余必下,推车。子岂识[2]之?然子病矣!”张侯曰:“师之耳目,在吾旗鼓,进退从之[3]。此车,一人殿[4]之,可以集事[5],若之何其以病败君之大事也[6]?擐甲执兵[7],固[8]即死也,病未及死,吾子勉之[9]!”左并辔[10],右援枹而鼓[11],马逸[12]不能止。师从之[13]。齐师败绩[14]。逐之,三周华不注[15]。

韩厥梦子舆[16]谓己曰:“且辟左右[17]。”故中御而从齐侯[18]。邴夏曰:“射其御者,君子也。”公曰:“谓之君子而射之,非礼也。”射其左,越[19]于车下;射其右,毙[20]于车中。綦毋张丧车[21],从韩厥曰:“请寓乘[22]。”从左右[23],皆肘之[24],使立于后。韩厥俛定其右[25]。

---

① 险:危险。
② 识(zhì):知道,了解。
③ 进退从之:进军和撤退都听从中军旗鼓的指挥。
④ 殿:镇守。
⑤ 集事:成事。
⑥ 若之何:奈何,怎么。病:痛苦。败:败坏。
⑦ 擐甲执兵:穿上盔甲,拿起武器。
⑧ 固:本来,原来。
⑨ 勉之:努力吧。
⑩ 左并辔:左手握着马缰绳。并,动词。
⑪ 援枹(fú)而鼓:拽过鼓槌击鼓。枹,鼓槌。鼓,作动词,击鼓。
⑫ 逸:狂奔。
⑬ 师从之:晋国的军队跟着主帅的战车冲上去。
⑭ 败绩:大败。
⑮ 三周:三圈。华不注:山名,在今山东济南东北。
⑯ 子舆:韩厥的父亲。
⑰ 辟:同“避”,避开。左右:指兵车的左右两侧。
⑱ 中御:站在中间驾车。从:跟从,引申为追赶。
⑲ 越:坠,坠落。
⑳ 毙:仆倒,死。
㉑ 綦(qí)毋张:晋大夫,姓綦毋,名张。丧车:丢失战车。
㉒ 寓乘:搭车。寓,寄,搭附。乘,乘车。
㉓ 从左右:指站立在左边或右边。
㉔ 肘之:用手肘推他。即示意綦毋张站在自己身后,不要站在两边。
㉕ 俛:同“俯”,低下身子。定:放稳。

逢丑父与公易位①。将及华泉②，骖絓于木而止③。丑父寝于轏④中，蛇出于其下，以肱⑤击之，伤而匿⑥之，故不能推车而及⑦。韩厥执絷⑧马前，再拜稽首⑨，奉觞加璧以进⑩，曰："寡君使群臣为鲁、卫请，曰：'无令舆师陷入君地'。下臣⑪不幸，属当戎行⑫，无所逃隐⑬。且惧奔辟⑭，而忝两君⑮。臣辱戎士⑯，敢告不敏⑰，摄官承乏⑱。"丑父使公下⑲，如华泉取饮⑳。郑周父御佐车㉑，宛茷㉒为右，载齐侯以免㉓。韩

---

① 易位：交换位置。

② 华泉：泉名。在华不注山下，流入济水。

③ 骖：骖马。古代用三马驾车，辕马两旁的马叫骖，分左骖和右骖。絓：通"挂"，绊住。

④ 轏(zhàn)：棚车。用木条横排编成车厢的轻便车。

⑤ 肱(gōng)：由肘至臂的手臂。

⑥ 匿：隐瞒。

⑦ 及：被赶上。

⑧ 执絷：拿着绊马索。絷，绊马索。

⑨ 再拜稽首：先拜二拜，再叩头至地，是一种比稽首更重要的礼。

⑩ 奉觞：捧着酒器。璧：圆平形而中间有孔的玉器。进：奉献。以上三句是韩厥对齐侯执行"殒命"之礼，即俘获敌国国君的礼仪。

⑪ 下臣：韩厥自称，谦词。

⑫ 属：恰巧，恰好。当：遇。戎行(háng)：兵车的行列。此句意为：刚巧和您国君的兵车在同一条路上碰到了。

⑬ 隐：躲藏。

⑭ 奔辟：逃避。辟，通"避"。

⑮ 忝(tiǎn)：辱。两君：指晋君和齐君。

⑯ 臣辱戎士：自己滥竽充数为战士，有辱战士名声。自谦之词。

⑰ 不敏：不敏慧。

⑱ 摄官：担任职务。承乏：人才缺乏，我只好承担充数。言外之意是俘虏齐君是我的职务，就不客气动手了。以上各句都是外交辞令。

⑲ 公：齐侯。下：下车。

⑳ 如：往，到。饮：名词，水。

㉑ 郑周父：齐将。佐车：副车。

㉒ 宛茷(fèi)：齐将。

㉓ 免：免于被俘。

厥献丑父，郤献子将戮之。呼曰[①]："自今无有代其君任患[②]者，有一于此[③]，将为[④]戮乎？"郤子曰："人不难[⑤]以死免其君，我戮之，不祥[⑥]。赦之以劝[⑦]事君者。"乃免之。

齐侯免，求丑父，三入三出[⑧]。每出，齐师以帅退[⑨]。入于狄卒[⑩]，狄卒皆抽戈楯冒之[⑪]。以入于卫师，卫师免[⑫]之。遂自徐关[⑬]入。齐侯见保者[⑭]，曰："勉之[⑮]，齐师败矣！"辟女子[⑯]。女子曰："君免乎？"曰："免矣。"曰："锐司徒[⑰]免乎？"曰："免矣。"曰："苟君与吾父免矣，可若何[⑱]？"乃奔[⑲]。齐侯以为有礼。既而问之[⑳]，辟司徒[㉑]之妻也。予之石窌[㉒]。

---

① 呼：叫。此句省主语丑父。
② 任患：承担患难。
③ 有一于此：有一个能替国君承担患难的人在这里。
④ 为：被。
⑤ 不难：不惧怕。
⑥ 不祥：不吉利。
⑦ 劝：勉励，鼓励。
⑧ 三入三出：三次冲进晋军，三次杀出重围。
⑨ 齐师以帅退：齐军拥护着齐侯退后。
⑩ 狄卒：狄人的军队。
⑪ 戈楯：泛指武器。楯，通"盾"，盾牌。冒：覆，引申为遮拦、庇护。
⑫ 免：指不伤害。
⑬ 徐关：地名，在今山东淄博西。
⑭ 保者：齐国守护城邑的将吏。
⑮ 勉之：努力吧。
⑯ 辟女子：驱逐路上的女人，叫她回避齐侯的车子。辟，同"闢"，驱除，驱逐。
⑰ 锐司徒：官名，掌管矛、戈等锐利武器的官员。
⑱ 可若何：还要怎么样呢？
⑲ 奔：跑开。
⑳ 既而：后来。问：指查询。
㉑ 辟司徒：官名，掌管军中壁垒的官员。辟，通"壁"。
㉒ 予之石窌：赐给她石窌作为封地。石窌，地名，在今山东省济南市长清区东南。

晋师从[①]齐师，入自丘舆[②]，击马陉[③]。齐侯使宾媚人赂以纪甗、玉磬与地[④]。不可，则听客[⑤]之所为。宾媚人致赂，晋人不可，曰："必以萧同叔子为质[⑥]，而使齐之封内尽东其亩[⑦]。"对曰："萧同叔子非他，寡君之母也。若以匹敌[⑧]，则亦晋君之母也。吾子布大命于诸侯[⑨]，而曰必质其母以为信，其若王命[⑩]何？且是以不孝令也。《诗》[⑪]曰：'孝子不匮[⑫]，永锡尔类[⑬]。'若以不孝令于诸侯，其无乃非德类也乎[⑭]？先王疆理[⑮]天下，物土之宜[⑯]，而布其利[⑰]。故《诗》[⑱]曰：'我疆我理，南东其亩[⑲]。'今吾子疆理诸侯，而曰尽东其亩而已，唯吾子戎车[⑳]是利，无顾土

---

① 从：追赶。

② 丘舆：齐邑名，在今山东青州西南。

③ 马陉(xíng)：地名，在今山东青州西南。陉，山脉中断的地方。

④ 宾媚人：齐大夫，即国佐。赂：赂遗，致送。纪甗(yǎn)：纪国的一件古物。纪，国名，为齐所灭，甗被齐国所夺。甗，古代一种炊具，有陶土制，有青铜制，其形状上体圆而两耳似鼎，一体三款似鬲，中设箅(bì)，有半环可握着开闭。箅上有十字穿或直线穿四五。有上下体可分的或不可分的。玉磬(qìng)：古代乐器，用玉或石雕成，悬于架上，击之使鸣。地：土地，指还给鲁、卫之侵地。

⑤ 客：指晋人。

⑥ 萧同叔子：齐顷公的母亲。萧，萧国。同叔，萧国国君的字，即齐顷公外祖父。子，女儿，古代儿、女均可称子。质：抵押。

⑦ 封内：封国的境内。尽东其亩：田垄全部向东。这样便于晋国进军。亩，田高畦，即垄。

⑧ 匹敌：对等。

⑨ 吾子：指郤克。布大命：发布重大命令。

⑩ 王命：指周天子之命令。

⑪ 《诗》：指《诗经・大雅・既醉》。

⑫ 匮：尽，匮乏。

⑬ 锡：同"赐"，赐予。尔类：同类的人。

⑭ 其：大概。无乃：不是，恐怕。德类：犹言道德法则。

⑮ 疆理：划分经界，区分地理。

⑯ 物土之宜：考察土地之所宜种植者。物，动词，考察，根据。

⑰ 布其利：做有利于生产的布置、安排。

⑱ 《诗》：指《诗经・小雅・信南山》。

⑲ 南东其亩：视其所利，向南、向东开辟田垄。

⑳ 戎车：兵车。

宜，其无乃非先王之命[①]也乎？反先王则不义，何以为盟主？其晋实有阙[②]！四王之王也[③]，树德而济同欲焉[④]；五伯之霸也[⑤]，勤而抚之[⑥]，以役王命[⑦]。今吾子求合诸侯，以逞无疆之欲[⑧]。《诗》[⑨]曰：'布政优优[⑩]，百禄是遒[⑪]。'子实不优，而弃百禄，诸侯何害[⑫]焉！不然[⑬]，寡君之命使臣，则有辞[⑭]矣，曰：'子以君师辱于敝邑，不腆敝赋，以犒从者[⑮]；畏君之震[⑯]，师徒桡败[⑰]。'吾子惠徼齐国之福，不泯[⑱]其社稷，使继旧好；唯是先君之敝器、土地不敢爱，子又不许。请收合余烬[⑲]，背城借一[⑳]。敝邑之幸[㉑]，亦云从也；况其不幸，敢不唯命是听。"

---

① 命：政令。

② 阙：过失，错误。

③ 四王：指禹、汤、周文王、周武王。王(wàng)：动词，指王天下。

④ 树德：树立德行。济：满足。同欲：共同的欲望。

⑤ 五伯：伯，同"霸"。杜预认为五霸是指夏的昆吾，商的大彭、豕韦，周的齐桓公、晋文公。这里似不宜理解为齐桓公、晋文公、宋襄公、秦穆公、楚庄王五人，因为此说至战国始有。

⑥ 勤：勤劳。抚：安抚。之：指诸侯国。

⑦ 以役王命：使大家为天子之命而服役。

⑧ 无疆之欲：没有止境的欲望。

⑨ 《诗》：指《诗经·商颂·长发》。

⑩ 布政优优：施行宽大和缓的政教。

⑪ 百禄：各种幸福。遒(qiú)：聚集，积聚。

⑫ 何害：有什么害处。

⑬ 不然：如果你们不答应。

⑭ 有辞：有话可说。

⑮ 以犒从者：犒，犒劳。此为外交辞令，意为与晋人作战。

⑯ 震：威严。

⑰ 桡(náo)败：失败。

⑱ 泯：灭。

⑲ 收合余烬：收拾整顿残余的部队。烬，烧残的灰，比喻残余部队。

⑳ 背(bèi)城借一：背对自己城墙进行最后一战。

㉑ 幸：指战胜。

鲁、卫谏曰："齐疾[①]我矣！其死亡[②]者，皆亲暱[③]也。子若不许，仇我必甚。唯子则又何求？子得其国宝，我亦得地，而纾[④]于难，其荣[⑤]多矣。齐、晋亦唯天所授，岂必晋？"晋人许之，对曰："群臣帅赋舆[⑥]，以为鲁、卫请，若苟有以藉口[⑦]，而复于寡君，君之惠[⑧]也。敢不唯命是听。"

禽郑自师逆公[⑨]。

秋七月，晋师及齐国佐盟于爰娄[⑩]。使齐人归我汶阳之田[⑪]。公会晋师于上鄍[⑫]，赐三帅先路三命之服[⑬]，司马、司空、舆帅、候正、亚旅[⑭]，皆受一命之服。

……

晋师归，范文子[⑮]后入，武子[⑯]曰："无为吾望尔也乎[⑰]？"对曰："师

---

① 疾：怨恨。

② 死亡：战死和逃亡。

③ 亲暱：亲近。

④ 纾：缓和，缓解。

⑤ 荣：光荣，荣耀。

⑥ 赋舆：兵车。

⑦ 若苟：如果，假使。同义词连用，表假设。藉口：借口。此句意为：如果有话可以向寡君复命。

⑧ 惠：恩惠。

⑨ 禽郑：鲁国大夫。自师：从晋、鲁、卫联军中出来。公：鲁成公。请他来与齐签订盟约。

⑩ 爰娄：地名，在今山东省淄博市淄川区。

⑪ 我：鲁国。汶阳之田：汶水南面的土地。汶阳，在今山东宁阳北。

⑫ 上鄍：地名，在今山东阳谷县境。

⑬ 三帅：郤克、士燮、栾书。先路：即卿所乘的正车。路，同"辂"。三命之服：三命的服饰。古代卿大夫有三命、再命、一命的区别，命多则尊贵，以三命为限。

⑭ 司马：主管甲兵、军法的大夫。司空：主管营垒的大夫。舆帅：主管兵车的大夫。候正：主管巡逻、哨兵、侦察的大夫。亚旅：次于卿，上大夫之别称。

⑮ 范文子：即士燮。

⑯ 武子：即士会，士燮之父。

⑰ 无为吾望尔也乎：你难道不因为我的盼望而早些回来吗？

有功，国人喜以逆之，先入，必属耳目①焉，是代帅受名②也，故不敢。”武子曰：“吾知免③矣。”

郤伯见④。公⑤曰：“子之力⑥也夫！”对曰：“君之训⑦也，二三子⑧之力也，臣何力之有焉？”吴叔⑨见，劳⑩之如郤伯。对曰：“庚所命也⑪，克之制⑫也，燮何力之有焉？”栾伯⑬见，公亦如之。对曰：“燮之诏⑭也，士用命⑮也，书何力之有焉？”

---

① 属耳目：使众人耳目集中于我。

② 代帅受名：代替主帅接受有功之名。

③ 免：避免祸患。

④ 郤伯：郤克。见：拜见。

⑤ 公：晋景公。

⑥ 力：指功劳。

⑦ 训：教训，教导。

⑧ 二三子：指其他将领。

⑨ 吴叔：即士燮。

⑩ 劳：慰劳，慰问。

⑪ 庚：荀庚，荀林父之子。荀庚此时将上军，未出动，士燮为上军佐，代荀庚出兵。命：指奉荀庚之命出师。

⑫ 克之制：自己受中军帅郤克的节制。

⑬ 栾伯：栾书。

⑭ 诏：指示。

⑮ 士用命：将士服从命令。

公羊传[①]

宋人及楚人平[②]

夏五月[③]，宋人及楚人平[④]。外平不书[⑤]，此何以书？大其平乎己也[⑥]。何大乎其平乎己？庄王围宋[⑦]，军有七日之粮尔[⑧]，尽此[⑨]不胜，将去[⑩]而归尔。于是使司马子反乘堙而窥宋城[⑪]，宋华元[⑫]亦乘堙而出见

---

① 《公羊传》，亦作《春秋公羊传》或《公羊春秋》。旧题战国公羊高撰。是一部着重阐发《春秋》"微言大义"的儒家重要经典。汉武帝时设五经博士，其中《春秋》一门即为《公羊春秋》，故研究《公羊传》的学者大增。西汉董仲舒撰《春秋繁露》，专治《公羊传》，此后形成《春秋》公羊学。《公羊传》的主要思想内容大致有以下几个方面：第一，《公羊传》认为孔子作《春秋》，以微言体现王道一统的大义。因而大一统是《春秋》的基本思想。第二，《公羊传》主三统说，三统指黑统(夏)、白统(商)、赤统(周)。认为这三统循环造成历史的递嬗。第三，《公羊传》主异内外说，强调《春秋》注重华夷之别。认为华夷之别不在于种族，而在于文化，尤其是伦理道德。因此该书是研究战国秦汉间儒家思想演变的重要资料。《公羊传》的通行本有东汉何休《春秋公羊解诂》本、唐徐彦《公羊传疏》本(均收入《十三经注疏》，合为《春秋公羊传注疏》)和清陈立《公羊义疏》本等。本篇底本为中华书局 1980 年影印阮元《十三经注疏》本《春秋公羊传注疏》。

② 本篇选自《公羊传》宣公十五年，记叙楚围宋战争中，宋大夫华元与楚大夫子反各信于对方而议和的史实。通篇纯用复笔而不感累赘重复。

③ 五月：指鲁宣公十五年(公元前 594 年)五月。

④ 平：议和。和而不盟叫作"平"。

⑤ 外平不书：《春秋》记鲁国史事，外国之间讲和的事是不记载的。书，记载。

⑥ 大：尊重，注重。己：指华元、子反两大夫。此句意为：尊重这次和议是由两大夫促成的。因为古代大夫无遂事，无决策权。

⑦ 庄王：楚庄王，芈姓，名旅，楚国国君，公元前 613—前 591 年在位，春秋五霸之一。宋：国名。子姓，周公封纣王庶兄微子启于商旧都商丘，建宋国，都宋城(今河南商丘南)。

⑧ 尔：通"耳"，了，语气助词。

⑨ 此：指代七日之粮。

⑩ 去：离开。

⑪ 司马：官名，掌军政。子反：人名，即公子侧。当时任围宋楚军中军主帅。堙(yīn)：为攻城而堆积的土丘。

⑫ 华元：人名。宋大夫，执宋国政。

之。司马子反曰："子之国何如?"华元曰："惫[1]矣!"曰："何如?"曰："易子[2]而食之，析骸而炊[3]之。"司马子反曰："嘻[4]！甚矣惫[5]！虽然[6]，吾闻之也，围者，柑马而秣之[7]，使肥者应客[8]，是何子之情也[9]?"华元曰："吾闻之：君子见人之厄则矜之[10]，小人见人之厄则幸[11]之。吾见子之君子[12]也，是以[13]告情于子也。"司马子反曰："诺[14]，勉之矣[15]！吾军亦有七日之粮尔，尽此不胜，将去归尔。"揖[16]而去之。

反[17]于庄王。庄王曰："何如?"司马子反曰："惫矣!"曰："何如?"曰："易子而食之，析骸而炊之。"庄王曰："嘻！甚矣惫！虽然，吾今取此[18]，然后而归尔。"司马子反曰："不可。臣已告之矣，军有七日之粮尔。"庄王怒曰："吾使子往视之，子曷[19]为告之?"司马子反曰："以区区[20]之宋，犹有不欺人之臣，可以楚而无乎？是以[21]告之也。"庄王曰："诺。

---

① 惫：疲乏，疲困。

② 易子：交换子、女。

③ 析骸(hái)而炊：劈开尸骸而炊食。

④ 嘻(xī)：叹词，表示惊惧。

⑤ 甚矣惫：倒装句，非常疲困了。

⑥ 虽然：即使这样。

⑦ 柑马而秣之：用木衔马口中，而将粮秣喂马口中。马口动而不能吃，以示粮秣甚多。

⑧ 肥者：指肥马。应客：让敌人看。以示饱足。

⑨ 情：实，实情。此句意为：你为什么告以实情?

⑩ 厄：困厄，苦难。矜：矜悯，怜悯。

⑪ 幸：幸灾乐祸。

⑫ 君子：这里指有道德、有同情心的人。

⑬ 是以：所以。

⑭ 诺(nuò)：答应声。

⑮ 勉之矣：勉力坚守吧。

⑯ 揖(yī)：古时的一种礼节。两手相拱于胸前，欠身为礼。

⑰ 反：通"返"，回去。

⑱ 吾今取此：我今天将攻打这座城池。

⑲ 曷：何，为什么。

⑳ 区区：犹小小。

㉑ 是以：所以。

舍而止[①]。虽然，吾犹取此，然后归尔。”司马子反曰：“然则君请处于此[②]，臣请归尔。”庄王曰：“子去[③]我而归，吾孰与[④]处于此？吾亦从[⑤]子而归尔！”引师而去之。故君子大其平乎己也。此皆大夫[⑥]也，其称“人”何[⑦]？贬[⑧]。曷为贬？平者在下也[⑨]。

---

① 舍而止：命子反筑舍于此，停留不走。

② 然则：那么。处于此：停留在这里。

③ 去：离开。

④ 孰与：与谁，与哪一个。

⑤ 从：跟从，跟随。

⑥ 大夫：一般任官职者之称。西周、春秋时国君之下有卿、大夫、士三级。大夫又分上、中、下三等，以佐助国君处理政务。

⑦ 其称“人”何：为什么称宋人、楚人呢？人，指宋人、楚人。

⑧ 贬：降低。

⑨ 平者：指议和的人。下：指大夫。议和本为国君之事，现在由大夫主持此事，故降低其规格。

穀梁传①

虞师晋师灭夏阳②

非国而曰“灭”③，重夏阳也④。虞无师⑤，其曰“师”⑥，何也？以其先晋⑦，不可以不言师也。其先晋，何也？为主⑧乎灭夏阳也。夏阳者，虞虢之塞邑也⑨，灭夏阳而虞、虢举⑩矣。

虞之为主乎灭夏阳，何也？晋献公⑪欲伐虢，荀息⑫曰：“君何不以

---

① 《穀梁传》，亦称《春秋穀梁传》。旧题战国初年穀梁赤撰。实为穀梁赤口述并与其后学编纂而成。穀梁赤，一名俶，字元始，战国鲁国人，受经于孔子弟子子夏。《穀梁传》为《春秋三传》之一，与《公羊传》相似，以发挥《春秋》的“微言大义”为主，汉初不受重视，汉宣帝好《穀梁传》，才著帛成书，广行于世，后为历代封建王朝列入儒家经学之经典，对后世有重要影响。《穀梁传》用自设问答体例，训释《春秋》经义，述事释义起自鲁隐公元年(公元前722年)，迄于鲁哀公十四年(公元前481年)，与《春秋》记事同。然解说较为简洁，较少引证史实。其内容主要是传经之义，讲求贵义信道，与正不与贤。注重辨正尊卑之等、名分之异，推崇君子亲亲之道，提倡为亲者、尊者、贤者讳，提倡妇女“三从”。强调君主代表上天统治人民；强调君主应爱惜民力，不与民争利。《穀梁传》的通行本有东晋范宁《春秋穀梁传集解》本、《四部备要》本、《十三经注疏》本等。本篇底本为中华书局1980年影印阮元《十三经注疏》本《春秋穀梁传注疏》。

② 本篇选自《穀梁传》僖公二年。记叙晋献公以厚币赂虞公假道以伐虢。虞公目光短浅，贪晋厚赂，不顾虞、虢唇齿相依关系，不听贤臣宫之奇谏阻，招致与虢一起被晋所灭的下场。反映了春秋时期大国兼并小国的历史事实。

③ 非国：并非国家，这里指夏阳乃虢国的城邑。灭：灭亡。

④ 重：尊重，重视。夏阳：虢国城邑，地势险要，为虞、虢两国要塞。

⑤ 虞无师：指晋出兵灭虢，虞并未出师。

⑥ 其曰“师”：指为什么说虞师晋师灭夏阳。

⑦ 先晋：指灭虢之举，虞为首恶，故先于晋。

⑧ 为主：为首。

⑨ 虞：国名。周武王封大王之子虞仲后代于虞，在今山西平陆东北六十里。虢：国名，又名北虢。周文王封其弟仲于在今陕西宝鸡附近，为西虢。北虢是虢的别姓，在今平陆。塞邑：要塞城邑。

⑩ 举：举拔，攻取。

⑪ 晋献公：晋国国君，姓姬，名诡诸，公元前676—前651年在位。

⑫ 荀息：晋大夫。

屈产之乘[①]，垂棘之璧[②]，而借道[③]乎虞也?”公曰：“此晋国之宝也。如受吾币[④]而不借吾道，则如之何?”荀息曰：“此小国之所以事[⑤]大国也。彼不借吾道，必不敢受吾币。如受吾币而借吾道，则是我取之中府而藏之外府[⑥]，取之中厩而置之外厩也[⑦]。”公曰：“宫之奇存焉[⑧]，必不使受之也。”荀息曰：“宫之奇之为人也，达心而懦[⑨]，又少长于君[⑩]。达心则其言略[⑪]；懦则不能强谏[⑫]；少长于君，则君轻[⑬]之。且夫玩好在耳目之前[⑭]，而患在一国之后[⑮]。此中知以上乃能虑之[⑯]。臣料虞君，中知以下也。”公遂借道而伐虢。

宫之奇谏曰：“晋国之使者，其辞卑而币重[⑰]，必不便[⑱]于虞。”虞公弗听。遂受其币而借之道。宫之奇又谏曰：“语[⑲]曰：‘唇亡则齿寒。’其

---

① 屈产之乘：北屈出产的良马。屈，北屈，在今山西吉县东北，地产良马。乘，指代马。

② 垂棘之璧：垂棘地方出产的美玉。垂棘，地名，在今山西潞城北，地产美玉。璧，圆而扁平、中有孔的美玉。

③ 借道：借路。古代朝聘或出师，经过别国要借道，否则为非礼。

④ 币：指礼物。

⑤ 事：奉事。

⑥ 中府：内库，指王藏财物的地方。外府：外库，指朝廷藏财物的地方。

⑦ 中厩：指王畜马的马棚。外厩：指朝廷畜马的马棚。

⑧ 宫之奇：虞国贤大夫。存：在。焉：那里。

⑨ 达心：心中明白事理。懦：懦于事。

⑩ 少长于君：自小在宫中长大。一说稍大于晋献公。

⑪ 略：简略。

⑫ 强谏：强行劝阻。

⑬ 轻：轻视。

⑭ 玩好：指马、璧等玩物。耳目之前：耳边眼前，指在近前，听得到、看得到。

⑮ 患：祸患。一国：灭国。此句意为祸害远而一时看不到。

⑯ 中知：中等智力。知，通“智”。虑：思考，考虑。

⑰ 辞卑而币重：语言谦逊而礼物厚重。此句意为晋国别有用心。

⑱ 不便：不利。

⑲ 语：指谚语。

斯之谓与①?”挈其妻子以奔曹②。

献公亡虢，五年③，而后举虞。荀息牵马操④璧而前曰：“璧则犹是⑤也，而马齿加长⑥矣！”

---

① 其：语气词，表示要委婉，意为大概、恐怕。斯：指示代词，指虞、虢之间的关系就是唇齿相依的关系。

② 挈：率领，携带。妻子：妻子和子女。曹：国名，姬姓，都陶丘，今山东省菏泽市定陶区西南，周武王分封弟叔振铎为诸侯。

③ 五年：指鲁僖公五年，即公元前655年。

④ 操：拿。

⑤ 犹是：还是这样。

⑥ 马齿加长：指马的年龄增大了。

论　语[①]

为　政[②]

子曰[③]："为政以德[④]，譬如北辰[⑤]，居其所而众星共之[⑥]。"

子曰："《诗》三百[⑦]，一言以蔽[⑧]之，曰：'思无邪[⑨]。'"

---

① 《论语》是一部传世的儒家经典，由孔子的弟子及其再传弟子根据当时孔子的言行记录整理而成。约成书于战国前期。汉代把《论语》看作是传记，汉文帝设传记博士，传授《论语》，成为专门学科。汉武帝以来，随着儒家被定为一尊，孔子地位提高，东汉时《论语》被列为七经之一。魏、晋以后各朝均把《论语》列入学官，设博士教授。到了南宋，朱熹把《论语》《孟子》《大学》《中庸》集为"四书"，作《四书章句集注》。从元仁宗起直至明清，钦定为科举考试必读的教科书，在中国古代思想文化领域产生重大而深远的影响。现存《论语》共二十篇，内容非常广泛，记载了孔子关于政治、哲学、教育、伦理、文学、美学、艺术、理财和道德修养等各个方面的言论，是研究孔子思想的主要材料。《论语》始终如一地贯穿着"仁""礼"的思想学说；强调一个"学"字，教育人们如何为人处世，如何学做人，在"学"字上下功夫。《论语》的版本很多，通行本有：宋刻递修《九经正义》二卷本，明经厂刻朱熹《论语集注》本，清嘉庆二十一年(1816 年)扬州阮元文选楼刻《十三经注疏》(附校勘记)本，1980 年中华书局杨伯峻《论语译注》本等。本篇底本为中华书局 1990 年版朱熹《四书章句集注》本。

② 《为政》是《论语》的第二篇，先提出"为政以德"的观点，然后围绕它开展如何以德为治的讨论，讲清了两方面的问题：一是为政必须把教化放在首位，用孝、敬、信、勇等道德感化人、教育人、培养人，提高人们的道德品质。二是为政必须得人，有贤人君子来施行德治。这种人一定要有很高的道德修养，豁达大度，善于总结经验，知人善任，诚信待人，实事求是，并且具有大智大勇的牺牲精神。

③ 子：先生，老师。古代男子的通称。《论语》中"子曰"的"子"，均指孔子。

④ 为政以德：用道德来治理国家，即德治。以，介词，用，拿。

⑤ 北辰：北极星，此喻君王。

⑥ 所：处所，位置。共(gǒng)：同"拱"，围绕，环抱。

⑦ 《诗》三百：指《诗经》的篇数，实际是三百零五篇，这里举其整数。

⑧ 蔽：概括。

⑨ 思无邪：思想纯正而无邪。源出《诗经・鲁颂・駉》："思无邪，思马斯徂。"原意是专诚一志以牧马，马长得壮，跑得快。这里引申为诚、正。

子曰："道之以政[①]，齐之以刑[②]，民免而无耻[③]。道之以德[④]，齐之以礼[⑤]，有耻且格[⑥]。"

子曰："吾十有五而志于学[⑦]；三十而立[⑧]；四十而不惑[⑨]；五十而知天命[⑩]；六十而耳顺[⑪]；七十而从心所欲[⑫]，不逾矩[⑬]。"

孟懿子[⑭]问孝。子曰："无违[⑮]。"樊迟御[⑯]，子告之曰："孟孙[⑰]问孝于我，我对曰：'无违。'"樊迟曰："何谓也？"子曰："生[⑱]，事[⑲]之以礼；死，葬之以礼，祭之以礼。"

孟武伯[⑳]问孝。子曰："父母唯其疾之忧[㉑]。"

---

① 道：通"导"，诱导，引导，疏导。政：政令，政法。

② 齐：规范，统制。刑：刑法。

③ 民免而无耻：人民为了避免刑罚而存无耻之心。

④ 德：道德。道之以德，指用道德感化。

⑤ 礼：礼仪，礼制。齐之以礼，指用礼加以规范。

⑥ 格：纠正，引申为归服、归化。

⑦ 有：又。志于学：立志向学，追求学问。古代十五岁入大学，学习穷理、正心、修己、治人之道。

⑧ 立：站稳脚跟。引申为说话行事有独立见解，能立足于社会。

⑨ 不惑：遇事不迷惑。

⑩ 知天命：历代注疏家有不同解释，有的说："知天命之始终。"有的说："即天道之流行而赋于物者，乃事物所以当然之故也。"有的说："穷理尽性。"有的说："人受生于天，有哲命，有禄命。"有的说："命，使也。言天使己如此也。"等等。其实指上天的命令，人们应接受上天的主宰和安排。

⑪ 耳顺：听人说话能判明是非。

⑫ 从心所欲：顺从心里所想的去做。

⑬ 不逾(yú)矩：不会超越规矩。逾，超越，超过。矩，规矩，法度。

⑭ 孟懿子：鲁国大夫孟孙何忌。"懿"是谥号。

⑮ 无违：不要违背礼制。古人凡违背礼制均称"违"，宾语省略。

⑯ 樊迟：姓樊名须，字子迟，孔子的学生。御：驾车。

⑰ 孟孙：指孟懿子。

⑱ 生：活着。

⑲ 事：奉事。

⑳ 孟武伯：孟懿子之子孟孙彘。"武"是谥号。

㉑ 父母唯其疾之忧：原来有两种解释，一为父母只为子女的疾病担忧，二为子女只为父母的疾病担忧，均可通。其原因在于对指示代词"其"的理解，一说指代父母，一说指代子女。

子游①问孝。子曰："今之孝者，是谓能养②。至于犬马，皆能有养；不敬③，何以别④乎？"

子夏⑤问孝。子曰："色难⑥。有事⑦，弟子⑧服其劳；有酒食⑨，先生馔⑩，曾⑪是以为孝乎？"

子曰："吾与回言终日⑫，不违如愚⑬。退而省其私⑭，亦足以发⑮。回也不愚。"

子曰："视其所以⑯，观其所由⑰，察其所安⑱，人焉廋哉⑲？人焉廋哉？"

子曰："温故⑳而知新，可以为师㉑矣！"

子曰："君子不器㉒。"

---

① 子游：姓言名偃，字子游，孔子的学生。

② 能养(yǎng)：能养活父母。

③ 敬：孝敬。

④ 别：区别，分辨。

⑤ 子夏：姓卜名商，字子夏，孔子的学生。

⑥ 色难：儿子经常和颜悦色地侍奉父母是件难事。也就是说色养最难。色，脸色，表情。

⑦ 有事：有了事情。

⑧ 弟子：子女。

⑨ 食：食物。

⑩ 先生：父兄，长辈。馔(zhuàn)：吃喝。

⑪ 曾(céng)：副词，竟，竟然。

⑫ 回：姓颜名回，字子渊。孔子最得意的学生。终日：整天，从早到晚。

⑬ 不违：意不相背，受听而不提出反对意见和问题。愚：愚笨。

⑭ 省(xǐng)：观察，省察。私：这里指颜回个人的言行。

⑮ 发：发明，发挥。

⑯ 视：看。下文中的"观"和"察"均为看的意思，但有程度深浅的不同。一般看看为"视"，深入地看为"观"，更进一步地审察为"察"。以：所作所为。

⑰ 所由：所有的经历。

⑱ 所安：所安心从事的事业。

⑲ 焉：何，怎么。廋(sōu)：隐藏，掩盖。

⑳ 故：旧，过去的人和事。

㉑ 师：老师。

㉒ 君子：《论语》中的"君子"一般指有道德、有学问、有地位的人。器：器具，器皿。

子贡[①]问君子。子曰："先行其言而后从之[②]。"

子曰："君子周而不比[③]，小人比而不周。"

子曰："学而不思则罔[④]，思而不学则殆[⑤]。"

子曰："攻乎异端[⑥]，斯害也已[⑦]！"

子曰："由[⑧]，诲女知之乎[⑨]？知之为[⑩]知之，不知为不知，是知也[⑪]。"

子张学干禄[⑫]。子曰："多闻阙疑[⑬]，慎言其余，则寡尤[⑭]。多见阙殆[⑮]，慎行其余，则寡悔[⑯]。言寡尤，行[⑰]寡悔，禄[⑱]在其中矣。"

哀公[⑲]问曰："何为[⑳]则民服？"孔子对曰："举直错诸枉[㉑]，则民服。

---

① 子贡：姓端木名赐，字子贡，孔子的学生。

② 先行其言：先实行自己想要说的言论。从：跟从，这里指行而后言。

③ 周：团结。比(bì)：勾结。

④ 罔(wǎng)：迷惘，受骗。

⑤ 殆(dài)：疑惑，神思枯竭。

⑥ 攻：攻习，学习。异端：背离正统的学说、观点。关于异端，有不同解释。有人认为是指诸子百家之类的杂书，有人认为是技艺等"小道"，有人认为指杨朱、墨子，有人认为是背离正道的邪说。

⑦ 斯：这，这就。也已：句末助词，无义。

⑧ 由：姓仲名由，字子路，也作季路。孔子的学生。

⑨ 诲：教诲，教育。女(rǔ)：通"汝"，你。下文"女"，均作"汝"。知：指知与不知的正确态度。

⑩ 为：就是。

⑪ 是知也：这就是对待知与不知的正确态度。

⑫ 子张：姓颛孙名师，字子张。孔子的学生。干禄：谋求做官得俸禄。干，求。

⑬ 阙疑：存疑。

⑭ 寡尤：减少过失、错误。尤，过失。

⑮ 阙殆：与"阙疑"对称，也为存疑。

⑯ 寡悔：减少追悔。

⑰ 行(xìng)：行动。

⑱ 禄：俸禄。

⑲ 哀公：鲁国国君姬蒋，公元前494—前467年在位。"哀"是谥号。

⑳ 何为：做些什么事。

㉑ 举直错诸枉：推举正直的人，放在邪恶的人上面。举，推举，选拔。直，正直。错，同"措"，放，置。枉，邪曲。

举枉错诸直，则民不服。”

季康子[①]问：“使民敬忠以劝[②]，如之何[③]?”子曰：“临之以庄则敬[④]，孝慈[⑤]则忠，举善而教不能则劝[⑥]。”

或[⑦]谓孔子曰：“子奚不为政[⑧]?”子曰：“《书》[⑨]云：‘孝乎！惟孝，友于[⑩]兄弟，施[⑪]于有政。’是亦为政[⑫]，奚其为为政?”

子曰：“人而无信[⑬]，不知其可也。大车无輗[⑭]，小车无軏[⑮]，其何以行之哉?”

子张问：“十世[⑯]可知也?”子曰：“殷因[⑰]于夏礼，所损益[⑱]，可知也；周因于殷礼，所损益，可知也；其或继周[⑲]者，虽百世可知也。”

子曰：“非其鬼[⑳]而祭之，谄[㉑]也。见义不为[㉒]，无勇也。”

---

① 季康子：鲁哀公时正卿季孙肥，“康”是谥号。
② 敬忠以劝：严肃认真、竭尽忠诚而互相劝勉。
③ 如之何：怎么办。
④ 临：靠近。上对下靠近为临。庄：庄重，严肃。
⑤ 孝慈：孝顺，慈爱。子女对父母为孝，父母对子女为慈。
⑥ 举：推举，提拔。不能：能力薄弱的人。劝：劝勉，这里有自勉之意。
⑦ 或：有人。
⑧ 奚(xī)：疑问词，为什么。为政：参与政治。
⑨ 《书》：指《尚书》。以下所引是《尚书》的佚文，被采入伪《古文尚书》。
⑩ 友于：兄弟之间友爱的意思，借指兄弟。
⑪ 施：延及，影响。
⑫ 是亦为政：这也就是参与政治。
⑬ 信：信誉，信用。
⑭ 大车：牛车。輗(ní)：牛车辕前横木两端的木销。
⑮ 小车：马车。軏(yuè)：马车辕前横木两端的木销。
⑯ 十世：十代。古代以三十年为一世。
⑰ 因：因袭，沿袭。
⑱ 损益：废除和增添。
⑲ 继周：继承周朝的朝代。
⑳ 鬼：这里指自己的祖先。
㉑ 谄(chǎn)：谄媚，奉承。
㉒ 见义不为：见到正义的事而不去做。

孟　子①

许　行②

有为神农之言者许行③，自楚之滕④，踵门而告文公曰⑤："远方之人闻君行仁政⑥，愿受一廛而为氓⑦。"文公与之处⑧。其徒数十人。皆衣

---

① 《孟子》是儒家学派的一部重要著作，由战国时孟轲及其弟子万章等共同撰著。西汉文帝时设传记博士，传授《孟子》，不久被取消。从宋代开始，《孟子》的地位升格，被列入儒家的《十三经》之中。南宋朱熹作《孟子集注》，将《孟子》列为四书之一。从元仁宗起直至明清，四书被钦定为科举考试必读的教科书，因此《孟子》对中国古代思想文化界产生了难以估量的影响。现存《孟子》共七篇，每篇分上下卷，共十四卷。内容非常广泛，主要有四个方面：一是心性学说。这是孟子全部思想的基础。孟子认为人性本善，具有天赋的仁、义、礼、智"四端"，不虑而知的"良知"，不学而能的"良能"。二是仁政思想。孟子继承并发扬了孔子"仁"的观点，提出了"仁政王道"的政治学说和"民贵君轻"的政治观点。三是理想人格。孟子提出人皆可以成尧舜和富贵不能淫、贫贱不能移、威武不能屈，舍生取义等培养理想人格的名言。四是排斥"异端"。孟子善于雄辩，以儒学的捍卫者自居，对当时各家学说进行了批判。《孟子》的通行本有：宋刻大字本附赵岐注，清乾隆间武英殿刻《十三经注疏》附考证本，1960 年中华书局杨伯峻《孟子译注》本等。本篇底本为中华书局 1990 年版朱熹《四书章句集注》本。

② 本篇选自《孟子·滕文公章句上》之第四章，孟子用尧、舜、孔子的治国之道驳斥农家许行"贤者与民并耕而食，饔飧而治"的观点，提出"劳心者治人，劳力者治于人；治于人者食人，治人者食于人"的体力劳动者与脑力劳动者分工的见解，影响十分深远。本篇还保存了先秦农家的材料。

③ 为：研究、研习。神农：古代传说中的炎帝神农氏，始为耒耜，教民稼穑。言：学说。先秦农家将自己的学说假托为神农之言。许行：姓许名行，先秦农家代表人物，其事迹不见他书，难以详考。

④ 滕：国名，姬姓，侯爵，周文王子叔绣所封。故城在今山东滕州西南。

⑤ 踵门：足至门。踵，本指脚后跟，这里作动词用，作"到、登"讲。文公：滕国国君，"文"为谥号。

⑥ 远方之人：许行等的自称。仁政：指行井地之法。

⑦ 廛：古代城市平民的房地。氓：边人，即都鄙之民。这里指从异地迁来的老百姓。

⑧ 处：住所。

褐①，捆屦织席以为食②。

陈良之徒陈相与其弟辛负耒耜而自宋之滕③，曰："闻君行圣人④之政，是亦圣人也，愿为圣人氓。"陈相见许行而大悦，尽弃其学而学焉⑤。

陈相见⑥孟子，道⑦许行之言曰："滕君，则诚⑧贤君也；虽然，未闻道⑨也。贤者与民并耕而食⑩，饔飧而治⑪。今也滕有仓廪府库⑫，则是厉民⑬而以自养也，恶⑭得贤？"

孟子曰："许子必种粟而后食乎？"

曰："然。"

"许子必织布然后衣乎？"

曰："否！许子衣褐。"

"许子冠⑮乎？"

曰："冠。"

曰："奚冠⑯？"

---

① 衣褐(hè)：穿着未绩过的麻编织成的粗短衣。这里指贫苦老百姓所穿衣服。衣，名词作动词，穿。

② 捆屦(jù)：用麻、葛等编织草鞋。以为食：卖以供食。

③ 陈良：楚国的儒者。徒：门人，弟子。耒耜(lěisì)：古代一种像犁的农具。耒是犁之柄。

④ 圣人：具有最高道德和智慧的人。

⑤ 其：指代陈相。学：指陈良之儒学。

⑥ 见：求见。

⑦ 道：转述。

⑧ 诚：确实，的确。

⑨ 道：真理。

⑩ 食：自食其力。

⑪ 饔飧(yōngsūn)：熟食。早餐为饔，晚餐为飧。治：治理，管理。此句意为：当身自具食兼治民事。

⑫ 仓廪府库：粮仓、谷廪、银府、钱库，指国家藏钱物的地方。

⑬ 厉民：损害老百姓。厉，病。

⑭ 恶(wū)：疑问代词，怎么。

⑮ 冠(guàn)：动词，戴帽。

⑯ 奚冠：戴什么帽子。奚，什么。

曰："冠素[①]。"

曰："自织之与[②]？"

曰："否，以粟易[③]之。"

曰："许子奚为不自织？"

曰："害[④]于耕。"

曰："许子以釜甑爨[⑤]，以铁[⑥]耕乎？"

曰："然。"

"自为之与？"

曰："否！以粟易之。"

"以粟易械器[⑦]者，不为厉陶冶[⑧]；陶冶亦以其械器易粟者，岂为厉农夫哉？且许子何不为陶冶，舍皆取诸其宫中而用之[⑨]？何为纷纷然[⑩]与百工交易？何许子之不惮[⑪]烦？"

曰："百工之事固不可耕且为也[⑫]。"

"然则治天下独可耕且为与？有大人[⑬]之事，有小人[⑭]之事。且一人之身，而百工之所为备[⑮]，如必自为而后用之，是率天下而路也[⑯]。故

---

① 素：白绢。

② 与：同"欤"，语气助词，吗。

③ 易：交换。

④ 害：妨碍，耽误。

⑤ 以釜甑(zèng)爨(cuàn)：用釜、甑来做饭。釜，古代用来煮食物的金属容器。甑，瓦罐。爨，烧火煮饭。

⑥ 铁：指铁制耕具。

⑦ 械器：指釜、甑之类。

⑧ 陶冶：指制陶工和冶铁工。

⑨ 舍：同"啥"，什么。朱熹注曰："舍读属上句，谓作陶冶之处也。"宫：家。《释文》云："古者贵贱同称宫。秦汉以来，惟王者所居称宫焉。"

⑩ 纷纷然：忙忙碌碌地。

⑪ 惮：怕，害怕。

⑫ 固：本来。耕且为：指一边耕种，一边干百工之事。

⑬ 大人：指做官当政的人。

⑭ 小人：老百姓。

⑮ 备：齐全。

⑯ 率：率领。路：同"露"，败也。赵岐注云"羸困之路"。

曰，或劳心①，或劳力②；劳心者治人，劳力者治于人；治于人者食人③，治人者食于人，天下之通义④也。”

“当尧之时，天下犹未平，洪水横流，泛滥于天下，草木畅茂⑤，禽兽繁殖，五谷不登⑥，禽兽偪⑦人，兽蹄鸟迹之道交于中国⑧。尧独忧之，举舜而敷⑨治焉。舜使益掌火⑩，益烈⑪山泽而焚之，禽兽逃匿。禹疏九河⑫，瀹济漯而注诸海⑬，决汝汉，排淮泗而注之江⑭，然后中国可得而食也。当是时也，禹八年于外，三过其门而不入，虽欲耕，得乎？”

“后稷教民稼穑⑮，树艺⑯五谷；五谷熟而民人⑰育。人之有道⑱也，

---

① 劳心：脑力劳动。

② 劳力：体力劳动。

③ 食(sì)人：养活人。

④ 通义：通行的法则。

⑤ 畅茂：茂草丰盛。畅，通“长”，盛也。

⑥ 登：升、成，成熟。

⑦ 偪：古“逼”字，逼迫。

⑧ 交：交错。中国：古代多指中原地区，黄河流域一带。

⑨ 敷：普遍。

⑩ 益：舜的臣子。初任火正，后任掌管山林沼泽的虞官。火：火正。

⑪ 烈：炽烈。

⑫ 疏：疏通。九河：指徒骇、太史、马颊、覆釜、胡苏、简、洁、钩盘、鬲津九条河流。

⑬ 瀹(yuè)：疏通。济：济水。发源于河南济源西王屋山，故道经黄河而南，东流到山东，与黄河并行入海。现下游为黄河所占，只有河北发源处还存在。漯(tà)：漯水。古漯水在山东境内，自宋代黄河决口于商胡，旧迹被淹没。

⑭ 决汝汉，排淮泗而注之江：开凿汝河、汉水，排放淮河、泗水而疏导它们流入长江。汝、汉、淮、泗均为水名。此句古今争论最多，原因是除汉水外，汝河、淮河、泗水都不流入长江。我们以为孟子在于申述禹治水之功，未必都为实指，故不必拘泥。

⑮ 后稷：相传名弃，姬姓，为周朝始祖，尧时为农师。稼穑：种植庄稼。

⑯ 树艺：种植栽培。

⑰ 民人：老百姓。

⑱ 道：指生活规律。

饱食、暖衣、逸居而无教①，则近于禽兽。圣人有②忧之，使契为司徒③，教以人伦④：父子有亲，君臣有义，夫妇有别，长幼有序，朋友有信。放勋曰⑤：'劳之来之⑥，匡之直之⑦，辅之翼之⑧，使自得⑨之，又从而振德⑩之。'圣人之忧民如此，而暇⑪耕乎？"

"尧以不得舜为己忧，舜以不得禹、皋陶⑫为己忧。夫以百亩之不易⑬为己忧者，农夫也。分人以财谓之惠，教人以善谓之忠，为天下得人者谓之仁。是故以天下与人易，为天下得人难，孔子曰：'大哉尧之为君！惟天为大，惟尧则之，荡荡乎，民无能名焉！君哉舜也！巍巍乎，有天下而不与焉！'⑭尧舜之治天下，岂无所用其心哉？亦⑮不用于耕耳。"

---

① 饱食、暖衣、逸居而无教：过去读作两句，在"暖衣"下断句。实误。清崔述《论语余说》云："饱食暖衣逸居而无教九字一句，谓衣食居三者俱全而惟无教也。"意思是吃得饱、穿得暖、住得舒适，只是没有教育。

② 有：又。

③ 契(xiè)：舜的臣子，相传为商朝的祖先。司徒：官名，掌教化。

④ 人伦：人与人之间的伦常关系、道德准则。

⑤ 放勋：帝尧名。曰：臧琳《经义杂记》引孙奭《孟子音义》并按赵岐注，谓此"曰"字乃"日"字之误。乃形近而误，以"曰"为是。

⑥ 劳之来之："劳""来"两字意义近似，都有慰劳、慰问之意。

⑦ 匡之直之："匡""直"两字意义近似，都有匡正、纠正之意；都是去声。

⑧ 辅之翼之："辅""翼"两字意义近似，都有辅佐、帮助之意。

⑨ 得：获得，引申为领悟。

⑩ 振德：提携鞭策而施加恩德。

⑪ 暇：空闲。

⑫ 皋陶(gāoyáo)：一作咎繇。虞舜时士，即司法官。

⑬ 易：治理、管理。

⑭ "孔子曰"等句：是孟子引孔子赞颂尧舜的话，原文见《论语·泰伯》："子曰：巍巍乎舜禹之有天下也，而不与焉。""子曰：大哉尧之为君也，巍巍乎唯天为大，唯尧则之。荡荡乎民无能名焉。巍巍乎其有成功也！焕乎其有文章！"孟子引用时将二处合并而有所取舍。则：效法。荡荡：宽广无际的样子。民无能名焉：人民简直找不到适当的词语来赞美他。巍巍：巍峨高大的样子。与：参与，引申为享受、私有之意。

⑮ 亦：副词，只是。

“吾闻用夏变夷者[①]，未闻变于夷[②]者也。陈良，楚产[③]也，悦周公、仲尼之道[④]，北学于中国。北方之学者，未能或之先[⑤]也。彼所谓豪杰[⑥]之士也。子之兄弟事之数十年，师死而遂倍[⑦]之！昔者孔子没[⑧]，三年之外[⑨]，门人治任[⑩]将归，入揖于子贡，相向[⑪]而哭，皆失声[⑫]，然后归。子贡反，筑室于场[⑬]，独居三年，然后归。他日，子夏、子张[⑭]、子游以有若[⑮]似圣人，欲以所事孔子事之，强曾子[⑯]。曾子曰：‘不可；江汉以濯[⑰]之，秋阳以暴之[⑱]，皜皜乎不可尚已[⑲]。’今也南蛮鴃舌之人[⑳]，非[㉑]先王之道，子倍子之师而学之，亦异于曾子矣。吾闻出于幽谷迁于乔木

① 夏：指中国的礼义教化。变夷：变化夷人的礼仪风俗。

② 变于夷：被夷人所同化。

③ 产：出生。

④ 悦：喜爱。道：学说。

⑤ 或之先：有人能够超过他。

⑥ 豪杰：才德出众之人。

⑦ 倍：同“背”，假借字，违背，背叛。意指陈良用夏变夷，陈相变于夷。

⑧ 没：去世。

⑨ 三年：古代为师心丧三年，好像丧父一样但无丧服。外：指丧期已满。

⑩ 治任：收拾行李担子。任，本义为抱，此指担、载东西。

⑪ 相向：相对。

⑫ 失声：悲极气咽，泣不成声。

⑬ 场：孔子的墓地。

⑭ 子张：姓颛孙名师，字子张，春秋陈国人，孔子的学生。

⑮ 有若：姓有名若，字子有，春秋鲁国人，孔子的学生。

⑯ 强：勉强。曾子：姓曾名参，字子舆，春秋鲁国人，孔子的学生。

⑰ 濯：洗涤。

⑱ 秋阳：实指夏天的阳光。因周正建子，夏正建寅，所以周历的七、八月即夏历的五、六月，正为夏季。暴(pù)：同“曝”，晒。

⑲ 皜皜乎：光辉洁白的样子。尚：加，引申为超过。以上三句比喻孔子道德明著，光辉洁白，非有若所能比拟。

⑳ 鴃舌之人：指许行。鸟鸣声为人所厌，孟子借以比喻许子言语不中听。鴃(jué)，即伯劳鸟。

㉑ 非：指责，否定。

者[1]，未闻下乔木而入于幽谷者。《鲁颂》[2]曰：'戎狄是膺[3]，荆舒是惩[4]。'周公方且膺之，子是之学，亦为不善变矣。"

"从许子之道[5]，则市贾不贰[6]，国中无伪[7]；虽使五尺之童适市[8]，莫之或欺。布帛长短同，则贾相若[9]；麻缕丝絮轻重同，则贾相若；五谷多寡同，则贾相若；屦[10]大小同，则贾相若。"

曰："夫物之不齐[11]，物之情[12]也；或相倍蓰[13]，或相什百，或相千万[14]。子比[15]而同之，是乱天下也。巨屦小屦[16]同贾，人岂为之哉？从许子之道，相率而为伪者也[17]，恶[18]能治国家？"

---

① 幽谷：幽暗的深谷。乔木：高大的树木。

② 《鲁颂》：指《诗经·鲁颂·閟宫》，这是一首颂美鲁僖公保卫疆土、修建周公庙之诗。

③ 膺：击，攻击。

④ 荆舒：楚国和舒国。惩：惩罚。

⑤ 道：学说。

⑥ 贾：同"价"，价格。贰：两样。

⑦ 伪：虚伪，弄虚作假。

⑧ 五尺之童：指幼小无知的孩子。适：去。

⑨ 相若：相同。

⑩ 屦：麻鞋。

⑪ 夫物之不齐：各种东西的品种、质量不一致。夫，发语词，无义。

⑫ 情：本性，引申为自然现象。

⑬ 倍：一倍。蓰(xǐ)：五倍。

⑭ 什百、千万：均指相差倍数。"百"或作"伯"。

⑮ 比(bì)：有强合在一起之意。

⑯ 巨屦小屦：制作粗糙的鞋子和制作精细的鞋子。

⑰ 相率：相继。伪：虚伪，弄虚作假。

⑱ 恶(wū)：怎么。

古文献常识(一)

天　文

所谓天文，是指日月星辰等天体在宇宙间分布、运行等现象。由于它与人们从事农业生产及安排生活等诸多事情密切相关，故中国上古时代不论是统治者，还是农夫、妇人、戍卒、儿童，都非常注意观测天象，并具有一定的天文知识。据《尚书·尧典》记载，尧在位时，“乃命羲和，钦若昊天，历象日月星辰，敬授人时。”羲和，即羲氏、和氏，相传都是重黎的后代，世掌天地四时之官。“历象日月星辰，敬授人时”，即推算日月星辰运行规律，谨慎地把时令传授给民众。顾炎武在其所著《日知录》卷三十《天文》中谈道：“三代以上，人人皆知天文。‘七月流火’，农夫之辞也。‘三星在户’，妇人之语也。‘月离于毕’，戍卒之作也。‘龙尾伏辰’，儿童之谣也。”这段引文不算长，但其中所述“七月流火”“三星在户”“月离于毕”，均出自《诗经》；“龙尾伏辰”，出自《左传》。对于一些常见的天文现象和基本概念有所了解，是我们学习古汉语必不可少的一个环节。下面就七政、二十八宿、四象、三垣、十二次、分野等天文术语的含义、作用分别加以介绍。

所谓七政，是指日、月和金、木、水、火、土五星。《尚书·舜典》：“在璿玑玉衡，以齐七政。”在，《尔雅·释诂》：“察也。”孔颖达疏：“《说文》云：璿，美玉也。玉是大名，璿是玉之别称。玑衡俱以玉饰。……玑衡者，玑为转运，衡为横箫，运玑使动于下，以衡望之，是王者正天文之器。汉世以来谓之浑天仪者是也。”疏又云：“七政，其政有七，于玑衡察之，必在天者，知七政谓日月与五星也。木曰岁星，火曰荧惑星，土曰镇星，金曰太白星，水曰辰星。《易·系辞》云：‘天垂象见吉凶，圣人象之。’此日月五星有吉凶之象，因其变动为占，七者各自异政，故为七政，得失由政，故称政也。”七政又作七曜。范宁《穀梁传序》：“七曜为之盈缩。”杨士勋疏：“谓之七曜者，日月五星皆照天下，故谓之七曜。”日、月是恒星，合称二纪。五星是行星，又合称五纬。疏：“言纬者，二十八宿随天右转为经，五星左旋为纬。”五星中最明亮的是金星，《诗经》中的“明星有烂”“明星煌煌”，说的都是金星。金星以其光色银白，又称太白。《诗经·小雅·大东》：“东有启明，西有长庚。”宋朱熹《集传》：“启明、长庚皆金星也。”启明，以先日而出，见于东方，故名。长庚，日落后，见于西方，故名。五星中的第二星是木星。木星是太阳系八大行星(地球、五星、天王星、海王星)中自转最快的一颗，其公转周期约为十二年，每年行经一个特定的星空区域，故木星又名岁星，古代用以纪年。《史记索隐·天官书》姚氏案：《天官占》云：“岁星，一曰应星，一曰经星，一曰纪星。”五星中离太阳最近的行星是水星。《史记·天官书》：“辰星不出，太白为客。其出，太白为主。”《索隐》：“谓辰星出西方。辰，水也。太白出东方。太白，金也。水生于金，母子不相从。”又水星有多种名称，《史记·天官书》：“兔七命，曰小正、辰星、天欃、安周星、细爽、能星、钩星。”《索隐》：“命者，名也。”五星中的火星，因其光微弱多变，令人迷惑，故又名荧惑，占星家以为是不祥之星。应该注意的是：先秦古籍中谈到天象时所说的“水”是指恒星中的定星(即二十八宿中的室宿)，而不是五星(行星)中的水星。《左传》庄公二十九年：“水昏正而栽。”注云：“谓今十月，定星昏而中，于是树板干而兴作。”又如《诗经·豳风·七月》中的“七月流火”，所说的“火”是指恒星中的大火(即心宿)，而不是五星中的火星。《史记·天官书》所说的“火”，才是指火星(荧惑)。五星中被视为吉祥之星的是土星。它绕天一周需二十八年，每年行经二十八宿星空区的一宿，像轮流坐镇或填充二十八宿。《索隐》：“填音镇。”故土星又名镇星或填星。古代天文学家十分重视五星在恒星间位置的变化，并以此作为编制历法的依据。与此同时，天文学在很大程度上是和宗教迷信的占星术相联系的，故此常把天象的变化与人间祸福相联系，生成天人感应说，如《汉书·五行志》即以日食、星变与人事相联系。

所谓二十八宿，是古代天文学家从天球黄道(太阳在星空间周年运行的轨道)和赤道(地球赤道在天球上的投影)附近一周天的恒星中选择众多星座，将其分为二十八组(星宿)，以此为坐标，对日、月及五星进行观测，以测定岁时季节、推断人事祸福及天时等。这二十八个星空区域分为东、北、西、南四方，每一方都被想象成一种动物形象，叫作四象，排列命名如下：

东方苍龙七宿：角、亢、氐、房、心、尾、箕；

北方玄武七宿：斗、牛、女、虚、危、室、壁；

西方白虎七宿：奎、娄、胃、昴、毕、觜、参；

南方朱雀七宿：井、鬼、柳、星、张、翼、轸。

四象中的玄武，据宋洪兴祖《楚辞补注·远游》："说者曰：'玄武，谓龟蛇。位在北方，故曰玄。身有鳞甲，故曰武。'"《夏小正》：正月初昏参中，五月初昏大火中。这是古人对二十八宿中的参、心二宿长期观测得出的岁时季节天象。意思是：初昏时参宿在正南方就是春季正月，心宿在正南方就是夏季五月。参宿是由耀目的三颗星连成一线，故也写作"三星"。《诗经·唐风·绸缪》中的"三星在天""三星在隅""三星在户"，都是讲参宿的位置变化。"在天"，即开始出现在天空，说明已是黄昏时分；"在隅"，即已移至天之一角，说明过了多时；"在户"，即对着门窗，较前又过了多时，夜色更深。参宿居于西方，心宿居于东方，出没两不相见，于是在传说中被比作兄弟不睦，在诗文中也被比作亲朋久别不能重逢。《左传》昭公元年记有郑子产所讲参、心二宿的传说：从前高辛氏有两个儿子，大的叫阏伯，小的叫实沈，住在大树林里，不能相容，每天用武器互相征讨。后来高辛氏迁阏伯到商丘，主祀大火(主辰)，商朝人沿袭下来，所以大火星为商星(即心宿)；迁实沈到大夏，主祀参星，唐国人沿袭下来……成王灭了唐国，把地封给自己的弟弟太叔虞(封地晋阳，即大夏)，所以参星是晋国的星宿。由上可知，阏伯是心宿之神，实沈是参宿之神。两人因不和睦被各封一方，"参商"自此成了典故。杜甫《赠卫八处士》中的"人生不相见，动如参与商"，即用这个典故转喻为亲朋久别不得重见。

三垣是古代天文学家对星空的又一区分法，它包括紫微垣、太微垣和天市垣。紫微垣位于古人在黄河流域常见的北天上空，以北极星为标准，集合周围三十七个星座，合为一区。北极星是北方的标志，是帝星、天极，又叫北辰。它安居中宫，列星都围绕它转动。“为政以德，譬如北辰，居其所而众星共之。”《论语·为政》中孔子所讲的北辰，正是北极星。共，同“拱”，环绕、环抱之意。古人根据围绕北极星转动的北斗星来确定季节，辨别方向。北斗星是由天枢、天璇、天玑、天权、玉衡、开阳、摇光七星组成的一个星群。将这七星用线条依次连接起来，很像古代舀酒的斗形。斗身由天枢、天璇、天玑、天权四星依次连接而成，古曰魁；斗柄由玉衡、开阳、摇光三星依次连接而成，古曰杓。顺着天璇与天枢所连成的直线继续延长约五倍的距离，便可找到北极星。《淮南子·齐俗训》云：“夫乘舟而惑者，不知东西，见斗、极则寤矣。”由此可见，斗、极对辨别方向起着重要作用。又因北斗星在不同的季节和夜晚不同的时间出现于天空不同的方位，被看作围绕北极星旋转，因而初昏时斗柄所指的方向又成了决定季节的依据：斗柄指东，天下皆春；斗柄指南，天下皆夏；斗柄指西，天下皆秋；斗柄指北，天下皆冬。在紫微垣外，在星张翼轸以北的星区是太微垣，它包含二十个星座。在房心尾箕斗以北的星区，包含有十九个星座，是为天市垣(又名天府、天旗庭、长城等)。明人王鏊在其所著《亲政篇》中谈道：“盖天有三垣，天子象之：正朝象太微也，外朝象天市也，内朝象紫微也。”垣，星位。此处将人间官署与天上三个星区相比附，以帝王听政视朝的正殿比附太微垣，因太微垣所在星区星名多用官名，故视其为天宫政府官署。以诸侯所居比附天市垣，天市垣东西两蕃各星均用地方诸侯国名，故比作天帝所幸侯国。紫微在天为天帝居所，与之比附的内朝则为人间帝王宫殿。

古代创立有十二次，次是指列宿所在。即把黄道附近一周天按照由西向东的方向分为十二个等份，以说明七政的运行及节气的变换，十二个等份即称十二次。依《汉书·律历志下》，自西向东十二次为：星纪、玄枵、诹訾、降娄、大梁、实沈、鹑首、鹑火、鹑尾、寿星、大火、析木。每次都有二十八宿的某些星宿与之相对，依次为：斗牛女、女虚危、危室壁奎、奎娄胃、胃昴毕、毕觜参井、井鬼柳、柳星张、张翼轸、轸角亢氐、氐房心尾、尾箕斗。十二次是等分的，而二十八宿却广狭不一，因此有些星宿是属于相邻的两个次的，包括女、危、奎、胃、毕、井、柳、张、轸、氐、尾、斗，共有十二个星宿属于相邻的两个次。据《淮南子·天文训》可知，各次的主要星宿分别是：斗牛、女虚危、室壁、奎娄、胃昴毕、觜参、井鬼、柳星张、翼轸、角亢、氐房心、尾箕。十二次的名称大都和各自所属的星宿有关，如鹑首、鹑火、鹑尾三次中所属星宿正是南方朱雀七宿。宋沈括《梦溪笔谈》卷七《象数》："天文家朱鸟，乃取象于鹑。故南方朱鸟七宿，曰鹑首、鹑火、鹑尾是也。"朱鸟，即朱雀。南方七宿连起来像鸟形。朱，赤色，象火，南方属火。十二次创立后，对我国古代历法产生了积极作用：一是用以指示一年四季太阳所在的位置，以说明节气的变换；二是用以说明岁星每年运行所到的位置，并据以纪年。外国古代也按照由西向东的方向把黄道带(黄道南北各八度以内的空间)分为十二等份，叫黄道十二宫，其排列顺序为：摩羯宫、宝瓶宫、双鱼宫、白羊宫、金牛宫、双子宫、巨蟹宫、狮子宫、室女宫、天秤宫、天蝎宫、人马宫。黄道十二宫与中国古代十二次用意相同，排列方法亦相同。

古天文学说把天上十二星辰的位置与地上州、国的位置相对应，如以鹑火对应周、以鹑尾对应楚等。就天文说，称分星；就地上说，称分野。野，星宿在地面上所对应的区域。《史记·天官书》说："天则有列宿，地则有州域"，故以天上二十八星宿与地上十三州相联系而记事。《汉书·地理志》则用以配战国时地域名，如："齐地，虚危之分野也。"古人建立星宿的分野，目的在于按天象的变化以占卜地上所配州、国的吉、凶，以便采取相应措施而化凶为吉，维护统治秩序或达到某种政治目的。这与宗教迷信及对天象不能做出科学解释有关。历史上将天上星宿与地上人事联系起来的记载屡见不鲜，如《汉书·五行志》记载："文帝后七年九月，有星孛于西方，其本直尾、箕，末指虚、危，长丈余，及天汉，十六日不见。刘向以为尾宋地，今楚彭城也。箕为燕，又为吴、越、齐。宿在汉中，负海之国水泽地也。是时景帝新立，信用晁错，将诛正诸侯王，其象先见。后三年，吴、楚、四齐与赵七国举兵反，皆诛灭云。"这段中的"孛"，即彗星。《公羊传》昭公十七年："孛者何？彗星也。"上引《汉书·五行志》中的"其本"，指本体；"末"，指尾；"天汉""汉"，指银河；"四齐"，指胶东、胶西、淄川、济南四个王国，它们都是由原来的齐王国分裂而建的王国。又如，李白《蜀道难》中提到的"扪参历井"，参、井都是星宿名，参是蜀的分野，井是秦的分野。再如，庾信《哀江南赋》："以鹑首而赐秦，天何为而此醉"，鹑首即是秦所对的星宿所在次的名称。

历 法

所谓历法，即推算天象以定岁时的方法。古人根据地球及日、月、星辰相互之间的运动规律，将日、月、年等计时单位予以合理的编排，制成历法。其目的在于让历法为生产、生活及政治的需要服务。

太阳的出没、月亮的盈亏，这是与人们生活关系最为紧密的天象。由于“日出而作，日落而息”，故而早在甲骨文中即已出现“日”“月”的象形字。“日”为太阳的象形，意指白天；“月”在甲骨卜辞一至四期多写作“夕”，第五期才写作“月”，“夕”和“月”都是月亮的象形，指夜晚。日、月交替一次的周期即为一日，亦称一天。

古人对一日之内具体时间进行记录的方法有多种。第一种为时段计时法。古人根据天色把一昼夜分为若干时段，约在汉武帝太初改历后，确定为十二时段：夜半、鸡鸣、平旦、日出、食时、隅中、日中、日昳、晡时、日入、昏时、人定。时段之间互相衔接。《诗经·郑风·女曰鸡鸣》：“女曰鸡鸣，士曰昧旦。”鸡鸣、昧旦(又称昧爽、平旦)，是夜半之后相继的两个时段。昏时、人定，也是相继的两个时段，古乐府诗《孔雀东南飞》：“奄奄黄昏后，寂寂人定初”，黄昏即昏时。十二时段又各有特色，如日出又称为旦、早、朝、晨；日出后吃早餐，称食时或蚤食；食时过后称隅中，《左传》昭公五年孔颖达疏：“隅谓东南隅也，过隅未中，故为隅中也。”隅中过后为日中，即太阳正中时；日中过后为日昳，太阳开始偏西，也作日侧、日昃，孔颖达疏：“昃亦名昳，言日蹉跌而下。”日昳过后为晡时，是古人一日两餐中晚饭的时段，又称夕食；晡时过后为日入，即太阳落山，也叫夕、暮、昏、晚；日入过后是昏时，即天将黑时，也叫黄昏、薄暮；昏时过后是人定，即深夜安息之时；人定过后是夜半，即半夜；夜半过后是鸡鸣，即黎明前雄鸡啼鸣；鸡鸣过后是平旦，即清晨、天亮之时。阅读古代文献时，常常会见到朝夕并举、旦暮并举、晨昏并举、昏旦并举等说法。

古人所用第二种计时法为时辰计时法，即以一昼夜分为十二时辰，并与十二地支相配。十二时辰与十二时段相吻合，每个时辰又分初、正，等于现代两个小时。例如，夜半与子相对，子初为二十三点至二十四点，子正为二十四点至次日凌晨一点，子时又称子夜。鸡鸣与丑相对，丑时即凌晨一点至三点之间。如此顺推，日出为卯时，即五点至七点之间。古代官署吏役于卯时到职，谓之应卯，长官按册呼名为点卯。

此外，古人还把戌至寅这五个时辰划分为五夜或五更，如以时段昏时配时辰戌时，为甲夜、一更，相当于十九点至二十一点；人定配亥时，为乙夜、二更，相当于二十一点至二十三点；夜半配子时，为丙夜、三更，相当于二十三点至次日凌晨一点；鸡鸣配丑时，为丁夜、四更，相当于凌晨一点至三点；平旦配寅时，为戊夜、五更，相当于三点至五点。《颜氏家训·书证》："汉魏以来，谓为甲夜、乙夜、丙夜、丁夜、戊夜；又云鼓，一鼓、二鼓、三鼓、四鼓、五鼓；亦云一更、二更、三更、四更、五更，皆以五为节。"

古人计时，主要用两种方法。一种方法是用日晷等测时仪器测定，另一种方法是铜漏计时。历代铜漏形制不一，清乾隆时制成的铜漏由三个方形的播水壶和一个圆形的受水壶组成。上面的播水壶叫日天壶，中间的叫夜天壶，下面的叫平水壶。水由日天壶递传而下，漏进最下的受水壶。受水壶上有铜人，抱漏箭，铜人下安箭舟。水长舟浮，则箭随上出，按所刻符号指示时辰；水满箭尽，则泻于池中。清代采用九十六刻制，每刻十五分钟，四刻为一小时，一昼夜二十四小时正与九十六刻相合。

古人纪日的方法有多种。第一种是刻木结绳法，这是文字出现以前原始的纪日方法。第二种是干支纪日法。殷墟甲骨卜辞中已有完整的干支表。干是天干，即甲、乙、丙、丁、戊、己、庚、辛、壬、癸。支是地支，即子、丑、寅、卯、辰、巳、午、未、申、酉、戌、亥。天干与地支依次组合，共为六十单位，每单位代表一天。六十天循环一周，因天干与地支相配第一单位为甲子，六十天后又回到甲子，故又称六十甲子。具体组合如下：甲子、乙丑、丙寅、丁卯、戊辰、己巳、庚午、辛未、壬申、癸酉、甲戌、乙亥、丙子、丁丑、戊寅、己卯、庚臣、辛巳、壬午、癸未、甲申、乙酉、丙戌、丁亥、戊子、己丑、庚寅、辛卯、壬辰、癸巳、甲午、乙未、丙申、丁酉、戊戌、己亥、庚子、辛丑、壬寅、癸卯、甲辰、乙巳、丙午、丁未、戊申、己酉、庚戌、辛亥、壬子、癸丑、甲寅、乙卯、丙辰、丁巳、戊午、己未、庚申、辛酉、壬戌、癸亥。《左传》隐公元年:“五月辛丑,大叔出奔共。”五月辛丑,即农历五月二十三日。这是用干支纪日。单用天干纪日的例子也有,如《楚辞·哀郢》:“出国门而轸怀兮,甲之鼂吾以行。”甲,甲日那一天;鼂,同“朝”(zhāo),早晨。单用地支纪日大多限于特定的日子,如《礼记·檀弓下》:“子卯不乐。”子、卯即子日、卯日。古代以子日和卯日为恶日,简称子卯。以子卯相刑,故以为忌日。不乐:不举乐。又如三月上巳,即农历三月三日,在这一天,人们到水边洗濯、喝酒,认为可以祈福驱邪。

古人使用刚、柔纪日的例子见于《礼记·曲礼上》:“外事以刚日,内事以柔日。”疏:“外事以刚日者,外事郊外之事也。刚,奇日也。十日有五奇五偶,甲、丙、戊、庚、壬五奇为刚也。外事刚义,故用刚日也。内事以柔日者,内事郊内之事也。乙、丁、己、辛、癸五偶为柔也。”

有些日子被赋予特定名称。比如,每月初一月亮运行到地球与太阳之间,地面上看不见月光,因此称初一为朔日或朔。《尚书·舜典》孔颖达疏:“月之始日,谓之朔日。”唐韩鄂《岁华纪丽》三月“朔晦”注:“朔,月初之名。朔,苏也,如死复苏。”每月初三称朏(fěi)。《尚书·召诰》孔安国传:“朏,明也。月三日明生之名。”大月十六日、小月十五日叫作望。《释名·释天》:“望,月满之名也。月大十六日,小十五日,日在东,月在西,遥相望也。”近在望后的一日叫既望。每月的最后一天称作晦。古书中纪日,有既称干支又称朔或晦的。干支与朔相连纪日的事例为:《左传》僖公五年“冬十二月丙子朔,晋灭虢”。丙子朔,即丙子这天是初一,朔这天也是初一,是重叠纪日法。干支与晦相连纪日的事例为:《左传》襄公十八年“冬十月……丙寅晦,齐师夜遁”。丙寅晦,即二十九日夜,是十月最后一天。此外,纪日时又称正月初一为元旦、元日、元正、元辰、元朔、正旦、正朝、新正、新春、新年、上日、三朔、三元;正月初七为人日;正月十五为元宵、元夕、元夜、上元;二月初一为中和日;二月十五为花朝日、中春;立春后的第五个戊日为春社日;清明前的一二日为寒食日;三月初三为上巳或祓禊日;五月初五为端午、端阳、重五、重午;夏至那天白天最长,为日永、长至日;夏至后的第三个庚日为伏日;七月初七为七夕;七月十五为中元;八月十五为中秋;立秋后的第五个戊日为秋社;九月初九为重阳;十月十五为下元日；冬至这天白天最短，为日短、日短至；冬至前一日为小至日；十二月初八为腊日；除夕前一日为小除；岁终之日为除日、岁除、除夕。

古人以月亮盈亏的一个周期为一月。纪月法有多种。第一种是以序数纪月，从一月、二月依次排列，直至十二月。第二种是月建纪月法，即以子、丑、寅、卯等十二地支与十二个月份相配，以十一月配子，成为建子之月，由此顺推，十二月为建丑之月，来年一月为建寅之月（即夏历正月），来年十月为建亥之月。十二月要腊祭百神，故称腊月。秦始皇名嬴政，故改称正月为端月。第三种是先秦时每月的特定称号。《尔雅·释天》："正月为陬，二月为如，三月为寎（bǐng），四月为除（或写作余），五月为皋，六月为且，七月为相，八月为壮，九月为玄，十月为阳，十一月为辜，十二月为涂。"第四种是以孟、仲、季及古乐十二律纪月，《礼记·月令》对此有论述："孟春之月……律中大簇（còu）；仲春之月……律中夹钟；季春之月……律中姑洗；孟夏之月……律中中吕；仲夏之月……律中蕤宾；季夏之月……律中林钟；孟秋之月……律中夷则；仲秋之月……律中南吕；季秋之月……律中无射；孟冬之月……律中应钟；仲冬之月……律中黄钟；季冬之月……律中大吕。"孟、仲、季分别为每一季的一、二、三月。《吕氏春秋·季夏纪·音律》："太簇之月，阳气始生，草木繁动。"注："太簇，正月。"又如，《淮南子·天文训》："（清明）加十五日，（斗星）指辰则谷雨，音比姑洗。"注："姑洗，三月也。姑，故也；洗，新也。阳气养生，去故就新，故曰姑洗也。"第五种是以天干配合着地支用以纪月。每逢甲、己之年，正月为丙寅，二月为丁卯，三月为戊辰，四月为己巳，五月为庚午，六月为辛未，七月为壬申，八月为癸酉，九月为甲戌，十月为乙亥，十一月为丙子，十二月为丁丑；每逢乙、庚之年，正月为戊寅，二月为己卯，依此顺排，十二月为己丑；丙、辛之年正月为庚寅，二月为辛卯，依此顺推，十二月为辛丑；丁、壬之年正月为壬寅，二月为癸卯，依此顺推，十二月为癸丑；戊、癸之年正月为甲寅，二月为乙卯，依此顺推，十二月为乙丑。为了记忆方便，可用口诀："甲己之年丙作首，乙庚之年戊为头，丙辛之岁庚寅上，丁壬壬寅顺水流，若问戊癸何方起，甲寅之上去寻求。"此外，还有以当月花卉草木为代表纪月的，如二月称杏月，八月称桂月，十月称梅月等。

年，指地球环绕太阳运行一周的时间。《尔雅·释天》：“夏曰岁，商曰祀，周曰年。”疏：“年者，谷熟之名，每岁一熟，故以为岁名。”古人纪年法主要有以下几种。一是依元、二、三等序数逐年递纪帝王即位直至离位的时间，这是汉武帝以前的王公、皇帝所用的纪年法。二是用年号纪年。汉武帝即位那年为公元前140年，从这年开始用年号纪元，武帝在位期间曾建有若干年号，如第一个年号为建元，第二个年号为元光，第十一个年号为后元，每个年号都以元、二、三等递进序数纪元。此后，这种纪年法被沿用，历代帝王在位期间都建有一个或若干个年号。三是干支纪年法，即以天干、地支组成的六十甲子周而复始纪年。自东汉章帝元和二年(85年)正式使用这种纪年法后，一直被沿用。至于西汉以前的逐年干支，是经后人逆推附加上去而被写入历史年表的。四是流行于西藏、云南等地区的生肖纪年法，即用十二地支与十二生肖依次配成子鼠、丑牛、寅虎、卯兔、辰龙、巳蛇、午马、未羊、申猴、酉鸡、戌狗、亥猪这十二个单位，循环使用。要想确定准确的年代，必须用这十二个单位与各位帝王的年号纪年相配合。五是岁星纪年法。古人把黄道附近一周天由西向东划分为十二等份，称为十二次，即星纪、玄枵、诹訾、降娄、大梁、实沈、鹑首、鹑火、鹑尾、寿星、大火、析木。又认为岁星由西向东十二年绕天一周，每年行经一个星次，便根据岁星每年行经星次加以记载。例如，“岁在星纪”，意即岁星运行到星纪范围，次年即“岁在玄枵”，即次年岁星运行到玄枵范围。由此顺推，十二年走过一周。六是太岁纪年法。古人把黄道附近一周天的十二等份由东向西配以十二支，具体搭配方法是：星纪配丑，玄枵配子，诹訾配亥，降娄配戌，大梁配酉，实沈配申，鹑首配未，鹑火配午，鹑尾配巳，寿星配辰，大火配卯，析木配寅。岁星的运行方向与十二支(辰)是相反的，因此岁星纪年法不方便使用。为此，古人又假想出一个星名，叫太岁，让它与十二支方向顺序相同，并用以纪年，称太岁纪年法。古人还为太岁具体选取了十二个年名。太岁年名、太岁所在十二支(辰)以及与岁星所在十二次的对应关系详见下表：

太岁年名	太岁所在(支)	岁星所在(次)
摄提格	寅(析木)	星纪(丑)
单阏	卯(大火)	玄枵(子)
执徐	辰(寿星)	诹訾(亥)
大荒落	巳(鹑尾)	降娄(戌)
敦牂(zāng)	午(鹑火)	大梁(酉)
协洽	未(鹑首)	实沈(申)
涒(tūn)滩	申(实沈)	鹑首(未)
作噩	酉(大梁)	鹑火(午)
阉(yān)茂	戌(降娄)	鹑尾(巳)
大渊献	亥(诹訾)	寿星(辰)
困敦(dūn)	子(玄枵)	大火(卯)
赤奋若	丑(星纪)	析木(寅)

表中所列太岁年名依《尔雅·释天》，太岁所在十二支(辰)为自东向西行，岁星所在十二次为自西向东行。即：岁星在星纪，太岁便在析木(寅)，这一年就是"太岁在寅"，年名摄提格。明年岁星在玄枵，太岁便在大火(卯)，即"太岁在卯"，年名单阏，依此顺推。例如，屈原《离骚》："摄提贞于孟陬兮，惟庚寅吾以降。"其中的"摄提"即太岁年名，"太岁在寅"；"孟陬"指夏历正月建寅之月；"庚寅"是出生日的干支。联系起来可知：屈原生于寅年寅月寅日。摄提格等十二个太岁年名，称为岁阴。约在西汉时，又出现了岁阳，共十个名号：阏逢、旃蒙、柔兆、强圉、著雍、屠维、上章、重光、玄黓、昭阳。用这十个名号依次与十二个太岁年名相配，可组成六十个年名，并周而复始，如以阏逢摄提格为第一年，旃蒙单阏为第二年，由此顺推，直至第六十年。组合方法同六十甲子。阏逢等十个名号依次与甲、乙、丙、丁、戊、己、庚、辛、壬、癸十天干相对应，因而阏逢摄提格之年又可称为甲寅年，旃蒙单阏年又可称为乙卯年。司马光所著《资治通鉴》一书中这样的事例很多，如卷一百七十六《陈纪十》注曰："起阏逢执徐，

尽著雍涒滩，凡五年。”其中“阏逢执徐”为甲辰年，“著雍涒滩”为戊申年，从甲辰年至戊申年共五年。又如卷一《周纪一》注曰：“起著雍摄提格，尽玄黓困敦，凡三十五年。”其中“著雍摄提格”为戊寅年，“玄黓困敦”为壬子年，从戊寅年至壬子年共三十五年。

为了便于对照，列表如下：

十二支	太岁年名	十干	岁阳
寅	摄提格	甲	阏逢
卯	单阏	乙	旃蒙
辰	执徐	丙	柔兆
巳	太荒落	丁	强圉
午	敦牂	戊	著雍
未	协洽	己	屠维
申	涒滩	庚	上章
酉	作噩	辛	重光
戌	阉茂	壬	玄黓
亥	大渊献	癸	昭阳
子	困敦		
丑	赤奋若		

此表中岁阳名称和顺序依据《尔雅·释天》，这与《淮南子·天文训》基本相同。《史记·历书》中所列的十个岁阳的名称和顺序如下：焉逢、端蒙、游兆、彊梧、徒维、祝犁、商横、昭阳、横艾、尚章。此表中太岁年名的写法也依据《尔雅·释天》。《史记·天官书》与之有所不同：大荒落写作大荒骆、协洽写作叶洽，作噩写作作鄂。这些问题，是读古书时应该了解的。

正(zhēng)，是农历一年的第一个月。春秋战国时期，夏历、殷历、周历分别为不同地区所使用的历法。三种历法的主要区别在于岁首的月建(农历每月所置之辰为月建。岁首的月建即一年的第一个月所置地支名)不同，因三种历法第一个月都称正月，所以又叫作“三正”。夏历以建寅之月(即后世所说的正月）为岁首，殷历以建丑之月（即夏历十二月）为岁首，周历以通常冬至所在的建子之月（即夏历十一月）为岁首。三正岁首的月建不同，四季也随之而异。详见下表。

月建	子	丑	寅	卯	辰	巳	午	未	申	酉	戌	亥
周历	正月	二月	三月	四月	五月	六月	七月	八月	九月	十月	十一月	十二月
	（春）			（夏）			（秋）			（冬）		
殷历	十二月	正月	二月	三月	四月	五月	六月	七月	八月	九月	十月	十一月
	（冬）	（春）			（夏）			（秋）			（冬）	
夏历	十一月	十二月	正月	二月	三月	四月	五月	六月	七月	八月	九月	十月
	（冬）		（春）			（夏）			（秋）			（冬）

阅读先秦古籍时，注意到不同国家及不同古籍所用历法不同是非常必要的。比如，周王室及其同姓诸侯国使用周历，《春秋》《孟子》等古籍也多用周历；《楚辞》和《吕氏春秋》用夏历，《诗经·小雅·四月》也用夏历；《诗经·豳风·七月》所说的“月”，指的是夏历，所说的“日”，指的则是周历。同是“宋人取长葛”，《春秋》隐公六年记载为“冬”，而《左传》记载则为“秋”，这就是《春秋》用周历，《左传》用夏历所造成的时间差异。秦以夏历十月（即建亥之月）为岁首，因夏历适合农事季节，所以不改十月为正月，也不改夏历正月（秦人称端月）为四月，其春夏秋冬和月份的搭配完全同于夏正。秦所用历名为颛顼历，这是中国古代六历之一。此历制于周末，秦统一后颁行全国，自秦始皇二十六年至汉武帝太初元年共推行一百一十七年。汉武帝元光五年（公元前 130 年）十月杀灌夫，十二月的最后一天杀了魏其。紧接着《史记·魏其武安侯列传》又说：“其春，武安侯病”，继十二月之后的春天不说“明春”，却说“其春”，是因为此时仍沿用秦历，以十月为岁首，当年的春天在当年的十二月之后。汉武帝太初元年（公元前 104 年）颁行太初历，以建寅之月（阴历正月）为岁首，采用夏正。此后，在漫长的封建社会，

除王莽和魏明帝时曾改用过殷正，唐武则天和唐肃宗时一度改用周正外，其余都采用夏正。

我国古代的历法是阴阳合历。所谓阴历，指的是以朔望月为单位的历法，朔望月即月亮连续两次呈现相同月相所需周期。这种历法又称太阴历。其朔望月单位约二十九天半，一年则为十二个月，为了准确、方便，分为大、小月，大月三十天，小月二十九天，平年三百五十四天。以三十年为一周，每周的第二、第五、第七、第十、第十三、第十六、第十八、第二十一、第二十四、第二十六、第二十九年，均置一闰日于当年的十二月末，总计三十年有十一个闰日，有闰日之年便为闰年，闰年为三百五十五天。属于这种历法的有希腊历、伊斯兰教使用的回历等。所谓阳历，指的是以太阳年为单位的历法，太阳年即地球绕太阳一周的时间。这种历法又称太阳历。现今流行的公历即是阳历的一种。阳历一年为三百六十五又四分之一天，分为十二个月。公历一、三、五、七、八、十、十二月为大月，每月三十一天；四、六、九、十一月为小月，每月三十天；另有二月分为平、闰年，平年二月二十八天，闰年二月二十九天。凡能被四除尽的年份(逢百之年须能被四百除尽)即为闰年。所谓阴阳合历，即按阴历的方法把一年分为十二个月，六个大月各三十天，六个小月各二十九天，全年总日数比阳历少十一又四分之一日，积三年就少一个月以上。为了使之大约等于一个太阳年，并和自然季节大致调和配合，就要三年闰一个月。在实际运行中，三年闰一个月还要余出许多天，便改为五年闰两个月，但又缺了一些天，最后定为十九年闰七个月。实践证明，十九年闰七个月是最精确的纪日纪年法，它与太阳年的长度差仅为两小时九分三十六秒。早从殷周时期开始，即将闰月置于年终，称为“十三月”，遇到一年两闰，就会有“十四月”。自春秋战国时期定为十九年闰七个月后，便没有再出现一年两闰的情况。秦以十月(建亥之月)为岁首，因此九月即为年终。汉初承秦制，在九月之后置闰月，称为“后九月”。汉武帝于太初元年(公元前104年)改行太初历，规定无中气(月中无节气)的月份置闰月。如果五月无中气需置闰月，就称所置闰月为闰五月，也就是说这年有两个五月。此后，这一置闰法一直为历代所沿用。

把一年分为春、夏、秋、冬四时，再细分为二十四节气，这是随着历法日趋详密而逐步实现的。在商和西周前期，一年只分为春、秋二时(季)，而“史之所记必表年以首事”，故史官所记的史料在上古也称为“春秋”。后来，由春、秋又分出冬、夏二时，如《墨子·天志中》：“制为四时春秋冬夏，以纪纲之”；《礼记·孔子闲居》：“天有四时，春秋冬夏。”此后，又按夏历正、二、三月等月份依次分为孟春、仲春、季春、孟夏、仲夏、季夏、孟秋、仲秋、季秋、孟冬、仲冬、季冬，并将此作为相应月份的代称。与四时密切相关的是二十四节气，这是旧历特有的重要组成部分。二十四节气名称和顺序如下：

正月：立春、雨水；二月：惊蛰、春分；

三月：清明、谷雨；四月：立夏、小满；

五月：芒种、夏至；六月：小暑、大暑；

七月：立秋、处暑；八月：白露、秋分；

九月：寒露、霜降；十月：立冬、小雪；

十一月：大雪、冬至；十二月：小寒、大寒。

上述二十四节气的名称采自《淮南子·天文训》，但各月搭配不是绝对固定、年年一致的，因为节气跟太阳走，和朔望月无关。二十四节气系统的完备也有个过程。春分、秋分，夏至、冬至，这四个重要节气出现较早。《尚书·尧典》称春分为日中，秋分为宵中；称夏至为日永(因其白天最长)，冬至为日短(因其白天最短)。《吕氏春秋》则因春分与秋分这两天昼夜长短一样而统名之为日夜分；又因夏至、冬至各自的特点而分别名之为日长至、日短至。《左传》僖公五年中记有“分至启闭”，分指春分、秋分；至指夏至、冬至；启指立春、立夏；闭指立秋、立冬。《吕氏春秋》明确提到立春、立夏、立秋、立冬这四个节气。《淮南子·天文训》所叙二十四节气则与现代仍沿用的完全相同。古人最初把节气细分为节气和中气两种，所谓节气，指二十四节气中的单数，即每月开头出现的节气；所谓中气，指二十四节气中的双数，即每月靠后出现的节气。每个节气过后是中气，中气过后又是节气。前面提到的太初历置闰法即与节气、中气密切相关。因为一个节气加一个中气约为三十天半，多于一个朔望月(一个朔望月约为二十九天半)，这样每月的节气和中气总要比上月推迟一两天，积累下来，到某月时就会只有节气没有中气，便以这个月份作为闰月，即古人所谓“闰月无中气”。现在我们通常所说的交节日期，即“上半年来六、二一，下半年来八、二三”，是指阳历说的。阳历每月都有节气和中气，而且交节日期相差不大。

地　理

此处所谓地理，是指历代地方行政区域的划分及常见于古书中的一些地名常识等。

在漫长的中国历史中，出现过州、郡、县、国、道、府、路、军、省等多种地方行政区划的名称。这些名称的产生有先有后。在不同时期，同一名称所表示的含义不完全相同。有些现已废弃不用，有些仍继续沿用。古书中约定俗成的地名称谓及一名多地、一地多名等情况，也是读古书者不可忽视的问题。

州，是古书中较早出现的名称。据《尚书·禹贡》记载，禹平洪水，分天下为九州，即冀州、兖州、青州、徐州、扬州、荆州、豫州、梁州、雍州。《吕氏春秋·有始览》叙九州时，有幽州无梁州。《周礼·职方》叙九州时，有幽州、并州而无徐州、梁州。依据每州条下记有的名山、大川、物产、居民及少数民族分布等情况，可知九州是当时的学者就自己所知的大陆划分成的九个地理区域。有时九州也用来泛指全中国，可见传说中的九州并非当时的地方行政区划。汉武帝元封五年(公元前 106 年)，将除京师附近的地区之外的全国各地划分为十三州，即冀州、兖州、青州、徐州、扬州、荆州、豫州、凉州、益州、幽州、并州、朔方、交州。每州置刺史一人，巡察所属郡、国，检举不法，抑制豪强。武帝设州是出于监察郡、国的需要，目的在于加强中央集权，因而此时的州属于监察区，不是地方行政区划。东汉灵帝中平五年(188 年)，改州刺史为州牧，并给以执掌民政、军政大权，以便州牧在镇压农民起义中发挥更大的作用。这时的州牧成了执掌一州实权的地方长官，州也成了一级地方行政区划。三国、西晋时期，仍以州为地方行政区划。史载，西晋太康三年(282 年)统领有十九州：司隶(直辖州)、兖州、豫州、冀州、幽州、平州、并州、雍州、凉州、秦州、梁州、益州、宁州、青州、徐州、荆州、扬州、交州、广州。东晋及南北朝时，中原地区战乱频繁，黄河流域的汉族世家大姓多举族迁居南方，保留原籍。当政的南方统治集团为使南迁的北方士族保留封建特权，特设立一些有官无地的州，即侨州。这些州起初仍用原来北方的地名，东晋将领刘裕收复北方的青、徐等州后，为与侨州相区别，便在原州名前加一“北”字。南朝宋时，取消所加“北”字，而在南方侨州名前加一“南”字。因而从东晋至隋统一前，州越设越多，范围却越来越小。这时的州，有的是一级地方区域，有的只有虚名。隋朝建立后，废除侨州，合并小州，正式确立州为一级地方行政区。唐代时，全国共有三百多个州。宋、元沿袭唐代设州制度。明清时期只留少数直隶州直辖于省，散州隶属于府，其余州则改为府。辛亥革命以后，改州为县。

县，是地方基层行政区域。早从商周时期开始，即分封诸侯，有公、侯、伯、子等称号。周武王灭商，进而东征大获全胜，他采用“封邦建国”的方式以巩固周朝的统治。当时，除宗周(今西安地区)和成周(今洛阳地区)所辖地区外，全国各地的土地及居民都被分赐给同姓子弟、异姓功臣和一些方国、部落的首领，建立起几百个诸侯国。诸侯国又将自己的土地和居民分为若干采邑，分封给卿大夫。周制，县凡二千五百家，县正(参见《周礼·地官·县正》，其位次于大夫)掌宣颁政令、征收田赋、处理争讼等事。春秋时期，最早在兼并的土地上设县并由国君派官直接统治的是楚国和秦国。稍后，晋、齐、吴等国也先后设县。在不同地区、不同时期，县的大小、隶属都略有变化，但作为地方基层行政区域却是一贯的。

郡，是县的上一级行政区域。其设置稍晚于县。早期的郡多设于各国的边境地带，而且地位略低于县。《左传》哀公二年记有晋赵鞅战前动员誓词：“克敌者，上大夫受县，下大夫受郡。”《逸周书·作雒解》：“国西土为方千里。分以百县，县有四郡。”意即县方百里，郡方五十里。当时“郡远而县近，县富而郡荒”。随着经济的发展及兼并战争的激烈，各大国普遍设郡，并在郡下分设若干县。到战国中后期，郡作为县的上一级行政区域已较普遍并日益发展。秦统一全国后，为巩固中央集权，实行郡县制，分天下为三十六郡：内史、三川、河东、上党、太原、代郡、雁门、云中、九原、上郡、北地、陇西、颍川、南阳、砀郡、邯郸、上穀、钜鹿、渔阳、右北平、辽西、辽东、东郡、齐郡、薛郡、琅邪、泗水、汉中、巴郡、蜀郡、九江、鄣郡、会稽、南郡、长沙、黔中。征服百越后，又增设四郡：

桂林、象郡、南海、闽中。郡设守，主管行政；设尉，主管军事；设监，负责监察。县的长官称“令”。自秦在全国推行郡县制后，这一制度便为历代所沿用，只是郡的统治区域在东晋及南北朝时缩小了，出现了一些侨郡或有名无实之郡。自宋朝时起，作为行政区域的郡不复存在。

国，是汉代诸侯王的封域，也是约与郡平级的地方行政区。在楚汉战争中，刘邦依靠异姓王的支持，打败了项羽。汉初，异姓诸侯王拥兵据地，“十年之间，反者九起”。刘邦在逐个消灭异姓王的同时，鉴于亡秦孤立之败，分封同姓子弟九人为诸侯王。据《史记·汉兴以来诸侯年表序》记载：“自雁门、太原以东，至辽阳，为燕、代国；常山以南，太行左转，度河、济、阿、甄以东薄海，为齐、赵国；自陈以西，南至九疑，东带江、淮、穀、泗，薄会稽，为梁、楚、吴、淮南、长沙国。……汉独有三河、东郡、颍川、南阳，自江陵以西至蜀，北自云中至陇西，与内史凡十五郡，而公主列侯颇食邑其中。”由此可知，西汉初，封国与中央政权直接统辖的郡交错分布，都是地方行政单位，故郡、国可以连称，也可作为地方的泛称。封国制对汉初的安定局面及平定诸吕之乱都曾起过重要作用，但其本身所包含的割据分裂因素导致其日益构成尾大不掉之势。景帝平定吴、楚等七国的叛乱后，不仅收夺王国的行政权、官吏任免权和财政权，还裁减王国的官吏，降黜其秩位。武帝采纳主父偃的建议，颁布推恩令，从王国里不断分出许多小的侯国。自此封国疆域均比郡小。汉武帝又派州刺史监察郡、国，想方设法削弱其势力。至西汉末年，诸侯王唯得衣食租税，不参与政事，势与富室无异，贫者或乘牛车。东汉至隋建立前，州辖郡、郡辖县的三级地方行政区域形成并发展。国作为行政区，从历史上消失了。

道，初设于唐太宗贞观元年(627 年)，略相当于汉武帝时所设的州，是监察区。当时依山川形势之便分全国为十道：关内(即古雍州)、河南(即古豫、兖、青、徐四州)、河东(即古冀州)、河北(即古幽、冀二州)、山南(即古荆、梁二州)、陇右(即古雍、梁二州)、淮南(即古扬州)、江南(即古扬州的南部，约今浙江、福建、江西、湖南等省)、剑南(即古梁州剑阁以南)、岭南(治所在广州，辖两广地区)。唐玄宗开元二十一年(733 年)，从关内道分出一个京畿(治长安)；从河南道分出一个都畿(治洛阳)；把山南道分为山南东道、山南西道；把江南道分为江南东道、江南西道和黔中道。

合共为十五道。唐政府于各道设采访处置史，负责本道政务。此后，道与节度使所辖镇逐渐相合，形成镇、州、县三级地方区域。

府，是唐代时始设立的地方行政区域。府分三种：一是提高若干州的地位，改州为府。唐玄宗时以雍州（京师）为京兆府，洛州（东都）为河南府，并州（北都）为太原府。府的长官若由亲王担任，即称府牧，由他人担任则称府尹。二是设于国内重要地区，掌理军、民政务的都督府。三是设于沿边要地，用于加强对少数民族地区进行统治的都护府。唐代的府隶属于道，有的与州平级，有的地位略高于州。自唐设府后，历代沿置，明清时期还把州改称为府，如兖州府、扬州府。

路，最初是宋代为征收赋税转运漕粮而分的区域，后来逐渐带有行政区划和军区的性质。宋初沿用唐朝的道制，为收夺藩镇财富之权，在诸道设转运使司，专门负责水陆两路财赋收运。至太宗太平兴国二年（977 年）时，“边防、盗贼、刑讼、金谷、按廉之任，皆委于转运使”。太宗淳化五年（994 年），废道存路。到太宗至道三年（997 年）时，分全国为十五路。此后，路不断增加。到徽宗政和元年（1111 年）时，宋政府共置二十四路。其中不少路和今天的省名相同，区域也大致相当，如：福建、广东（又称广南东路）、广西（又称广南西路）、湖南（又称荆湖南路）、湖北（又称荆湖北路）、陕西、河北等。两宋时期，路是地方最高级行政区域，下辖府、州、军等。有的府则与路平级，如：东京开封府（今河南开封）、南京应天府（今河南商丘）、西京河南府（今河南洛阳）、北京大名府（今河北大名）。元代的路比宋小，相当于州、府。

军，是宋代的行政区域，直辖于路，相当于州、府。军的长官称知军，军下辖县。

省，是始于元代，为后代沿用的地方行政区域。元世祖在中央设置中书省，总理全国行政事务；在地方上设置行中书省（简称行省），略等于中央分设的办事机构。中书省的辖地称“腹里”，包括京城大都（今北京）及今山东、山西、河北等地。行中书省共计十个：岭北、辽阳、河南、陕西、四川、甘肃、云南、江浙、江西、湖广。行省之下设路、府、州、县等各级政区。明初承元制。洪武九年（1376 年），改行中书省为承宣布政使司，掌管民政、财政。全国除北直隶、南直隶外，共设十三布政使司（习惯上仍称省)，即山东、山西、河南、陕西、四川、江西、湖广、浙江、福建、广东、广西、云南、贵州。明改宋、元以来的路为府，因而明代的地方政区为布政使司(省)、府、县等。府、县又依据纳粮多少而划分为上、中、下三等。清代恢复省称，在内地设十八省：直隶(河北)、江苏、安徽、山西、山东、河南、陕西、甘肃、浙江、江西、湖南、湖北、四川、福建、广东、广西、云南、贵州。在东北地区置盛京(奉天，属陪都)、吉林、黑龙江三将军；在新疆置伊犁将军；在外藩蒙古置乌里雅苏台定边左将军；内属蒙古采用盟旗制；西藏、青海等地设办事大臣管辖。清代布政使专管一省财赋和人事，别称"藩台""藩司""方伯"。总督和巡抚是省一级最高军政长官。总督一般总管二至三省，巡抚总管一省。省以下的地方政区为府，府下为县。

一名多地是古书中常有的现象。例如东京，东汉时以洛阳为都城，时人称之为东京；五代后梁建都开封，后晋天福三年(938年)改称东京。"山东"一名，在战国时指秦以外的六国，这是因为秦定都关中，六国在崤山、函谷关以东。但同名"山东"，在《史记·晋世家》中又被用作太行山以东的代称："(文公四年)冬十二月，晋兵先下山东。"另《汉书·儒林传》谈伏生时曾说："以教于齐、鲁之间，齐学者由此颇能言《尚书》，山东大师，亡不涉《尚书》以教。"此所指山东，显然是齐、鲁一带。

一地多名往往与朝代变换紧密相关。例如南京，战国时楚国称之为金陵邑；秦时称秣陵；三国吴时称建业；晋时称建康；明初称应天府，后称南京；清时称江宁府。再如开封，战国时魏国将其作为都城，称大梁；北周称其为汴州；后晋至北宋时称东京；金初称汴京，后称南京。

还有一些属常识性的概念，也应引起注意。例如江，在古代指长江；河，在古代指黄河。表，指外、南，如岭表，即岭南；江表，即江南。东、西，在地理概念上又作为左、右的代称，如江东又名江左，指长江下游以东地区，今江苏省一带；江西又名江右，指长江下游以西地区，今江西省一带。再如《史记·货殖列传》所说"江南豫章长沙"，所指乃今湖广江西一带；现在一般所说的江南，在《史记·项羽本纪》中却称为江东。

职 官

所谓职官，即指中国古代的官制。由于源远流长，历代建置受社会形态及政治形势的制约，变化多端。下面就阅读史籍时常见的官制因革损益情况，略做介绍。

中国古代的官制可上溯至原始社会的三皇五帝时期。据贾公彦《周礼正义·序》引《春秋纬·命历序》记载："燧皇、伏羲既有官……但无文字以知其官号也。"《左传》《尚书》曾对少昊、虞舜的官制加以记载，说少昊时，凤鸟氏为历正，掌天文历法；祝鸠氏为司徒，掌教化；鴡鸠氏为司马，掌法制；鳲鸠氏为司空，掌水土；爽鸠氏为司寇，掌治安；鹘鸠氏为司事，掌营造；五鸠，掌治民；五雉为五工正，掌百工，九扈为九农正，掌农事。又说虞舜时，大禹任司空，协助舜处理政务，统率百官；弃任后稷，掌农事；契任司徒，掌教化；皋陶任士，掌司法；垂、殳斨、伯与任百工，掌工匠；益、朱、虎、熊、罴任虞，掌山林池泽；伯夷任秩宗，掌祭祀；夔任典乐，掌乐舞；龙任纳言，掌传达；十二牧分掌九州。上述记载是后人根据传说而整理的。

原始社会末期，部落之间的战争和交往日益频繁，处理对外事务的军事行政系统和处理部落内部事务的宗教行政系统应运而生，"国之大事，在祀与戎"。禹的儿子启控制了政局，建立了中国历史上第一个奴隶制国家——夏朝。据《尚书》《礼记》《左传》等书记载，夏朝已有掌历法的羲和，掌典籍的太史，掌诉讼、刑狱的大理，掌教育、规谏的宫师，掌征收贡赋的啬人，掌宣示政令、教化的遒人。继夏而建立的商朝，既有较为翔实的文字记载，又有大量出土文物的佐证，其官制的轮廓较为清楚。商王是最高统治者，常自称"予一人"。巫史是神权的体现者，对国家政事据有实权，特别是其中的师保可直接影响控制商王。史载商汤的老师伊尹见继位的太甲不遵汤法，便凭借自己是太甲的师保（又称阿衡、保衡）的身份，放逐太甲于桐宫，自己代行王权。商朝有内服官和外服官之分。内服官即中央机构里的官员，统称之为"百僚""庶尹""多尹"等，其中常见于史册的有：总管内廷事务的宰，掌占卜、祭祀的卜、巫，掌手工业奴隶的司工，掌王室田庄的小藉臣，掌秘书的作册，掌军事的亚、服、射，掌仓库的啬、廪。外服官即地方官。商朝都城地区称“中商”或“大邑商”，其外为邦畿，邦畿是商王和宗室贵族的直辖区。邦畿之外分称为东、西、南、北土，统称四土或四方，为诸侯封地。诸侯即外服官，有为商王守边、服役、进贡、随出征的义务。诸侯或由商王派遣管理地方，名号为侯、甸、男、卫等，或由当地部落首领担任，称“邦伯”“方伯”等。西周时期，官制进一步完备，据出土的铜器铭文以及《尚书》《诗经》《周礼》等书记载，周朝的最高统治者是天之“元子”，称“天子”。天子左右设置有太师(导之教训)、太傅(傅其德文)、太保(保其身体)，以指导、辅佐、监护天子，合称“三公”。周初，中央由太师、太保主持朝政，其下设卿士寮处理军国大事。卿士寮设有司徒(金文写作“司土”，掌土地和役徒。役徒充作步卒时，司徒也管理军队)、司马(掌军赋、军马及军事行政，战争发生时协助主帅管理军队)、司空(金文写作“司工”，掌工程营建。另据扬簋铭文记载，司空除管理田甸、司居、司刍等官外，还可管理司寇)、司士(掌爵禄)、司寇(掌刑狱)。此为天子五官，统称为“卿士”。与卿士寮并列的是掌人事、礼制和农事的太史寮。其长官是太史，亦称“尹”，兼掌秘书、图籍、天文历法。与太史同寮的有：太宰，掌宫廷事务；太宗，掌贵族事务；太祝，掌祭祀；太(又作“大”)士，掌治狱；太卜，掌占卜。西周中期以后，太宰(冢宰)变成了政务和宫廷事务的总管，宗伯掌王族事务和礼仪祭祀，再加上司徒、司马、司寇和司空，形成六官，亦称六卿。西周末年，卿士取代师保，成了最高的政务官，多由诸侯担任。此外，还有掌王室膳食的膳夫、掌车马的太仆、掌衣服的缀衣、掌警卫的师氏、掌侍卫的虎贲、服杂役的寺人等。周天子把首都宗周丰镐、成周雒邑及附近地区划为王畿，由自己统管，在其余地区实行分封制度，建立了许多诸侯国；诸侯尊周天子为天下共主，定期朝贡，提供军赋、力役。诸侯国除上卿的任免要奏明天子外，享有世袭的政治、经济、军事特权，官吏的设置同于中央。诸侯在封国内有权把土地人民分封给自己的亲属，受封者称大夫，封地称“家”“邑”。大夫的家务总管称“宰”，由士担任。周的京城地区划分为乡、州、党、族、闾、比等各级组织系统，其余地区则划分为遂、县、鄙、酇、里、邻等系统，各设官分治。

春秋时期，为适应改革与政治斗争的需要，出现了许多官职名称，如鲁国的太宰，宋国的左师、右师，楚国的令尹，齐国的左相等。由于战争频繁，军队的编制单位也发生了变化，由“师”(一师约两千五百人)变成了“军”(一军约一万两千五百人)。各大国多设有上、中、下三军，长官由卿兼任。战国时，各国国君为集军政大权于一身，分设相将，分掌文武二柄。赵惠文王以蔺相如为相，廉颇为将。当时相为百官之长，梁惠王得知孟尝君贤德，以故相为上将军，空出相位，派遣使者带黄金千斤、车百乘，往聘孟尝君。楚国则由令尹和柱国分掌文武二柄。随着分封制的废弛，郡、县二级的地方行政单位逐步形成。郡的长官为守，掌军事为主；县的长官为令，掌民政为主。

秦灭六国，建立了第一个专制主义中央集权的封建国家。最高统治者称皇帝，下设丞相府、太尉府和御史大夫寺组成中枢机构。丞相为百官之长，尊称为相国，通称为宰相，其职责为秉承皇帝意旨佐理国政；太尉掌全国军事；御史大夫辅佐丞相，并掌监察。此外，中央还设有九种行政官员，分掌国家和宫廷的各项事务。汉承秦制。西汉末，改称丞相为大司徒，太尉为大司马，御史大夫为大司空(改掌水土)。大司徒、大司马、大司空号称“三公”。秦时中央所设九种行政官员，汉代改称“九卿”。秦汉时九卿职掌分工如下：奉常，汉初沿用此称，后改称太常，掌宗庙祭祀及礼仪，其下有太乐、太祝、太宰、太史、太卜、太医诸令和博士，以及诸帝陵寝的陵县令；郎中令，汉初沿用此称，后改称光禄勋，掌宫廷侍卫，其下有台中大夫、中大夫(汉武帝改称光禄大夫)、谏答复、五官及左右三署的中郎将、议郎、中郎、侍郎、郎中、期门仆射统率的期门兵、羽林令统率的羽林军、谒者仆射及谒者；卫尉，汉景帝初一度改称中大夫令，掌皇宫的警卫南军，其下有公车司马令、卫士令和旅贲令；太仆，掌皇帝车马，其下有未央、车府、骏马诸令；廷尉，汉代有时又称为大理，掌司法，其下有正、左右监、左右平等官；典客，汉初沿用此称，后称大行令、大鸿胪，掌接待宾客，其下有行人、译官、别火三令；宗正，管理皇族事务，其下有都司空令、内官长及诸公主、家令等官；治粟内史，汉初沿用此称，后又称大农令、大司农，掌租税赋役，其下有太仓、均输、平准、都内、籍田五令，及郡国诸仓农监和都水长；少府，掌山林池海的税收及宫廷总务，其下有尚书、符节、太医、太官、乐府、中书谒者、黄门、钩盾、尚方、御府、永巷、宦者诸令及上林十池监。九卿之外，还有一些官长，如：掌管京师治安及卫戍部队北军的中尉，武帝时改称执金吾，其下有中垒、屯骑、步兵、越骑、长水、胡骑、射声、虎贲八校尉和武库、都船诸令；掌管营建室的将作少府，汉景帝时更名为将作大匠，其下有石库令、东园主章令及左右前后中五校诸令；掌民族事务的典属国，其下有九译令；掌京师城门的城门校尉；掌太子事务的太子太傅、太子少傅和詹事；掌皇后、皇太后事务的大长秋和长信詹事等。诸卿的官署称寺，寺下设台、署，寺、台、署的长官分别为卿、令、长，副职为丞。汉代时，还有在本寺之外另加的官职，如给事中、侍中、诸吏、中常侍、散骑等。加给事中即可掌顾问应对；加侍中即可出入宫禁，成为皇帝的亲信；加诸吏即可对宫廷官员进行监察和弹劾；加中常侍(东汉改用宦官)即可在禁中侍奉皇帝；加散骑即可做皇帝的骑从，掌“献可替否”(即诤言进谏，进献可行者，除去不可行者)。自汉武帝以后，丞相地位虽尊，权力却逐渐缩小。武帝为了集权于己的需要，赋予原属于少府署官、掌章奏文书的尚书以草拟诏书、处理奏章的权力。这样，尚书台就由保管文书的机构变成了皇帝的秘书机构。武帝还让侍中、给事中等参与决策。这些由皇帝直接差遣的人组成了中朝，与由丞相等领导的行政系统组成的外朝成了两个系统。有的大臣在本官外加有侍中、中常侍、给事中等称号，即可有外朝、中朝两重身份，可经常在皇帝左右办事，受宠任。汉昭帝八岁即位，霍光以大司马大将军受遗诏辅政，为了便于处理政务，霍光以“领尚书事”的头衔主持尚书台，其权势还在尚书之上。此后有“领尚书事”“平尚书事”“录尚书事”等头衔的官员变成中朝官的首领，丞相等三公反而要听命于中朝，只处理日常行政事务了。西汉末，尚书台设三公(掌考核)、常侍(掌选官和祭祀)、二千石(掌司法)、民(掌百工、盐池园苑等)、客(掌民族事务)五曹，处理政务。东汉初，改三公为太尉、司徒、司空，分掌军事、民政和水土百工。改西汉尚书五曹为六曹：三公、吏部(西汉时为常侍)、民、客、二千石、中都官(东汉增设，掌治安)，“虽置三公，事归台阁”。汉章帝初年，太傅赵喜、太尉牟融因并以本官兼尚书事而实权在三公之上，尚书台成了政务中枢。尚书台正副长官尚书令、仆射之下设诸曹尚书郎和侍郎，以处理各曹事务。据记载，初任尚书署官称郎中，满一年称尚书郎，三年称侍郎。汉代，特别是武帝时，战事频繁，设大将军、骠骑将军、车骑将军、卫将军、屯骑校尉、戊己校尉等武职官员，或统兵打仗，或屯田戍守。将军的参谋部叫“幕府”，成员有长史、司马等。西汉官员按俸禄高低划分等级，最高一级是列侯，俸禄万石，以下为中二千石、真二千石、二千石、比二千石、千石、比千石、八百石、比八百石、六百石、五百石、四百石、比四百石、三百石、比三百石、二百石、比二百石、百石、比百石、斗食。

自从国家出现以后，监察和谏议机构就成了它的重要组成部分。监察官对百官进行纠弹，谏议官对国君、皇帝进行规谏。早在西周时，天子就派诸监监视诸侯，以史官兼掌朝中监察之事。战国时，御史是记事之官兼纠察之职。秦朝时，御史大夫寺的长官御史大夫兼管监察，其下属侍御史做具体的监察工作。西汉时，御史大夫是副丞相，由其助手御史中丞率十五名侍御史审议奏章、监察朝官。东汉时，改御史大夫寺（御史府）为御史台，专掌监察，以御史中丞为长官，下设治书侍御史二人审核案件，侍御史十五人掌监察。御史台的官员习惯上被称为台官。自西汉设谏议大夫后，东汉也设有谏议大夫，属于光禄勋的专职谏官从此产生，其队伍不断壮大。台官和谏官又被合称为台谏。

三国时期，魏扩大汉代的三公为五府：大司马、大将军、太尉、司徒、司空。魏文帝设置以中书监、令为首的中书省，以参掌中枢机密，把原先握有丞相实权的尚书台改为外围的执行机构。中书监、令权势的发展构成了对皇权的威胁，以侍中为长官的门下省日益受到皇帝重视。南北朝时，门下省参决机密，成了皇帝限制中书省权势的又一机构。中书省取旨、门下省审核、尚书省执行，侍中、尚书令、中书令同为宰相，共议国政的制度从此确立。自尚书台发展为实际的宰相府后，九卿之职多已归入尚书省所属各曹中，到隋朝时，始定为吏、民、礼、兵、刑、工六部。

隋朝时避用“中”字，改中书省为内史省，改侍中为纳言。管理政务的机构是尚书省，下辖六部。唐朝沿袭隋制。因太宗曾任尚书令，故此官不再授人，以尚书省副职左右仆射为宰相。又因中书令、侍中等官位太高，不轻易授人，故当时常用他官加上“参议朝政”“参议得失”“参知政事”等名义掌宰相之职。唐高宗以后，三省名称几度改变，除三师、三公和中书令受命任宰相职者外，其余官员执行宰相职务的称为“同中书门下三品”“同中书门下平章事”。唐太宗名世民，为避讳，改民部为户部。隋唐时六部的职掌大体如下：吏部，掌官职的任免、铨叙、考绩、升降等；户部，掌土地、户口、赋税、财政等；礼部，掌典礼、科举、学校等；兵部，掌全国军政；刑部，掌刑法、狱讼等；工部，掌工程、营造、屯田、水利等。部的正职称尚书，副职称侍郎。每部下设四司，司的正职称郎中，副职称员外郎。此外，隋唐时期中央官制中还设有监、寺等机构，以唐代最为完备。唐代设有五监：国子监，从汉代太常所属的太学发展而来，是教育管理机构和最高学府；少府监，少府为汉代九卿之一，机构庞杂，隋朝改其为监，变为专门管理国家和宫廷手工业的机构，唐时沿置；军器监，从汉代少府中的“考工”“尚方”发展为专门制造武器的部门；将作监，从汉代的将作大匠发展而来，掌营缮工程；都水监，从汉代的水衡都尉发展而来，掌水利。唐代九寺的名称与汉代九卿虽大体相同，但职权、地位已发生很大变化。唐代六部为政务机关，九寺为事务机关，九寺地位在六部之下。

魏晋南北朝时期，官吏等级制度较前发生了较大变化。曹魏时职官分为九品，即九个等级：上上、上中、上下、中上、中中、中下、下上、下中、下下。当时吏部选用官吏，依据身任中正的著姓士族的品评而定，致使世家大族操纵了用人选官制，出现了“上品无寒门，下品无势族”的现象。北齐和隋代将官品分为正、从九品十八级。唐代自正四品起，每品又分上下二阶，共有三十级。隋唐时九品以内的职官称为流内，以外的称为流外。流外官经考铨可转授流内官，称入流。曹魏时设立开府仪同三司及光禄大夫等散官，以酬劳致仕的官员，这在南北朝时逐渐形成制度。隋朝时称有职务的官为职事官，其余为散官。唐代正式将散官作为现任官员按资升迁的等级标志，称为阶，当时所定文散官有三十九阶，武散官有四十五阶。北周时还出现了酬答官员功勋的勋官，唐代将勋官改为上柱国、柱国、上护军、护军、轻车都尉、骁骑尉等十二级。此外，封爵早在周代时就有公、侯、伯、子、男五等。秦朝有二十等爵，汉代只封王、侯。晋、宋以后，爵号加“开国”字样以示尊贵，不加者称作散爵。

魏晋时门下省的设立，以及专职谏议机构的产生，使监察和谏议机构并立的格局由此形成。隋唐时期的中央监察机构是御史台。唐高宗更其名为“宪台”，武则天曾分置左、右肃政台，以监察中央和地方官吏，其正职仍称御史大夫，设御史中丞二人为副职。《通典·御史台》称："御史为风霜之任，弹纠不法，百僚震恐，官之雄峻，莫之比焉。"唐代谏官名称比汉代增多，除谏议大夫外，又增设补阙、拾遗，三者各分左右，分属门下、中书二省。

宋代中央设中书和枢密院分掌文武二柄，号称二府。三师、三公仅为加官、赠官，不预政事(蔡京、贾似道等曾以太师身份领职专权，这是例外)。尚书、中书、门下三省的机构虽仍设置，但其长官仅为序进之位，没有实权。在三省之外，另设"中书门下"在朝堂西，以"同中书门下平章事"为宰相，"参知政事"为副相。"中书门下"，简称"中书"。枢密院为最高军事行政机关，设枢密使、知院事为长官，由文人充任。宋代掌管禁军的机构是殿前司、侍卫马军司与侍卫步军司，合称"三衙"。各司长官称都指挥使，职责是训练管理禁军。战事发生，需禁军出战，则由皇帝另派将帅。北宋时设有三司使和三司副使，总管盐铁(此司掌工商收入、兵器制造)、度支(此司掌财政收支、粮食漕运)、户部(此司掌户口、赋税和榷酒等)三司。三司地位略低于二府，号称"计省"，其长官被称为"计相"。王安石变法时设"制置三司条例司"于三司之上，由中书和枢密院长官兼领，作为变法总枢纽。宋神宗元丰年间改革官制，恢复三省行政职能，将三司并入尚书省下设的户部，以尚书左右仆射为正相，左仆射兼门下侍郎，右仆射兼中书侍郎，另设门下侍郎、中书侍郎和尚书左右丞为副相。宋代宰相名称多次变更。到南宋宁宗以后，多以宰相兼枢密使。

辽朝是契丹人建立的国家。皇帝的宫帐称"斡鲁朵"，有直属的军队、民户。辽皇帝经常外出游猎，设行帐称"捺钵"。自辽圣宗起，捺钵成为朝廷决定军政大事的中心。在皇帝之下，设有北、南两套管理机构：北面官在皇帝宫帐左侧，治宫帐、部族、属国之政；南面官在皇帝宫帐右侧，治汉人州县、租赋、军马之事。此即所谓"以国制治契丹，以汉制待汉人"。北面、南面官的最高机构均为枢密院和宰相府。枢密院掌军事；宰相府设左、右宰相，总管政务。

西夏是党项人建立的国家，其官制亦有两套：一为党项人原有的官职，专授党项人；二为采择宋制建立的以中书省、枢密院为最高行政、军政系统的官制。

金朝是女真人建立的国家。建国之初，在皇帝之下设立勃极烈四人，组成最高统治机构。金熙宗时，废除勃极烈，改用汉制。此后，金世宗时正式确立尚书统领六部的行政体制。其最高军事机构枢密院受尚书省节制。

元朝最高统治者称为大汗。忽必烈建元称帝，在中央设总管政务的机构中书省和最高军事机关枢密院。中书省的长官中书令与枢密院的长官枢密使例由皇太子兼领，下设左、右丞相，左、右丞，知院等具体掌管。此外，中央还设有一些行政机关，如通政院管理驿站，宣政院管理宗教及吐蕃事务，太史院掌历法，大司农司掌农桑、救荒，都水监掌河渠水利等。

宋代亦设御史台和谏院，掌监察与规谏。御史大夫为虚衔，真正主持台政的是御史中丞，由右谏议大夫权中丞。中书、门下两省的谏官合在一起组成谏院，由知谏院掌管。宋时改唐代所设谏官称号，如改左右补阙为左右司谏，改左右拾遗为左右正言。宋朝御史由皇帝亲自任免，御史有权“风闻弹事”。元朝对检察机构格外重视，除中央设御史台掌纠察百官善恶、政治得失外，还在江南、陕西设行御史台，行御史台官员设置同中央御史台。

明初沿元制，以中书省为最高政务机关。洪武十三年(1380年)废中书省，皇帝亲理国政。洪武十五年(1382年)，明太祖以翰林院官员加殿阁大学士衔草拟诏谕，备顾问。

翰林始置于唐初，为内廷供奉之官，多以文学经术侍从皇帝，备顾问。玄宗开元初始置翰林院，以张九龄、张说、陆坚等掌四方表疏批答、应和文章，号“翰林供奉”，与集贤院学士分司起草诏书及应承皇帝的各种文字。开元二十六年(738年)，翰林供奉改称“学士”，别置学士院，专掌内制，被认为是“清要显美”之官。宋设翰林学士院，在内朝起草诏旨，在内侍省下设翰林院，总天文、书艺、图书、医官四局。明初，太祖“以一身统御天下，不可无辅臣”，便仿宋制，设诸殿阁大学士，帮自己处理政务。明成祖命翰林院侍读、编修、检讨等文学侍从官员入值文渊阁，正式称为“内阁”，并参预机务。明世宗时起，内阁长官的朝位班次俱列六部之上。自明中叶起，阁臣已有首辅、次辅、群辅之别，首辅掌有票拟权。明朝“内阁之票拟，不得不决于内监之批红(司礼秉笔太监有权替皇帝批答奏章，称批红)，而相权转归之寺人，贤士大夫之进退，悉颠倒于其手”。明初，主兵柄者为大都督府。洪武十三年(1380 年)，撤销大都督府，改置前、后、左、右、中五军都督府，分统在京卫所及在外都司卫所。清初仿明制设内阁。雍正时设军机处，成为由皇帝直接控制的处理军政事务的中心。军机大臣在亲王、大学士、尚书、侍郎或京堂(院、寺等衙门长官)中选任，每天受皇帝召见，商议军政大事，用面奉谕旨的名义向各部门、各地方负责官员发布指示。明清以六部、都察院、通政司、大理寺的首长为大九卿，以太常寺、太仆寺、光禄寺、鸿胪寺、国子监等九个部门的首长为小九卿。理藩院是清朝特设的管理蒙、回、藏事务的机关，主要官员由满人和蒙古人担任。

明清中央监察机构为都察院，设左、右都御史。明代中央六部主要由六科给事中负责稽查，给事中还兼任前代谏议、补阙、拾遗之职，俗称“给谏”。对地方官吏的监察，主要由监察御史执行。清朝都察院所属有六科、十五道、五城察院、宗室御史处及稽查内务府御史处等。御史也称台谏。“监察御史掌纠察内外百司之官邪，在内刷卷、巡视京营、监文武乡会试、稽查部院诸司；在外巡盐、巡漕、巡仓等及提督学政，各以其事专纠察，朝会纠仪，祭祀监礼，有大事集阙廷预议焉。”清朝的六科给事中与各道监察御史合称“科道”，其人选多由翰林院编修、检讨以及内阁中书、各部郎中经考试合格被录用。

中国古代地方行政机构规范化并产生深远影响，是从秦统一六国、建立专制主义中央集权制封建国家开始的。秦朝建都咸阳，设内史以掌治京师。在全国实行郡县制，设郡守掌行政，设郡丞为副职，郡尉掌军事。郡下设县，万户以上的县，设县令(不足万户的设县长)，县丞助理县政，县尉掌管治安。秦设监御史(简称为监)掌郡内监察。县下有乡(十亭为一乡)、亭(十里为一亭)、里等组织。乡有三老(掌教化)、啬夫(掌税收、诉讼)、游徼(掌禁盗贼)；亭有亭长；里有里正。汉承秦制，以郡统县。改郡守为太守，后因兼领军事，又称郡将。郡设督邮，举察属县官吏、督治地方；设主簿，掌文书簿籍。西汉京师设左冯翊、右扶风和京兆尹，东汉设河南尹，以掌治京师。汉代和郡平行的还有“国”。起初，国的官制仿中央，后为削夺诸侯国权势，由中央派相处理王国行政。诸侯国的相与郡的太守品秩都是二千石。汉武帝将全国划分为十三州(或称部)，设刺史为长官进行监察。负责京师监察的司隶校尉，略如刺史。“别驾”“治中”是刺史的属官。

别驾随刺史出巡;治中居中治事,主众曹文书。东汉时刺史改称州牧,掌有军权。魏晋南北朝时期,地方行政机构是州、郡、县制。州的长官称刺史或州牧,允许成立军府,带有将军称号,其下属有长史、司马、参军等。北魏时期,县以下实行三长制。

隋唐采用州县或郡县作为地方行政机构,州刺史与郡太守也被称为使君。贞观二十三年(649年)七月,唐改诸州治中为司马,别驾为长史。为了加强对地方的监察,唐政府按山川形势划全国为十道,后增至十五道,每道派京官一人巡察所属州县。道的长官先后称为巡察使、按察使、采访处置使、观察使等。在边境地区,则聚数州为一镇,设节度使统民、财、军政及监察。观察使、节度使下设判官、掌书记、推官等作为属官。唐朝时在京师、陪都及行都所在地设府,长官称牧或尹。在边地设都护府,正职为都护、副职为副都护。唐朝的节度使地位近似宰相,故节度使有功往往入朝为相,宰相也往往出任节度使。"安史之乱"后,内地普遍设置节度使。节度使拥兵自重,传位于子弟或部下,不奉朝命。此后便出现了"天子宁有种耶?兵强马壮者为之尔"的局面。

宋太祖赵匡胤为了彻底清除节度使拥兵割据局面,以保赵宋王朝长治久安,收夺将领兵权,只让将帅大臣和宗室勋戚拥有节度使的虚衔。宋代地方行政机构为路、府(或州、军)、县。路设转运使掌财政,经略安抚使掌军政,提点刑狱公事掌司法,提举常平使掌赈灾和盐铁专卖。宋于首都、陪都及与皇帝关系密切的地方设府,京师置府尹,他府设知府、通判等。州长官称知州,监州官是由中央派来、直接向皇帝负责的通判。宋代派中央官员出掌县政,称知县。县丞、主簿、县尉协助知县掌理县政。县下设乡、坊、里,由乡书手、坊正、里正负责具体事务。宋代欧阳修在其所写的《醉翁亭记》和《丰乐亭记》中分别提到太守、刺史,纯属沿用前代旧称,因为宋不设太守,刺史也是虚衔。

元最高地方行政区划为行省,设丞相一人、平章二人、左右丞各一人、参知政事二人。行省下设路、州(或府)、县。各级机构都设有达鲁花赤,由蒙古人担任,以掌实权。另设总管、府尹、州尹、县尹等,与达鲁花赤共同管理地方事务。县下设社、甲,由社长、甲长负责。明代改行省为承宣布政使司,设左右布政使掌民政、财政;设提刑按察使司掌司法;设都指挥使司掌军事。三司互不统属，分别隶属于皇帝和中央有关部门。习惯上仍称明布政使司为“省”。省下辖府、州、县，长官分别为知府、知州、知县。县以下为里甲制，由里长、甲长负责。布政使遣参政、参议分掌若干府州和赋役，称分守道和督粮道。按察使遣副使、佥事分掌若干府州和学校、兵役、驿传等事，称为分巡道、提督学道、清军道和驿传道。为了处理某一地区的财政、军务，临时派朝臣出巡、处理，称为巡抚，牵连范围较大时，则派总督前去处理。督、巡“有事则设，无事则罢，但为持节奉使之臣”。

清代在普遍设省作为地方最高行政区划的同时，因地制宜。在东北的盛京、吉林、黑龙江设将军管辖，在热河、张家口、察哈尔等地设都统管辖，在新疆、青海、西藏、内属蒙古、外藩蒙古等地设将军、都统、办事大臣管辖。在新疆于将军、大臣下保留伯克组织，在蒙古建立盟旗组织。巡抚是清代省级的最高长官，大多带有“右副都御史”“兵部侍郎”的头衔，世称抚台、抚军。总督总揽一省或二三省的军、民要政，大多带有“右都御史”“兵部尚书”的头衔，世称制台、制军、大帅。总督衙门称行辕。清代的总督、巡抚是固定的地方官员，世称封疆大吏、疆臣。各省财政、人事由布政使掌管，世称藩台、方伯；司法由按察使掌管，世称臬台；科举、学校由提督学政掌管，世称学台。省下设道、府、县等机构。道设道员，亦称道台。府、县设官同明朝。县下设里甲、保甲等组织。

在中央、地方及监察机关官制因袭变化的同时，作为国家机器重要组成部分的军队及其指挥系统也随之不断演进。魏晋时，宿卫军由中领将军、中护将军统帅，下设七军(左、右卫，前、后、左、右军，骁骑)、五校(屯骑、越骑、步兵、长水、射声)，每军设将军一人、每校设校尉一人统领。遇有征战、屯军时，则由带有都督头衔的将军统领。北齐时设领军府、护军府，分统禁卫军和京师卫戍军。北周以六柱国十二大将领分掌禁旅，实行府兵制。隋朝设十二卫府。唐初设十六卫，各卫设上将军一人、大将军一人、将军二人，其下有长史、参军、都尉、中郎将、校尉、旅帅等官。全国共有六百多个折冲府，分属于中央十二卫。府的长官为都尉。官兵平时轮流到京师值勤。出征作战时，从各卫点将、各府点兵，统军将领称行军总管。唐代宗以后，宦官充任左右神策军的护军中尉和中护军，从而挟制天子、专擅朝政。宋代统率禁军的是殿前都指挥使、马军都指挥使、步军都指挥使。指挥使下设副都指挥使、都虞候等官。出征时则设宣抚使、制置使、招讨使、都统制等名号。元代禁军首领为怯薛长和各亲军卫指挥使，遇有战争，军队要听从行省及枢密院节制。明代负责警卫皇帝的是锦衣卫，由带“领侍卫”头衔的勋臣统领。明设前、后、左、右、中五军都督府，分统都司卫所。都督府设左右都督、同知、佥事等；都司、卫所除设指挥使外，也设有同知、佥事。遇有战事，由皇帝指派将军、总兵统帅出征。明中叶后，京师设五军营、三千营和神机营，各设提督或总兵统领。三大营之上有监军太监、“协理京营戎政”的兵部侍郎和提督京营的右都御史。清朝设禁旅八旗为禁卫军，由领侍卫内大臣等统领。地方驻军分驻防八旗和绿营两个系统。驻防八旗直属于皇帝，由驻防将军、都统等统领，有监视当地官员和绿营兵的职责。绿营兵由督抚统领，其长官为提督，也称军门。此外，总督、巡抚、提督、总兵各自有直属部队，分称督标、抚标、提标、镇标。

以上是阅读古籍中最常遇到的一部分职官及常识。如要了解更多，还须深入阅读有关著述及研究成果。

姓　氏

姓、氏起源于上古。所谓姓，是源于母系氏族时期的一种族号。因血缘关系由女性方面决定，故从母姓。“姓”字从女、从生，姜、姬、姚、嬴、姒、妫、嫪、姞等古姓都从女旁。所谓氏，是晚于姓而出现的姓的分支。由于子孙的繁衍，一族分为若干分支散居各地，每支有一个特殊的称号作为标志，这就是氏。《通鉴外纪》说：“姓者统其祖考之所出，氏者别其子孙之所自分。”这就指明了姓、氏的区别与联系。例如，商人的祖先姓子，后经繁衍分为殷、时、来、宋、空同等氏，“子”成了旧有的族号，殷、时、来、宋等氏就成了后起的族号了。西周时，姓、氏制度形成，并与宗法制度联系起来。姓、氏是贵族的特权，贵族中女子称姓，男子称氏。姓是用来明血缘、别婚姻的，因生而命，较为稳定。因“男女同姓，其生不蕃”，所以贵族女子的姓必须明确，而且在出嫁时至关重要。当时周王室及其同姓封国鲁、晋、郑、卫、虞、虢、吴、燕等国都是姬姓；异姓封国中，齐是姜姓，秦是嬴姓，楚是芈姓，宋是子姓，越是姒姓。因有同姓不婚的规定，所以同姓之国互称兄弟；因异姓才可以通婚，故异姓之国互称甥舅。例如，春秋时期秦、晋两个异姓诸侯国世代通婚，后人因此而称联姻为“秦晋之好”。为了对待嫁的女子加以区别，就在姓前加上孟(伯)、仲、叔、季等表示排行的字眼。正如古书中的孟姜、伯姬、仲子、叔姬、季芈等。出嫁后则有如下几种方法可以加以区别：第一种是在姓前加上女子所自出的国名或氏，即女子娘家的姓或氏，如齐姜、晋姬、秦嬴、陈妫、虢姜等，其中“虢”为氏。第二种是嫁给别国的国君的，在姓前加上国君的国名，如秦姬、芮姜、息妫、江芈等。第三种是嫁给别国的卿大夫的，在姓前加上卿大夫的氏或邑名，如赵姬(赵衰妻)、孔姬(孔圉妻)、秦姬(秦遄妻)、棠姜(棠公妻。棠，邑名)。第四种是出嫁的女子死后在姓前加上配偶或本人谥号，如武姜(郑武公妻，武是郑武公的谥号)、文姜(鲁桓公妻，文是其本人的谥号)。此外，在姓下加氏字也是古代称呼妇女的一种方法，如郑庄公称自己的母亲武姜为姜氏，鲁文公妃敬嬴被称为嬴氏，晋献公妃骊姬被称为骊氏。

以上是就贵族女子的姓、氏而言，下面谈的是贵族中男子称氏的几种情况。第一种，诸侯以受封的国名为氏，如郑捷(郑国国君郑文公)、蔡甲午(蔡国国君蔡庄公)、宋王臣(宋国国君宋成公)。第二种，卿大夫及其后裔以受封的邑名为氏，如屈完(屈为封邑名)、羊舌赤(羊舌为封邑名)。第三种，以所居地名为氏，如东门襄仲(东门为地名)、南宫敬叔(南宫为地名)、百里孟明视(百里为地名)。第四种，以官名为氏，如卜偃(卜为掌管占卜、预测吉凶的官)、祝鮀(祝为司祭礼之官)、司马牛(司马为掌军事的官)、乐正克(乐正为乐官名，掌教育)。第五种，以祖先的字或谥号为氏，如孔丘(为宋公孙嘉之后，嘉字孔父)、季孙肥(为鲁公子友之后，友字季)、庄辛(楚庄王之后，以谥号庄为氏)。第六种，以祖先的技术职业为氏，如巫(以舞降神)、陶(以制陶为业)、屠(以宰杀牲畜为业)。由于氏是贵族身份的象征，所以古代诸侯诅辞多曰“坠命亡氏，踣其国家”。春秋战国时期，随着社会的变革，旧的氏族不断瓦解，新的氏族日益增多，姓、氏逐渐融合。汉代起，姓氏合一，通谓之姓，并且上至天子下至庶人都能有姓了。

姓从最初为贵族女子所有到人人皆可有，不断繁衍，《中国姓氏大全》收录有古今姓氏五千六百多个。

面对众多姓氏，有必要注意以下几点。

第一点，姓的繁衍途径不断增多。一是原先作为亲属排行的孟(伯)、仲、叔、季被列为姓。二是作为序数的第一、第二直至第九成了复姓。三是植物、矿物名称被列为姓，如麦、麻、杨、柳、金、玉等。四是因事象声为姓，如“所”，本为伐木之声，后被伐木之官用来作姓。五是少数民族不断融入带来许多姓，又在融合过程中译改为汉姓，使姓不断增多。六是因音讹、省偏旁及复姓省称导致姓氏增多，如古代陈、田音近，由陈而生田姓；又如郯音近谈，便生谈姓；又如钟离因省称而生钟姓，司寇因省称而生寇姓；再有鄣、邴因省偏旁而生章、丙二姓。

第二点，姓氏的特殊读音必须清楚，如祭音 zhāi、句音 gōu、种音 chóng、兒音 ní、要音 yāo、燕音 yān、任音 rén。再如一些复姓读音比较特殊，如万俟读 mòqí，澹台读 tántái，尉迟读 yùchí。

第三点，姓氏中有许多是复姓，如公冶、司马、欧阳、拓跋、宇文、淳于、申屠、呼延、上官，等等。

第四点，因避讳、避事、避仇改变姓氏。由于避皇帝之讳而改姓的例子如：班固撰《汉书》，为避东汉明帝刘庄讳，称庄子为严子。颜师古注：“严子，庄周也。”同书称西汉的学者庄忌及其子庄助为严忌、严助。因避事改姓的例子如：汉将谢服改姓射。因避仇改姓的例子如：端木赐的后代改姓沐、木。

第五点，同姓异源。例如刘姓，除本姓外，有由刘邦赐姓为刘的，项伯、娄敬即是。也有由少数民族姓改姓刘的，如《晋书·刘元海载记》云：“初，汉高祖以宗女为公主，以妻冒顿，约为兄弟，故其子孙遂冒姓刘氏。”再如李姓，单是被唐朝皇帝赐姓为李的就有徐、邴等十六个姓氏，再加上西北及东北等地区少数民族被赐姓为李，使李姓不断增大。

与姓氏紧密相关的是名和字。婴儿出生三个月后由父亲命名，男子二十岁成人举行冠礼(结发加冠)时取字，女子十五岁许嫁举行笄礼(结发加笄)时取字。有字是人成年的标志。字有时为名的解释或补充。例如：屈原名平，字原，《尔雅·释地》：“广平曰原”；晁补之字无咎，意即补过则无咎；班固字孟坚，坚和固是近义词；郑樵字渔仲，渔与樵都是在野处士之义，意思相辅；范祖禹字梦得，史载其母梦东汉第一功臣邓禹来家而生之，因以祖禹为名，梦得为字，这里名和字都寓意了他的出生由来。另有字与名是反义词的，如曾点字皙。《说文》："点，小黑也。"引申为污。又："皙，人色白也。"黑与白正相反。

周代贵族男子字的全称包含三项内容：一是字，二是在字前加有表示排行的伯、仲、叔、季，三是在字后有父、甫用来表示性别。例如，伯禽父，即字禽，排行老大，是男性。仲山甫，即字山，排行老二，是男性。有时可省去字前或字后所加部分，变成伯禽、仲山或禽父、山甫。贵族女子字的前后则要加上三项内容：字的前面加姓，姓的前面加表示排行的孟(伯)、仲、叔、季，字的后面加母或女表示性别。例如，孟妊车母，车是字，妊是姓，孟是排行，母是性别。也可省去前系或后缀。通常是在姓前加上排行以称呼贵族女子，如孟姜、叔姬，等等。"子"是春秋时男子通常在字前所加的前系，以示尊美，如公孙侨字子产，冉求字子有，卜商字子夏，端木赐字子贡。有时只称姓和字，省去字前所加"子"，如颜回字子渊，通常省去"子"称颜渊。

在名与字连用时，汉以前通常是先称字，后称名，如孟明视，孟明是字，视是名；孔父嘉，孔父是字，嘉是名。因字尊名卑，故自称或尊对卑、长对少称名，平辈之间或对尊、长等称字。汉以后，在名与字连称时，则多先称名，后称字。例如，曹丕撰《典论·论文》，论及孔融、王粲时，称"鲁国孔融文举""山阳王粲仲宣"，孔融名融字文举，王粲名粲字仲宣。有时为了文辞骈俪，还把一个人的名、字分别放入两句中对举，如"胡广累世农夫，伯始致位公卿。黄宪牛医之子，叔度名动京师"。这是《宋书·恩幸传论》中对东汉时胡广、黄宪二人的追忆及评述。文中的胡广姓胡名广字伯始，黄宪姓黄名宪字叔度。此外，古书有时将名人姓名省去一字称呼或书写，如称司马迁为马迁，称介之推为介推，称鲁仲连为鲁连，等等。

古人除名、字之外，还有别号，如辛弃疾号稼轩，陆游号放翁。别号为两个字组成的，反而比字还常用，如陆游字务观，号放翁，人们对他的号比对他的字还要熟悉。别号为三个字以上的，在古书中亦多见。例如，葛洪自号抱朴子，陶潜自号五柳先生，苏轼自号东坡居士，欧阳修自号六一居士，朱耷自号八大山人，等等。三字以上的别号也常压缩为两个字，如称东坡居士为东坡，称少陵野老(杜甫自号)为少陵。别号约兴起于周秦之际，原为隐匿本名之用；自唐代起，取别号之风日盛；到明朝时，室名别号几乎取代本名及字；到清代时，一些著名人物的号几乎尽人皆知，而其本名却极少有人知晓，如郑燮号板桥，名燮，他的情况即如上述。

继称他人字号以示尊敬之后，又产生了称官爵、称地望(出生地或住地)以示钦敬之说。例如，杜甫曾做过检校工部员外郎，便称他为杜工部；王安石为临川(今江西省抚州市临川区)人，便称他为王临川；郑樵在夹漈山(今福建莆田西北)讲学著书，学者尊称他为夹漈先生；柳宗元是河东(今山西永济)人，被称为柳河东；王夫之晚年居衡阳石船山，被称为王船山。此外，以排行相称或以排行加官职连称以示尊敬的现象在唐代诗文中较盛行。例如，元稹被称为元九，白居易被称为白二十二，杜甫被称为杜二拾遗，李绅被称为李二十侍郎。其中排行是按照曾祖兄弟的长幼次序来排算的，拾遗、侍郎均为官名。

谥号是一个人在名字之外的又一个别名，是对死者生前事迹和品德的概括。谥号分公谥和私谥。私谥是有名望的学者死后，其亲友门人所加的谥号。例如，陶渊明死后，颜延年为他作诔(哀悼死者之文，即悼词)，谥为靖节征士；张载死后，门人谥为明诚夫子。公谥是古代帝王、诸侯、卿大夫及高官大臣等死后，由朝廷根据他们的生平行为给予的一种称号。皇帝、后妃的谥号由礼官议定，官员的谥号由皇帝审定赐给。授谥号的标准就是谥法。《逸周书·谥法解》对周代君王作谥之法叙述颇详，其谥号大体可以分为三类：美谥、平谥、恶谥。例如，文、武、景、惠、昭、宣、元、成、平、明、桓、献、康、穆等为美谥，意在赞美；哀、愍、怀、悼等为平谥，表示同情；炀、厉、灵等为恶谥，意在批评。

历代帝王死后，都要在太庙立室奉祀，要确立名号，这个名号就是庙号。从汉代起，开国皇帝一般称祖，后来的嗣君称宗。在庙号与谥号连称时，一般是庙号放在谥号之前。比如汉朝开国皇帝刘邦，庙号加谥号全称为太祖高皇帝，太祖是庙号，高是谥号；汉文帝的全称是太宗孝文皇帝，太宗是庙号，文是谥号。自汉文帝起，每个皇帝谥号前都加一个“孝”字，“孝”字也就成了谥号的一部分。汉代的皇帝不是每个都有庙号，“有功”“有德”的才被称为“祖”“宗”。例如，汉高祖刘邦的谥号、庙号被省称为高祖，《汉书·高帝纪》张晏注解说：“礼谥法无‘高’，以为功最高而为汉帝之太祖，故特起名焉。”又《汉书·景帝纪》记述了丞相申屠嘉的奏议：“世功莫大于高皇帝，德莫盛于孝文皇帝。高皇帝庙宜为帝者太祖之庙，孝文皇帝庙宜为帝者太宗之庙。”庙号称“宗”，在南北朝时已成普遍现象，到唐代就无帝不“宗”了。唐以前对殁世的皇帝简称谥号，如汉高祖、汉武帝、隋文帝、隋炀帝等，不称庙号；自唐开始，因谥号不断增字加长，不便称呼，故改称庙号，如唐太宗、唐玄宗、宋太祖等。谥号加长的原因与尊号有关。尊号是群臣为皇帝奉上的由尊崇褒美之词组成的特殊称号，起于唐武后、中宗之世，有生前奉上的，也有死后追加的，不仅皇帝有，后来帝后也有，改叫徽号。生前奉上尊号的如唐玄宗于开元二十七年(739 年)受尊号为“开元圣文神武皇帝”，宋太祖于乾德元年(963 年)受尊号为“应天广运仁圣文武至德皇帝”。死后追加尊号的如唐玄宗天宝十三年(754 年)对已死多年的唐高宗上尊号为“神尧大圣大光孝皇帝”。这种死后所加的尊号，可以说是谥号。谥号的字数随着多次上尊号而不断增多，如清代同治皇帝尊生母那拉氏为圣母皇太后，上徽号曰“慈禧”，由于徽号(即尊号)可以每逢庆典累加，因此那拉氏的徽号积累有“慈禧端佑康颐昭豫庄诚寿恭钦献崇熙”十六字。又如朱元璋，死后谥曰高皇帝，庙号太祖；永乐元年(1403 年)，谥“圣神文武钦明启运俊德成功统天大孝高皇帝”；嘉靖十七年(1538 年)，增谥“开天行道肇纪立极大圣至神仁文义武俊德成功高皇帝”。谥号如此之长，舍称谥号只称庙号也就成为必然。

自汉武帝开始，年号成了封建皇帝纪年的名号。公元前 140 年武帝即位，称这年为建元元年。自此，封建帝王有了自己在位期间的年号。此后，每个皇帝即位，都要改变年号(改元)，甚至在位期间多次改元。汉武帝在位五十四年，建有十一个年号；唐武则天称帝不满二十年，用过十七个年号。明、清两代，基本上一个皇帝在位期间只用一个年号，因而常用皇帝在位期间的年号来称呼皇帝，如嘉靖皇帝、崇祯皇帝、乾隆皇帝、同治皇帝，其中嘉靖、崇祯分别为明世宗和明毅宗的年号，乾隆、同治分别为清高宗和清穆宗的年号。据统计，中国古代先后使用过的年号有八百个左右。同一朝代两个皇帝用过相同年号，或不同朝代同一年号多次被使用的现象也曾出现过。因而为了准确判断年号，必须与所属帝王及历史背景相联系。

避　讳

所谓避讳，是古人在言谈和书写时要避开君父尊亲的名字。这是中国古代特有的一种制度。

避讳约起源于周代。《周礼·春官》注：“先王死日为忌，名为讳。”意为对先王的名字不得直呼，要避开以示敬意。周代文献中有关避讳的记载很多。到秦朝时，随着封建专制主义中央集权国家的建立，避讳形成定制。秦始皇名政，因而“秦讳正，谓之端”，正月改称端月，正直改称端直；秦始皇之父庄襄王名子楚，秦讳言楚，改楚为荆。汉承秦制，避君讳更为严格。汉高祖名邦，邦改为国。汉文帝名恒，恒改为常，恒山改为常山，春秋时人田恒被改名为田常。汉景帝名启，微子启被改名为微子开。汉武帝名彻，蒯彻被改名为蒯通。汉明帝名庄，庄助被改名为严助，庄子被改名为严子。观此可知，汉代为避皇帝讳，要改别人的名、姓，甚至山名、地名也要因之而改。到晋朝时，避讳渐臻严密，皇后及皇后母亲的名字也被列为避讳范围。例如，东晋简文宣郑太后讳阿春，《晋书·后妃传》数引《春秋》，均改作《阳秋》。地名中凡春字皆以阳字代之，如富春、宜春改为富阳、宜阳。孙盛、檀道鸾所撰编年体史书《晋春秋》《续晋春秋》分别被改称为《晋阳秋》《续晋阳秋》。再如史学家虞预本名茂，因犯明穆皇后母讳，故改之。此外，“授官与本名同宜改”“山川与庙讳同应改”等被列为讳议，成为定制。《世说新语》载有桓温之子桓玄重家讳的故事：桓玄曾设宴待客，一位宾客嫌酒凉，要侍者“取温酒”，桓玄闻言，认为客人犯了他的家讳，痛哭失声。家讳属私讳，即人子避祖、父之名，是与对孔子及帝王之名众所共讳(公讳)相对而言的，二者均为避讳。南北朝时，公讳宽严因统治者不同而异，避私讳受到士大夫重视，宋太保王弘“日对千客，不犯一人之讳”，被传为美谈。唐朝把讳禁明定为法律。《唐律疏议》称：“府有正号，官有名称。府号者，假若父名卫，不得于诸卫任官，或祖名安，不得仕长安县职之类；官称者，或父名军，不得作将军，或祖名卿者，不得居卿任之类。皆须自言，不得辄受。”诗人李贺，父名晋肃，因晋与进同音，时议认为李贺不能参加进士科考试。韩愈因劝李贺参加进士科考试遭到非议，特写《讳辩》进行辩驳，最终李贺还是没能参加进士科考试。此外，唐人注《史记》、两《汉书》、《文选》，撰《晋》《梁》《陈》《北齐》《周》《隋》《南》《北》八史，于唐朝讳，多所改易，致使古籍混淆。唐肃宗因安禄山发动叛乱而憎恶其名，改安化郡为顺化郡，宝安县为东莞县。后梁太祖朱全忠因其祖父名信、父名诚，下令地名凡有成、城、信诸字皆改之，致使后梁的图书金石皆无诚、忠、信等字。

宋代避讳之风特盛，记载有避讳内容的书也很多，如洪迈的《容斋随笔》、王楙的《野客丛书》、王观国的《学林》、周密的《齐东野语》等。据《容斋随笔》记载："本朝尚文之习大盛，故礼官讨论，每欲其多，庙讳遂有五十字者。举场试卷，小涉疑似，士人辄不敢用，一或犯之，往往暗行黜落。方州科举尤多，此风殆不可革。"宋以前最多只避七世帝讳，由于宋代凡帝讳皆要避，避讳之字骤增，至宋孝宗时，本朝帝讳字二百七十八个。士人作文遣字堪称艰难。

明初由于朱元璋学问未深，易疑忌，避讳极多。史载杭州府学教授徐一夔在上给朱元璋的贺表中有"光天之下，天生圣人，为世作则"等颂美之辞，朱元璋用自己的理解诠释，说："生者僧也，以我尝为僧也。光则薙发也，则字音近贼也。"遂斩之。又僧来复谢恩诗，有"殊域"及"自惭无德颂陶唐"之句，朱元璋诠释说："汝用殊字，是谓我歹朱也。又言无德颂陶唐，是谓我无德，虽欲以陶唐颂我而不能也。"遂斩之。除因文字疑忌而生出一些避讳字外，对皇帝本人名字避讳较松。明万历之后，因帝王名字避讳改字现象增多，如光宗名常洛，书写时常多作尝，洛多作雒；熹宗名由校，书写时由字常缺末笔，校多作较。

清朝自康熙时起，不仅避讳皇帝的名字，而且把历来为汉族歧视少数民族所用的胡、夷、虏、狄等字也列入避讳字中。强烈的民族仇视与疑忌心理，促成触犯讳律案件的连续发生。雍正、乾隆时期，诗文中对帝名、庙讳的触犯是定案处刑的重要凭证，文字狱的频繁发生及用刑的残酷狠毒为历史上所仅见。

避讳自周秦时期产生，唐宋时期大为发展，明清时期达到登峰造极，至辛亥革命以后废除，其对中国历史及文化的影响极大。下面就常用的避讳方法加以简述。

最早采用的避讳方法是改字。例如，《左传》桓公六年记载："晋以僖侯废司徒，宋以武公废司空。"杜预注："僖侯名司徒，废为中军，武公名司空，废为司城。"此为因避讳改官名最显著者。《晋书·职官志》："晋初以景帝(司马师)讳故，又采《周官》官名，置太宰以代太师之任。"据《通典·职官》，隋改中书为内史，侍中为纳言。大业十二年(616年)，又改纳言为侍内。注曰："隋氏讳忠(隋文帝之父名杨忠)，凡中皆曰内。"上述为避讳官名而废原来字，另用他字代替。另一种改字法是用同义互训之字相代。例如，汉惠帝名盈，因此以满代盈；汉文帝名恒，凡遇恒字便改常字。还有一种改字法是改为音近字。例如，司马迁父名谈，凡遇谈字，他便改写为同；苏东坡祖父名序，凡遇序字，他都改写为叙。

继之而起的避讳方法是空字。第一种是用"某"代称被讳名。例如，《尚书·金縢》："惟尔元孙某。"孔安国传曰："元孙武王，某名，臣讳君，故曰某。"又如《史记·孝文本纪》："子某最长……请建以为太子。""某"，即汉景帝刘启。第二种是"径书讳字"。例如，许慎《说文解字》"于禾部光武讳，草部明帝讳，火部章帝讳，戈部和帝讳，示部安帝讳，皆注曰上讳，空其字不注"(详见陈垣《史讳举例》)。第三种是作空围(□)。例如，《南齐书》为梁武父顺之讳，凡"顺"字皆改为"从"，遇"顺"之名则空之，汲古阁本《鱼腹侯子响传》中萧顺之写作□。第四种是空其避讳字不书。例如，《史记》《汉书》于汉诸帝皆不书名。

避讳缺笔始于唐代高宗之世。《册府元龟·帝王部·名讳门》记载显庆五年正月诏曰："孔宣设教，正名为首……比见抄写古典，至于朕名，或缺其点画，或随便改换……自今以后，缮写旧典文字，并宜使成，不须随义改易。"可见高宗显庆初年已有避讳缺笔之事。唐代缺笔避讳法产生，当时所刻石经缺笔多而改字少，对于保存经典原本无疑是有利的。

避讳改音之说亦始于唐，在唐以前者多非由讳改，在唐以后者又多未实行。《史记·秦始皇本纪》："秦始皇帝者……以秦昭王四十八年正月生于邯郸。及生，名为政，姓赵氏。"《正义》曰："正音政，'周正建子'之'正'也。后以始皇讳，故音征。"《史记正义》为唐人张守节所著，宋张世南《游宦纪闻》、孙奕《示儿编》，均主是说。经陈垣考证，"正音征"非为秦讳。又

"昭"有"韶"音，唐人以为避晋讳。《汉书·韦玄成传》颜师古注："晋室讳昭，故学者改昭为韶。"李涪《刊误》认为："至晋武帝以其父名昭，改为韶音，历代已远，岂宜为晋氏之讳，而行于我唐哉？今请复为昭穆。"清雍正三年上谕："孔子讳理应回避"，九卿议以凡系姓氏，俱加"阝"为邱。上谕："嗣后除四书五经外，凡遇此字，并加'阝'为邱……读作'期'音。"陈垣评述说："加'阝'作邱，至今通行。至读'期'音，则世鲜知者。可见避讳改音之例，始终未尝实行也。"

据陈垣《史讳举例》考订，中国历代避讳种类繁多，诸如改姓、改名、辞官、改官、改经传文，等等。避讳给阅读和使用古籍文献造成了诸多不便，但研究避讳而能应用之于校勘学及考古学者，谓之避讳学，是史学中一辅助科学。继宋代学者致力于避讳学外，清代顾炎武的《日知录》、赵翼的《陔余丛考》、王鸣盛的《十七史商榷》、王昶的《金石萃编》、钱大昕的《十驾斋养新录》，都有专条考证避讳。尤其是钱大昕的《廿二史考异》，常用避讳解释古史的疑难。另有避讳学方面的专著多种，如陆费墀的《帝王庙谥年讳谱》、黄本骥的《避讳录》、周榘的《廿二史讳略》等。集历代避讳成果之大成的专著，是陈垣所著《史讳举例》八卷。此书以史为主，体裁略依俞樾的《古书疑义举例》，全书六万余言，是"使考史者多一门路、一钥匙也"。

车马

车马是指供人乘用的车和拉车用的马。古人"服牛乘马"，即用牛车载运货物，用马车供出行和作战使用。

古代马车由舆、輢、式(轼)、车盖、辋、毂、辖、车轮、辕等部分组成。舆即车厢，是乘人的部分。舆的前面和两旁以木板为屏蔽，后面留有缺口，以便乘者升降。车上有绥(绳子)，供人上车时作拉手用。对此，《论语·乡党》曾记述孔子升车时情景："升车，必正立，执绥。"舆两旁的木板可以倚靠身体，叫作輢。舆前部的横木可以凭倚作扶手，叫作式(轼)。《礼记·檀弓下》记载："孔子过泰山侧，有妇人哭于墓者而哀，夫子式而听之。"此句中的"式"是指致敬的动作，古人在行车途中用扶式俯首的姿势表示敬礼。车盖像一把雨伞，安装在车舆上，用来蔽日遮雨。辋为车轮的边框，它和毂(车轮中心有孔的圆木)成为两个同心圆。辋和毂由三十根木条连接起来，故《老子》说：“三十辐，共一毂。”辐，即木条。因四周的三十根辐条都从辋向毂集中，所以叫“辐辏”。连接两车轮的横梁叫车轴，轴上架有车舆，轴两端露在毂外，用辖(一根三四寸长的销子)将其固定。《淮南子》所述“夫车之能转千里所者，其要在三寸辖”，突出强调了辖的作用。用来阻止车轮转动的木头叫轫，要启程就要移开轫，叫“发轫”。辕是夹在牲畜两旁的两根直木，其后端与车轴相连。其前端架在牲畜脖子上的横木叫作軏。车辕与軏插上销子连成一体，叫作輗。辕、軏、輗是古代大车上的组成部分，与之相对应的辀、衡、軏则适用于小车。《论语·为政》：“大车无輗，小车无軏，其何以行之哉?”说的是大车没有安横木的輗、小车没有安横木的軏，(没法套住牲口)如何能走呢？此外，辕与辀既是同义词，又有所区别，辕由两根直木组成，辀是单根曲木。

战国以前，马是专门用来拉车的，故车、马在古书中通常相连并举。《左传》昭公二十五年：“左师展将以公乘马而归。”孔颖达疏：“古者服牛乘马，马以驾车，不单骑也。至六国之时始有单骑，苏秦所云‘车千乘，骑万匹’是也。”《诗经·唐风·山有枢》：“子有车马，弗骑弗驱。”《论语·公冶长》：“愿车马衣轻裘，与朋友共，敝之而无憾。”以上是车马并举之例。也有车、马单独在文中出现的，但其意仍为由马驾的车，因二者必须结合才能供人使用。《论语·雍也》：“赤之适齐也，乘肥马，衣轻裘。”讲述的是孔子的学生公西赤(字子华)出使齐国时的装束。“乘肥马”，是指乘肥马所驾的车。

古人乘车通常尊者在左(以左方为尊)，御者(驾车的人)在中，右有一人陪乘。陪乘的人叫作骖乘，又叫车右。《穀梁传》成公五年：“使车右下而鞭之。”注：“凡车，将在左，御在中，有力之人在右，所以备非常。”出兵作战时，一般兵车是御者居中驾驭战车，左边一名甲士持弓，右边一名甲士持矛；征战的统兵主帅通常是居于兵车之中自掌旗鼓，为其驾车的御者在车左边，另有一人在车右边负责保护主帅，也叫车右。

古代两马并驾一车为骈，三马并驾一车为骖，四马并驾一车为驷。以驾车的马是三匹为例：中间的马叫服，左边的马叫骖，右边的马叫騑，或将服左右的马均称骖。

进入战国时代，赵武灵王从匈奴学会骑马，改革军事，胡服骑射。此后，骑马之风渐盛，骑兵才成为征战的重要力量。而此前古书中的“御马”“乘马”等，“马”均用来指车，御马即御车，乘马即乘车。《论语·季氏》“齐景公有马千驷”可解释为齐景公有四千匹马，但因驷为四马并驾一车，也可解释为齐景公有一千乘车。“齐地千乘”即因景公以车千乘打猎而得名。

古代车马数量的多寡及质量的好坏，在一定程度上反映了国家实力的强弱。战国时期诸侯国，小者称千乘，大者称万乘。秦始皇统一前，车辆大小不一，路宽窄不同，为了便于秦兵车行走，秦始皇下令车轴上两个轮子间的距离一律为六尺，此即车同轨(轨又引申为两轮在泥道上碾出来的痕迹，又叫作辙)。

衣饰

所谓衣饰，泛指人用以蔽体的服装、鞋帽及饰物。

古代的服装大体可分为两类，一为长袍，一为短衣。《诗经·邶风·绿衣》：“绿衣黄裳。”《诗经·齐风·东方未明》：“颠倒衣裳。”衣、裳在这两篇诗文中并举，衣指上衣，裳指下衣。《说文》：“常(裳)，下帬(裙)也。”先秦时因衣裳缝合前后深长，故称“深衣”。深衣是古代诸侯、大夫、士家居所穿的衣服，也是庶人的常礼服。深衣的形制奠定了秦汉袍服的基本样式，在其基础上发展出了禅衣、襜褕、复袍。禅衣是单层的薄长袍，“禅，单也。”东汉时称之为“单衣”。其质料或用布帛，或用薄丝绸。汉武帝召见江充时，江充穿的就是通常民间服用的禅衣。这种禅衣“上下相通，不别衣裳，故得通裁之名”。东汉时，禅衣成为武职官员的正式制服，“虎贲中郎将衣纱縠禅衣”。襜褕，是一种更为宽博的外衣，为男女通用的便服。《史记·魏其武安侯列传》：“武安侯坐衣襜褕入宫，不敬。”《索隐》：“谓非正朝衣，若妇人服也。”两汉之际，襜褕渐成为女子的常服。西汉末年，绿林军将士多服用襜褕，被三辅官吏及士人笑为“服妇人衣”(一说襜褕为短衣)。秦汉时期的“袍”有里有面，又称为复袍。用新绵之细长者填制的称为纩袍，用旧絮和新绵之短粗者填制的称为缊袍，这两种袍都是御寒的衣服。“绵”和“絮”都指丝绵，因当时还没有种植棉花。纩袍质地精美，多为富贵人物服用；

组袍质次价廉，多为贫民服用，有些洁身自好的官吏或安贫守志的儒生也以穿用此袍为乐。汉以后的绛纱袍、皂纱袍都成了正式的朝服。裘是古人御寒的皮衣。《诗经·桧风·羔裘》："羔裘如膏，日出有曜。"又《诗经·小雅·都人士》："彼都人士，狐裘黄黄。"裘毛外翻，色泽可见。达官显贵在朝会、祭礼或接待宾客时，要在裘上加一件罩衣，称作裼(xī)衣，颜色要和谐，否则会被认为不敬。搭配原则依《论语·乡党》："缁衣，羔裘；素衣，麑裘；黄衣，狐裘。"庶人则穿犬羊之裘，不需加裼衣。天子和最高级的官吏的礼服称为"衮"，上绣有龙，这就是后代龙袍的雏形。短衣称襦，为一般人(包括奴仆)服用。长襦至膝，短襦至腰。《乐府诗·陌上桑》："缃绮为下帬(裙)，紫绮为上襦。"襦是妇女所穿上衣，裙为下衣。直至唐宋以后，男以袍为常服、女以裙为常服才成为制度。襦衣外曰表，内曰里，中间加絮可以作为冬服。古诗《孤儿行》中的"冬无复襦，夏无单衣"说的就是冬天没有棉衣，夏天没有单衣。一些达官显贵为示俭朴，也穿短衣，如汉文帝宠爱的慎夫人"衣不曳地"，又如王莽妻"衣不曳地，布蔽膝"。上古有裳无裤。《说文》："绔，胫衣也。"绔的作用是御寒，很像现在的套裤。绔为无裆裤。有裆的裤子叫裈(kūn)。《释名·释衣服》："裈，贯也，贯两脚。上系腰中也。"此外，《汉书·外戚传》记载："(霍)光欲皇后擅宠有子……虽宫人使令皆为穷绔，多其带。"注："服虔曰：'穷绔，有前后当(裆)，不得交通也。绔古袴字，即今之绲裆袴也。'"《史记·司马相如列传》记载："相如身自著犊鼻裈，与保庸杂作。"犊鼻裈形似犊鼻，类似后世的短裤(一说围裙)。秦汉时贫贱的人穿不起丝织品，只能穿麻织品或葛织品。丝织品称帛，麻、葛织品称布。"布衣"就成了庶人的代称。褐是用粗毛编织的最粗劣的服装，贫苦人因衣褐而被称为"褐夫"。扬雄《解嘲》说："或释褐而傅。"说的是脱掉粗劣的衣服而做大官。唐代科举新进士及第授官，也沿称"释褐"。《诗经·小雅·采菽》："邪幅在下。"郑玄注："邪幅，如今行縢；偪束其胫，自足至膝，故曰'在下'。"邪幅，是用布斜裹在小腿上，如同汉代的行縢、后世的裹腿。

古人衣襟向右掩(即右衽)，用绦系结，然后在腰间束带。用来束衣的大带是用丝织的，被称为绅，绅又特指束余下垂的部分。古时仕宦者垂绅搢笏(插笏板于腰带上)，绅士的意义也由此发展而来。还有一种用皮做的革带，叫作鞶(pán)，用于悬佩玉饰等物。《礼记·玉藻》："古之君子必佩玉”，“君子无故，玉不去身”，强调佩玉是古代君子很看重的衣饰。君子以玉比德，故“玉不去身”。佩戴佩玉是有讲究的，先把相同的两套佩玉分别固定好，然后分别佩戴于礼服的左、右侧腰间部位。每套佩玉均由珩(衡)、璜、琚、瑀、衝牙(亦作冲牙)组成。珩是一枚弧形的玉，位于上端，它的两端各悬一枚半圆形的玉(璜)，中间缀有两片玉(琚和瑀)，两璜之间悬着一枚玉(衝牙)。佩玉者一行走，腰间的衝牙和两璜相碰，就会发出铿锵悦耳之声。古代不仅君子以佩玉作衣饰，贵族妇女也有环佩，往往先听到环佩之声，后见人物出场。秦汉时期，衣饰上珠宝的数量和质量就成了区别贵贱的标志。此外官吏腰间有一饰物，即“绶”。绶是系印用的，又称印绶，是官吏级别的象征。汉代规定，官吏外出，必须把官印佩在腰间，绶带垂于外边。绶带的颜色因官职不同而有明显区别，如二千石(公、侯、将军)佩紫绶，六百石(县令、长)佩黑绶等。这样，“见其服而知贵贱，望其章而知其势”。

古人所穿的鞋因用料、式样不同而名称、用途各异，穿着者也各异。草鞋叫踪、蹝或屣(xǐ)，又叫屩或跻(jué)。舜、伊尹都以草为屦。草鞋后成为贫贱者所穿之鞋。麻、葛等编织成的鞋叫屦，编屦时为使之结实，要边编边砸，故称之为“捆屦”。周文王穿的就是麻屦。屦复底或下衬一薄木板者叫舄(xì)。屐是厚木所做鞋，兴起于战国时期，东汉“延熹中，京都长者皆著木屐”(《后汉书·五行志一》)。《宋书·谢灵运传》记载，谢灵运常穿木屐，他的木屐底部前后分别安上齿，上山则取下前齿，下山则取下后齿。丝履用五色丝杂织而成，色彩鲜艳，创始于秦，令宫人侍从著之，又称锦履。《睡虎地秦墓竹简·法律答问》记有“勿敢履锦履”之令，意在禁止庶人穿丝履。《诗经·魏风·葛屦》中有这样的话：“纠纠葛屦，可以履霜。”履，踩、践。“可以履霜”即“哪能踩秋霜”。“履”本是动词，战国以后渐用为名词。《史记·留侯世家》：“孺子下取履。”这里的“履”即指鞋，用作名词。皮屦、革履都指皮鞋，多用于御寒。《说文》：“鞮，革履也，胡人履连胫谓之络鞮(dī)。”此句中的“革履”即指皮靴，是游牧部族所用，而后传入中原，被富贵之人所用。与鞋相关的是韈[袜]。韈又称为足衣。古人登席必须脱韈，以表尊敬。据《左传》哀公二十五年记载，卫侯在藉圃造了灵台(即观台)，和大夫们在那里喝酒，褚师声子穿着韈登上席子，卫侯发怒。褚师以脚上生疮不敢脱韈辩解，卫侯更加生气。褚师退出后，卫侯仍气恼地说要砍断他的脚。褚师听到这话，坐车逃跑，说："能逃亡就是幸运了。"由此不难看出，登席脱韈是通行的礼节，不管脚上是否生疮，都得遵守这一礼节，否则就是对人君不敬，会大难临头。

帽，可释为头衣，又与古代头衣有所不同。古代贵族的头衣有冠、冕、弁三种，平民所用的头衣称巾、帻。冠是贵族男子长到二十岁时举行冠礼所戴的"帽子"。当时的冠，其式样和用途都与后世的帽子不同。古人用发笄绾住发髻后再用冠束住。冠圈两旁有两根小丝带，称作"缨"，可在颌下打结，把冠固定在头顶上。以冠作为服制的名称，自秦始。据《晋书·舆服志》记载，秦始皇常服通天冠，"高九寸，正竖，顶少斜却，乃直下，铁为卷梁，前有展筩，冠前加金博山述"。秦百官冠有高山冠、法冠和武冠三种。高山冠是秦灭齐得到的齐王之冠，秦始皇将其赐给中外官、谒者、谒者仆射。其形制似通天冠，但"顶直竖，不斜却，无山述展筩"。秦代的法冠称獬豸冠，獬豸是去邪扶正不遗余力的独角兽，楚王捕获此兽，取其形以制衣冠。秦灭楚，以楚王冠服赐执法近臣御史服之。秦武冠亦称武弁大冠，因其多加双鹖尾，又名鹖冠，本为赵国冠服，秦以此冠赐武人。侍中、中常侍服武冠时，加黄金珰，附蝉为文，貂尾为饰。冕，是一种最尊贵的礼冠，黑色。最初天子、诸侯、卿大夫在祭祀时戴冕，故有"冠冕堂皇"这一成语。冕上面为一副长方形的板，叫"延(綖)"，下面戴在头上。延的前沿挂着一串串的小圆玉，叫"旒"。冕旒的多少和质料的差异，是严格遵守等级制度的。汉代祭祀天地等，皇帝冕旒系白玉珠，为十二旒，前垂四寸，后垂三寸；三公及诸侯用九旒，珠用青玉；卿七旒，赤玉珠；九卿以下五旒，黑玉珠。冕旒的两侧，有对穿的孔用以插长笄。长笄的一端系上一根小丝带，从颌下绕过，再系到笄的另一端。此带名叫纮(hóng)。笄的两端各用一条名叫紞(dǎn)的丝绳垂下一颗黄色的珠玉，名叫瑱(tián)。因瑱下垂正当左右两耳处，所以又名充耳、塞耳，意为对谄言"充耳不闻"。后来因只有帝王可以戴冕，冕旒便用作帝王的代称了。王维《和贾至舍人早朝大明宫之作》所述"万国衣冠拜冕旒"中的"冕旒"即代指唐朝皇帝。此外，爵弁、皮弁也属于比较尊贵的冠。据《仪礼·士冠礼·爵弁服》注："爵弁者，冕之次，其色赤而微黑，如爵头然。或谓之緅(zōu)。"这种弁广八寸，长尺二寸，前小后大，无旒，用极细的葛布或丝帛做成，为祭祀时所服。皮弁用几块白鹿皮缝合而成，尖顶，样式类似后世的瓜皮帽，缝合处缀有一行行小玉石，酷似星子闪烁。按规定，天子十二会(缝合处名会)、十二璂(玉)，下以次递减。冠顶名邸，用象骨制成。隋唐时自皇太子至六品以上官，皆戴皮弁。古时“冠冕”可用作仕宦者的代称。又因贵族才能戴冠乘车，车有车盖，故“冠盖”也用作仕宦者及贵人的代称。

《释名·释首饰》：“士冠，庶人巾。”意即庶人的头衣只能是巾。《玉篇》：“巾，佩巾也，本以拭物，后人著之于头。”讲明了巾由拭物转化为头衣。秦时，百姓常以三尺黑布包头，故称“黔首”。汉末，头巾由庶人、隐士所用渐变为时尚。蔡邕《独断》：“帻者，古之卑贱执事不冠者之所服也。”帻，本来也是庶人包发之巾，有黑色、青色(苍)之分。由于帻有压发定冠的作用，因此后来也在贵族中流行。据说汉元帝因额上长有长发，为了不让群臣发现，便以帻包头，帻上再加冠。王莽建立新朝后，为了遮住顶秃，又将帻上施巾而戴之。此后，帻有多种式样和颜色。一种是帻之有屋(帽顶)者，戴这种帻可以不再戴冠；另一种是可露出前额的帻，称岸帻(岸是显露之意)；还有一种是空顶帻，中间露出头发。帻的颜色随着人的身份不同而异，卑贱者戴绿帻，群吏春服戴青帻，武吏戴赤帻。男子束发用的帕头也是头衣的一种，其束发方法是由后向前在额上打结，既为庶民常服，也被儒生、隐士所喜好，甚至为官吏所效仿。

帽，《说文》作“冃”：“冃，小儿、蛮夷头衣也。”《后汉书·耿弇传》记有耿弇与窦固合击车师事：“(车师后王)安得惶恐，走出门，脱帽抱马足降。”此处所说“帽”，即“蛮夷头衣”，与汉人官员所戴冠冕不同。《世说新语·任诞》说谢尚“脱帻著帽”，“酣饮于桓子野家”。从记载可断定，谢尚所戴之帽只是一种便帽。《隋书·仪礼志六》：“帽，自天子下及士人，通冠之。以白纱者，名高顶帽。皇太子在上省则乌纱，在永福省则白纱。”此时的帽已成为正式的头衣。《新唐书·车服志》：“乌纱帽者，视事及燕见宾客之服也。”杜甫《饮中八仙歌》说张旭“脱帽露顶王公前”，意即张旭醉酒书写草书狂放不羁，竟然脱帽失礼。古人以戴帽为有礼貌，脱帽为闲散狂妄、不讲礼节的行为，与后世脱帽表敬礼、尊敬的意思不同。

新注选篇·史部

纪传体

史记·秦始皇本纪[①](节选)

秦始皇帝者，秦庄襄王[②]子也。庄襄王为秦质子[③]于赵，见吕不韦

---

① 《史记》是我国第一部纪传体通史著作。原称《太史公书》，东汉以后始称今名。作者司马迁(约公元前145—约前86年)，字子长，西汉夏阳(今陕西韩城南)人，出身史官世家，汉武帝时曾任郎中、太史令、中书令。早承父业，又因晚年触怒武帝而受酷刑，遂发奋撰为是书。传世本全书计有十二本纪、十表、八书、三十世家、七十列传(包括书末《太史公自序》)，凡一百三十篇，记述五帝时代以至汉武帝太初年间近三千年史事，体大思精，规模宏伟。作者"善序事理，辨而不华，质而不俚，其文直，其事核，不虚美，不隐恶"，史家谓之"实录"，保存了极其丰富而可靠的历史资料。又以"究天人之际，通古今之变，成一家之言"为著述宗旨，将历史从神的束缚中剥离出来，着力表现人的社会活动，对当时流行的天人感应学说提出公开的怀疑；注重历史进化和时事的递嬗发展，肯定国家的政治统一和社会变革，不以成败论英雄，并留意于社会各阶层人物在历史进程中的作用；强调君主任贤使能，重德兼听，抨击苛法败政，爱憎分明；阐礼乐而重经济，倡"富利"而羞"贫贱"，主张在农本基础上自由发展工商业，反对与民争利的国家垄断政策。这些都表现出作者广阔的文化史观和进步的史学思想。是书在学术上兼收并蓄，崇尚黄老之学而不主于一家；在体裁和体例上开纪表志传之先河，又善寓论断于叙事，标志着我国古代史学的成熟，在文学上被称为"无韵之《离骚》"，尤为史传文学的典范；在古史记载的范围上亦超出中国地域，具有一定的世界史著的性质。全书虽时有微瑕，而不害其为丰碑式的历史巨著。其书旧注，以南朝宋裴骃的《集解》、唐司马贞的《索隐》及张守节的《正义》三家最为有名。近世日本学者泷川资言的《史记会注考证》

姬[④]，悦而取[⑤]之，生始皇。以秦昭王四十八年正月生于邯郸[⑥]。及生，名为政，姓赵氏[⑦]。年十三岁，庄襄王死，政代立为秦王。当是之时，秦地已并巴、蜀、汉中，越宛有郢[⑧]，置南郡[⑨]矣；北收上郡[⑩]以东，有

收罗注释资料甚富，较便参考。本书所选《史记》各篇，均据目前通行的中华书局点校本。自此以下，凡选自《汉书》《后汉书》等历代正史之文，亦皆据此种版本，不再另作说明。

纪传体史书中的“本纪”，是编年记述古代帝王生平与当时国家大事的专篇。本篇选自《史记》卷六，详记秦始皇一生的事迹，大体反映了秦统一全国与秦王朝建立的过程；下又接秦二世事迹，迄至秦亡。这里仅节录其中有关秦始皇身世与反映秦初并天下后的集权制度、焚书坑儒等重大事件的段落。

② 秦庄襄王(公元前281—前247年)：战国末秦国国君。孝文王庶子。公元前249年由太子继王位，在位三年。

③ 质子：犹言人质。古时被派往别国(或别处)为人质者，多为国君世子或支子，故有“质子”之称。或单称“质”，可兼指做人质的贵臣等。

④ 吕不韦(？—前235年)：战国末秦国大臣。卫国濮阳(今河南滑县)人。原为阳翟(今河南禹州)大商贾，因贿赂华阳夫人谋立秦庄襄王有功，被任为国相。嬴政(即秦始皇)继承王位后，吕不韦被尊称为仲父，继续执秦政。后被罢相，在流放川蜀途中自杀。姬：史亦称赵姬。此实指妾。

⑤ 取：通“娶”。

⑥ 秦昭王：即秦昭襄王(公元前324—前251年)。名稷(或作则、侧)，武王异母弟。公元前306年即王位，在位五十六年。重用能臣，强化王权，远交近攻，扩大疆土，为秦统一奠定坚实基础。秦昭王四十八年即公元前259年。邯郸：战国时赵都，故址在今河北邯郸。

⑦ 姓赵氏：指嬴政初从母姓。初，其父子楚在吕不韦帮助下由赵国逃回秦国，政与其母未能脱身随行，被人藏匿得活。及孝文王即位，子楚被立为太子，赵始送其母子归秦，政亦从此改从秦王室之本姓曰嬴政，时年十岁。

⑧ 越：夺取。宛(yuān)：原为韩邑(史又载为楚邑)，即今河南南阳。有：占领。郢(yǐng)：春秋战国时楚都，在今湖北江陵西北。

⑨ 南郡：郡名，秦昭王二十九年(公元前278年)置。初治郢，后迁江陵(今湖北江陵)，辖境约当今湖北武汉以西、监利以北，重庆巫山以东，湖北襄阳以南地区。

⑩ 上郡：郡名。战国魏文侯初置，后属秦。秦昭王三年(公元前304年)复置，治肤施(今陕西榆林东南)，辖境扩大，约当今陕西黄陵及宜川以北，内蒙古伊金霍洛旗及乌审旗以东、鄂尔多斯市东胜区及准格尔旗以南地区。

河东、太原、上党郡①；东至荥阳，灭二周②，置三川郡③。吕不韦为相，封十万户④，号曰文信侯，招致宾客游士，欲以并天下。李斯⑤为舍人，蒙骜、王齮、麃公⑥等为将军。王年少，初即位，委国事大臣。……

（二十六年）⑦秦初并天下，令丞相、御史⑧曰："异日韩王纳地效

---

① 河东、太原、上党郡：皆战国时郡名。河东郡，魏初置，后属秦，治临汾(今山西曲沃北)，辖境约当今山西西南部黄河以东、以北及沁水以东，霍山以南地区。太原郡，秦置，与复置上郡在同时，治晋阳(今山西太原西南)，辖境约当今山西五台及阳泉以西，霍山以北，黄河以东，管涔山、五台山以南地区。上党郡，韩初置，后赵亦置，变动不常；秦昭王、庄襄王时皆曾攻占韩上党，至秦王政十一年(公元前236年)攻占赵上党，始合两国上党郡为一，治长子(今山西长子西)，辖境约当今山西沁水以东，榆社及和顺以南地区。

② 二周：指战国时周考王分封的小诸侯国西周及后来复由此西周分裂出来的小国东周。此西周都河南(今河南洛阳西)，公元前256年为秦所灭；此东周都巩(今河南巩义西南)，公元前249年亦灭于秦。

③ 三川郡：战国时韩初置，秦庄襄王元年(公元前249年)为秦所吞并，治洛阳(一说治荥阳)，辖境约当今河南黄河以南、中牟以西、北汝河上游及灵宝以东地区。因境内有伊水、洛水、黄河而得名。

④ 封十万户：指封地上有十万缴纳赋税的民户。言其分封规格极高。

⑤ 李斯(？—前208年)：秦大臣。战国末楚上蔡(今河南上蔡西南)人。初为郡小吏，后从荀卿学帝王之术，入秦为吕不韦舍人。佐秦王政统一天下，长期为廷尉。秦王朝建立后出任丞相，秦始皇死后为赵高所杀。其事迹详见《史记·李斯列传》。

⑥ 蒙骜(ào)(？—前240年)：秦大将蒙恬祖父。本为齐人，事秦昭王、庄襄王、秦王政为将领，屡立战功，官至上卿。王齮(yǐ)(？—前244年)：即王龁(hé)。秦昭王时历爵左庶长、五大夫，与蒙骜同为一时名将。麃(biāo)公：姓名失传，因封于麃(今河南洛川东南)而有此称。

⑦ 二十六年：即公元前221年。史文仍承上用秦王政纪年，若依后世纪年法，则此年当称秦始皇元年。以下纪年可顺推。

⑧ 丞相、御史：据下文，此指丞相王绾、御史大夫冯劫。绾生平不详，劫在秦将亡时被下狱而自杀。御史，此为御史大夫的简称。秦以御史大夫掌监察与司法，兼掌重要文书图籍，地位仅次于丞相。

玺[1]，请为藩臣，已而倍约[2]，与赵、魏合从畔秦[3]，故兴兵诛[4]之，虏其王。寡人以为善，庶几息兵革[5]。赵王使其相李牧来约盟[6]，故归其质子。已而倍盟，反我太原，故兴兵诛之，得其王。赵公子嘉[7]乃自立为代王，故举兵击灭之。魏王[8]始约服入秦，已而与韩、赵谋袭秦，秦兵吏[9]诛，遂破之。荆王献青阳以西[10]，已而畔约，击我南郡，故发兵诛，得其王，遂定其荆地。燕王[11]昏乱，其太子丹乃阴令荆轲为贼[12]，兵吏诛，灭其国。齐王用后胜计，绝秦使，欲为乱，兵吏诛，虏其王，平齐地。[13] 寡人以眇眇[14]之身，兴兵诛暴乱，赖宗庙之灵，六王咸伏其辜[15]，

---

① 异日：犹言往日。韩王：指韩王安，战国时韩国末代国君。纳地效玺：献出土地，送上玉玺。秦灭韩在公元前 230 年。

② 已而：不久。倍约：背盟。倍，通“背”，下同。

③ 合从：同“合纵”。畔：通“叛”，下同。

④ 诛：讨伐。下同。

⑤ 庶几：表可能与希望之词。兵革：代指战争。

⑥ 赵王：指赵幽穆王迁，战国时赵国末代国君，秦灭赵后被流放死。李牧(？—前 228 年)：赵王迁时大将，封武安君。后因赵王中秦反间计，被杀。此所述赵、秦结盟事在公元前 233 年。

⑦ 公子嘉：赵王迁异母兄。公元前 228 年秦军攻破赵都邯郸，公子嘉奔代(今河北蔚县)，称代王。公元前 222 年，秦灭代，置代郡。

⑧ 魏王：指魏王假，战国时魏国末代国君。公元前 225 年，秦军攻破魏都大梁后出降，被杀。

⑨ 兵吏：亦称“士吏”，反言之即“吏士”，犹今言“官兵”。

⑩ 荆王：指楚王负刍，战国时楚国末代国君。公元前 223 年，秦灭楚时被俘。秦人避子楚讳，称楚为荆。青阳：古地区名。一说指今湖南长沙一带，一说指今河南新蔡青陂之阳。

⑪ 燕王：指燕王喜，战国时燕国末代国君。初为秦军所败，徙居辽东(今辽宁辽阳)。公元前 222 年，秦破辽东，被俘。

⑫ 太子丹乃阴令荆轲为贼：指公元前 227 年燕太子丹使荆轲刺秦王事。

⑬ 齐王：指齐王建，战国时齐国末代国君。公元前 221 年，秦灭齐后被迁于共(今河南辉县)。后胜：齐王建时相国。先是多受秦国贿赂，使齐王朝秦。及秦攻齐，复劝齐王不战而降。此处所称“绝秦使，欲为乱”云云，指齐国仓促发兵守西界事，乃秦人饰词。

⑭ 眇眇(miǎo)：渺小。

⑮ 辜：罪。

天下大定。今名号不更，无以称①成功，传后世。其②议帝号。”丞相绾、御史大夫劫、廷尉斯③等皆曰：“昔者五帝地方千里，其外侯服、夷服，诸侯或朝或否④，天子不能制。今陛下兴义兵，诛残贼，平定天下，海内为郡县，法令由一统，自上古以来未尝有，五帝所不及。臣等谨与博士⑤议曰：‘古有天皇，有地皇，有泰皇，泰皇最贵。’臣等昧死上尊号，王为‘泰皇’。命为‘制’，令为‘诏’，天子自称曰‘朕’。”王曰：“去‘泰’著⑥‘皇’，采上古‘帝’位号，号曰‘皇帝’。他如议。”制曰：“可。”追尊庄襄王为太上皇。制曰：“朕闻太古有号毋谥⑦，中古有号，死而以行为谥。如此则子议父、臣议君也，甚无谓，朕弗取焉。自今已来⑧，除谥法。朕为始皇帝。后世以计数，二世、三世至于万世，传之无穷。”

始皇推终始五德之传⑨，以为周得火德，秦代周德，从所不胜⑩。方今水德之始，改年始，朝贺皆自十月朔⑪。衣服、旄旌、节旗皆上黑⑫。

---

① 称(chèn)：与……相称，配得上。

② 其：表命令。

③ 廷尉：秦九卿之一，掌刑狱。斯：李斯。

④ 侯服、夷服：相传周天子直辖的近都方千里之地称王畿，其外有侯、甸、男、采、卫、蛮、夷、镇、藩共“九服”为藩属，由近及远各相距五百里。此举其二，实用以概指上古中心王朝周边的诸侯。或朝或否：“朝”指朝见，“否”指不朝见。

⑤ 博士：秦代官名。掌书籍，备顾问，参与议论典章政事。

⑥ 著：同“着”，加。此指保留。

⑦ 太古：远古，上古。毋，通“无”，下同。

⑧ 已来：同“以来”，犹今言“以后”。

⑨ 终始五德之传(zhuàn)：指战国时齐国稷下学宫邹衍一派所创立的五德终始学说。其说附会金、木、水、火、土“五行”相生相克的转化和制约规律，用来解释人事，并以之与王朝兴衰、帝王代换相对应，以为每朝都有一特定的“五行”之“德”，如周为“火德”之类。终始，犹言“循环”。德，实指国运。传，相次运行。

⑩ 从所不胜：胜，此处意为“克”。五行中水克火，火不能克水；周为火德，秦是火不能克的水德，故曰“从所不胜”。

⑪ 十月朔：十月初一。周历以十一月为岁首，秦历改以十月为岁首，故十月初一为一年之始(犹如夏历的正月初一)，并在是日举行朝见天子、庆贺升平的仪式。

⑫ 衣服、旄旌、节旗：各种服饰、旗帜和符节装饰物。上黑：同“尚黑”，崇尚黑色。依“五行”之说，与水相对应的颜色是黑，秦以“水德”王，故尚黑。

数以六为纪①，符、法冠皆六寸②，而舆六尺，六尺为步，乘六马。更名河③曰德水。以为水德之始，刚毅戾深④，事皆决于法，刻削毋仁恩和义⑤，然后合五德之数⑥。于是急法，久者不赦。

丞相绾等言："诸侯初破，燕、齐、荆地远，不为置王，毋以填之⑦。请立诸子，唯上幸许!"始皇下其议于群臣，群臣皆以为便⑧。廷尉李斯议曰："周文武所封子弟同姓⑨甚众，然后属⑩疏远，相攻击如仇雠，诸侯更相诛伐，周天子弗能禁止。今海内赖陛下神灵一统，皆为郡县，诸子功臣以公赋税重赏赐之，甚足易制。天下无异意⑪，则安宁之术也。置诸侯不便。"始皇曰："天下共苦战斗不休，以有侯王。赖宗庙，天下初定，又复立国，是树兵⑫也，而求其宁息，岂不难哉！廷尉议是。"

---

① 数以六为纪：数字以"六"为尊贵。纪，纲纪。依"五行"之说，水为阴德，"六"为阴数，故相对应。尚存远古计数三进制的痕迹。

② 符：古代朝廷用以传达命令或调兵遣将的凭证。以竹木或金玉为之，中剖为二，双方各执一半，以验真假。传世秦兵符为铜虎符，做成虎的形状。法冠：又称惠文冠、解豸冠。本为楚王之冠，秦以为御史冠，后为执法者专服。

③ 河：黄河。

④ 刚毅戾深：强硬、果决、凶暴、深文周纳。

⑤ 刻削(qiào)：苛酷。削，通"峭"。仁恩和义：仁慈、宽厚、温和、德义。

⑥ 数：规律、法则。秦自以为得"水德"，而水为阴，阴主刑杀，故采用"五德"之说作为所行严酷法治的理论依据。

⑦ 填：通"镇"。此句意为王绾等上言，请立秦始皇诸子为王，以镇守故燕、齐、楚等边远地区。

⑧ 便：有利。

⑨ 同姓：此指周文王、武王所封同姓诸侯国。

⑩ 后属：后代族属。周代实行宗法封建制，王族内部按大宗、小宗实行等级分封，故其始封诸侯关系尚近，愈后则愈疏远。

⑪ 无异意：无二心。此特指无诸侯反叛之事。

⑫ 树兵：培植军事势力。

分天下以为三十六郡①，郡置守、尉、监②。更名民曰“黔首”③。大酺④。收天下兵，聚之咸阳，销以为钟鐻⑤；金人十二，重各千石，置廷宫中。一法度衡石丈尺⑥，车同轨，书同文字。地东至海暨朝鲜，西至临洮、羌中⑦，南至北向户⑧，北据河为塞，并⑨阴山至辽东。徙天下豪富于咸阳十二万户。诸庙及章台、上林⑩皆在渭南。秦每破诸侯，写放⑪其宫室，作之咸阳北阪上，南临渭。自雍门以东至泾、渭⑫，殿屋复道周阁相属⑬，所得诸侯美人、钟鼓以充入之。……

① 三十六郡：见于史书记载者名目有出入，历来学者考证甚多，亦分歧无定说。王国维《秦郡考》与谭其骧《秦郡新考》均认为有秦一代共四十八郡，其初置之三十六郡，谭氏所考为：上、巴、汉中、蜀、河东、陇西、北地、南、南阳、上党、三川、太原、东、云中、雁门、颍川、邯郸、巨鹿、上谷、渔阳、右北平、辽西、砀、泗水、薛、九江、辽东、代、会稽、长沙、齐、琅琊、黔中、广阳、陈、闽。另有十二郡为后来所置和析置，而尚不包括京师咸阳所在的内史。

② 守、尉、监：全称郡守、都尉、监御史，分掌一郡之政务、军事、监察。

③ 黔首：犹言黎民、庶民。疑本为中原之人对古黔中地区居民的俗称，后此称流传于秦地，故秦王朝建立后取以为对庶民的统一称呼。黔中原为楚郡，故治在今湖南沅陵西；战国末入秦，辖境扩大，约当今湖南沅江及澧水流域，湖北清江流域，重庆黔江(乌江下游)流域及贵州东北部地区。一说秦人尚黑，平民用黑布包头，故有“黔首”之称。

④ 酺(pú)：聚会饮酒。秦汉之际，统治者为防止民众起事，禁止平民聚饮。此“大酺”指秦始皇为宣扬统一之功，特许大众在规定日期内聚饮。

⑤ 钟鐻(jù)：钟和钟架。鐻，亦作“虡”，本义指悬钟的架子两旁的柱子，此泛指钟架。

⑥ 一法度衡石丈尺：统一度量衡的标准。一，统一。法度，即度量衡制度。

⑦ 羌中：古羌族居住的地区。约在今甘肃临洮以西至青海东部。

⑧ 北向户：泛指今五岭以南地区。一说指今越南中部。因当地居民多向北开门户，故称。

⑨ 并：通“傍”，沿着。

⑩ 诸庙：秦王室诸祖庙。章台：秦离宫台名。上林：即上林苑，秦王室园林名。

⑪ 写放：模仿。放，同“仿”。

⑫ 雍门：地名。一说在今陕西高陵西，一说在今陕西凤翔西南。按：疑以后说为是。句意盖指自故雍城以至泾、渭交汇处，由西而东，凡数百里之地(皆在渭水以北)。

⑬ 殿屋复道周阁相属：殿屋及殿屋间的复道，都围绕高大的楼阁相连接。复道，楼阁间架于空中的通道。属(zhǔ)，连接。

(三十四年)始皇置酒咸阳宫，博士七十人前为寿①。仆射②周青臣进颂曰："他时秦地不过千里，赖陛下神灵明圣，平定海内，放逐蛮夷，日月所照，莫不宾服。以诸侯为郡县，人人自安乐，无战争之患，传之万世。自上古不及陛下威德。"始皇悦。博士齐人淳于越进曰："臣闻殷周之王千余岁，封子弟功臣，自为枝辅③。今陛下有海内，而子弟为匹夫，卒有田常、六卿之臣④，无辅拂⑤，何以相救哉？事不师古而能长久者，非所闻也。今青臣又面谀以重陛下之过，非忠臣。"始皇下其议。丞相李斯曰："五帝不相复，三代不相袭，各以治，非其相反，时变异也。今陛下创大业，建万世之功，固非愚儒所知。且越言乃三代之事，何足法也？异时⑥诸侯并争，厚招游学。今天下已定，法令出一，百姓当家则力农工，士则学习法令辟禁⑦。今诸生不师今而学古，以非当世，惑乱黔首。丞相臣斯昧死言：古者天下散乱，莫之能一，是以诸侯并作，语皆道古以害今，饰虚言以乱实，人善其所私学，以非上之所建立。今皇帝并有天下，别黑白而定一尊。私学而相与非法教，人闻令下，则各以其学议之。入则心非，出则巷议，夸主以为名⑧，异取⑨以为高。率群下以造

① 寿：祝寿。此为敬词，实指敬酒。

② 仆射(yè)：官名。秦于中央各部门多置仆射为主管官。此指博士仆射，即博士之长。

③ 自为枝辅：使各自为枝条辅助主干。此将天子比作大树的主干，受封诸侯比作辅助主干的枝条。亦兼指传统宗法分封体系。按周代宗法制度，嫡长子所代表的大宗为主干，其余王室子弟为分支，皆有封土。异姓诸侯的分封亦如此。枝辅，《李斯列传》作"支辅"。

④ 卒：通"猝"，突然。田常：即田恒、田成子。春秋末齐国大夫。杀齐简公，立齐平公，自为相国，为田氏篡夺姜氏政权的关键人物。六卿：指春秋时晋国范氏、中行氏、智氏、赵氏、魏氏、韩氏六家贵族。六家皆世代为卿，各自发展私家势力，削弱晋公室，最后导致赵、魏、韩三家分晋。

⑤ 拂：通"弼"，辅佐。

⑥ 异时：往时。

⑦ 辟禁：刑法禁令。

⑧ 夸主以为名：意谓借助人主之令，出其夸诞之词，哗众取宠以获得名誉。

⑨ 异取：意谓标新立异。

谤。如此弗禁，则主势降乎上，党与成乎下。禁之便。臣请史官非《秦记》①皆烧之。非博士官所职②，天下敢有藏《诗》、《书》、百家语③者，悉诣守、尉杂④烧之。有敢偶语《诗》、《书》者弃市⑤。以古非今者族⑥。吏见知不举者与同罪。令下三十日不烧，黥为城旦⑦。所不去者，医药、卜筮、种树之书⑧。若欲有学法令，以吏为师⑨。”制曰：“可。”

三十五年，除道⑩，道九原抵云阳⑪，斩山堙谷，直通之。于是始皇以为：咸阳人多，先王之宫廷小，吾闻周文王都丰，武王都镐⑫，丰镐之间，帝王之都也。乃营作朝宫渭南上林苑中。先作前殿阿房⑬，东西五百步，南北五十丈，上可以坐万人，下可以建五丈旗。周驰为阁道，自殿下直抵南山，表南山之颠以为阙⑭。为复道，自阿房渡渭，属之咸阳，以象天极、阁道绝汉抵营室也⑮。阿房宫未成；成，欲更择令名⑯名

---

① 《秦记》：秦国的史籍。

② 职：掌管。

③ 百家语：指先秦诸子之书。

④ 杂：共。

⑤ 偶语：二人或二人以上在一起谈论。弃市：处死刑。

⑥ 族：灭族之刑。

⑦ 黥：在犯人脸上刺字。城旦：刑期四年，强迫从事筑城苦役的刑名。

⑧ 种树之书：指农书。种树，并列动词词组，概指耕稼、种菜、植树等作业。

⑨ 以吏为师：秦禁私学，乃复古制，使求学士人入官府为役，从官吏受学。所学则唯有法令，禁读传世经典及百家书。

⑩ 除道：修道路。

⑪ 道：由。九原：秦郡名，故治在今内蒙古包头西北。云阳：秦县名，故治在今陕西淳化西北。

⑫ 丰：故址在今陕西省西安市长安区西南沣河西岸。镐：与丰相对，在沣河东岸。

⑬ 阿房(ēpáng)：近旁。房，通“旁”。此宫故址在今西安西，其前殿建于高大的夯土台基上，故下文云“上可以坐万人，下可以建五丈旗”。丰、镐故址在其南。

⑭ 表：竖立标志。南山：今秦岭终南山。阙：古代宫殿前两旁的高大建筑物。此句意为：在终南山顶竖立标志，象征性地把其山作为阿房宫的门阙。

⑮ 天极：指北极星，象帝王起居之所。阁道：古星名，象“飞阁之道”即复道。绝：渡过。汉：天河。营室：古二十八宿之一，象野营。全句是说：自阿房宫以至咸阳，架起一条空中通道跨过渭水，象征天帝由“天极”通过“阁道”天桥，跨过天河而到达“营室”。

⑯ 令名：美名。

之。作宫阿房，故天下谓之阿房宫。隐宫①徒刑者七十余万人，乃分作阿房宫，或作丽山②。发北山石椁③，乃写蜀、荆地材皆至④。关中计宫三百，关外四百余。于是立石东海上朐界中⑤，以为秦东门。因徙三万家丽邑⑥，五万家云阳，皆复⑦不事十岁。

卢生说始皇曰："臣等求芝⑧奇药、仙者，常弗遇，类物有害之者⑨。方中⑩，人主时为微行以辟恶鬼⑪，恶鬼辟，真人⑫至。人主所居而人臣知之，则害于神。真人者，入水不濡⑬，入火不爇⑭，陵云气，与天地久长。今上治天下，未能恬倓⑮。愿上所居宫毋令人知，然后不死之药殆可得也。"于是始皇曰："吾慕真人，自谓'真人'，不称'朕'。"乃令咸阳之

---

① 隐宫：即宫刑、腐刑，阉割男子外生殖器的刑罚。一说当从《云楚秦简》作"隐官"，指收容受肉刑以后因立功又被赦免的罪人的机关。

② 丽山：即骊山，在今陕西省西安市临潼区东南。"作丽山"，指修建秦始皇陵墓之役。

③ 北山：指关中平原北面诸山。石椁(guǒ)：石棺。椁，棺材外面套的大棺材。

④ 乃：疑当作"及"。写：通"泄"，指水路运输。材：木材。

⑤ 立石东海上朐(qú)界中：指立碑于东海郡朐县境内上朐一带海边上。朐县，在今江苏连云港西南。上朐，当指朐县海滨一带。

⑥ 丽邑：古邑名，在今陕西省西安市临潼区东北阴盘城。

⑦ 复：免除徭役。

⑧ 芝：灵芝草，一种菌类植物。古人以为瑞草、奇药，传为仙人所种。

⑨ 类：好像。害：妨碍。

⑩ 方中：方术书中记载。古代用于书写的木板称"方"，亦代指书籍，后又转指医家药案或神仙家符之类。"方士"一词，初指记录及掌管王公贵族讼辞之人，后亦泛指神仙家术士及医、卜、星、相之流。

⑪ 微行：隐秘身份，便装出行。辟：通"避"。

⑫ 真人：道家所称存养本性的得道之人。此实指所称的仙人。

⑬ 不濡(rú)：不会被沾湿。

⑭ 不爇(ruò)：不会被烧伤。"爇"字本意为燃烧。《说文》："爇，烧也。从火，蓺声。"徐铉等注："《说文》无蓺字，当从火、从艸，热省声。"按：《说文》有"埶"字，当即"爇"之本字，徐说似不可从。

⑮ 恬倓(tiándàn)：同"恬惔"，亦作"恬淡"，淡泊宁静。其义近于道家所称的"无为"。

旁二百里内，宫观二百七十，复道、甬道①相连，帷帐、钟鼓、美人充之，各案署②不移徙。行所幸③，有言其处者，罪死。始皇帝幸梁山宫④，从山上见丞相车骑众，弗善⑤也。中人⑥或告丞相，丞相后损车骑。始皇怒曰："此中人泄吾语。"案问⑦莫服。当是时，诏捕诸时在旁者，皆杀之。自是后，莫知行之所在。听事，群臣受决事，悉于咸阳宫。

侯生、卢生相与谋曰："始皇为人，天性刚戾自用⑧。起诸侯，并天下，意得欲从⑨，以为自古莫及己。专任狱吏，狱吏得亲幸。博士虽七十人，特备员弗用⑩。丞相诸大臣皆受成事，倚辨于上⑪。上乐⑫以刑杀为威，天下畏罪持禄⑬，莫敢尽忠。上不闻过而日骄，下慑伏谩欺以取容。秦法，不得兼方⑭，不验，辄死⑮。然候星气者⑯至三百人，皆良士，畏忌讳谀，不敢端言⑰其过。天下之事无小大皆决于上，上至以衡石量书⑱，日夜有呈，不中呈⑲不得休息。贪于权势至如此，未可为求仙

---

① 甬(yǒng)道：楼阁建筑间有顶棚的通道。此与"复道"对举，分指地面通道与空中通道。

② 案署：设置专人管理。案，几案。署，办公处所。此用为动词，指设置机构。

③ 所幸：所至。古代以"幸"字特指皇帝到某处。

④ 梁山宫：秦宫名，在今陕西乾县西北梁山南麓。

⑤ 弗善：不高兴。

⑥ 中人：指宦官。

⑦ 案问：审问。

⑧ 刚戾自用：强毅凶暴，自以为是。

⑨ 从(zòng)：同"纵"，放纵。

⑩ 特：只是。备员：虚占员额，凑数。

⑪ 倚辨于上：完全听凭秦始皇的命令办事。辨，通"办"。

⑫ 乐(yào)：喜欢，犹言"好"(hào)。

⑬ 天下：指各级官吏。畏罪持禄：害怕得罪，尸位素餐，仅求保住俸禄。

⑭ 兼方：兼用两种或两种以上炼长生不老药的方子。

⑮ 辄死：就判死刑。

⑯ 候星气者：指以占星望气推测福祸的方士。候，观察。

⑰ 端言：正言。秦讳嬴政之名，以"端"代"正"。

⑱ 以衡石量书：以称重用具量取待批阅的文件(竹木简)。衡石，指称重用具和单位，一石为一百二十斤。

⑲ 中(zhòng)呈：完成定量。呈，通"程"，定量。

药。”于是乃亡去。始皇闻亡，乃大怒曰：“吾前收天下书，不中用者尽去之。悉召文学方术士甚众，欲以兴太平，方士欲练以求[1]奇药。今闻韩众去不报[2]，徐市[3]等费以巨万计，终不得药，徒奸利相告日闻[4]。卢生等吾尊赐之甚厚，今乃诽谤我，以重吾不德也。诸生在咸阳者，吾使人廉问[5]，或为訞言[6]以乱黔首。”于是使御史悉案问诸生，诸生传相告引[7]，乃自除犯禁者四百六十余人，皆阬[8]之咸阳，使天下知之，以惩后。益发谪徙边[9]。始皇长子扶苏谏曰：“天下初定，远方黔首未集[10]，诸生皆诵法孔子，今上皆重法绳之，臣恐天下不安。唯上察之。”始皇怒，使扶苏北监蒙恬于上郡[11]。……

---

① 欲练以求：《集解》引徐广曰：“一云‘欲以练求’”。练，通“炼”。

② 韩众：亦作“韩终”。不报：无回音。

③ 徐市(fú)：亦作“徐福”。

④ 徒：白白地，只有。奸利：指方士费公家钱物而获利。告：告发。闻：使主上听到，义同报告。

⑤ 廉问：察访。

⑥ 訞言：同“妖言”。

⑦ 传：通“转”，辗转。告引：告发检举。

⑧ 阬：“坑”的异体字。

⑨ 益发谪徙边：增发被判有罪者迁戍边地。

⑩ 集：通“辑”，安定。

⑪ 监：指监军。时蒙恬为大将，领兵数十万在北边修长城、御匈奴，故始皇遣扶苏为监军。公元前210年，始皇死后，两人皆被赵高等人矫命迫令自杀。

史记·六国年表序①

太史公读《秦记》②，至犬戎败幽王③，周东徙洛邑④，秦襄公始封为诸侯⑤，作西畤用事上帝⑥，僭⑦端见矣。《礼》曰：天子祭天地，诸侯祭其域内名山大川⑧。今秦杂戎、翟之俗⑨，先暴戾⑩，后仁义，位在藩臣

---

① 本篇是《史记·六国年表》的序言，由周平王东迁言及秦国的发展、列国形势及秦的统一，以说明作表之意。原表共分周、秦、魏、韩、赵、楚、燕、齐八栏，除周一栏大致仅用于纪年外，其余综列七国攻战大事，实是战国年表，可以补充本纪和列传纪事的不足。因意在展示秦灭六国的过程，故以“六国”为标题。表末略附秦朝大事，迄至秦亡。

② 太史公：本为官职称谓，指太史令，此处司马迁用为自称。《秦记》：秦国的史籍，即秦统一中国以前的国史。

③ 犬戎：即畎戎，上古部族名。殷周时游牧于泾渭流域，公元前771年，与申侯联合攻杀周幽王，迫使周王室东迁。

④ 周东徙洛邑：指公元前770年周平王东迁事。洛邑，亦作“雒邑”，故址在今河南洛阳洛河北岸。

⑤ 秦襄公始封为诸侯：秦襄公因护送周平王东迁有功，被平王封为诸侯。

⑥ 畤(zhì)：古代祭祀天地五帝之所。其字本意是基址，近于除地而祭的“墠”，后亦包括祭坛及其周围的矮墙等。秦有西畤、鄜畤、密畤、上畤、下畤、畦畤等名(见《封禅书》)，以西畤的建造为最早。按五行学说，西方属金，对应的颜色是白色，秦处西部地区，故首作西畤，后来又专用于祭祀白帝。一说“西”为县名，其地在秦之西陲，即西犬丘。事：祭祀。

⑦ 僭(jiàn)：超越本分。按古代礼制，祭祀天地的宗教权为天子所专有，诸侯只可祭其领地范围内的名山大川(见下引《礼记》之文)，故秦作西畤祭上帝，被认为是僭越之举。

⑧ 见《礼记·王制》。原文作“天子祭天地……诸侯祭名山大川之在其地者”。

⑨ 翟：通“狄”。此句意谓秦处西部地区，接纳、吸收了戎、狄等族的文化风俗。

⑩ 戾(lì)：凶暴。《说文》谓本义为“曲”，指“犬出户下”而“身曲”。疑本为综合会意字，指凶、暴、狠、猛及劲疾之貌等，曲、乖、反、背、贪、忿、罪、灾戾等皆为引申义。古籍又多以其字通借为“至”。

而胪于郊祀①，君子惧焉。及文公逾陇②，攘③夷狄，尊陈宝④，营岐、雍之间⑤，而穆公修政，东竟至河⑥，则与齐桓、晋文中国侯伯侔矣⑦。是后陪臣⑧执政，大夫世禄，六卿⑨擅晋权，征伐会盟，威重于诸侯。及田常杀简公而相齐国，诸侯晏然弗讨，海内争于战功矣。三国⑩终之卒分晋，田和⑪亦灭齐而有之，六国之盛自此始。务在强兵并敌，谋诈用，而从衡短长之说起⑫。矫称⑬蜂出，誓盟不信，虽置质剖符⑭，犹不能约束也。秦始小国僻远，诸夏宾之⑮，比于戎、翟，至献公之后，常雄诸侯。论秦之德义，不如鲁、卫之暴戾者；量秦之兵，不如三晋之强也。然卒并天下，非必险固便，形势利也，盖若天所助焉。

---

① 藩臣：指诸侯，兼封地及其臣属天子的关系而言之。胪：陈列。郊祀：古代帝王在南郊祭天的活动。此句意谓秦为诸侯，祭祀陈设比于天子且举行郊祀，是僭越等级名分。一说秦襄公初封时势力尚弱，未得用天子之礼，僭越之说出于汉人的附会。

② 逾陇：越过陇山(在今陕西陇县东南)一带。

③ 攘：排斥，驱逐。

④ 陈宝：神名。公元前 747 年，秦文公在陈仓(今陕西宝鸡东)北阪城得雉形玉石，以为是神物，得之可以称霸西戎，遂筑祠祀之，因名“陈宝”。

⑤ 营：经营。岐、雍之间：即今陕西岐山凤翔一带。

⑥ 竟：同“境”。河：黄河。

⑦ 中国：中原，此泛指潼关以东地区。侔：相等。

⑧ 陪臣：隔一层之臣。古代诸侯之卿大夫对于天子、卿大夫之家臣对于诸侯皆自称陪臣。

⑨ 六卿：参见本书《秦始皇本纪》注。

⑩ 三国：指赵、魏、韩。亦称“三晋”，见下文。

⑪ 田和：田常曾孙，继其祖、父为齐相。公元前 391 年，放逐齐康公于海上，成为实际上的齐国国君；公元前 386 年，被周王正式承认为诸侯，是为田齐正式取代姜齐之始。

⑫ 从衡：同“纵横”。短长：亦指纵横家言，盖取意于说长道短而短可使长、劣可使优。

⑬ 矫称：假借名义。

⑭ 置质：交换人质。剖符：亦指信守约定。符即契符，是古代作凭证的物件，一般以竹、木或金属材料制成，中剖为两半，双方各执其一，以备勘验。

⑮ 诸夏：指中原各国。宾：同“摈”，排斥，疏远。

或曰："东方，物所始生；西方，物之成孰[①]。"夫作事[②]者必于东南，收功实者常于西北。故禹兴于西羌[③]，汤起于亳[④]，周之王也以丰镐[⑤]伐殷，秦之帝用雍州兴，汉之兴自蜀汉[⑥]。

秦既得意，烧天下《诗》《书》，诸侯史记尤甚，为其有所刺讥[⑦]也。《诗》《书》所以复见者，多藏人家；而史记独藏周室[⑧]，以故灭。惜哉，惜哉！独有《秦记》，又不载日月，其文略不具[⑨]。然战国之权变，亦有可颇采者，何必上古。秦取天下多暴，然世异变，成功大。传曰"法后王"[⑩]，何也？以其近己而俗变相类，议卑而易行也。学者牵于所闻，见秦在帝位日浅，不察其终始，因举而笑之，不敢道，此与以耳食[⑪]无异，悲夫！

余于是因《秦记》，踵《春秋》之后，起周元王，表六国时事，讫二世，凡二百七十年[⑫]，著诸所闻兴坏之端。后有君子，以览观焉。

---

① 孰：同"熟"。

② 作事：指事情的开始。

③ 西羌：泛指古羌人居住的西部地区。传说禹生于石纽(在今四川北部)。

④ 亳：当是指汉人所知的杜县(今陕西西安东南)之亳亭。按：古时名亳(其字或又作"薄""蕃"等)之地甚多，率由商代子姓部族聚居地或封国的亳社(社稷通名)得称。商人兴起于东方，其初都之地大都在今豫东鲁西，杜县之亳应是晚出地名，以此指证商汤起于西方，不确。

⑤ 丰镐(hào)：均为西周国都，并在今陕西西安西南。丰，又作"酆"。

⑥ 蜀汉：指巴蜀、汉中地区。汉高祖刘邦初据其地称汉王。

⑦ 有所刺讥：指对秦人多所指斥。

⑧ 而史记独藏周室：此句意为各诸侯国史都由周王室收藏。近世学者或据此以为各国史官皆自周出，恐未必然。

⑨ 不具：不完备。

⑩ 传(zhuàn)：解释经典的文字。此泛指历史记载及诸子著作等。法后王：即效法传说时代以后的王者制度。战国时荀况一派主张"王者之制，道不过三代，法不二后王"(《荀子·王制》)，反对一味遵从三代以前无从稽考的古先王法度之说。

⑪ 耳食：喻不加审查而轻信传闻，犹如以耳进食而不能知味。

⑫ 此表起于周元王元年(公元前 475 年)，终于秦亡，下限实超出秦二世之死数月，按秦历可列在公元前 206 年，故总言二百七十年。

史记·留侯世家[①]（节选）

留侯张良[②]者，其先韩人也。大父开地，相韩昭侯、宣惠王、襄哀王[③]。父平，相釐王、悼惠王[④]。悼惠王二十三年，平卒。卒二十岁，秦灭韩[⑤]。良年少，未宦事韩。韩破，良家僮[⑥]三百人，弟死不葬，悉以家财求客刺秦王，为韩报仇，以大父、父五世相韩[⑦]故。良尝学《礼》淮阳[⑧]，东见仓海君[⑨]，得力士，为铁椎[⑩]重百二十斤。秦皇帝东游，良与客狙击秦皇帝博浪沙中[⑪]，误中副车[⑫]。秦皇帝大怒，大索天下，求贼[⑬]甚急，为张良故也。良乃更名姓，亡匿下邳[⑭]。

良尝閒从容步游下邳圯上[⑮]。有一老父衣褐至良所[⑯]，直堕其履圯

---

① 本篇选自《史记》卷五十五。"世家"初见于《世本》，原是周代各封国诸侯的宗谱。《史记》中的"世家"，自《吴太伯世家》以至《田敬仲完世家》，皆记先秦各诸侯国的历史；自《孔子世家》《陈涉世家》以下，则皆为人物传记。本篇原记汉高祖刘邦的主要谋士张良一生的事迹，这里节选的是他辅佐刘邦夺取天下时期的部分。

② 张良：字子房，出身韩国贵族。相传祖籍在城父（今河南郏县东，一说今安徽亳州东南），生年不详，约卒于公元前 189 年。

③ 大父：祖父。开地：张良祖父之名。韩昭侯、宣惠王、襄哀王：皆战国时韩国国君，分别于公元前 362—前 333 年、公元前 332—前 312 年、公元前 351—前 296 年在位。

④ 平：张平，《韩非子》作张谴。釐王、悼惠王分别于公元前 295—前 273 年、公元前 272—前 239 年在位。

⑤ 秦灭韩：其事在公元前 230 年。

⑥ 家僮：家仆。

⑦ 五世相韩：指为韩国五代国君的相国。

⑧ 学《礼》淮阳：于淮阳从师学《礼》。

⑨ 仓海君：《汉书·张良传》颜注以为是当时贤者之号。或即张良本师。

⑩ 为铁椎（chuí）：造铁槌。椎，同"槌"，敲击用的棒槌。

⑪ 狙（jū）击：伏击，埋伏在隐蔽地点伺机袭击。狙，伺机。博浪沙：地名，在今河南原阳东南。

⑫ 中（zhòng）：击中。副车：亦称"属车"，随从之车。

⑬ 贼：杀人者。此指刺客。

⑭ 下邳：秦县名，在今江苏睢宁西北。

⑮ 閒（jiàn）：同"闲"，抽空，私下里。圯（yí）：桥。

⑯ 老父：犹言老翁。褐：粗布衣。

下[①]，顾谓良曰："孺子下取履。"[②]良愕然，欲殴之，为其老，强忍下取履。父曰："履我！"[③]良业[④]为取履，因长跪[⑤]履之。父以足受，笑而去，良殊大惊，随目之。父去里所[⑥]，复还，曰："孺子可教[⑦]矣。后五日平明，与我会此。"良因怪之，跪曰："诺。"五日平明，良往，父已先在，怒曰："与老人期[⑧]，后，何也？"去曰："后五日早会。"五日鸡鸣，良往，父又先在，复怒曰："后，何也？"去曰："后五日复早来。"五日，良夜未半往，有顷，父亦来，喜曰："当如是。"出一编书，曰："读此，则为王者师矣。后十年兴，十三年，孺子见我济北，穀城山下黄石即我矣[⑨]。"遂去，无他言，不复见。旦日视其书，乃《太公兵法》[⑩]也。良因异之，常习诵读之。

居下邳，为任侠[⑪]。项伯[⑫]尝杀人，从良匿。后十年，陈涉[⑬]等起

---

① 直：特地，故意。此句意谓故意使鞋子掉到桥下。

② 顾：回头。孺子：儿童。此犹言"小子"，是对年轻人的不尊重称呼。

③ 履我：给我穿上鞋！

④ 业：既已。

⑤ 长跪：直身而跪，表示庄重。

⑥ 里所：里许，约一里地。

⑦ 孺子可教：犹言年轻人可造就。

⑧ 期：约会。

⑨ 济北：郡名，秦时治所在今山东泰安东南。楚汉相争时为济北国。穀城山：又称黄山，在今山东平阴西南。按：此述黄石公传说来历。本篇末又云："后十三年，(良)从高帝过济北，果见穀城山下黄石，取而葆(宝)祠之。留侯死，并葬黄石冢(为黄石造一坟)，每上冢伏腊(夏冬两季)祠黄石。"

⑩ 《太公兵法》：《正义》引《七录》谓一帙三卷，当即指后世所传《黄石公三略》。相传源出于姜太公。《汉书·艺文志》道家类著录《太公》二百三十七篇，疑《三略》原是其中的一种，故亦称《太公兵法》。其书当成于战国末，推源于姜太公系假托。

⑪ 任侠：行事崇尚侠义。

⑫ 项伯(？—前192年)：名缠，字伯，项羽叔父。与张良友善。因楚汉相争时曾回护刘邦，故刘邦建汉后赐姓刘氏，封射阳侯。项氏故籍本在今河南项城、沈丘一带，后项梁因有罪杀人，携项羽逃居下相(今江苏宿迁西)，疑项伯从张良避匿事即在此时。伯、梁为兄弟。

⑬ 陈涉：即秦末农民起义领袖陈胜。胜是其名，涉是其字。

兵，良亦聚少年百余人。景驹①自立为楚，假王在留②，良欲往从之，道遇沛公③。沛公将数千人略地下邳西，遂属焉④。沛公拜良为厩将⑤，良数以《太公兵法》说沛公，沛公善之，常用其策。良为他人言，皆不省⑥，良曰："沛公殆天授⑦。"故遂从之，不去见景驹。及沛公之薛，见项梁。⑧项梁立楚怀王⑨，良乃说项梁曰："君已立楚后，而韩诸公子横阳君⑩成贤，可立为王，益树党⑪。"项梁使良求韩成，立以为韩王，以良为韩申徒⑫，与韩王将千余人西略韩地。得数城，秦辄复取之，往来为游兵颍

---

① 景驹(? —前 208 年)：战国时楚国贵族景氏后裔。秦末响应陈涉起义，聚众起兵于郢(今湖北江陵东南)，随后辗转东进。及陈涉军败，被另一支起义军首领秦嘉拥立为楚王，不久被项梁击杀。

② 假王在留：暂摄王号，聚众在留。"假"为代理之意，其时虽传陈王已死，而尚不能确知，故称"假王"。留，地名，在今江苏沛县东南。《项羽本纪》谓秦嘉"立景驹为楚王，军彭城东"，彭城即今徐州。

③ 沛公：即刘邦。刘邦为沛丰邑(今江苏沛县)人，初聚众起义时称沛公。陈涉死后，他曾一度从属景驹及秦嘉。

④ 属焉：属之，指张良以众从属刘邦。

⑤ 厩将：别将名号，主管军中马匹。

⑥ 不省(xǐng)：不能领悟。

⑦ 殆：近于。天授：天赋。

⑧ 薛：薛城，在今山东滕州南。项梁(? —前 208 年)：项羽叔父。秦末与项羽等人起兵响应陈涉起义，被任为张楚政权上柱国。闻陈涉死，召集各路义军首领会集于薛，立楚怀王，自号武信君。由此声威大振，然亦因此而骄傲轻敌，不久被秦将章邯击杀。此言"沛公之薛"，实指刘邦从项梁之招而赴薛。张良随同前往，故得见项梁。

⑨ 楚怀王(? —前 205 年)：战国时楚怀王之孙。芈姓，熊氏，名心。楚亡后在民间为人牧羊，秦末项梁起义军闻陈涉死，遂立他为楚怀王。后项羽自立为西楚霸王，尊他为义帝，不久又派人杀之。

⑩ 横阳君：韩成在韩国未亡时的封号。张良本为韩国贵族，故劝说项梁立韩成为韩王。项羽入关后分封诸侯，仍封之为韩王，使领韩故地，但未遣其之国。公元前 206 年为项羽所杀，事见本篇下文。

⑪ 益树党：增树自己的势力。

⑫ 申徒：官名，即司徒。《集解》谓"语音讹转，故字亦随改"。实为封国相职。

川[1]。沛公之从洛阳南出轘辕[2]，良引兵从沛公，下韩十余城，击破杨熊[3]军。沛公乃令韩王成留守阳翟，与良俱南攻下宛[4]，西入武关[5]。沛公欲以兵二万人击秦峣下军[6]，良说曰："秦兵尚彊，未可轻。臣闻其将屠者子[7]，贾竖[8]易动以利，愿沛公且留壁[9]，使人先行为五万人具食[10]，益为张旗帜诸山上，令郦食其持重宝啗秦将[11]。"秦将果畔[12]，欲连和俱西袭咸阳。沛公欲听之，良曰："此独其将欲叛耳，恐士卒不从。不从必危，不如因其解[13]击之。"沛公乃引兵击秦军，大破之，遂北至蓝田[14]。再战，秦兵竟败，遂至咸阳，秦王子婴[15]降沛公。

沛公入秦宫，宫室帷帐、狗马、重宝、妇女以千数，意欲留居之。樊哙[16]谏沛公出舍，沛公不听。良曰："夫秦为无道，故沛公得至此。夫

---

① 为游兵颍川：在颍川一带流动作战。颍川，战国秦汉时郡名，治阳翟(今河南禹州)。原为韩国地。

② 轘辕：古山名，在今河南偃师东南，接巩义、登封两地界。山路险隘，盘桓十二曲，将去复还，故曰轘辕。历代为控守要地。

③ 杨熊(？—前207年)：秦朝将领。因败于刘邦，被秦二世派使者斩杀。

④ 宛(yuān)：古邑名，即今河南南阳。秦以后历代为南阳郡治所。

⑤ 武关：古关名，故址在今陕西商南东南丹江北岸。

⑥ 峣下军：指守峣关的秦军。峣关，故址在今陕西省商洛市商州区西北。

⑦ 屠者子：屠夫的儿子。

⑧ 贾(gǔ)竖：对商人的蔑称。

⑨ 壁：军营，营寨。

⑩ 具食：准备饭食。

⑪ 郦食其(lìyìjī)(？—前203年)：又称郦生，陈留高阳(今河南杞县西)人。秦末已六十余岁，以纵横之策说刘邦，得刘邦礼遇，常为奔走于诸侯间。后因游说齐王田广归汉，不果，被田广烹杀。啗：同"啖""噉"。本义为吃，引申为利诱、引诱。

⑫ 畔：同"叛"。

⑬ 解：同"懈"。

⑭ 蓝田：古县名，在今陕西蓝田西灞河西岸。

⑮ 秦王子婴(？—前206年)：秦末代王。或说为始皇弟，或说为始皇弟之子，或说为秦二世兄之子。学者多从后说。秦将亡时即位，去帝号，族灭宦官赵高，在位仅四十六日而降于刘邦。后被项羽暗杀。

⑯ 樊哙(？—前189年)：刘邦将领。沛(今江苏沛县)人。少以屠狗为业，秦末随刘邦起义，屡建战功。汉王朝建立后官至相国，卒谥武侯。

为天下除残贼，宜缟素为资[①]，今始入秦即安其乐，此所谓助桀为虐。且忠言逆耳利于行，毒药苦口利于病，愿沛公听樊哙言。”沛公乃还军霸上[②]。

项羽至鸿门[③]下，欲击沛公，项伯乃夜驰入沛公军，私见张良，欲与俱去。良曰：“臣为韩王送沛公，今事有急，亡去，不义。”乃具以语沛公。沛公大惊，曰：“为将奈何?”良曰：“沛公诚欲倍[④]项羽邪?”沛公曰：“鲰生教我距关无内诸侯[⑤]，秦地可尽王[⑥]，故听之。”良曰：“沛公自度能却项羽乎?”沛公默然良久，曰：“固不能也。今为奈何?”良乃固要[⑦]项伯。项伯见沛公，沛公与饮，为寿结宾婚[⑧]，令项伯具言沛公不敢倍项羽，所以距关者，备他盗[⑨]也。及见项羽，后解[⑩]，语在项羽事中[⑪]。

汉元年[⑫]正月，沛公为汉王[⑬]，王巴蜀。汉王赐良金百镒[⑭]，珠二斗，良具以献项伯。汉王亦因令良厚遗项伯，使请汉中[⑮]地。项王乃许

---

① 缟素为资：以俭约为凭借。缟素，白色丝织品，此喻俭约、俭朴。

② 军：驻扎。霸上：古地名，一作“灞上”，又称霸头、霸陵。在今陕西西安东白鹿原北首。

③ 鸿门：古邑名，在今陕西省西安市临潼区东北阴盘镇东。

④ 倍：通“背”，背叛。

⑤ 鲰(zōu)生：《索隐》引臣瓒语谓《楚汉春秋》记“鲰生本姓解”。其事未详。距关：拒诸侯于关外。实指发兵守潼关。距，通“拒”。内：同“纳”。

⑥ 尽王(wàng)：足以称王。

⑦ 要(yāo)：约请，邀。

⑧ 为寿：祝酒。此指以干杯约盟。结宾婚：宾服(归顺)及结成婚姻关系。此指汉对楚而言，非指刘邦对项伯。

⑨ 他盗：实指当时其他武装力量。

⑩ 后解：指后来刘邦在鸿门宴上得以逃脱。

⑪ 语在项羽事中：指事见《项羽本纪》。

⑫ 汉元年：公元前 206 年。

⑬ 汉王：项羽入关，大封诸侯王，刘邦封汉王。

⑭ 镒(yì)：古代重量单位，二十四两(一说二十两)为一镒。

⑮ 汉中：郡名，秦汉之际治所在南郑(今陕西汉中东)。

之，遂得汉中地。汉王之国①，良送至褒中②，遣良归韩。良因说汉王曰："王何不烧绝所过栈道，示天下无还心，以固项王意?"乃使良还行烧绝栈道。良至韩，韩王成以良从汉王，故项王不遣成之国，从与俱东。良说项王曰："汉王烧绝栈道，无还心矣。"乃以齐王田荣③反书告项王。项王以此无西忧汉心，而发兵北击齐。项王竟不肯遣韩王，乃以为侯，又杀之彭城。良亡，间行④归汉王。

汉王亦已还定三秦⑤矣，复以良为成信侯，从东击楚。至彭城，汉败而还。至下邑⑥，汉王下马踞鞍⑦而问曰："吾欲捐关以东等，弃之谁，可与共功者?"⑧良进曰："九江王黥布⑨，楚枭将，与项王有郄⑩；彭越⑪，与齐王田荣反梁地。此两人可急使⑫，而汉王之将，独韩信可属⑬大事，当一面。即欲捐之，捐之此三人，则楚可破也。"汉王乃遣随何⑭

---

① 之国：到封国去。

② 褒中：古邑名，在今陕西勉县东北褒城东。汉于此置县。境内有褒谷道，连接南、北栈道，为往来秦岭南北的交通要道。

③ 田荣(？—前205年)：战国时齐公室后裔。秦汉之际，他先是逐走齐王假，立田市，自为相。及项羽分封三齐(齐王、济北王、胶东王)，他不得封，遂怒而杀逐三齐王，自立为齐王。不久被项羽击杀。

④ 间行：秘密逃走。

⑤ 三秦：古地区名，约当今陕西秦岭以北及甘肃东部地区。秦亡后，项羽分封，三分其地，故称三秦。

⑥ 下邑：秦汉时县名，故治在今安徽砀山东。

⑦ 踞鞍：踞坐在置地的马鞍上。

⑧ 此"问曰"是说：我想捐关东之地，应该弃给谁，可使他与我共济灭楚之功?按：所谓"捐""弃"，实指欲以分封土地拉拢诸武装势力集团。

⑨ 黥布：即英布(？—前195年)，六县(今安徽六安北)人。本姓英，因秦时曾被刺面罚作骊山苦役，故称黥布。秦末率骊山徒逃入长江为盗，后投项梁、项羽，大破秦军。后又背楚归汉，封淮南王。汉高祖十一年(公元前196年)举兵反，次年兵败被杀。

⑩ 郄：即"郤"字，通"隙"，嫌隙。

⑪ 彭越(？—前196年)：字仲，昌邑(今山东金乡西北)人。秦末起兵，众至三万。楚汉战争时投刘邦为将，掠定梁地(今河南东南部)，后封梁王。汉高祖末年被废为庶人，吕后时又被人诬告谋反，被族诛。

⑫ 急使：事急时可以利用。

⑬ 属(zhǔ)：托付。

⑭ 随何：秦汉之际儒生。初为刘邦谒者，后为护军中尉。

说九江王布，而使人连彭越。及魏王豹[①]反，使韩信将兵击之，因举[②]燕、代、齐、赵。然卒破楚者，此三人力也。

汉三年[③]，项羽急围汉王荥阳[④]。汉王恐忧，与郦食其谋桡楚权[⑤]。食其曰："昔汤伐桀，封其后于杞[⑥]；武王伐纣，封其后于宋[⑦]。今秦失德弃义，侵伐诸侯社稷，灭六国之后，使无立锥之地。陛下诚能复立六国后世，毕已受印，此其君臣百姓必皆戴陛下之德，莫不乡[⑧]风慕义，愿为臣妾[⑨]。德义已行，陛下南乡称霸，楚必敛衽而朝汉。"汉王曰："善。趣[⑩]刻印，先生因行佩之[⑪]矣。"食其未行，张良从外来谒[⑫]。汉王方食，曰："子房，前客有为我计桡楚权者。"具以郦生语告于子房，曰："何如?"良曰："谁为陛下画此计者？陛下事去矣!"汉王曰："何哉?"张良对曰："臣请藉前箸为大王筹之[⑬]。"曰："昔者汤伐桀而封其后于杞者，度能制桀之死命也。今陛下能制项籍[⑭]之死命乎?"曰："未能也。""其不可一也。武王伐纣，封其后于宋者，度能得纣之头也。今陛下能得项籍

① 魏王豹：战国末魏国贵族，生年不详，卒于公元前 204 年。秦末初投陈胜，后投项羽，攻占故魏地，自立为魏王。楚汉战争时降汉，及项羽击破汉军，复叛汉，被韩信击败俘获。后为汉将周苛所杀。其事见《史记·淮阴侯列传》。

② 举：占领。

③ 汉三年：公元前 204 年。

④ 荥阳：秦县名，治今河南荥阳东北。

⑤ 桡楚权：对付项羽的办法。桡，同"挠"，有干扰、削弱、摧折、使屈服等义。权，权宜之计，犹言策划。

⑥ 杞：古国名，夏代王族后裔的封国。相传为商汤灭夏桀后所封，不可考。史籍载周武王封大禹之后东楼公于杞(今河南杞县)，后其国迁至今山东境内，公元前 445 年为楚所灭。

⑦ 宋：即两周时宋国。周武王所封，开国君主是商纣王庶兄微子启，都商丘(今属河南)。公元前 286 年为齐所灭。

⑧ 乡：通"向"。下文"南乡"同此。

⑨ 臣妾：同"臣仆"。

⑩ 趣：通"促"，赶快。下同。

⑪ 因行佩之：就请出行，去给他们佩戴封印。

⑫ 谒：拜见。

⑬ 藉：同"借"。前箸：此前招待客人所用的筷子。筹：动词，筹划、说明。

⑭ 项籍：即项羽。籍是其名，羽是其字。

之头乎？”曰：“未能也。”“其不可二也。武王入殷，表商容之间①，释箕子之拘②，封比干之墓③。今陛下能封圣人之墓，表贤者之间，式智者之门④乎？”曰：“未能也。”“其不可三也。发钜桥之粟，散鹿台之钱⑤，以赐贫穷。今陛下能散府库，以赐贫穷乎？”曰：“未能也。”“其不可四矣。殷事已毕，偃革为轩⑥，倒置干戈，覆以虎皮⑦，以示天下不复用兵。今陛下能偃武行文，不复用兵乎？”曰：“未能也。”“其不可五矣。休马华山之阳⑧，示以无所为。今陛下能休马无所用乎？”曰：“未能也。”“其不可六矣。放牛桃林之阴，以示不复输积⑨。今陛下能放牛不复输积乎？”曰：“未能也。”“其不可七矣。且天下游士离其亲戚，弃坟墓，去故旧，从陛下游者，徒欲日夜望咫尺之地⑩。今复六国，立韩魏燕赵齐楚之后，天下游士各归事其主，从其亲戚，反其故旧、坟墓，陛下与谁取天下乎？其不可八矣。且夫楚唯无彊，六国立者复桡而从之，陛下焉得而臣之？⑪

---

① 表商容之间：立碑表于商容的故里。商容，相传为殷纣王时贤臣，典礼乐。后被纣王罢职，欲举兵伐纣，未成，遂退隐太行山中。周武王灭殷，命之为三公，不受，乃命复主礼乐，并派人表彰其门闾。

② 释箕子之拘：解除对箕子的囚禁。“拘”一作“囚”。箕子，殷纣王叔父，为太师。屡谏纣王，不见听，惧祸而佯狂为奴，遭纣王囚禁。周武王灭殷，释其囚，咨以国事。

③ 封比干之墓：在比干之墓上加土。意谓重修比干之墓而大其规模，以示表彰。比干，又称王子比干，殷纣王叔父，为少师。相传他以死谏纣王，被纣王剖腹观心。

④ 式智者之门：此用战国魏文侯典故。相传魏文侯欲起用段干木，登门拜访，不得见，后每乘车过其门，必伏轼致敬。式，通“轼”，此用为动词，表示伏轼致敬。

⑤ 钜桥：殷纣王粮仓名，在今河北平乡东南。鹿台：殷纣王所筑台名，在今河南淇县朝歌镇南。此二句亦用周武王故事。相传周武王灭殷后，散发钜桥之粟、鹿台之钱以赈贫民。

⑥ 偃革为轩：把兵车改为平时所乘的轩车。偃，停止使用。革，兵车。

⑦ 覆以虎皮：用虎皮盖起来。表示如同有猛虎看守，不准人再使用。

⑧ 休马华山之阳：《史记·周本纪》：“纵马于华山之阳，牧牛于桃林之虚。”亦周武王故事。华山之阳，即华山之南，约当今洛南至西安一带。桃林，又称桃原。下文所称“桃林之阴”，约当今河南灵宝以西、陕西潼关以东地区。按：以上周武王故事均见于《史记·周本纪》。

⑨ 输积：指运送收积军饷。

⑩ 望咫尺之地：指望得到一小块封地。实指希望取得一定地位。

⑪ 全句意为：而且对于项楚政权，只希望它不能强盛，如果又立六国之后为封国，他们复屈服于强楚而跟随之，那么陛下您又有什么办法使他们称臣？

诚用客之谋，陛下事去矣。”汉王辍食吐哺[①]，骂曰：“竖儒，几败而公事[②]！”令趣销印。

汉四年，韩信破齐，而欲自立为齐王。汉王怒，张良说汉王，汉王使良授齐王信印[③]，语在淮阴事中。其秋，汉王追楚至阳夏[④]南，战不利而壁固陵[⑤]，诸侯期不至[⑥]。良说汉王，汉王用其计，诸侯皆至，语在项籍事中。

汉六年正月，封功臣。良未尝有战斗功，高帝曰：“运筹策帷帐中，决胜千里外，子房功也。”自择齐三万户[⑦]。良曰：“始臣起下邳，与上会留，此天以臣授陛下。陛下用臣计，幸而时中[⑧]，臣愿封留足矣，不敢当三万户。”乃封张良为留侯，与萧何等俱封[⑨]。

史记·货殖列传序[⑩]

老子曰：“至治之极[⑪]，邻国相望，鸡狗之声相闻，民各甘其食，美其服，安其俗，乐其业，至老死不相往来。”[⑫]必用此为务，輓近世涂民

---

① 辍食吐哺：停止进食，吐出口中食物。

② 竖儒：对儒士的蔑称。而公事：犹今言“你老子的事”。而，第二人称代词。《汉书·张良传》作“迺(乃)公事”。

③ 信印：信符和玺印。信符，指封王的文书。

④ 阳夏(jiǎ)：秦以后县名，今河南太康。

⑤ 壁：扎营。固陵：古聚邑名，今河南太康南。

⑥ 期不至：约定会集而到期不至。

⑦ 自择齐三万户：指汉高祖亲自选择有三万纳税户的齐地作为张良的食邑。

⑧ 幸：侥幸。此为谦辞。时中(zhòng)：偶尔有中。

⑨ 萧何：汉初大臣，刘邦建汉后为丞相。时封酂侯，论为首功。

⑩ 本篇选自《史记》卷一百二十九。“货殖”一词本指货物的生产和交换，司马迁用为列传名目，主要指商业活动。原篇除集录一些富商大贾的简要事迹外，还兼记各地物产、风俗及经济、都市等，并随文阐释自己的观点，实具有春秋末年以至汉景帝年间社会经济史专篇的意义。其写法不拘于传记体，大致以论说为主，而以人物史料及其他资料为辅，开后世正史《食货志》的先河。这里节选的是《货殖列传》的序。

⑪ 至治之极：社会治理的理想状态。

⑫ 引文见今本《老子》第八十章，文字略有不同。

耳目，则几无行矣。①

太史公曰：夫神农②以前，吾不知已③。至若《诗》、《书》所述虞、夏以来，耳目欲极声色之好，口欲穷刍豢④之味，身安逸乐而心夸⑤，矜埶能之荣⑥，使俗之渐民久矣⑦，虽户说以眇论⑧，终不能化。故善者因⑨之，其次利道⑩之，其次教诲⑪之，其次整齐⑫之，最下者与之争⑬。

夫山西饶材、竹、穀、纑、旄、玉石⑭；山东多鱼、盐、漆、丝、声色⑮；江南出枏、梓、姜、桂、金、锡、连、丹沙、犀、瑇瑁、珠玑、齿革⑯；龙门、碣石北多马、牛、羊、旃裘、筋角⑰；铜、铁则千里往往

---

① 此句意为：治世必用此为务，那么从晚近之世民情风俗的所闻所见来看，几乎无法实行。輓：通“晚”。涂：通“途”，途民犹言百姓。

② 神农：即炎帝，传说中五帝时代西夏部族的宗神。

③ 已：通“矣”。

④ 刍豢(chúhuàn)：泛指各种畜肉。刍，以草料饲养的牲畜，如牛、羊。豢，以粮食饲养的牲畜，如猪、狗。

⑤ 心夸：指心理放纵荒诞。《说文》：“夸，譀也。”“譀，诞也。”

⑥ 矜：夸耀。埶：同“势”。

⑦ 俗：此种风气。渐：浸渍，熏染。

⑧ 户说以眇论：挨家挨户地劝说以微妙的道理。眇论，实指老子之言。

⑨ 因之：指顺从民情风俗。

⑩ 利道：以利引导。道，通“导”。

⑪ 教诲：教化。

⑫ 整齐：指以法令刑政加以制裁，使趋于一致。

⑬ 与之争：指与民争利。

⑭ 山西：战国秦汉时指华山(在今陕西境内)或崤山(在今河南境内)以西，犹言关中地区。饶：富有。材：木材。穀(gǔ)：即楮树，古亦称构树。其皮可以造纸。纑：野苎麻，其皮可以织布。旄：指牦牛尾，可作舞具或旗帜装饰物。

⑮ 山东：相对山西而言，泛指黄河中下游流域以至东海岸。声色：泛指各种可供声色娱乐之物，亦兼指好声色之俗。

⑯ 江南：长江流域及其以南。枏：同“楠”，楠木，木质坚硬。梓：梓木，木质轻软，与楠木均为贵重木材。连：同“链”，铅矿石。丹沙：即朱砂。犀：指犀牛角。瑇瑁(dàimào)：亦作“玳瑁”，一种海中动物，形似龟而大，其甲壳花纹美观，可作装饰品。珠玑：圆及不圆的宝珠。齿革：象牙、贵重皮革。

⑰ 龙门：山名，在今山西河津西北，陕西韩城东北。碣石：山名，在今河北昌黎北。或说在今河北卢龙。旃裘：毛毡和皮衣。筋角：制造弓弩用的动物筋角。

山出棊置[①]：此其大较也，皆中国人民[②]所喜好，谣俗被服饮食奉生送死之具也[③]。故待农而食之，虞而出之[④]，工而成之，商而通之。此宁有政教发征期会[⑤]哉！人各任其能，竭其力，以得所欲。故物贱之征贵[⑥]，贵之征贱，各劝其业，乐其事，若水之趋下，日夜无休时。不召而自来，不求而民出之，岂非道之所符[⑦]，而自然之验[⑧]邪？

《周书》[⑨]曰："农不出则乏其食，工不出则乏其事，商不出则三宝[⑩]绝，虞不出则财匮少，财匮少而山泽不辟[⑪]矣。"此四者[⑫]，民所衣食之原[⑬]也。原大则饶，原小则鲜[⑭]。上则富国，下则富家，贫富之道，莫之夺予[⑮]，而巧者有余，拙者不足。故太公望封于营丘[⑯]，地潟卤[⑰]，人民寡，于是太公劝其女功[⑱]，极技巧，通鱼盐，则人物归之，繦至而辐

---

① 山出棊置：山山有出产，采矿点星罗棋布。棊，"棋"的异体字。

② 中国人民：中原人民。泛指华夏地区居民。

③ 谣俗：风俗。此犹言日常。被服：即穿戴。

④ 虞而出之：由畜牧及开采产出。虞，古代掌管畜牧及山林川泽的官员。

⑤ 此宁有政教发征期会：物产虽有地有时而无固定规律，国家的征收亦不当限定期限及价格等。宁，难道。政教，代指国家。发征，赋敛征收。期会，指定期按约定征收。

⑥ 物贱之征贵：物价过低时应提高征收价格。

⑦ 道之所符：符合"道"的措施。

⑧ 自然之验：因任自然之理的验证。

⑨ 《周书》：疑泛指周代所传官府文件。此下文所引不见于《尚书·周书》，或为逸篇之文。

⑩ 三宝：此指金钱、珠宝、货物。

⑪ 山泽不辟：山林川泽不能利用。辟，开通，此犹言利用。

⑫ 四者：指农、工、商、虞。

⑬ 原：同"源"。

⑭ 鲜：少。与"饶"相对，指财富之多少。

⑮ 此四句意为：从治国到治家，都有一定的致贫致富的规律，而不可人为改变。

⑯ 太公望封于营丘：指周初姜太公初封齐，都营丘。营丘，一般认为在今山东省淄博市临淄区北。

⑰ 潟卤(xìlǔ)：指盐碱地。

⑱ 女功：妇女刺绣纺织等事。

凑①。故齐冠带衣履天下②，海岱之閒敛袂而往朝焉③。其后齐中衰，管子修之，设轻重九府④，则桓公以霸，九合诸侯⑤，一匡天下⑥；而管氏亦有三归⑦，位在陪臣⑧，富于列国之君。是以齐富强至于威、宣⑨也。

故曰："仓廪实而知礼节，衣食足而知荣辱。"⑩礼生于有而废于无。故君子富，好行其德；小人富，以适⑪其力。渊深而鱼生之，山深而兽往之，人富而仁义附焉。富者得埶益彰，失埶则客无所之，以而不乐，夷狄益甚。⑫ 谚曰："千金之子，不死于市。"⑬此非空言也。故曰："天下熙熙，皆为利来；天下壤壤，皆为利往。"⑭夫千乘之王⑮，万家之侯⑯，

---

① 缰至而辐凑：如绳索贯穿钱币一般络绎而至，如轮辐集于车毂一般凑聚而来。缰(qiǎng)，穿线绳。

② 齐冠带衣履天下：齐国出产的冠带衣履行销天下。

③ 海岱之閒：大海和泰山之间，指今山东半岛地区。閒，同"间"。敛袂而往朝：整理衣袖(表示恭敬)而前往朝见齐君。

④ 设轻重九府：管仲相齐桓公治齐时采取的统治措施。大意指在各地积贮轻重不同的货币以调节物价。今本《管子》尚有《轻重》篇，而《九府》篇已佚。据《周礼》，周代掌管钱币的官府有大府、玉府、内府、外府、泉府、天府、职内、职金、职币。

⑤ 九合诸侯：多次召集诸侯会盟为盟主。

⑥ 一匡天下：独以大国地位匡扶天下。

⑦ 三归：无确解。或说指齐国商税的三分之一归于管仲，作为其俸禄。

⑧ 陪臣：隔一层的臣子之称。诸侯的卿大夫对天子自称陪臣，卿大夫的家臣对诸侯也自称陪臣。

⑨ 威：齐威王。妫姓，田氏，名因齐，公元前356—前320年在位。宣：齐宣王。威王之子，公元前319—前310年在位。

⑩ 引文见《管子·牧民》。

⑪ 适：调节。

⑫ 全句意为：财富丰厚者得势则更加显赫，失势则贵客不到其门，因而不得欢悦，其行为准则倾向于夷狄，也就比无财富者更加严重。客，指贵客。无所之，没有人到。以而，因而。夷狄，用作动词，与上文"仁义"对言，指夷狄化，亦即富而失势者弃仁义而行同夷狄的倾向。

⑬ 千金之子，不死于市：家累千金的富豪之子，没有因为犯罪而被砍头弃市的。此斥以钱财贿赂乱法之行。

⑭ 熙熙：与"壤壤"皆形容拥挤嚣杂貌。壤，通作"攘"，亦作"穰"。后世常连用作"熙熙攘攘"。

⑮ 千乘之王：指有千辆战车的中等诸侯国之王。

⑯ 万家之侯：指有万户食邑的封侯者。

百室之君[①]，尚犹患贫，而况匹夫编户之民[②]乎！

汉书[③]·艺文志序[④](节选)

昔仲尼没而微言绝[⑤]，七十子丧而大义乖[⑥]。故《春秋》分为五，《诗》分为四，《易》有数家之传。战国从衡[⑦]，真伪分争，诸子之言，纷然淆乱。至秦患之，乃燔灭文章[⑧]，以愚黔首。汉兴，改秦之败[⑨]，大收篇

---

① 百室之君：指有百户食邑的受封者。

② 编户之民：编入国家户籍的平民。

③ 《汉书》是我国第一部纪传体断代史，东汉班固(32—92年)撰。固字孟坚，东汉扶风安陵(今陕西咸阳东北)人，出身贵族。初因改编其父班彪所作《史记后传》，被人告发以私改国史罪名，被捕入狱；后受明帝赏识，得任兰台令史，历时二十五年，大体完成是书。晚年受外戚窦宪案牵连，再次被捕，死于狱中。其生前未完稿的八表和《天文志》，由其妹班昭和当时学者马续补成。全书由十二纪、八表、十志、七十列传组成，共一百篇，厘为一百二十卷。记录西汉历史，上起汉高祖元年(公元前206年)，下至王莽新朝地皇四年(23年)。主要编纂特点有：一是体例基本上依仿《史记》而有所变更，如改“书”为“志”，取消“世家”而并入“列传”等；二是创立纪传体断代史的规模，为后世史家所仿效，唯志、表的某些篇章仍贯通前代；三是文赡而事详，武帝以前的部分多袭用《史记》原文而有所增补，武帝以后的部分据班彪后传改写而成新编，保存了极为丰富的西汉一代史料，尤其十志的记载比《史记》的八书扩出很多，对少数民族历史的记载也较详备；四是撰述谨严、精练，不少篇章兼具较高的文学价值，但行文多用古字古义，较难懂。《汉书》作者的史学思想浸透着浓厚的正统儒学意识，鼓吹纲常名教，宣扬皇权神授、天人感应、五德循环、阴阳灾异，与《史记》的主体史学思想形成鲜明的对立。历来注《汉书》者甚多，其中最流行的是唐人颜师古的注本，清人王先谦的《汉书补注》保存有关资料较丰。

④ 本篇选自《汉书》卷三十。原篇系在刘歆《七略》的基础上编成，为我国现存第一部完整的目录书，并兼有学术史的性质，开后世官修目录编制正史艺文志的先河。所录尚保留《七略》原书六略三十八种的分类体系及全部著录书籍，唯增入刘向、扬雄、杜林三家著作。凡所改移、删补等处，均注有“出”“入”“省”等字。这里节选的仅是全篇总序及《六艺略》的大小序。

⑤ 仲尼：孔子的字。微言：含意精微深远的言论。

⑥ 七十子：指孔子的七十二大弟子。史籍或称“贤人七十”，乃举其成数言之。丧：死。大义：指儒家要旨。乖：相互背离，不一致。

⑦ 从衡：同“纵横”，指纵横家言论。

⑧ 燔灭文章：指秦焚书。燔，烧。

⑨ 败：义同“弊”。

籍，广开献书之路。迄孝武[①]世，书缺简脱[②]，礼坏乐崩，圣上喟然而称曰："朕甚闵焉[③]！"于是建藏书之策[④]，置写书之官，下及诸子传说，皆充秘府[⑤]。至成帝时，以书颇散亡，使谒者陈农求遗书于天下[⑥]。诏光禄大夫刘向[⑦]校经传、诸子、诗赋，步兵校尉[⑧]任宏校兵书，太史令尹咸校数术[⑨]，侍医李柱国校方技[⑩]。每一书已，向辄条其篇目，撮其指意[⑪]，录而奏之。会向卒，哀帝复使向子侍中奉车都尉歆[⑫]卒父业。歆于是总群书而奏其《七略》，故有《辑略》[⑬]，有《六艺略》[⑭]，有《诸子略》，有《诗赋略》，有《兵书略》，有《术数略》，有《方技略》。今删其要，以备篇籍[⑮]。

---

① 孝武：汉武帝。

② 书缺简脱：书籍缺少，简编脱落。

③ 闵：忧。此为古代帝王诏令套语。

④ 建藏书之策：设置藏书的登记簿。意指建立和完善藏书制度。策，同"册"。

⑤ 秘府：宫廷藏书之处。

⑥ 谒者：官名。掌宾赞受事。陈农：生平未详。

⑦ 刘向(？—前6年)：西汉文献学家。本名更生，字子政，高祖异母弟楚元王刘交之后。成帝时官至光禄大夫、中垒校尉。河平三年(公元前26年)，奉命校国家图书，主持其事近二十年。汇集校雠成果编成《别录》一书，为我国目录学的奠基性著作。另著有《五经通义》《新序》《说苑》《烈女传》等，均有较高史料价值。

⑧ 步兵校尉：官名。西汉武帝时始置，掌上林苑门屯兵。

⑨ 太史令：秦汉官名。掌天时、星历及时节禁忌等，并有修史之任。尹咸：西汉末汝南(今河南上蔡西南)人。尹更始之子。通《左传》，刘歆曾从其受学。数术：指天文、历法、占卜、五行之类的书。

⑩ 侍医：皇帝的御医。方技：指医药卫生之类的书。

⑪ 撮其指意：概括其旨意。指，同"旨"。

⑫ 歆：刘歆(？—23年)，西汉文献学家，字子骏，刘向子。精通经学，推重古文经。哀帝、平帝时，历官骑都尉、奉车都尉、光禄大夫、中垒校尉、羲和京兆尹等职。继其父总校群书，撰成《七略》。又著有《三统历谱》等。王莽称帝，奉为国师。后因谋诛王莽，事泄自杀。

⑬ 《辑略》：《七略》的第一部分，为其他六略的总要。《汉书·艺文志》在改编时，删除"辑略"之名而保留其内容，将总序列于六略之前，大小序分列于六略三十八种之后。

⑭ 《六艺略》：即儒家经典类。"六艺"即六经，此用为经典总名。其下实分《易》《书》《诗》《礼》《乐》《春秋》《论语》《孝经》《小学》九个小类。

⑮ 以备篇籍：以为记录书籍的专门篇章。按：本段为全篇总序，此下九段为《六艺略》各小类的序。

《易》曰："宓戏氏仰观象于天，俯观法于地，观鸟兽之文，与地之宜，近取诸身，远取诸物，于是始作八卦，以通神明之德，以类万物之情。"①至于殷、周之际，纣在上位，逆天暴物；文王以诸侯顺命而行道，天人之占可得而効②，于是重《易》六爻，作上下篇③。孔氏为之《彖》《象》《系辞》《文言》《序卦》之属十篇。④ 故曰《易》道深矣，人更三圣，世历三古。⑤ 及秦燔书，而《易》为筮卜之事，传者不绝。汉兴，田(和)[何]传之⑥。讫于宣、元，有施、孟、梁丘、京氏列于学官⑦，而民间有费、高二家之说⑧。刘向以中⑨《古文易经》校施、孟、梁丘经，或脱去"无咎"

---

① 引文见《易・系辞下》。宓戏氏，即伏羲氏，传说中的华夏民族人文始祖。又，引文末二句意谓：通过八卦来通晓万事万物变化的性质，模仿万事万物的情状。

② 天人之占可得而効：通过占卜沟通天人关系，可得效法天地以助人事。効，同"效"。

③ 此二句述周文王演《易》传说。相传《易》书在周以前已有，但多用单卦，每卦三爻(爻即构成卦的"—""- -"两种笔画形符号)，故只有八卦。周文王将八卦两两交错重叠，配合为六十四卦，故每卦有六爻。重卦之后，简帙重大，故又分为上下篇。后世所传《周易》前三十卦为上篇，后三十四卦为下篇。

④ 此句指《周易》的"十翼"，包括《彖》上下、《象》上下、《系辞》上下，以及《文言》《序卦》《说卦》《杂卦》，共十篇。"十翼"又总称《易传》，相传为孔子所作，不可信，当是战国晚期作品。

⑤ 此处全句是说：《易经》占卜之道流传久远，其书经伏羲、周文王、孔子"三圣"的编撰，历上古、中古、近古"三古"数千年。

⑥ 田何：字子装，齐人。战国末从孙虞学《易》，汉初徙杜陵(今陕西省西安市长安区东北)，号杜田生。汉代《易》学的传授从他开始。

⑦ 施：施雠，字长卿，西汉沛(今安徽濉溪西北)人。从田王孙受《易》，宣帝时为博士。孟：孟喜，字长卿，东海兰陵(今山东省兰陵县兰陵镇)人。亦从田王孙受《易》，官至相掾，因改师法而未得为博士。梁丘：梁丘贺，字长翁，琅琊诸(今山东诸城)人。先后从京房、田王孙受《易》，官至少府。京：京房(公元前77—前37年)，字君明，本姓李，推律自改为京氏。东郡顿丘(今河南清丰西南)人。从焦延寿受《易》，元帝初元末举孝廉为郎。以阴阳灾异之学，谏元帝考课官吏、斥佞用贤，为宦官石显和佞臣五鹿充宗所排挤，出为魏郡太守。月余，被诬陷下狱死。列于学官：指列入学官，设博士收徒传授。

⑧ 费：费直，字长翁，东莱(今山东龙口)人。治《易》为郎，官至单父令。高：高相，沛(今江苏沛县东)人，与费直同时。二家说《易》无章句，均未得列入学官。费氏所传为古文经。

⑨ 中：指宫内。此指皇家藏书处。

"悔亡"①，唯费氏经与古文同。

《易》曰："河出图，洛出书，圣人则之。"②故《书》之所起远矣，至孔子篹③焉。上断于尧，下讫于秦，凡三百篇，而为之序，言其作意。秦燔书禁学，济南伏生独壁藏之④。汉兴，亡失，求得二十九篇，以教齐鲁之间。讫孝宣⑤世，有欧阳、大小夏侯氏立于学官⑥。《古文尚书》⑦者，出孔子壁中。武帝末，鲁共王⑧坏孔子宅，欲以广其宫，而得《古文尚书》及《礼记》《论语》《孝经》凡数十篇，皆古字也。共王往入其宅，闻鼓琴瑟钟磬之音，于是惧，乃止不坏。孔安国⑨者，孔子后也，悉得其书，

---

① 此句意指施、孟、梁丘诸家《易经》与《古文易经》本相校，时或脱去《易经》中常用的"无咎""悔亡"等术语。中《古文易经》，指皇家图书馆所藏用古文传抄的《易经》。

② 引文见《易·系辞上》。相传伏羲时有龙马负图出于黄河，伏羲依其图而作八卦，是为《易经》的起源。又传夏禹时有神龟负书出于洛水，禹依其书而作《洪范·九畴》，是为《尚书》的起源。此实以河图、洛书追溯文字的起源，以为《尚书》的历史源流作证。

③ 篹：同"纂"，编纂。

④ 伏生：名胜，字子贱，秦汉之际济南(今山东章丘)人。秦时为博士，因秦焚书而藏《尚书》于壁中，汉初取出教授，即《今文尚书》(用汉代通行的隶体字书写的《尚书》)。汉文帝曾使晁错就其家受业。

⑤ 孝宣：即汉宣帝。

⑥ 欧阳：指欧阳生、欧阳高等人。欧阳生，字和伯，汉初千乘(今山东高青东南)人。从伏生受《今文尚书》，传同郡倪宽，宽复传于欧阳生之子。欧阳氏世传其业，至欧阳生曾孙高(字子阳)，得立于学官。大小夏侯氏：指夏侯胜、夏侯建。胜字长公，西汉东平(今山东东平东)人。始从族父始昌受《尚书》，后转益多师。武帝时官至长信少府、太子太傅。建字长卿，胜从兄子。始从胜及欧阳高受《尚书》，后自撰章句，成一家之学。宣帝时征为议郎博士，官至太子太傅。

⑦ 《古文尚书》：用先秦古文字书写的《尚书》。其书在魏晋之际已散佚，非今本《古文尚书》。

⑧ 鲁共王：即鲁恭王刘余，景帝之子。

⑨ 孔安国：字子国，孔子后裔。汉初受《诗》于申公，又受《尚书》于伏生。武帝时历任谏议大夫、临淮太守。考定《古文尚书》，又著有《古文孝经传》《论语训解》等。后世所传《尚书孔氏传》一般认为是伪作。

以考二十九篇，得多十六篇。安国献之，遭巫蛊事①，未列于学官。刘向以中古文校欧阳、大小夏侯三家经文，《酒诰》脱简一，《召诰》脱简二②。率简二十五字者，脱亦二十五字；简二十二字者，脱亦二十二字。文字异者七百有余，脱字数十。《书》者，古之号令③；号令于众，其言不立具，则听受施行者弗晓④。古文读应《尔雅》，故解古今语而可知也。⑤

《书》曰："诗言志，歌咏言。"⑥故哀乐之心感，而歌咏之声发。诵其言谓之诗，咏其声谓之歌。故古有采诗之官，王者所以观风俗，知得失，自考正⑦也。孔子纯⑧取周诗，上采殷，下取鲁⑨，凡三百五篇。遭秦而全者，以其讽诵，不独在竹帛故也。⑩ 汉兴，鲁申公为《诗训故》⑪，而齐辕固、燕韩生皆为之《传》⑫。或取《春秋》，采杂说，咸非其本义与！不

---

① 巫蛊事：汉武帝时，方士与神巫多聚京师，女巫出入宫中，教宫人埋木偶祭祀以免灾。适遇武帝有病，江充欲诬太子据，遂上言巫蛊作祟，因于宫中掘地搜查，又称太子宫中得木偶甚多。太子愤而举兵杀充，己亦战败自杀。后武帝知充诈，夷其三族。时称"巫蛊之狱"，事在征和初。巫蛊，旧谓巫师以邪术害人。

② 《酒诰》《召诰》：皆《尚书》篇名。

③ 此句意为：《尚书》所集录的，都是上古朝廷发号施令的文件。

④ 此句意为：发号施令于众，若号令之言不能以文件的形式确定下来，则听从、接受并实行号令的人就不能通晓。立具，犹言确定下来并使之形成文件。

⑤ 此句意为：古文经的语词与《尔雅》的解释相应，因此只要了解了古今语词的变化，就可以通晓古文经。读，诵习，此代指古文语词。

⑥ 语出自《尚书·舜典》。原文"咏"作"永"。《孔传》："谓诗言志以导之，歌咏其义以长其言。"大意是说：诗是用精练语言表达心志的，歌则因诗义加长其音节而形成乐声。

⑦ 自考正：考查自身行政之失而修正之。

⑧ 纯：皆。

⑨ 上采殷，下取鲁：指《诗经》中的《商颂》和《鲁颂》。

⑩ 此全句是说：《诗经》在秦时虽遭焚禁而能完整流传下来，是因为诵习者多且易于背诵，不单是著在竹帛的缘故。

⑪ 申公：名培，汉初鲁人。少师齐人浮丘伯受《诗》，后为楚夷王刘郢所聘，传其太子刘戊。及戊为王，不好学，使服贱役。申公耻而归鲁，居家教授，为《诗训故》，时称所传为《鲁诗》。武帝时复被诏为太中大夫。训故：即训诂，解释文字音义之学。

⑫ 辕固：汉初齐人。景帝时为博士，治《诗》，时称所传为《齐诗》。以廉直著称，曾为清河王太傅。韩生：即韩婴，汉初燕人。文帝时为博士，景帝时为常山王太傅。推《诗》之意，著内外传数万言，时称《韩诗》。后《内传》亡佚，唯《外传》行于世。

得已，鲁最为近之。① 三家皆列于学官。又有毛公之学②，自谓子夏所传，而河间献王③好之，未得立。

《易》曰：“有夫妇、父子、君臣、上下，礼义有所错。”④而帝王质文⑤，世有损益⑥。至周，曲为之防，事为之制⑦，故曰：“《礼经》三百，威仪三千。”⑧及周之衰，诸侯将逾法度，恶其害己，皆灭去其籍。自孔子时而不具⑨，至秦大坏。汉兴，鲁高堂生传《士礼》十七篇⑩。讫孝宣世，后仓⑪最明，戴德、戴圣、庆普皆其弟子⑫，三家立于学官。《礼古

---

① “或取”以下是说：鲁、齐、韩三家《诗》说或取《春秋》之意，或采杂说，大抵都已与《诗经》的本义有出入。如果迫不得已，一定要选择其中的一种的话，那么《鲁诗》要算是最接近《诗经》本义的一种。

② 毛公之学：初汉毛亨、毛苌的《诗学》。二人生平均不详。《汉书·儒林传》仅言毛公赵人，治《诗》，为河间献王博士；郑玄《诗谱》始云鲁人大毛公为《训诂传》，河间献王得而献之，以小毛公为博士；至三国以后，学者乃称大毛公为鲁人毛亨，小毛公为赵人毛苌。现存《诗经》乃毛亨作传、郑玄笺注本，自此本通行，鲁、齐、韩三家渐废。

③ 河间献王：即刘德，景帝子，好古文经。

④ 引文系节括《易·序卦》之文。原文是：“有天地然后有万物，有万物然后有男女，有男女然后有夫妇，有夫妇然后有父子，有父子然后有君臣，有君臣然后有上下，有上下然后礼义有所错。”错，同“措”，措置，施行。

⑤ 质文：质朴与文饰。此为偏正词，实指文饰，即礼仪。

⑥ 损益：减少和增加。

⑦ 曲为之防，事为之制：委曲周到地为之防范，事事为之定制。按：《礼记》有《曲礼》篇，杂记春秋前后贵族饮食、起居、丧葬等各种礼制的细节，即“曲为之防，事为之制”之意。

⑧ 语出自《礼记·中庸》。意指礼制条文有数百条，所规定的仪容动作有数千项。

⑨ 不具：不完备。暗指孔子所称“礼坏乐崩”。

⑩ 高堂生：汉初鲁人。传《士礼》之学，授萧奋，奋授孟卿，孟卿授后仓，后仓授戴德、戴圣等，为治《礼》者所崇。《士礼》十七篇：即今本《仪礼》。

⑪ 后仓：“仓”亦作“苍”。字近君，西汉东海郯（今山东郯城北）人。传授高堂生《士礼》，说《礼》数万言，自成一家，时号《后氏曲台记》。兼通《齐诗》，亦多授徒。为博士，官至少府。

⑫ 戴德：字延君，西汉梁（今河南商丘南）人。从后仓学《礼》，删《礼记》为八十五篇，时称《大戴礼》。曾为信都太傅。戴圣：字次君，戴德兄子。与戴德同师后仓，复删《礼记》为四十九篇，时称《小戴礼》，即今本《礼记》。宣帝时曾为博士，官至九江太守。庆普：字孝公，西汉沛（今安徽濉溪西北）人。从后仓学《礼》，以《礼》传家，世称“庆氏学”。曾为东平太傅。

经》者，出于鲁淹中及孔氏，(学七十)[与十七]篇文相似，多三十九篇。[①] 及《明堂阴阳》《王史氏记》所见[②]，多天子、诸侯、卿大夫之制，虽不能备，犹瘉[③]仓等推《士礼》而致于天子之说。

《易》曰："先王作乐崇德，殷荐之上帝，以享祖考。"[④]故自黄帝下至三代，乐各有名。孔子曰："安上治民，莫善于礼；移风易俗，莫善于乐。"[⑤]二者相与并行，周衰，俱坏。乐尤微眇[⑥]，以音律为节，又为郑卫所乱，故无遗法[⑦]。汉兴，制氏以雅乐声律，世在乐官，颇能纪其铿锵鼓舞，而不能言其义。[⑧] 六国之君，魏文侯最为好古，孝文时得其乐人窦公[⑨]，献其书，乃《周官·大宗伯》之《大司乐》章也。武帝时，河间献王好儒，与毛生等共采《周官》及诸子言乐事者，以作《乐记》，献八佾之舞[⑩]，与制氏不相远。其内史丞王定传之，以授常山王禹。禹，成帝时为谒者，数言其义，献二十四卷《记》。刘向校书，得《乐记》二十三篇，与禹不同，其道寖以益微[⑪]。

---

① 《礼古经》：用古文写成的《礼经》。见于本篇著录者为五十六篇，故云较《仪礼》十七篇多出三十九篇。淹中：鲁国里名，当在曲阜附近。孔氏：即曲阜孔氏。

② 《明堂阴阳》：本篇著录为三十三篇。班固自注："古明堂遗事。"《王史氏记》：本篇著录为二十一篇。班固自注："七十子后学者。"颜师古注引刘向《别录》谓"六国时人"。

③ 瘉：同"愈"，胜过。

④ 引文见《易·豫卦》的象辞。殷荐之上帝：用盛大的礼乐献祭上帝。殷，盛。荐，进献。

⑤ 引文见《孝经·广要道章》。

⑥ 微眇：精微奥妙。此指乐理、乐律等复杂难以掌握。

⑦ 郑卫：指春秋战国时期郑卫地方的民间音乐。儒家以为郑卫桑间濮上之音乱雅乐，故此谓雅乐"无遗法"。

⑧ 制氏：《礼乐志》颜注引服虔曰："鲁人也，善乐事。"此句意为：制氏因通晓雅乐声律，世为乐官，对乐器演奏及编合乐奏之道颇有记录，然不能解说各种乐舞的制作源流及用途、意义等。

⑨ 窦公：颜注引桓谭《新论》谓其人一百八十岁而见汉文帝。事出传闻，盖不可信。考魏文侯之卒距汉文帝登基已二百余年，则文侯之乐人不得仍在世。疑此处"乐人窦公"当作"乐人之后窦公"或"乐人窦公之后"。

⑩ 八佾(yì)之舞：古时天子所用乐舞。

⑪ 寖以益微：渐而更加不显。

古之王者世有史官，君举必书，所以慎言行，昭法式①也。左史记言，右史记事，事为《春秋》，言为《尚书》，帝王靡②不同之。周室既微，载籍残缺，仲尼思存前圣之业，乃称曰："夏礼吾能言之，杞不足征也；殷礼吾能言之，宋不足征也。文献不足故也，足则吾能征之矣。"③以鲁周公之国，礼文备物，史官有法④，故与左丘明观其史记，据行事，仍人道⑤，因兴以立功，就败以成罚⑥，假日月以定历数，藉朝聘以正礼乐⑦。有所褒讳贬损，不可书见，口授弟子，弟子退而异言。⑧ 丘明恐弟子各安其意，以失其真，故论本事而作《传》，明夫子不以空言说经也。⑨《春秋》所贬损，大人当世君臣有威权势力，其事实皆形于《传》，是以隐

① 昭法式：彰明法度准则。

② 靡：无。

③ 引文见《论语·八佾》。孔子认为三代之礼前后传承，皆相因而有损益，故据周礼可以推言夏、殷礼制。虽然杞、宋为夏、殷后裔，但两国现存礼制皆不足以作为征求夏、殷礼制的根据。这是由于文献不足，如果有充足的文献资料，则夏、殷礼制就可以征求。

④ 礼文备物，史官有法：指鲁国礼乐制度及相应的礼器仪物特别完备，史官的记录亦较其他诸侯国更有法度。史载周初封周公于鲁，因周公为王朝重臣，故特赐以大批珍贵礼器文物及史官等，后又准许鲁国行天子之礼，故鲁国礼乐制度隆盛，直到春秋末仍以完备地保存周礼著称。

⑤ 据行事，仍人道：根据鲁国具体的历史行事，就人事规律加以衡量裁制。仍，因、就。

⑥ 因兴以立功，就败以成罚：因其功业兴盛之实而著录其功，就其行事过败之举而显其惩罚。此言《春秋》书法，上句指"褒"，下句指"贬"。

⑦ 此二句是说：通过修史的编年系月、时日推算以确定周鲁历法的准度，借朝聘、会盟等史实以典正礼乐制度。按：以上总言孔子修《春秋》之事。相传孔子从左丘明观《鲁春秋》，鉴于当时篡弑频仍、礼坏乐崩的社会状况，乃重加修订以寓褒贬。然现存《春秋》所录大致仍是春秋时鲁国国史原文，是否曾经孔子的修订尚难定论。

⑧ 以上是说：孔子与左丘明重修《鲁春秋》，因有所褒贬抑扬，不可尽显于记录，故而以修史之意口授弟子，而弟子退而习之，各生出不同的见解。

⑨ 以上言左丘明著《左传》之事，意谓：左丘明恐弟子各适己意而解之，从而失去重修《春秋》的本真，于是论述《春秋》所记本来事实而作《左传》，以明孔子非是以空言解说《鲁春秋》原文。按：《左传》成书于战国初，当亦不出于左丘明之手，汉人的推测未可全据。

其《书》不宣，所以免时难也。[①] 及末世口说流行，故有《公羊》《穀梁》《邹》《夹》之《传》[②]。四家之中，《公羊》《穀梁》立于学官，邹氏无师，夹氏未有书[③]。

《论语》者，孔子应答弟子时人及弟子相与言而接闻于夫子之语也。当时弟子各有所记，夫子既卒，门人相与辑而论纂，故谓之《论语》。汉兴，有齐、鲁之说。传《齐论》者，昌邑中尉王吉、少府宋畸、御史大夫贡禹、尚书令五鹿充宗、胶东庸生[④]。唯王阳名家。传《鲁论语》者，常山都尉龚奋、长信少府夏侯胜、丞相韦贤、鲁扶卿、前将军萧望之、安昌侯张禹[⑤]，皆名家，张氏最后而行于世。

---

① 以上是说：《春秋》所贬损的一些人物，有一些是当时尚在世的王公贵族和诸侯君臣，皆有威权势力，而他们的事迹却形于《左传》，因此左丘明秘藏其书而不使传布，以不致造成触犯当时权贵的祸端。

② “故有”句：汉世传《春秋》者有五家，即《左传》《公羊传》《穀梁传》《邹氏传》《夹氏传》。相传《公羊传》传自战国齐人公羊高，至汉公羊寿而定本；《穀梁传》传自战国鲁人穀梁赤(子夏弟子，“赤”亦作“俶”“喜”等)，大约亦在汉代定本。今二书皆存，与《左传》共称“《春秋》三传”。邹氏，齐人；夹氏，不详。二家书皆已失传。

③ 此二句是说：西汉末《邹氏传》尚存，但无学者为师传授；《夹氏传》则当时已不存其书。

④ 王吉：字子阳，一称王阳。西汉琅邪皋虞(今山东即墨北)人。昭帝末为昌邑中尉，宣帝时官至博士、谏大夫，元帝初卒。宋畸：生平未详。贡禹：字少翁，西汉琅邪(今山东诸城)人，生于公元前124年，卒于公元前44年。以明经洁行著称，元帝初官至御史大夫。五鹿充宗：复姓五鹿，字君孟。通《易》学，有《略说》三篇传世。元帝时官至少府、尚书令，阿附宦官石显为心腹。及显败，左迁玄菟太守。庸生：名谭，胶东(今山东平度东南)人。曾从孔安国弟子都尉朝受《古文尚书》。

⑤ 龚奋：未详。疑当作萧奋。《儒林传》载瑕丘萧奋传鲁高堂氏礼学，复以其学授孟卿，孟卿授后仓。夏侯胜：见前第三段注。韦贤：字长孺，西汉鲁国邹(今山东邹城东南)人。兼通《礼》《书》，以《诗》教授，时称邹鲁大儒。宣帝初官至丞相，致仕卒，年八十二。鲁扶卿：《论衡·正说篇》记为“鲁人扶卿”，曾从孔安国受古文本《论语》。按：汉世《论语》实有《齐论》《鲁论》《古论》三种，后二者较接近。相传《古论》亦出于孔子宅壁中。萧望之(? —前47年)：字长倩，西汉东海兰陵(今山东省兰陵县兰陵镇)人。幼学《齐诗》《论语》，宣帝时累官至大鸿胪、太子太傅。受诏顾命，佐元帝，被宦官诬陷，下狱自杀。张禹(? —前5年)：字子文，西汉河内轵(今河南济源南)人。从施雠受《易》，又从夏侯氏受《鲁论》，从王吉、庸生受《齐论》，应试为博士。成帝时官至丞相，封安昌侯。其《论语》之学以《鲁论》二十篇为定，并参考《齐论》《古论》择善而从，时号《张侯论》，即今本《论语》。

《孝经》者，孔子为曾子陈孝道也。夫孝，天之经，地之义，民之行也。举大者言，故曰《孝经》。汉兴，长孙氏、博士江翁、少府后仓、谏大夫翼奉、安昌侯张禹传之①，各自为家。经文皆同，唯孔氏壁中古文为异。“父母生之，续莫大焉”，“故亲生之膝下”，诸家说不安处，古文字读皆异。②

《易》曰：“上古结绳以治，后世圣人易之以书契，百官以治，万民以察，盖取诸《夬》。”③“夬，扬于王庭”④，言其宣扬于王者朝廷，其用最大也。古者八岁入小学，故《周官》保氏掌养国子⑤，教之六书，谓象形、象事、象意、象声、转注、假借，造字之本也。汉兴，萧何草律，亦著其法，曰：“太史试学童，能讽书九千字以上，乃得为史⑥。又以六体⑦试之，课最者以为尚书、御史史书令史⑧。吏民上书，字或不正，辄举

---

① 长孙氏：未详。本篇《孝经》类著录《长孙氏》《说》二篇。又《儒林传·赵子传》有博士长孙顺，治《韩诗》，受业于王吉，疑即其人。江翁：又称瑕丘江公，西汉时鲁人。受《诗》及《穀梁春秋》于申公，武帝时为博士。精通《鲁诗》，时号“《鲁诗》宗”。又著有《孝经说》。后仓：见前第五段注。翼奉：字少君，东海下邳（今江苏睢宁西北）人。治《齐诗》，元帝初征待诏宦者署，官至博士、谏大夫。

② 此句意为：诸如今文本的“续莫大焉”“生之膝下”等处，各家解说不能妥帖一致的，古文本的句逗都不一样。读，通“逗”，指断句。

③ 引文见《易·系辞下》。书契，指文字。盖取诸《夬》，是说以书契易结绳大概是从《夬卦》的卦象中受到启示才学会的。

④ 此为《夬卦》的卦辞。按：此卦的卦体是下乾上兑（䷪）。《彖辞》云：“夬，决也，刚决柔也。健而说（悦），决而和。”意谓此卦的五个阳爻取决于最上面的一个阴爻，刚柔谐和，故云“扬于王庭”。夬，音“快”。

⑤ 《周礼》原文：“保氏，掌谏王恶，而养国子以道，乃教之六艺：一曰五礼，二曰六乐，三曰五射，四曰五驭，五曰六书，六曰九数。”国子，指公卿大夫子弟。

⑥ 学童：亦作“学僮”，指学生。《说文解字叙》：“尉律：学僮十七已上始试，讽籀书九千字，乃得为史。”讽：背诵，“讽书”犹言默写。史：地方各级官员的佐吏，主管起草文书。

⑦ 六体：即下文所述六种书写字体。按：“六体”乃王莽时所定，由秦时“八体”变来，故或疑萧何草律时当沿秦“八体”，此作“六体”系误记。秦“八体”是：大篆、小篆、刻符（刻在器物上的字体）、虫书（旗帜上用的字体）、摹印（即“六体”的缪篆）、署书（书写官府榜牌用的字体）、殳书（兵器上用的字体）、隶书。

⑧ 课最者：考试成绩最好的。史书令史：官名，此指尚书、御史属官中专掌用隶书起草公文的令史。史书，即隶书，汉人以隶书为史吏的通用字体，故名。

劾。”六体者，古文、奇字、篆书、隶书、缪篆、虫书，皆所以通知古今文字，摹印章，书幡信[①]也。古制，书必同文，不知则阙，问诸故老；至于衰世，是非无正，人用其私。故孔子曰：“吾犹及史之阙文也，今亡矣夫！”[②]盖伤其寖不正。[③]《史籀篇》[④]者，周时史官教学童书也，与孔氏壁中古文异体。《仓颉》七章者，秦丞相李斯所作也；《爰历》六章者，车府令赵高所作也；《博学》七章者，太史令胡毋敬所作也：文字多取《史籀篇》，而篆体复颇异，所谓秦篆者也。是时始造隶书矣，起于官狱多事，苟趋省易，施之于徒隶也。汉兴，闾里书师合《仓颉》《爰历》《博学》三篇，断六十字以为一章，凡五十五章，并为《仓颉篇》。武帝时，司马相如作《凡将篇》，无复字[⑤]；元帝时，黄门令史游作《急就篇》；成帝时，将作大匠李长作《元尚篇》：皆《仓颉》中正字也，《凡将》则颇有出[⑥]矣。至元始中，征天下通小学者以百数，各令记字于庭中。扬雄取其有用者以作《训纂篇》，顺续《仓颉》，又易《仓颉》中重复之字，凡八十九章；臣[⑦]复续扬雄作十三章，凡一百二章，无复字，六艺群书所载略备矣。《仓颉》多古字，俗师失其读[⑧]，宣帝时征齐人能正读者，张敞[⑨]从受之；传至外

---

① 幡信：亦称信幡，传达命令用的一种长方形的旗子。犹符节之类，唯幡上须书写命令者的官号。

② 语出自《论语·卫灵公》。意为：原先我还看到史书上常有缺字，现在却全没有了。

③ 伤：忧。寖：同“浸”，渐。不正：指上文所说人各以私意用字，甚至乱填史之阙文，致使用字越来越不规范。

④ 《史籀篇》：古代习字用书，相传为周宣王时太史籀所作，字体为大篆。按：下文所说各篇名，皆为此类作品。

⑤ 无复字：无重复字。

⑥ 颇有出：颇有超出《仓颉篇》者。

⑦ 臣：班固自称。

⑧ 读：包括读音和字义。

⑨ 张敞：字子高，本为河东东阳（今山西临汾西南）人，后徙杜陵（今陕西省西安市长安区东北）。宣帝时累典州郡，为京兆尹、冀州刺史等，抨击豪强，以治绩称。元帝即位初卒。

孙之子杜林[①]，为作训故，并列焉。

六艺之文：《乐》以和神，仁之表也；《诗》以正言，义之用也；《礼》以明体，明者著见，故无训也；《书》以广听，知之术也；《春秋》以断事，信之符也。[②] 五者，盖五常之道[③]，相须而备[④]，而《易》为之原。故曰："《易》不可见，则乾坤或几乎息矣。"[⑤]言与天地为终始也。至于五学[⑥]，世有变改，犹五行之更用事焉[⑦]。古之学者耕且养，三年而通一艺，存其大体[⑧]，玩经文[⑨]而已，是故用日少而畜德多，三十而五经立[⑩]也。后世经传既已乖离，博学者又不思多闻阙疑之义，而务碎义逃难，便辞巧说，破坏形体[⑪]；说五字之文，至于二三万言[⑫]。后进弥以驰逐，故幼童而守一艺，白首而后能言；安其所习，毁所不见，终以自蔽。此学者之大患也。序六艺为九种。[⑬]

---

① 杜林：字伯山，茂陵(今陕西兴平东北)人。张敞外孙杜邺子。东汉建武中历位列卿，官至大司空。著有《仓颉故》，为东汉言小学之始，班固以其书补入《汉书·艺文志》。

② 以上大意为：《乐》以谐和精神，是"仁"的表征；《诗》以典正言论，是"义"的应用；《礼》以明人际大体，所明者即"礼"，故无须解释；《书》以增广听闻，是"智"的途径；《春秋》以断是非，是"信"的标准。

③ 五常之道：指上述五经之要旨在阐释仁、义、礼、智、信五种常行不变之理。

④ 相须而备：相辅相成而建立起完备的体系。

⑤ 引文见《易·系辞上》。

⑥ 五学：此指前述五经之学(不包括《易经》)。

⑦ 五行：指金、木、水、火、土。更(gēng)用事：交替发生作用。按：此处以《易经》之理为其余五经之义的本原，而《易经》道阴阳变化，统制五行，故言五经之教随世变改，亦犹五行之交替发生作用。句意侧重古今制度的变迁，非是说五经之教皆循环往复如五行。

⑧ 存其大体：保持通经致用的大宗旨。

⑨ 玩经文：习读经文。

⑩ 三十而五经立：古时一般十五岁开始致力于读经，三年通一经，则年三十可五经皆通。

⑪ 破坏形体：指用支离破碎之说解释经文，以致离析文字形体，失去了经文的本义。

⑫ 桓谭《新论》载，秦延君注《尚书》，讲"尧典"二字多至十余万言，讲"曰若稽古"四字多至三万言。

⑬ 序六艺为九种：分《六艺略》为九个小类。按：本段为《六艺略》的大序。

汉书·叔孙通传[①]

叔孙通，薛[②]人也。秦时以文学征待诏博士[③]。数岁，陈胜起，二世召博士诸儒生问曰："楚戍卒攻蕲入陈，于公何如？"[④]博士诸生三十余人前曰："人臣无将，将则反[⑤]，罪死无赦。愿陛下急发兵击之。"二世怒，作色。通前曰："诸生言皆非。夫天下为一家，毁郡县城，铄[⑥]其兵，视[⑦]天下弗复用。且明主在上，法令具于下，吏人人奉职，四方辐辏，安有反者！此特群盗鼠窃狗盗，何足置齿牙间哉！郡守尉今捕诛，何足忧？"二世喜，尽问诸生，诸生或言反，或言盗。于是二世令御史按诸生言反者下吏[⑧]，非所宜言，诸生言盗者皆罢之。乃赐通帛二十匹，衣一袭[⑨]，拜为博士。通已出，反舍，诸生曰："生何言之谀也？"通曰："公不知，我几不免虎口！"乃亡去，之薛，薛已降楚[⑩]矣。

及项梁之薛，通从之。败定陶，从怀王[⑪]。怀王为义帝，徙长沙，

---

① 本篇选自《汉书》卷四十三。叔孙通一生通权达变，不拘细节，直承先秦齐学的传统遗风，汉王刘邦号之为稷嗣君是很恰当的。同时他用秦朝仪作汉朝仪，又对惠帝说"人主无过举"等，也表现出"尊君卑臣"的极权思想。

② 薛：秦汉县名，治今山东滕州南皇殿岗。

③ 待诏博士：在博士官中为"待诏"。秦汉时，因德才技艺被征召至京师，拟任以官职而尚未被正式任命者称"待诏"，类似今之"候补"。

④ 蕲、陈：皆秦汉县名，蕲治今安徽宿州南，陈治今河南淮阳。公：指公意，犹言舆论。

⑤ 人臣无将，将则反：意谓人臣不得有欲弑其君之意，有即谋反。将，将欲弑其君亲的省略讳称。语出《公羊传》庄公二十三年："君亲无将，将而诛焉。"同书昭公元年亦用此语，唯"诛"上有"必"字。按：本篇载诸生引此讳语，触及弑君之事，故秦二世怒形于色。又，"将则反"之"则"字，义同"即"，《史记·叔孙通传》作"即"。

⑥ 铄（shuò）：熔化销毁。

⑦ 视：通"示"。

⑧ 按：案问，审查。下吏：交狱吏处理。

⑨ 袭：量词，套。

⑩ 楚：指陈胜起义军建立的张楚政权。

⑪ 败定陶：指项梁在定陶（今山东省菏泽市定陶区西北）被秦将章邯击杀事。怀王：指楚怀王熊心。

通留事项王。汉二年，汉王从五诸侯[①]入彭城，通降汉王，通儒服[②]，汉王憎之，乃变其服，服短衣，楚制，汉王喜。

通之降汉，从弟子百余人，然无所进，钊[③]言诸故群盗壮士进之。弟子皆曰："事先生数年，幸得从降汉，今不进臣等，钊言大猾，何也?"通乃谓曰："汉王方蒙矢石争天下，诸生宁能斗乎？故先言斩将搴旗之士。诸生且待我，我不忘矣。"汉王拜通为博士，号稷嗣君[④]。

汉王已并天下，诸侯共尊为皇帝于定陶，通就其仪号[⑤]。高帝悉去秦仪，法为简易。群臣饮，争功，醉或妄呼，拔剑击柱，上患之。通知上益餍[⑥]之，说上曰："夫儒者难与进取，可与守成，臣愿征鲁诸生，与臣弟子共起朝仪。"高帝曰："得无难乎?"通曰："五帝异乐，三王不同礼。礼者，因时世人情为之节文者也。故夏、殷、周礼所因损益可知者，谓不相复也。臣愿颇采古礼与秦仪杂就之。"上曰："可试为之，令易知，度吾所能行为之。"于是通使[⑦]，征鲁诸生三十余人。鲁有两生不肯行，曰："公所事者且十主，皆面谀亲贵。今天下初定，死者未葬，伤者未起，又欲起礼乐。礼乐所由起，百年积德而后可兴也。吾不忍为公所为。公所为不合古，吾不行。公往矣，毋污我!"通笑曰："若真鄙儒，不知时变。"遂与所征三十人西。及上左右为学者[⑧]，与其弟子百余人，为绵蕞野外习之[⑨]。月余，通曰："上可试观。"上使行礼，曰："吾能为此。"乃令群臣习肄，会十月[⑩]。

---

① 五诸侯：诸说不一。《高帝纪》颜师古注以为指常山、河南、韩、魏、殷，当是。

② 儒服：一种长儒衣，蔽至膝，自春秋战国以降即为儒者的习惯性服饰。

③ 钊：同"专"。

④ 稷嗣君：意为嗣承先秦齐国稷下学风的学者。

⑤ 就其仪号：指拟定了刘邦称帝的仪式和尊号。

⑥ 餍：通"厌"，厌恶。

⑦ 使：为使者。

⑧ 上左右为学者：皇帝近臣中有学术者。

⑨ 绵蕞(jué)：此指束草为标志，使绵延相连以表明尊卑位次。蕞，通"蕝"。古代朝会时束茅以滤酒，称"茅蕝"。

⑩ 会十月：在十月举行朝会。汉初尚承秦制，以十月为岁首，故朝会在十月。

汉七年，长乐宫成，诸侯群臣朝十月。仪：先平明①，谒者治礼②，引以次入殿门。廷中陈车骑戍卒，卫官设兵张旗誌③。传曰“趋”，殿下郎中侠陛④，陛数百人。功臣、列侯、诸将军、军吏以次陈西方，东乡⑤；文官丞相以下陈东方，西向。大行设九宾胪句传⑥。于是皇帝辇⑦出房，百官执戟传警⑧，引诸侯王以下至吏六百石以次奉贺。自诸侯王以下，莫不振恐肃敬。至礼毕，尽伏⑨，置法酒⑩。诸侍坐殿上皆伏抑首⑪，以尊卑次起上寿⑫。觞九行⑬，谒者言“罢酒”。御史执法，举不如仪者辄引去。竟朝⑭置酒，无敢讙哗⑮失礼者。于是高帝曰：“吾乃今日知为皇帝之贵也。”拜通为奉常，赐金五百斤。

通因进曰：“诸弟子儒生随臣久矣，与共为仪，愿陛下官之。”高帝悉以为郎。通出，皆以五百斤金赐诸生。诸生乃喜曰：“叔孙生圣人，知当世务。”

九年，高帝徙通为太子太傅。十二年，高祖欲以赵王如意易太子⑯，

---

① 先平明：天亮之前。

② 谒者治礼：指职掌宾赞受事的谒者安排礼仪。

③ 卫官：指统辖宫廷卫士的卫尉。《史记·叔孙通传》作“卫宫”。旗誌：同“旗帜”。

④ 侠陛：同“夹陛”，即分列殿阶左右。

⑤ 乡：同“向”。

⑥ 大行设九宾胪句传：大行令安排赞礼的傧相九人，负责传达礼仪指令。宾，同“傧”，指傧相。胪句传，亦称“胪传”，依次传告之称。一说上传语告下为胪，下传语告上为句；一说“句”字为衍文。

⑦ 辇：本指人拉的车，秦汉以后多用以专指皇帝乘坐的车。

⑧ 百官执戟传警：指百官由郎中唱声传号而戒备肃静。执戟，郎中的别称；亦称“执矛”“执职”。

⑨ 伏：身体前倾。

⑩ 法酒：朝廷举行大礼时的宴饮。

⑪ 抑首：低头。

⑫ 上寿：敬酒。

⑬ 觞九行：行酒九巡。

⑭ 竟朝：至朝会结束。

⑮ 讙哗：喧哗。

⑯ 赵王如意：汉高祖子，戚夫人所生。高祖九年封赵王，十二岁时被吕后毒死。太子：即汉惠帝，吕后所生。

通谏曰："昔者晋献公以骊姬故，废太子，立奚齐，晋国乱者数十年，为天下笑。① 秦以不早定扶苏，胡亥诈立，自使灭祀，此陛下所亲见。今太子仁孝，天下皆闻之；吕后与陛下攻苦食啖②，其可背哉！陛下必欲废適③而立少，臣愿先伏诛，以颈血污地。"高帝曰："公罢矣，吾特戏耳。"通曰："太子天下本，本一摇，天下震动，奈何以天下戏！"高帝曰："吾听公。"及上置酒，见留侯所招客从太子入见，上遂无易太子志矣。④

高帝崩，孝惠即位，乃谓通曰："先帝园陵寝庙⑤，群臣莫习。"徙通为奉常，定宗庙仪法。及稍⑥定汉诸仪法，皆通所论著也。惠帝为东朝长乐宫，及间往⑦，数跸烦民⑧，作复道⑨。方筑武库南，通奏事，因请间⑩曰："陛下何自筑复道高帝寝⑪？衣冠月出游高庙⑫，子孙奈何乘宗庙道上行哉！"惠帝惧，曰："急坏之。"通曰："人主无过举。今已作，百姓皆知之矣。愿陛下为原庙⑬渭北，衣冠月出游之，益广宗庙，大孝之

---

① 春秋时，晋献公宠爱骊姬，听骊姬谗言而废太子申生，复立骊姬之子奚齐为太子。由此导致内乱，申生自杀，公子重耳及夷吾出亡，时在公元前656年。至公元前636年，重耳返国即位，是为晋文公，晋国复趋盛。

② 攻苦食啖：意谓服侍辛苦而食不甘味。攻，通"供"，指服侍。苦，形容词作动词。

③ 適：通"嫡"。

④ 吕后用留侯张良之计，召"四皓"为太子辅翼，高祖遂罢易太子之心。事见《史记·留侯世家》《汉书·张良传》。

⑤ 园陵寝庙：陵墓和宗庙。古代帝王的宗庙由两部分组成，前曰庙，后曰寝，庙供祀神主，寝放置衣冠。此处实指园陵寝庙的祭祀礼仪。

⑥ 稍：逐渐。

⑦ 东朝长乐宫：指朝见吕太后于长乐宫。间往：平日偶或前往探视。

⑧ 数跸烦民：因屡次警跸而造成居民行动不便。数（shuò），屡次。跸，皇帝经过之处禁止行人往来。

⑨ 复道：架于空中的通道。

⑩ 请间：趁机。

⑪ 筑复道高帝寝：据下文，此实指复道从高祖之庙与寝之间的道路上方通过。当接近于寝。

⑫ 衣冠月出游高庙：此指"游衣冠"之仪。汉制，祖宗衣冠各藏其寝，每月具威仪出游于庙，然后再归藏于寝。

⑬ 原庙：正庙之外别立的庙。"原"为"再"之义。其庙在今陕西咸阳东北白庙村东长陵旁。

本。”上乃诏有司立原庙。

惠帝常出游离宫，通曰：“古者有春尝[1]果。方今樱桃熟，可献，愿陛下出，因取樱桃献宗庙。”上乃许之。诸果献由此兴。

汉书·司马迁报任安书[2]

少卿足下[3]：曩者辱赐书，教以慎于接物、推贤进士为务，意气勤勤恳恳[4]，若望仆不相师用，而流俗人之言[5]。仆非敢如是也，虽罢驽[6]，亦尝侧闻[7]长者遗风矣。顾自以为身残处秽[8]，动而见尤[9]，欲益反损[10]，是以抑郁而无谁语[11]。谚曰：“谁为为之？孰令听之！”[12]盖钟子

---

① 尝：以新鲜谷物或果品献祭之称。

② 本篇选自《汉书》卷六十二《司马迁传》，标题为历来选篇者所定（或称《报任少卿书》）。任安，字少卿，荥阳（今河南荥阳东北）人。初为大将军卫青舍人，后被举荐为郎中，迁益州刺史，与司马迁友善。他在益州刺史任上，曾给当时任中书令的司马迁写信，劝司马迁效法古贤臣，以推贤进士为务。不久任安获罪入狱，司马迁因复此信，痛述自己所遭受的奇耻大辱，并引古论今，指斥当时，连带表出自己忍辱含垢、发愤著书的曲折心迹。后任安遇赦出狱，复为太子太傅、北军使者护军，至武帝征和二年（公元前91年），因“巫蛊之祸”受牵连而被杀。司马迁的散作文字传世极少，唯此书沉郁悲壮，感人肺腑，遂成千古名篇。

③ 少卿足下：书信开头称呼。因是友人书信，故称对方之字，且加常用敬词“足下”。《昭明文选》录此文，于此四字前尚有“太史公牛马走司马迁再拜言”十二字，为古人书信格式用语，兼表自谦，《汉书》本传未录。

④ 意气勤勤恳恳：心意和态度殷勤恳切。有反复叮咛之意。

⑤ 此二句意为：好像抱怨我不听从您的话，把您的话当成凡夫俗子的言论了。望，抱怨。师用，遵从。而，假设连词，用法同“犹”“如”。

⑥ 罢驽：犹今言无能、驽钝。罢，同“疲”。驽，劣马。

⑦ 侧闻：自谦之词。侧，侧陋，犹言孤陋寡闻，用于“闻”字前作谦词词头。

⑧ 顾：念，只是，表轻微转折。身残处秽：意指因受腐刑而身残有秽名。

⑨ 动而见尤：动辄得罪。犹言被人看不起。

⑩ 欲益反损：意谓欲有为反而受挫折。

⑪ 无谁语：不曾对谁说什么。谁语，“语谁”之倒装。

⑫ 谚语犹言：“为谁为之？令谁听之！”“谁为”“孰令”皆倒装语，“为之”“听之”皆指倾诉苦衷而言，叹无知己。

期死，伯牙终身不复鼓琴。[①] 何则？士为知己用，女为说己容[②]。若仆，大质[③]已亏缺矣，虽才怀随和[④]，行若由夷[⑤]，终不可以为荣，适足以发笑而自点[⑥]耳。书辞宜答，会东从上来[⑦]，又迫贱事[⑧]，相见日浅[⑨]，卒卒无须臾之间得竭指意[⑩]。今少卿抱不测之罪[⑪]，涉旬月，迫季冬[⑫]，仆又薄从上上雍[⑬]，恐卒然不可讳[⑭]，是仆终已不得舒愤懑以晓左右[⑮]，则长逝者魂魄私恨无穷[⑯]。请略陈固陋。阙然[⑰]久不报，幸勿过。

仆闻之："修身者，智之府也；爱施者，仁之端也；取予者，义之符也；耻辱者，勇之决也；立名者，行之极也。"[⑱]士有此五者，然后可以

---

① 钟子期、伯牙：皆春秋时楚国人。相传伯牙鼓琴，子期听之，知伯牙志在高山，志在流水。及子期死，伯牙失知音，遂绝弦破琴，终身不复鼓。鼓，犹今言弹。

② 说：通"悦"。容：打扮。

③ 大质：指身体。

④ 随和：指传说的随侯之珠、和氏之璧。此以宝物喻高才。

⑤ 由夷：指古史上的高洁之士许由和伯夷。此以古贤例高行。

⑥ 自点：自污、自辱。《说文》："点，小黑也。"《广雅·释诂》："点，污也。"《文选·报任少卿书》注："点，辱也。""点"又作"蒧"，与"玷"字通。

⑦ 会东从上来：正逢刚随从皇帝东行归来。

⑧ 迫贱事：忙于烦琐的事务。贱事，对自己所从之事的贬称。

⑨ 相见日浅：指看来信的时间很少。见信如见人，故言"相见"；匆匆粗读犹如见面不能深谈，故言"日浅"。浅，短也。

⑩ 卒卒(cù)：匆迫貌。句意谓竟抽不出一点闲暇得以详尽领会来信的旨意。

⑪ 不测之罪：结局难料的罪名。

⑫ 涉旬月，迫季冬：再过一个多月，就到了冬末。迫，接近。季冬，隐指朝廷处决死囚的日期。汉律规定十二月处决死囚。

⑬ 薄从上上雍：近日又要随从皇帝到雍城去上祭。薄，接近。雍，即雍城，在今陕西凤翔南。

⑭ 卒然：即"猝然"。不可讳："死"的讳称，指万一任安被处死。

⑮ 晓左右：使您知道。左右，指任安。古人表谦敬，往往不直接称呼对方，而以对方左右之人代替。

⑯ 长逝者：死者，指任安。私恨无穷：指遗憾无终期。倘魂魄有灵，亦当存此憾。实反衬作者本人遗憾。

⑰ 阙然：指其事当做而一直未做。阙，缺。

⑱ 引文意为：修身养性是明智的积库，爱人施善是成仁的发端，可取而予是立义的凭据，知耻不辱是勇者的先决，立身扬名是处世的终点。

托于世，列于君子之林矣。故祸莫憯[①]于欲利，悲莫痛于伤心，行莫丑于辱先[②]，诟莫大于宫刑[③]。刑余之人，无所比数，非一世也，所从来远矣。[④] 昔卫灵公与雍渠同载，孔子适陈[⑤]；商鞅因景监见，赵良寒心[⑥]；同子参乘，爰丝变色[⑦]：自古而耻之！夫中材之人，事关于宦竖，莫不伤气，况慷慨之士乎！如今朝廷虽乏人，奈何令刀锯之余荐天下豪俊哉[⑧]！

仆赖先人绪业，得待罪辇毂下[⑨]，二十余年矣。所以自惟[⑩]：上之，不能纳忠效信，有奇策才力之誉自结明主；次之，又不能拾遗补阙，招贤进能，显岩穴之士[⑪]；外之，不能备行伍，攻城野战，有斩将搴旗之功；下之，不能累日积劳，取尊官厚禄，以为宗族交游光宠。四者无一遂[⑫]，苟合取容、无所短长之效可见于此矣[⑬]。乡者仆亦尝厕下大夫之

---

① 憯：同"惨"，痛。《古文观止·报任安书》注："须利赎罪，而家贫，最憯也。"

② 辱先：辱没祖先。

③ 诟：耻辱。宫刑：亦称腐刑，古时阉割男性外生殖器或破坏女性生殖机能的酷刑。

④ 此全句是说：受宫刑之人，无法和常人相比，其被轻视非一世之俗，来历已很久远了。刑余之人，此特指宦者。比数，比较列举。

⑤ "昔卫灵公"句：相传孔子在卫时，卫灵公偕夫人南子同车出游，让宦官雍渠陪乘，而让孔子坐在后面的车子上。孔子感到羞耻，遂去卫而适陈。

⑥ "商鞅"句：商鞅西行入秦，由嬖人景监引荐而见秦孝公，贤者赵良以为大不光彩，为之寒心。

⑦ "同子"句：汉文帝出行，由宦官赵谈陪乘，郎中爰盎认为不成体统，为之变脸，伏车前谏阻。同子，即赵谈，司马迁避父讳称其名为同。爰丝，即爰盎，亦作袁盎，丝是其字。

⑧ 刀锯之余：义同"刑余之人"。此句答任安书中"推贤进士"之语，自谓亏身辱先，不足以荐士。

⑨ 待罪辇毂下：指供职京师。待罪，谦词。辇毂下，皇帝车驾之下，代指京师。

⑩ 惟：思忖。

⑪ 岩穴之士：隐士。

⑫ 遂：成。

⑬ 无所短长：遇事不说短、不说长。犹言无所事事。效：验证。此句亦就任安书中责以有为之义言之。

列[1]，陪外廷末议[2]；不以此时引维纲，尽思虑[3]，今已亏形，为扫除之隶，在阘茸[4]之中，乃欲卬首信眉[5]，论列是非，不亦轻朝廷，羞当世之士邪？嗟乎，嗟乎！如仆，尚何言哉！

且事本末未易明也。仆少负不羁之才[6]，长无乡曲之誉，主上幸以先人之故，使得奉薄技，出入周卫之中[7]。仆以为戴盆何以望天？故绝宾客之知，忘室家之业，日夜思竭其不肖之才力，以求亲媚于主上，而事乃有大谬不然者！夫仆与李陵，俱居门下[8]，素非相善也。趣舍异路[9]，未尝衔杯酒接殷勤之欢。然仆观其为人，自奇士，事亲孝，与士信，临财廉，取予义，分别有让[10]，恭俭下人，常思奋不顾身，以徇[11]国家之急。其素所畜积[12]也，仆以为有国士之风。夫人臣出万死不顾一生之计，赴公家之难，斯已奇矣。今举事壹不当，而全躯保妻子之臣随而媒孽[13]其短，仆诚私心痛之！且李陵提步卒不满五千，深践戎马之地，足历王庭[14]，垂饵虎口，横挑强胡，卬[15]亿万之师，与单于连战十余日，

---

① 乡者：同“向者”，以往。厕：置身于。下大夫：居于下位的大夫。秦汉时秩六百石至千石的官吏约当先秦的下大夫。司马迁曾为太史令，秩六百石。

② 陪外廷末议：参与朝堂议事，陪位在群臣之末。与上句同为自谦之语。外廷，即外朝，与皇帝设在宫中的内朝对称。

③ 引维纲，尽思虑：意谓据纲常法纪，尽心于朝政。

④ 阘茸(tàróng)：卑贱。

⑤ 卬：同“昂”。信：同“伸”。

⑥ 少负不羁之才：少年时欠缺高远不羁的才质。羁，约束。

⑦ 出入周卫之中：指司马迁初仕为郎。周卫，宿卫。郎中属宿卫侍从官。

⑧ 门下：皇帝侍从官的俗称。因领受尚书事诸曹在宫门内，故称。汉时官员属吏亦多冠以“门下”之名。

⑨ 趣舍异路：志向不同。趣，同“趋”。李陵习武，司马迁尚文，故不同路。

⑩ 分别有让：知尊卑长幼、进退揖让之礼。

⑪ 徇：从。

⑫ 畜积：指道德修养的积累。畜，同“蓄”。

⑬ 媒孽：媒，酒母；孽，通“蘖”，酒曲。二字连用，引申为滋事哄传，诬陷构害。

⑭ 王庭：指匈奴单于王庭。

⑮ 卬：同“迎”。

所杀过当[①]。虏救死扶伤不给[②]，旃裘之君长[③]咸震怖，乃悉征左右贤王，举引弓之民，一国共攻而围之。转斗千里，矢尽道穷，救兵不至，士卒死伤如积。然陵一呼劳军，士无不起躬流涕，沬血饮泣[④]，张空拳[⑤]，冒白刃，北首争死敌[⑥]。陵未没时，使有来报，汉公卿王侯皆奉觞上寿[⑦]。后数日陵败，书闻，主上为之食不甘味，听朝不怡。大臣忧惧，不知所出[⑧]。仆窃不自料其卑贱，见主上惨凄怛悼[⑨]，诚欲效其款款[⑩]之愚，以为：李陵素与士大夫绝甘分少[⑪]，能得人之死力，虽古名将不过也；身虽陷败彼，观其意，且欲得其当[⑫]而报汉；事已无可奈何，其所摧败，功亦足以暴[⑬]于天下。仆怀欲陈之，而未有路。适会召问，即以此指推言陵功，欲以广主上之意，塞睚眦之辞[⑭]。未能尽明，明主不深晓，以为仆沮贰师[⑮]，而为李陵游说，遂下于理[⑯]。拳拳之忠终不能自列[⑰]，因为诬上，卒从吏议[⑱]。家贫，财赂不足以自赎[⑲]，交游莫救，左

---

① 所杀过当：杀敌之数超过部下兵数。

② 不给：无暇，来不及。

③ 旃裘之君长：指匈奴各部落的酋长。旃，同“氈”。

④ 沬(huì)血饮泣：满面血泪交下，流入口中如饮。沬，通“颒”，洗面。泣，泪。

⑤ 拳(quán)：弓弦。

⑥ 北首：北向。死敌：拼死与敌人决战。

⑦ 上寿：祝酒。此指祝捷。

⑧ 按：李陵，字少卿，名将李广孙。汉武帝天汉二年(公元前99年)率步卒五千击匈奴，战败后降匈奴，匈奴单于以为右校王。在匈奴中二十余年，死于汉昭帝元平元年(公元前74年)。

⑨ 惨凄怛(dá)悼：悲戚忧伤之貌。

⑩ 款款：忠诚之貌。

⑪ 绝甘分少：指李陵爱抚将士，甘美之食不入口，财物缺少亦分享。

⑫ 得其当：待有适当机会。

⑬ 暴(pù)：显。

⑭ 睚眦之辞：出于琐碎积怨的构陷之词。

⑮ 沮：贬毁。贰师：指贰师将军李广利。天汉二年出兵击匈奴时，李广利为主将。

⑯ 下于理：下于大理治罪。大理，汉中央执法机构。

⑰ 拳拳：亦作“惓惓”，恳切之貌。自列：自陈，表白。

⑱ 因为诬上，卒从吏议：因此被定为欺骗皇上之罪，终于听从法吏判决(而施以宫刑)。

⑲ 财赂：财货，钱财。赎：赎罪，用钱财解除刑罚。

右亲近不为壹言。身非木石，独与法吏为伍，深幽囹圄之中，谁可告愬者[①]！此正少卿所亲见，仆行事岂不然邪？李陵既生降，隤[②]其家声，而仆又茸以蚕室[③]，重为天下观笑。悲夫！悲夫！

事未易一二[④]为俗人言也。仆之先人，非有剖符丹书[⑤]之功，文史星历，近乎卜祝之间，固主上所戏弄，倡优畜之，流俗之所轻也[⑥]。假令仆伏法受诛，若九牛亡一毛，与蝼螘[⑦]何异？而世又不与能死节者[⑧]比，特以为智穷罪极；不能自免，卒就死耳。何也？素所自树立使然[⑨]。人固有一死，死有重于泰山，或轻于鸿毛，用之所趋异也[⑩]。太上不辱先[⑪]，其次不辱身[⑫]，其次不辱理色[⑬]，其次不辱辞令[⑭]；其次诎体受辱[⑮]，其次易服受辱[⑯]，其次关木索、被箠楚受辱[⑰]，其次鬄毛发、婴金

---

① 谁可告愬者：可向谁诉告！愬，同“诉”。

② 隤（tuí）：丧落，败坏。

③ 茸以蚕室：受辱低贱到居于蚕室。茸，犹前文所称“在阘茸之中”。蚕室，受宫刑者愈伤之处。

④ 一二：犹今言“一一”。

⑤ 剖符丹书：古代帝王授予诸侯或功臣的特制竹符和铁券。皆用以书写誓言，表信用。竹符一分为二，双方各执其一；铁券用红漆填写，故称丹书。誓言内容均为优遇条件，受符券者子孙有罪可以赦免。

⑥ 以上司马迁自述家世地位，以为：家世掌文书、史记、星象、历法，地位近似于占卜和祭祝之职，本来就是供人主戏弄的，和戏子乐工一样被豢养着，固为世俗所轻视。

⑦ 螘：“蚁”的本字。

⑧ 死节者：为节义而死者。

⑨ 素所自树立使然：犹言向来自己的为人使如此。本为流俗所轻，而又欲树节尽忠，是以被指为“不能自免”。

⑩ 用之所趋异也：因为各自走向死亡的途径不同。用，因为。之，用法同“其”。

⑪ 太上不辱先：意谓人生一世，首先是要不使先人的名声因自己的过失而辱没。

⑫ 不辱身：不使自身因涉嫌犯法而受辱。

⑬ 不辱理色：不因被下于大理提起诉讼而受辱。理，大理。色，种类，指各种科罪。

⑭ 不辱辞令：不因被判决有罪而受辱。辞令，指司法机关的判决书。

⑮ 诎体受辱：因被捆绑拘押而受辱。诎，同“屈”。

⑯ 易服受辱：因被换上囚服而受辱。

⑰ 关木索、被箠楚受辱：因被戴上刑具、箠笞拷打而受辱。

铁受辱[①]，其次毁肌肤、断支体受辱[②]；最下腐刑[③]，极矣。传曰："刑不上大夫。"此言士节不可不厉[④]也。猛虎处深山，百兽震恐；及其在穽槛[⑤]之中，摇尾而求食：积威约之渐[⑥]也。故士有画地为牢，势不入；削木为吏，议不对；定计于鲜也。[⑦] 今交手足[⑧]，受木索，暴肌肤，受榜箠[⑨]，幽于圜墙[⑩]之中，当此之时，见狱吏而头枪地[⑪]，视徒隶则心惕息[⑫]。何者？积威约之势[⑬]也。及已至此，言不辱者，所谓强颜[⑭]耳，何足贵乎！且西伯，伯也，拘牖里[⑮]；李斯，相也，具五刑[⑯]；淮阴，王也，受械于陈[⑰]；彭越、张敖，南乡称孤，系狱具罪[⑱]；绛侯诛诸吕，权

---

① 鬄毛发、婴金铁受辱：因被剃光头发、颈套铁圈而受辱。鬄，同"剃"。婴，缠绕。分指古时髡刑和钳刑。

② 毁肌肤、断支体受辱：因受各种肉刑使身体损伤而受辱，如刺面、劓鼻、抽舌、割耳等则毁肌肤，斩手、砍脚、去掉膝盖骨等则断肢体。支，同"肢"。

③ 最下腐刑：最大的屈辱是受腐刑。按：此段言辱，每况愈下，皆后辱包括前辱，如辱身则并辱先等。至于腐刑而众辱皆包，"极矣"。是知人趋死之途固种种不一。

④ 厉：激励。这个意义亦写作"励"。

⑤ 穽槛(jǐngjiàn)：陷阱和栅栏。

⑥ 积威约之渐：犹言"威约之积渐"，意谓由威风之盛转为被束缚牢笼非一日造成。

⑦ 此全句意为：注重风节之士，即使在地上画圈为牢狱，他也绝不进入；即使刻木人为狱吏，他也绝不面对：这是为了防微杜渐。势、议，皆言"必"。鲜(xiǎn)，"鲜克有终"的缩语，犹言"渐"。

⑧ 今：表假设。交手足：指手足被捆缚。

⑨ 榜(péng)箠：亦作"榜棰"，指刑杖。

⑩ 圜墙：监狱。《周礼》称为"圜土"。

⑪ 头枪地：以头撞地。枪，同"抢"(qiāng)。

⑫ 徒隶：指监狱的犯人。惕息：惊惧不敢喘息之貌。

⑬ 积威约之势：由威福至窘迫的积势造成。

⑭ 强(qiǎng)颜：勉强露出笑脸。

⑮ 西伯：周文王。商末周文王为西伯(西方诸侯)，曾被殷纣王拘禁于牖里(亦作羑里，在今河南汤阴北)。

⑯ 李斯具五刑事，参见《史记·李斯列传》。

⑰ 淮阴：即淮阴侯韩信。信被告发谋反，刘邦假托南游，至陈(今河南淮阳)而捕之。

⑱ 彭越、张敖：皆汉初功臣，分封梁王、赵王，后均被告发谋反而逮捕下狱。南乡称孤：指王侯身份。古时王侯坐北面南接见臣下，自称孤。乡，同"向"。

倾五伯，囚于请室[1]；魏其，大将也，衣赭，关三木[2]；季布为朱家钳奴[3]；灌夫受辱居室[4]。此人皆身至王侯将相，声闻邻国，及罪至罔加[5]，不能引决自财[6]。在尘埃[7]之中，古今一体，安在其不辱也！由此言之，勇怯，势也；强弱，形[8]也。审矣[9]，曷足怪乎！且人不能蚤自财绳墨之外[10]，已稍陵夷[11]至于鞭箠之间，乃欲引节[12]，斯不亦远乎！古人所以重[13]施刑于大夫者，殆为此也。

夫人情莫不贪生恶死，念亲戚[14]，顾妻子。至激于义理者不然，乃有不得已也。今仆不幸蚤失二亲，无兄弟之亲，独身孤立，少卿视仆于妻子何如哉[15]？且勇者不必死节，怯夫慕义，何处不勉焉！仆虽怯耎[16]欲

---

① 绛侯：即汉初丞相周勃。勃与陈平定计诛诸吕，迎立文帝。后被人诬告谋反，下廷尉治罪。五伯：泛指诸侯王。请室：古称大臣待罪(请罪)之所。实为专门的囚室。

② 魏其(jī)：即汉景帝时大将魏其侯窦婴。婴平定七国之乱有功，武帝初曾任丞相，被窦太后斥罢。后因上书救灌夫，被下狱处死。赭：指赭色囚衣。三木：指加于颈、手、足的刑具。

③ 季布：楚汉之际原为项羽部将，曾屡次围困刘邦。汉朝建立后逃匿，为避刘邦追捕，遂隐名卖身到大侠朱家手下为奴。后经朱家游说，得赦，文帝时官至河东太守，号为名将。钳奴：脖子上套铁圈的奴隶。

④ 灌夫：汉景帝、武帝时将领。历任郎中将、代相、淮阳太守、太仆、燕相。性直而屡犯法，家族横行乡里。因得罪丞相田蚡，被诬下狱，族诛。居室：汉拘讯犯罪贵族之所。其事务归少府管理。

⑤ 罔加：诬罔陷害所加。

⑥ 引决自财：自杀。引决，亦作“引诀”，诀别人生之意。财，通“裁”。

⑦ 尘埃：指囚室污秽之地。

⑧ 形：指客观形势所造成。

⑨ 审矣：这是明明白白的。

⑩ 蚤：通“早”。绳墨：指法刑。

⑪ 已稍陵夷：已经逐渐落到……

⑫ 引节：为名节而自杀。

⑬ 重：慎重对待。

⑭ 亲戚：指父母兄弟等，义同“宗亲”。

⑮ 此句意谓自己并非只是顾念妻子儿女。

⑯ 耎：同“愞”；即“懦”字。《文选·报任少卿书》作“懦”。

苟活，亦颇识去就之分[①]矣，何至自湛溺累绁之辱哉[②]！且夫臧获[③]婢妾，犹能引决，况若仆之不得已乎？所以隐忍苟活，函[④]粪土之中而不辞者，恨私心[⑤]有所不尽，鄙没世而文采不表于后也。古者富贵而名摩灭，不可胜记，唯倜傥非常之人[⑥]称焉。盖西伯拘而演《周易》；仲尼厄而作《春秋》；屈原放逐，乃赋《离骚》；左丘失明，厥有《国语》；孙子膑脚，《兵法》修列；不韦迁蜀，世传《吕览》；韩非囚秦，《说难》《孤愤》。《诗》三百篇，大氐贤圣发愤之所为作也。[⑦] 此人皆意有所郁结，不得通其道，故述往事，思来者[⑧]。及如左丘无目，孙子断足，终不可用，退论书策以舒其愤，思垂空文[⑨]以自见。仆窃不逊，近自托于无能之辞[⑩]，网罗天下放失旧闻[⑪]，考之行事，稽[⑫]其成败兴坏之理。[上计轩辕，下至于兹，为十表、本纪十二、书八章、世家三十、列传七十，][⑬]凡百三十篇，亦欲以究天人之际，通古今之变，成一家之言。草创未就，适会

---

① 去就之分：舍生取义的道理。

② 湛(chén)溺：同"沉溺"，犹言深陷于。累绁：同"缧绁"(léixiè)。拘缚罪人的绳索，引申为牢狱。

③ 臧获：古代对奴仆的鄙称。取意于逃亡窝藏可以抓获。本专用于指男仆，后亦用于兼指奴和婢。

④ 函：掩埋于。

⑤ 私心：犹言自己的志向抱负。

⑥ 倜傥非常之人：才气豪迈不拘，非同于凡常之人。

⑦ 按：以上概言古人发奋著书，以寄托作者之意，所说不尽合于史实。相传周文王曾推演前世《易书》的八卦为六十四卦，是为《周易》，"拘"指前述拘牖里；孔子周游列国，屡遭困厄，乃返回鲁国而修《春秋》；屈原被放逐而作《离骚》，事最可据；左丘明为鲁国瞽史(盲人史官)，旧说《国语》为他所编；孙膑被庞涓施以膑刑(去掉膝盖骨)，后事齐而败魏，成为著名军事家，有《兵法》传世。然吕不韦组织门人著《吕览》(即《吕氏春秋》)，在他被秦王政流放蜀地之前；韩非著《说难》《孤愤》等篇(实指《韩非子》一书；句中仅举篇名，无动词，乃承上句省"世传"二字)，亦在他入秦被下狱毒死以前。《诗经》中有一些政治讽刺诗，大抵可以说是因出于对黑暗政治的激愤而作的。

⑧ 述往事，思来者：撰述往古之事，以为将来人的借鉴。

⑨ 空文：指于自身遭遇无补的文字。

⑩ 近自托于无能之辞：近时自寄托于毫不能有所作为的文字著述。指著《史记》。

⑪ 放失旧闻：散佚的历史记载。失，同"佚"。

⑫ 稽：考察。

⑬ 中括号内二十六字，《汉书》本传不载，今据《文选·报任少卿书》补入。

此祸，惜其不成，是以就极刑而无愠色。仆诚已著此书，臧[①]之名山，传之其人，通邑大都[②]，则仆偿前辱之责[③]，虽万被戮，岂有悔哉！然此可为智者道，难为俗人言也。

且负下未易居，上流多谤议。[④] 仆以口语遇遭此祸，重为乡党戮笑[⑤]，污辱先人，亦何面目复上父母之丘墓乎？虽累百世，垢弥甚耳！[⑥] 是以肠一日而九回，居则忽忽[⑦]若有所亡，出则不知所如往。每念斯耻，汗未尝不发背霑衣也。身直为闺阁之臣[⑧]，宁得自引深臧于岩穴邪！故且从俗浮湛[⑨]，与时俯仰，通其狂惑[⑩]。今少卿乃教以推贤进士为务，无乃与仆之私指谬乎？今虽欲自雕瑑[⑪]，曼辞[⑫]以自解，无益于俗，不信，只取辱耳。要之死日然后是非乃定。书不能尽意，略陈固陋。谨再拜。

---

① 臧：同“藏”。

② 通邑大都：指交通发达的城邑和大都市。此句无动词，亦承上句省“传”字，如上文《说难》《孤愤》之文例。

③ 责：同“债”。

④ 此二句是说：辇毂之下未易居处，供职上层多遭毁谤。负下，犹言“毂下”，人臣之于人主如牛马，故言“负下”。按：别本“上流”或作“下流”，故一说二句意为：负侮辱之名未易自处，品位低下多遭毁谤。

⑤ 乡党：乡亲。戮笑：羞辱耻笑。

⑥ 此二句是说：虽经百世，耻辱日甚一日。弥，更。

⑦ 忽忽：恍惚。

⑧ 闺阁之臣：犹言供职后宫者，即宦官。

⑨ 浮湛：同“浮沉”。

⑩ 通其狂惑：疏通内心的矛盾和积愤。

⑪ 雕瑑(zhuàn)：雕琢。谦称自我装饰、辩解。

⑫ 曼辞：美词。仍谦指辩解之语。

后汉书[①] · 党锢列传序[②]

孔子曰："性相近，习相远也。"言嗜恶之本同，而迁染之涂异也。[③]夫刻意则行不肆，牵物则其志流。[④] 是以圣人导人理性，裁抑宕佚，慎其所与，节其所偏。[⑤] 虽情品万区，质文异数，至于陶物振俗，其道一也。[⑥]

---

① 《后汉书》是纪传体东汉史，共一百二十卷。其中帝纪十卷，列传八十卷，南朝宋范晔撰；志三十卷，晋司马彪撰。范晔(398—445 年)，字蔚宗，南朝宋顺阳(今河南淅川东)人。曾历任尚书吏部郎、宣城太守、左卫将军、太子詹事等官。元嘉二十二年(445 年)，因牵涉孔熙先等谋迎彭城王刘义康一案，以谋反罪被杀。在范晔前，记载东汉历史的著作已有多种，但他认为都不能令人满意，乃在诸家东汉史的基础之上，删繁补略，从事著作。死时仅完成纪、传，原定十志尚未完成。南朝梁时，刘昭取司马彪《续汉书》的八志加以注释增补，附在范书后面，但纪、传仍往往单独流行。直到北宋，才将范书与司马彪的八志重新校勘，合为今本。《后汉书》在体例方面基本与《汉书》相同，但亦有所创新。如在"帝纪"后另立了"皇后纪"；在"列传"中创立了"党锢""宦者""文苑""独行""方术""逸民""列女"七种类传。对于东汉学者有价值的论著，传中亦注重收录。《后汉书》问世后颇得学者好评，其他各家后汉史书除袁宏《后汉纪》外则逐渐散佚，故此书为研究东汉历史的重要资料。然书中无表，司马彪的八志虽称"翔实"，但无"食货""艺文"等志，则其不足。《后汉书》通行的注释，纪、传有唐章怀太子李贤注，志有南朝梁刘昭注。清惠栋撰《后汉书补注》；王先谦以惠书为基础，撰有《后汉书集解》。

② 本篇是《后汉书》卷六十七《党锢列传》的序言。东汉后期，君道糠秕，朝政昏暗，外戚与宦官迭起执权，士大夫集团中的正直人物奋起抗争，于是被指为朋党，大加诛戮和禁锢之祸。本列传具载党锢中人物，序言则提示其来龙去脉，从中不仅可以看到当时宦官政治的糜烂腐败和社会危机的加剧，而且可以明了汉末士大夫重名节之风崛然盛起的特殊历史背景和传统心理文化基础。

③ 篇首所引孔子之语见《论语·阳货》。下二句是说：人的好恶本性原无差异，而随时随地习染变迁之途却不同。涂，同"途"。

④ 此二句是说：约束自己的心意则行为不放肆，为物欲所牵制则其意志将流荡忘返而无所归。

⑤ 导人理性：引导人们理智处事。裁抑宕佚：抑制放荡的行为。宕佚，同"荡逸"。慎其所与：谨慎其赞同或参与。节其所偏：节制其好恶偏向。

⑥ 情品万区：性情种类千差万别。质文异数：质朴或文采规律不一。陶物振俗：陶冶万物，振兴风俗。陶物，犹言按万物生成发展的本来规律陶冶性情。道：途径。

叔末浇讹，王道陵缺，而犹假仁以效己，凭义以济功。① 举中于理，则强梁褫气；片言违正，则厮台解情。② 盖前哲之遗尘，有足求者。③

霸德既衰④，狙诈⑤萌起，强者以决胜为雄，弱者以诈劣受屈⑥。至有画半策而绾万金，开一说而锡琛瑞；或起徒步而仕执珪，解草衣而升卿相。⑦ 士之饰巧驰辩，以要能⑧钓利者，不期而景从⑨矣。自是爱尚相夺⑩，与时回变⑪，其风不可留⑫，其敝不能反⑬。

及汉祖杖剑⑭，武夫勃兴，宪令宽赊，文礼简阔⑮。绪余四豪之烈⑯，人怀陵上⑰之心，轻死重气，怨惠必仇，令行私庭⑱，权移匹庶，

---

① 以上是说：末世风俗浮薄伪诈，王道政治衰颓崩坏，而世人犹假借仁义以装扮自己，成其功名。叔末，犹言末世，特指春秋时期。

② 以上是说：举动合于义理，则强横之人也会为之夺气；片言背离正义，则贱役奴仆也会因此离心。褫(chǐ)，夺。厮台，古时有地位之人对服杂役者的贱称。

③ 此句是说：可见前代贤哲的遗风，尚有足可追求者。

④ 霸德既衰：指春秋五霸衰落之后。下述实指战国时风气。

⑤ 狙诈：诡诈。李贤注："《广雅》曰：'狙，猕猴也。'以其多诈，故比之也。"

⑥ 以诈劣受屈：因诈术拙劣而受屈辱。

⑦ 以上极言战国策士仅靠贡献一点小小的策略或主张，就得到诸侯国主极厚的赏赐，或至由平民而骤升至高官。画，策划。绾，系。锡，同"赐"。琛瑞，珍宝。徒步、草衣(粗布衣)，皆指平民身份。执珪，指高官身份。珪，玉质的圭板，古时朝臣参加朝会或祭祀礼仪则执之。

⑧ 要(yāo)能：博取能名。

⑨ 景从：同"影从"。

⑩ 爱尚相夺：犹言以私欲相争斗。

⑪ 回变：旋转变化。

⑫ 留：止。

⑬ 敝：同"弊"。反：同"返"。

⑭ 汉祖杖剑：指刘邦起兵反秦。代指楚汉相争时期。杖，持。

⑮ 宪令宽赊，文礼简阔：指其时法令、礼仪皆宽缓、简疏。

⑯ 绪余四豪之烈：续承战国四公子(齐孟尝、赵平原、魏信陵、楚春申)养士任侠之遗风。

⑰ 陵上：犹言犯上。

⑱ 仇：报。私庭：私门。

任侠之方[①]，成其俗矣。自武帝以后，崇尚儒学，怀经协术[②]，所在雾会[③]，至有石渠分争之论，党同伐异之说[④]，守文之徒[⑤]，盛于时矣。至王莽专伪，终于篡国，忠义之流，耻见缨绋[⑥]，遂乃荣华丘壑，甘足枯槁[⑦]。虽中兴在运，汉德重开[⑧]，而保身怀方，弥相慕袭[⑨]，去就之节[⑩]，重于时矣。逮[⑪]桓、灵之间，主荒政缪[⑫]，国命委于阉寺[⑬]，士子[⑭]羞与为伍。故匹夫抗愤，处士横议[⑮]，遂乃激扬名声[⑯]，互相题拂[⑰]，品覈[⑱]公卿，裁量[⑲]执政，婞直[⑳]之风，于斯行矣。夫上好则下必甚，桥枉故直必过，其理然矣。若范滂、张俭之徒，清心忌恶[㉑]，终陷党议，不其然乎！

---

① 任侠之方：仗义行侠的行为方式。

② 怀经协术：指知经典、通儒术之士。

③ 雾会：会集如雾聚云合。

④ 石渠分争：汉宣帝甘露三年(公元前 51 年)，会集诸儒于朝廷收藏秘籍的石渠阁，讨论五经异同，评议其是非，宣帝亲临裁决，以为官方定论。党同伐异：此指学术流派的门户之争。

⑤ 守文之徒：以尊孔读经求仕进之人。自武帝置五经博士，官收弟子教学，定员五十人，此后博士弟子每朝皆有增加，成帝时曾一度多至三千人。当时凡能通一经之人，都可免去赋役。

⑥ 缨绋：帽带和印绳。代指官爵。

⑦ 荣华丘壑，甘足枯槁：以栖身山林岩壑为荣华，以饮食不给、骨瘦如柴为富足。并谓隐居而不愿出仕王莽新朝。

⑧ 中兴、重开：均指东汉政权的建立。

⑨ 保身怀方：但求身心自保，怀藏方略而不用。弥相慕袭：更互相企慕仿效。

⑩ 去就之节：不轻易出山为官的气节。去就，偏正词组，义偏在“去”，即辞官。

⑪ 逮：及，到。

⑫ 主荒政缪：君主荒唐，朝政昏谬。

⑬ 国命：国家权柄。阉寺：宦官。

⑭ 士子：士大夫。

⑮ 处士横议：无官之人毫无顾忌地批评议论。

⑯ 激扬名声：激发扬厉名士风声。

⑰ 题拂(bì)：标榜提携。题，出以赞词。拂，通“弼”，帮助，犹言提携。

⑱ 品覈：品评。覈，考核。

⑲ 裁量：亦品评之义。

⑳ 婞直：刚直。

㉑ 清心忌恶：心地高洁，疾恶如仇。

初，桓帝为蠡吾侯[①]，受学于甘陵周福[②]；及即帝位，擢福为尚书。时同郡河南尹房植[③]有名当朝，乡人为之谣曰："天下规矩房伯武，因师获印周仲进。"二家宾客，互相讥揣[④]，遂各树朋徒，渐成尤隙。由是甘陵有南北部，党人之议，自此始矣。

后汝南太守宗资[⑤]任功曹范滂[⑥]，南阳太守成瑨[⑦]亦委功曹岑晊[⑧]，二郡又为谣曰："汝南太守范孟博，南阳宗资主画诺[⑨]；南阳太守岑公孝，弘农成瑨但坐啸。"因此流言转入太学，诸生三万余人，郭林宗[⑩]、

---

① 蠡吾(lǐyú)：汉县名，治今河北博野西南。汉桓帝即位前，曾承其父封为蠡吾侯。

② 周福：字仲进，甘陵(治今山东临清东北)人。其事迹仅见于此。

③ 房植：字伯武，清河(治今河北清河东南)人。顺帝时为少府。桓帝初迁河南尹，后官至司空。按：周福故籍甘陵在清河以南，汉桓帝时改清河国为甘陵国，移治甘陵，故下文云周房二家之党为甘陵"南北部"。

④ 讥揣：讥讽和揣测。

⑤ 宗资：字叔都，南阳安众(今河南镇平东南)人。桓帝初为汝南太守，后拜讨寇中郎将，曾镇压泰山农民起义军。

⑥ 范滂(137—169年)：字孟博，汝南征羌(今河南省漯河市郾城区东南)人。少有操行，举孝廉。曾为清诏使、光禄勋主事、太尉府掾，自劾去职。宗资请为功曹史，在任抑制豪强，交结太学生，反对宦官专权。桓帝延熹末被捕，不久释放，汝南、南阳士大夫驱车迎之者达数千辆。灵帝建宁初再次入狱，被杀。

⑦ 成瑨：字幼平，弘农(治今河南灵宝北)人。桓帝时为南阳太守，后坐滥杀无辜被下狱处死。

⑧ 岑晊：字公孝，南阳棘阳(今河南新野东北)人。初为太学生，有高才，与郭林宗等友善。后为南阳功曹史，严惩富贾张汎等，杀两百余人。旋因汎妻上诉，事被追究，乃逃亡于齐鲁间，太守成瑨被杀。后遇赦复出，不应三府征辟。及党锢之祸起，逃死于江夏山中。

⑨ 画诺：画押批文书和点头应诺。

⑩ 郭林宗(128—169年)：即郭泰(范晔避父讳只称其字，于林宗本传则用"太"字)。泰字林宗，太原界休(今山西介休东南)人。初为太学生领袖，后知祸将起，遂归乡里，闭门教书，弟子以千数。党锢之祸中竟得免。

贾伟节[①]为其冠，并与李膺[②]、陈蕃[③]、王畅[④]更相褒重。学中语曰："天下模楷李元礼，不畏强御陈仲举，天下俊秀王叔茂。"又渤海公族进阶[⑤]、扶风魏齐卿[⑥]，并危言深论，不隐豪强，自公卿以下，莫不畏其贬议，屣履[⑦]到门。

时河内张成善说风角[⑧]，推占当赦，遂教子杀人。李膺为河南尹[⑨]，督促收捕。既而逢宥获免，膺愈怀愤疾，竟案杀之。初，成以方伎交通宦官，帝亦颇谇[⑩]其占。成弟子牢修因上书诬告膺等养太学游士，交结诸郡生徒，更相驱驰，共为部党，诽讪朝廷，疑乱风俗。于是天子震恐，班[⑪]下郡国，逮捕党人，布告天下，使同忿疾，遂收执膺等。其辞所连及，陈寔[⑫]之徒二百余人。或有逃遁不获，皆悬金购募，使者四出，相

① 贾伟节：即贾彪。彪字伟节，颍川定陵（今河南舞阳北）人。少游京师，志节慷慨，为太学生领袖。出仕州郡，为新息长。及党锢之祸起，毅然西入洛阳，说窦武、霍谞为党人讼冤，使党人得赦。后被禁锢，卒于家。

② 李膺（110—169年）：字元礼，颍川襄城（今河南襄城）人。初为司徒掾，历迁青州刺史、渔阳太守、蜀郡太守、护乌桓校尉、度辽将军、河南尹等职。以惩治贪官著称，曾两次被免职，得士人崇敬。再征司隶校尉，桓帝延熹末被宦官诬陷入狱，释放后被禁锢终身。灵帝即位后复为长乐少府，因与陈蕃等谋诛宦官事败，死于狱中。

③ 陈蕃（？—168年）：字仲举，汝南平舆（今河南平舆北）人。初举孝廉，除郎中，累迁至光禄勋，为势家所谮，免归。不久复出，桓帝延熹末官至太尉。反对宦官专权，为太学生所敬重。灵帝即位，为太傅，与外戚窦武等谋诛宦官，事败，格斗死。

④ 王畅（？—169年）：字叔茂，山阳高平（今山东微山西北）人。初辟茂才，累迁尚书令，又屡典州郡。灵帝初官至司空，数月免，卒于家。

⑤ 公族进阶：渤海（治今河北南皮东北）人。姓公族，名（或字）进阶。生平未详。

⑥ 魏齐卿：扶风（治今陕西兴平东南）人。生平亦未详。或说即魏杰，字齐卿，曾为皮氏长。

⑦ 屣履：穿鞋不提上鞋跟。形容走路急迫，趋之若鹜。

⑧ 风角：古时观风以占吉凶的方术。

⑨ 河南尹：《资治通鉴》作"司隶李膺"，当是。事在延熹末，时膺为司隶校尉。

⑩ 谇（suì）：问。《资治通鉴》作"讯"。

⑪ 班：同"颁"，颁布命令。

⑫ 陈寔（104—187年）：字仲弓，颍川许（今河南许昌东）人。初仕州郡，历太丘长。及党锢之祸起，自往请囚，遇赦出。性清静，晚年大将军何进、司徒袁隗欲擢之高位，皆不从。卒于家，海内赴丧者三万余人。

望于道。明年，尚书霍谞①、城门校尉窦武②并为表请，帝意稍解，乃皆赦归田里，禁锢终身，而党人之名犹书王府③。

自是正直废放，邪枉炽结，海内希风之流遂共相摽搒④，指天下名士为之称号。上曰“三君”，次曰“八俊”，次曰“八顾”，次曰“八及”，次曰“八厨”，犹古之“八元”“八凯”也⑤。窦武、刘淑⑥、陈蕃为“三君”，“君”者，言一世之所宗也。李膺、荀昱⑦、杜密⑧、王畅、刘祐⑨、魏

---

① 霍谞(xū)：字叔智，魏郡邺(今河北临漳西南)人。历任金城太守、北海相、尚书仆射、河南尹、司隶校尉等职，以不畏权贵著称。卒于廷尉任上。

② 窦武(？—168年)：字游平，扶风平陵(今陕西咸阳西北)人。桓帝窦皇后之父。早年为关西名士，桓帝末为城门校尉。桓帝死，迎立灵帝，为大将军，执朝政。与陈蕃等谋诛宦官，事泄自杀。

③ 书王府：指记录在案。《资治通鉴》作“书名三府”。“三府”指太尉、司徒、司空府。

④ 希风：指仰慕党人风节。摽搒：同“标榜”。

⑤ 八元、八凯：相传上古颛顼有八才子曰八凯，帝喾有八才子曰八元。当都是所属部落的合称。

⑥ 刘淑(？—168年)：字仲承，河间乐成(今河北献县东南)人。早年隐居教授，桓帝永兴中举贤良方正，对策为天下第一。官至侍中、虎贲中郎将，曾上疏请罢宦官。灵帝即位后，宦官诬其与窦武串通谋反，被下狱，自杀。

⑦ 荀昱(？—169年)：“昱”亦作“翌”。字伯条，颍川颍阴(今河南许昌)人。曾任越巂太守、沛相。初遭党锢之祸下狱，出狱后助窦武等谋诛宦官，被杀。

⑧ 杜密(？—169年)：字周甫，颍川阳城(今河南登封东南)人。桓帝时历官尚书令、河南尹、太仆，党锢之祸中被免官，与李膺齐名，时称“李杜”。及窦武等谋诛宦官事败，被逼自杀。

⑨ 刘祐：字伯祖，中山安国(今河北安国东南)人。历任扬州刺史、河东太守等职，不畏豪强。延熹中拜尚书令，累转河南尹、宗正、大司农，得罪宦官，论输左校。遇赦出，复历三卿，辞归乡里。灵帝初复为河南尹。旋黜归，卒于家。

朗[1]、赵典[2]、朱寓[3]为“八俊”，“俊”者，言人之英也。郭林宗、宗慈[4]、巴肃[5]、夏馥[6]、范滂、尹勋[7]、蔡衍[8]、羊陟[9]为“八顾”，“顾”者，言

---

① 魏朗：字少英，会稽上虞（今属浙江）人。官至尚书、河内太守。窦武等死后，以党人被急征，中途自杀。

② 赵典：字仲经，蜀郡成都（今四川成都）人。桓帝时历官弘农太守、右扶风、大鸿胪、太仆、太常，因谏诤被免职。灵帝初为长乐少府、卫尉，病卒。

③ 朱寓（？—170年）：沛（治今安徽濉溪西北）人。桓帝末为尚书，灵帝初迁司隶校尉。为宦官侯览所诬陷，死于狱中。

④ 宗慈：字孝初，南阳安众（今河南镇平东南）人。桓帝时举孝廉，九辟公府，皆不就。后为修武令，旋弃官去。卒于家。

⑤ 巴肃：字恭祖，渤海高城（今河北盐山东南）人。曾任慎令、贝丘长，辞去。灵帝初为议郎，遭党锢之祸，被禁锢。后被害。

⑥ 夏馥：字子治，陈留圉（今河南杞县西南）人。性耿直，为豪姓所仇。党锢之祸起，以名声为宦官所惧，被诬为本郡党魁。逃避追捕，剪须变形亡入山中，为人佣作，党锢未解而卒。

⑦ 尹勋：字伯元，河南巩（今属河南）人。桓帝时累官尚书令，建谋诛外戚梁冀，封都乡侯。后为河南太守，曾上书请释党锢。征拜将作大匠，转大司农。及窦武等谋诛宦官事败，被下狱，自杀。

⑧ 蔡衍：字孟喜，汝南项（今河南沈丘）人。历冀州刺史、议郎、符节令，因上表救南阳太守成瑨，被免官。灵帝初病卒。

⑨ 羊陟：字嗣祖，太山梁父（今山东新泰西）人。初辟太尉李固府，迁侍御史。因李固被杀，被禁锢多年。后复历冀州刺史、虎贲中郎将、城门校尉、尚书令等职，屡奏劾贪吏、宦官。灵帝初为河南尹，涉党事被免官禁锢，卒于家。

能以德行引人者也。张俭①、岑晊、刘表②、陈翔③、孔昱④、苑康⑤、檀敷⑥、翟超⑦为"八及"，"及"者，言能导人追宗者也。度尚⑧、张邈⑨、王考⑩、刘儒⑪、胡毋班⑫、秦周⑬、蕃向⑭、王章⑮为"八厨"，"厨"者，言能以财救人者也。

---

① 张俭(115—198年)：字元节，山阳高平(今山东微山西北)人。桓帝延熹末为东部督邮，因举劾宦官侯览，被通缉。逃亡途中，望门投宿，人多破家相容，因其留宿而被阖门抄斩者十余家。及党禁解，还乡里，从此不言时政。献帝建安初曾为廷尉，卒年八十四。

② 刘表(142—208年)：字景升，与张俭同乡贯。少有名望。献帝时为荆州牧，割据自保，曹操攻取荆州前病卒。

③ 陈翔：字子麟，汝南邵陵(今河南省漯河市召陵区)人。性刚直，历任定襄太守、扬州刺史、御史中丞等职，屡参劾外戚、宦官。以党锢事系狱，无验，被开释，卒于家。

④ 孔昱：字元世，鲁国鲁(今山东曲阜)人。桓帝末遭禁锢，灵帝初拜议郎，补洛阳令，弃官去，卒于家。

⑤ 苑康：字仲真，渤海重合(今山东乐陵西北)人。早年为太学生，后仕至太山太守，打击豪强，为宦官侯览所疾，被诬下狱，流放日南。后得羊陟等为之申诉，还本郡，卒于家。

⑥ 檀敷："敷"或作"敷"。字文有，山阳瑕丘(今山东兖州东北)人。少为诸生，后长期教授乡里，不受征辟。灵帝初曾以议郎补蒙令，不久辞官。年八十卒于家。

⑦ 翟超(？—169年)：桓帝时为山阳太守，曾没收侯览财产。灵帝初被侯览诬为党人，死于狱中。

⑧ 度尚(117—166年)：字博平，山阳湖陆(今山东鱼台东南)人。早年为郡吏，后累历荆州刺史、贵阳太守、辽东太守等职，多镇压少数民族起事及农民起义。

⑨ 张邈(？—195年)：字孟卓，东平(今属山东)人。少有侠名，曾任陈留太守。董卓之乱后起兵，先后依附袁绍、曹操。后叛曹操，被曹操破杀。

⑩ 王考：字文祖，东平寿张(今山东东平西南)人。曾任冀州刺史。

⑪ 刘儒(？—168年)：字叔林，东郡阳平(今山东莘县)人。桓帝时为侍中，上书言事，言辞忠切，帝不能纳，出为任城相。旋拜议郎。灵帝初参与窦武谋诛宦官事，被下狱，自杀。

⑫ 胡毋班：字季友，泰山(治今山东泰安东南)人。灵帝时为侍御史。献帝初官至执金吾，因受董卓派遣，劝解关东反董卓之兵，被袁绍所杀。

⑬ 秦周：字平王，陈留平丘(今河南封丘东)人。曾为北海相。灵帝初被诬下狱，死于狱中。

⑭ 蕃向：字嘉景，鲁国(治今山东曲阜)人。灵帝初遭党锢之祸，死于狱中。

⑮ 王章：即王璋。字伯仪，东莱曲城(今山东莱州东北)人。曾任少府。

又张俭乡人朱并承望中常侍侯览①意旨，上书告俭与同乡二十四人别相署号，共为部党，图危社稷：以俭及檀彬、褚凤、张肃、薛兰、冯禧、魏玄、徐乾为“八俊”，田林、张隐、刘表、薛郁、王访、刘祗、宣靖、公绪恭为“八顾”，朱楷、田槃、疎耽、薛敦、宋布、唐龙、嬴咨、宣褒为“八及”②，刻石立墠③，共为部党，而俭为之魁。灵帝诏刊章④捕俭等，大长秋曹节⑤因此讽有司奏捕前党，故司空虞放⑥、太仆杜密、长乐少府李膺、司隶校尉朱寓、颍川太守巴肃、沛相荀昱、河内太守魏朗、山阳太守翟超、任城相刘儒、太尉掾范滂等百余人皆死狱中，余或先殁不及，或亡命获免。自此诸为怨隙者因相陷害，睚眦之忿，滥入党中。又州郡承旨，或有未尝交关亦离祸毒⑦，其死徙废禁者六七百人。

熹平五年⑧，永昌太守曹鸾上书大讼党人⑨，言甚方切。帝省奏，大

---

① 侯览(？—172年)：东汉宦官。山阳防东(今山东单县东北)人。桓帝时为中常侍，奸猾贪贼，受贿赂以巨万计，延熹中因参与诛外戚梁冀而封侯。坐其兄侯参贪残自杀而免官，不久又复官。灵帝初送母丧还家，大起坟茔，为督邮张俭所奏，遂怂恿朱并诬俭等为钩党，构成大狱。后代曹节为长乐太仆，熹平初为有司所奏，策收印绶，惧而自杀。

② 以上所称“八俊”“八顾”“八及”诸人，除张俭、刘表外，其余生平事迹皆仅见于本篇此载。

③ 刻石立墠：意同后世所称刻碑立坛。墠(shàn)，古代祭祀场所。为祭祀而清除平整的场地叫墠，中间堆土为高台建筑叫坛。此处实指结盟场所而言。

④ 刊章：指删削朱并的奏章。不用其原文，而节略其主要内容下达，以便隐去上书者的姓名、身份等，使执行者不知谁所奏。

⑤ 曹节(？—181年)：东汉宦官。字汉丰，南阳新野(今河南新野)人。初为小黄门，桓帝时为中常侍。及桓帝死，因迎立灵帝，使窦太后临朝，遂为大长秋(皇太后府总管)。后闻窦武、陈蕃等欲诛宦官，乃与朱瑀等矫诏发难，杀武、蕃等。官至尚书令，专横一时。

⑥ 虞放(？—169年)：字子仲，陈留东昏(今河南兰考东北)人。桓帝时为尚书，以参与谋诛外戚梁冀封侯。后由太常升任司空，疾恶宦官，遂为所陷，与李膺等俱死于狱中。

⑦ 交关：交往。离：通“罹”，遭受。

⑧ 熹平五年：即176年。熹平，汉灵帝年号。

⑨ 永昌：汉郡名，治不韦(今云南保山东北)。明帝时初置益州西部都尉，不久改为郡。曹鸾事迹仅见于此。讼：申冤。

怒，即诏司隶、益州槛车收鸾，送槐里狱[①]掠杀之。于是又诏州郡更考党人门生故吏、父子兄弟，其在位者免官禁锢，爰及五属[②]。

光和二年[③]，上禄长和海上言："礼，从祖兄弟别居异财，恩义已轻，服属疎末[④]。而今党人锢及五族，既乖典训之文，有谬经常之法。"帝览而悟之，党锢自从祖以下，皆得解释。

中平元年[⑤]，黄巾贼起，中常侍吕强[⑥]言于帝曰："党锢久积，人情多怨。若久不赦宥，轻与张角合谋，为变滋大，悔之无救。"帝惧其言，乃大赦党人，诛徙之家皆归故郡。其后黄巾遂盛，朝野崩离，纲纪文章荡然矣。

凡党事，始自甘陵、汝南，成于李膺、张俭。海内涂炭二十余年，诸所蔓衍，皆天下善士。三君、八俊等三十五人，其名迹存者，并载乎篇。陈蕃、窦武、王畅、刘表、度尚、郭林宗别有传，荀昱附祖《淑传》，张邈附《吕布传》，胡毋班附《袁绍传》。王考，字文祖，东平寿张人，冀州刺史；秦周，字平王，陈留平丘人，北海相；蕃向，字嘉景，鲁国人，郎中；王璋，字伯仪，东莱曲城人，少府卿：位行并不显。翟超，山阳太守，事在《陈蕃传》，字及郡县未详。朱寓，沛人，与杜密等俱死狱中。唯赵典，名见而已。

---

① 槐里狱：秦汉监狱名。槐里，汉县名，治所在今陕西兴平东南。东汉为右扶风治所，其狱则由司隶管辖。

② 爰及五属：于是更及于五服以内的亲属。

③ 光和二年：即 179 年。光和，亦灵帝年号。

④ 服属疎末：指同一个曾祖的兄弟之间，按族属关系已是较疏远的五服之末。疎，同"疏"。

⑤ 中平元年：即 184 年。中平，亦灵帝年号。

⑥ 吕强（？—184 年）：东汉宦官。字汉盛，河南成皋（今河南荥阳西北）人。灵帝时为中常侍，清忠奉公，曾坚辞都乡侯爵。因建议解党锢之禁，并核查刺史、二千石吏才能，威胁到诸常侍利益，中常侍赵忠等遂诬其与党人共诽谤朝政。灵帝遣兵召之，他决计不对狱吏，乃自杀。

后汉书·范滂传[①]

范滂字孟博，汝南征羌人也[②]。少厉清节[③]，为州里所服，举孝廉、光禄四行[④]。时冀州[⑤]饥荒，盗贼群起，乃以滂为清诏使[⑥]，案察之。滂登车揽辔，慨然有澄清天下之志。及至州境，守令自知臧汙[⑦]，望风解印绶去[⑧]。其所举奏，莫不厌塞[⑨]众议。迁光禄勋主事[⑩]。时陈蕃为光禄勋，滂执公仪诣蕃，蕃不止之，滂怀恨，投版弃官而去[⑪]。郭林宗闻而让[⑫]蕃曰："若范孟博者，岂宜以公礼格[⑬]之？今成其去就之名，得无自取不优之议[⑭]也?"蕃乃谢焉。

---

① 本篇选自《后汉书》卷六十七《党锢列传》。东汉后期桓帝、灵帝时，宦官专权，政治黑暗。部分封建士大夫对此强烈不满，他们猛烈抨击宦官集团，因此引起宦官的仇视。宦官集团两兴"党锢之祸"，打击和陷害重视气节的士大夫，此为东汉后期的重大历史事件。范晔为此在《后汉书》中专门设立了《党锢列传》，对二十一名"党人"的事迹做了介绍。《范滂传》即其中之一。篇中不仅反映了"党人"的气节，也表现出作者对范滂的赞许和同情。

② 汝南：汉郡名，东汉时治所在平舆(今河南平舆北)。征羌：汝南属县，在今河南省漯河市召陵区。

③ 厉：通"励"，勤勉。清节：指不慕名利、洁身自好的节操。

④ 孝廉：汉代选拔官吏的科目之一。光禄四行：光禄勋以四种品行标准选拔人才，即敦厚、质朴、逊让、节俭。

⑤ 冀州：辖境相当今河北中南部、山东西端及河南北端，东汉时治所在高邑(今河北柏乡北)。

⑥ 清诏使：皇帝派往州郡宣达诏令、按察事件的使者。

⑦ 守令：冀州之郡守、县令。臧汙：即藏污。臧，通"藏"。汙，"污"之异体。

⑧ 望风：犹言"闻风"。解印绶：丢弃官职。

⑨ 厌(yā)塞：压倒，堵塞。

⑩ 光禄勋：官名，九卿之一，掌领宿卫侍从之官。光禄勋主事为光禄勋属官。

⑪ 公仪：指属下官吏见上司的礼节。版：手版，笏，古时大臣上朝或属下参见上官时用以记事。按：当时属下以公仪见上官时，上官当加以制止，以示客气。陈蕃不止，故范滂怀恨，扔掉手版弃官而去。

⑫ 让：责备。

⑬ 格：正。

⑭ 不优之议：不能礼贤下士的议论。优，优礼。

复为太尉黄琼所辟①。后诏三府掾属举谣言②，滂奏刺史、二千石权豪之党二十余人。尚书责滂所劾猥多③，疑有私故。滂对曰："臣之所举，自非叨秽④奸暴，深为民害，岂以汙简札⑤哉！间⑥以会日迫促，故先举所急，其未审⑦者，方更参实。臣闻农夫去草，嘉谷必茂；忠臣除奸，王道以清。若臣言有贰，甘受显戮。"吏不能诘。滂睹时方艰，知意不行，因投劾⑧去。

太守宗资先闻其名，请署功曹⑨，委任政事。滂在职，严整疾恶。其有行违孝悌，不轨⑩仁义者，皆埽迹⑪斥逐，不与共朝。显荐异节⑫，抽拔幽陋⑬。滂外甥西平⑭李颂，公族子孙，而为乡曲⑮所弃，中常侍唐衡以颂请资⑯，资用为吏。滂以非其人，寝⑰而不召。资迁怒，捶书佐朱

---

① 辟：征召。汉制，中央最高行政长官如三公，地方官如州牧、郡守，都可自行征聘僚属，称"辟"。

② 三府：太尉、司徒、司空的府署，合称三府。三府掾属，即三府的属吏。举谣言：谓搜集民间反映州郡官吏好坏和百姓疾苦的歌谣谚语，条奏皇帝。

③ 劾：揭发。此指所揭发的人。猥多：众多。

④ 叨(tāo)秽：贪赃邪恶。

⑤ 简札：古无纸，书于竹简木札之上。此指揭发官吏罪行的文状。汙：同"污"。汙简札即弄脏简札。

⑥ 间：近来。

⑦ 审：详明。

⑧ 投劾：呈递弹劾自己的文书。

⑨ 署：代理、暂任或试充官职。功曹：汉代郡守下有功曹史，简称功曹。

⑩ 轨：遵循。

⑪ 埽迹：扫除足迹，示不与交往。埽，"扫"的本字。《说文解字·土部》："埽，弃也。从土从帚"，为会意字。

⑫ 显荐异节：表彰荐举节操不平常之人。

⑬ 抽拔幽陋：选拔隐居和地位卑贱之人。

⑭ 西平：县名。在今河南西平西。

⑮ 乡曲：犹言乡里。

⑯ 中常侍：官名。秦、西汉时，本为列侯至郎中的加官，侍从皇帝左右；东汉时，专用宦官充任，掌传达诏令和处理文书。唐衡：桓帝时宦官，初为小黄门，因与宦官单超、具瑗、徐璜、左悺合谋诛灭外戚梁冀，任中常侍，封汝阳侯。因专横，人称"唐两堕""唐独坐"。

⑰ 寝：止。

零[1]。零仰曰："范滂清裁[2]，犹以利刃齿[3]腐朽。今日宁受笞死，而滂不可违。"资乃止。郡中中人[4]以下，莫不归怨，乃指滂之所用以为"范党"。

后牢修诬言鉤党[5]，滂坐系黄门北寺狱[6]。狱吏谓曰："凡坐系皆祭皋陶[7]。"滂曰："皋陶贤者，古之直臣。知滂无罪，将理之于帝[8]；如其有罪，祭之何益!"众人由此亦止。狱吏将加掠考[9]。滂以同囚多婴病[10]，乃请先就格[11]，遂与同郡袁忠争受楚毒[12]。桓帝使中常侍王甫以次辨诘[13]，滂等皆三木囊头[14]，暴[15]于阶下。余人在前，或对或否，滂、忠于后越次而进。王甫诘曰："君为人臣，不惟忠国，而共造部党，自相褒举，评论朝廷，虚搆无端[16]，诸所谋结，并欲何为？皆以情[17]对，不得隐饰。"滂对曰："臣闻仲尼之言，'见善如不及，见恶如探汤。'[18]欲使善善同其清，恶恶同其汙[19]，谓王政之所愿闻，不悟[20]更以为党。"甫曰："卿

---

① 捶：通"棰"，杖击。书佐：主办文书的佐吏。

② 清裁：清正的决断。

③ 齿：刻。

④ 中人：谓品行一般之人。

⑤ 牢修：宦官党羽张成的弟子。张成因纵子杀人，被李膺处死，故牢修诬告李膺等人结为部党，诽讪朝廷。鉤党：相牵引为党。鉤，"钩"之异体字。

⑥ 坐系：受牵连获罪被关押。黄门北寺狱：当时由宦官掌管的监狱。

⑦ 皋陶(gāoyáo)：传说中东夷族的领袖，曾任舜主管刑法的官，极其公正廉明。

⑧ 理：申辩，帝：谓天。

⑨ 掠考：拷打。考，通"拷"。

⑩ 婴病：患病。婴，被……缠绕。

⑪ 就格：接受拷打。格，击，打。《后汉书集解》引惠栋曰："高诱《淮南子注》云：'格，榜床也。'"恐非。

⑫ 楚毒：指苦刑。

⑬ 以次辨诘：逐个审理。

⑭ 三木：头、手、足皆加刑具。囊头：以物蒙覆其头。

⑮ 暴(pù)：同"曝"，晒。

⑯ 搆："构"之异体字。无端：无从产生之事。

⑰ 情：实。

⑱ "见善"句：出自《论语·季氏》。原文为"见善如不及，见不善如探汤"。意谓见到善如同追不上(要努力去追)，见到恶如同手摸开水(马上避开)。

⑲ 善善同其清：赞扬美善如同爱好清洁。恶恶同其汙：痛恨邪恶如同讨厌污浊。

⑳ 不悟：不明白。

更相拔举①，迭为唇齿，有不合者，见则排斥，其意如何?”滂乃慷慨仰天曰：“古之循善，自求多福；今之循善，身陷大戮②。身死之日，愿埋滂于首阳山侧，上不负皇天，下不愧夷、齐③。”甫愍然为之改容④。乃得并解桎梏⑤。

滂后事释，南归。始发京师，汝南、南阳士大夫迎之者数千两⑥。同囚乡人殷陶、黄穆，亦免俱归，并卫侍于滂，应对宾客。滂顾谓陶等曰：“今子相随，是重吾祸也。”遂遁还乡里。

初，滂等系狱，尚书霍谞理之。及得免，到京师，往候⑦谞而不为谢。或有让滂者。对曰：“昔叔向婴罪，祁奚救之，未闻羊舌有谢恩之辞，祁老有自伐之色。”⑧竟无所言。

建宁二年⑨，遂大诛党人，诏下急捕滂等。督邮⑩吴导至县，抱诏书，闭传舍⑪，伏床而泣。滂闻之，曰：“必为我也。”即自诣狱。县令郭揖大惊，出解印绶，引与俱亡。曰：“天下大矣，子何为在此?”滂曰：“滂死则祸塞，何敢以罪累君，又令老母流离乎!”其母就与之诀。滂白母曰：“仲博⑫孝敬，足以供养，滂从龙舒君⑬归黄泉，存亡各得其所。惟

---

① 更相拔举：互相提拔举荐。

② 大戮：死刑。

③ 首阳山：在洛阳东北。夷、齐：伯夷、叔齐，商末孤竹君之二子。父死，二人互让君位，皆逃至周。武王伐纣时，二人拦阻车马劝谏。武王灭商后，他们又逃避到首阳山，不食周粟而死。

④ 愍：哀怜。改容：改变脸色。

⑤ 桎梏：刑具，在足曰桎，在手曰梏。

⑥ 两：同“辆”。

⑦ 候：问候。

⑧ “昔叔向”四句：春秋时，晋叔向因其弟羊舌虎犯法被囚，祁奚闻之往救，叔向得免。祁奚不见叔向而归，叔向亦不道谢。事详见《左传》襄公二十一年。叔向：晋大夫羊舌肸之字。祁奚：晋大夫，字黄羊，当时已告老。自伐：自夸功劳。

⑨ 建宁二年：即196年。建宁，汉灵帝年号。

⑩ 督邮：官名。汉代各郡的重要属吏，代表太守督察县乡，宣达教令，兼司狱讼捕亡等事。

⑪ 传(zhuàn)舍：驿舍。

⑫ 仲博：范滂弟。

⑬ 龙舒君：范滂父。滂父显，曾任龙舒侯相，已亡。

大人割不可忍之恩，勿增感戚。”母曰：“汝今得与李、杜[①]齐名，死亦何恨！既有令名[②]，复求寿考[③]。可兼得乎？”滂跪受教，再拜而辞。顾谓其子曰：“吾欲使汝为恶，则恶不可为；使汝为善，则我不为恶[④]。”行路闻之，莫不流涕。时年三十三。

论曰：李膺振拔汙险之中[⑤]，蕴义生风[⑥]，以鼓动流俗[⑦]，激素行[⑧]以耻威权，立廉尚以振贵埶[⑨]，使天下之士奋迅感槩[⑩]，波荡而从之，幽深牢破室族而不顾，至于子伏其死而母欢其义。壮矣哉！子曰：“道之将废也与！命也！”[⑪]

---

① 李、杜：指李膺、杜密。李膺，字元礼，颍川襄城（今河南襄城）人。桓帝时任司隶校尉，反对宦官专权，被太学生称为“天下楷模李元礼”。延熹九年（166年）被捕入狱。释放后被禁锢终身。灵帝立，外戚窦武执政，又被起用为长乐少府，因与陈蕃等谋诛宦官事败，死于狱中。杜密，字周甫，颍川阳城（今河南登封东南）人。桓帝时，官至太仆，以党锢之祸免官。与李膺齐名，时称“李杜”。灵帝时，陈蕃辅政，他复为太仆，党锢事再起，自杀。

② 令名：好名声。

③ 寿考：犹言高寿。

④ 我不为恶：意谓我不为恶而竟至此地步，不知让你如何是好。

⑤ “李膺”句：《后汉书集解》引惠栋曰：“膺以弛刑徒再迁司隶校尉也。”据《李膺传》，膺任河南尹时，原北海郡守宛陵大姓羊元群罢归，赃罪狼藉。膺上表欲按其罪，元群行赂宦官，膺反坐罚送左校做苦工。司隶校尉应奉上疏为之申辩，乃免其刑。膺再迁司隶校尉。振拔：举擢。汙险：劳苦险恶，指苦工。

⑥ 蕴义生风：蕴蓄道义，树立风气。

⑦ 鼓动：激励。流俗：此指民风。

⑧ 素行：平素的品行。

⑨ 振：振慑。埶：同“势”。

⑩ 奋迅：高度振奋。感槩：感慨。槩，通“慨”。

⑪ “子曰”句：语出自《论语·宪问》。此句意为：我的主张将要废弃吗？这是由命运决定的。

三国志[①]·让县自明本志令[②]

孤[③]始举孝廉，年少[④]，自以本非岩穴知名之士[⑤]，恐为海内人之所见凡愚[⑥]，欲为一郡守，好作政教，以建立名誉，使世人明知之；故在济南[⑦]，始除残去秽[⑧]，平心选举[⑨]，违忤诸常侍。以为强豪所忿，恐致家祸，故以病还[⑩]。

去官之后，年纪尚少[⑪]，顾视同岁[⑫]中，年有五十，未名为老。内自

---

① 《三国志》，西晋陈寿撰。共六十五卷，其中《魏书》三十卷、《蜀书》十五卷、《吴书》二十卷。为纪传体国别史，但仅有纪、传而无表、志。书中以魏为正统，对魏君称帝，叙入纪中；蜀、吴之君则称主，叙入传中。作者陈寿(233—297年)，字承祚，巴西安汉(今四川南充)人。初仕于蜀，蜀亡后入晋为官。晋统一后，开始搜集魏、蜀、吴三国史料，历时十年，撰成此书。《三国志》取材严谨，文笔简洁，记事较真实，故书成之后，颇得时人好评。但书中叙事简略，对一些重要历史事件及人物事迹语焉不详，甚至遗漏，对曹魏亦有所回护，乃其缺陷。由于《三国志》记事过于简略，故南朝宋文帝命裴松之为作补注。裴注引书达二百余种，注文字数超过正文。除少数文字上的解释外，绝大部分为补充缺漏，备载异说，校正谬误，辨明是非，并对史家和著作予以评论。所引各书今多已亡佚，赖裴注部分得以保存。因此对于研究三国历史，裴注与《三国志》具有同样重要价值。近人卢弼亦兼采各家研究成果，撰有《三国志集解》一书。

② 本篇选自《三国志》卷一《武帝纪》裴松之注引《魏武故事》。曹操的这篇令文发布于汉献帝建安十五年(210年)十二月。在令文中，曹操借退还汉献帝封给他的三个县之机，概述了自己生平抱负的变化。本文可看作他五十五岁前的自传。

③ 孤：古代侯王对自己的谦称。当时曹操任丞相，封武平侯，故称孤。

④ 年少：曹操二十岁时被举为孝廉，故称年少。

⑤ 岩穴知名之士：隐居不仕而又有名望的人。岩穴，山洞，此喻隐居。

⑥ “恐为”句：谓担心自己被世人看作平凡无知的人。

⑦ 在济南：汉灵帝光和末年，曹操曾迁任济南相。济南，东汉的王国之一，治所在东平陵(今山东章丘西)。

⑧ 除残去秽：清除残暴污秽。曹操任济南相时，曾奏免阿附贵戚、贪赃枉法的长吏八人，并禁止淫祀，故曰“除残去秽”。

⑨ 平心选举：以公平之心选拔举荐人才。

⑩ 以病还：以病为由，辞官还乡。

⑪ 年纪尚少：曹操辞官时约三十岁。

⑫ 同岁：同年被举为孝廉的人。

图之，从此却去[①]二十年，待天下清，乃与同岁中始举者等耳[②]。故以四时[③]归乡里，于谯东五十里筑精舍[④]，欲秋夏读书，冬春射猎，求底下之地[⑤]，欲以泥水自蔽[⑥]，绝宾客往来之望，然不能得如意。后征为都尉[⑦]，迁典军校尉[⑧]，意遂更欲为国家讨贼立功，欲望封侯作征西将军，然后题墓道[⑨]言"汉故征西将军曹侯之墓"，此其志也。

而遭值董卓之难[⑩]，兴举义兵[⑪]。是时合兵能多得耳，然常自损，不欲多之；所以然者，兵多意盛，与强敌争，倘更为祸始[⑫]。故汴水之战数千[⑬]，后还扬州更募，亦复不过三千人，此其本志有限也。后领兖州，破降黄巾三十万众。[⑭] 又袁术僭号于九江[⑮]，下皆称臣，名门曰建号门，

---

① 却去：再过。

② 乃：才。始举者：指五十岁才举为孝廉者。

③ 四时：卢弼《三国志集解》疑为"是时"之误。

④ 谯：县名，在今安徽亳州。曹操的原籍。精舍：亦称精庐，讲学读书的房屋。

⑤ 底下之地：指不引起注意的地方。

⑥ 以泥水自蔽：指在乡村隐居。

⑦ 都尉：掌管一郡军事之官。

⑧ 典军校尉：汉灵帝时所建的"西园军"八校尉之一，是中央禁军的高级军官，位仅次于将军。曹操迁典军校尉在汉灵帝中平五年(188年)，时三十四岁。

⑨ 墓道：墓室前的甬道。此指墓道前的墓碑。

⑩ 董卓之难：董卓(？—192年)，字仲颖，陇西临洮(今甘肃岷县)人。本为凉州豪强，灵帝时任并州牧。灵帝死，外戚何进与袁绍谋诛宦官，召董卓进京。卓率军入洛阳后，废少帝，立献帝，专断朝政，引起各地军阀的反对。

⑪ 兴举义兵：曹操于中平六年(189年)十二月在陈留己吾散家财募兵三千，起兵反对董卓。

⑫ 倘更为祸始：或许会又成为祸难的开始。

⑬ 汴水之战数千：汉献帝初平元年(190年)，曹操与董卓将徐荣战于荥阳汴水(今河南荥阳西南)，操为流矢所伤，军队损失严重。时操军仅五千人。

⑭ "后领兖州"句：初平三年(192年)，青州黄巾百万人攻入兖州，杀刺史刘岱，兖州官吏推举曹操权领兖州牧。这年冬，曹操领兵镇压了这支黄巾军，收编其余部三十多万，并选拔精锐组成"青州兵"。曹操势力由此强盛。

⑮ 袁术僭号于九江：袁术(？—199年)，字公路，汝南汝阳(今河南商水西南)人。初为虎贲中郎将，董卓专权，他逃亡南阳，据有其地。后遭曹操和袁绍攻击，率余众割据扬州。建安二年(197年)，袁术在寿春称帝，后为曹操所破，病死。僭号，盗用天子名号。九江，郡名，治所在寿春(今安徽寿县)。

衣被皆为天子之制，两妇预争为皇后。志计已定，人有劝术遂即帝位，露布[1]天下，答言“曹公尚在，未可也”。后孤讨禽其四将[2]，获其人众，遂使术穷亡解沮[3]，发病而死。及至袁绍据河北[4]，兵势强盛，孤自度势，实不敌之；但计投死为国，以义灭身，足垂于后。幸而破绍[5]，枭其二子[6]。又刘表[7]自以为宗室，包藏奸心，乍前乍卻[8]，以观世事，据有当州[9]，孤复定之[10]，遂平天下。身为宰相，人臣之贵已极，意望已过矣。今孤言此，若为自大，欲人言尽，故无讳耳。设使国家无有孤，不知当几人称帝，几人称王。

或者人见孤强盛，又性不信天命之事，恐私心相评，言有不逊之志[11]，妄相忖度，每用耿耿[12]。齐桓、晋文所以垂称至今日者，以其兵势广大，犹能奉事周室也。《论语》云“三分天下有其二，以服事殷，周之德

---

① 露布：宣布。

② 讨禽其四将：建安二年(197年)秋，袁术攻陈(今河南淮阳)，曹操出兵应战。袁术弃军走，留桥蕤、李丰、梁纲、乐就四将御操，为操击败斩杀。禽，同“擒”。

③ 穷亡解沮：穷困败亡，瓦解崩溃。

④ 袁绍据河北：袁绍(？—202年)，字本初，袁术族兄，初为司隶校尉。董卓专权，绍逃奔冀州，起兵讨卓。后据有冀、青、幽、并四州，成为当时北方势力最强的割据力量。河北，泛指黄河以北地区。

⑤ 幸而破绍：建安五年(200年)，曹操与袁绍战于官渡(今河南中牟东北)，曹操利用袁绍轻敌无备，发动奇袭，歼灭了袁军主力，创造了历史上以少胜多、以弱克强的著名战例。

⑥ 枭其二子：袁绍死后，其子袁谭、袁尚为争冀州相互攻战。谭败，求救于曹操。曹出兵救助，尚退军。后谭叛曹，建安十年(205年)被曹攻杀。不久，曹又败尚，尚逃奔辽东。建安十二年(207年)，辽东太守公孙康杀尚，将其头送给曹操。枭，悬首示众。

⑦ 刘表(142—208年)：字景升，山阳高平(今山东微山西北)人，西汉鲁恭王刘余后裔。东汉末任荆州牧，是较大的割据势力。

⑧ 乍前乍卻：忽进忽退。官渡之战时，袁绍求刘表相助，表虽答应却未出兵。有人劝他归附曹操，他派人前去观望虚实，但未表态。卻，“却”的异体字，退。

⑨ 当州：本州，指荆州。

⑩ 孤复定之：建安十三年(208年)七月，曹操南征刘表。八月，表卒，其子刘琮降操。

⑪ 不逊之志：不恭顺的想法。指代汉自立为帝的野心。

⑫ 每用耿耿：常因此心中不安。

可谓至德矣"[①]，夫能以大事小也。昔乐毅走赵[②]，赵王欲与之图燕，乐毅伏而垂泣，对曰："臣事昭王，犹事大王；臣若获戾[③]，放[④]在他国，没世然后已，不忍谋赵之徒隶，况燕后嗣乎！"胡亥之杀蒙恬[⑤]也，恬曰："自吾先人及至子孙，积信于秦三世[⑥]矣；今臣将兵三十余万，其势足以背叛，然自知必死而守义者，不敢辱先人之教以忘先王也。"孤每读此二人书，未尝不怆然流涕也。孤祖父以至孤身，皆当亲重之任[⑦]，可谓见信者矣，以及子桓[⑧]兄弟，过于三世矣。孤非徒对诸君说此也，常以语妻妾，皆令深知此意。孤谓之言："顾我万年[⑨]之后，汝曹皆当出嫁，欲令传道我心，使他人皆知之。"孤此言皆肝鬲之要[⑩]也。所以勤勤恳恳叙心腹者，见周公有《金縢》之书[⑪]以自明，恐人不信之故。

然欲孤便尔委捐所典兵众以还执事[⑫]，归就武平侯国[⑬]，实不可也。何者？诚恐己离兵为人所祸也。既为子孙计，又己败则国家倾危，是以

---

① 引文见《论语·泰伯》，是孔子赞美周文王的话。说文王有天下的三分之二，仍然臣服于殷，周的德可以说是最高的德。

② 乐毅走赵：乐毅，战国时燕国名将。燕昭王时率军攻齐，连下七十余城。昭王死，惠王即位，中了齐将田单的反间计，夺取乐毅兵权。乐毅恐留燕被害，逃奔赵国。

③ 获戾：得罪。

④ 放：放逐。

⑤ 蒙恬(？—前210年)：秦始皇时名将。秦统一后，曾率兵三十余万抵御匈奴，修筑长城。始皇死，二世胡亥矫造始皇遗诏，令蒙恬自杀。

⑥ 三世：指蒙恬祖父骜、父武和蒙恬本人，三代皆为秦名将。

⑦ "孤祖父"二句：曹操祖父曹腾，桓帝时任中常侍、大长秋，封费亭侯；操父曹嵩(曹腾养子)，灵帝时任太尉。时操任丞相，故云"皆当亲重之任"。

⑧ 子桓：曹操世子曹丕的字，曹丕即后来的魏文帝。

⑨ 万年：死的讳称。

⑩ 肝鬲之要：肺腑之言。鬲，同"膈"，体内胸腔和腹腔之间的膜状肌肉。肝鬲犹言肺腑、内心。

⑪ 《金縢》之书：《今文尚书·金縢》载，周武王有病，周公祷于先王，请以身代。祷毕，将祷辞放入金縢(柜名)。武王死，成王年幼，周公辅政。管叔等流言周公将谋害成王，周公避居东都。后成王于柜中发现祷辞，知其忠贞，乃迎归。

⑫ 便尔：立即。委捐：放弃。执事：朝廷有关官员。

⑬ 武平侯国：曹操的封地。建安元年(196年)曹操被封为武平侯。武平，县名，在今河南鹿邑西北。

不得慕虚名而处实祸，此所不得为也，前朝恩封三子为侯[①]，固辞不受，今更欲受之，非欲复以为荣，欲以为外援，为万安计。孤闻介推之避晋封[②]，申胥之逃楚赏[③]，未尝不舍书而叹，有以自省也。奉国威灵，仗钺征伐，推弱以克强，处小而禽大。意之所图，动无违事，心之所虑，何向不济，遂荡平天下，不辱主命，可谓天助汉室，非人力也。然封兼四县[④]，食户三万，何德堪之！江湖未静，不可让位；至于邑土，可得而辞。今上还阳夏、柘、苦三县户二万，但食武平万户，且以分损谤议，少减孤之责也。

隋书·经籍志序[⑤]

夫经籍者，机神之妙旨[⑥]，圣哲之能事，所以经天地，纬阴阳，正纪纲，弘道德，显仁足以利物[⑦]，藏用足以独善[⑧]，学之者将殖[⑨]焉，不

---

① 恩封三子为侯：三子，指曹植、曹据、曹豹(曹林)，此令发布的次年正月，均被封侯。但据此令可知，在这以前朝廷已有成命。

② 介推之避晋封："介推"亦作"介子推"或"介之推"，春秋时晋人，曾随晋文公流亡国外十九年。文公回国即位后，遍赏从亡诸臣，而未及介推。介推亦不言己功，与其母隐居于绵山。

③ 申胥之逃楚赏：申胥即申包胥，春秋时楚国贵族。楚昭王十年(公元前506年)，吴师攻破楚国，他到秦求救，在秦廷痛哭七昼夜，使秦发兵，恢复了楚室。昭王返国赏赐功臣，申包胥称"吾为君，非为身也"，不肯居功而逃赏。

④ 四县：指曹操的封地武平、阳夏(今河南太康)、柘(zhè，今河南柘城北)、苦(今河南鹿邑东)。

⑤ 《隋书·经籍志》是继《汉书·艺文志》之后的又一部史志目录，共著录了自汉至隋的存世书籍14466部，并正式采用经、史、子、集四部分类法分别部类，对后世目录学的发展产生了重大影响。本篇是它的总序，文中概述了书籍的功用、起源以及历代书籍的聚散、著录等情况。

⑥ 机神之妙旨：机微玄妙之意旨。

⑦ "显仁"句：谓所表现的仁足以益于万物。

⑧ "藏用"句：谓所蕴藏的功用足以使人独善其身。

⑨ 殖：增长，增进。

学者将落[①]焉。大业[②]崇之，则成钦明之德[③]，匹夫克念，则有王公之重。其王者之所以树风声，流显号，美教化，移风俗，何莫由乎斯道？故曰[④]："其为人也，温柔敦厚，《诗》教也；疏通知远[⑤]，《书》教也；广博易良[⑥]，《乐》教也；洁静精微，《易》教也；恭俭庄敬，《礼》教也；属辞比事[⑦]，《春秋》教也。"遭时制宜，质文迭用，应之以通变，通变之以中庸[⑧]。中庸则可久，通变则可大。其教有适，其用无穷，实仁义之陶钧[⑨]，诚道德之橐籥[⑩]也。其为用大矣，随时之义深矣，言无得而称焉。故曰："不疾而速，不行而至。"[⑪]今之所以知古，后之所以知今，其斯之谓也。是以大道方行，俯龟象而设卦，后圣有作，仰鸟迹以成文。书契已传，绳木弃而不用[⑫]，史官既立，经籍于是兴焉。

夫经籍也者，先圣据龙图[⑬]，握凤纪[⑭]，南面以君天下者，咸有史官，以纪言行。言则左史书之，动则右史书之。故曰"君举必书"[⑮]，惩

---

① 落：停留，停止。

② 大业：指帝王之业。

③ 钦明之德：敬肃明察之德。

④ 故曰：其下引文见《礼记·经解》所载孔子语。

⑤ 疏通知远：谓通达于政事，远知帝王之事。

⑥ 广博易良：胸怀开阔博大，和悦善良。

⑦ 属辞比事：连缀文辞，排比史事。

⑧ "应之以通变"二句：谓以变通的方式适应时代，以中庸的方法来变通。通变，即变通。中庸，指不偏不倚、无过无不及的处理事情的方式。

⑨ 陶钧：制作陶器所用的转轮。此比喻造就，培养。

⑩ 橐籥(tuóyuè)：古代冶炼鼓风用的器具。橐为鼓风器，籥为送风的管子。此比喻动力，源泉。

⑪ 引文见《周易·系辞上》。原为称赞《易》道的神妙功用，此用来称赞书籍的功用。

⑫ 书契：文字。绳木：指结绳刻木的记事方法。

⑬ 龙图：即河图。传说伏羲氏时有龙马从黄河出现，身负河图，故又称龙图。此指圣人受命而王天下的祥瑞象征。

⑭ 凤纪：即凤历。《左传》昭公十七年载郯子曰："我高祖少皞挚之立也，凤鸟适至，故纪于鸟……凤鸟氏，历正也。"后因称历为"凤历"或"凤纪"，并多用以称新朝代改元之历。此亦指接受天命而有天下。

⑮ 引文见《左传》庄公二十三年。谓君主的举动，史官必定记载。

劝斯在。考之前载，则《三坟》《五典》《八索》《九丘》[①]之类是也。下逮殷、周，史官尤备，纪言书事，靡有阙遗，则《周礼》所称：太史掌建邦之六典、八法、八则[②]，以昭王治；小史掌邦国之志，定世系，辨昭穆[③]；内史掌王之八柄，策命而贰之[④]；外史掌王之外令及四方之志，三皇、五帝之书；御史掌邦国都鄙万民之治令，以赞[⑤]冢宰。此则天子之史，凡有五焉。诸侯亦各有国史，分掌其职。则《春秋传》，晋赵穿弑灵公[⑥]，太史董狐书曰"赵盾杀其君"，以示于朝。宣子曰："不然。"对曰："子为正卿，亡不越境，反不讨贼，非子而谁?"齐崔杼弑庄公[⑦]，太史书曰"崔杼弑其君"，崔子杀之。其弟嗣书，死者二人。其弟又书，乃舍之。南史闻太史尽死，执简以往，闻既书矣，乃还。楚灵王与右尹子革语，左史倚相趋而过。王曰："此良史也，能读《三坟》《五典》《八索》《九丘》。"然则诸侯史官，亦非一人而已，皆以记言书事，太史总而裁之，以成国家之典。不虚美，不隐恶，故得有所惩劝，遗文可观，则《左传》称《周志》，《国语》有《郑书》之类也。

暨夫周室道衰，纪纲散乱，国异政，家殊俗，褒贬失实，隳紊旧章[⑧]。孔丘以大圣之才，当倾颓之运，叹凤鸟之不至[⑨]，惜将坠于斯文，乃述《易》道而删《诗》《书》，修《春秋》而正《雅》《颂》。坏礼崩乐，咸得其

---

① 《三坟》《五典》《八索》《九丘》：传说中我国最早的书籍。见《左传》昭公十二年载楚灵王与右尹子革语。

② 六典、八法、八则以及下文八柄都是古代治国设官的基本原则。详见《周礼·天官·冢宰》。

③ 昭穆：古代宗法制度规定，宗庙及墓葬的排列次序，始祖居中，以下父子(祖、父)依次为昭穆，左为昭，右为穆。祭祀时，子孙也按此种规定排列行礼。

④ 策命而贰之：协助天子策命臣下。贰，协助。

⑤ 赞：辅助。

⑥ 晋赵穿弑灵公：公元前607年，晋正卿赵盾(即宣子)为避灵公杀害而出走，未出国境，其族人赵穿杀灵公，赵盾乃回。事见《左传》宣公二年。

⑦ 齐崔杼弑庄公：公元前548年，齐大夫崔杼因庄公与其妻私通，杀死庄公。事见《左传》襄公二十五年。

⑧ 隳紊旧章：使旧时的典章制度毁坏混乱。

⑨ 叹凤鸟之不至：感叹天下无清明之望。凤鸟即凤凰，古代认为是清明之世才会出现的祥瑞之象征。《论语·子罕》："子曰：'凤凰不至，河不出图，吾已矣夫！'"

所。自哲人萎而微言绝[①]，七十子[②]散而大义乖，战国纵横，真伪莫辨，诸子之言，纷然淆乱。圣人之至德丧矣，先王之要道亡矣，陵夷踳驳[③]，以至于秦。秦政奋豺狼之心，刬[④]先代之迹，焚《诗》《书》，坑儒士，以刀笔吏为师，制挟书之令。学者逃难，窜伏山林，或失本经，口以传说。

汉氏诛除秦、项，未及下车，先命叔孙通草绵蕝之仪，救击柱之弊[⑤]。其后张苍治律历[⑥]，陆贾撰《新语》[⑦]，曹参荐盖公言黄老[⑧]，惠帝除挟书之律[⑨]，儒者始以其业行于民间。犹以去圣既远，经籍散逸，简札错乱，传说纰缪，遂使《书》分为二[⑩]，《诗》分为三[⑪]，《论语》有齐、鲁

---

① 哲人：孔子。萎，死。《史记·孔子世家》载："孔子病……歌曰：'太山坏乎！梁柱摧乎！哲人萎乎！'……后七日卒。"

② 七十子：指孔子弟子。《史记·孔子世家》载：孔子"弟子盖三千焉，身通六艺者七十有二人"。举其成数而言"七十"。

③ 踳(chǔn)驳：舛谬杂乱。

④ 刬(chǎn)：消除。

⑤ "先命"二句：指首先命令叔孙通制定、演习朝仪，以救群臣无礼仪约束之弊。《汉书·叔孙通传》载，刘邦于定陶即皇帝位后，群臣因无朝仪约束，竟在刘邦面前饮酒争功，醉后狂呼乱叫，拔剑击柱。刘邦遂采纳叔孙通的建议，命其制定朝仪，并率众演习。草绵蕝之仪：草，制定。绵，绵绳。蕝(zuì)，亦作"蕞"，束茅草表位。绵蕝即以绵绳圈地，束茅草以表位，演习朝仪。

⑥ 张苍治律历：张苍，西汉历算家，阳武(今河南原阳东南)人。曾为秦御史，汉初任代、赵相，后官至丞相。曾改定音律历法。

⑦ 陆贾撰《新语》：陆贾，汉初政论家，辞赋家。楚人。从刘邦定天下，官至太中大夫。曾劝刘邦重《诗》《书》，以文治天下。所著《新语》十二篇，主张崇王道，黜霸术，识贤任贤，以德教化，休养生息。

⑧ 曹参荐盖公言黄老：曹参，沛县(今江苏沛县)人，曾为沛县狱吏。秦末从刘邦起义，汉朝建立，封平阳侯，任齐相九年，后继萧何为丞相。在齐时曾以厚币聘善治黄老之术的胶西盖公，以其术治齐。

⑨ 惠帝除挟书之律：挟书之律即秦朝制定的禁止私人收藏《诗》《书》等书的法律。汉惠帝四年(公元前 191 年)始下令废除。

⑩ 《书》分为二：指《尚书》有今、古文之分。

⑪ 《诗》分为三：指《诗经》有《鲁诗》《齐诗》《韩诗》三家。

之殊[①]，《春秋》有数家之传[②]。其余互有踳驳，不可胜言。此其所以博而寡要，劳而少功者也。武帝置太史公，命天下计书，先上太史，副上丞相，开献书之路，置写书之官，外有太常、太史、博士之藏[③]，内有延阁、广内、秘室之府[④]。司马谈父子，世居太史，探采前代，断自轩皇，逮于孝武，作《史记》一百三十篇。详其体制，盖史官之旧也。至于孝成，秘藏之书，颇有亡散，乃使谒者陈农，求遗书于天下。命光禄大夫刘向校经传诸子诗赋，步兵校尉任宏校兵书，太史令尹咸校数术[⑤]，太医监李柱国校方技[⑥]。每一书就，向辄撰为一录，论其指归，辨其讹谬，叙而奏之。向卒后，哀帝使其子歆嗣父之业。乃徙温室中书于天禄阁上[⑦]。歆遂总括群篇，撮其指要，著为《七略》：一曰《集略》[⑧]，二曰《六艺略》，三曰《诸子略》，四曰《诗赋略》，五曰《兵书略》，六曰《术数略》，七曰《方技略》。大凡三万三千九十卷。王莽之末，又被焚烧。光武中兴，笃好文雅，明、章继轨[⑨]，尤重经术。四方鸿生巨儒，负袠[⑩]自远而至者，不可胜算。石室、兰台[⑪]，弥以充积。又于东观及仁寿阁集新书，校书郎班固、傅毅等典掌焉。并依《七略》而为书部，固又编之，以为《汉书·艺文

---

① 《论语》有齐、鲁之殊：指汉代《论语》有《齐论》《鲁论》的不同。

② 《春秋》有数家之传：指解释《春秋》的有《左氏传》《公羊传》《穀梁传》《邹氏传》《夹氏传》数家。

③ 外有太常、太史、博士之藏：外，指宫外。太常、太史、博士皆官名。此指由这些官员掌管的藏书。

④ 内有延阁、广内、秘室之府：内，指宫内。延阁、广内、秘室皆宫廷中藏书之处。

⑤ 数术：亦作术数。古指天文、历法、占卜、五行等学。此指这类书籍。

⑥ 方技：古指医药、养生之类的技术。此指这类书籍。

⑦ 温室：殿名。西汉长乐宫、未央宫皆有温室殿。天禄阁：汉初萧何造，为收藏典籍之所。

⑧ 《集略》：本作《辑略》，是《七略》中综述学术源流的绪论。

⑨ 明、章：指东汉明帝、章帝。继轨：谓继承前人之业。

⑩ 袠(zhì)：“帙”的异体字。用布帛所制的包书的套子。此指书籍。

⑪ 石室、兰台：东汉朝廷藏书之处。下文东观及仁寿阁同。

志》。董卓之乱，献帝西迁[①]，图书缣帛，军人皆取为帷囊。所收而西，犹七十余载。两京大乱，扫地皆尽。

魏氏代汉，采掇遗亡，藏在秘书中、外三阁。魏秘书郎郑默，始制《中经》[②]，秘书监荀勗，又因《中经》，更著《新簿》[③]，分为四部，总括群书。一曰甲部，纪六艺及小学[④]等书；二曰乙部，有古诸子家、近世子家、兵书、兵家、术数；三曰丙部，有史记、旧事、皇览簿、杂事；四曰丁部，有诗赋、图赞、《汲冢书》[⑤]，大凡四部合二万九千九百四十五卷。但录题及言，盛以缥囊[⑥]，书用缃素[⑦]。至于作者之意，无所论辩。惠、怀之乱[⑧]，京华荡覆，渠阁文籍[⑨]，靡有孑遗。

东晋之初，渐更鸠聚。著作郎李充[⑩]，以勗旧簿校之，其见存者，但有三千一十四卷。充遂总没众篇之名，但以甲乙为次。自尔因循，无

---

① 献帝西迁：汉献帝初平元年(190年)，董卓为避曹操、袁绍等讨伐，挟持献帝由洛阳西迁至长安，临行时纵火焚洛阳周围数百里，数百万人亦被迫西迁。

② 郑默：字思元。所编《中经》，为国家藏书目录。

③ 荀勗：字公曾，颍川颍阴(今河南许昌)人。曾任魏侍中。西晋时任秘书监、侍中、尚书令等职。曾与中书令张华整理书籍，所编《新簿》，又称《中经簿》《中经新簿》。

④ 小学：汉代称文字学为小学，隋唐以后成为文字学、训诂学、音韵学的总称。

⑤ 《汲冢书》：晋太康二年(281年)，汲郡人不准盗发战国时魏襄王墓，得竹书数十车，经整理为十六部、七十五卷，后人称之为《汲冢书》。

⑥ 缥囊：青白色的盛书囊。缥，青白色。

⑦ 缃素：浅黄色的细绢。

⑧ 惠、怀之乱：指晋惠帝、怀帝时发生的战乱。晋惠帝时，贾后专权，引发皇族内部争夺政权的“八王之乱”。后东海王司马越毒死惠帝，另立怀帝。时各族人民起义不断，各少数民族贵族也乘机起兵。永嘉五年(311年)匈奴刘曜率兵攻破洛阳，俘怀帝，纵兵烧掠，杀王公士民三万余人。

⑨ 渠阁文籍：渠阁本为西汉宫中藏书之处石渠阁，此借指国家藏书。

⑩ 李充：字宏度，江夏(治所在今湖北云梦)人。东晋初任著作郎，整理书籍，删除繁重，以类相从，分为四部。将《中经新簿》乙、丙两部次序互换，从而确定了四部分类的次序。

所变革。其后中朝遗书，稍流江左①。宋元嘉②八年，秘书监谢灵运③造《四部目录》，大凡六万四千五百八十二卷。元徽④元年，秘书丞王俭⑤又造《目录》，大凡一万五千七百四卷。俭又别撰《七志》：一曰《经典志》，纪六艺、小学、史记、杂传；二曰《诸子志》，纪今古诸子；三曰《文翰志》，纪诗赋；四曰《军书志》，纪兵书；五曰《阴阳志》，纪阴阳图纬；六曰《术艺志》，纪方技；七曰《图谱志》，纪地域及图书。其道、佛附见，合九条。然亦不述作者之意，但于书名之下，每立一传，而又作九篇条例，编乎首卷之中。文义浅近，未为典则。齐永明⑥中，秘书丞王亮、监谢朏⑦，又造《四部书目》，大凡一万八千一十卷。齐末兵火，延烧秘阁，经籍遗散。梁初，秘书监任昉⑧，躬加部集，又于文德殿内列藏众书，华林园中总集释典⑨，大凡二万三千一百六卷，而释氏不豫焉。梁有秘书监任昉、殷钧⑩《四部目录》，又《文德殿目录》。其术数之书，更

---

① 江左：指东晋南朝。古人在地理上以东为左，以西为右，把长江下游以东地区称为江左。东晋南朝建都于江东，故称江左。

② 元嘉：南朝宋文帝刘义隆年号(424—453年)。

③ 谢灵运：陈郡阳夏(今河南太康)人。东晋时袭封康乐公，入宋后曾任永嘉太守、秘书监、侍中、临川内史等职，后被杀。其诗多描写山水名胜，善于刻画自然景象，开文学史上的山水诗一派。

④ 元徽：南朝宋后废帝刘昱年号(473—477年)。

⑤ 王俭：字仲宝，琅琊临沂(今山东临沂)人。刘宋时任秘书丞，入齐后任侍中、尚书令、镇军将军等职。依刘歆《七略》例作《七志》三十卷，在我国目录学史上有重要地位。

⑥ 永明：南朝齐武帝萧赜年号(483—493年)。

⑦ 王亮：字奉叔，琅琊临沂人。齐时任秘书监、吏部尚书等职。入梁后曾被废为庶人，后又起为中书监，加散骑常侍。谢朏：字敬冲，陈郡阳夏人。刘宋时任左长史、侍中。齐时任义兴太守、尚书。入梁后任侍中、司徒、尚书令等职。

⑧ 任昉：字颜昇，乐安博昌(今山东博兴)人。齐时为太学博士。梁时任义兴、新安太守。家贫，好读书，藏书达万余卷。著有《述异记》《文章缘起》等。

⑨ 华林园：宫苑名，故址在今江苏南京鸡鸣山南古台城内。三国吴始建，南朝续有扩建。释典：佛教经典。下文“释氏”亦指佛经。

⑩ 殷钧：字季和，陈郡长平(今河南西华东北)人。好学，善隶书。历任临川内史、国子祭酒。

为一部，使奉朝请祖暅[①]撰其名。故梁有《五部目录》。普通[②]中，有处士阮孝绪[③]，沉静寡欲，笃好坟史，博采宋、齐已来，王公之家凡有书记，参校官簿[④]，更为《七录》：一曰《经典录》，纪六艺；二曰《记传录》，纪史传；三曰《子兵录》，纪子书、兵书；四曰《文集录》，纪诗赋；五曰《技术录》，纪数术；六曰《佛录》；七曰《道录》。其分部题目，颇有次序，割析辞义，浅薄不经。梁武[⑤]敦悦诗书，下化其上，四境之内，家有文史。元帝克平侯景[⑥]，收文德之书及公私经籍，归于江陵，大凡七万余卷，周师入郢，咸自焚之[⑦]。陈天嘉[⑧]中，又更鸠集，考其篇目，遗阙尚多。

其中原则战争相寻[⑨]，干戈是务，文教之盛，苻、姚[⑩]而已。宋武入关[⑪]，收其图籍，府藏所有，才四千卷。赤轴青纸，文字古拙。后魏始都燕、代，南略中原，粗收经史，未能全具。孝文徙都洛邑，借书于齐，秘府之中，稍以充实。暨尒朱之乱[⑫]，散落人间。后齐迁邺，颇更搜聚，

---

① 祖暅(gèng)：《南史》作祖暅之。字景烁，祖冲之之子，范阳遒(今河北涞水)人。明历算，有巧思。曾修订《大明历》，制成多种天文观测仪器。官至太府卿。

② 普通：南朝梁武帝萧衍第二年号(520—527 年)。

③ 阮孝绪：字士宗，陈留尉氏(今河南尉氏)人。好学不仕，著有《七录》《高隐传》等书。

④ 官簿：指官修图书目录。

⑤ 梁武：即梁武帝萧衍。

⑥ 元帝克平侯景：梁武帝末年，东魏降将侯景举兵叛变，攻破建康，武帝愤恨而死。景改立简文帝，后又废简文帝，立萧栋为帝，不久废梁帝自立，国号汉。552 年，萧绎(元帝)派陈霸先、王僧辩等讨平侯景。

⑦ “周师入郢”二句：梁元帝承圣三年(554 年)，西魏宇文泰派兵攻打梁朝，攻破江陵，元帝被杀，死前命人将藏书全部焚毁。周师，指宇文泰的军队，当时宇文泰已控制了西魏政权，后三年其子宇文觉代魏建周，故此称其军为周师。郢，即江陵，春秋时楚国曾建都于郢。梁元帝时建都于此。

⑧ 天嘉：南朝陈文帝陈蒨第一年号(560—566 年)。

⑨ 相寻：连续不断而来。

⑩ 苻、姚：指前秦国君苻坚和后秦国君姚兴。他们在位时皆提倡儒学，兴办学校，文化事业有所发展。

⑪ 宋武入关：东晋义熙十三年(417 年)，刘裕率晋军北伐，攻入关中，消灭后秦。刘裕后代晋称帝，即宋武帝。故此称宋武。

⑫ 尒朱之乱：尒朱即北魏秀容部落首领尔朱荣。北魏武泰元年(528 年)，他率军攻入洛阳，杀太后、少帝及百官两千余人，立孝庄帝，专断朝政。后为孝庄帝所杀。

迄于天统、武平[①]，校写不辍。后周始基关右[②]，外逼强邻，戎马生郊，日不暇给。保定[③]之始，书止八千，后稍加增，方盈万卷。周武平齐[④]，先封书府，所加旧本，才至五千。

隋开皇[⑤]三年，秘书监牛弘[⑥]，表请分遣使人，搜访异本。每书一卷，赏绢一匹，校写既定，本即归主。于是民间异书，往往间出。及平陈已后，经籍渐备。检其所得，多太建[⑦]时书，纸墨不精，书亦拙恶。于是总集编次，存为古本。召天下工书之士，京兆韦霈、南阳杜頵等，于秘书内补续残缺，为正副二本，藏于宫中，其余以实秘书内、外之阁，凡三万余卷。炀帝即位，秘阁之书，限写五十副本，分为三品：上品红琉璃轴，中品绀琉璃轴，下品漆轴。于东都观文殿东西厢构屋以贮之，东屋藏甲乙，西屋藏丙丁[⑧]。又聚魏已来古迹名画，于殿后起二台，东曰妙楷台，藏古迹；西曰宝迹台，藏古画。又于内道场集道、佛经，别撰目录。

大唐武德[⑨]五年，克平伪郑[⑩]，尽收其图书及古迹焉。命司农少卿宋

---

① 天统：北齐后主高纬第一年号(565—569 年)。武平：高纬第二年号(570—576 年)。

② 后周始基关右：后周即北周。始基，创基。关右，即关西。北周建都长安，故称始基关右。

③ 保定：北周武帝宇文邕第一年号(561—565 年)。

④ 周武平齐：指北周武帝建德六年(577 年)北周出兵灭掉北齐。

⑤ 开皇：隋文帝杨坚第一年号(581—600 年)。

⑥ 牛弘：字里仁，安定鹑觚(今甘肃灵台东北)人。北周时官至大将军，仪同三司。入隋后历任秘书监、吏部尚书、右光禄大夫等职。开皇时，因典籍逸散，上表请开献书之路，使散失民间的书籍得以集中于官府。

⑦ 太建：南朝陈宣帝陈顼年号(569—582 年)。

⑧ 甲乙：指经部、史部书籍。丙丁：指子部、集部书籍。中国古代图书四部分类法，初以甲、乙、丙、丁为次，至《隋书·经籍志》始定名为经、史、子、集。

⑨ 武德：唐高祖李渊年号(618—626 年)。

⑩ 克平伪郑：伪郑，指王世充政权。隋大业十四年(618 年)，炀帝为宇文化及所杀，王世充于洛阳拥立杨侗为帝，次年废侗自立为帝，国号郑。唐武德四年(621 年)兵败降唐。

遵贵载之以船，泝河西上，将致京师。行经底柱①，多被漂没，其所存者，十不一二。其《目录》亦为所渐濡，时有残缺。今考见存，分为四部，合条为一万四千四百六十六部，有八万九千六百六十六卷。其旧录所取，文义浅俗、无益教理者，并删去之。其旧录所遗，辞义可采，有所弘益者，咸附入之。远览马史、班书，近观王、阮志、录，挹②其风流体制，削其浮杂鄙俚，离其疏远，合其近密，约文绪义，凡五十五篇，各列本条之下，以备《经籍志》。虽未能研几探赜③，穷极幽隐，庶乎弘道设教，可以无遗阙焉。夫仁义礼智，所以治国也，方技数术，所以治身也；诸子为经籍之鼓吹，文章乃政化之黼黻④，皆为治之具也。故列之于此志云。

新唐书·魏徵传⑤（节选）

魏徵，字玄成，魏州曲城人⑥。少孤，落魄，弃赀产不营，有大志，

---

① 底柱：山名，又作砥柱。原在今河南三门峡东门黄河中，今因修三门峡水库，山已不见。

② 挹：汲取。

③ 研几探赜：研究探讨其隐微深奥之处。

④ 黼黻（fǔfú）：本指古代礼服上所绣的花纹，此指文章与政化形同表里的关系。

⑤ 《新唐书》是纪传体唐代史，二百二十五卷，宋欧阳修、宋祁等编。宋仁宗时，由于人们对《旧唐书》颇有讥议，仁宗乃命欧阳修、宋祁等重修。编撰时间约始于庆历四年（1044年），嘉祐五年（1060年）成书。欧阳修主撰本纪十卷、表十五卷、志五十卷，宋祁主撰列传一百五十卷。《新唐书》依据《旧唐书》和其他唐代史料修撰而成。《进新修唐书表》称："其事则增于前，其文则省于旧。至于名篇著目，有革有因；立传纪实，或增或省。"本纪部分，较旧书减去十分之七，但也增加了部分史料。魏、晋以来所修纪传体史皆不立表，《新唐书》则立有《宰相》《方镇》《宗室世系》《宰相世系》四表。书中十三志，除沿袭前史外，又新创《兵》《选举》《仪卫》三志，《食货》《艺文》等志亦较旧书为详。列传部分，删除旧书六十一传，新增三百一十传，并增立《公主》《卓行》《藩镇》《奸臣》《逆臣》《叛臣》六种类传。总之，《新唐书》所增史实，无疑具有重要价值。但作者为追求文字简洁，删改了旧书许多史料，亦时有时代含混、史实不清之处，则为其不足。《新唐书》问世不久，吴缜撰《新唐书纠谬》二十卷，列举其失四百余事，言多中肯，清人沈炳震编有《新旧唐书合钞》二百六十卷，均可资研究《新唐书》参考。《魏徵传》载于《新唐书》卷九十七。魏徵是唐朝初期的著名政治家，以敢犯颜直谏而著称。传中记载了他一生中的主要经历和部分诤谏。这里节选了其中部分内容。

⑥ 魏州：州名，治所在贵乡（今河北大名东）。曲城：县名，在今河北馆陶。

通贯书术。

隋乱，诡为道士。武阳郡丞元宝藏举兵应李密[①]，以徵典书檄。密得宝藏书，辄称善，既闻徵所为，促召之。徵进十策说密，不能用。王世充攻洛口[②]，徵见长史郑颋[③]曰："魏公虽骤胜，而骁将锐士死伤略尽，又府无见财，战胜不赏。此二者不可以战。若浚池峭垒，旷日持久，贼粮尽且去，我追击之，取胜之道也。"颋曰："老儒常语耳！"徵不谢去。

后从密来京师，久之未知名。自请安辑山东。乃擢秘书丞，驰驲至黎阳[④]。时李勣[⑤]尚为密守，徵与书曰："始魏公起叛徒，振臂大呼，众数十万，威之所被半天下，然而一败不振，卒归唐者，固知天命有所归也。今君处必争之地，不早自图，则大事去矣！"勣得书，遂定计归，而大发粟馈淮安王[⑥]之军。

---

① 李密：字玄邃，一字法主，京兆长安(今陕西省西安市长安区)人。上柱国、蒲山公李宽之子。大业九年(613年)参与杨玄感起兵反隋，失败后被捕，不久逃脱。大业十二年(616年)，参加翟让为首的瓦岗起义军，攻克荥阳等地。从此得到翟让的信任，自统一军，号蒲山营。次年取得全军领导权，称魏公，年号永平。他大量起用隋降官降将，并杀害翟让，对瓦岗军起了严重的破坏作用。永平二年(618年)为王世充所败，入关降唐。不久以反唐被杀。

② 王世充：字行满，新丰(今陕西省西安市临潼区东北)人。隋炀帝时任江都郡丞、通守。炀帝死，他在洛阳立越王杨侗为帝。后废侗自立，年号开明，国号郑。武德四年(621年)兵败降唐，至长安，为仇人所杀。洛口：故址在今河南巩义东北，为洛水入黄河之口。隋大业二年(606年)于此地筑建粮仓，名洛口仓。十三年(617年)，瓦岗军攻克此仓，并增筑洛口城，周围四十里。

③ 郑颋(tǐng)：李密部下。李密称魏公后，设有左右长史、左右司马、左右武侯大将军等官职。

④ 驲(rì)：古代驿站专用的车。亦称传、传车。黎阳：县名，在今河南浚县东。

⑤ 李勣：本姓徐，名世勣，字懋功，曹州离狐(今山东东明东南)人。初从翟让起义，参加瓦岗军，因功封东海郡公。受魏徵劝说降唐后，任右武侯大将军，封曹国公。赐姓李，因避太宗讳，单名勣。据有瓦岗军所占十郡之地。后被窦建德击败，到长安，从李世民镇压窦建德、刘黑闼等起义军。贞观三年(629年)因功封英国公。

⑥ 淮安王：李世民叔父李神通。曾随李世民镇压窦建德、刘黑闼等起义军，封淮安王。

会窦建德[①]陷黎阳，获徵，伪拜起居舍人。建德败，与裴矩[②]走入关，隐太子引为洗马[③]。徵见秦王[④]功高，阴劝太子早为计。太子败，王责谓曰："尔阋[⑤]吾兄弟，奈何?"答曰："太子蚤从徵言，不死今日之祸。"王器其直，无恨意。

即位，拜谏议大夫，封钜鹿县男[⑥]。当是时，河北州县素事隐、巢[⑦]者不自安，往往曹伏思乱[⑧]。徵白太宗曰："不示至公，祸不可解。"帝曰："尔行安喻河北。"道遇太子千牛李志安、齐王护军李思行传送京师[⑨]，徵与其副谋曰："属有诏，宫府旧人普原之[⑩]。今复执送志安等，谁不自疑者？吾属虽往，人不信。"即贷而后闻。使还，帝悦，日益亲，或引至卧内，访天下事。徵亦自以不世遇[⑪]，乃展尽底蕴无所隐，凡二百余奏，无不剀切[⑫]当帝心者。由是拜尚书右丞[⑬]，兼谏议大夫。

---

① 窦建德：清河漳南(今河北故城东北)人。隋大业七年(611年)率众起义。后据有河北诸郡，称夏王，年号五凤。唐武德四年(621年)，率军驰援被李世民围困于洛阳的王世充，因轻敌，兵败被俘，被杀于长安。

② 裴矩：字弘大，河东闻喜(今山西闻喜)人。炀帝时在张掖主管西域互市，著有《西域图记》三卷，并导使西域各族首领入朝。宇文化及称帝时，任尚书右仆射。化及败，他被窦建德任用，制定朝仪，建德败后降唐，官至民部尚书。

③ 隐太子：唐高祖李渊长子李建成。大业十三年(617年)随父起兵反隋。唐武德元年(618年)被立为皇太子。武德九年(626年)玄武门之变中被李世民所杀。后追封为息王，谥隐，史称隐太子。洗马：太子官属。

④ 秦王：即李世民。李渊次子。隋末劝其父起兵反隋，李渊称帝时，被封为秦王。玄武门之变中后被立为太子，不久即帝位，即唐太宗。

⑤ 阋(xì)：争吵，争斗。

⑥ 谏议大夫：官名，掌侍从规谏，隶门下省。县男：爵位名。唐九等爵的最低一级。

⑦ 隐：指隐太子李建成。巢：指李元吉。李世民之弟，武德元年被封为齐王。玄武门之变中与李建成被李世民所杀。后被追封为巢王。谥剌。

⑧ 曹伏思乱：成群隐藏想着作乱。曹，群，众。

⑨ 千牛：官名。掌宿卫侍从。护军：王府军官。

⑩ 宫府旧人：指李建成(东宫)、李元吉(齐王府)的旧属。普原：普遍赦免。

⑪ 不世遇：谓不是世世都能遇到的明主。

⑫ 剀(kǎi)切：切实，切中事理。

⑬ 尚书右丞：尚书省官属，总辖兵、刑、工三部之事。

左右有毁徵阿党亲戚者，帝使温彦博[1]按讯，非是。彦博曰："徵为人臣，不能著形迹[2]，远嫌疑，而被飞谤[3]，是宜责也。"帝谓彦博行让徵。徵见帝，谢曰："臣闻君臣同心。是谓一体，岂有置至公，事形迹[4]？若上下共由兹路，邦之兴丧未可知也。"帝矍然，曰："吾悟之矣！"徵顿首曰："愿陛下俾臣为良臣，毋俾臣为忠臣。"帝曰："忠良异乎？"曰："良臣，稷、契、咎陶也[5]；忠臣，龙逢、比干也[6]。良臣，身荷美名，君都显号[7]，子孙传承，流祚无疆；忠臣，己婴祸诛，君陷昏恶，丧国夷家，只取空名。此其异也。"帝曰："善。"因问："为君者何道而明，何失则暗？"徵曰："君所以明，兼听也；所以暗，偏信也。尧、舜氏辟四门，明四目，达四聪[8]。虽有共、鲧[9]，不能塞也，靖言庸违[10]，不能惑也。秦二世隐藏其身，以信赵高，天下溃叛而不得闻[11]；梁武帝信朱异，

---

① 温彦博：字大临，并州祁县(今山西祁县东南)人。隋末在幽州总管罗艺部下任司马，后归唐。太宗时任御史大夫、尚书右仆射等职。

② 著形迹：使举止行为显露。

③ 飞谤：没有根据的诽谤。

④ 置至公，事形迹：放弃至公，专门讲究修饰举止行为。

⑤ 稷：周族的始祖，名弃。善于种植各种粮食作物，曾在尧舜时代为农官，教民种植。号为后稷。契：商族的始祖。曾助禹治水有功，被舜任为司徒，掌管教化。咎陶(gāoyáo)：或作皋陶、咎繇。传说为东夷族首领，被舜任命为掌刑法之官，以公正著称。

⑥ 龙逢：即关龙逢，夏朝末年大臣。夏桀暴虐荒淫，他多次直谏，被桀囚禁杀死。逢音 páng，上古无轻唇音，只有重唇音。比干：商纣王的叔父，相传因屡次劝谏纣王，被剖心而死。

⑦ 君都显号：君主居有显赫的名号。都，居。

⑧ 辟四门，明四目，达四聪：语出《尚书·尧典》。谓开四方之门，以来天下之贤俊；广四方之视听，以决天下之壅蔽。辟，开。金文、古文作闢，从门从廾(双手)，会意。后演变为从门辟声。今简化为辟。

⑨ 共：即共工；相传为尧的大臣，和欢兜、三苗、鲧并称为四凶，被舜流放于幽州。鲧：相传为尧的大臣，奉命治水，九年未治平，被舜流放到羽山。

⑩ 靖言庸违：《尚书·尧典》所载尧评价共工之语。靖，原文作"静"。伪孔《传》释为谋。《史记·五帝本纪》引作"善言"，当是。庸，用。谓说得好听而行事违背。

⑪ "秦二世隐藏其身"三句：《史记·李斯列传》载，秦二世听信赵高之言，深居宫中，不坐朝廷见大臣，政事多取决于赵高，为赵高所蒙蔽。

侯景向关而不得闻[①]；隋炀帝信虞世基，贼遍天下而不得闻[②]。故曰，君能兼听，则奸人不得壅蔽，而下情通矣。”

郑仁基息女[③]美而才，皇后建请为充华[④]，典册具。或言许聘矣。徵谏曰：“陛下处台榭，则欲民有栋宇；食膏粱，则欲民有饱适；顾嫔御[⑤]，则欲民有室家。今郑已约昏，陛下取之，岂为人父母意！”帝痛自咎，即诏停册。

贞观三年，以秘书监[⑥]参豫朝政。高昌王麴文泰将入朝[⑦]，西域诸国欲因文泰悉遣使者奉献。帝诏文泰使人厌怛纥干迎之。徵曰：“异时文泰入朝，所过供拟不能具，今又加诸国焉，则濒塞州县以乏致罪者众。彼以商贾来，则边人为之利；若宾客之，中国萧然耗矣。汉建武时，西域请置都护、送侍子，光武不许，不以蛮夷敝中国也。”帝曰：“善。”追止其诏。

于是帝即位四年，岁断死二十九，几至刑措，米斗三钱。先是，帝尝叹曰：“今大乱之后，其难治乎？”徵曰：“大乱之易治，譬饥人之易食也。”帝曰：“古不云善人为邦百年，然后胜残去杀[⑧]邪？”答曰：“此不为

---

① “梁武帝信朱异”二句：梁武帝太清元年(547 年)，东魏大将侯景降梁。次年，东魏高澄为挑起侯景与梁朝的矛盾，表示愿与梁重新通好。梁武帝不顾大臣和侯景的一再反对，听信宠臣朱异之言，同意通好，并答应以侯景交换被东魏俘虏的萧渊明。侯景于是举兵反叛，攻克梁都建康，梁武帝愤恨饿死。

② “隋炀帝信虞世基”二句：虞世基，隋炀帝时任内史侍郎，专典机要，并与裴矩等参掌朝政。隋末农民起义遍起，而虞世基“不以实闻”。炀帝“弗知”。

③ 息女：亲生女。息，生。

④ 充华：妃嫔称号。

⑤ 嫔御：帝王的侍妾。

⑥ 秘书监：秘书省之长官，掌图书著作等事。

⑦ 高昌：国名。442 年，北凉沮渠无讳据高昌郡，次年自立为凉王。460 年柔然灭沮渠氏，立阚伯周为高昌王，始以高昌为国号，都高昌城(今新疆吐鲁番东哈拉和卓堡西南)。麴氏自 499 年开始，以麴嘉为王，传九世十王，至 640 年为唐所灭，以其地为西州。

⑧ 胜残去杀：使残暴之人化而为善，因而可废除刑杀。《论语・子路》：“善人为邦百年，亦可以胜残去杀矣。”

圣哲论也。圣哲之治，其应如响，期月[①]而可，盖不其难。”封德彝[②]曰：“不然。三代之后，浇诡[③]日滋，秦任法律，汉杂霸道[④]，皆欲治不能，非能治不欲。徵书生，好虚论，徒乱国家，不可听。”徵曰：“五帝、三王不易民以教，行帝道而帝，行王道而王，顾所行何如尔。黄帝逐蚩尤，七十战而胜其乱，因致无为。九黎害德，颛顼征之[⑤]，已克而治。桀为乱，汤放之；纣无道，武王伐之。汤、武身及太平，若人渐浇诡，不复返朴，今当为鬼为魅，尚安得而化哉！”德彝不能对，然心以为不可。帝纳之不疑。至是，天下大治。蛮夷君长袭衣冠，带刀宿卫。东薄海，南逾岭，户阖不闭，行旅不赍粮，取给于道。帝谓群臣曰：“此徵劝我行仁义，既效矣。惜不令封德彝见之！”

俄检校侍中，进爵郡公[⑥]。帝幸九成宫[⑦]，宫御舍[⑧]围川宫下。仆射李靖、侍中王珪继至[⑨]，吏改馆宫御以舍靖、珪。帝闻，怒曰：“威福由是等邪！何轻我宫人？”诏并按[⑩]之。徵曰：“靖、珪皆陛下腹心大臣，宫人止后宫扫除隶耳。方大臣出，官吏谘朝廷法式；归来，陛下问人间疾苦。夫官舍，固靖等见官吏之所，吏不可不谒也。至宫人则不然，供馈

---

① 期(jī)月：一整年。亦指一整月，此当作一整年讲。

② 封德彝：名伦，以字行。初事隋，为内史舍人。宇文化及杀炀帝时，曾数炀帝之罪。化及死后，降唐。太宗时官至尚书右仆射。

③ 浇诡：浮薄诈伪。

④ 汉杂霸道：谓汉以王道掺杂霸道进行统治。《汉书·元帝纪》载汉宣帝曰：“汉家自有制度，本以霸王道杂之，奈何纯任德教，用周政乎！”

⑤ 九黎：传说中少昊时的诸侯，在少昊末年曾效法蚩尤，发动叛乱。或说为部族名，蚩尤即九黎族首领。颛顼：传说中五帝之一，为黄帝之孙，昌意之子，号高阳氏。曾辅佐少昊。

⑥ 检校侍中：侍中，门下省长官，唐初与中书令、仆射同为宰相。唐代检校官指诏除而非正名的加官。郡公：唐代封爵的第四等。

⑦ 九成宫：唐宫名，在陕西麟游县西。

⑧ 宫御：宫人。舍：住。

⑨ 李靖：唐初军事家。京兆三原(今陕西三原东北)人。太宗时历任兵部尚书、尚书右仆射等职，封卫国公。王珪：字叔玠，太原祁(今山西祁县)人。初侍隐太子李建成，太宗时召为谏议大夫，迁侍中。

⑩ 按：审查。

之余无所参承。以此按吏，且骇天下耳目。”帝悟，寝不问。

后宴丹霄楼，酒中谓长孙无忌[①]曰：“魏徵、王珪事隐太子、巢剌王时，诚可恶，我能弃怨用才，无羞古人[②]。然徵每谏我不从，我发言辄不即应，何哉？”徵曰：“臣以事有不可，故谏，若不从辄应，恐遂行之[③]。”帝曰：“弟即应，须别陈论，顾不得[④]？”徵曰：“昔舜戒群臣：‘尔无面从，退有后言[⑤]。’若面从可，方别陈论，此乃后言，非稷、卨[⑥]所以事尧、舜也。”帝大笑曰：“人言徵举动疏慢[⑦]，我但见其妩媚[⑧]耳！”徵再拜曰：“陛下导臣使言，所以敢然；若不受，臣敢数批逆鳞[⑨]哉！”

---

① 长孙无忌：字辅机，河南洛阳人。太宗长孙后之兄。武德九年(626年)决策发动玄武门之变，助太宗夺取帝位。太宗时历任尚书右仆射、司空、司徒等职，封赵国公。

② 无羞古人：无愧于古人。

③ “若不从辄应”二句：意谓如果您不听从我的劝谏，对您的话我就立即承应，恐怕下面的人要照您的话去做。

④ “弟即应”三句：意谓只管随即承应，等以后再另外陈述意见，不行吗？弟，同“第”，但，只管。

⑤ “尔无面从”二句：语出《尚书·皋陶谟》，意谓你们不要当面顺从我，退回去之后又有不满的话。

⑥ 卨(xié)：即契。人名“契”的本字。

⑦ 举动疏慢：指对皇帝举止不恭敬。

⑧ 妩媚：姿态美好可爱。

⑨ 批逆鳞：传说龙喉下有逆鳞，有触之者，必怒而杀人。因此用来比喻臣下敢于直谏触犯君主。

宋史·朱熹传①(节选)

朱熹字元晦，一字仲晦，徽州婺源②人。父松字乔年，中进士第。胡世将、谢克家③荐之，除秘书省正字④。赵鼎⑤都督川陕、荆、襄军马，招松为属，辞。鼎再相，除校书郎，迁著作郎⑥。以御史中丞常同

---

① 《宋史》，纪传体宋代史，元脱脱等撰。元顺帝至正三年(1343年)三月，诏修宋、辽、金三史，脱脱以宰相任都总裁。《宋史》于至正五年(1345年)十月修成，参与撰修者达二十余人。《宋史》记载了宋太祖建隆元年(960年)至南宋赵昺祥兴二年(1279年)三百二十年的历史。全书共四百九十七卷，包括本纪四十七卷，志一百六十二卷，表三十二卷，列传二百五十五卷，约五百万字，是二十四史中篇幅最长的一部。《宋史》主要依据宋代国史、实录、会要、家传等官私史料修成。书中志占三分之一，共十五种，对宋代的政治、经济、军事、文化典章等制度均有记载。列传记载两千余人的事迹，并据宋代社会特点，创立《道学传》，专记道学代表人物。为研究宋代历史提供了大量资料。《宋史》亦有诸多不足。记事详于北宋而略于南宋，理宗之后尤多缺漏。对所抄资料亦缺乏剪裁、考订，讹舛颇多。如纪志表传间相互矛盾，一人两传，有目无文等。明清以来对《宋史》进行改作或补充者颇多，如柯维骐《宋史新编》、钱士升《南宋书》、陆心源《宋史翼》等，可资研究《宋史》参考。《朱熹传》载于《宋史》卷四百二十九《道学三》，记述了南宋著名哲学家朱熹的生平事迹。这里节选了其中的一部分。

② 徽州婺源：今江西婺源。朱熹祖籍婺源，其家侨居建阳(今福建省南平市建阳区)。宋高宗建炎四年(1130年)，朱熹生于建阳尤溪。

③ 胡世将(1085—1142年)：字承公，常州晋陵(今江苏常州)人。崇宁进士。绍兴间历任监察御史、礼部侍郎、四川安抚制置使等职。九年继吴玠宣抚川陕，金兵不敢度陇，除端明殿学士。后以资政殿学士致仕。谢克家：《宋史》无传。据万斯同《宋大臣年表》，建炎四年(1130年)八月为参知政事，绍兴元年(1131年)八月改提举洞霄宫。

④ 秘书省正字：官名。与校书郎同掌校勘书籍，地位略低于校书郎。

⑤ 赵鼎(1085—1147年)：字元镇，解州闻喜(今山西闻喜)人。崇宁进士。绍兴初两度为相，因与秦桧意见不合，被罢为奉国军节度使。旋谪居潮州五年，再移吉阳军。仍被秦桧胁迫不已，不食而死。

⑥ 著作郎：官名。属秘书省，掌汇编"日历"等。其下有著作佐郎、校书郎、正字等官。

荐，除度支员外郎①，兼史馆校勘，历司勋②、吏部郎。秦桧③决策议和，松与同列上章，极言其不可。桧怒，风④御史论松怀异自贤，出知饶州⑤，未上，卒。

熹幼颖悟，甫⑥能言，父指天示之曰："天也。"熹问曰："天之上何物？"松异之。就傅，授以《孝经》，一阅，题其上曰："不若是，非人也。"尝从群儿戏沙上，独端坐以指画沙，视之，八卦也。年十八贡于乡，中绍兴⑦十八年进士第。主泉州同安簿⑧，选邑秀民充弟子员，日与讲说圣贤修己治人之道，禁女妇之为僧道者。罢归请祠⑨，监潭州南岳庙⑩。明年，以辅臣荐，与徐度、吕广问、韩元吉同召⑪，以疾辞。

孝宗⑫即位，诏求直言，熹上封事⑬言："圣躬虽未有过失，而帝王之学不可以不熟讲。朝政虽未有阙遗，而修攘之计不可以不早定。利害休戚虽不可遍举，而本原之地不可以不加意。陛下毓德⑭之初，亲御简策，不过风诵文辞，吟咏情性，又颇留意于老子、释氏之书。夫记诵词

---

① 度支员外郎：官名。度支为户部下官署，掌计度财政收支、支付漕运费及赏赐、俸给等事务，设郎中、员外郎为其长官。

② 司勋：司勋郎中，属吏部，掌功勋酬奖、审复赏格等。

③ 秦桧（1090—1155年）：字会之，江宁（今江苏南京）人，靖康二年（1127年）被金兵掳至北方，遂成金之亲信，后遣归。绍兴间两度为相，前后执政十九年，主张向金投降。

④ 风：通"讽"，微言暗示。

⑤ 饶州：州名，治所在鄱阳（今江西鄱阳）。

⑥ 甫：始。

⑦ 绍兴：宋高宗第二年号（1131—1162年）。

⑧ 泉州同安：今福建省厦门市同安区。主簿为知县佐官，主簿目文书。

⑨ 请祠：求任宫观官。宋代有宫观使、提点宫观、提举宫观等职，用来安置闲散官员，没有实职，又称祠官。

⑩ 潭州：州名，治所在长沙（今湖南长沙）。宋代五岳庙设监岳庙之官职。

⑪ 徐度：字敦立，应天府谷熟（今河南商丘东南）人。官至吏部侍郎。吕广问：字仁夫，寿州（今安徽寿县）人。宣和进士。官至集贤殿修撰。韩元吉：字无咎，开封雍丘（今河南杞县）人。官至吏部尚书，提举太平兴国宫。

⑫ 孝宗：高宗嗣子赵昚，1162—1189年在位。

⑬ 封事：臣下上书奏事，防有泄漏，用袋封缄，称为封事。

⑭ 毓德：养德。指为太子时。

藻，非所以探渊源而出治道；虚无寂灭[①]，非所以贯本末而立大中。帝王之学，必先格物致知[②]，以极夫事物之变，使义理所存，纤悉毕照，则自然意诚心正，而可以应天下之务。”次言：“修攘之计不时定者，讲和之说误之也。夫金人于我有不共戴天之仇，则不可和也明矣。愿断以义理之公，闭关绝约，任贤使能，立纪纲，厉风俗。数年之后，国富兵强，视吾力之强弱，观彼衅[③]之浅深，徐起而图之。”次言：“四海利病，系斯民之休戚，斯民休戚，系守令之贤否。监司[④]者守令之纲，朝廷者监司之本也。欲斯民之得其所，本原之地亦在朝廷而已。今之监司，奸赃狼籍、肆虐以病民者，莫非宰执、台谏[⑤]之亲旧宾客。其已失势者，既按见其交私之状而斥去之；尚在势者，岂无其人，顾陛下无自而知之耳。”

隆兴[⑥]元年，复召。入对，其一言：“大学之道在乎格物以致其知。陛下虽有生知之性，高世之行，而未尝随事以观理，即理以应事。是以举措之间动涉疑贰[⑦]，听纳之际未免蔽欺，平治[⑧]之效所以未著。”其二言：“君父之仇不与共戴天。今日所当为者，非战无以复仇，非守无以制胜。”且陈古先圣王所以强本折冲、威制远人之道。时相汤思退[⑨]方倡和

---

① 虚无寂灭：指佛老学说。道家倡虚无，佛教主寂灭。

② 格物致知：语出《礼记·大学》：“致知在格物。物格而后知至。”指推究事物之理，获得知识。

③ 衅：瑕隙，破绽。

④ 监司：宋代诸路转运使、提点刑狱、提举常平等，有监察各州官吏之责，总称监司。

⑤ 宰执：宋代以同平章事为宰相，参知政事、左右丞及枢密使、副使称执政官，合称宰执。台谏：唐宋时以掌纠弹之御史为台官，以掌建言之给事中、谏议大夫等为谏官，合称台谏。

⑥ 隆兴：宋孝宗第一年号(1163—1164 年)。

⑦ 疑贰：猜疑，三心二意。

⑧ 平治：治国平天下。

⑨ 汤思退(？—1164 年)：字进之，处州(今浙江丽水)人。秦桧死后两度任相，力主和议。后被言官所论，被贬斥，忧悸而死。

议，除熹武学博士[①]，待次[②]。乾道[③]元年，促就职，既至而洪适[④]为相，复主和，论不合，归。

三年，陈俊卿、刘珙荐为枢密院编修官[⑤]，待次。五年，丁内艰[⑥]。六年，工部侍郎胡铨[⑦]以诗人荐，与王庭珪[⑧]同召，以未终丧辞。七年，既免丧，复召，以禄不及养[⑨]辞。九年，梁克家[⑩]相，申前命，又辞。克家奏熹屡召不起，宜蒙褒录[⑪]，执政俱称之，上曰："熹安贫守道，廉退可嘉。"特改合入官[⑫]，主管台州[⑬]崇道观。熹以求退得进，于义未安，再

① 武学博士：武学为学校名。宋代设武学，学习兵法，三年后考试，按等第授官。博士为学官名。宋太学、国子学、武学等皆置博士，以本学行艺教授学生。

② 待次：宋制，选人经过磨勘改为京官，须编成一甲，排列名次，等待引见皇帝，方能正式赴任，称待次。

③ 乾道：宋孝宗第二年号(1165—1173年)。

④ 洪适(1117—1184年)：字景伯，饶州鄱阳(今江西鄱阳)人。乾道初拜右相兼枢密使。

⑤ 陈俊卿(1113—1186年)：字应求，兴化军莆田(今福建莆田)人。绍兴进士。乾道初除吏部侍郎。四年(1168年)拜右相，次年进左相。其死时，朱熹"不远千里哭之，又状其行"。刘珙(1122—1178年)：字共父，建宁崇安(今福建武夷山市)人。绍兴进士。乾道三年(1167年)，除同知枢密院事。枢密院编修官：枢密院，官署名，主要管理军事机密、边防等，与中书省并称"二府"，同为最高国务机关。编修官掌编纂记述。

⑥ 丁内艰：旧时称遭母丧为"丁内艰"，遭父丧称"丁外艰"。

⑦ 胡铨(1102—1180年)：字邦衡，吉州庐陵(今江西吉安)人。建炎进士。绍兴间因上书请杀秦桧遭贬。孝宗即位后被起用，历任国史院编修官、权兵部侍郎等职。

⑧ 王庭珪：字民瞻，吉州安福(今江西安福)人。政和进士。胡铨遭贬时，他犹以诗送行。绍兴十九年(1149年)，坐讪停官，送辰州编管。孝宗时召对内殿，除国子监主簿，直敷文阁。

⑨ 禄不及养：为官受禄不能养亲。

⑩ 梁克家(1128—1187年)：字叔子，泉州晋江(今福建泉州)人。官至右相兼枢密使。

⑪ 褒录：褒奖选录。

⑫ 合入官：宋代官员达到一定官阶、任数、考数，即升改为相应的官职，叫作"合入"。时褒奖朱熹，故特改合入官。

⑬ 台州：州名，治所在临海(今浙江临海)。

辞。淳熙[①]元年，始拜命[②]。二年，上欲奖用廉退，以励风俗，龚茂良[③]行丞相事，以熹名进，除秘书郎，力辞，且以手书遗茂良，言一时权幸。群小乘间谗毁，乃因熹再辞，即从其请，主管武夷山冲佑观。

五年，史浩[④]再相，除知南康军[⑤]，降旨便道之官，熹再辞，不许。至郡，兴利除害。值岁不雨，讲求荒政[⑥]，多所全活。讫事，奏乞依格推赏纳粟人。间诣郡学，引进士子与之讲论。访白鹿洞书院[⑦]遗址，奏复其旧，为《学规》俾守之。明年夏，大旱，诏监司、郡守条其民间利病，遂上疏言：

天下之务莫大于恤民，而恤民之本，在人君正心术以立纪纲。盖天下之纪纲不能以自立，必人主之心术公平正大，无偏党反侧之私，然后有所系而立。君心不能以自正，必亲贤臣，远小人，讲明义理之归，闭塞私邪之路，然后乃可得而正。

今宰相、台省[⑧]、师傅、宾友、谏诤之臣皆失其职，而陛下所与亲密谋议者，不过一二近习之臣[⑨]。上以蛊惑陛下之心志，使陛下不信先王之大道，而说于功利之卑说[⑩]，不乐庄士之谠言[⑪]，而安

---

① 淳熙：宋孝宗第三年号(1174—1189 年)。

② 拜命：拜受职务。

③ 龚茂良(1117—1186 年)：字实之，兴化军(今福建莆田)人。绍兴进士。淳熙元年(1174 年)拜参知政事。次年，叶衡罢相，他参行相事。

④ 史浩(1106—1194 年)：字直翁，明州鄞县(今浙江宁波)人。绍兴进士。曾两度为相。

⑤ 南康军：军名。治所在星子(今江西庐山市)，辖境相当于今江西庐山、永修、都昌等地。

⑥ 荒政：救济灾荒的政策措施。

⑦ 白鹿洞书院：在庐山五老峰下。唐李渤隐居读书于此，蓄一白鹿，故人称渤为白鹿先生。后渤于其地建台榭，遂以白鹿洞名。南唐时在此建学馆。北宋咸平五年(1002 年)置书院，后废。朱熹知南康军时修复，为当时四大书院之一。

⑧ 台省：御史台和中书省的合称，此泛指朝廷执政官员。

⑨ 近习之臣：亲幸之臣。

⑩ 功利之卑说：朱熹讲求义理之说而反对功利之说，故将功利之说贬为卑说。

⑪ 庄士：端庄正直之士。谠(dǎng)言：正直之言。

于私暬[①]之鄙态。下则招集天下士大夫之嗜利无耻者，文武汇分[②]，各入其门。所喜则阴为引援，擢置清显[③]；所恶则密行訾毁，公肆挤排。交通货赂，所盗者皆陛下之财；命卿置将，所窃者皆陛下之柄。陛下所谓宰相、师傅、宾友、谏诤之臣，或反出入其门墙，承望其风旨；其幸能自立者，亦不过龊龊[④]自守，而未敢一言以斥之；其甚畏公论者，乃能略警逐其徒党之一二，既不能深有所伤，而终亦不敢正言以擣[⑤]其囊橐窟穴之所在。势成威立，中外靡然向之，使陛下之号令黜陟不复出于朝廷，而出于一二人之门，名为陛下独断，而实此一二人者阴执其柄。

且云："莫大之祸，必至之忧，近在朝夕，而陛下独未知之。"上读之，大怒曰："是以我为亡也。"熹以疾请祠，不报。

陈俊卿以旧相守金陵，过阙入见，荐熹甚力。宰相赵雄[⑥]言于上曰："士之好名，陛下疾之愈甚，则人之誉之愈众，无乃适所以高之。不若因其长而用之，彼渐当事任，能否自见矣。"上以为然，乃除熹提举江西常平茶盐公事[⑦]。旋录救荒之劳，除直秘阁[⑧]，以前所奏纳粟人未推赏，辞。

会浙东大饥，宰相王淮[⑨]奏改熹提举浙东常平茶盐公事，即日单车

---

① 私暬(xiè)：亲近之臣。暬，亲近。

② 汇分：以类相分。

③ 擢置清显：提拔安置为地位尊显之官。

④ 龊龊：拘谨貌。

⑤ 擣："捣"的异体字。

⑥ 赵雄(1129—1193年)：字温叔，资州(今四川资中)人，隆兴进士。淳熙五年(1178年)拜右相。

⑦ 提举江西常平茶盐公事：江西即江西路。宋代在各路设提举常平官与提举茶盐官，绍兴时合为一职，称提举常平茶盐公事。掌各路役钱、青苗钱、义仓、赈济、水利、茶盐等事，与转运使、提点刑狱公事分管各路财赋，并监察各州官吏。

⑧ 直秘阁：官名，淳化元年(990年)置。以朝官充任，掌管秘阁(收藏三馆真本书籍及字画的机构)事务。元丰改制废馆职，仅以直秘阁为贴职。

⑨ 王淮(1126—1189年)：字季海，婺州金华(今浙江金华)人。绍兴进士。淳熙八年(1181年)拜右相，后迁左相。十五年(1188年)罢相。

就道，复以纳粟人未推赏，辞职名。纳粟赏行，遂受职名。入对，首陈灾异之由与修德任人之说，次言："陛下即政之初，盖尝选建英豪，任以政事，不幸其不能尽得其人，是以不复广求贤哲，而姑取软熟①易制之人以充其位。于是左右私亵②使令之贱，始得以奉燕闲，备驱使，而宰相之权日轻。又虑其势有所偏，因而重以壅己也，则时听外廷之论，将以阴察此辈之负犯而操切③之。陛下既未能循天理、公圣心，以正朝廷之大体，则固已失其本矣，而又欲兼听士大夫之言，以为驾驭之术，则士大夫之进见有时，而近习之从容无间。士大夫之礼貌既庄而难亲，其议论又苦而难入，近习便辟侧媚④之态既足以蛊心志，其胥史狡狯⑤之术又足以眩聪明。是以虽欲微抑此辈，而此辈之势日重，虽欲兼采公论，而士大夫之势日轻。重者既挟其重，以窃陛下之权，轻者又借力于所重，以为窃位固宠之计。日往月来，浸淫耗蚀，使陛下之德业日隳⑥，纲纪日坏，邪佞充塞，货赂公行，兵愁民怨，盗贼间作，灾异数见，饥馑荐臻，群小相挻⑦，人人皆得满其所欲，惟有陛下了无所得，而顾乃独受其弊。"上为动容。所奏凡七事，其一二事手书以防宣泄。（下略）

---

① 软熟：柔和谄媚。

② 左右私亵：身边亲近之人。

③ 操切：胁迫。

④ 便(pián)辟侧媚：逢迎谄媚。

⑤ 狡狯：狡诈奸猾。

⑥ 隳(huī)：毁坏。

⑦ 挻(shān)：篡取。

明史·戚继光传[①]

戚继光，字元敬，世登州卫指挥佥事[②]。父景通，历官都指挥[③]，署大宁都司[④]，入为神机坐营[⑤]，有操行。继光幼倜傥负奇气。家贫，好读书，通经史大义。嘉靖[⑥]中嗣职，用荐擢都指挥佥事，备倭[⑦]山东。改佥浙江都司，充参将[⑧]，分部宁、绍、台[⑨]三郡。

三十六年，倭犯乐清、瑞安、临海[⑩]，继光援不及，以道阻不罪。

---

① 《明史》，纪传体明代史，清张廷玉等撰。该书的修撰，始于顺治二年（1645年），但因当时条件不备，未成而罢。康熙十八年（1679年）再开史馆修撰，先后以徐元文、王鸿绪等为总撰，并聘史学家万斯同以“布衣”参与编修，核定史稿。康熙五十三年（1714年）与雍正元年（1723年），王鸿绪以个人名义进呈《明史稿》三百一十卷，实即删改万斯同手定史稿而成。雍正元年，又以张廷玉为总裁，以《明史稿》为基础修撰明史，至十三年（1735年）定稿。前后历时凡九十余年。《明史》记载了明洪武元年（1368年）至崇祯十七年（1644年）的明代历史。全书共三百三十二卷，包括本纪二十四卷，志七十五卷，表十三卷，列传二百二十卷。其体例基本沿袭旧史，但亦有所创新，如《历志》附图，《艺文志》专记明代书目，又据时代特点增立《七卿表》《阉党传》《流贼传》《土司传》等。总的来说，《明史》取材丰富，文字简练，编撰方法比较严密，可称二十四史中写得较好的一部。但书中对涉及清统治者祖先的一些问题及南明史事，多避而不谈，或语焉不详，是其不足。本篇选自《明史》卷二百一十二，记载了戚继光抗倭和守边的生平事迹。

② 世登州卫指挥佥事：继光六世祖戚祥随朱元璋起兵，死于战场，明廷以此封戚氏子孙世袭登州卫指挥佥事。登州卫，卫名，在今山东蓬莱。指挥佥事，指挥即各卫长官指挥使，佥事为其属官。

③ 都指挥：即都指挥使。明代于各省及辽东、大宁等要地置都指挥使司，简称都司，长官为都指挥使。

④ 大宁都司：治所在保定府（今河北保定）。

⑤ 神机坐营：神机营为明京军三大营之一，使用近代火器，其内设左右哨、左右掖、中军等，坐营为左右哨长官。

⑥ 嘉靖：明世宗年号（1522—1566年）。

⑦ 倭：我国古代对日本的称谓。此指倭寇，即14—16世纪在我国和朝鲜沿海地区侵扰抢掠的日本海盗。

⑧ 参将：明代镇守军事要地的统兵官，位次于总兵、副总兵，分守各路。

⑨ 宁、绍、台：指宁波府、绍兴府、台州府，其治所分别在鄞县（今浙江宁波）、山阴（今浙江绍兴）、临海（今浙江临海）。

⑩ 乐清：县名，在今浙江乐清。瑞安：县名，在今浙江瑞安。

寻会俞大猷[1]兵，围汪直余党于岑港[2]。久不克，坐免官，戴罪办贼。已而倭遁，他倭复焚掠台州。给事中[3]罗嘉宾等劾继光无功，且通番。方按问，旋以平汪直功复其官，改守台、金、严[4]三郡。

继光至浙时，见卫所军不习战，而金华、义乌[5]俗称慓悍，请召募三千人，教以击刺法，长短兵迭用，由是继光一军特精。又以南方多薮泽，不利驰逐，乃因地形制阵法，审步伐便利，一切战舰、火器、兵械精求而更置之。“戚家军”名闻天下。

四十年，倭大掠桃渚、圻头[6]。继光急趋宁海[7]，扼桃渚，败之龙山[8]，追至雁门岭[9]。贼遁去，乘虚袭台州。继光手歼其魁，蹙余贼瓜陵江尽死。而圻头倭复趋台州，继光邀击之仙居[10]，道无脱者。先后九战皆捷，俘馘[11]一千有奇，焚溺死者无算。总兵卢镗、参将牛天锡又破贼宁波、温州[12]。浙东平，继光进秩三等。闽、广贼流入江西。总督胡宗

---

① 俞大猷(1504—1580年)：字志辅，晋江(今福建泉州)人。明代抗倭名将。历任参将、总兵等职，多立战功，与继光齐名。

② 汪直：当作王直，徽州(治今安徽歙县)人。嘉靖十九年(1540年)出海经营走私贸易，遂勾结倭寇，称五峰船主。于宁波双屿港建立据点，后移烈港，焚掠沿海各地，自称净海王，又称徽王。三十六年(1557年)为总督胡宗宪设计擒获，三十八年(1559年)斩于杭州。岑港：在今浙江省舟山市定海区西北。

③ 给(jǐ)事中：官名。明代设吏、户、礼、兵、刑、工六科给事中，掌监察六部、纠弹官吏等。

④ 金、严：金华府和严州府，治所分别在金华(今浙江金华)、建德(今浙江建德东北)。

⑤ 义乌：县名，在今浙江义乌。

⑥ 桃渚、圻头：地名。桃渚在今浙江临海东一百里。圻头在桃渚东北。

⑦ 宁海：县名，在今浙江宁海。

⑧ 龙山：地名，在今浙江省宁波市镇海区西北。

⑨ 雁门岭：在今浙江省宁波市镇海区西北。

⑩ 仙居：县名，在今浙江仙居。

⑪ 俘馘(guó)：俘虏击毙。馘，本指从敌尸上割取的左耳，此指击毙。

⑫ 温州：府名，治所在永嘉(今浙江温州)。

宪檄继光援[1]。击破之上坊[2]巢，贼奔建宁[3]。继光还浙江。

明年，倭大举犯福建。自温州来者，合福宁、连江诸倭攻陷寿宁、政和、宁德[4]。自广东南澳[5]来者，合福清、长乐诸倭陷玄钟所[6]，延及龙岩、松溪、大田、古田、莆田[7]。是时宁德已屡陷。距城十里有横屿[8]，四面皆水路险隘，贼结大营其中。官军不敢击，相守逾年。其新至者营牛田[9]，而酋长营兴化[10]，东南互为声援。闽中连告急，宗宪复檄继光剿之。先击横屿贼。人持草一束，填壕进。大破其巢，斩首二千六百。乘胜至福清。捣败牛田贼，覆其巢，余贼走兴化。急追之，夜四鼓抵贼栅。连克六十营，斩首千数百级。平明入城，兴化人始知，牛酒劳不绝。继光乃旋师。抵福清，遇倭自东营澳登陆，击斩二百人。而刘显亦屡破贼。闽宿寇几尽。于是继光至福州饮至[11]，勒石[12]平远台。

及继光还浙后，新倭至者日益众，围兴化城匝月[13]。会显遣卒八人赍书城中，衣刺"天兵"二字。贼杀而衣其衣，绐[14]守将得入，夜斩关延

① 胡宗宪：字汝贞，徽州绩溪(今安徽绩溪)人。嘉靖进士。历官浙江巡按御史、总督。曾用酒毒杀倭寇数百，诱杀王直、徐海等海寇。然颇事搜刮，又结权奸。后被言官弹劾为严嵩党羽，下狱死。檄(xí)：古代用于征召或声讨的文书。

② 上坊：地名，在今江西贵溪东南。

③ 建宁：府名，治所在建安(今福建建瓯)。

④ 福宁：州名，治所在霞浦(今福建霞浦)。连江、寿宁、政和、宁德：皆县名，即今福建连江、寿宁、政和、宁德(按：1999年撤县设蕉城区，划归地级宁德市管辖)。

⑤ 南澳：即今广东南澳岛。

⑥ 福清、长乐：县名，即今福建福清、长乐(按：2017年撤市设区，隶福州市)。玄钟所：在今福建诏安东南。

⑦ 龙岩、松溪、大田、古田、莆田：皆县名，即今福建龙岩、松溪、大田、古田、莆田。

⑧ 横屿：岛名，位于今福建宁德东北海中。

⑨ 牛田：地名，在今福建福清东南。

⑩ 兴化：府名，治所在今福建莆田。

⑪ 饮至：古代的一种典礼。朝会盟伐完毕，回到宗庙饮酒庆贺，称为饮至。此指举行酒宴庆贺。

⑫ 勒(lè)石：在石上刻字。

⑬ 匝月：一整月。匝，周。

⑭ 绐(dài)：欺骗。

贼。副使翁时器、参将毕高走免，通判奚世亮摄府事，遇害，焚掠一空。留两月，破平海卫①，据之。初，兴化告急，时帝已命俞大猷为福建总兵官，继光副之。及城陷，刘显军少，壁城下不敢击。大猷亦不欲攻，需大军合以困之。四十二年四月，继光将浙兵至。于是巡抚谭纶②令将中军，显左，大猷右，合攻贼于平海。继光先登，左右军继之，斩级二千二百，还被掠者三千人。纶上功，继光首，显、大猷次之。帝为告谢郊庙，大行叙赉③。继光先以横屿功，进署都督佥事④，及是进都督同知，世荫千户⑤，遂代大猷为总兵官。

明年二月，倭余党复纠新倭万余，围仙游⑥三日。继光击败之城下，又追败之王仓坪⑦，斩首数百级，余多坠崖谷死，存者数千奔据漳浦⑧蔡丕岭。继光分五哨⑨，身持短兵缘崖上，俘斩数百人，余贼遂掠渔舟出海去。久之，倭自浙犯福宁，继光督参将李超等击败之。乘胜追永宁⑩贼，斩馘三百有奇。寻与大猷击走吴平⑪于南澳，遂击坪余孽之未下者。

继光为将号令严，赏罚信，士无敢不用命。与大猷均为名将。操行不如，而果毅过之。大猷老将务持重，继光则飙发电举，屡摧大寇，名更出大猷上。

---

① 平海卫：卫名，在今福建莆田东南海滨平海镇。

② 谭纶：字子理，江西宜黄(今江西宜黄)人。嘉靖进士。初任台州知府，练兵御倭。嘉靖四十二年(1563年)巡抚福建，平定倭寇。隆庆元年(1567年)总督蓟辽，与戚继光训练军队，加强北方防务。官至兵部尚书。

③ 叙赉(lài)：论功行赏。

④ 都督佥事：明代设立五军都督府，分领在京各卫所和外地各都司卫所，各府长官为左右都督，属官有都督同知、都督佥事。

⑤ 世荫千户：世袭千户之职。荫，同“阴”，因祖先功劳得官职称荫。千户，官名，明代卫下设千户所，统兵一千一百二十人，长官称千户。

⑥ 仙游：县名，即今福建仙游。

⑦ 王仓坪：地名，在今福建省厦门市同安区境内。

⑧ 漳浦：县名，即今福建漳浦。

⑨ 哨：军队的编制单位。明以三千一百二十人为一支，每支分中、左、右哨。

⑩ 永宁：卫名，在今福建晋江东南。

⑪ 吴平：漳州诏安(今福建诏安)人。勾结倭寇、劫掠粤闽沿海的盗魁。嘉靖四十五年(1566年)，兵败投海自尽。

隆庆[①]初，给事中吴时来以蓟门[②]多警，请召大猷、继光专训边卒。部议[③]独用继光，乃召为神机营副将。会谭纶督师辽、蓟，乃集步兵三万，征浙兵三千，请专属继光训练。帝可之。二年五月命以都督同知总理蓟州、昌平、保定[④]三镇练兵事，总兵官以下悉受节制。至镇，上疏言：

蓟门之兵，虽多亦少。其原有七。营军不习戎事，而好末技，壮者役将门，老弱仅充伍，一也。边塞逶迤，绝鲜邮置[⑤]，使客络绎，日事将迎，参游[⑥]为驿使，营垒皆传舍[⑦]，二也。寇至，则调遣无法，远道赴期，卒罷马僵，三也。守塞之卒约束不明，行伍不整，四也。临阵马军不用马，而反用步，五也。家丁盛而军心离，六也。乘障卒不择冲缓[⑧]，备多力分，七也。七害不除，边备曷修？

而又有士卒不练之失六，虽练无益之弊四。何谓不练？夫边所藉唯兵，兵所藉唯将；今恩威号令不足服其心，分数形名[⑨]不足齐其力，缓急难使，一也。有火器不能用，二也。弃土著而不练，三也。诸镇入卫之兵，嫌非统属，漫无纪律，四也。班军民兵[⑩]数盈四万，人各一心，五也。练兵之要在先练将。今注意武科，多方保举似矣，但此选将之事，

① 隆庆：明穆宗年号(1567—1572 年)。

② 蓟门：指蓟州镇，明九边之一。镇守地区相当于今河北长城内东起山海关、西至居庸关及天津以北一带，为近畿防卫重镇。总兵官驻三屯营(今河北迁西西北)。

③ 部议：明清时中央六部议事通称部议。此指兵部意见。

④ 昌平：州名。明正德元年(1506 年)升昌平县置，治所在今北京市昌平区。保定：府名，治所在清苑(今河北保定)。

⑤ 逶迤(wēiyí)：形容道路、山脉等弯曲而长。邮置：驿馆。

⑥ 参游：参将、游击将军。明代边区守军设游击将军，简称游击，无品级，无一定员额，分掌驻在地的防守应援。

⑦ 传(zhuàn)舍：驿站的客房。

⑧ 乘障卒：登城防御的士卒。冲缓：指军事上的重要之地和非重要之地。

⑨ 分数形名：指编制与指挥方式、方法。《孙子·势篇》："斗众如斗寡，形名是也。"曹操注："旌旗曰形，金鼓曰名。"

⑩ 班军：京师卫所之外的地方卫所轮番到京师操练戍守的军队。民兵：用以维持地方治安的武装。明初已征用民兵，英宗正统二年(1437 年)实行招募制，孝宗弘治七年(1494 年)又颁布佥民壮法，由州县按里佥点，有司训练，遇警调发。

非练将之道，六也。何谓虽练无益？今一营之卒，为礮[①]手者常十也。不知兵法五兵[②]迭用，当长支卫短，短以救长，一也。三军之士各专其艺，金鼓旗帜，何所不蓄，今皆置不用，二也。弓矢之力不强于寇，而欲藉以制胜，三也。教练之法，自有正门；美观则不实用，实用则不美观，而今悉无其实，四也。

臣又闻兵形象水，水因地而制流，兵因地而制胜。蓟之地有三。平原广陌[③]，内地百里以南之形也。半险半易，近边之形也。山谷仄隘，林薄蓊翳[④]，边外之形也。寇入平原，利车战。在近边，利马战。在边外，利步战。三者迭用，乃可制胜。今边唯习马耳，未娴山战、林战、谷战之道也，唯浙兵能之。愿更予臣浙东杀手、礮手各三千，再募西北壮士，足马军五支，步军十支，专听臣训练，军中所需，随宜取给，臣不胜至愿。

又言："臣官为创设，诸将视为缀疣[⑤]，臣安从展布。"

章下兵部，言蓟镇既有总兵，又设总理，事权分，诸将多观望，宜召还总兵郭琥，专任继光。乃命继光为总兵官，镇守蓟州、永平、山海[⑥]诸处，而浙兵止弗调。录破吴平功，进右都督。寇入青山口[⑦]，拒却之。

自嘉靖以来，边墙[⑧]虽修，墩台未建。继光巡行塞上，议建敌台。略言："蓟镇边垣，延袤二千里，一瑕则百坚皆瑕。比来岁修岁圮[⑨]，徒

---

① 礮："炮"的异体字。

② 五兵：旧说不一。《穀梁传·庄公二年》注以矛、戟、钺、楯、弓矢为五兵，《汉书·吾丘寿王传》注则以矛、戟、弓、剑、戈为五兵。此应指各类长短兵器。

③ 广陌：同"广漠"，辽阔空旷。

④ 林薄(bó)：草木丛生之处。蓊翳(wēngyì)：草木茂密貌。

⑤ "臣官"二句：戚继光总理三镇练兵事，为特设之官，故称创设。缀疣，同赘疣，喻多余。

⑥ 永平：府名，治所在卢龙(今河北卢龙)。山海：指山海卫，在今河北秦皇岛山海关。

⑦ 青山口：在今河北迁西东北长城边。

⑧ 边墙：又称边垣，即长城。

⑨ 圮(pǐ)：坍塌。

费无益。请跨墙为台，睥睨[①]四达。台高五丈，虚中为三层，台宿百人，铠仗糗粮[②]具备。令戍卒画地受工，先建千二百座。然边卒木强[③]，律以军法将不堪，请募浙人为一军，用倡勇敢。”督抚上其议，许之。浙兵三千至，陈郊外。天大雨，自朝至日昃，植立不动。边军大骇，自是始知军令。五年秋，台功成。精坚雄壮，二千里声势联接。诏予世荫，赉银币。

继光乃议立车营。车一辆用四人推挽，战则结方阵，而马步军处其中。又制拒马器[④]，体轻便利，遏寇骑冲突。寇至，火器先发，稍近则步军持拒马器排列而前，间以长枪、筤筅[⑤]。寇奔，则骑军逐北。又置辎重营随其后，而以南兵为选锋[⑥]，入卫兵主策应，本镇兵专戍守。节制精明，器械犀利，蓟门军容遂为诸边冠。

当是时，俺答[⑦]已通贡，宣、大[⑧]以西，烽火寂然。独小王子后土蛮徙居插汉地[⑨]，控弦十余万，常为蓟门忧。而朵颜董狐狸及其兄子长昂

---

① 睥睨(bìnì)：斜视。此指瞭望。

② 铠(kǎi)仗：铠甲和兵器。糗(qiǔ)：干粮。

③ 木强(jiàng)：性格质直刚强。

④ 拒马器：一种防御骑兵奔突的战具。

⑤ 筤筅(lángxiǎn)：兵器名。亦称“狼筅”“狼牙筅”。相传为戚继光所创制。戚继光《练兵实纪杂集·军器制解·狼筅解》：“狼筅乃用大毛竹，上截连四旁附枝，节节桠杈，视之粗可二寸，长一丈五六尺。人用手势遮蔽全身，刀枪丛刺，必不能入，故人胆自大，用为前列，乃南方杀倭利器。”

⑥ 选锋：从士卒中选拔组成的突击队。

⑦ 俺答：即俺答汗，明代蒙古右翼土默特万户的首领。嘉靖间常侵扰内地。隆庆时明军事力量加强，俺答愿通贡和好，隆庆五年(1571 年)受封为顺义王。

⑧ 宣、大：指宣府、大同二军镇，皆为明九边之一。宣府镇守地区相当于今河北西北部内外长城一带，治所在宣府(今河北省张家口市宣化区)。大同镇守地区相当于今山西外长城以南，东自山西、河北省界，西至山西大同西北，治所在今山西大同。

⑨ 小王子：明代东部蒙古可汗的别称。元亡后，王室后裔去皇号改称可汗。景泰二年(1451 年)，脱脱不花可汗为部将也先所杀，其子马古可儿吉思为可汗，因其年幼，明人称为小王子。此后达延汗、卜赤、打来孙等亦被称作小王子，达延汗的直系左翼察哈尔部称小王子部。嘉靖间，右翼吉囊、俺答强，打来孙惧被并，率部东徙。土蛮：即达延汗五世孙、打来孙之子图们汗，土蛮即“图们”别译。时小王子部称土蛮部。插汉：即察哈尔的别译，此指打来孙徙居的辽东边外地。

交通土蛮[1]，时叛时服。万历[2]元年春，二寇谋入犯。驰喜峰口[3]，索赏不得，则肆杀掠，猎傍塞，以诱官军。继光掩击，几获狐狸。其夏，复犯桃林[4]，不得志去。长昂亦犯界岭[5]。官军斩获多，边吏讽之降，狐狸乃款关请贡。廷议给以岁赏。明年春，长昂复窥诸口不得入，则与狐狸共逼长秃令入寇。继光逐得之以归。长秃者，狐狸之弟，长昂叔父也。于是二寇率部长亲族三百人，叩关请死罪，狐狸服素衣叩头乞赦长秃。继光及总督刘应节[6]等议，遣副将史宸、罗端诣喜峰口受其降。皆罗拜[7]，献还所掠边人，攒刀设誓[8]。乃释长秃，许通贡如故。终继光在镇，二寇不敢犯蓟门。

寻以守边劳，进左都督。已，增建敌台，分所部十二区为三协，协置副将一人，分练士马。炒蛮[9]入犯，汤克宽[10]战死，继光被劾，不罪。久之，炒蛮偕妻大嬖只袭掠边卒，官军追破之。土蛮犯辽东，继光急赴，偕辽东军拒退之。继光已加太子太保，录功加少保。

自顺义[11]受封，朝廷以八事课边臣：曰积钱谷、修险隘、练兵马、整器械、开屯田、理盐法、收塞马、散叛党。三岁则遣大臣阅视，而殿

---

① 朵颜：明兀良哈三卫之一。明初牧地在今内蒙古洮儿河流域一带。永乐以后南徙至今河北东北部长城线外。董狐狸、长昂皆为其部落首领。

② 万历：明神宗年号(1573—1620年)。

③ 喜峰口：地名，在今河北迁西北，为长城要隘之一。

④ 桃林：桃林口，在今河北卢龙北长城线上。

⑤ 界岭：界岭口，在今河北省秦皇岛市抚宁区北长城线上。

⑥ 刘应节：字子和，山东潍(今山东潍坊)人。隆庆四年(1570年)以兵部右侍郎代谭纶总督蓟辽、保定军务。

⑦ 罗拜：四面围绕着下拜。

⑧ 攒刀设誓：将刀聚在一起立誓。攒，聚。

⑨ 炒蛮：朵颜卫蒙古部落酋长，与长昂、董狐狸、大小嬖只、猛可真并称为“六凶”。

⑩ 汤克宽：邳州(今江苏邳州)人。官至都督佥事、广东总兵官。曾在浙江、广东抗倭有功。万历初调赴蓟镇。

⑪ 顺义：指俺答，受明封为顺义王。

最[1]之。继光用是频荫赉。南北名将马芳[2]、俞大猷前卒，独继光与辽东李成梁[3]在。然蓟门守甚固，敌无由入，尽转而之辽，故成梁擅战功。

自嘉靖庚戌俺答犯京师[4]，边防独重蓟。增兵益饷，骚动天下。复置昌平镇，设大将，与蓟相唇齿。犹时躏内地，总督王忬、杨选并坐失律诛[5]。十七年间，易大将十人，率以罪去。继光在镇十六年，边备修饬，蓟门宴然。继之者，踵其成法，数十年得无事。亦赖当国大臣徐阶、高拱、张居正先后倚任之[6]。居正尤事与商確[7]，欲为继光难者，辄徙之去。诸督抚大臣如谭纶、刘应节、梁梦龙[8]辈咸与善，动无掣肘，故继光益发舒。

居正殁半岁，给事中张鼎思言继光不宜于北，当国者遽改之广东。继光悒悒不得志，强一赴，逾年即谢病。给事中张希皋等复劾之，竟罢归。居三年，御史傅光宅荐，反夺俸。继光亦遂卒。

继光更历南北，并著声。在南方战功特盛，北则专主守。所著《纪效

---

① 殿最：评定高低等级。古代考核政绩或军功，上等的称“最”，下等的称“殿”。

② 马芳：字德馨，蔚州(今河北蔚县)人。累官蓟镇副总兵，宣府、大同总兵。《明史》称他“为一时将帅冠”。

③ 李成梁：字汝契，铁岭卫(今辽宁铁岭)人。隆庆四年(1570年)任辽东总兵，在镇二三十年，颇有功绩，封宁远伯，加至太傅。

④ 嘉靖庚戌俺答犯京师：嘉靖二十九年(1550年，庚戌年)，俺答率军入古北口，直到北京城下。时严嵩当国，战备废弛，恐战败无法掩饰，竟不准诸将出击。俺答军骚扰京畿达八日之久。史称“庚戌之变”。

⑤ 王忬：字民应，苏州太仓(今江苏太仓)人。嘉靖进士。三十四年(1555年)任蓟辽总督。三十七年(1558年)，把都儿等自潘家口入犯，王忬以此被严嵩父子构陷，下狱被杀。杨选：字以公，章丘(今山东章丘)人。嘉靖进士。四十年(1561年)任蓟辽总督，四十二年(1563年)辛爱、把都儿自墙子岭、磨刀峪入犯，选坐不设守备被杀。

⑥ 徐阶：字子升，松江华亭(今上海市松江区)人。嘉靖进士。四十二年(1563年)代严嵩为首辅。隆庆二年(1568年)为高拱所逐。高拱：字肃卿，河南新郑(今河南新郑)人。嘉靖进士。隆庆三年(1569年)冬为首辅。后被张居正排挤去官。张居正：字叔大，号太岳，湖广江陵(今湖北江陵)人。嘉靖进士。隆庆元年(1567年)入阁，后取代高拱为首辅，前后当国十年。

⑦ 商確：同“商榷”。

⑧ 梁梦龙：字乾吉，真定(今河北正定)人。嘉靖进士。万历五年至九年(1577—1581年)总督蓟辽、保定。

新书》《练兵纪实》①，谈兵者遵用焉。

弟继美，亦为贵州总兵官。

编年体

资治通鉴·司马光论三家分晋②

威烈王

二十三年

---

① 《纪效新书》：为戚继光在东南练兵备倭时之作。分十八篇，各篇皆有图说，以欲所部皆能通晓，文辞通俗近口语。所载皆其试于行阵，实用有效，故以“纪效”为名。《练兵纪实》：九卷。为戚继光于蓟镇所作，述练兵、用兵方法。

② 《资治通鉴》，北宋司马光编著，是一部编年体通史。司马光（1019—1086 年），字君实，陕州夏县（今山西夏县）人。宋仁宗宝元元年（1038 年）进士。宋神宗熙宁三年（1070 年），因反对王安石变法，以端明殿学士出知永兴军。次年，改判西京御史台。自此住在洛阳，专心编纂由神宗赐名的《资治通鉴》。在刘攽、刘恕、范祖禹等人协助下，至元丰七年（1084 年），完成了上起周威烈王二十三年（公元前 403 年），下迄后周世宗显德六年（959 年），共计一千三百六十二年史事的编纂。全书计二百九十四卷。另有《目录》《考异》各三十卷。本书史料选取比较可靠，编纂体例严谨，编纂方法对后世史书也产生了重大影响。其祖本为宋哲宗元祐元年（1086 年）杭州刻本，已佚。现中国国家图书馆存有南宋绍兴二年（1132 年）余姚重刻本。通行本有涵芬楼本、四部丛刊本、商务印书馆本。清胡克家翻刻的元刊胡三省注本最为精详，1956 年中华书局依据此进行标点印行。现依 1956 年中华书局标点本进行注释。此篇摘自《资治通鉴》卷一《周纪一》，篇名为后人所加。篇中司马光对“天子之职莫大于礼”及礼的作用详加阐释，最后得出结论：“故三晋之列于诸侯，非三晋之坏礼，乃天子自坏之也。”

初命[①]晋大夫魏斯[②]、赵籍[③]、韩虔[④]为诸侯。

臣光曰：臣闻天子之职莫大于礼[⑤]，礼莫大于分[⑥]，分莫大于名[⑦]。何谓礼？纪纲是也。何谓分？君、臣是也。何谓名？公、侯、卿、大夫是也。

夫以四海之广，兆民[⑧]之众，受制[⑨]于一人，虽有绝伦[⑩]之力，高世之智，莫不奔走而服役者，岂非以礼为之纲纪哉！是故天子统三公，三公率诸侯，诸侯制卿大夫，卿大夫治士庶人。贵以临贱，贱以承贵。上之使下犹心腹之运[⑪]手足，根本之制支叶，下之事上犹手足之卫心腹，支叶之庇本根。然后能上下相保而国家治安。故曰天子之职莫大于礼也。

文王序《易》[⑫]，以《乾》[⑬]《坤》[⑭]为首。孔子系[⑮]之曰："天尊地卑，乾

---

① 初命：开始任命。

② 魏斯：魏文侯，名斯。其先人毕万被晋献公封于魏，为大夫。此后从其国名为魏氏。周贞定王十六年(公元前453年)，魏桓子与韩康子、赵襄子共伐灭智伯，三分其地。从此，晋国被韩、赵、魏三家瓜分，晋君反而成为附庸。魏斯为魏桓子之孙。周威烈王二十三年(公元前403年)，周天子正式任命晋大夫魏斯、赵籍、韩虔为诸侯。

③ 赵籍：赵烈侯，名籍。其先人造父得周穆王所赐赵城，由此为赵氏。周幽王时，赵氏叔带去周至晋，事晋文侯，始建赵氏于晋国。晋文公以赵衰为原大夫。赵衰之子赵盾为晋正卿。传至赵襄子时，韩、赵、魏三家分晋。至赵籍时，周天子正式任命其为诸侯。

④ 韩虔：韩景侯，名虔。其先人韩武子事晋，封于韩原。武子后三世有韩厥，从封姓为韩氏。韩厥即韩献子，为晋正卿。传至韩康子时，与魏桓子、赵襄子三家分晋。韩康子之孙即韩虔，被周天子正式任命为诸侯。

⑤ 礼：《说文》："履也，所以事神至福也。"

⑥ 分：《说文》："别也，从八从刀，刀以分别物也。"

⑦ 名：《说文》："自命也，从口从夕，夕者冥也，冥不相见，故以口自名。"

⑧ 兆民：万民，极言数之多。

⑨ 制：《说文》："裁也，从刀从未，未物成，有滋味，可裁断。"

⑩ 绝伦：超过同辈。伦，辈、类。

⑪ 运：运用。

⑫ 文王序《易》：周文王为《易》作序。序，说明六十四卦排列次序的文字。《易》，六经之一。

⑬ 《乾》：《易》卦名，八卦之一，写作"☰"。

⑭ 《坤》：《易》卦名，八卦之一，写作"☷"。

⑮ 系：《易·系辞疏》："系辞者，圣人系属此辞于卦爻之下。"下句即孔子系于卦后之语。

坤定矣，卑高以陈，贵贱位矣。”言君臣之位犹天地之不可易也。《春秋》抑诸侯，尊周室，王人虽微，序①于诸侯之上，以是见圣人于君臣之际未尝不惓惓②也。非有桀纣之暴，汤、武之仁，人归之，天命之，君臣之分当守节伏死而已矣。是故以微子而代纣则成汤配天③矣，以季札④而君吴则太伯血食⑤矣，然二子宁亡国而不为者，诚以礼之大节不可乱也。故曰礼莫大于分也。

夫礼，辨贵贱，序亲疏，裁群物，制庶事，非名不著⑥，非器⑦不形；名以命之，器以别之，然后上下粲然有伦，此礼之大经⑧也。名器既亡，则礼安得独在哉！昔仲叔于奚有功于卫⑨，辞邑而请繁缨⑩，孔子以为不如多与之邑。惟名与器，不可以假人，君之所司⑪也；政亡则国家从之。卫君待孔子而为政，孔子欲先正名，以为名不正则民无所措手足。夫繁缨，小物也，而孔子惜之；正名，细务也，而孔子先之：诚以名器既乱则上下无以相保故也。夫事未有不生于微而成于著，圣人之虑远，故能谨其微而治之；众人之识近，故必待其著而后救之。治其微则

---

① 序：次第。

② 惓惓(quánquán)：勤勤、恳切的样子。

③ 成汤配天：祭天时以成汤配享。成汤，商开国之君。契的后代，子姓，名履，又称天乙。胡三省注：“孔氏曰：《礼记》称万物本乎天，人本乎祖。俱为其本，可以相配，故王者皆以祖配天。”此篇中成汤配天，意即宗庙尚存，社稷永保。

④ 季札：吴王寿梦的第四子。寿梦因季札贤能，欲立之，季札不肯。后季札逃走，吴国内出现争夺王位之战，夫差时吴国灭亡。

⑤ 太伯血食：太伯，吴立国之君，为周太王之元子。太者，善大之称；伯者，长也。宗庙的祭祀用牲，故曰血食。

⑥ 著：明显，显露。《礼大传》：“名著而男女有别。”又《中庸》：“诚则形，形则著，著则明。”

⑦ 器：古代标志名位、爵号的器物。《左传》成公二年：“唯器与名，不可以假人。”

⑧ 经：指常行的义理、原则。

⑨ 仲叔于奚有功于卫：事载《左传》成公二年，卫孙桓子率师与齐师战于新筑，卫师败绩。新筑人仲叔于奚救孙桓子，桓子是以免。

⑩ 辞邑而请繁缨：据记载，卫人因仲叔于奚有功于卫而赏之邑，他辞让邑而请求得到马饰，被允准。繁，马鬣上饰；缨，马膺前饰。

⑪ 司：掌管。

用力寡而功多，救其著则竭力而不能及也。《易》曰："履霜坚冰至。"①《书》曰："一日二日万几。"②谓此类也。故曰分莫大于名也。

呜呼！幽、厉③失德，周道日衰，纲纪散坏，下陵上替④，诸侯专征⑤，大夫擅政⑥，礼之大体什丧七八矣。然文、武之祀犹绵绵相属者，盖以周之子孙尚能守其名分故也。何以言之？昔晋文公有大功于王室⑦，请隧于襄王⑧，襄王不许，曰："王章⑨也。未有代德而有二王，亦叔父⑩之所恶也。不然，叔父有地而隧，又何请焉！"文公于是惧而不敢违。是故以周之地则不大于曹、滕，以周之民则不众于邾、莒，然历数百年，宗主天下，虽以晋、楚、齐、秦之强，不敢加者，何哉？徒以名分尚存

---

① 引文见《易·坤》初六爻辞。此句意为脚踩秋霜而知寒冬将至，比喻由目前的迹象而对未来有所戒备和警惕。

② 引文见《尚书·皋陶谟》。一日二日，即天天。孔安国注："几，微也。言当戒惧万事之微。"

③ 幽、厉：周幽王、周厉王。

④ 下陵上替：臣下侵陵君主，君主的统治秩序遭到破坏。替，废。

⑤ 诸侯专征：指齐桓公、晋文公至悼公，以及楚庄王、吴夫差之类，亦即春秋五霸擅自进行征伐。《论语·季氏》："天下有道，则礼乐征伐自天子出；天下无道，则礼乐征伐自诸侯出。"

⑥ 大夫擅政：指晋六卿、鲁三家、齐田氏之类，以国君为傀儡，自己不断扩大权势。

⑦ 晋文公有大功于王室：指周襄王十六年(公元前636年)，太叔带发动叛乱，襄王出奔，居于氾。晋文公率军救襄王，杀太叔带，定襄王于郏。

⑧ 请隧于襄王：指襄王为报答晋文公救助之恩，想以土地赐予文公。文公不要地，请求襄王允许他死后用王者葬礼。隧，杜预曰："阙地通路曰隧，此乃王者葬礼也。诸侯皆悬柩而下。"

⑨ 王章：彰显王者异于诸侯。

⑩ 叔父：古代天子谓同姓诸侯为伯父、叔父。

故也。至于季氏之于鲁[①]，田常之于齐[②]，白公之于楚[③]，智伯之于晋[④]，其势皆足以逐君而自为，然而卒[⑤]不敢者，岂其力不足而心不忍哉，乃畏奸[⑥]名犯分而天下共诛之也。今晋大夫暴蔑[⑦]其君，剖分晋国[⑧]，天子既不能讨，又宠秩[⑨]之，使列于诸侯，是区区之名分复不能守而并弃之也。先王之礼于斯尽矣！

或者以为当是之时，周室微弱，三晋[⑩]强盛，虽欲勿许，其可得乎！是大不然。夫三晋虽强，苟不顾天下之诛[⑪]而犯义侵礼，则不请于天子而自立矣。不请于天子而自立，则为悖逆之臣，天下苟有桓、文之君[⑫]，必奉礼义而征之。今请于天子而天子许之，是受天子之命而为诸侯也，谁得而讨之！故三晋之列于诸侯，非三晋之坏[⑬]礼，乃天子自坏之也。

---

① 季氏之于鲁：鲁大夫季氏，自季友以来，世执鲁国之政。季平子逐昭公，季康子逐哀公。季氏虽专擅，却终身北面称臣，不敢篡国。

② 田常之于齐：田常，即田成子，也称陈恒。田成子得齐国之政，杀阚止，弑简公，却不敢自立。

③ 白公之于楚：白公即白公胜，为楚平王太子之子。他与石乞合谋，杀令尹子西、司马子期，劫惠王。石乞劝说他焚库弑王，他说："弑王不祥，焚库无聚。"

④ 智伯之于晋：智伯，晋六卿之一。当晋国衰败之时，智伯专其国政，侵伐邻国，是晋六卿中最为强大者。与韩、赵、魏等共攻晋出公，出公死于出奔途中，智伯改立哀公，不敢自代。

⑤ 卒(zú)：终，终于。

⑥ 奸：犯。

⑦ 暴蔑：损害，蔑视。

⑧ 剖分晋国：《史记·六国年表》：定王十六年，韩、赵、魏灭智伯，遂三分晋国。

⑨ 宠秩：宠爱并授予官秩。《文选》三国魏钟士季(会)《檄蜀文》："往者吴将孙壹，举众内附，位为上司，宠秩殊异。"本篇中主要指周威烈王不仅不诛杀瓜分晋国的三卿，还正式任命他们为诸侯。

⑩ 三晋：韩、赵、魏三家瓜分晋国，时因谓之"三晋"。

⑪ 诛：责备，责求。《论语·公冶长》："宰予昼寝。子曰：'朽木不可雕也，粪土之墙不可杇也；于予与何诛！'"

⑫ 桓、文之君：齐桓公、晋文公那样的国君。

⑬ 坏(guài)：人为的原因形成的毁坏。毛氏《韵增》："凡物不自败而毁之则古坏切。"鲁恭王坏孔子宅之类是也。古坏切音怪，毁也。

鸣呼！君臣之礼既坏[①]矣，则天下以智力相雄长[②]，遂使圣贤之后为诸侯者，社稷无不泯[③]绝，生民之类糜[④]灭几[⑤]尽，岂不哀哉！

明实录·作铁榜申诫公侯[⑥]

（洪武五年，六月乙巳）作铁榜申诫公侯[⑦]。其词曰：

朕观古昔帝王之纪及功臣传[⑧]：其君保恤功臣之意，或有始无终，使忠良股肱不免受祸，诚可怜也；间有聪明圣主，待功臣之心，皎如日月，奸臣不能离间，臣得以优游终其天年，在社稷有磐石[⑨]之安，在功臣之家享富贵无穷，朕甚慕焉；亦有明智之君，欲保全有功，其心切切，奈何跋扈之臣，恃其有功，数作过恶，累宥不悛[⑩]，不得已而诛戮，此臣下自取之也。

---

① 坏：毁败、衰败。《汉书》卷六十二《司马迁传·报任安书》："考之行事，稽其成败兴坏之理。"

② 雄长（zhǎng）：称霸。《三国志·吴士燮传》："兄弟并为列郡，雄长一州，偏在万里，威尊无上。"

③ 泯（mǐn）：灭绝。《诗经·大雅·桑柔》："乱生不夷，靡国不泯。"

④ 糜（mí）：烂。通"靡"。《庄子·胠箧》："昔者龙逢斩，比干剖，苌弘胣，子胥靡，故四子之贤，而身不免乎戮。"疏曰："言子胥遭戮，浮尸于江，令糜烂也。"

⑤ 几（jī）：将近。《史记·留侯世家》："几败而公事。"

⑥ 《明实录》，明代官修编年体史书，举凡有明一代朝政大事、军事行动、经济措施、自然灾祥等均予记录。其中虽多有曲笔讳饰，但史料价值颇高。此书篇幅庞大，现存各地所藏的卷帙和内容，不尽相同。1940 年影印的南京国学图书馆藏抄本，共两千九百二十五卷，凡五百册。此次注解即据此影印本。本文选自《明实录》卷七十四《太祖实录》。朱明王朝建立后，朱元璋在进一步加强封建专制统治的同时，为了维护自身的利益和社会的长治久安，采取了一系列肃贪除暴的措施，其中之一就是以铁榜发布这个诫饬公侯的布告。

⑦ 铁榜：铸在铁板上的榜文。此榜为洪武五年（1372 年）朱元璋命工部特制。公侯：指洪武三年（1370 年）被封为世袭贵族的开国勋臣李善长等六国公和汤和等二十八列侯。据《明实录》洪武四年（1371 年）的统计，这三十四家公侯所拥有的庄田佃户达三万八千一百九十四户。

⑧ 帝王之纪及功臣传：指历代正史的帝王本纪和功臣列传。

⑨ 磐石：扁平的大石。

⑩ 累：多次。悛（quān）：《方言》卷六："悛，改也。自山而东或曰悛。"《广雅·释诂三》："悛，更也。"

又若：主有宽仁之德，臣有忠良之心，然彼各少察断而不明，何也？盖功臣奴隶①，倚恃权贵，欺厌良善。为臣不能察其所为，致使纵横②。刑官执法，具罪以闻。在忠良大臣，必不如是，特奴仆自作之过。其君不能明察大臣之心，将为大臣使之③。如是，姑息有功、释而不用者有之，略加诫谕奴仆者有之，又不明白与功臣道其奴仆所作之过，含忍④太多。及法司屡奏，却疑大臣欺罔君上。一旦不容，即加残害。此君不明之所致也。当时功臣，虽有忠良之心，却不能检察其下。一有罪责，即怨其君。何也？亦由奴仆之类，在外为非，归则言是。大臣职任朝堂，或优闲元老，加以小人阿谄⑤，少能劝谏。及至奴仆犯罪，法司执问，君命诛其奴仆。大臣不知君上保全人心，便生疑怨，累及其身⑥，往往有之。或是天子念功臣之劳，而免其罪。其奴仆归告大臣曰："君上不能容公，故枉问奴等尔！"大臣一时听信，不自加察，以为必然，遂生猜疑，致遭刑戮。此臣不能检察其下之过也。可谓君臣两失之矣！

朕起布衣⑦，赖股肱⑧宣力，平定天下。既以论功行赏，封为公侯，赐以铁券⑨，颁以重禄，令传子孙，共享太平；尚虑公侯之家奴仆人等，习染顽风，冒犯国典⑩。今以铁榜，申明律令。

朕谕卿等：除亲属别议外，但凡奴仆一犯，即用究治，于尔家无所

---

① 功臣奴隶：朱元璋称帝前后，凡军中俘获子女及犯罪抄没人口，多分给功臣为奴婢。洪武三年(1370年)大封功臣后，又赏赐给公侯每家卒一百二十八人，称作奴军。

② 纵横：放任无约束。

③ 将为大臣使之：会认为是大臣放纵其胡作非为。

④ 含忍：含怒不露，加以容忍。

⑤ 阿谄：奉承讨好。

⑥ 累及其身：连累公侯本人。

⑦ 朕起布衣：朱元璋本是濠州钟离(今安徽凤阳东)人，少孤贫，同徐达、汤和、周德兴等一起为富家牧童。后入皇觉寺做僧侣奴仆，不久成为游方僧人。称帝后效法刘邦，以"布衣"得天下自夸。

⑧ 股肱：喻指得力助手。股，大腿；肱，胳膊。

⑨ 铁券：古代帝王赐给功臣，允其世代免罪并保持优厚待遇和高贵地位的凭券。券用铁铸，或刻字，或用朱砂写字，故又称"丹书铁券"。

⑩ 国典：国法。

问；敢有恃功藏匿犯人者，比同一死折罪[①]。尔等各宜谨守其身，严训于家，以称朕保全始终之意[②]。其目有九：

其一，凡内外各指挥、千户、百户、镇抚并总旗小旗等[③]，不得私受公侯金帛衣服钱物。受者杖一百，发海南[④]充军；再犯，处死。公侯与者，初犯、再犯免罪附过[⑤]，三犯准免死一次[⑥]。奉命征讨，与者受者不在此限。

其二，凡公侯等官，非奉特旨，不得私役官军。违者，初犯、再犯免罪附立，三犯准免死一次。其官军敢有辄便[⑦]听从者，杖一百，发海南充军。

其三，凡公侯之家强占官民山场、湖泊、茶园、芦荡及金银铜场、铁冶者，初犯、再犯免死附过，三犯准免死一次。

其四，凡内外各卫官军，非当出征之时，不得辄于公侯门首侍立听候。违者，杖一百，发烟瘴之地[⑧]充军。

其五，凡功臣之家管庄人等，不得倚势在乡欺殴人民。违者，刺面，劓[⑨]鼻，家产籍没入官，妻子徙置南宁[⑩]。其余听使之人，各杖一百，及妻子皆发南宁充军。

---

① 比同一死折罪：如同抵去了一次死罪。明代功臣享有犯死罪一两次可获赦免的特权。免死次数往往刻在铁券上。

② 称：符合。保全始终：保护功臣，使其善始善终。

③ 指挥、千户、百户、镇抚、总旗、小旗：均为明代卫所制中下级武官名称。

④ 海南：指海南岛。洪武元年(1368年)，置琼州府。

⑤ 免罪附过：免予处罚，但要作为一次罪过记录在案。

⑥ 准免死一次：如同免死罪一次。

⑦ 辄便：即便。辄，即。

⑧ 烟瘴之地：指今云南、贵州、广东、广西南部边疆地区。因这些地区天气炎热潮湿，容易发生流行性传染病，故称为烟瘴之地。

⑨ 劓：《说文解字》：“劓，刑鼻也。从刀，臬声。《易》曰：‘其人天且劓’。劓，臬或从鼻。”指古代割掉鼻子的刑罚。后又引申为“割除”，如《玉篇·刀部》：“劓，割也。”

⑩ 南宁：今广西南宁。明初置南宁府。

其六，凡功臣之家屯田佃户[①]、管庄干办[②]、火者[③]、奴仆，及其亲属人等，倚势凌民，侵夺田产财物者，并依倚势欺殴人民律，处斩。

其七，凡公侯之家，除赐定仪仗户[④]及佃田人户已有名额报籍在官，敢有托门下影蔽差徭[⑤]者，斩。

其八，凡公侯之家，倚恃权豪，欺压良善，虚钱实契[⑥]，侵夺人田地房屋孳畜者，初犯免罪附过，再犯住支俸给[⑦]一半，三犯停其禄，四犯与庶人同罪。

其九，凡功臣之家，不得受诸人田土及朦胧投献物业[⑧]。违者，初犯免罪附过，再犯住支俸给一半，三犯停其禄，四犯与庶人同罪。

---

① 屯田佃户：耕种屯田的佃户。明代军屯、民屯的土地都属于官田。

② 管庄干办：指公侯庄田管庄人手下的差官。

③ 火者：阉人。明代贵族官僚及豪绅富商家中，都盛行用阉人服役，称“火者”，以区别于皇宫中的宦官。

④ 赐定仪仗户：皇帝赏赐给功臣的仪仗户。明代仪仗户是军籍中的特殊户口，其职是世代替皇室及官僚充当外出时的仪仗队，明初属仪銮司管辖。

⑤ 托门下影蔽差徭：指民户入官僚贵族门下充当佃户或奴仆，以便逃避官府繁重差役。

⑥ 虚钱实契：贵族强迫民户签订出卖田产物业的契约，实际上不付分文。

⑦ 住支俸给：停付俸禄。

⑧ 朦胧投献物业：指民户将土地房产等献给贵族豪绅，自己则变成佃户、庄客或二地主，以逃避官府的差徭负担。这种财产所有权的转移不在封建政府办理过户手续，使原本由官方登记的户口田亩数于不知不觉中大量流失，故称之“朦胧投献物业”。

纪事本末体

通鉴纪事本末·贞观君臣论治[①]（节选）

唐高祖武德九年秋八月甲子[②]，太宗即皇帝位于东宫显德殿，九月己酉，上面定勋臣长孙无忌等爵邑[③]，命陈叔达于殿下唱名示之，且曰："朕叙卿等勋赏或未当，宜各自言。"于是诸将争功，纷纭不已[④]。淮安王神通曰："臣举兵关西，首应义旗，今房玄龄、杜如晦等专弄刀笔[⑤]，功居臣上，臣窃不服。"上曰："义旗初起，叔父虽首唱[⑥]举兵，盖亦自营脱祸。及窦建德吞噬山东，叔父全军覆没。刘黑闼再合余烬[⑦]，叔父望风

---

① 《通鉴纪事本末》，中国第一部纪事本末体的著作，作者是南宋人袁枢。枢喜读司马光所著《资治通鉴》，但"苦其浩博"，于是把《通鉴》的内容"区别门目，以类排纂。每事各详起讫，自为标题；每篇各标年月，自为首尾"，撰成《通鉴纪事本末》。此书共四十二卷，二百三十九目，起自三家分晋，终于后周世宗征淮南，记述了一千三百六十余年间的史迹，对于初学历史及读《资治通鉴》的人极有帮助，因而自问世后颇受欢迎和好评，依照此种体裁编撰史籍进而使之自成系统者甚多。本书于淳熙三年（1176 年）初刊于严州郡学，世称宋小字本。宝祐五年（1257 年），赵与云又改用大字重刻于湖州，称宋大字本。明末张溥就袁书加上自己的"论证"，晚清江西、广雅等书局诸本皆据张溥论证本刊刻。本书于 1964 年由中华书局点校出版时以宋大字本为底本，以宋小字本为参校。此次注释选用中华书局点校本。本篇节选自《通鉴纪事本末》第二十九卷中的一篇，记述了唐太宗统治的贞观年间（627—649 年）君臣共同探讨各种行之有效的措施，以安定社会秩序，发展经济，巩固长治久安的政局。

② 武德九年秋八月甲子：即 626 年 9 月 4 日。武德，唐高祖在位期间年号。甲子：古人用于纪日。甲居十天干中首位，子居十二地支中首位。古人纪日以天干地支相配，甲子为首，癸亥为尾，转一遍的数字为六十。

③ 爵邑：爵位食邑。

④ 纷纭不已：杂乱不停。即为争功没完没了地吵嚷。

⑤ 刀笔：公牍。意即出谋划策，书写公文，制订计划。

⑥ 唱：通"倡"，倡导。

⑦ 烬：火烧东西的剩余，如灰烬等。

奔北[①]。玄龄等运筹帷幄[②]，坐安社稷[③]，论功行赏，固宜居叔父之先。叔父国之至亲，朕诚无所爱，但不可以私恩滥与勋臣同赏耳。"诸将乃相谓曰："陛下至公，虽淮安王尚无所私，吾侪[④]何敢不安其分。"遂皆悦服。房玄龄尝言："秦府旧人未迁官者，皆嗟怨曰：'吾属奉事左右，几何[⑤]年矣，今除官，返出前宫、齐府[⑥]人之后。'"上曰："王者至公无私，故能服天下之心。朕与卿辈日所衣食，皆取诸民者也。故设官分职，以为民也，当择贤才而用之，岂以新旧为先后哉！必也新而贤，旧而不肖，安可舍新而取旧乎？今不论其贤不肖，而直言嗟怨，岂为政之体[⑦]乎？"

丙午，上与群臣论止盗。或请重法以禁之，上哂[⑧]之曰："民之所以为盗者，由赋繁役重，官吏贪求，饥寒切身，故不暇顾廉耻耳。朕当去奢省费，轻徭薄赋，选用廉吏，使民衣食有余，则自不为盗，安用重法邪！"自是数年之后，海内升平，路不拾遗，外户[⑨]不闭，商旅野宿焉。上又尝谓侍臣曰："君依于国，国依于民。刻[⑩]民以奉君，犹割肉以充腹，腹饱而身毙，君富而国亡。故人君之患不自外来，常由身出。夫欲盛则费广，费广则赋重，赋重则民愁，民愁则国危，国危则君丧矣。朕常以此思之，故不敢纵欲也。"

---

① 望风奔北：观察风势，临阵逃脱。《尚书·甘誓》汉孔安国传："不用命奔北者，则戮之于社主前。"唐孔颖达疏："奔北，谓背阵走也。"《汉书》卷七十六《王尊传》："厉奔北之吏，起沮伤之气。"

② 运筹帷幄：在室内谋划战事。

③ 坐安社稷：坐在室内谋划安定国家的计策。

④ 吾侪(chái)：吾辈。侪，辈、类。《左传》昭公二十四年："吾侪何知焉，吾子其早图之。"

⑤ 几何：若干，多少。

⑥ 前宫、齐府：前宫，指从前东宫太子李建成所居东宫；齐府，指过去齐王李元吉的府邸。

⑦ 体：体制、规矩。

⑧ 哂(shěn)：讥笑。

⑨ 外户：从外面开闭的门。古时单扇称户，双扇称门。《礼记·礼运》："是故谋闭而不兴，盗窃乱贼而不作，故外户而不闭，是谓大同。"

⑩ 刻：削除，减损。

上闻景州录事参军[①]张玄素名，召见，问以政道[②]。对曰："隋主好自专庶务[③]，不任群臣，群臣恐惧，唯知禀受奉行[④]而已，莫之敢违。以一人之智决[⑤]天下之务，借使[⑥]得失相半，乖谬已多，下谀上蔽[⑦]，不亡何待！陛下诚能谨择群臣而分任以事，高拱穆清[⑧]而考其成败，以施刑赏，何忧不治！又，臣观隋末乱离，其欲争天下者不过十余人而已，其余皆保乡党全妻子，以待有道而归之耳。乃知百姓好乱者亦鲜，但人主不能安之耳。"上善其言，擢为侍御史[⑨]。

上患吏多受赇[⑩]，密使左右试赂[⑪]之。有司门令史[⑫]受绢一匹，上欲杀之，民部尚书[⑬]裴矩谏曰："为吏受赂，罪诚当死。但陛下使人遗之而受，乃陷人于法[⑭]也，恐非所谓'道之以德，齐之以礼'[⑮]。"上悦，召文武五品以上告之曰："裴矩能当官力争，不为面从，傥[⑯]每事皆然，何忧不治？"

---

① 录事参军：州郡的属官，掌管各曹文书，纠察府事。

② 政道：为政之道。

③ 隋主好自专庶务：隋炀帝喜好自己独揽各种事务。

④ 唯知禀受奉行：只知道承受命令、遵奉旨意做事。

⑤ 决：决断。

⑥ 借使：假使。贾谊《过秦论》："借使子婴有庸主之材而仅得中佐，山东虽乱，三秦之地可全而有，宗庙之祀宜未绝也。"

⑦ 下谀上蔽：臣下谄媚奉迎，帝王被蒙蔽不见真情。

⑧ 高拱穆清：意为双手高架，安坐无为，使能和谐清明。

⑨ 擢为侍御史：提拔他为掌管纠察检举的官员。

⑩ 赇(qiú)：贿赂。

⑪ 密使左右试赂：暗中派身边的人用贿赂试探。

⑫ 司门令史：官名。司门在《周礼》中为地官司徒的属官，掌国门的启闭。唐代的司门为刑部各司之一。令史为司门郎中的副职，职掌守卫京城城门关桥和巡查道路等。

⑬ 民部尚书：官名。掌全国土地、户籍、赋税、财政收支等事务。隋以前称度支尚书，隋时称民部尚书，唐时为避唐太宗李世民讳，改称户部尚书。

⑭ 陷人于法：设陷阱诱导人违法，使人落入法网。

⑮ 道之以德，齐之以礼：语出《论语·为政》。道，同"导"，治理。齐，整齐、约束。

⑯ 傥(tǎng)：倘或。

太宗贞观元年春正月丁亥，上宴群臣，奏《秦王破陳乐》①。上曰："朕昔受委专征，民间遂有此曲，虽非文德之雍容②，然功业由兹而成，不敢忘本。"封德彝曰："陛下以神武平海内，岂文德之足比。"上曰："戡③乱以武，守成以文，文武之用，各随其时。卿谓文不及武，斯言过矣。"德彝顿首谢④。

上以兵部郎中⑤戴胄忠清公直，擢为大理少卿⑥。上以选人多诈冒资荫⑦，敕令自首，不首者死。未几有诈冒事觉者，上欲杀之。胄奏："据法应流⑧。"上怒曰："卿欲守法，而使朕失信乎？"对曰："敕⑨者出于一时之喜怒，法者国家所以布大信于天下也。陛下忿选人之多诈，故欲杀之，而既知其不可，复断之以法，此乃忍小忿而存大信也。"上曰："卿能执法，朕复何忧。"胄前后犯颜⑩执法，言如涌泉，上皆从之，天下无冤狱。

上令封德彝举贤，久无所举。上诘⑪之，对曰："非不尽心，但于今未有奇才耳！"上曰："君子用人如器，各取所长，古之致治⑫者，岂借才于异代乎？正⑬患己不能知，安可诬⑭一世⑮之人。"德彝惭而退。

---

① 《秦王破陳乐》：唐朝建立后，李世民被封为秦王。秦王攻破刘武周，军中遂有此曲流传。陳，为"阵"的古字。

② 雍容：从容不迫。

③ 戡：攻克，平定。《尚书・西伯戡黎》："西伯既戡黎，祖伊恐。"《说文》："戡，杀也。"

④ 顿首谢：磕头认错。顿首，叩头至地。

⑤ 兵部郎中：官名。地位仅次于兵部尚书、侍郎和丞，为高级部员。

⑥ 大理少卿：大理寺卿的副职。大理寺卿为九卿之一，掌刑狱。

⑦ 选人多诈冒资荫：候选官员多有冒充祖先有勋劳而自己得享候选特权的。资荫，凭借祖先勋劳的庇护而得官位。

⑧ 流：流放，为五刑(笞、杖、徒、流、死)之一，仅次于死。

⑨ 敕(chì)：皇帝的诏书。为自上命下之词。

⑩ 犯颜：旧指敢于冒犯君上或尊长的威严。《韩非子・外储说左下》："犯颜极谏，臣不如东郭牙，请立以为谏臣。"

⑪ 诘(jié)：问。

⑫ 致治：达到太平盛世。

⑬ 正：恰好，偏偏。

⑭ 诬：冤枉。

⑮ 一世：即一代。

御史大夫杜淹奏："诸司文案，恐有稽失①，请令御史就司检校②。"上以问封德彝，对曰："设官分职，各有所司。果有愆违③，御史自应纠举。若徧④历诸司，搜擿⑤疵类，太为烦碎。"淹默然。上问淹："何故不复论执?"对曰："天下之务，当尽至公，善则从之。德彝所言，真得大体，臣诚心服，不敢遂非。"上悦，曰："公等各能如是，朕复何忧。"

闰三月壬申，上谓太子少师萧瑀曰："朕少好弓矢，得良弓十数，自谓无以加⑥。近以示弓工⑦，乃曰'皆非良材'。朕问其故，工曰：'木心⑧不直则脉理皆邪，弓虽劲而发矢不直。'朕始寤向者⑨辨之未精也。朕以弓矢定四方，识之犹未能尽，况天下之务，其能徧知乎!"乃命京官五品以上更宿⑩中书内省⑪，数延见⑫，问以民间疾苦及政事得失。

上神采英毅⑬，群臣进见者皆失举措⑭。上知之，每见人奏事，必假以辞色⑮，冀⑯闻规谏。尝谓公卿曰："人欲自见其形，必资⑰明镜。君

---

① 稽失：留止丢失。《说文》："稽，留止也。从禾(jī)，从尤。"又《说文》徐注："禾之曲止也；尤者，异也。有所异处必稽考之，即迟留也。"

② 就司检校：亲自到有关部门检查核对。

③ 愆违：过失。《说文》："愆，过也。从心，衍声。"

④ 徧：通"遍"，从头到尾。

⑤ 擿(tì)：揭发。

⑥ 加：超过。

⑦ 弓工：造弓的人。

⑧ 木心：树干的中心线。

⑨ 寤向者：明白从前。

⑩ 更(gēng)宿：轮流值宿。

⑪ 中书内省：为秉承皇帝意旨，负责管理机要、决定政策、发布政令的机构，是全国政务中枢。

⑫ 数延见：屡次被邀请入宫觐见皇帝。

⑬ 神采英毅：即外貌威武刚毅，使人畏。

⑭ 失举措：即举止动作出现差错。

⑮ 假以辞色：用言语和神态给予鼓励。

⑯ 冀：希望。

⑰ 资：取资，凭借。

欲自知其过，必待忠臣。苟其君愎谏自贤①，其臣阿谀顺旨②，君既失国，臣岂能独全。如虞世基等谄事炀帝以保富贵，炀帝既弑，世基等亦诛。公辈宜用此为戒，事有得失，无惜尽言。”

或③上言秦府旧兵宜尽除④武职，追入宿卫。上谓之曰：“朕以天下为家，惟贤是与，岂旧兵之外皆无可信者乎？汝之此意，非所以广⑤朕德于天下也。”上谓公卿曰：“昔禹凿山治水而民无谤讟⑥者，与人同利故也。秦始皇营宫室而民怨叛者，病⑦人以利己故也。夫靡丽珍奇，固人之所欲，若纵之不已，则危亡立至。朕欲营一殿，材用已具，鉴秦而止。王公已⑧下，宜体朕此意。”由是二十年间，风俗素朴，衣无锦绣，公私富给。

上谓黄门侍郎⑨王珪曰：“国家本置中书、门下以相检察，中书诏敕或有差失，则门下当行駮⑩正。人心所见，互有不同，苟论难往来，务求至当，舍己从人，亦复何伤。比来⑪或护己之短，遂成怨隙，或苟避私怨，知非不正，顺一人之颜情，为兆民⑫之深患，此乃亡国之政也。炀帝之世，内外庶官务相顺从，当是之时，皆自谓有智，祸不及身。及天下大乱，家国两亡，虽其间万一有得免者，亦为时论所贬，终古不

---

① 愎谏自贤：不接受劝谏，自以为才能、德行好。愎(bì)，义同违。
② 阿谀顺旨：曲意逢迎，顺从旨意。
③ 或：有人。
④ 除：拜官授职。
⑤ 广：扩大，扩充。《汉书》卷六十二《司马迁传·报任安书》：“欲以广主上之意。”
⑥ 谤讟(dú)：诽谤，怨言。
⑦ 病：害。
⑧ 已：同“以”。
⑨ 黄门侍郎：官名。唐时职掌祭祀、赞献、奏天下祥瑞，其位次于侍中。
⑩ 駮：“驳”的异体字。辨明是非，列举理由，否定别人错误的意见。
⑪ 比来：近来。
⑫ 兆民：众百姓。兆，极言其多。

磨[①]。卿曹各当徇[②]公忘私，勿雷同[③]也。”

上谓侍臣曰：“吾闻西域贾胡[④]得美珠，剖身以藏之，有诸[⑤]?”侍臣曰：“有之。”上曰：“人皆知笑彼之爱珠，而不爱其身也。吏受赇抵[⑥]法，与帝王徇奢欲而亡国者，何以异于彼胡之可笑邪?”魏徵曰：“昔鲁哀公谓孔子曰：‘人有好忘者，徙宅而忘其妻。’孔子曰：‘又有甚者，桀纣乃忘其身。’亦犹是也。”上曰：“然。朕与公辈宜戮力[⑦]相辅，庶[⑧]免为人所笑也。”

上尝语及关中、山东人，意有同异。殿中侍御史[⑨]义丰张行成跪奏曰：“天子以四海为家，不当有东西之异；恐示人以隘[⑩]。”上善其言，厚赐之。自是每有大政，常使预议。

二年春正月，上问魏徵曰：“人主何为而明？何为而暗?”对曰：“兼听则明，偏信则暗。昔尧清问下民，故有苗[⑪]之恶得以上闻。舜明四目，达四聪[⑫]，故共、鲧、欢兜[⑬]不能蔽也。秦二世偏信赵高，以成望夷之

---

① 磨：消灭。

② 徇：通“殉”。为达到某种目的而献身。《汉书》卷六十二《司马迁传·报任安书》：“常思奋不顾身以徇国家之急。”

③ 雷同：相同。

④ 贾胡：即西域来的商人。

⑤ 诸：代词兼语气词，为“之乎”的合音，用在句末。本句“有诸”，即“有这样的事吗?”

⑥ 抵：触犯。

⑦ 戮力：努力，尽力。《尚书·汤诰》：“聿求元圣，与之戮力。”孔颖达疏：“戮力，尤勉力也。”

⑧ 庶：幸，希冀之词。《左传》桓公六年：“君姑修政而亲兄弟之国，庶免于难。”

⑨ 殿中侍御史：官名。掌殿廷仪卫及京城的纠察。

⑩ 隘：狭隘，狭小。

⑪ 有苗：古族名。原居江、淮、荆州，据传尧时因变乱迁至三危(今甘肃敦煌一带)。有苗又有“三苗”之称。

⑫ 明四目，达四聪：广四方视听。

⑬ 共、鲧、欢兜：均为中国古代神话传说中唐虞时期的人物。共即共工，淫辟；鲧，治水无功；欢兜，凶恶。舜流放共工于幽州，殛鲧于羽山，流放欢兜于崇山。

祸[①]。梁武帝偏信朱异，以取台城之辱[②]。隋炀帝偏信虞世基，以致彭城阁之变[③]。是故人君兼听广纳，则贵臣不得壅蔽，而下情得以上通也。”上曰：“善。”上谓黄门侍郎王珪曰：“开皇十四年大旱，隋文帝不许赈给，而令百姓就食山东。比[④]至末年，天下储积可供五十年。炀帝恃[⑤]其富饶，侈心无厌[⑥]，卒亡天下。但[⑦]使仓庾之积足以备凶年，其余何用哉！”

六月戊子，上谓侍臣曰：“朕观《隋炀帝集》，文辞奥博[⑧]，亦知是[⑨]尧、舜而非[⑩]桀、纣，然行事何其反也？”魏徵对曰：“人君虽圣哲，犹当虚己以受人，故智者献其谋，勇者竭其力。炀帝恃其俊才[⑪]，骄矜自用[⑫]，故口诵尧、舜之言而身为桀、纣之行，曾[⑬]不自知，以至覆亡也。”上曰：“前事不远，吾属[⑭]之师也。”

(五年冬十二月)上尝与侍臣论狱[⑮]。魏徵曰：“炀帝时尝有盗发，帝令于士澄捕之，少涉疑似[⑯]，皆拷讯取服[⑰]，凡二千余人，帝悉令斩之。

---

① 望夷之祸：秦末农民起义军攻入关中时，秦丞相赵高指使人杀死秦二世于望夷宫。

② 台城之辱：梁武帝听信朱异的建议，收留东魏叛臣侯景为大将军，后来侯景叛乱，武帝被围，饿死于台城。

③ 彭城阁之变：隋末义军蜂起，江都危急，虞世基不向正在江都巡游的隋炀帝报告实情，宇文化及发动叛乱，杀炀帝于彭城阁。

④ 比：及，到。

⑤ 恃：凭借，依靠。

⑥ 厌：足。通“餍”，本义为饱，引申为满足。

⑦ 但：只，仅。

⑧ 奥博：含义深广。鲁迅《中国小说史略·唐之传奇集及杂俎》：“(段成式)亦早有文名，词句多奥博，世所珍异。”

⑨ 是：以……为是。

⑩ 非：以……为非。

⑪ 俊才：才智出众。

⑫ 骄矜自用：高傲矜夸，一意孤行。

⑬ 曾：乃。《诗经·卫风·河广》：“谁谓河广，曾不容刀！”

⑭ 属：等，辈。

⑮ 论狱：议论讼事、罪案。

⑯ 少涉疑似：稍微有牵连被怀疑相似的。

⑰ 拷讯取服：拷打逼供以取得服罪口供。

大理丞张元济怪其多①，试寻其状②，内③五人尝为盗，余皆平民。竟不敢执奏④，尽杀之。"上曰："此岂唯炀帝无道，其臣亦不尽忠。君臣如此，何得不亡？公等宜戒之。"

十一年……

夏四月己卯，魏徵上疏，以为："人主善始者多，克终⑤者寡，岂取之易而守之难乎？盖以殷忧则竭诚以尽下⑥，安逸则骄恣而轻物⑦。尽下则胡越⑧同心，轻物则六亲⑨离德，虽震⑩之以威怒，亦皆貌从而心不服故也。人主诚能见可欲则思知足，将兴缮则思知止，处高危则思谦降⑪，临满盈则思挹损⑫，遇逸乐则思撙节⑬，在宴安则思后患，防拥蔽⑭则思延纳⑮，疾谗邪则思正己，行爵赏则思因喜而僭⑯，施刑罚则思因怒而滥，兼⑰是十思，而选贤任能，固可以无为而治，又何必劳神苦体，以代百司之任哉。"

五月壬申，魏徵上疏，以为："陛下欲善之志不及于昔时，闻过必改

---

① 怪其多：以其多怪之。怪，奇怪。

② 状：供状一类的档案文书。

③ 内：其中。

④ 执奏：坚持进言。

⑤ 克终：能够保持到底。克，能。

⑥ 尽下：让臣下把话说完，以心相交。

⑦ 轻物：看轻一切事物或人。

⑧ 胡越：即西北和东南地区的少数民族。

⑨ 六亲：六种亲属，古说不一。

⑩ 震：恐吓、威胁。

⑪ 谦降：虚心退让。

⑫ 挹损：抑制、减缩。

⑬ 撙(zǔn)节：约束，克制。《礼记·曲礼上》："是以君子恭敬撙节退让以明礼。"孙希旦《集解》："有所抑而不敢肆谓之撙，有所制而不敢过谓之节。"

⑭ 拥蔽：同"壅蔽"，指耳目被堵塞蒙蔽，致使无法得知真情。

⑮ 延纳：接纳。即广开言路，听取意见。

⑯ 僭：超越本分。

⑰ 兼：合并，总共。

少亏于曩日[①]，谴罚积多[②]，威怒微厉[③]。乃知贵不期骄，富不期侈[④]，非虚言也。且以隋之府库、仓廪、户口、甲兵之盛，考之今日，安得拟伦[⑤]。然隋以富强动之而危，我以寡弱静之而安；安危之理，皎然[⑥]在目。昔隋之未乱也，自谓必无乱，其未亡也，自谓必无亡。故赋役无穷，征伐不息，以至祸将及身而尚未之寤也。夫鉴形莫如止水[⑦]，鉴败莫如亡国[⑧]。伏愿取鉴于隋，去奢从约，亲忠远佞，以当今之无事，行畴昔[⑨]之恭俭，则尽善尽美，固无得而称焉。夫取之实难，守之甚易，陛下能得其所难，岂不能保其所易乎？”

十二年……

秋九月甲寅，上问侍臣：“帝王创业与守成孰[⑩]难？”房玄龄曰：“草昧[⑪]之初，与群雄并起，角力而后臣之，创业难矣。”魏徵曰：“自古帝王莫不得之于艰难，失之于安逸，守成难矣。”上曰：“玄龄与吾共取天下，出百死得一生，故知创业之难。徵与吾共安天下，常恐骄奢生于富贵，祸乱生于所忽，故知守成之难。然创业之难既已往[⑫]矣，守成之难方当与诸公慎之。”玄龄等拜曰：“陛下及[⑬]此言，四海之福也。”

---

① 曩(nǎng)日：往日。曩，以往，从前。

② 谴罚积多：责备处罚越来越多。

③ 威怒微厉：威严生气时有加剧。

④ 贵不期骄，富不期侈：意为地位尊贵不希望骄傲而骄傲自至，财富多了不希望奢侈而奢侈自至。期，希望。

⑤ 拟伦：比类。

⑥ 皎然：明亮清晰之貌。

⑦ 鉴形莫如止水：即照影子不如用静止的水面。鉴，照。

⑧ 鉴败莫如亡国：以失败为鉴戒不如用被灭亡的国家。

⑨ 畴昔：往日。畴，助词，无义。《左传》宣公二年：“将战，华元杀羊食士。其御羊斟不与。及战，曰：‘畴昔之羊，子为政，今日之事，我为政。’”注曰：“畴昔，犹前日也。”

⑩ 孰：谁，哪个。

⑪ 草昧：天地初开时的混沌状态。《易·屯》：“天造草昧。”疏曰：“草谓草创，昧谓冥昧……言物之初造，其形未著，其体未彰，故在幽冥暗昧也。”此篇中则指隋末混乱的时世。唐杜甫《杜工部草堂诗笺》卷十一《重经昭陵》：“草昧英雄起，讴歌历数归。”

⑫ 往：过去。

⑬ 及：谈到，讲到。

杂　史

国语・邵公谏厉王止谤[①]

厉王[②]虐，国人谤[③]王。邵公[④]告曰："民不堪命[⑤]矣!"王怒，得卫巫[⑥]，使监[⑦]谤者，以告，则杀之。国人莫敢言，道路以目[⑧]。王喜，告邵公曰："吾能弭[⑨]谤矣，乃不敢言。"邵公曰："是障[⑩]之也。防民之口，甚于防川。[⑪] 川壅而溃[⑫]，伤人必多，民亦如之。是故为川者决之使

---

① 《国语》，又名《春秋外传》。全书二十一卷，分别为《周语》三卷、《鲁语》二卷、《齐语》一卷、《晋语》九卷、《郑语》一卷、《楚语》二卷、《吴语》一卷、《越语》二卷，是我国最早的国别史。根据《史记・太史公自序》与《汉书・艺文志》，《国语》的作者是春秋末年鲁国史官左丘明。后世学者则有不同看法，一般认为是战国早期作品。《国语》记载起于周穆王十二年(公元前990年)，终于周贞定王十六年(公元前453年)赵、韩、魏灭智伯，共五百多年。《国语》以记言为主，兼记史事，通过记载各国君臣的言论，来分析政事得失，品评历史人物，从而反映出这一时期周王室的衰落和诸侯国争霸的历史趋势。文字朴实凝练，对话及人物动作十分生动。三国吴韦昭采郑众、贾逵、虞翻、唐固诸家注作《国语解》，清洪亮吉、董增龄为之作疏，可供参考。本篇底本为1978年上海古籍出版社点校本《国语》，选自《国语・周语上》，讲述周厉王残酷压迫国人，禁止国人议论自己的过失。邵公劝厉王注意听取百姓的意见，以行善备败。厉王不从，终于激起民愤，被国人流放到边远地区。

② 厉王：西周厉王，名胡，公元前857年即位，在位三十七年。

③ 谤：公开指责别人的过失。

④ 邵(shào)公：邵穆公，名虎，周厉王的卿士。

⑤ 不堪：无法忍受。命：政令。不堪命，言民不堪暴虐的政令。

⑥ 卫巫：卫国的巫者。巫，古代以祈祷求神为职业的人。

⑦ 监：监察。唐张守节《史记正义》："以巫人神灵，有谤毁必察也。"

⑧ 道路以目：韦昭曰："以目相眄而已。"

⑨ 弭(mǐ)：阻止。

⑩ 障：阻挡。

⑪ 防民之口，甚于防川：言河流不可防，民言更不可防。

⑫ 壅(yōng)：堵塞。溃：水决堤而出。

导①；为民者宣之使言②。故天子听政，使公卿至于列士献诗③，瞽献曲④，史⑤献书，师箴⑥，瞍赋⑦，矇诵⑧，百工⑨谏，庶人传语⑩，近臣尽规⑪，亲戚补察⑫，瞽史⑬教诲，耆艾修之⑭，而后王斟酌⑮焉，是以事行而不悖⑯。民之有口，犹土之有山川也，财用⑰于是乎出；犹其原隰之有衍沃也⑱，衣食于是乎生。口之宣言也，善败⑲于是乎兴，行善而备⑳败，其所以阜㉑财用衣食者也。夫民，虑之于心而宣之于口，成而行之㉒，胡可壅也？若壅其口，其与㉓能几何？"王不听，于是国㉔人莫敢出

---

① 为川者：治水的人。决：引水。导：疏通。

② 为民者：治理百姓的人。宣：放，开导。

③ 公：辅佐王室掌握军政大权的最高官员。卿：王室的一些高级官员。列士：上士、中士、下士。献诗：恭敬地上呈采自民间的讽谏诗。

④ 瞽(gǔ)：盲乐官。曲：反映民意的乐曲。

⑤ 史：史官。《周礼》："外史掌三皇五帝之书。"

⑥ 师：少师，乐官。箴：规谏的文辞。

⑦ 瞍(sǒu)：章昭曰："无眸子曰瞍。"赋：吟咏劝谏的诗。

⑧ 矇(méng)：章昭曰："有眸子而无见曰矇。"诵：诵读劝诫文辞。

⑨ 百工：掌管各种手工艺的官员。

⑩ 庶人传语：章昭曰："庶人卑贱，见时得失，不得达，传以语王。"张守节曰："庶人微贱，见时得失，不得上言，乃在街巷相传语。"

⑪ 近臣：经常在王左右的臣。尽：同"进"。规：规谏。

⑫ 亲戚：同族的亲属。古代父子兄弟亦称亲戚。补察：弥补、察见王的过失。

⑬ 史：太史，掌阴阳、天时、礼法之书。

⑭ 耆(qí)：六十岁。艾(ài)：五十岁。合称年高有德的人，此指王之老师。修之：韦昭曰："修理瞽史之教，以闻于王。"

⑮ 斟酌：原指筛酒，不满杯曰斟，满杯曰酌。引申为考虑、吸取、实行。

⑯ 悖：籀文作[illegible]，二"或"相反。此指违背道理。

⑰ 财用：财物费用。

⑱ 原：宽广而平坦的土地。隰(xí)：低下而潮湿的土地。衍：低下而平坦的土地。沃：有河流灌溉的土地。

⑲ 善败：成败，治乱，好坏。

⑳ 备：防范。

㉑ 阜：丰厚，增多。

㉒ 成而行之：成其美而施行之。

㉓ 与：亲附之人。

㉔ 国：宋公序本作"国人"。

言。三年，乃流王于彘①。

国语·越王句践灭吴②

越王句践棲于会稽之上③，乃号令④于三军曰："凡我父兄昆弟及国子姓⑤，有能助寡人谋而退吴者⑥，吾与之共知越国之政⑦。"大夫种进对曰⑧："臣闻之，贾人夏则资皮⑨，冬则资絺⑩，旱则资舟，水则资车，以待乏也。夫虽无四方之忧⑪，然谋臣与爪牙之士⑫，不可不养而择也。譬如蓑笠，时雨既至，必求之。今君王既栖于会稽之上，然后乃求谋臣，无乃后乎⑬？"句践曰："苟得闻子大夫⑭之言，何后之有？"执其手而与之谋。

---

① 彘(zhì)：地名，今山西霍州。

② 本篇选自《国语·越语上》。公元前 494 年，吴王夫差大败越王句践于夫椒，句践退守会稽，向吴国求和，越国成为吴之属国。其后，吴国全力北上与齐、晋争霸，而越国则利用机会，十年生聚，十年教训，富国强兵，终于灭掉吴国。

③ 越：春秋时越国，都会稽，今浙江绍兴。句践：春秋末年越国国君，公元前 497—前 465 年在位。夫椒败后，句践刻苦图强，终于灭吴。后曾迁都琅琊，会盟诸侯于徐州。棲(qī)：同"栖"。唐司马贞《史记索隐》引邹诞云："保山曰棲，犹鸟栖于木以避害也，故《六韬》曰：'军处山之高者则曰棲。'"会稽(kuàijī)：山名，又名防山、栋山，在今浙江绍兴东南。

④ 号令：传告。

⑤ 昆弟：兄弟。国子姓：国君的同姓。

⑥ 寡人：古代君主的自称。吴：春秋时吴国，始祖是周太王之子太伯，国都吴，今江苏苏州。

⑦ 知：管理，主持。政：政事。

⑧ 大夫种：大夫文种，字少禽，或作子禽，楚国郢人，春秋末年越国大夫。对：回答。

⑨ 贾(gǔ)人：商人，古代特指坐商。资：积蓄，收买。皮：皮货。

⑩ 絺(chī)：细葛布，夏季的衣料。

⑪ 四方之忧：外患。

⑫ 爪牙之士：武将。

⑬ 无乃后乎：恐怕太迟了吧？

⑭ 子大夫：指文种。子，"你"的尊称。大夫，称其官职。

遂使之行成[①]于吴曰："寡君句践乏无所使[②]，使其下臣种，不敢彻声闻于天王[③]，私于下执事[④]曰：寡君之师徒[⑤]，不足以辱君[⑥]矣，愿以金玉、子女赂君之辱[⑦]，请句践女女于王[⑧]，大夫女女于大夫，士女女于士，越国之宝器毕从[⑨]。寡君率越国之众，以从君之师徒，唯君左右之[⑩]。若以越国之罪为不可赦也，将焚宗庙，系妻孥[⑪]，沈[⑫]金玉于江；有带甲[⑬]五千人，将以致死[⑭]，乃必有偶[⑮]，是以带甲万人事君[⑯]也，无乃即伤君王之所爱[⑰]乎？与其杀是人也，宁其[⑱]得此国也，其孰利乎？"

夫差[⑲]将欲听与之成。子胥[⑳]谏曰："不可！夫吴之与越也，仇雠[㉑]

---

① 行成：议和。《左传》哀公元年："使大夫种因吴太宰嚭以行成。"

② 乏无所使：缺少可以差遣的人。此为谦词。

③ 彻：达。天王：吴王。

④ 下执事：下面办理政事的人。此指文种不敢直接向吴王求和，而是通过太宰嚭向吴王请和。

⑤ 师徒：军队。

⑥ 不足以辱君：韦昭曰："不足以屈辱君亲来讨也。"

⑦ 赂君之辱：奉献财物以酬谢国君的辱临。

⑧ 句践女：句践的女儿。女(nǜ)于王：以女嫁于吴王。

⑨ 毕从：全部带来。

⑩ 唯君左右之：听凭国君的调遣。

⑪ 系：拘禁。孥(nú)：儿子。表示令妻子儿子与自己同生死，不为吴所俘虏。

⑫ 沈(chén)：同"沉"。

⑬ 带甲：披甲的将士。

⑭ 致死：拼死效力。

⑮ 偶：对，两个。此指知道不免于死，必定拼命作战，以一当二。

⑯ 事君：伺候君王。此为婉转之辞，实际是指与吴王作战。

⑰ 君王之所爱：此指吴王的军队。

⑱ 宁其：宁可。"与其……宁其……"表示在二者中舍弃前者而选择后者。

⑲ 夫差：春秋末年吴国国君。公元前496年，吴王阖闾攻越，兵败受伤而死，其子夫差即位。公元前494年，夫差出兵为父复仇，大败越于夫椒。其后夫差挥师北上，败齐军于艾陵，会盟诸侯于黄池，与晋争霸。越军乘虚进攻，公元前473年灭吴，夫差自杀。

⑳ 子胥：伍员，字子胥。春秋时楚国人，因父兄被楚平王所杀，投奔吴国，曾助夫差攻破楚国。因劝吴拒绝越国求和，渐被疏远，公元前484年，被夫差迫令自杀。

㉑ 仇雠(chóu)：仇敌。

敌战之国也。三江环之[①]，民无所移，有吴则无越，有越则无吴，将不可改于是[②]矣。员闻之，陆人居陆，水人居水。夫上党之国[③]，我攻而胜之，吾不能居其地，不能乘其车。夫越国，吾攻而胜之，吾能居其地，吾能乘其舟。此其利也，不可失也已[④]，君必灭之。失此利也，虽悔之，必无及已。"越人饰美女八人，纳之太宰嚭[⑤]，曰："子苟赦越国之罪，又有美于此者将进之。"太宰嚭谏曰："嚭闻古之伐国者，服之而已。今已服矣，又何求焉。"夫差与之成而去之[⑥]。

句践说于国人曰："寡人不知其力之不足也，而又与大国执雠[⑦]，以暴露百姓之骨于中原。此则寡人之罪也。寡人请更[⑧]。"于是葬死者，问伤者，养生者，弔[⑨]有忧，贺有喜，送往者，迎来者，去民之所恶，补民之不足。然后卑事夫差，宦士三百人于吴[⑩]，其身亲为夫差前马[⑪]。

句践之地，南至于句无[⑫]，北至于御儿[⑬]，东至于鄞[⑭]，西至于姑蔑[⑮]，广运[⑯]百里。乃致[⑰]其父母昆弟而誓之曰："寡人闻，古之贤君，四方之民归之，若水之归下也。今寡人不能，将帅二三子夫妇以蕃[⑱]。"

---

① 三江环之：吴江、钱塘江、浦阳江把吴、越二国环抱于中。

② 将不可改于是：指吴、越二国无法并存之势不可改变。

③ 上党之国：指齐、鲁、郑、晋等中原各国。上，高。党，处所。

④ 已：同"矣"。

⑤ 纳：致送。太宰：官名，地位相当于宰相。嚭(pǐ)：伯嚭，春秋时楚伯州犁之孙，因楚杀犁而投奔吴国，先为大夫，此时任太宰。

⑥ 成：和解。去之：让文种离开吴国。

⑦ 执雠：结仇。

⑧ 更：改。

⑨ 弔：同"吊"。

⑩ 宦士三百人于吴：派三百人到吴国去当差。

⑪ 前马：韦昭曰："前驱，在马前也。"

⑫ 句无：山名，在今浙江诸暨南。句，同勾。

⑬ 御儿：地名，在今浙江嘉兴境。

⑭ 鄞(yín)：今浙江省宁波市鄞州区。

⑮ 姑蔑(miè)：地名，在今浙江衢州境。

⑯ 广运：面积。韦昭曰："百里之中，东西为广，南北为运。"

⑰ 致：招致，招集。

⑱ 二三子：你们。蕃：生息繁衍。

令壮者无取[1]老妇，令老者无取壮妻。女子十七不嫁，其父母有罪；丈夫[2]二十不娶，其父母有罪。将免[3]者以告，公令医守之。生丈夫，二壶酒，一犬；生女子，二壶酒，一豚；生三人，公与之母[4]；生二人，公与之饩[5]。当室者[6]死，三年释其政[7]；支子[8]死，三月释其政。必哭泣葬埋之，如其子[9]。令孤子、寡妇、疾疹[10]、贫病者，纳宦其子[11]。其达士[12]，絜[13]其居，美其服，饱其食，而摩厉[14]之于义。四方之士来者，必庙礼之[15]。句践载稻与脂[16]于舟以行，国之孺子之游者[17]，无不餔[18]也，无不歠[19]也，必问其名[20]。非其身之所种则不食，非其夫人之所织则不衣。十年不收于国[21]，民俱有三年之食。

国之父兄请曰："昔者夫差耻吾君于诸侯之国[22]。今越国亦节[23]矣，请报之。"句践辞曰："昔者之战也，非二三子之罪也，寡人之罪也。如寡

---

① 取：同"娶"。
② 丈夫：男子。韦昭曰："礼，三十而娶，二十而嫁。今不待礼者，务育民也。"
③ 免：同"娩"，生育。
④ 母：乳母。
⑤ 饩(xì)：口粮。
⑥ 当室者：嫡子。
⑦ 政：同"征"，赋役。嫡子死，免除其父三年赋役。
⑧ 支子：庶子。
⑨ 如其子：如同对待自己的儿子一样。
⑩ 疾：病。疹：麻疹等类传染病。
⑪ 纳宦其子：把他们的儿子送进官府来抚养教育。
⑫ 达士：贤达的人。
⑬ 絜：同"洁"。
⑭ 摩厉：同"磨砺"。劝勉，鼓励。
⑮ 庙礼之：韦昭曰："礼之于庙，告先君也。"
⑯ 稻与脂：大米和肉类。
⑰ 孺子：青年人。游者：外出学习的人。
⑱ 餔：给食物吃。
⑲ 歠(chuò)：给水喝。
⑳ 必问其名：必定询问他们的姓名。韦昭曰："为后将用也。"
㉑ 不收于国：国家不收赋税。
㉒ 耻吾君于诸侯之国：在各诸侯国面前侮辱我们国君。
㉓ 节：节度，克制。

人者，安与知耻？请姑无庸战[①]。”父兄又请曰：“越四封[②]之内，亲吾君也，犹父母也。子而思报父母之仇，臣而思报君之仇，其有敢不尽力者乎？请复战。”句践既许之，乃致其众而誓之曰：“寡人闻，古之贤君，不患其众之不足也，而患其志行之少耻[③]也。今夫差衣水犀之甲者亿[④]有三千，不患其行之少耻也，而患其众之不足也。今寡人将助天灭之。吾不欲匹夫之勇[⑤]也，欲其旅进旅退[⑥]。进则思赏，退则思刑，如此则有常赏[⑦]。进不用命[⑧]，退则无耻，如此则有常刑[⑨]。”果行[⑩]，国人皆劝[⑪]，父勉其子，兄勉其弟，妇勉其夫，曰：“孰是君也[⑫]，而可无死乎[⑬]？”是故败吴于囿[⑭]，又败之于没[⑮]，又郊败之[⑯]。

夫差行成，曰：“寡人之师从，不足以辱君矣。请以金玉、子女赂君之辱！”句践对曰：“昔天以越予吴，而吴不受命；今天以吴予越，越可以无听天之命，而听君之令乎？吾请达王甬句东[⑰]，吾与君为二君[⑱]乎。”夫

---

① 姑：暂且。庸：用。

② 四封：四境。封，疆界。

③ 患其志行之少耻：忧愁他们的志向行为不知羞耻。韦昭曰：“少耻，谓进不念功，临难苟免。”

④ 亿：十万。

⑤ 吾不欲匹夫之勇：我不赞成个人逞能的匹夫之勇。匹夫，平常人。

⑥ 旅进旅退：同进同退。旅，俱，一起。

⑦ 常赏：国家规定的赏赐。

⑧ 用命：听从命令。

⑨ 常刑：国家规定的刑罚。

⑩ 果行：果决地出发。

⑪ 劝：互相勉励。

⑫ 孰是君也：章昭曰：“孰，谁也。谁有恩惠如是君者。”

⑬ 而可无死乎：难道可以不为他誓死效力吗？

⑭ 囿：水名，即笠泽，今松江。公元前 478 年，越国败吴于囿。

⑮ 没：吴国的地名。

⑯ 郊败之：在吴都城的城郊打败吴，事在公元前 475 年。

⑰ 达：送达。甬：甬江，在今浙江省宁波市鄞州区东北。句：句章，在今浙江慈溪西南。《史记·吴世家》作“甬东”，即今之浙江舟山岛。

⑱ 吾与君为二君：章昭曰：“待之若二君。”

差对曰："寡人礼先一饭[①]矣，君若不忘周室，而为弊邑宸宇[②]，亦寡人之愿也。君若曰：'吾将残汝社稷，灭汝宗庙'，寡人请死。余何面目以视于天下乎！越君其次也[③]。"遂灭吴。

战国策·苏秦始将连横[④]

苏秦始将连横[⑤]，说秦惠王曰[⑥]："大王之国，西有巴、蜀、汉中之利[⑦]，北有胡貉、代马之用[⑧]，南有巫山、黔中之限[⑨]，东有肴、函之

---

① 礼先一饭：章昭曰："言己年长于越王，觉差一饭之间，欲以少长求免也。"

② 弊邑：吴国。宸(chén)：屋霤，屋檐下溜水之处。宇：屋边。吴始祖为周太王之子太伯，故夫差请求越看在吴与周王室的关系上，以屋宇之余庇覆吴国。

③ 其次也：进驻吴国的都城吧。次，舍，进驻。

④ 《战国策》，原名《国策》《国事》《事语》《短长》《长书》《修书》。西汉刘向校书时，作者已无可考，刘向以其内容为"战国时游士辅所用之国，为之策谋"，定名为《战国策》。全书经刘向校订整理，编订为三十三篇，四百九十七章，分别是东周一篇、西周一篇、秦五篇、齐六篇、楚四篇、赵四篇、魏四篇、韩三篇、燕三篇、宋卫一篇及中山一篇。其书记载了战国时期二百多年间的史事，尤着重于当时的谋臣策士以其雄辩的言辞和机智的运筹在各诸侯国之间纵横捭阖的活动。语言恣肆犀利，人物刻画生动细致。东汉高诱最早为《战国策》作注。北宋时正文注释均有散佚，曾巩为之校补复完。南宋姚宏续注，清黄丕烈重刊，即今流传三十三卷高诱注本。南宋鲍彪据曾巩本重新编注为十卷本，又经元吴师道校注，即今之鲍、吴十卷本。1978 年上海古籍出版社点校本以姚宏续注本为底本，汇集鲍、吴注文及黄丕烈《战国策札记》，并附录了马王堆汉墓出土帛书《战国纵横家书》的释文，可供参考。本篇底本即为 1978 年上海古籍出版社点校本《战国策》，叙述的是战国时洛阳策士苏秦西游入秦，劝秦以连横之策吞并天下，未被秦惠王采纳。苏秦返乡，受到家人冷遇，遂发愤苦读。一年后，苏秦以合纵之策游说燕、赵、韩、魏、齐、楚，终于使六国联合抗秦，自己也身佩六国相印，成为纵约之长。

⑤ 苏秦：战国时东周洛阳人，以合纵联合六国抗秦，为纵约长。纵约瓦解后，入齐为客卿，因与齐大夫争宠，被刺而死。连横：高诱注："连关中之谓横。"指秦国与东方齐国或楚国结盟来打击其他国家的策略。

⑥ 说(shuì)：劝说。秦惠王：战国时秦王，名嬴驷，公元前 337—前 311 年在位。

⑦ 巴：今四川东部。蜀：今四川西部。汉中：今陕西秦岭以南地区。

⑧ 胡：北方少数民族居住地区。貉(hé)：胡地产貉，毛皮可制裘。代：今河北、山西北部地区，出产马。

⑨ 巫山：山名，在今重庆市巫山县东。黔中：今湖南沅陵西，澧、沅、溆水上游一带，当时尚属楚国，为秦、楚边界。限：险阻。

固[1]。田肥美，民殷富，战车万乘，奋击[2]百万，沃野千里，蓄积饶多，地势形便[3]，此所谓天府[4]，天下之雄[5]国也。以大王之贤，士民之众，车骑之用，兵法之教，可以并诸侯，吞天下，称帝而治，愿大王少留意，臣请奏其效[6]。”

秦王曰：“寡人闻之，毛羽不丰满者不可以高飞，文章[7]不成者不可以诛罚，道德不厚者不可以使民[8]，政教不顺者不可烦大臣[9]。今先生俨然不远千里而庭教之[10]，愿以异日[11]。”

苏秦曰：“臣固疑大王不能用也。昔者神农伐补遂[12]，黄帝伐涿鹿而禽蚩尤[13]，尧伐欢兜[14]，舜伐三苗[15]，禹伐共工[16]，汤[17]伐有夏，文王伐崇[18]，武王伐纣[19]，齐桓任战而伯天下[20]。由此观之，恶[21]有不战者乎？

---

① 肴(xiáo)：同“崤”，山名，在今河南洛宁西北。函：函谷关。在今河南灵宝东北。

② 奋击：勇猛的战士。

③ 地势形便：鲍彪本曰：“地势与形，便于攻守。”

④ 天府：天然的府库。鲍彪本曰：“蓄聚之富，非人力也。”

⑤ 雄：强。

⑥ 效：征验。

⑦ 文章：法令。

⑧ 厚：大。使民：役使百姓。

⑨ 不顺：不顺应民心。烦：劳。

⑩ 俨然：庄严，慎重。庭：秦庭。

⑪ 异日：他日，将来。

⑫ 神农：即炎帝，传说中的古帝。补遂：古国名。

⑬ 黄帝：传说中的古帝。涿鹿：地名，在今河北涿鹿南。禽：同“擒”。蚩(chī)尤：传说中九黎族的首领。事见《史记·五帝本纪》。

⑭ 欢兜：传说为尧臣，被尧流放于崇山。事见《史记·五帝本纪》。

⑮ 三苗：古族名，又称有苗。

⑯ 共(gōng)工：传说为尧臣，被尧流放于幽州。禹伐共工，事见《荀子·成相》。

⑰ 汤：商族部落首领，攻灭夏桀，建立商朝。

⑱ 文王：周文王。崇：崇侯虎，为商纣王卿士，助纣为虐，文王伐之。

⑲ 武王：周武王。纣：商纣王。武王伐纣灭商，建立西周王朝。

⑳ 齐桓：齐桓公，春秋时齐国君，为春秋五霸之一。伯：同“霸”。

㉑ 恶(wū)：哪里，如何。

古者使车毂击驰[①]，言语相结[②]，天下为一；约从[③]连横，兵革不藏[④]；文士并餝[⑤]，诸侯乱惑，万端俱起，不可胜理；科条[⑥]既备，民多伪态；书策稠浊[⑦]，百姓不足；上下相愁，民无所聊[⑧]；明言章理，兵甲愈起；辩言伟服[⑨]，战攻不息；繁称文辞，天下不治；舌弊耳聋，不见成功；行义约信，天下不亲。于是，乃废文任武，厚养死士[⑩]，缀甲厉兵[⑪]，效胜[⑫]于战场。夫徒处而致利，安坐而广地[⑬]，虽古五帝、三王、五伯，明主贤君，常欲坐而致之，其势不能，故以战续之。宽则两军相攻，迫则杖戟相橦[⑭]，然后可建大功。是故兵胜于外，义强于内；威立于上，民服于下。今欲并天下，凌万乘，诎[⑮]敌国，制海内，子元元[⑯]，臣诸侯，非兵不可！今之嗣主，忽于至道，皆惛[⑰]于教，乱于治，迷于言，惑于语，沈于辩，溺于辞。以此论之，王固不能行也。”

说秦王书十上而说不行[⑱]。黑貂之裘弊[⑲]，黄金百斤尽[⑳]，资用乏

---

① 车毂击驰：车毂众多，相击而驰。毂，车轮中心圆木，车轴安于其中。

② 相结：互相结约。

③ 约从：即“约纵”。高诱注：“合关东之为从。”指东方六国联合抗秦的策略。

④ 不藏：无法收藏。

⑤ 文士：舌辩之士。餝：同“饬(chì)”，巧饰。

⑥ 科条：法令条规。

⑦ 书策：帛书简册。稠：多。浊：乱。书策稠浊，言文书多而混乱。

⑧ 聊：依赖。民无所聊，即民无所依赖。

⑨ 辩言：游说之士。伟服：盛服。

⑩ 死士：敢死之士。

⑪ 缀甲：缝好战甲。厉兵：磨利兵器。厉，同“砺”。

⑫ 效胜：制胜。

⑬ 安坐：安稳而坐。广地：扩展领土。

⑭ 橦：鲍彪本作“撞”。

⑮ 诎：屈服。

⑯ 元元：平民。

⑰ 惛：同“惽(hūn)”，不明。

⑱ 说不行：姚宏本曰：“苏秦之说，不见用也。”

⑲ 弊：坏。

⑳ 据《战国策·赵策一》，苏秦始说赵国李兑，李兑送之黑貂之裘、黄金百镒，苏秦因得以入秦。

绝，去秦而归。羸縢履蹻[①]，负书担橐[②]，形容枯槁，面目犁黑，状有归[③]色。归至家，妻不下纴[④]，嫂不为炊，父母不与言。苏秦喟叹[⑤]曰："妻不以我为夫，嫂不以我为叔，父母不以我为子，是皆秦之罪也!"乃夜发书，陈箧[⑥]数十，得《太公阴符》[⑦]之谋，伏而诵之，简练以为揣摩[⑧]。读书欲睡，引锥自刺其股，血流至足。曰："安有说人主不能出其金玉锦绣，取卿相之尊者乎?"期年[⑨]揣摩成，曰："此真可以说当世之君矣!"

于是乃摩燕乌集阙[⑩]，见说赵王于华屋之下[⑪]，抵掌[⑫]而谈。赵王大悦，封为武安[⑬]君，受相印，革车[⑭]百乘，绵绣千纯[⑮]，白璧[⑯]百双，黄金万溢[⑰]，以随其后，约从散横，以抑强秦。

故苏秦相于赵而关[⑱]不通。当此之时，天下之大，万民之众，王侯之威，谋臣之权，皆欲决苏秦之策[⑲]。不费斗粮，未烦一兵，未战一士，未绝一弦，未折一矢，诸侯相亲，贤[⑳]于兄弟。夫贤人在而天下服，一

---

① 羸(léi)：缠绕。鲍彪本作"嬴(yíng)"，缠裹。縢(téng)：裹腿。蹻(jué)：草鞋。

② 橐(tuó)：盛物的袋子。高诱注："有底曰囊，无底曰橐。"

③ 归：通"愧"，惭愧。

④ 纴(rèn)：织机。

⑤ 喟(kuì)叹：叹息。

⑥ 箧(qiè)：小箱。

⑦ 《太公阴符》：姜太公所著兵法。

⑧ 简：选择。练：熟练。揣摩：揣度研摩。

⑨ 期年：一年。

⑩ 摩：鲍彪本曰："言切近过之。"燕乌集阙：关塞名。

⑪ 赵王：赵肃侯，公元前349—前326年在位。华屋：高大华丽之屋。

⑫ 抵(zhǐ)掌：击掌。抵，侧击掌。

⑬ 武安：赵国城邑。

⑭ 革车：兵车。

⑮ 纯(tún)：段。

⑯ 璧：鲍彪本作"璧"，玉环。

⑰ 溢：同"镒"，二十两或二十四两为一镒。

⑱ 关：函谷关，是六国通向秦国的要道。《史记·苏秦列传》："苏秦既约六国从亲……秦兵不敢窥函谷关十五年。"

⑲ 决：取决于。策：策谋。

⑳ 贤：厚，胜过。

人用而天下从。故曰：式①于政，不式于勇；式于廊庙②之内，不式于四境之外。当秦之隆③，黄金万溢为用，转毂连骑④，炫熿⑤于道，山东⑥之国。从风而服⑦，使赵大重⑧。且夫苏秦特穷巷掘门、桑户棬枢之士耳⑨，伏轼撙衔⑩，横历⑪天下，廷说⑫诸侯之王，杜⑬左右之口，天下莫之能伉⑭。

将说楚王⑮，路过洛阳，父母闻之，清宫除道⑯，张乐设饮，郊迎三十里⑰。妻侧目而视⑱，倾耳而听⑲。嫂虵行匍伏⑳，四拜自跪而谢㉑。苏秦曰："嫂，何前倨㉒而后卑也？"嫂曰："以季子㉓之位尊而多金。"苏秦曰："嗟乎！贫穷则父母不子，富贵则亲戚畏惧。人生世上，势位富贵，

---

① 式：用。

② 廊庙：庙，宗庙，帝王祭祖先处。廊，庙东西有顶的过道。古代帝王常于廊庙议论朝政，以示庄重，后因称朝廷为廊庙。

③ 秦：苏秦。隆：盛。

④ 转毂连骑：形容随从的车骑众多，络绎于途。

⑤ 炫熿(huáng)：炫耀。

⑥ 山东：太行山以东，这里泛指东方六国。

⑦ 从风而服：如草顺风倒下一般服从苏秦的策谋。

⑧ 重：姚宏本曰："尊也。使天下诸王侯尊赵王也。"

⑨ 掘门：凿墙为门。桑户：以桑木为门户。棬(quān)枢：用枝条做成的门轴。

⑩ 轼：车前用作扶手的横木。撙(zǔn)：勒。衔：马嚼子。

⑪ 横历：横行。

⑫ 廷说：在朝廷上游说。

⑬ 杜：堵塞。

⑭ 伉：同"抗"。

⑮ 楚王：楚威王，公元前339—前329年在位。

⑯ 清宫：清扫房舍。除道：整修道路。

⑰ 郊迎三十里：出城郊外三十里迎接，以示隆重。

⑱ 侧目而视：不敢正视。

⑲ 倾耳而听：倾，侧。形容非常注意地听。

⑳ 虵(shé)行：同"蛇行"，曲折而行。匍伏：匍匐。

㉑ 谢：谢罪。

㉒ 倨：傲慢。

㉓ 季子：谯周曰："秦字季子。"唐司马贞《史记索隐》曰："此嫂呼小叔为季子，未必字也。"

盖可忽乎哉①!”

史 评

史通·二体②

三五之代，书有典坟③，悠哉邈矣④，不可得而详。自唐虞以下迄于周，是为《古文尚书》⑤。然世犹淳质，文从简略，求诸备体，固以阙如⑥。既而丘明传《春秋》，子长著《史记》，载笔之体⑦，于斯备矣。后来继作，相与因循，假有改张，变其名目，区域有限，孰能逾此！盖荀悦、

---

① 盖(hé)：通“盍”，难道，岂。忽：忽视。

② 《史通》，我国古代第一部史学理论著作。唐刘知幾(661—721年)撰，成书于中宗景龙四年(710年)。共二十卷，分内、外篇，各十卷。内篇专论史籍的源流、体例和编撰方法，外篇多论史官建置沿革和史籍的得失。作者把已有的史书体例归纳为六家，并以编年、纪传作为正史的二体。他主张“直书”，反对“曲笔”，指摘所谓春秋笔法是“爱憎由己”“厚诬来世”；史书的内容应该详近而略远，史家对史料必须“博采”和“善择”；史家必须具备才、学、识三长，而尤以史识最为重要。该书第一次对唐以前中国史学进行了全面而系统的总结，对史书的编写和史学批评理论的发展产生了深远的影响。该书的注本，可参看清人浦起龙的《史通通释》，以及今人吕思勉的《史通评》、程千帆的《史通笺记》、赵吕甫的《史通新校注》等。本篇底本为1978年上海古籍出版社点校本《史通通释》。本文选自《史通》卷二，原列内篇第二。作者分举《春秋》(实为《左传》)和《史记》得失，比较编年、纪传二体的长短，认为二者“各有其美”，应当“并行于世”。

③ 三五：三皇五帝。典坟：《史通·古今正史》引伪《尚书·孔安国序》云：“伏羲、神农、黄帝之书谓之《三坟》，言大道也；少昊、颛顼、高辛、唐、虞之书谓之《五典》，言常道也。”《三坟》《五典》为传说中我国最古的书籍。

④ 悠：《尔雅·释诂上》：“悠，遐也。”郭璞注：“遐，亦远也。”邈：《广雅·释诂一》：“邈，速也。”

⑤ 《古文尚书》：此指东晋豫章内史梅赜献的伪古文《尚书》。

⑥ 阙如：欠缺。阙，同“缺”。如，助词，然。

⑦ 载笔之体：载笔，本为携带文具记录王事。《礼记·曲礼上》：“史载笔，士载言。”注：“笔，谓书具之属。”疏：“史谓国史，书录王事者。王若举动，史必书之。王若行往，则史载书具而从之也。”载笔之体，此指史书的体裁。

张璠[1]，丘明之党也；班固、华峤[2]，子长之流也。惟此二家，各相矜尚。必辨其利害，可得而言之。

夫《春秋》者，系日月而为次，列时岁以相续，中国外夷，同年共世，莫不备载其事，形于目前。理尽一言，语无重出。此其所以为长也。至于贤士贞女，高才儁[3]德，事当冲要[4]者，必盱衡[5]而备言；迹在沈冥[6]者，不枉道而详说。如绛县之老[7]，杞梁之妻[8]，或以酬晋卿而获记，或以对齐君而见录。其有贤如柳惠[9]，仁若颜回[10]，终不得彰其名氏，显其言行。故论其细也，则纤芥无遗；语其粗也，则丘山是弃。此其所以为短也。

《史记》者，纪以包举大端，传以委曲[11]细事，表以谱列[12]年爵，志以总括遗漏，逮于天文地理国典朝章，显隐必该[13]，洪纤靡失。此其所以为长也。若乃同为一事，分为数篇，断续相离，前后屡出，于《高纪》则

---

① 荀悦（148—209年）：字仲豫，东汉时史学家，颍川颍阴（今河南许昌）人，曾依《左传》体裁，撰成《汉纪》三十卷。张璠：西晋人，著《后汉纪》三十卷。

② 华峤：字叔骏，西晋人，著有《后汉书》九十七卷。原书已佚，有辑本。

③ 儁（jùn）：通“俊”，才智出众。

④ 事当冲要：指有关国政的大事。

⑤ 盱（xū）衡：举目扬眉。盱，张目。衡，眉毛上扬。

⑥ 沈冥：与上文“冲要”相对，指无关国政的琐事。沈，同“沉”。

⑦ 绛县之老：据《左传》襄公三十年载，春秋时晋国绛县（今山西翼城东南）有一位老人，无子供养，参加修筑杞城以求食。有人问他的年龄，老人说已过了四百四十五个甲子，经推算已七十三岁了。后来晋国执政大夫赵武召见了他，并给以田地，让他做了小官。

⑧ 杞梁之妻：梁名殖，春秋时齐大夫。据《左传》襄公二十三年载，杞梁从齐庄公袭莒，被俘身死。庄公归，遇其妻于郊，使人吊之。她说：“殖之有罪，何辱命焉！若免于罪，犹有先人之敝庐在，下妾不得与郊吊。”庄公遂亲自去她家吊问。

⑨ 柳惠：即春秋时鲁国大夫展禽。食邑在柳下，谥惠，故又称柳下惠。孟子称之为“圣之和者”。

⑩ 颜回：春秋鲁人，字子渊，又称颜渊，孔子的得意门生，以德行著称。

⑪ 委曲：用为动词，指记叙事情的底细和原委。

⑫ 谱列：指以表格的方式分类编排。

⑬ 该：《广韵·咍韵》：“该，备也。”

云语在《项传》[①]，于《项传》则云事具《高纪》。又编次同类，不求年月，后生而擢居首帙，先辈而抑归末章。遂使汉之贾谊将[②]楚屈原同列，鲁之曹沫[③]与燕荆轲并编。此其所以为短也。

考兹胜负，互有得失。而晋世干宝[④]著书，乃盛誉丘明而深抑子长。其义云：能以三十卷之约，括囊二百四十年之事，靡有遗也。寻其此说，可谓劲挺之词乎？案春秋时事，入于左氏所书者，盖三分得其一耳。丘明自知其略也，故为《国语》以广之。然《国语》之外，尚多亡逸，安得言其括囊靡遗者哉？向使丘明世为史官，皆仿《左传》也，至于前汉之严君平、郑子真[⑤]，后汉之郭林宗、黄叔度[⑥]，晁错、董生[⑦]之对策，刘向、谷永[⑧]之上书，斯并德冠人伦，名驰海内，识洞幽显，言穷军国[⑨]。或以身隐位卑，不预朝政[⑩]；或以文烦事博，难为次序[⑪]。皆略而不书，斯则可也。必情有所吝[⑫]，不加刊削，则汉氏[⑬]之志传百卷，并列于十二纪

---

① 《高纪》：指《高祖本纪》。《项传》：指《项羽本纪》。

② 将：与。

③ 曹沫：即曹刿，春秋鲁国人。鲁庄公十年(公元前684年)齐攻鲁，他从鲁庄公战于长勺，大败齐军。

④ 干宝：字令升，东晋史学家，著有《晋纪》二十卷，已佚。

⑤ 严君平：一作庄君平，西汉隐士，卖卜于成都市，日阅数人，得百钱足以自养，即闭门讲授《老子》。著有《老子指归》，已佚。郑子真：西汉隐士，名朴，成帝时，大将军王凤以礼相聘，被他拒绝。

⑥ 郭林宗：名泰，东汉末为太学生首领。不受官府征召，后归乡里。党锢祸起，遂闭门教授，弟子数千人。黄叔度：名宪，东汉慎阳(今河南正阳北)人，隐居不仕，以德行名世。

⑦ 晁错：西汉政论家。董生：即董仲舒，西汉著名的今文经学家，著有《春秋繁露》传世。

⑧ 刘向：字子政，西汉经学家、目录学家，著有《别录》(已佚)、《洪范五行传》、《新序》、《说苑》等。谷永：字子云，西汉长安人，善言阴阳灾异，成帝时屡次上疏论时政得失。官至大司农。

⑨ 言穷军国：指其言论说尽了治理国家军政大事的道理。

⑩ “或以身隐位卑”二句：指严君平、郑子真、郭林宗、黄叔度诸人。

⑪ “或以文烦事博”二句：指晁错、董仲舒、刘向、谷永诸人。

⑫ 吝：《说文解字·口部》：“吝，恨惜也。”王筠句读：“恨、惜固是一义引申……又恨、惜兼之。”

⑬ 汉氏：指班固《汉书》。

中，将恐碎琐多芜，阑单[①]失力者矣。故班固知其若此，设纪传以区分，使其历然可观，纲纪有别。荀悦厌其迂阔，又依左氏成书，翦截班史，篇才三十，历代褒之，有逾本传。

然则班荀二体，角力[②]争先，欲废其一，固亦难矣。后来作者，不出二途。故《晋史》有王、虞[③]，而副以干《纪》[④]；《宋书》有徐、沈[⑤]，而分为裴《略》[⑥]。各有其美，并行于世。异夫令升之言，唯守一家而已。

史通·直书[⑦]

夫人禀五常[⑧]，士兼百行[⑨]，邪正有别，曲直不同。若邪曲者，人之所贱，而小人之道也；正直者，人之所贵，而君子之德也。然世多趋邪而弃正，不践君子之迹，而行由小人者，何哉？语曰："直如弦，死道边；曲如钩，反封侯。"[⑩]故宁顺从以保吉，不违忤以受害也。况史之为务，申以劝诫，树之风声[⑪]。其有贼臣逆子，淫君乱主，苟直书其事，不掩其瑕，则秽迹彰于一朝，恶名被于千载。言之若是，吁可畏乎！

夫为于可为之时则从，为于不可为之时则凶。如董狐之书法不隐，

---

① 阑单：即"阑殚"，力尽疲乏的样子。一谓破裂状，指文章割裂，体例破碎。

② 角力：比武，此指竞争。

③ 王：王隐，字处叔，晋人，著有《晋书》八十九卷。虞：虞预，字叔宁，与王隐同时，著有《晋书》四十四卷。唐修《晋书》成，王、虞书俱废，今皆亡佚。

④ 干《纪》：指干宝《晋纪》。

⑤ 徐：徐爰，南朝宋人，著有《宋书》六十五卷，已佚。沈：沈约，字休文，南朝梁人，著有《宋书》一百卷。

⑥ 裴《略》：指裴子野《宋略》。裴子野，字几原，南朝梁人，裴松之曾孙。《宋略》是他据沈约《宋书》改写而成的，共二十卷，今佚。

⑦ 本篇选自刘知幾《史通》卷七，主要论述了"史笔"问题。我国古代史家记载历史，有直书和曲笔两种笔法。直书就是如实记载，曲笔则是故意隐瞒、歪曲、篡改史实。作者鉴于当时曲笔成风的情况，写就此文，力主直书，反对曲笔。

⑧ 五常：指仁、义、礼、智、信。

⑨ 百行(xìng)：指各种行为。

⑩ "直如弦"四句：这是东汉顺帝末年京师的童谣，见《后汉书·五行志》。

⑪ 风声：风教。引申为风气。

赵盾之为法受屈①，彼我无忤，行之不疑，然后能成其良直，擅名今古。至若齐史之书崔弑②，马迁之述汉非③，韦昭仗正于吴朝④，崔浩犯讳于魏国⑤，或身膏斧钺⑥，取笑当时；或书填坑窖，无闻后代。夫世事如此，而责史臣不能申其强项⑦之风，励其匪躬⑧之节，盖亦难矣。是以张俨发愤，私存《嘿记》之文⑨；孙盛不平，窃撰辽东之本⑩。以兹避祸，幸获两全。足以验世途之多隘，知实录之难遇耳。

然则历考前史，征诸直词，虽古人糟粕，真伪相乱，而披沙拣金⑪，

---

① “如董狐”二句：董狐，春秋晋国史官。赵盾，春秋晋国正卿。鲁宣公二年(公元前607年)，赵盾因避晋灵公的杀害而出亡，未离境，其堂弟赵穿攻杀晋灵公。董狐认为赵盾身为执政大臣，灵公被杀时尚未出境，回来后又不惩办凶手，应负弑君的责任，便在史策上写：“赵盾弑其君。”孔子就此评论说：“董狐，古之良史也，书法不隐；赵宣子(赵盾)，古之良大夫也，为法受恶。”事详《左传》宣公二年。

② “至若”句：鲁襄公二十五年(公元前548年)，齐大夫崔杼杀害了齐庄公。齐太史记道：“崔杼弑其君。”崔杼于是把太史杀掉。太史的两个弟弟继续这样写，又被杀。剩下的幼弟还是直书其事，崔杼不敢再杀。事详《左传》襄公二十五年。

③ “马迁”句：司马迁作《史记》，其中曾抨击汉文帝，说他“赏太轻，罚太重”，又指责汉武帝，说他穷兵黩武、卖官鬻爵。

④ “韦昭”句：韦昭，字弘嗣，三国时吴史官。吴主孙皓即位后，令韦昭为其父孙和作“纪”。韦昭认为孙和未当皇帝，只能立传。孙皓怀恨在心，后借故杀害了韦昭。仗正，主持正义。

⑤ “崔浩”句：崔浩，字伯渊，北魏时官太常卿，于神麚二年(429年)奉诏编撰《魏书》。浩据事直书，受到一些鲜卑贵族的怨恨。450年，以修史暴露“国恶”的罪名被杀。

⑥ 身膏斧钺：意谓被处死。膏，《广雅·释言》：“膏，泽也。”《集韵·号韵》：“膏，润也。”

⑦ 强项：不肯低头，比喻刚直不屈。

⑧ 匪躬：《易·蹇》：“王臣蹇蹇，匪躬之故。”疏：“尽忠于君，匪以私身之故，而不往济君，故曰匪躬之故。”意谓奋不顾身。一说匪躬为不弯腰，喻刚直不阿。

⑨ “张俨”二句：张俨，字子节，三国吴郡人，博闻多识，任吴大鸿胪。张俨曾使西晋，晋贾充、荀勖以史事相难，后发愤撰《嘿记》三卷，收藏起来。嘿，同“默”。

⑩ “孙盛”二句：东晋孙盛在其所撰《晋阳秋》一书中，据事直书，得罪了专擅朝政的大司马桓温。温逼孙盛之子修改。孙盛为保存真实的记载，私下将原稿另抄一份，寄给辽东慕容儁收藏。故《晋阳秋》有两种本子传世，而内容有所不同。

⑪ 披沙拣金：比喻细心挑选。披，分开，分解。

有时获宝。案金行在历①，史事尤多。当宣、景②开基之始，曹、马③构纷之际，或列营渭曲，见屈武侯④，或发仗云台，取伤成济⑤。陈寿、王隐咸杜口而无言⑥，陆机、虞预各栖毫而靡述⑦。至习凿齿⑧，乃申以死葛走达之说，抽戈犯跸⑨之言，历代厚诬，一朝始雪。考斯人之书事，盖近古之遗直欤？次有宋孝王《风俗传》⑩、王劭《齐志》⑪，其叙述当时，亦务在审实。案于时河朔⑫王公，箕裘未陨⑬；邺城⑭将相，薪构⑮仍存。

---

① 金行：指西晋。按五行说法，晋朝以金德王天下。历：由天命预定的帝王统治的时间。

② 宣：晋宣帝司马懿(字仲达)。景：晋景帝司马师。

③ 曹、马：指曹魏统治集团与司马氏集团。

④ “或列营”二句：234年，武乡侯诸葛亮据武功(今陕西眉县)五丈原，与司马懿相持于渭南。其年八月，诸葛亮病死军中，杨仪等整军而出。司马懿得知，立即追击。姜维令杨仪反旗鸣鼓，假装与魏军交战。司马懿畏惧，不敢进逼。杨仪结队从容撤走。百姓为之谚曰：“死诸葛走生仲达。”

⑤ “或发仗”二句：甘露五年(260年)，魏帝曹髦在凌云台铠仗授兵，讨伐司马昭。司马昭命太子舍人成济刺杀曹髦，另立曹奂为帝。

⑥ 陈寿：西晋人，撰《三国志》。王隐：西晋人，撰《晋书》九十三卷，已佚。

⑦ 陆机：西晋人，撰《晋纪》四卷，已佚。虞预：西晋人，撰《晋书》四十四卷，已佚。栖毫：停笔。栖，亦作“棲”，《说文·西》：“西，鸟在巢上，象形。日在西方而鸟栖，故因以为东西之西。……或从木、妻。”

⑧ 习凿齿：东晋人，撰《汉晋春秋》四十七卷，已佚。

⑨ 抽戈犯跸：指成济刺杀曹髦一事。语见干宝《晋纪》，作者误记为出于习书。跸，泛指帝王出行的车驾。

⑩ 宋孝王《风俗传》：宋孝王，北魏人，撰《朝士别录》。北周武帝宇文邕灭北齐后，改为《关东风俗传》。

⑪ 《齐志》：隋王劭撰，共十卷，已佚。

⑫ 河朔：古代泛指黄河以北地区。此指北魏。

⑬ 箕裘未陨：意指北魏王公后裔依然当政。箕裘，语出《礼记·学记》：“良冶之子，必学为裘；良弓之子，必学为箕。”比喻继承祖先事业。

⑭ 邺城：在今河北临漳，北齐建都于此。这里指北齐。

⑮ 薪构：即“薪传”“堂构”。薪传，即薪尽火传，意谓柴虽尽，火种仍留传。语出《庄子·养生主》，比喻师徒传技。堂构，立堂基，造屋宇。语出《尚书·大诰》，比喻先人的遗业。

而二子书其所讳，曾无惮色。刚亦不吐[①]，其斯人欤？

盖烈士徇名[②]，壮夫重气，宁为兰摧玉折，不作瓦砾长存。若南、董之仗气直书，不避强御；韦、崔之肆情奋笔，无所阿容[③]。虽周身之防有所不足，而遗芳余烈，人到于今称之。与夫王沈《魏书》，假回邪以窃位[④]，董统《燕史》[⑤]，持谄媚以偷荣，贯三光而洞九泉[⑥]，曾未足喻其高下也。

文史通义·书教下[⑦]

《易》曰："筮之德圆而神，卦之德方以智。"[⑧]间尝窃取其义以概古今

---

① 刚亦不吐：比喻不畏强暴。语出《诗经·大雅·烝民》："维仲山甫，柔亦不茹，刚亦不吐。"

② 徇名：舍身而求取美名。

③ 阿容：曲意容忍。

④ 王沈：西晋人，奉诏修《魏书》四十八卷，内多曲笔，已佚。回邪：不正、枉曲。

⑤ 董统：后燕慕容垂建兴元年(386年)，董统奉敕修《后燕书》三十卷，对后燕建国的历史多有褒美失实之辞。原书已佚。

⑥ 三光：指日、月、星。九泉：指地下。

⑦ 《文史通义》，史论性著作。清章学诚(1738—1801年)撰。一本八卷，一本九卷。学诚字实斋，号少岩，会稽(今浙江绍兴)人。乾隆进士，曾习刘宗周、黄宗羲之学，后师朱筠，于史学理论多所建树。书始撰于乾隆三十六年(1771年)，逝世前尚未全部完成。分内篇、外篇两部分。内篇，大梁本五卷，嘉业堂本六卷，皆泛论文史，尤侧重于史。外篇两本皆三卷，大梁本多论方志纂修，嘉业堂本则多为序跋书说。作者提出"六经皆史"的著名观点。分史书为"著述"和"记注"两类，推重"著述"。提倡编著通史，并论其短长利弊。在刘知幾史学"三长"(才、学、识)论基础上，更倡"史德"之说。突出方志的史学性质，并明其内容与体例，均多所创见。对学术源流、文学流变、文章得失等亦有论述，颇具才识。该书为刘知幾《史通》以后最为著名的史学论著。本篇底本为嘉业堂本《章氏遗书》，选自《文史通义·内篇》。《书教》分上、中、下三篇，此为下篇。该文提出不少值得重视的见解，历来为历史编纂学研究者所推崇。

⑧ "《易》曰"二句：语见《周易·系辞上》。筮，原文作"蓍"，为古人占卜所用的一种草。智，与"知"通。晋韩康伯注："圆者，运而不穷；方者，止而有分。""蓍以圆象神，卦以方象知也。"唐孔颖达《正义》："蓍之变通则无穷，神之象也；卦列爻分有定体，知之象也。"

之载籍[1]，撰述[2]欲其圆而神，记注[3]欲其方以智也。夫"智以藏往，神以知来"[4]，记注欲往事之不忘，撰述欲来者之兴起，故记注藏往似智，而撰述知来拟神也。藏往欲其赅备无遗，故体有一定而其德为方；知来欲其决择去取，故例不拘常而其德为圆。周官三百六十，天人官曲之故[5]，可谓无不备矣。然诸史皆掌记注，而未尝有撰述之官(祝史命告[6]，未尝非撰述，然无撰史之人，如《尚书·誓诰》自出史职，至于《帝典》诸篇，并无应撰之官)，则传世行远之业，不可拘于职司，必待其人而后行，非圣哲神明，深知二帝三王[7]精微之极致，不足以与此。此《尚书》之所以无定法[8]也。

《尚书》《春秋》，皆圣人之典也。《尚书》无定法，而《春秋》有成例。故《书》之支裔折入《春秋》[9]，而《书》无嗣音。有成例者易循，而无定法者难继，此人之所知也。然圆神方智，自有载籍以还，二者不偏废也。不能究六艺之深耳，未有不得其遗意者也。史氏继《春秋》而有作，莫如马班；马则近于圆而神，班则近于方以智也。

《尚书》一变而为左氏之《春秋》，《尚书》无成法而左氏有定例，以纬经也；左氏一变而为史迁之纪传，左氏依年月，而迁书分类例，以搜逸

---

① 载籍：即书籍。

② 撰述：章氏指史书。

③ 记注：章氏指史料。

④ 引文见《周易·系辞上》。原文为"神以知来，知以藏往"。孔颖达《正义》："以蓍望卦，则是知卦象将来之事，故言'神以知来'。以卦望蓍，则是聚于蓍象往去之事，故言'知以藏往'也。"

⑤ 天人：天道人事。官：取法。《礼记·礼运》："其降曰命，其官于天也。"疏："官犹法也。言圣人所以下为教命者，皆是取法于天也。"曲：曲折。

⑥ 祝史：古司祝之官。因用辞以事神，故称祝；执书以事神，故称史。命告：祝史祷天之辞。

⑦ 二帝三王：二帝，尧、舜；三王，夏禹、商汤、周文王。

⑧ 无定法：章氏于《书教上》内对此有论述。

⑨ 《书》之支裔折入《春秋》：指《尚书》既记事又记言，而《春秋》则采其记事的部分。

也①；迁书一变而为班氏之断代，迁书通变化，而班氏守绳墨②，以示包括也。就形貌而言，迁书远异左氏，而班史近同迁书，盖左氏体直，自为编年之祖，而马、班曲备③，皆为纪传之祖也。推精微而言，则迁书之去左氏也近，而班史之去迁书也远。盖迁书体圆用神，多得《尚书》之遗；班氏体方用智，多得《官礼》之意也④。

迁书纪、表、书、传，本左氏而略示区分，不甚拘拘⑤于题目也。《伯夷列传》乃七十篇之序例⑥，非专为《伯夷传》也。《屈贾列传》所以恶绛、灌之谗⑦，其叙屈之文，非为屈氏表忠，乃吊贾之赋⑧也。《仓公》录其医案⑨，《货殖》兼书物产，《龟策》但言卜筮⑩，亦有因事命篇之意，初不沾沾⑪为一人具始末也。《张耳陈余》因此可以见彼耳⑫。《孟子荀卿》总

---

① 分类例：指《史记》分本纪、表、世家、列传等。搜逸：逸，散失，指纪传体可以记述更为广泛的内容。

② 班氏守绳墨：指班固沿用《史记》成例。

③ 曲：曲折。备：完备。指纪传体体裁之多样化。

④ 《官礼》：即《周礼》，又名《周官》。章氏认为"《官礼》制密，而后记注有成法"，《汉书》体例详备，故曰得《官礼》之意。

⑤ 拘拘(gōugōu)：拳曲不伸。《释文》："拘拘，郭(象)音驹，司马(彪)云，体拘挛也。"

⑥ "《伯夷列传》"一句：《伯夷列传》是《史记》七十列传的第一篇，此篇事实少而议论多，故章氏认为它是列传的序例。

⑦ 《屈贾列传》：即《屈原贾生列传》，见《史记》卷八十四。绛：指绛侯周勃；灌：指颍阴侯灌婴。汉文帝时，贾谊建议迁诸侯王于封国就食，以加强中央集权，遭到周勃、灌婴等人的反对和排挤，被贬为长沙王太傅。

⑧ 吊贾之赋：贾谊被贬，去长沙渡湘水时，作《吊屈原赋》，以发泄自己的苦闷心情。

⑨ 《仓公》录其医案：仓公，即汉文帝时之名医淳于意，因他曾任齐太仓令，故号。《史记·仓公列传》详载他为人治病的医案。

⑩ "《龟策》"一句：《史记》卷一百二十八《龟策列传》详细记载了龟卜的方法。

⑪ 沾沾：《史记·魏其武安侯列传》："魏其者，沾沾自喜耳。"《集解》："沾沾，言自整顿也。"此处为自以为得意之意。

⑫ "《张耳陈余》"一句：《张耳陈余列传》见《史记》卷八十九。张、陈皆为西汉初年人，二人初为至交，后反目成仇。《史记》为二人立合传，二人事迹可以互见。

括游士著书耳[①]。名姓标题，往往不拘义例，仅取名篇，譬如《关雎》《鹿鸣》，所指乃在嘉宾、淑女[②]。而或且讥其位置不伦（如孟子与三邹子[③]），或又摘其重复失检（如子贡已在《弟子传》，又见于《货殖》）。不知古人著书之旨，而转以后世拘守之成法，反訾[④]古人之变通，亦知迁书体圆而用神，犹有《尚书》之遗者乎！

迁《史》不可为定法，固《书》因迁之体而为一成之义例，遂为后世不祧之宗[⑤]焉。三代以下，史才不世出，而谨守绳墨，待其人而后行，势之不得不然也。然而固《书》本撰述而非记注，则于近方近智之中，仍有圆且神者以为之裁制，是以能成家而可以传世行远也。后史失班史之意，而以纪、表、志、传同于科举之程式，官府之簿书[⑥]，则于记注、撰述两无所似，而古人著书之宗旨不可复言矣。史不成家而事文[⑦]皆晦，而犹拘守成法，以谓其书固祖马而宗班也，而史学之失传也久矣！

宪法久则必差[⑧]，推步后而愈密[⑨]，前人所以论司天[⑩]也，而史学亦复类此。《尚书》变而为《春秋》，则因事命篇，不为常例者，得从比事属辞为稍密矣。《左》《国》变而为纪传，则年经事纬，不能旁通者，得从类别区分为益密矣。纪传行之千有余年，学者相承，殆如夏葛冬裘，渴饮

---

① “《孟子荀卿》”一句：《孟子荀卿列传》见《史记》卷七十四。传中兼载邹忌、邹衍、淳于髡、慎到、環渊、接子、田骈、邹奭诸子的事迹学说。

② “《关雎》《鹿鸣》”一句：《关雎》《鹿鸣》为《诗经》中的篇名。前者描写男女相恋，旨在淑女应以君子为配偶；后者旨在宴乐嘉宾。

③ 三邹子：即邹忌、邹衍、邹奭，三人皆为阴阳家，孟子为儒家，所以有人讥其位置不伦。

④ 訾（zī）：诋毁。

⑤ 不祧之宗：祧（tiāo），祖庙。不祧之宗指永远奉祀而不迁的祖宗。此处用来比喻《汉书》为后世建立了不变的史书体裁。

⑥ 簿书：即文书簿册。

⑦ 事文：即史事与文章。

⑧ 宪法久则必差：宪法，指历法。历法应用日久就会出现误差。

⑨ 推步后而愈密：推步，指历法的推算。《后汉书》注：“推步，谓究日月五星之度，昏旦节气之差。”这些推算方法越晚近越精密。

⑩ 司天：主管天象之事。

饥食，无更易矣。然无别识心裁，可以传世行远之具[1]，而斤斤[2]如守科举之程式，不敢稍变，如治胥吏之簿书，繁不可删。以云方智，则冗复疏舛[3]，难为典据；以云圆神，则芜滥浩瀚，不可诵识。盖族[4]史但知求全于纪、表、志、传之成规，而书为体例所拘；但欲方圆求备，不知纪传原本《春秋》，《春秋》原合《尚书》之初意也。《易》曰："穷则变，变则通，通则久。"[5]纪传实为三代以后之良法，而演习既久，先王之大经大法，转为末世拘守之纪传所蒙，曷可不思所以变通之道欤？

左氏编年，不能曲分类例。《史》《汉》纪、表、传、志，所以济[6]类例之穷也。族史转为类例所拘，以致书繁而事晦；亦犹训诂注疏所以释经，俗师反溺训诂注疏而晦经旨也。夫经为解晦[7]，当求无解之初；史为例拘，当求无例之始。例自《春秋》左氏始也，盍[8]求《尚书》未入《春秋》之初意欤？

神奇化臭腐，臭腐复化为神奇[9]，解《庄》书者，以谓天地自有变化，人则从而奇腐云耳。事屡变而复初，文饰穷而反质，天下自然之理也。《尚书》圆而神，其于史也，可谓天之至矣。非其人不行，故折入左氏，而又合流于马、班。盖自刘知幾以还，莫不以谓《书》教中绝，史官不得衍其绪矣[10]。又自《隋·经籍志》著录，以纪传为正史，编年为古史，历代依之，遂分正附，莫不甲纪传而乙编年[11]。则马、班之史，以支子而

---

① 具：才能。

② 斤斤：原意为"聪明鉴察"，后引申为拘谨或过分计较之意。

③ 冗复疏舛：重复错乱。

④ 族：众也。

⑤ 引文见《周易·系辞下》。意为改革才可通达，通达则可长久。穷，身弓于穴，表示无出路之意。

⑥ 济：《说文》："从水，齐声。"原意为渡河，如《左传》文公三年："秦伯伐晋，济河焚舟。"后引申出成、成就之意。

⑦ 经为解晦：经意被注释所遮盖了。

⑧ 盍：何不。

⑨ "神奇"二句：见《庄子·知北游》。意为万物变化皆周而复始，循环不息。

⑩ 衍：延长。绪：事业。

⑪ 甲纪传而乙编年：甲、乙表示次序的先后。古目录学家以纪传体为正史，故将纪传体史书置于编年体史书之前。

嗣《春秋》，荀悦、袁宏[①]，且以左氏大宗而降为旁庶矣。司马《通鉴》，病纪传之分而合之以编年；袁枢《纪事本末》[②]，又病《通鉴》之合而分之以事类。按《本末》之为体也，因事命篇，不为常格，非深知古、今大体，天下经纶，不能网罗隐括[③]，无遗无滥。文省于纪传，事豁于编年，决断去取，体圆用神，斯真《尚书》之遗也。在袁氏初无其意，且其学亦未足与此，书亦不尽合于所称，故历代著录诸家，次其书于杂史，自属纂录之家便观览耳。但即其成法，沉思冥索，加以神明变化，则古史之原隐然可见。书有作者甚浅而观者甚深，此类是也。故曰：神奇化臭腐，而臭腐复化为神奇，本一理耳。

夫史为记事之书，事万变而不齐，史文屈曲而适如其事，则必因事命篇，不为常例所拘，而后能起讫自如，无一言之或遗而或溢也。此《尚书》之所以神明变化，不可方物[④]；降而左氏之传，已不免于以文狥[⑤]例，理势不得不然也。以上古神圣之制作，而责于晚近之史官，岂不悬绝[⑥]欤！不知经不可学而能，意固可师而仿也，且《尚书》固有不可尽学者也。即《纪事本末》，不过纂录小书，亦不尽取以为史法，而特以义有所近，不得以辞害意也。斟酌古今之史，而定文质[⑦]之中，则师《尚书》之意，而以迁《史》义例通左氏之裁制焉，所以救纪传之极弊，非好为更张也。

纪传虽创于史迁，然亦有所受也。观于《太古年纪》《夏殷春秋》《竹书纪年》[⑧]，则本纪编年之例，自文字以来即有之矣。《尚书》为史文之别具[⑨]，如用左氏之例而合于编年，即传也。以《尚书》之义为《春秋》之传，

---

① 荀悦：字仲豫，东汉献帝时撰编年体史书《汉纪》三十卷。袁宏：字彦伯，东晋时的文学家、史学家，著有《后汉纪》三十卷及《竹林名士传》等。

② 袁枢：字机仲，南宋建州建安(今福建建瓯)人，著有《通鉴纪事本末》四十二卷。

③ 隐括：原为校正竹木之工具，此处引申为剪裁、修改文章之意。

④ 方物：辨别名分。方，别也。物，名也。

⑤ 狥：“徇”的异体字，曲从也。

⑥ 悬绝：相差甚远。

⑦ 文质：形式与内容。文，文采，此指形式。质，本质，此指内容。

⑧ 《太古年纪》《夏殷春秋》《竹书纪年》：皆为古代编年体史书。前两书早佚，已不可考。《竹书纪年》是战国时魏国史书。原书已失传，近人王国维有辑本。

⑨ 别具：另一种形式。

则左氏不致以文徇例，而浮文之刊落[1]者多矣。以《尚书》之义为迁《史》之传，则八书、三十世家不必分类，皆可仿左氏而统名曰传。或考典章制作，或叙人事终始，或究一人之行(即列传本体)，或合同类之事，或录一时之言(训诰之类)，或著一代之文，因事命篇，以纬本纪，则较之左氏翼经[2]，可无局于年月后先之累；较之迁《史》之分列，可无歧出互见之烦。文省而事益加明，例简而义益加精，岂非文质之适宜，古今之中道欤！至于人名事类，合于本末之中，难于稽检，则别编为表以经纬[3]之。天象、地形、舆服、仪器，非可本末该[4]之，且亦难以文字著者，别绘为图以表明之。盖通《尚书》《春秋》之本原，而拯马《史》、班《书》之流弊，其道莫过于此。至于创立新裁，疏别条目，较古今之述作，定一书之规模，别具《圆通》之篇[5]，此不具言。

① 刊落：删除。

② 翼经：辅助经典(此指《春秋》)。

③ 经纬：此指按一定的格式编辑。

④ 该：包括。

⑤ 《圆通》之篇：按今本《文史通义》无此篇。

政 书

通典·职官一①

伏羲氏以龙纪②，故为龙师名官③。共工氏以水纪，故为水师水

---

① 《通典》，典制文献。唐杜佑(735—812 年)撰。二百卷。佑字君卿，京兆万年(今陕西西安)人。历官至检校司徒、同平章事，封岐国公。在唐刘秩《政典》基础上，编著此书。此书成于贞元十七年(801 年)，历时三十余年。记事起上古，终天宝之末，附注间及肃、代两朝。分为食货、选举、职官、礼、乐、刑(包括兵)、州郡、边防八典。典下系子目，有一千五百余条事。凡征引典籍不下二百种。以事类为中心，按时次排纂。每典之前冠以总论，叙事中寓论断，间作小注，补订材料。所记历代制度源流演变，翔实可征，被誉为体大思精之作。唐代部分，价值尤高。以食货、职官、州郡、边防等典最为精详。所引诸书，颇多佚编，可为辑佚校勘之资。序记议论，见解精辟。本书贯穿历代史志，独创专门的典制文化专史，在历史编纂学上具有重要地位。变革史志次序，以食货居众典之首，亦见卓识。记事亦偶有挂漏和讹误。本书与郑樵《通志》、马端临《文献通考》合称"三通"。1980 年日本汲古书院影印宫内厅书陵部藏北宋刻本出版。国内有明刊本。清武英殿"三通"合刻附考证本，多为后世所本。《万有文库》二集"十通"合刻附《十通索引》本，便于利用。本篇选自《通典》卷十九《职官一》，对自伏羲氏直至唐开元时期设立职官的概况作了综述，对了解这一漫长时期设官分职状况起了提纲挈领的作用。本篇以 1935 年商务印书馆《万有文库》本为底本加以注释。

② 伏羲氏：古代传说中的部落酋长，即太皞(昊)。"伏"又作"宓"。以龙纪：用龙名官。

③ 龙师名官：师，长也。龙化其官长，故为龙师。春官为青龙，夏官为赤龙，秋官为白龙，冬官为黑龙，中官为黄龙。张晏曰："庖羲氏将兴，神龙负图而至，因以名师与其官也。"庖羲，即伏羲。

名。[①] 神农氏以火纪，故为火师火名。[②] 黄帝则云师云名。[③] 少皞挚[④]之立也，凤鸟适至，故鸟纪，为鸟师而鸟名。凤鸟氏，历正也。[⑤] 元鸟氏，司分也[⑥]；伯赵氏，司至也[⑦]；青鸟氏，司启也[⑧]；丹鸟氏，司闭也[⑨]。祝鸠氏，司徒也[⑩]；鴡鸠氏，司马也[⑪]；鳲鸠氏，司空也[⑫]；爽鸠氏，司

---

① “共工氏”二句：《左传》昭公十七年：“共工氏以水纪，故为水师而水名。”杜预注：“共工以诸侯霸有九州者，在神农前太皞后，亦受水瑞，以水名官。”水瑞，以水为祥瑞之征，故以水名官。

② “神农氏”二句：神农氏，古史又称炎帝，有火星之瑞，其受命正值五行的火运，以火德王，故以名师与官。春官为大火，夏官为鹑火，秋官为西火，冬官为北火，中官为中火。

③ “黄帝”一句：司马贞《索隐》案：“有土德之瑞，土色黄，故称黄帝，犹神农火德王而称炎帝然也。此以黄帝为五帝之首，盖依《大戴礼·五帝德》。……而孔安国、皇甫谧《帝王代纪》及孙氏注《系本》并以伏羲、神农、黄帝为三皇……”应劭曰：“黄帝受命有云瑞，故以云纪事也。由是而言，故春官为青云，夏官为缙云，秋官为白云，冬官为黑云，中官为黄云。”张晏曰：“黄帝有景云之应，因以名师与官也。”

④ 少皞挚：应劭曰：“金天氏，黄帝子青阳也。”《史记·五帝本纪》：“帝喾高辛者，黄帝之曾孙也。……帝喾娶陈锋氏女，生放勋。娶娵訾氏女，生挚。帝喾崩，而挚代立。帝挚立，不善，而弟放勋立，是为帝尧。”

⑤ 凤鸟氏，历正也：凤鸟，传说中的瑞鸟，即凤凰。凤鸟知天时，故以为历正之官。历正，掌管历法的官。下文中均以鸟命节气官。

⑥ 元鸟氏，司分也：“元”本为“玄”。玄鸟，即燕，以春分来秋分去，故以主管颁布节气。分，春分、秋分。

⑦ 伯赵氏，司至也：伯赵，即伯劳，鸟名。此鸟以夏至来鸣，冬至止去，故以主管颁布夏至和冬至节气。一说伯劳即杜鹃鸟。

⑧ 青鸟氏，司启也：青鸟，鸧鴳。此鸟以立春鸣，立夏(原注为“秋”)止。立春、立夏谓之启。司启，即主管颁布新的一年春夏来临。

⑨ 丹鸟氏，司闭也：丹鸟，鷩雉，即锦鸡，以立秋来，立冬去。闭，立秋、立冬。《左传》僖公五年：“凡分、至、启、闭，必书云物。”注曰：“闭，立秋、立冬。”

⑩ 祝鸠氏，司徒也：祝鸠，鷦鸠，即鹁鸪。鷦鸠孝，故为司徒，主教民。

⑪ 鴡鸠氏，司马也：《通典》注曰：“鴡鸠，王鴡也，挚而有别，故为司马，主法制。”“鴡鸠”在《诗经·国风·关雎》中，又写作“雎鸠”，为水鸟名。“鴡”与“雎”同。此注中“主法制”，即主兵事。

⑫ 鳲鸠氏，司空也：鳲鸠，即布谷鸟。因其用心均一，故为司空，主平水土。

寇也①；鹘鸠氏，司事也②。五鸠，鸠民者也③。五雉为五工正④，利器用、正度量、夷⑤民者也。九扈为九农正。⑥ 自颛顼⑦以来，不能纪远⑧，乃纪于近。为民师而命以民事。⑨ 又有五行之官，是谓五官。社稷、五祀，是尊是奉。⑩ 春官木正，曰句芒⑪；夏官火正，曰祝融⑫；秋官金正，曰蓐收⑬；冬官水正，曰元冥⑭；中官土正，曰后土⑮。

---

① 爽鸠氏，司寇也：《通典》注曰："爽鸠，鹰也。挚，故为司寇，主贼盗。"挚，同"鸷"，凶猛。

② 鹘鸠氏，司事也：鹘鸠，似山雀而小，短尾，青黑色，多声。一说即斑鸠。春来冬去，故为司事。

③ 五鸠，鸠民者也：五鸠，指上述五种鸠鸟。鸠民者，聚集人民的官。鸠，聚也。治民尚聚，故以鸠为名。

④ 五雉为五工正：五种雉为五工正名。五雉，五种鸟名，雉，鹑鸡类，雄者羽毛美丽，尾长，可作装饰品；雌者羽黄褐色，尾较短。汉人避吕后讳，称雉为"野鸡"。五雉如下：西方曰鷷雉，东方曰鶅雉，南方曰翟雉，北方曰鵗雉，伊洛之南曰翚雉。工正，官名，为掌百工之官。又一解：雉，理，平治。疏曰："雉声近夷，雉训夷，夷为平，故以雉名工正之官。"

⑤ 夷：平。

⑥ 九扈为九农正：扈有九种，春扈鳻鶞，夏扈窃元，秋扈窃蓝，冬扈窃黄，棘扈窃丹，行扈唶唶，宵扈啧啧，桑扈窃脂，老扈鴳鴳。扈，止也，止人使不淫放也。以九扈作为九农之号，各随其宜，以教民事者也。又一解：《尔雅·释鸟》："扈"，作"鳸"。《说文》引九扈为九雇，本是农桑候鸟，借以作农事官名。

⑦ 颛顼：应劭曰："颛顼氏，代少昊者也。"少昊，即少皞。

⑧ 不能纪远：言德不能致远瑞。

⑨ 为民师而命以民事：为民设长官，以民事命官。

⑩ 社稷、五祀，是尊是奉：意为五官之君长能修其业者，死配食于五行之神，为王者所尊奉。社稷，土、谷之神；五祀，五行之神。

⑪ 春官木正，曰句芒：正，官长。春官为木正，其神称句芒。取木生句曲（弯曲）而有芒角，其祀重也。因木盛在春，故春官为木正。

⑫ 夏官火正，曰祝融：夏官为火正，其神称祝融。祝融，明貌，其祀黎也。应劭曰："少昊有四叔，重为句芒，胲为蓐收，修及熙为玄（元）冥。颛顼氏有子曰黎，为祝融。共工氏有子曰句龙，为后土。故有五行之官，皆封为上公，祀为贵神。"师古曰："上谓其事久远也。胲音该。"木、火、金、水、土为五行。

⑬ 秋官金正，曰蓐收：意为秋物摧蓐而可收，其祀胲也。

⑭ 冬官水正，曰元冥：水阴而幽冥，其祀修及熙。

⑮ 中官土正，曰后土：土为群物之主，故称后，其祀句龙。在家则祀中霤，在野则祀社。以上各条可参考前面应劭注。

唐尧[①]之代，命羲、和[②]，钦若昊天[③]，历象日月星辰，敬授人时[④]。分命羲仲宅嵎夷[⑤]，曰旸谷[⑥]，寅宾出日，平秩东作[⑦]；申[⑧]命羲叔宅南交[⑨]，平秩南讹敬致[⑩]；分命和仲宅西[⑪]，曰昧谷[⑫]，寅饯纳日，平秩西成[⑬]；申命和叔宅朔方[⑭]，曰幽都[⑮]，平在朔易[⑯]。允厘百工，庶绩咸

---

① 唐尧：《帝王纪》云："尧都平阳，于《诗》为唐国。"《索隐》："尧，谥也。放勋，名。"《谥法》曰："翼善传圣曰尧。"《正义》徐广云："号陶唐。"

② 羲、和：重黎之后，重即羲，黎即和，别为氏族。羲氏、和氏世掌天地、四时之官，故尧命之。

③ 钦：敬。若：顺从。昊天：言元气昊然广大。

④ 历象日月星辰，敬授人时：以历数之法观察日月星辰，分节敬记以授人也。

⑤ 宅：居。嵎夷：东表之地，即青州。分命羲仲宅嵎夷，指尧命羲仲理东方青州嵎夷之地。

⑥ 旸谷：旸，明也。日出于谷而天下明，故称旸谷。旸谷与嵎夷同指一地。

⑦ 寅宾出日，平秩东作：寅，敬；宾，导；秩，序；东作，岁起于东而始就耕。意即东方之官敬导出日，平均次序东作之事，以务农。三春主东，故言出日；耕作在春，故言东作。

⑧ 申：重，再。

⑨ 南交：孔安国曰："夏与春交，此治南方之官也。"《索隐》："孔注未是。……南方地有名交址者，或古文略举一字名地，南交则是交址不疑也。"宅南交，掌夏事治南方之官。

⑩ 平秩南讹敬致：讹，化。《索隐》："春言东作，夏言南为，皆是耕作营为劝农之事。"主张"讹"应是"为"字。孔安国曰："平序分南方化育之事，敬行其教，以致其功也。"

⑪ 宅西：治西方之官，掌秋天之政。

⑫ 昧谷：昧，冥。孔安国曰："日入于谷而天下冥，故曰昧谷。此居治西方之官，掌秋天之政也。"昧谷即"西"，陇西之西，即兑山。

⑬ 寅饯纳日，平秩西成：饯，送也。日出言导，日入言送，因事之宜。秋，西方万物成平，序其政，助成物也。

⑭ 朔方：北称朔，亦称方。

⑮ 幽都：北称幽，都谓所聚也。《正义》案："北方幽州，阴聚之地，命和叔居理之。北方之官，若《周礼》冬官卿。"

⑯ 平在朔易：易，谓岁改易于北方。平均在察其政，以顺天常。在，察。

熙①。内有百揆四岳②，外有州牧侯伯③。虞舜④有天下，以伯禹作司空⑤，使宅百揆；弃作后稷，播百谷⑥；契作司徒，敷五教⑦；皋繇作士，正五刑⑧；垂作共工，利器用⑨；伯益作虞⑩，育草木鸟兽；伯夷秩

---

① 允厘百工，庶绩咸熙：允，信；厘，治；百工，百官；庶，众；绩，功；咸，皆；熙，广。意思是定四时，成岁历，以告时授事，则能信治百官，众功皆广。

② 内有百揆四岳：四岳，分主四方诸侯者。《周礼正义》：四岳，四时之官。主四岳之事，始羲、和之时。主四岳者，谓之四伯。至其死，分岳事置八伯，皆王官。其八伯唯欢兜、共工、放齐、鲧四人而已，余四人无文可知。故《书传》云，惟元祀巡守四岳八伯。尧始以羲、和为六卿，春、夏、秋、冬者并掌方岳之事，是为四岳，出则为伯。其后稍死，分置八伯。以九州而言，八伯者据畿外八州也，畿内不置伯，以乡遂之，吏主之。四岳之外，更有百揆之官者。但尧初，天官为稷。至尧试舜，天官之任则谓之百揆。舜又命禹为百揆，皆天官也。百揆，总领国政之长官，于周更名冢宰。

③ 外有州牧侯伯：外置十二州牧及五国之长。尧时有冀、兖、青、徐、荆、扬、豫、梁、雍九州；舜时增并、幽、营三州。

④ 虞舜：姚姓，有虞氏，名重华。《尚书·舜典》："曰若稽古帝舜，曰重华，协于帝。"疏曰："舜能继尧，重其文德之光华。"重，读 chóng，再。《谥法》曰："仁圣盛明曰舜。"《索隐》：虞，国名，在河东大阳县。舜，谥也。皇甫谧云："舜字都君"也。

⑤ 以伯禹作司空：禹代鲧为崇伯，入为天子司空，治洪水有成，言可用之。《谥法》曰："受禅成功曰禹。"《帝王纪》云："禹受封为夏伯，在豫州外方之南，今河南阳翟是也。"禹名文命。

⑥ 弃：人名，周的先祖，任农官。播百谷：顺四时而种植百谷。

⑦ 契作司徒，敷五教：契，人名，传说中商族的始祖帝喾的儿子。舜时契任司徒，布五常之教。敷，布，施行；五教，即五常之教，指父义、母慈、兄友、弟恭、子孝。

⑧ 皋繇(gāoyáo)：传说中舜之臣，掌刑狱之事。也称咎繇。士：理狱官。五刑：墨、劓、宫、刵、大辟。

⑨ 垂：人名。共工：谓供其百工职事，即主百工之官。利器用：制作精良器物供使用。

⑩ 伯益：即伯翳，秦、赵之祖。虞：掌山泽之官。

宗，典三礼①；夔典乐，教胄子②，和神人③；龙作纳言④，出纳帝命。盖亦为六官⑤，以主天地、四时也。夏后氏⑥之制，亦置六卿⑦，其官名次犹承虞制⑧。

殷⑨制，天子建天官。先六太，曰：太宰、太宗、太史、太祝、太士、太卜，典司六典⑩。天子之五官，曰：司徒、司马、司空、司士、司寇，典司五众⑪。天子之六府⑫，曰：司土、司木、司水、司草、司

---

① 伯夷：臣名，姜姓。秩：序；宗：尊；典：主持；三礼：天、地、人之礼。若太常，掌郊庙之官。

② 胄子：孔安国云："胄，长也。谓元子以下，至卿大夫子弟，以歌诗蹈之舞之，教长国子中和祗庸孝友。"

③ 和神人：神人咸和，命夔使勉之。

④ 龙：舜时臣名。纳言：孔安国云："纳言，喉舌之官也。听下言纳于上，受上言宣于下，必信也。"

⑤ 六官：崔灵恩曰：自颛顼以来，命南正重司天，火正黎司地，故重黎之后世掌天地官，号曰羲、和。唐尧受之，乃置天地四时之官。命羲和之后使复旧职，而掌天地之事。又分命羲仲、羲叔、和仲、和叔使主四时，为六卿之任。及其末年，舜摄百揆，改地官为司徒，秋官为士，冬官为司空，春官为秩宗，故《尚书》曰："乃命羲和，钦若昊天"，分命和仲、和叔等使主四时之事。又云："百姓不亲，五品不逊。"契为司徒，敬敷五教，地官之事也；皋繇作士，五刑有服，秋官之任也；禹作司空，平水土，冬官之职也；伯夷为秩宗，典朕三礼，此春官之所司也。又《周礼正义》曰：稷为天官，羲和为夏官。共为六官也。

⑥ 夏后氏：禹受舜禅，建夏朝，也称夏后氏、夏后或夏氏。《史记·夏本纪》："禹于是遂即天子位，南面朝天下，国号曰夏后，姓姒氏。"

⑦ 亦置六卿：据《尚书·甘誓》"大战于甘，乃召六卿"可证此时亦置六卿。

⑧ 犹承虞制：据《礼记》记载，夏后氏官百，天子有三公、九卿、二十七大夫、八十一元士。

⑨ 殷：朝代名。汤建商朝，传至盘庚，迁都殷(今河南安阳小屯村)。周人称为大邦殷。后来或殷商互举，或殷商连称。

⑩ 典：制度，法则。此段所讲为殷制，周时太宰为天官，太宗曰宗伯，宗伯为春官，太史以下属焉。太士，以神仕者。

⑪ 众：群臣。周制，司士属司马。太宰、司徒、宗伯、司马、司寇、司空为六官。

⑫ 府：主藏六物之税者。周制，皆属司徒。司土，土均；司木，山虞；司水，川衡；司草，稻人；司器，角人；司货，丱(gǒng)人。土均，掌平土地之政，以均地守、地事、地贡。稻人，掌营种稻田。角人，掌以时征收犀、象、麋鹿等兽之齿角，以当邦赋之政令。丱人，掌金玉锡石之地。丱，古"磺"字，磺为"矿"之本字，未成器的金玉。

器、司货，典司六职。天子之六工，曰：土工、金工、石工、木工、兽工、草工①，典制六材。五官致贡曰享②，五官之长曰伯③。千里之内为王畿，千里之外设方伯。五国以为属，属有长。十国以为连，连有帅。三十国以为卒，卒有正。二百一十国以为州，州有伯④。八州、八伯、五十六正、百六十八帅、三百三十六长。八伯各以其属属于天子之老⑤二人，分天下以为左右，曰二伯。周成王既黜殷命，参考殷官制，为《周礼》，以作天地、四时之名，谓之六卿⑥。立天官冢宰掌邦治；地官司徒掌邦教；春官宗伯掌邦礼；夏官司马掌邦政；秋官司寇掌邦刑；冬官司空掌邦事。⑦ 各有徒属，周⑧于百事。岁终，天子斋戒受谏⑨，六卿以百官之成质⑩于天子，百官斋戒受质⑪，然后休老劳农⑫，成岁事⑬，制国

---

① 六工：周制，皆属司空。土工：陶瓬，《释文》："陶人为瓦器也。"金工：筑冶凫栗锻桃，即攻金之工。石工：作玉人、磬人。木工：输舆弓庐匠车梓。兽工：函鲍韗韦裘，即制革工。草工：作萑(huán)苇之器，即染工。

② 致贡曰享：贡，功。享，献。致其岁终之工于王，谓之献。太宰岁终则令百官府各正其治，受其会，听其致事，而诏王废置也。

③ 伯：三公。《周礼》九命为伯。

④ 州有伯：此段中属、连、卒、州，聚也。伯，帅正，长。凡长皆因贤侯为之。殷之州长曰伯，虞夏及周皆曰牧。

⑤ 老：臣子的称谓。天子之老，是对公卿的尊称。老，上公。

⑥ 六卿：周代的六官。周改革殷制成周制，改太宰为天官冢宰，太宗为春官宗伯，司徒为地官，司马为夏官，司寇为秋官，司空为冬官。

⑦ 上述六官之职，皆总属于冢宰，故《论语》曰："君薨，百官总已以听于冢宰。"《尔雅》曰："冢，大也。"冢宰即太宰，于百官无所不主。

⑧ 周：遍及、普及。《通典》原注中，引崔灵恩话解释说："夫百王不同，各置官礼。为禅让相传者，亦不得不改，但所以改者少，非禅让之世者，变易必多，以革人视听。所以禅让不改多者，以禅让道同，人未为弊，故不改者多。非禅让之世，须变人情，故必多改，故王者之兴必有改官之礼，此周礼所兴之意也。"

⑨ 谏：直言规劝。《墨子·非儒下》："务善则美，有过则谏。"《通典》原注："谏当有所改为。"

⑩ 质：犹平也，谓平其计要。

⑪ 受质：受平报。

⑫ 劳(lào)农：劝勉农耕。《礼记·月令》谓孟夏劳农，劝民耕作；孟冬劳民，以示休息。此文劳农，《通典》原注："飨食之也。"

⑬ 成：计要，统计的文簿。岁事：一年应办的事，此处指财经之事。

用。自周衰官失而百职乱。战国并争，各有变易。

暨秦兼天下，建皇帝之号①，立百官之职，不师古，始罢侯置守。太尉主五兵，丞相总百揆，又置御史大夫以贰于相②。汉初，因循而不革，随时宜也。其后，颇有所改③。王莽篡立，慕从古官，而吏民弗安，亦多虐政，遂以乱亡④。光武中兴，务从节约，并官省职⑤，费减亿计。废丞相与御史大夫，而以三司⑥综理政务。洎于叔世⑦，事归台阁⑧，论道之官⑨，祇⑩备员而已。魏兴，吴、蜀多依汉制。晋氏继及，大抵略

① 建皇帝之号：据《通典》原注，五帝自以德不及三皇，故自去其皇号；三王又以德不及五帝，自损称王。秦自以德兼二代，故兼称之。

② 贰于相：副宰相。贰，副职。

③ 颇有所改：孟康注《汉书》曰：大司马、左右前后将军、侍中、常侍、散骑诸吏，则为中朝；丞相以下，至于六百石等，则为外朝。

④ 亦多虐政，遂以乱亡：此句是说，当更始之时，官爵皆群小贾竖，语有曰："灶下养，中郎将；烂羊胃，骑都尉；烂羊头，关内侯。"灶下养，古时对庖人、厨工的蔑称。烂羊头，喻滥授官爵，市贾庖人皆得为官。

⑤ 并官省职：《后汉书》卷一《光武帝纪》载，建武六年六月诏曰："百姓遭难，户口耗少，而县官吏职听置尚繁，其令司隶、州牧各实所部，省减吏员。"于是条奏并省四百余县，吏职减损，十置其一。

⑥ 三司：即三公。东汉改大司马为太尉，与司徒、司空并称三公，亦称三司。

⑦ 叔世：衰乱的时代。

⑧ 台阁：尚书的别称。《后汉书》卷四十九《仲长统传》录《法诫篇》云："光武皇帝愠数世之失礼，忿强臣之窃命，矫枉过直，政不任下，虽置三公，事归台阁。"注曰："台阁谓尚书也。"

⑨ 论道之官：指谏官。论，评议，议论。

⑩ 祇(zhǐ)：仅仅。

同①。泰元六年②，改制减费损，吏士职员，凡七百人③。爰④及宋、齐，亦无改作⑤。官司有三台、五省⑥之号，郡县有三岁为满之期⑦。梁武帝受终⑧，多遵齐旧。然而定诸卿之位，分配四时，置戎秩之官，百有余

---

① 大抵略同：《山公启事》曰："晋制，诸坐公事者，皆三年乃得叙用。其中多有奸人，令逍遥无事。臣以为略依左迁法，随资裁减之，亦足惩戒，而官不失其用。"诏善之。又傅元奏曰："诸官有病，满百日不差(chài)，宜令去职，优其礼制，既差(chài)，而复用。"山公，即山涛。山涛在西晋时，为吏部尚书十余年，甄拔人物，各为品题，人称山公启事。

② 泰元六年：即270年。"泰元"本为"泰始"，因避讳改。此为晋武帝在位期间的年号之一。

③ 以上这句《通典》原注："时议省州、郡、县半吏，以赴农功。荀勖议以为：'省吏不如省官，省官不如省事，省事不如清心。昔萧、曹相汉，载其清静，此清心也。汉文垂拱，几致刑措，此省事也。光武并合吏员，县官、国邑，才置十一，此省官也。魏太和中，遣王人四出，减天下吏员，正始中，亦并合郡县，此省吏也。今必欲求之于本，则宜以省事为先，设官分职，委事责成，量能授任，思不出位。若欲省官，窃谓九寺可并于尚书兰台，宜省付二府。'至东晋，桓温又表曰：'愚谓门下三省，秘书、著作，通可减半。古以九卿综事，不专尚书。今事归内台，则九卿为虚设，皆宜省并。若郊庙籍田之属，则临时权兼，事讫省矣。'"

④ 爰：于，及。

⑤ 亦无改作：南朝宋时定制，新长吏有以父母疾去官，禁锢三年。山阴令沈叔任父疾去职，御史中丞郑鲜之上议曰："所以为其制者，莅官不久则奔竞互生，故杜其欲速之情，以申考绩之实耳。今父母之疾而加以罪名，损义疾理莫此为大。"诏从之。于是自二品以上父母及为祖父母后者，坟墓崩毁及疾病，放属辄去，并不禁锢。又刘祗为中书郎，江夏王义恭领中书监，服亲不得相临，表解职也。孝武诏曰："昔二王、两谢俱至崇礼，自今三台五省悉同此例。"又诏曰："方镇所假礼白版郡县，年限依台，除食禄三分之一不给送。"白版：授官以板书，而无印章，称为白版。《晋书·赵王伦传》："金银冶铸，不给于印，故有白版之侯，君子耻服其章，百姓亦知其不终矣。"

⑥ 三台、五省：三台盖两汉旧名，五省谓尚书、中书、门下、秘书、集书省。

⑦ 三岁为满之期：南朝宋州郡县居职者以三岁为小满。小满，南朝宋、齐时地方官的任期年限。《资治通鉴》卷一百三十五齐永明元年："宋末，以治民之官六年过久，乃以三年为断，谓之小满。"

⑧ 受终：承受帝位。

号①。陈遵梁制②，不失旧物。后魏昭成之即王位，初置官司分掌众职③。然而其制草创，名称乖疏。皇始元年④，道武平并州，始建台省，置百官，封公侯、将军、刺史、太守、尚书郎等官，悉用文人。天兴中，太史言："天文错乱，当改王易政，故官号数革⑤。至孝文太和中，王肃⑥来奔，为制官品，百司位号皆准南朝，改次职令⑦，以为永制，又作考格，以之黜陟⑧。又宣武帝行考陟之法，任事上、中者，三年升一阶。散官上第者，四载登一级。孝明以后，授受多滥⑨。北齐创业，亦遵后

---

① 置戎秩之官，百有余号：据《通典》原注，梁武帝时置百二十五号将军，为二十四班。

② 陈遵梁制：陈依梁制，年未满三十者不得入仕。唯经学生策试得第，诸州迎主簿，西曹左奏及经为挽郎，得仕其诸郡，唯正王任。丹阳尹经迎得出身，庶姓尹则不得。必有奇才异行殊勋，别降恩旨叙用者，不在常例。其相知表启通举者，每常有之，亦因年考校黜陟之。既不为此式，所以勤惰无辨。凡选官无定期，缺即补，多更年互迁官，未必即进班秩。其官唯论清浊，从浊官得微清，即胜于转。若有迁授，或由别敕，任移转一人为官，则即诸官多须改动。《陈书》曰："旧式拜官，皆在午后，唯拜蔡景历为度支尚书，日驾幸元武观，帝恐景历是日不得预宴，特令早拜。"

③ 初置官司分掌众职：指的是以燕凤为右长史，许谦为郎中令。

④ 皇始元年：北魏道武帝在位期间共有四个年号，皇始为第二个年号。皇始元年即 396 年。

⑤ 官号数革：初，道武制官，皆拟远古云鸟之意。诸曹走使谓之凫鸭，取飞之迅疾；以伺察候宫禁谓之白鹭，取其延颈远视。他官皆类此。

⑥ 王肃：原为南齐秘书丞，因父奂及兄弟并为齐武帝所杀，便于北魏太和十七年(493 年)自建邺逃奔北魏。孝文帝对其器重礼遇，日有加焉。王肃明练旧事，虚心受委，北魏孝文至宣武时朝仪国典，全由王肃制作。孝文时，官至尚书令；宣武时，进位开府仪同三司，封昌国县侯，后为散骑常侍、都督淮南诸军事、扬州刺史。

⑦ 改次职令：例如，凡守令以六年为满，后经六年乃叙。叙，按等级次第晋职或奖功。

⑧ 又作考格，以之黜陟：指北魏太和十八年(494 年)诏书中所说："古者三载考绩，三考黜陟。朕今三载一考，考便黜陟，各令当司考其优劣为三等。六品以下，尚书重问；五品以上，朕与公卿亲论善恶。上上者迁之，下下者黜之，中中者守本位。"

⑨ 孝明以后，授受多滥：自明帝孝昌以后，天下多难。刺史、太守皆为当部都督，虽无兵事，皆立佐僚，所在颇为烦扰。及东魏静帝时，齐神武作相，高隆之表请，自非实在边要，见有兵马者，皆断之。又时诸朝贵多假常侍以取貂蝉之饰。隆之自表解侍中，并陈诸假侍中服者，请亦罢之。又自军国多事，冒窃官者不可胜数。隆之奏请复检括，得五万余人。而群小喧嚣，隆之乃惧而止。

魏，台省位号，多类江东①。后主临御，爵禄犬马②。后周之初据关中，犹依魏制。及平江陵之后，别立宪章，酌《周礼》之文，建六官之职，其它官亦兼用秦、汉③。隋文帝践极④，百度伊始，复废周官，还依汉、魏。其于庶僚⑤，颇有损益，凡官以四考而代⑥。至炀帝初意存稽古，多复旧章⑦。大业三年，始行新令，有三台、五省、五监、十二卫、十六府⑧。于时天下繁富，四方无虞⑨，衣冠文物⑩为盛矣。既而渐为不道，百度方乱，号令日改，官名月易，图籍散逸，不能详备。

大唐初，职员多因隋制，虽小有变革⑪，而大较不异。贞观六年，

---

① 台省位号，多类江东：以门下省掌献纳谏正，中书省管司王言，秘书省典司经籍，集书省掌从容讽议，中常侍省掌出入门闾，御史台察纠弹劾。

② 爵禄犬马：御马及犬乃有仪同、郡公之号，藉以旃罽、食物十余种。其宫婢、阉人、商人、胡人、杂户、歌舞人、见鬼人、滥富贵者万数。至末年，太宰、三师、大司马、大将军、三公等官，亦并增员，而授或两、或三，不可称数。

③ 它官：谓将军、都督、刺史、太守之类。兼用秦、汉：即对秦、汉官制兼采并用。

④ 践极：谓登帝位。践，登，承袭；极，屋的正梁。以喻正中高位。

⑤ 庶僚：众官。庶，众多。

⑥ 凡官以四考而代：考，计考。古代官吏考绩制度一般定为三年考一次。隋文帝时又定制：凡官以理去职，听并执笏。

⑦ 多复旧章：如炀帝时又定制，百官不得计考增级。如有德行、功能灼然显著者，擢之。《隋书·百官志》说炀帝“率由旧章”。

⑧ 三台、五省、五监、十二卫、十六府：谒者、司隶、御史为三台，殿内、尚书、门下、内史、秘书为五省，少府、长秋、国子、将作、都水为五监，左右翊、左右骧、左右武、左右屯、左右御、左右侯为十二卫，左右备身、左右监门与前十二卫共为十六府。上述或是旧名，或是新置。诸省及左右卫、武侯、领军、监门府为内官，其余为外官。

⑨ 无虞：没有忧虑。虞，忧虑。

⑩ 衣冠文物：指礼乐典章制度等。

⑪ 小有变革：如唐高祖定制，文官遭父母丧者，听去职。

大省内官，凡文武定员六百四十有二而已①。龙朔二年②，又改京司及百官之名③。咸亨元年，复旧。至于武太后再易庶官，或从宜创号④，或参用古典⑤。天授二年⑥，凡举人无贤不肖，咸加擢拜，大置试官⑦以处之。试官，盖起于此也。于时擢人非次，刑网⑧方密，虽骤历荣贵，而

---

① 文武定员六百四十有二而已：是说唐太宗贞观六年(632年)时定制，文武官员人数为六百四十二人。到唐高宗显庆元年(656年)时，初制，拜三师、三公、亲王、尚书令、雍州牧、开府仪同三司、骠骑大将军、左右仆射，并临轩授册；太子三少、侍中、中书令、诸曹尚书、诸卫大将军、特进镇军辅国大将军、光禄大夫、太子詹事、太常卿、都督及上州刺史在京者，朝堂受册。又制：文武官五品以上老及病，不因罪解者，并听同致仕例。临轩，皇帝不坐正殿而至殿前。殿前堂阶之间，近檐之处两边有槛楯，如车之轩，故亦称轩。朝堂，正朝左右百官治事之所。

② 龙朔二年：662年。龙朔及下文的咸亨，都是唐高宗在位期间的年号。

③ 又改京司及百官之名：即改尚书省为中台，门下省为东台，中书省为西台。其余官司悉改之。

④ 从宜创号：如改尚书省为文昌台，门下省为鸾台，中书省为凤阁，御史台为肃政台及诸寺卫等名，又置控鹤府官员。

⑤ 参用古典：如改六尚书为天、地、四时之官。

⑥ 天授二年：691年。天授，武则天所建周朝的年号之一。

⑦ 试官：试者，未为正命。凡正官皆称行守，其阶高而官卑者称行，阶卑而官高者称守；官阶同者，并无行守字。武则天务收物情，其年二月，十道使举人并州的石艾、县令王山耀等六十一人，并授拾遗、补阙；怀州录事参军崔献可等二十四人，并授侍御史；并州录事参军徐昕等二十四人，并授著作郎；魏州内黄县尉崔宣道等二十二人，并授卫佐、校书、御史等。故当时谚曰："补阙连车载，拾遗平斗量，把追侍御史，腕脱校书郎。"

⑧ 刑网：犯人受刑，好像鸟儿落网，因称刑法为刑网或法网。

败轮继轨①。神龙初，官复旧号②。二年三月，又置员外官二千余人③。于是，遂有员外④、检校、试摄、判、知之官⑤。逮乎景龙⑥，官纪大紊，复有斜封⑦无坐处⑧之诵兴焉。先天⑨以来，始惩其弊⑩。至开元二

---

① 败轮继轨：继轨，犹踵迹。继，接继。神功元年(697年)制曰："自今本色出身：解天文者，进转官不得过太史令；音乐者，不得过太乐，鼓吹署令；医术者，不得过尚药奉御；阴阳卜筮者，不得过太卜令；解造食者，不得过司膳寺诸署令。"又制曰："其有从勋官、品子、流外、国官、参佐，视品等出身者，自今不得任京清显要等官。若累阶应至三品者，不得进阶，每一阶酬勋两转，如先有上柱国者，听回授，朞以上亲。必有异行奇材别立殊效者，不拘此例。"本色，本行、本业。

② 神龙：唐中宗复位后所用的第一个年号，705—707年。官复旧号：凡武则天所改之官，恢复旧号。

③ 又置员外官二千余人：唐初旧有员外官至此大增加，兼超授诸阉官为员外官者亦千余人。中书令李峤，初自地官尚书贬通州刺史，至是召拜吏部侍郎。峤志欲曲行私惠，求名悦众，冀得重居相位，乃奏请大置员外官，多引用势家亲识。至是，峤又自觉铨衡失序。官员倍多，府库由是减耗。

④ 遂有员外：员外官，其初但云员外，至永徽六年(655年)以蒋孝璋为尚药奉御员外，特置仍同正员。自是，员外官复有同正员者。其加同正员者，唯不给职田耳，其禄俸赐与正官同。单言员外者，则俸禄减正官之半。

⑤ 检校、试摄、判、知之官：摄者，言敕摄，非州府版署之命；检校者，云检校某官；判官者，云判官事；知者，云知某官事。皆是诏除，而非正命。

⑥ 景龙：唐中宗在位期间的第二个年号，707—710年。

⑦ 斜封：景龙中，有太平、安乐、长宁、宜城等诸公主及皇后、陆氏妹郕国夫人、李氏妹崇国夫人，并昭容上官氏与其母沛国夫人郑氏、上官柴氏、贺娄氏、女巫陇西夫人赵氏，皆叙用亲识，亦多猥滥。或出自臧获，或由于屠贩，多因赂货累居荣秩。咸能别于侧门，降墨敕斜封以授焉，故时人号为斜封官。

⑧ 无坐处：即没有办公场所。史载当时政出多门，迁除甚众。自宰相至于内外员外官及左右台御史，多者则数逾十倍，皆无厅事可以处之，故时人谓之三无坐处：谓宰相、御史及员外官也。

⑨ 先天：唐玄宗即位时所用年号，仅一年余，即712年8月至713年11月。

⑩ 始惩其弊：史载玄宗御极，宰相姚元崇、宋璟兼吏部尚书，大革奸滥，十去其九。时有殿中侍御史崔莅、太子中允薛昭讽帝曰："先朝所授斜封官恩命已布，而姚元崇、宋璟等沮先帝之明，归怨陛下，道路谤讟，天下称冤，奈何与万人为仇敌？恐有非常之变。"上以为然，乃下诏曰："诸缘斜封别敕授官，先令停任，宜并量材叙用。"监察御史柳泽又上疏，极言不可："其斜封官得免罪戾，已沭恩私。旬月之内，频烦降旨，前敕令至冬处分，后敕又令替人却停，将何以止奸邪？将何以惩风俗？"

十五年[1]，刊定职次，著为格令[2]。盖尚书省以统会众务，举持绳目[3]；门下省以侍从献替[4]，规驳非宜[5]；中书省以献纳制册[6]，敷扬宣劳[7]；秘书省以监录[8]图书；殿中省以供修膳服[9]；内侍省以承旨奉引[10]；御史台以肃清僚庶；九寺、五监[11]以分理群司六军[12]；十六卫[13]以严其禁御；一詹事府[14]、二春坊[15]、三寺[16]、十率[17]，俾乂储宫、牧、守、督、护[18]，

---

① 开元二十五年：737 年。

② 著为格令：此格皆武德、贞观之旧制，永徽初已详定之。至开元二十五年(737年)，再删定焉。史载，至开元二十八年(740 年)，又省文武六品以下官三百余员及诸流外番官等。

③ 绳目：标准、法令。

④ 献替：是“献可替否”的略语，意为进献可行者，除去不可行者，即诤言进谏之意。《左传》昭公二十年：“君所谓可，而有否焉，臣献其否，以成其可；君所谓否，而有可焉，臣献其可，以去其否。是以政平而不干，民无争心。”可，即可行；否，即不可行。

⑤ 规驳(bó)非宜：劝谏、驳正不适宜的。

⑥ 献纳制册：即建言以供采纳并起草皇帝命令。

⑦ 敷扬宣劳：宣布慰劳的谕旨。敷扬，传布、宣扬；宣劳，宣布、慰劳。

⑧ 监录：领录。

⑨ 膳服：膳食和车服。

⑩ 承旨奉引：逢迎意旨导引车驾。上段记叙尚书、门下、中书、秘书、殿中、内侍六省的职能。尚书、门下、中书三省最属重要。

⑪ 九寺、五监：太常、光禄、卫尉、宗正、太仆、大理、鸿胪、司农、太府为九寺；少府、将作、国子、军器、都水为五监。

⑫ 六军：左右羽林、左右龙武、左右神武为六军。

⑬ 十六卫：左右卫、左右骁卫、左右武、左右威、左右领军、左右金吾、左右监门、左右千牛为十六卫。

⑭ 詹事府：唐官署名。设太子詹事一人，少詹事一人，总东宫内外庶务。

⑮ 春坊：唐设有左右春坊，又有内坊，掌阁内诸事。

⑯ 三寺：家令寺、率更寺、太仆寺。

⑰ 十率(lǜ)：左右卫、左右司御、左右清道、左右监门、左右内侍凡十率府。

⑱ 俾：使。乂(yì)：治理。《尚书·尧典》：“下民其咨，有能俾乂。”储宫：太子之位。牧、守、督、护：唐时京府置牧，余府州置都督、都护、太守。

分临畿服[1]，设官以经之，置使以纬之[2]。自六品以下，率由选曹居官者，以五岁为限。于是百司具举，庶绩咸理，亦一代之制焉。[3]

通志·总序[4]

百川异趋[5]，必会于海，然后九州无浸淫之患[6]；万国殊途[7]，必通

---

① 畿服：天子的领地，后指京城地区。

② 设官以经之，置使以纬之：指按察、采访等使以理州、县；节度、团练等使以督府军事；租庸、转运、盐铁、青苗、营田等使以统财货。其余细务，因事置使者，不可悉数。其转运以下诸使，无适所治，废置不常。

③ 此句《通典》原注如下："一岁为一考。四考有替，则为满。若无替，则五考而罢。六品以下，吏部注拟，谓之旨授；五品以上，则皆敕除。自至德之后，天下多难甄才录效，制敕特拜繁于吏部，于是兼试员外郎倍多正员。至广德以来，乃立制限州县员外兼试等官，各有定额，并云额内溢于限者，不得视职。其有身带京官冗职、资名清美，兼州县职者，云占阙焉。即如正员之例，官以三考而代，无替，四考而罢。由是，官有常序焉。"替，废弃；满，到期。唐官以五年为限。注拟，唐代选举，凡应试获选者，先由尚书省登录，再经考询，然后按才拟定其官职，称为注拟。

④ 《通志》，综合三皇至唐代史料写成的纪传体通史。全书二百卷，包括本纪、列传、年谱、略。《通志》的精华在于二十略(志)，故得以与《通典》《文献通考》并称。本书的《都邑》《氏族》《草木昆虫》三略及《六书》《七音》《校雠》《金石》《图谱》等为学术史、文化史的研究提供了宝贵的史料。作者郑樵(1104—1162年)，字渔仲，南宋兴化军莆田(今福建莆田)人，主张"天下之理不可以不会，古今之道不可以不通"。他"三十年著书，十年搜访图书"(以上引文见郑樵《夹漈遗稿·上宰相书》)。《通志》编成，授枢密院编修官。本篇以商务印书馆印行的万有文库《十通》本为底本加以注释。本篇为《通志》一书的《总序》，是作者对自己史学思想的总述。他推尊《史记》的会通古今，贬抑《汉书》的断代为史。主张据事直书，反对任情褒贬。他认为《通志》的二十略是"百代之宪章，学者之能事"，并逐一加以介绍。

⑤ 异趋：归向不同。异，不相同。趋，归附，向。

⑥ 九州：传说的中国上古时的行政区划。《禹贡》九州：冀、兖、青、徐、扬、荆、豫、梁、雍。浸(qīn)淫：即浸渍，物受水久而透湿。《汉书》卷五十七《司马相如传》："是以六合之内，八方之外，浸淫衍溢。"

⑦ 殊途：道路不同。殊，异，不同。

诸夏[①]，然后八荒无壅滞之忧[②]：会通[③]之义大矣哉！

自书契[④]以来，立言者虽多，惟仲尼以天纵之圣[⑤]，故总《诗》《书》《礼》《乐》而会于一手，然后能同天下之文[⑥]；贯二帝三王[⑦]而通为一家，然后能极[⑧]古今之变。是以其道光明百世之上，百世之下不能及。仲尼既没，百家诸子兴焉，各效《论语》以空言著书(《论语》，门徒集仲尼语)。至于历代实迹，无所纪系[⑨]。

迨汉建元、元封之后[⑩]，司马氏父子[⑪]出焉。司马氏世司典籍，工[⑫]于制作，故能上稽[⑬]仲尼之意，会[⑭]《诗》《书》《左传》《国语》《世本》《战国策》《楚汉春秋》之言，通黄帝、尧、舜至于秦、汉之世，勒[⑮]成一书，分为五体[⑯]："本纪"纪年，"世家"传代，"表"以正历，"书"以类事，"传"以著人，使百代而下，史官不能易其法，学者不能舍其书。六经之后，

---

① 夏：华夏。《尚书·尧典》："蛮夷猾夏。"传曰："夏，华夏。"

② 八荒：八方荒远的地方。荒，边远，远方。《史记·秦始皇本纪》引贾生论："并吞八荒之心。"壅滞：阻塞不通。

③ 会通：会合贯通。

④ 书契：即文字。《书序》："古者伏羲氏之王天下也，始画八卦，造书契，以代结绳之政，由是文籍生焉。"《释文》："书者，文字。契者，刻木而书其侧。"

⑤ 天纵之圣：天生的圣人。

⑥ 同：统一。文：文章。

⑦ 贯二帝三王：贯通尧、舜二帝和夏禹、商汤、周文王和周武王。周文王、周武王合为一王。

⑧ 极：穷究，彻底弄清。

⑨ 纪系：记载。纪，通"记"。《左传》桓公二年："夫德，俭而有度，登降有数，文物以纪之，声明以发之。"系，连属依附。《文选》晋杜预《春秋左氏传序》："记事者，以事系日，以日系月，以月系时，以时系年，所以纪远近，别同异也。"

⑩ 迨(dài)：同"逮"，及。建元、元封：都是汉武帝的年号。

⑪ 司马氏父子：即司马谈和司马迁。司马谈自汉武帝建元(公元前 140—前 135 年)时起官太史令，卒于元封元年(公元前 110 年)。三年后，其子司马迁继任太史令，开始收集整理"石室、金匮之书"。太初元年(公元前 104 年)，司马迁着手撰写《史记》。

⑫ 工：擅长。

⑬ 稽：相合，一致。

⑭ 会：聚合。

⑮ 勒：雕刻。汉以前无纸，多用刀刻字于木竹、金石之上。此处引申为编纂。

⑯ 体：体例。

惟有此作。故谓："周公五百岁而有孔子，孔子五百岁而在斯乎！"①是其所以自待者已不浅。然大著述者，必深于博雅②，而尽见天下之书，然后无遗恨。当迁之时，挟书之律初除③，得书之路未广，亙④三千年之史籍，而跼蹐⑤于七八种书，所可为迁恨者，博不足也。凡著书者，虽采前人之书，必自成一家言⑥。左氏⑦，楚人也，所见多矣，而其书尽楚人之辞；公羊⑧，齐人也，所闻多矣，而其书皆齐人之语。今迁书全用旧文，闲以俚语⑨，良由采摭⑩未备，笔削不遑⑪，故曰："予不敢堕⑫先人之言，乃述故事，整齐其传，非所谓作也。"刘知幾⑬亦讥其多聚旧记，时插杂言。所可为迁恨者，雅不足也。大抵开基之人不免草创，全属继志之士为之弥缝⑭。晋之《乘》、楚之《梼杌》、鲁之《春秋》，其实一也。《乘》《梼杌》无善后之人，故其书不行。《春秋》得仲尼挽之于前，左氏推

---

① 引文见《史记·太史公自序》。

② 博雅：渊博典雅。

③ 挟书之律初除：秦始皇所颁布的藏书禁令刚刚被废除。《汉书·惠帝纪》四年："除挟书律。"注曰："应劭曰：'挟，藏也。'张晏曰：'秦律，敢有挟书者族。'"

④ 亙(gèn)："亘"的假借字，横贯。

⑤ 跼蹐(júјí)：限制，局限。跼，也作"局"，曲。蹐，小步行路。

⑥ 一家言：指有独特见解、自成体系的论著。《史记·太史公自序》："略以拾遗补艺，成一家之言。"

⑦ 左氏：郑樵认为著《春秋传》者，为楚左史倚相的后人，非左丘明。辨见《通志·氏族略》。

⑧ 公羊：即公羊高，曾著《春秋传》，世称《春秋公羊传》或《公羊传》。另据唐徐彦疏引东汉戴宏序，谓《公羊传》系汉景帝时公羊高玄孙公羊寿所写录。

⑨ 闲：同"间"，更迭，交替迭出。俚语：方言俗语。《五代史·王彦章传》："彦章武人，不知书，常为俚语谓人曰：'豹死留皮，人死留名。'"

⑩ 采摭(zhí)：采择拾取。摭，拾取。《汉书》卷六十二《司马迁传赞》："至于采经摭传，分散数家之事，甚多疏略。"

⑪ 笔削不遑：修改不及。笔削，古代无纸，书写于竹简木札上，遇有讹误，则以刀削去并用笔改正之。后世因称修改文字为"笔削"。不遑，来不及，没有空间。《诗经·小雅·小弁》："心之忧矣，不遑假寐。"

⑫ 堕：毁坏，废弃。

⑬ 刘知幾：唐史学评论家。其对司马迁的评议详见其所著《史通·六家》一篇中。

⑭ 弥缝：弥补缝合。《左传》僖公二十六年："桓公是以纠合诸侯而谋其不协，弥缝其阙，而匡救其灾。"

之于后，故其书与日月并传。不然，则一卷事目，安能行于世！自《春秋》之后，惟《史记》擅制作规模；不幸班固非其人，遂失会通之旨，司马氏之门户①自此衰矣！

班固者，浮华②之士也，全无学术③，专事剽窃④。肃宗⑤问以制礼作乐之事，固对以在京诸儒必能知之。倘臣邻⑥皆如此，则顾问何取焉！及诸儒各有所陈，固惟窃叔孙通⑦十二篇之仪，以塞白⑧而已。倘臣邻皆如此，则奏议何取焉！肃宗知其浅陋，故语窦宪⑨曰："公爱班固而忽崔骃⑩，此叶公之好龙⑪也。"固于当时，已有定价；如此人材，将何著述！《史记》一书，功在十表，犹衣裳之有冠冕，木水之有本原；班固不通旁行邪上⑫，以古今人物强立差等⑬。且谓汉绍⑭尧运，自当继尧，非迁作《史记》厕于秦、项⑮，此则无稽之谈也。由其断汉为书，是致周、秦不

---

① 门户：指学术派别。

② 浮华：虚浮不实。《汉书》卷六十《杜周传赞》："以建始之初，深陈女戒，终如其言，庶几乎《关雎》之见微，非夫浮华博习之徒所能窥也。"

③ 学术：系统而较专门的学问。

④ 剽窃：窃取别人的文章以为己作。

⑤ 肃宗：东汉章帝的庙号。其与班固谈制礼作乐之事，见《后汉书》卷三十五《曹褒传》。

⑥ 臣邻：指皇帝左右的辅佐大臣。《尚书·益稷》："帝曰：'吁，臣哉邻哉，邻哉臣哉。'禹曰：'俞。'"注曰："邻，近也。言君臣道近，相须而成。"

⑦ 叔孙通：原为秦博士，后归刘邦，任太子太傅。曾与儒生议定朝仪及其他礼仪，著有《汉仪》十二篇。

⑧ 塞白：填补空白。塞，堵塞；白，空白。

⑨ 窦宪：东汉章帝的国舅，封大将军，父子并居侯位，显赫一时。

⑩ 崔骃：东汉人，博学善文，通《诗》《易》《春秋》，与班固齐名。汉章帝出巡，崔骃上《四方颂》以称颂汉德，辞甚典美。章帝以为崔骃文章在班固上。

⑪ 叶公之好龙：事见刘向《新序·杂事》，说叶公子高好龙，屋宇器物上都雕绘龙，但真龙来，他却大惊失色而逃。此处喻窦宪好似龙而非龙者。

⑫ 旁行邪上：指史表的格式。邪，同"斜"。

⑬ 差(cī)等：等级。差，次第，等级。

⑭ 绍：承继。《尚书·盘庚上》："天其永我命于兹新邑，绍复先王之大业，底绥四方。"

⑮ 非：指责。厕：《广韵》："间也，次也。"《史记·乐毅传》："厕之宾客之中。"厕，杂置，参加。

相因，古今成间隔。自高祖至武帝，凡六世之前①，尽窃迁书，不以为惭；自昭帝至平帝，凡六世②，资于贾逵、刘歆③，复不以为耻。况又有曹大家④终篇，则固之自为书也几希！往往出固之胷⑤中者，《古今人表》耳，他人无此谬也。后世众手修书，道傍筑室⑥；掠人之文，窃钟掩耳⑦；皆固之作俑⑧也。固之事业如此，后来史家奔走⑨班固之不暇，何能测其浅深！迁之于固，如龙之于猪，奈何诸史弃迁而用固，刘知幾之徒尊班而抑马⑩！且善学司马迁者，莫如班彪⑪。彪续迁书，自孝武至于后汉；欲令后人之续己，如己之续迁；既无衍文⑫，又无绝绪⑬，世世相

---

① 六世之前：指汉高祖、汉惠帝、高后、汉文帝、汉景帝、汉武帝这六世之前的记载。

② 凡六世：指汉昭帝、汉宣帝、汉元帝、汉成帝、汉哀帝、汉平帝共六世的记载。

③ 贾逵：东汉著名古文经学家。刘歆：西汉宗室，极力提倡古文经学。贾逵与刘歆都曾续写汉史，为班固所取资。

④ 曹大家(gū)：即班固之妹班昭，因其夫姓曹名世叔，其本人博学多才，故被尊称为曹大家。班固死，班昭奉命与马续共同续撰《汉书》八表与《天文志》，最终完成《汉书》的编撰。

⑤ 胷："胸"的异体字。

⑥ 道傍筑室：喻己无主见，而与不相干的人共谋，必难成功。语本《诗经·小雅·小旻》："如彼筑室于道谋，是用不溃于成。"笺："如当路筑室，得人而与之谋所为，路人之意不同，故不得遂成也。"

⑦ 窃钟掩耳：喻自欺。语本《吕氏春秋·自知》："范氏之亡也，百姓有得钟者，欲负而走，则钟大不可负，以椎毁之，钟况然有音，恐人闻之而夺己，遽揜其耳。"

⑧ 作俑：制作殉葬用的木偶人或泥偶人。语本《孟子·梁惠王上》："仲尼曰：'始作俑者，其无后乎！'"意即孔子反对作俑像人形用以殉葬，认为此非爱人之道。后谓凡事首开恶例者为作俑。

⑨ 奔走：趋附，迎合。

⑩ 尊班而抑马：尊崇班固而贬低司马迁。刘知幾所著《史通·六家》中，这种倾向较明显。

⑪ 班彪：班固之父。东汉初，任徐令，因病免官。他以《史记》所记史实止于汉武帝太初年间，乃收集史料，作《后传》六十余篇，为班固著《汉书》提供了条件。

⑫ 衍文：书写或印刷讹误多出的字句。衍，溢出常态之外。《诗经·大雅·板》："昊天曰旦，及尔游衍。"疏曰："游，行；衍，溢，亦自恣之意也。"故典籍中多出的字句称"衍文"。

⑬ 绝绪：中断。《说文》："绝，断丝也。"引申为断义。绪，丝头。汉焦延寿《易林》卷十五《兑》之《坎》："饥蚕作室，丝多绪乱，端不可得。"

承，如出一手；善乎其继志也！其书不可得而见；所可见者，元、成二帝赞[①]耳。皆于本纪之外，别记所闻，可谓深入太史公之阃奥[②]矣！

凡左氏之有"君子曰"者，皆经之新意[③]；《史记》之有"太史公曰"者，皆史之外事，不为褒贬也；间有及褒贬者，褚先生[④]之徒杂之耳。且纪传之中，既载善恶，足为鉴戒，何必于纪传之后更加褒贬！此乃诸生决科之文[⑤]，安可施于著述，殆非迁、彪之意。况谓为赞，岂有贬辞。后之史家，或谓之"论"，或谓之"序"，或谓之"铨"，或谓之"评"，皆效班固，臣不得不剧论[⑥]固也。司马谈有其书，而司马迁能成其父志[⑦]；班彪有其业，而班固不能读父之书[⑧]。固为彪之子，既不能保其身[⑨]，又不能传其业，又不能教其子[⑩]，为人如此，安在乎言为天下法！范晔、陈寿之徒继踵[⑪]，率皆轻薄无行，以速罪辜，安在乎笔削而为信史也！孔子曰："殷因于夏礼，所损益可知也；周因于殷礼，所损益可知也。"[⑫]此言相因也。自班固以断代为史，无复相因之义；虽有仲尼之圣，亦莫知其

---

① 元、成二帝赞：指《汉书》中《元帝纪》和《成帝纪》的赞语。因有"臣外祖兄弟"和"臣之姑"等语，可知为班彪所撰写。

② 阃奥：内室深隐之处。引申指隐微深奥的境界。

③ 经之新意：意即对《春秋经》的新的看法。

④ 褚先生：即汉元帝、成帝间补续《史记》的褚少孙。

⑤ 诸生决科之文：儒生参加科举考试所写的文章。

⑥ 剧论：激切地辩论。

⑦ "司马谈"二句：是说司马谈曾广泛搜集资料，并做了编纂工作，司马迁遵父遗志，写成《史记》这部通史。

⑧ "班彪"二句：是说班彪为《史记》这部书续写了《后传》，班固袭用其父之旧文，却改通史体为断代。

⑨ 不能保其身：指班固不能保住自己的性命。永元元年(89 年)，班固随从大将军窦宪出征匈奴，任中护军，二人相交甚笃。班固诸子及家奴多横行不法，洛阳令"畏宪不敢发"。窦宪擅权获罪，洛阳令借机捕系固，固死狱中。

⑩ 不能教其子：指班固不能教育好自己的儿子。语本《后汉书·班固传》："固不教学诸子，诸子多不遵法度。"

⑪ 范晔：《后汉书》作者。南朝宋元嘉年间，以谋反罪被杀。所撰《后汉书》，亦为纪传体断代史。陈寿：《三国志》作者。他在父丧期间有疾，使婢和药，后又不遵母嘱，归葬洛阳，受人非议。所撰《三国志》，亦为纪传体断代史。

⑫ 引文见《论语·为政》。

损益。会通之道，自此失矣！语其同也，则纪而复纪，一人而有数纪；传而复传，一人而有数传。天文者，千古不易之象①，而世世作天文志；《洪范五行》②者，一家之书，而世世序五行传。如此之类，岂胜繁文③！语其异也，则前王不列后王，后事不接于前事；郡县各为区域④，而昧⑤迁革之源；礼乐自为更张，遂成殊俗之政。如此之类，岂胜断绠⑥！

曹魏指吴、蜀为寇⑦，北朝指东晋为僭⑧；南谓北为索虏⑨，北谓南为岛夷⑩。《齐史》称梁军为义军⑪，谋人之国可以为义乎！《隋书》称唐兵为义兵⑫，伐人之君可以为义乎！房玄龄董史册，故房彦谦擅美名⑬；虞

---

① 象：凡形于外者皆曰象，此处指星象。《易·系辞》："在天成象，在地成形，变化见矣。"

② 《洪范五行》：刘向撰。集录自上古至秦汉的符瑞灾异事变，附会人事，说明它的祸福占验。其内容多收入《汉书·五行志》。后世许多撰有《五行志》的正史，多沿用《汉书》之体。

③ 繁文：繁琐复杂的文辞。

④ 郡县各为区域：指断代史只叙当代之郡县区域。

⑤ 昧：掩蔽，隐藏。

⑥ 断绠(gěng)：喻指事物之间断绝联系。绠，汲水桶上的绳索。

⑦ 曹魏指吴、蜀为寇：《三国志》记事以曹魏接续东汉，纪年以魏为正统，用其年号。吴、蜀两国虽与曹魏鼎立，却各隅居一方，故被指为寇。

⑧ 北朝指东晋为僭：记载北魏历史的《魏书》，称在南方与北魏对峙的东晋为僭晋。

⑨ 南谓北为索虏：南朝梁沈约作《宋书》，称北魏为索虏。索虏，又称"索头虏"，因为鲜卑习俗编发如绳索。《宋书》有《索虏传》，记北魏史事。

⑩ 岛夷：古代东南夷之称。语出《尚书·禹贡》："岛夷皮服。"意即海岛之民以皮服来贡献。北齐魏收在其所著《魏书》中称东晋桓玄及南朝刘裕、萧道成、萧衍等为岛夷。

⑪ 《齐史》称梁军为义军：《齐史》即《南齐书》。上述之说语本《南齐书·东昏侯纪》："雍州刺史梁王(即梁武帝萧衍)起义兵于襄阳。"《南齐书》作者为南朝梁萧子显。萧子显为齐高帝萧道成之孙，梁代齐，他因好学，工属文，深得萧衍父子器重。《南齐书》撰成于梁时，被梁武帝萧衍鉴别后"诏付秘阁"，其称梁军为义军不足为怪。

⑫ 《隋书》称唐兵为义兵：《隋书》撰成于唐朝史馆众史官之手，其《炀帝纪》称："唐公(即唐高祖李渊)起义师于太原。"

⑬ "房玄龄"二句：房玄龄监修史书，因此其父房彦谦占有美名。董，监督、管理。史册，史书。

世南预修书，故虞荔、虞寄有嘉传[①]。甚者，桀犬吠尧[②]，吠非其主。《晋史》党晋而不有魏[③]；凡忠于魏者，目为叛臣，王凌、诸葛诞、毌邱俭之徒抱屈黄壤[④]；《齐史》党齐而不有宋，凡忠于宋者，目为逆党，袁粲、刘秉、沈攸之之徒含冤九泉[⑤]。噫！天日在上，安可如斯！似此之类，历世有之。伤风败义[⑥]，莫大乎此！迁法既失，固弊日深，自东都至江左[⑦]，无一人能觉其非。唯梁武帝为此慨然，乃命吴均作《通史》，上自太初，下终齐室，书未成而均卒[⑧]。隋杨素又奏令陆从典续《史记》，讫于隋，书未成而免官。岂天之靳[⑨]斯文而不传与？抑非其人而不祐之与？自唐之后，又莫觉其非；凡秉史笔者，皆准《春秋》，专事褒贬。夫《春秋》以约文见义[⑩]，若无传释，则善恶难明；史册以详文该事，善恶

---

① “虞世南”二句：虞世南为虞荔之子，过继其叔虞寄为子。虞世南在唐朝时官弘文馆学士，改秘书监，“每军国务静，参谒归休，即便引见，讨论坟籍，商略前载”。详见《旧唐书·褚亮传》及《陈书》《南史》等相关列传。

② 桀犬吠尧：语出《汉书·邹阳传》：“则桀之犬可使吠尧，跖之客可使刺由。”颜师古曰：“此言被之以恩，则用命也。”夏桀之犬遵其主之命咬圣君尧，是讲坏人奉主人命攻击好人。

③ 党：阿附，偏私。《尚书·洪范》：“无偏无党，王道荡荡；无党无偏，王道平平。”有：亲爱，友爱。

④ 王凌：魏太尉。诸葛诞：魏征东大将军。毌邱俭：魏镇东将军。上述几人见司马氏专擅魏政，阴谋夺取曹氏帝位，便先后起兵，被司马氏指斥为叛臣。抱屈黄壤：指兵败含冤被杀。黄壤，黄土。

⑤ 袁粲、刘秉、沈攸之：萧道成谋夺刘宋帝位，宋臣司徒袁粲与尚书令刘秉相结，响应荆州刺史沈攸之起兵，被萧道成打败，三人均被杀。

⑥ 伤风败义：伤坏风气，败坏礼义。

⑦ 自东都至江左：指从东汉到东晋、南朝。东汉建都洛阳，故称东都。班固有《东都赋》。江左，东晋及南朝各代都以建康(今南京)为都城，其地理位置为江左。

⑧ “乃命吴均”四句：梁武帝时，吴均官奉朝请，撰《齐春秋》三十卷，武帝恶其书中称自己为齐明帝佐命，命焚其书，并将其免职。后武帝又召回吴均，命其撰写《通史》，上起三皇，下迄萧齐，为草本纪、世家、列传，未成而卒。后人将其完成。但此书久佚。

⑨ 靳(jìn)：吝惜。

⑩ 以约文见义：以简单的语言寓藏儒家的大义。

已彰，无待美刺[①]。读萧、曹[②]之行事，岂不知其忠良；见莽、卓[③]之所为，岂不知其凶逆。夫史者，国之大典[④]也；而当职之人[⑤]，不知留意于宪章[⑥]，徒相尚于言语；正犹当家之妇，不事饔飧[⑦]，事鼓唇舌，纵然得胜，岂能肥家[⑧]！此臣之所深耻也！

江淹[⑨]有言：修史之难，无出于志。诚以志者，宪章之所系[⑩]，非老[⑪]于典故者，不能为也。不比纪传，纪则以年包[⑫]事，传则以事系[⑬]人，儒学之士皆能为之。唯有志难；其次莫如表。所以范晔、陈寿之徒能为纪传而不敢作表、志。志之大原起于《尔雅》[⑭]，司马迁曰“书”[⑮]，班

---

① 美刺：赞美与批评。

② 萧、曹：萧何和曹参，都是西汉初期名相。

③ 莽、卓：西汉末年擅权并代汉建新朝的王莽，东汉末年擅权败乱朝政的董卓。

④ 大典：重要典籍。

⑤ 当职之人：指史书的作者。

⑥ 宪章：典章制度。

⑦ 饔飧：烹饪饭菜。早食曰饔，晚食曰飧。

⑧ 肥家：厚家。肥，厚也。

⑨ 江淹：南朝著名文学家。历仕宋、齐、梁三朝，梁天监年间(502—519年)，官至金紫光禄大夫，封醴陵侯。有《江文通集》。其所讲之话不见于本传，郑樵引自刘知幾《史通・古今正史》称：“齐史江淹始受诏著述，以为史之所难，无出于志，故先著十志以见其才。”

⑩ 系：涉及、关系。

⑪ 老：执业久，历事多。唐韩愈《昌黎集・石鼓歌》：“中朝大官老于事，讵肯感激徒媕婀。”本文引申为“熟悉”。

⑫ 包：包容。

⑬ 系：依附。

⑭ 原：即“源”。《尔雅》：书名。秦汉间经师缀集旧文，递相增益而成。今本三卷，十九篇。前三篇《释诂》《释言》《释训》，解释语辞；后十六篇专门解释名物术语。郑樵认为志体起源于《尔雅》，故其所著二十略中有《六书》《七音》《昆虫草木》等。刘知幾则主张志体“出于三礼”，其说见《史通・书志》。清章学诚采刘说，认为“盖出官体”，见《文史通义・亳州志掌故例议上》。

⑮ 司马迁曰“书”：即司马迁著《史记》，有八书。

固曰“志”[①]，蔡邕曰“意”[②]，华峤曰“典”[③]，张勃曰“录”[④]，何法盛曰“说”[⑤]。余史并承班固，谓之“志”，皆详于浮言[⑥]，略于事实，不足以尽《尔雅》之义。臣今总天下之大学术而条其纲目，名之曰“略”。凡二十略，百代之宪章、学者之能事尽于此矣。其五略[⑦]，汉、唐诸儒所得而闻；其十五略，汉、唐诸儒所不得而闻也。

生民之本，在于姓氏；帝王之制，各有区分。男子称氏，所以别贵贱；女子称姓，所以别婚姻，不相紊滥。秦并六国，姓氏混而为一。自汉至唐，历世有其书，而皆不能明姓氏。原此一家之学，倡于左氏[⑧]，因生赐姓，胙[⑨]土命氏。又以字、以谥、以官、以邑命氏，邑亦土也。左氏所言，惟兹五者[⑩]。臣今所推，有三十二类，左氏不得而闻，故作《氏族略》。

书契之本，见于文字。独体为文，合体为字[⑪]。文有子母，主类为

---

① 班固曰“志”：即班固撰《汉书》，有十志。其十志是改《史记》的八书而成，又新加《刑法志》《五行志》《地理志》《艺文志》。

② 蔡邕曰“意”：蔡邕，东汉末年人，博学善文辞，写定《熹平石经》。后因董卓事受牵连，死于狱中。蔡邕曾撰《灵帝纪》及十意。十意，犹《汉书》之十志。

③ 华峤曰“典”：华峤作《后汉书》，有十典。典，即“志”。详见《晋书·华峤传》。

④ 张勃曰“录”：晋张勃作《吴录》三十卷，见《隋书·经籍志》。

⑤ 何法盛曰“说”：何法盛，刘宋时人，曾作《晋中兴书》，变“纪”为“典”、“赞”为“述”、“表”为“注”、“志”为“说”，见《隋书·何之元传》及《史通·书志》。

⑥ 浮言：虚无根据的话。

⑦ 五略：指《礼》《职官》《选举》《刑法》《食货》五略。此五略，郑樵著述时皆有前人之典可本。

⑧ 倡于左氏：语本《左传》隐公八年：“无骇卒，羽父请谥与族。公问族于众仲，众仲对曰：‘天子建德，因生以赐姓，胙之土而命之氏。诸侯以字为谥，因以为族。官有世功，则有官族，邑亦如之。’”

⑨ 胙(zuò)：赐。

⑩ 五者：指土、字、谥、官、邑。

⑪ “独体”二句：语本许慎《说文解字序》：“仓颉之初作书，盖依类象形，故谓之文；其后形声相益，即谓之字。”许慎所说依类象形，即“六书”中的象形、指事；形声相益，即“六书”中的会意、谐声。依类象形，即独体；形声相益，即合体。

母，从类为子。凡为字书[①]者，皆不识子母[②]。文字之本，出于六书。象形、指事，文也；会意、谐声、转注，字也；假借者，文与字也。原此一家之学，亦倡于左氏。然止戈为武，不识谐声[③]；反正为乏，又昧象形[④]。左氏既不别其源，后人何能别其流！是致小学[⑤]一家，皆成卤莽[⑥]。经旨不明，穿凿[⑦]蜂起，尽由于此。臣于是驱天下文字尽归六书，军律既明，士乃用命，故作《六书略》。

天籁[⑧]之本，自成经纬。纵有四声[⑨]以成经，横有七音[⑩]以成纬。皇颉[⑪]制字，深达此机；江左四声，反没其旨。凡为韵书者，皆有经无纬。字书眼学，韵书耳学。眼学以母为主，耳学以子为主。母主形，子主声，二家俱失所主[⑫]。今俗明七音之本，扩六合[⑬]之情，然后能宣仲尼之教，

---

① 字书：指《说文解字》。

② 不识子母：郑樵以为母主形，子主声。《说文》以母统子，《广韵》以子该母。《说文》定五百四十类为字之母，但母能生，子不能生，《说文》误以子为母者二百一十类，故郑氏讥其不识子母。语见《通志·六书略·论子母》。

③ “止戈”二句：止戈为武，语见《左传》宣公十二年。郑樵以为武字不是从戈从止，而是从戈从亡。从戈以见义，从亡以见声，于六书为谐声。

④ “反正”二句：反正为乏，语见《左传》宣公十五年。郑樵认为正是射侯之正（古代布制的箭靶），系象形。正以受矢，乏以藏矢，字义相反，故云反正为乏。

⑤ 小学：即文字学、音韵学和训诂学。

⑥ 卤莽：粗疏。《新唐书》卷一百六十三《柳玭传》家训：“夫士君子生于世，己无能而望它人用，己无善而望它人爱，犹农夫卤莽种之而怨天泽不润，虽欲弗馁，可乎？”《释文》司马（彪）云：“卤莽，犹麄粗也。谓浅耕稀种也。”

⑦ 穿凿：于理不可通者，强求其通。犹言牵强附会。《汉书·礼乐志》王吉疏：“今俗吏所以牧民者，非有礼义科指可世世通行者也，以意穿凿，各取一切。”

⑧ 天籁（lài）：自然界的声音。

⑨ 四声：指平、上、去、入四种声调。

⑩ 七音：即声母。古称宫、商、角、徵、羽、半徵、半商。

⑪ 皇颉：即传说中黄帝时的史官仓颉。

⑫ 二家俱失所主：《通志·七音略序》：“汉人课籀隶，始为字书，以通文字之学。江左竞风骚，始为韵书，以通声音之学。然汉儒识文字而不识子母，则失制字之旨。江左之儒识四声而不识七音，则失立韵之源。”

⑬ 六合：指天、地及东、西、南、北四方。即天下。

以及人间之俗，使裔夷[①]之俘皆知礼义，故作《七音略》。

天文之家，在于图象，民事必本于时，时序必本于天。为天文志者，有义无象，莫能知天。臣今取隋丹元子《步天歌》[②]，句中有图，言下成象；灵台所用，可以仰观。不取甘石本经[③]，惑人以妖妄，速人于罪累。故作《天文略》。

地理之家在于封圻[④]，而封圻之要在于山川。《禹贡》九州[⑤]，皆以山川定其经界。九州有时而移，山川千古不易，是故《禹贡》之图至今可别。班固《地理》主于郡国，无所底止，虽有其书，不如无也。后之史氏，正以方隅[⑥]；郡国并迁，方隅颠错。皆因司马迁无地理书，班固为之创始，致此一家，俱成谬举。臣今准《禹贡》之书而理川源，本《开元十道图》[⑦]以续今古，故作《地理略》。

都邑之本，金汤[⑧]之业，史氏不书，《黄图》[⑨]难考。臣上稽三皇、五

---

① 裔夷：边远的夷人。《左传》定公十年："两君合好，而裔夷之俘，以兵乱之，非齐君所以命诸侯也。"

② 隋丹元子《步天歌》：据《通志·天文略序》，丹元子是隋代隐者，不知名氏，作《步天歌》，王希明纂汉、晋志以解释它。按：《宋史·艺文志》著录《步天歌》，题王希明撰。其他目录学家说法不一，或谓王希明托名丹元子。

③ 甘石本经：《史记·天官书》多用甘石《星经》说，《史记正义》引阮孝绪《七录》谓：甘公，楚人，作《天文星占》八卷。石申，魏人，作《天文》八卷。

④ 封圻(yín)：义同"封疆""封域"，即疆界、界域。圻，通"垠"，边际。

⑤ 《禹贡》九州：《禹贡》为中国最早的一篇地理学著作。该篇假托为夏禹治水后按自然分区法把当时政区划为九州，并列为《尚书》中的一篇。九州即冀、兖、青、徐、扬、荆、豫、梁、雍。

⑥ 方隅：疆界。

⑦ 《开元十道图》：唐李吉甫撰，十卷。唐太宗贞观初年，依据山川形势，分国内为十道，在《新唐书》及《旧唐书》的《地理志》和唐玄宗时官修的《唐六典》中均有具体记载。《开元十道图》已佚，今存李吉甫所撰《元和郡县志》，亦对十道有记载。

⑧ 金汤："金城汤池"的省称。金喻坚，汤喻沸热不可近。《后汉书·光武帝纪下》赞曰："金汤失险，车书共道。"金汤，意即防守坚固，不可摧破。

⑨ 《黄图》：又称《三辅黄图》。《隋书·经籍志》著录为一卷，记三辅宫殿、陵庙、辟雍、郊畤等。宋晁公武《郡斋读书志》作三卷。今本六卷，三十六篇，有清毕沅校补本。

帝之形势①，远探四夷、八蛮之巢穴。仍以梁汴②者，四朝旧都，为痛定之戒；南阳③者，疑若可为中原之新宅。故作《都邑略》。

谥法④一家，国之大典。史氏无其书，奉常⑤失其旨。周人以讳事神，谥法之所由起也。古之帝王，存亡皆用名。自尧、舜、禹、汤至于桀、纣，皆名也。周公制礼，不忍名其先君；武王受命之后，乃追谥太王、王季、文王：此谥法所由立也。本无其书，后世伪作《周公谥法》，欲以生前之善恶为死后之劝惩。且周公之意，既不忍称其名，岂忍称其恶！如是，则《春秋》为尊者讳、为亲者讳，不可行乎周公矣。此不道之言也。幽、厉、桓、灵之字，本无凶义；谥法欲名其恶，则引辞以迁就其意。何为皇颉制字，使字与义合；而周公作法，使字与义离？臣今所纂，并以一字见义，削去引辞，而除其曲说，故作《谥略》。

祭器者，古人饮食之器也。今之祭器出于图，徒务说义，不思适用。形制既乖⑥，岂便歆享⑦！夫祭器尚象⑧者，古之道也。器之大者莫如罍⑨，故取诸云、山；其次莫如尊，故取诸牛、象；其次莫如彝，故取诸鸡、凤；最小者莫如爵，故取诸雀。其制皆象其形，凿项及背以出内酒。惟刘杳⑩能知此义，故引鲁郡地中所得齐子尾送女器有"牺尊"及齐景公冢中所得"牛尊""象尊"以为证，其义甚明，世莫能用。故作《器服略》。

---

① 形势：指地理形势。《汉书·张汤传》附《张延寿传》："还，谒大将军(霍)光。问(张)千秋战斗方略、山川形势，千秋口对兵事，画地成图，无所忘失。"

② 梁汴：今河南开封。自五代时后梁建都于此后，后晋、后汉、后周均在此建都。

③ 南阳：郡名。治所原在宛县(今河南南阳)，隋末改登州(今河南邓州)为南阳郡。此处为荆、襄和关、洛地区的交通孔道。

④ 谥法：谥号是古代帝王死后，依其生前事迹给予的称号。上古有号无谥，谥法始自周初。秦始皇废不用。自汉初恢复，历代沿用。

⑤ 奉常：官名。秦置，为九卿之一，掌宗庙礼仪。

⑥ 乖：背戾，不和谐。

⑦ 歆享：指鬼神享受祭品。《史记·孝文本纪》："朕既不德，上帝神明未歆享。"

⑧ 象：形状。

⑨ 罍(léi)：古代青铜祭器。

⑩ 刘杳：字士深，南朝梁平原人，博学多识，曾和沈约讨论宗庙牺尊事。《梁书》卷五十有传。

乐以诗为本，诗以声为用。风土之音曰“风”，朝廷之音曰“雅”，宗庙之音曰“颂”。仲尼编诗，为正乐也。以风、雅、颂之歌，为燕享祭祀之乐。工歌《鹿鸣》之三①，笙吹《南陔》之三②，歌间《鱼丽》之三，笙间《崇邱》之三③，此大合乐之道也。古者丝竹有谱无辞，所以六笙但存其名。序《诗》之人，不知此理，谓之有其义而无其辞。良由汉立齐、鲁、韩、毛四家博士④，各以义言《诗》，遂使声歌之道日微。至后汉之末，《诗》三百仅能传《鹿鸣》《驺虞》《伐檀》《文王》四篇之声而已。太和末，又失其三。至于晋室，《鹿鸣》一篇又无传。自《鹿鸣》不传，后世不复闻诗。⑤ 然诗者，人心之乐也，不以世之兴衰为存亡。继风、雅之作者，乐府⑥也。史家不明仲尼之意，弃乐府不收，乃取工伎之作以为志。臣旧作系声乐府以集汉、魏之辞，正为此也。今取篇目以为次，曰乐府正声者，所以明风、雅；曰祀享正声者，所以明颂。又以琴操明丝竹，以遗声准逸诗。《语》曰：“‘韶’尽美矣，又尽善也；‘武’尽美矣，未尽善也。”⑦此仲尼所以正舞也。“韶”即文舞，“武”即武舞。古乐甚希，而文、

---

① 工歌《鹿鸣》之三：乐工歌唱《诗经·小雅·鹿鸣之什》中的《鹿鸣》《四牡》《皇皇者华》这三篇诗。

② 笙吹《南陔》之三：吹笙者吹《诗经·小雅·南陔》中的《南陔》《白华》《华黍》这三篇“笙诗”。

③ “歌间”二句：工歌《鱼丽》，笙吹《由庚》；工歌《南有嘉鱼》，笙吹《崇邱》；工歌《南山有台》，笙吹《由仪》。本篇序中所举的笙吹六篇诗，在今《诗经》三百零五篇之外。其乐工、吹笙者歌吹相间事语本《仪礼·乡饮酒礼》。

④ 齐、鲁、韩、毛四家博士：汉初传诗的有齐辕固、鲁申培、韩婴三家，都立于学官，设博士。毛诗晚出，亦争立学官。

⑤ 至后汉之末……后世不复闻诗：语出《晋书·乐志》。曹操平荆州，得汉雅乐郎杜夔，任为军谋祭酒，创定雅乐，传《鹿鸣》等四篇古声调。魏明帝太和中，左延年改《驺虞》《伐檀》《文王》三曲，唯存《鹿鸣》旧歌。至晋武帝泰始五年(269 年)，中书监荀勖又除去《鹿鸣》旧歌。于是古乐全亡。

⑥ 乐府：诗体名。汉武帝时定郊祀礼，立乐府，掌管宫廷、巡行、祭祀所用的音乐，兼采民歌配以乐曲，以李延年为协律都尉，乐府之名自此始，乐府官署所采制的诗歌即为乐府诗。后人将魏、晋至唐可以入乐的诗歌，以及仿乐府古题的作品，统称乐府。

⑦ 《语》曰：即《论语》曰。引文出自《论语·八佾》。韶，虞舜乐名；武，周武王乐名。

武二舞犹传于后世。良由有节而无辞，不为义说家所惑，故得全仲尼之意。五声[①]、八音[②]、十二律[③]者，乐之制也。故作《乐略》。

学术之苟且[④]，由源流之不分；书籍之散亡，由编次之无纪[⑤]。《易》虽一书，而有十六种学：有传学，有注学，有章句学，有图学，有数学，有谶纬学，安得总言《易》类乎！《诗》虽一书，而有十二种学，有诂训学，有传学，有注学，有图学，有谱学，有名物学，安得总言《诗》类乎！道家则有道书，有道经，有科仪，有符箓，有吐纳内丹，有炉火外丹[⑥]，凡二十五种，皆道家，而浑为一家，可乎？医方则有脉经，有灸经，有本草，有方书，有炮炙，有病源，有妇人，有小儿，凡二十六种，皆医家，而浑为一家，可乎？故作《艺文略》。

册府[⑦]之藏，不患无书；校雠[⑧]之司，未闻其法。欲三馆无素餐之人[⑨]，四库无蠹鱼之简[⑩]；千章万卷，日见流通。故作《校雠略》。

---

① 五声：古乐五声音阶的五个阶名，即宫、商、角、徵、羽，也称五音。《左传》昭公二十五年："章为五声。"疏："声之清浊，差为五等，圣人因其有五，分配五行……土为宫，金为商，木为角，火为徵，水为羽。"

② 八音：古代称金、石、丝、竹、匏、土、革、木为八音。钟为金，磬为石，琴瑟为丝，箫管为竹，笙竽为匏，埙为土，鼓为革，柷敔为木。

③ 十二律：古乐的十二调。阳律六：黄钟、太簇、姑洗、蕤宾、夷则、亡射，阴律六：大吕、夹钟、中吕、林钟、南吕、应钟。共为十二律。《吕氏春秋》以律与历附会，以十二律应十二月。

④ 学术：学问、道术。苟且：马虎草率。

⑤ 纪：头绪。《礼记·礼器》："纪散而众乱。"

⑥ 吐纳内丹、炉火外丹：古代方士及道教徒修炼的两种方法。靠自身吐出体内浊气，吸纳清气，修炼自身丹田内的精气，称为内丹。靠体外药物，服食在炉火中烧炼的朱砂(金丹)等，称为外丹。

⑦ 册府：藏书的地方。

⑧ 校雠：核对书籍，纠正其误。一人独校为校，二人对校为雠。

⑨ 三馆：指宋代藏书处，即昭文馆、集贤院和史馆。素餐：无功食禄。又写作"素飡"。汉王充《论衡·量知》："素者，空也。空虚无德，飡人之禄，故曰素飡。"

⑩ 四库：其名始于唐。唐中宗景龙时，分经、史、子、集为四库，命薛稷、沈佺期、武平一、马怀素分掌，详见宋王应麟《玉海》。玄宗时，更于两京各聚书四部，以甲、乙、丙、丁为次，列经、史、子、集四库，见《唐书·艺文志》。蠹鱼：虫名。常蛀蚀衣服书籍。体小，有银白色细鳞，形似鱼，故名。唐白居易《长庆集》有"今曰开箧看，蠹鱼损文字"。

河出《图》[1]，天地有自然之象，图谱之学由此而兴；洛出《书》[2]，天地有自然之文，书籍之学由此而出。图成经，书成纬；一经一纬，错综而成文。古之学者，左图右书，不可偏废。刘氏作《七略》[3]，收书不收图；班固即[4]其书为《艺文志》。自此以还[5]，图谱日亡，书籍日冗，所以困后学而隳良材者[6]，皆由于此。何哉？即图而求，易；即书而求，难。舍易从难，成功者少。臣乃立为二记：一曰记有，记今之所有者，不可不聚；二曰记无，记今之所无者，不可不求。故作《图谱略》。

方册[7]者，古人之言语；款识[8]者，古人之面貌。方册所载，经数千万传；款识所勒[9]，犹存其旧。盖金石之功，寒暑不变，以兹稽古，庶[10]不失真。今艺文有志，而金石无纪。臣于是采三皇、五帝之泉币、三王之鼎彝、秦人石鼓[11]、汉魏丰碑，上自仓颉石室之文，下逮唐人之书，各列其人而名其地。故作《金石略》。

---

① 河出《图》：《易·系辞上》："河出《图》，洛出《书》，圣人则之。"孔《传》谓河图即八卦。河，即黄河。郑玄以为河出《图》是帝王圣者受命之瑞。

② 洛出《书》：洛，即洛水。汉儒谓《洛书》即"洪范九畴"。孔《传》："天与禹洛出《书》。神龟负文而出，列于背，有数至于九。禹遂因而第之以成九类常道。"

③ 刘氏作《七略》：刘氏即刘歆。他所撰写的《七略》，是我国最早的图书目录分类著作。

④ 即：就，依。

⑤ 还：返，回。

⑥ 困：使处于困境险地，被困。隳（huī）：毁坏。

⑦ 方册：同"方策"，典籍。

⑧ 款识（zhì）：古代钟鼎彝器上铸刻的文字。

⑨ 勒：刻。

⑩ 庶：将近，差不多。

⑪ 秦人石鼓：我国现存最早的刻石文字。唐初在天兴（今陕西凤翔）出土。共十块，石形如鼓，用籀文（大篆）刻四言诗十首，记秦国君游猎事，故称"石鼓文"。郑樵在《通志·金石略》中，说他撰有《石鼓辨》，明为秦篆。现十石中一石仅余一半，其他九石字形也有残缺。原物现藏北京故宫博物院。

《洪范五行传》[①]者，巫瞽[②]之学也，历代史官皆本之以作五行志。天地之间，灾祥万种，人间祸福，冥[③]不可知；若之何一虫之妖、一物之戾[④]皆绳之以五行！又若之何晋厉公一视之远[⑤]、周单子一言之徐[⑥]而能关于五行之沴[⑦]乎！晋申生一衣之偏[⑧]、郑子臧一冠之异[⑨]而能关于五行之沴乎！董仲舒[⑩]以阴阳之学倡为此说，本于《春秋》，牵合附会。历世史官，自愚其心目，俛首以受笼罩而欺天下[⑪]。臣故削去五行，而作《灾祥略》。

语言之理易推，名物[⑫]之状难识。农圃之人识田野之物，而不达《诗》《书》之旨；儒生达《诗》《书》之旨，而不识田野之物。五方[⑬]之名本殊，万物之形不一，必广览动植，洞见幽潜；通鸟兽之情状，察草木之

---

① 《洪范五行传》：汉刘向撰。十一篇。以上古至春秋、战国、秦、汉之各种灾异，分列条目，附会为朝政、人事祸福的征兆。书已佚，基本内容保存于《汉书·五行志》。

② 巫瞽：巫，古代称能以舞降神的人。瞽，目盲。《庄子·逍遥游》："瞽者无以与乎文章之观。"引申为没有识别能力。

③ 冥：暗昧。

④ 戾：乖张，违反。《淮南子·览冥》："举事戾苍天，发号逆四时。"注曰："戾，反也。"

⑤ 晋厉公一视之远：事见《国语·周语下》。其内容是说单襄公见晋厉公视远步高，乃谓晋侯目不存体，足不步目，目体不相从，命将不久。

⑥ 周单子一言之徐：事见《左传》昭公十一年。其内容是说周单子会韩宣子，单子精神委靡，视下音低，叔向认为单子不能久活。

⑦ 沴(lì)：因气不和而产生的伤害。

⑧ 晋申生一衣之偏：事见《左传》闵公二年。说的是晋献公命太子申生攻东山皋落氏，让他穿左右颜色不同的"偏衣"，狐突等认为不祥。

⑨ 郑子臧一冠之异：事见《左传》僖公二十四年。说的是郑子臧在宋，好聚鹬鸟羽毛为冠，郑文公憎恶他服饰非法，派人刺杀他。

⑩ 董仲舒：西汉著名儒学思想家。少治《春秋公羊传》。武帝时，以贤良对策称旨见重。后因言灾异事下狱，几死，不久赦免。出任胶西王相，不久即告病免官家居。生平讲学著书，推尊儒术，抑黜百家。

⑪ 俛首：即俯首。俛(fǔ)，同"俯"，低头。唐韩愈《韩昌黎集》卷十八《应科目时与人书》："若俛首帖耳，摇尾而乞怜者，非我之志也。"笼罩：笼，捕鱼器；罩，亦称篧，取鱼的竹器。此处指自投罗网。

⑫ 名物：名号物色。《周礼·天官·庖人》："掌共六畜六兽六禽，辨其名物。"

⑬ 五方：本指东、南、西、北和中央，这里泛指各方。

精神，然后参之载籍，明其品汇①。故作《昆虫草木略》。

凡十五略，出臣胸臆，不涉汉、唐诸儒议论。《礼略》所以叙五礼，《职官略》所以秩百官，《选举略》言抡材②之方，《刑法略》言用刑之术，《食货略》言财货之源流。凡兹五略，虽本前人之典，亦非诸史之文也。

古者记事之史谓之志③。《书大传》曰："天子有问无以对，责之疑；有志而不志，责之丞。"④是以宋、郑之史，皆谓之志⑤。太史公更志为记。今谓之志，本其旧也。桓君山曰："太史公《三代世表》旁行邪上，并效《周谱》。"⑥古者纪年别系之书谓之谱，太史公改而为表。今复表为谱，率从旧也。然西周经幽王之乱，记载无传，故《春秋》编年以东周为始。自皇甫谧作《帝王世纪》及《年历》⑦，上极三皇；谯周⑧、陶弘景⑨之徒，

① 品汇：品种类别。

② 抡材：选拔人才。

③ 记事之史谓之志：此说源于《周礼·春官》："小史，掌邦国之志。""外史，掌书外令，掌四方之志。"志，周时对史册的通称。

④ 《书大传》：即《尚书大传》。旧题汉伏胜撰。今传本四卷，附补遗一说。引文中的"疑""丞"均为官名。古代天子设前疑、后丞、左辅、右弼，称为四邻，以备天子顾问。

⑤ 宋、郑之史，皆谓之志：孔颖达《正义》以为"宋志"是"宋人志在攻取"，杜预《集解》以为"郑志"是"郑伯志在于杀"，与本文中用意不同。

⑥ 桓君山：汉代哲学家桓谭，字君山。他著《新论》二十九篇，反对当时的谶纬神学，被光武帝视为"非圣无法"，"几遭处斩"。其书久佚，清人孙冯翼、卢文弨有辑本。引文见《梁书·刘杳传》引，其中提到的《周谱》早佚，《汉书·沟洫志》引有《周谱》"定王五年河徙"语。

⑦ 皇甫谧作《帝王世纪》及《年历》：皇甫谧，字士安，晋朝那（今甘肃平凉西北）人。所著《帝王世纪》及《年历》，共十二篇。上起三皇，下迄汉、魏，传见《晋书》卷五十一。郑樵《通志·艺文略》以《帝王世纪》十卷入编年史的"纪录类"，以《年历》二卷入编年史的"运历类"。清宋翔凤、顾观光有《帝王世纪》辑本。

⑧ 谯周：字允南，三国蜀巴西西充（今四川阆中西南）人，后主立太子，周为家令。历中散大夫、光禄大夫。邓艾入蜀，周劝后主投降魏，封为阳城亭侯。著有《古史考》等书，已佚。传见《三国志》卷四十二《蜀书十二·谯周传》。

⑨ 陶弘景：字通明，南朝梁秣陵（今江苏南京）人。好道术。齐高帝以为诸王侍读。后隐居句容句曲山。梁武帝时，每遇军国大事必咨询他，时人称之为"山中宰相"。著有《帝代年历》《古今刀剑录》《真诰》等书。传见《梁书》卷五十一，《南史》卷七十六。

皆有其书。学者疑之，而以太史公编年为正，故其年始于共和[①]。然共和之名已不可据，况其年乎！仲尼著书断自唐、虞，而纪年始于鲁隐，以西周之年无所考也。今之所谱，自《春秋》之前，称世谓之世谱；《春秋》之后，称年谓之年谱。太史公纪年以六甲[②]，后之纪年者以六十甲[③]，或不用六十甲而用岁阳、岁阴[④]之名。今之所谱，即太史公法，既简且明，循环无滞。礼言临文不讳[⑤]，谓私讳[⑥]不可施之于公也；若庙讳[⑦]则无所不避。自汉至唐，史官皆避讳，惟《新唐书》无所避[⑧]。臣今所修，准旧史例；间有不得而避者，如谥法之类，改易本字，则其义不行，故亦准唐旧。(汉景帝名启，改启为开；安帝名庆，改庆为贺；唐太祖名虎，改虎为武；高祖名渊，改渊为水。若章怀太子注《后汉书》，则濯龙

---

① 共和：史载周厉王被暴动的奴隶和自由民赶跑至周宣王执政，其间共十四年，号共和。一说共和名称源自召公、周公二相同执政；一说厉王出奔后，由共和伯代理政事。共和元年，即公元前 841 年，为中国历史上有明确纪年的开始。

② 六甲：指甲子、甲戌、甲申、甲午、甲辰、甲寅。这是古代用天干地支相配计算时日的六种组合方法。

③ 六十甲：即从甲子至癸亥，逐年而纪，为数六十。又称六十甲子。是天干地支相配产生的变化，用以纪年。

④ 岁阳、岁阴：古代称用以纪年的十天干为岁阳，十二地支为岁阴。古人认为岁星(木星)十二年一周天，便将黄道分为十二等份，与之相应，作为岁名。因岁星自西向东运行，与黄道十二支方向相反，又假设太岁作与岁星实际运行相反的方向运动，以每年太岁所在的部分来纪年。《尔雅·释天》"岁阳"："太岁在甲曰阏逢，在乙曰旃蒙"，又"岁阴"："太岁在寅曰摄提格，在卯曰单阏……"故甲寅岁称作阏逢摄提格之岁，乙卯岁称作旃蒙单阏之岁。余类推。共可组成六十干支，用以纪年。

⑤ 礼言临文不讳：即《礼记·曲礼上》："诗书不讳，临文不讳，庙中不讳。"讳，避讳。

⑥ 私讳：即家讳。《梁书·张稷传》："复为司马，新兴、永宁二郡太守，郡犯私讳，改永宁为长宁。"稷父张永，故称私讳。

⑦ 庙讳：指君讳。汉代避君讳有定法，如"盈曰满""恒曰常""启曰开"等。本段括号内即汉、唐时部分避讳改字。史书从事改避是从《史记》开始的，如《淮阴侯列传》中的"蒯通"，原名"蒯彻"，为避汉武帝刘彻讳而改；《张释之冯唐列传》中的"王恬开"，原名"王恬启"，为避汉景帝刘启讳而改。

⑧ 惟《新唐书》无所避：《新唐书》作者宋祁、欧阳修等均为宋人，故书中对与唐朝帝王名字相同的字不用避讳。《旧唐书》作者刘昫以唐为本朝，凡碰上与唐朝帝王名字相同的字均避讳改易。

渊不得而讳；杜佑作《通典》，则虎贲不得而讳）

夫学术超诣[①]，本乎心识；如人入海，一入一深。臣之二十略，皆臣自所得，不用旧史之文。纪传者，编年纪事之实迹，自有成规，不为智而增，不为愚而减，故于纪传即其旧文，从而损益。若纪有制诏之辞，传有书疏之章，入之正书，则据实事；寘之别录，则见类例。《唐书》《五代史》[②]，皆本朝大臣所修，微臣所不敢议，故纪传讫隋。若礼乐政刑，务存因革，故引而至唐云。

呜呼！酒醴[③]之末，自然浇漓[④]；学术之末，自然浅近；九流[⑤]设教，至末皆弊。然他教之弊，微有典刑[⑥]；惟儒家一家，去本太远。此理何由？班固有言[⑦]："自武帝立五经博士[⑧]，开弟子员，设科射策，劝以官禄。讫于元始[⑨]，百有余年。传业者寖盛[⑩]，枝叶繁滋，一经说至百余万言，大师众至千余人。盖禄利之路然也！"且百年之间，其患至此；

---

① 超诣：学问技艺高出一般境界。诣，所达到的境界。

② 《唐书》《五代史》：《唐书》指宋欧阳修、宋祁等奉敕所撰《新唐书》。五代史有两部：《旧五代史》为宋薛居正等奉敕撰；《新五代史》为宋欧阳修私撰。这三部书都被收入今本《二十五史》正史中。

③ 醴：甜酒。

④ 浇漓：浇薄。浇，使减薄、浮薄，多用以指社会风气，此处指味薄。《汉书》卷八十九《黄霸传》京兆尹张敞奏表："浇淳散朴，并行伪貌，有名无实，倾摇解怠，甚者为妖。"注曰："以水浇之，则味漓薄。"

⑤ 九流：指先秦至汉初的九个学术流派。据《汉书·艺文志》，九流为：儒、法、名、墨、道、阴阳、纵横、杂、农。

⑥ 典刑：法规。

⑦ 班固有言：即班固在《汉书·儒林传》中所说的话。

⑧ 五经博士：官名。汉武帝建元五年(公元前136年)开始设置，以传授儒家的经典。五经，即《周易》《尚书》《诗经》《仪礼》《春秋》。元朔五年(公元前124年)，初为博士置弟子员五十人，复其身。

⑨ 元始：汉平帝的年号，共五年。元始初(1年)，即呈现经学家派众多，一经之说繁至百余万言的局面。

⑩ 寖盛：逐渐增多至极点。

千载之后，弊将若何！况禄利之路，必由科目[①]；科目之设，必由乎文辞[②]。三百篇之《诗》尽在声歌，自置《诗》博士以来，学者不闻一篇之《诗》；六十四卦之《易》该于象数，自置《易》博士以来，学者不见一卦之《易》。皇颉制字，尽由六书[③]；汉立小学[④]，凡文字之家，不明一字之宗。伶伦[⑤]制律，尽本七音；江左置声韵，凡音律之家，不达一音之旨。经既苟且，史又荒唐，如此流离，何时返本！道之污隆[⑥]存乎时，时之通塞存乎数；儒学之弊，至此而极！寒极则暑至，否极则泰来[⑦]，此自然之道也。臣蒲柳[⑧]之质，无复余龄；葵藿[⑨]之心，惟期盛世！谨序。

---

① 科目：分科取士的项目。如唐制取士之科，见于史者五十余科，又有大经小经之目，故称科目。

② 文辞：指应试儒士的经义策论等。

③ 六书：汉代学者分析小篆的形、音、义而归纳出来的六种造字条例。许慎《说文解字·叙》对六书定义为：指事、象形、形声、会意、转注、假借。

④ 小学：古代小学教授六艺，故礼、乐、射、御、书、数都称为小学。汉代以小学作为文字训诂之学的专称。《汉书·艺文志》所收的小学十家都是字书和训诂之类。

⑤ 伶伦：又作“泠沦”。相传为黄帝时的乐师，曾制音律。见《吕氏春秋·古乐》。

⑥ 污隆：指时世风俗的盛衰。《文选》南朝梁刘孝标《广绝交论》：“龙骧蠖屈，从道污隆。”

⑦ 否(pǐ)极则泰来：又作“否终则泰”。意即闭塞到极点，则转向通泰。否、泰本为《易》两卦名。过去将命运的好坏、事情的顺逆都称作否泰。否，不通；泰，亨通。

⑧ 蒲柳：即蒲和柳。二者均早落叶，故以喻人之早衰。《世说新语·言语》：“顾悦与简文(司马昱)同年而发早白。简文曰：‘卿何以先白?’对曰：‘蒲柳之姿，望秋而落；松柏之质，经霜弥茂。’”

⑨ 葵藿：偏指葵。葵性向日，古人多用以比喻下对上赤心趋向之意。《三国志》卷十九《魏书十九·陈思王植传》上疏请存问亲戚：“若葵藿之倾叶，太阳虽不为之回光，然终向之者，诚也。”

文献通考·经籍考二十七[①](节选)

史(伪史霸史　史评史钞)

《史记音义》二十卷

陈氏[②]曰：唐崇贤馆学士刘伯庄撰。贞观初，奉敕讲授，采邹诞生徐唐[③]及隋柳顾言《音义》而为此书。

《史记索隐》三十卷

晁氏[④]曰：唐司马贞撰。据徐、裴注[⑤]纠正抵牾，援据密致。如东坡辩宰我未常从田常为乱[⑥]，盖本诸贞也。

陈氏曰：采摭异闻，释文演注，末二卷为《述赞》、为《三皇本纪》，世号《小司马史记》。

《附索隐史记》一百三十卷

陈氏曰：淳熙[⑦]中，广汉张材介仲刊于桐川郡斋[⑧]，削去褚少孙[⑨]所

---

① 此书是继唐杜佑《通典》之后，又一部记述历代典章制度的巨著。全书三百四十八卷，总目二十四门。著者为宋元之际人马端临(约1254—1323年)。他在材料处理上，先立条目，然后按时序排比前人与时人的有关议论，最后是他本人的按语。他把《通典》九门分扩为十九门，又加列《经籍》《帝系》《封建》《象纬》《物异》五目，撰成上自上古，下至宋宁宗时期典章制度的汇编。所记宋事最详。《四库全书总目》卷八十一《文献通考提要》评述说："虽稍逊《通典》之简严，而详赡实为过之，非郑樵《通志》所及也。"1984年中华书局重印了商务印书馆万有文库《十通》本，并为此书增编了目录。现据中华书局重印本加以注释。本篇摘自《文献通考》卷二百《经籍考》二十七中的"史评史钞"部分。作者对《史记音义》等多部书籍都进行了解题评议，广引各家之说。

② 陈氏：南宋藏书家陈振孙。他仿晁公武《郡斋读书志》编成的《直斋书录解题》，是宋代有名的提要目录。

③ 徐唐：应为"徐广"。

④ 晁氏：即南宋晁公武，著有《郡斋读书志》。这是中国最早的一部附有提要的私家书目。

⑤ 徐、裴注：即南朝徐广及裴骃的注。

⑥ 东坡：即北宋苏轼。宰我：孔子弟子。《史记·仲尼弟子列传》记有宰我参与田常反齐简公的事等。

⑦ 淳熙：宋孝宗在位期间年号之一，即1174—1189年。

⑧ 广汉张材介仲：广汉人姓张名材，字介仲。郡斋：郡守的府第。

⑨ 褚少孙：又称褚先生。续补《史记》，受到后人讥讽。

续，而附以司马贞《索隐》。其后江阴耿秉直之复取所削者别刊之。

《史记正义》二十卷

陈氏曰：唐诸王侍读张守节撰，开元二十四年[①]作序。

《崇文总目》[②]：为《汉书》学者，此最精博。

《陈伯宣注史记》八十七卷

《崇文总目》：唐陈伯宣撰。因裴骃说有所未悉，颇增损焉，然多取司马氏《索隐》[③]以为己说。今篇残缺。

《迁史删改古书异辞》十二卷

陈氏曰：倪思撰。以《迁史》多易[④]经语，更简严为平异，体当然也，然易辞而失其义，书事而与经易者，多不可以无考，故为是编。经之外与他书异者，亦并载焉。

《班马异同》三十五卷

陈氏曰：倪思撰。以《班史》仍[⑤]《史记》之旧，而多删改，大抵务[⑥]趋简严，然或删而遗其事实，或改而失其本意，因其异则可以知其笔力[⑦]之优劣，而又知作史述史之法矣。

《新校史记》一百三十卷、《新校前汉书》一百卷、《新校后汉书》九十卷、《三史刊误》四十五卷

《崇文总目》：皇朝[⑧]张观等校定。初，秘书丞余靖上言国子监所收《史记》《汉书》误，请行校正。诏翰林学士张观、知制诰李淑、宋祁与靖、

① 开元二十四年：即736年。开元，唐玄宗在位期间年号之一。

② 《崇文总目》：北宋王尧臣等撰。宋初以昭文、史馆、集贤三馆为藏书之所，后又建崇文院，称为三馆新修书院。端拱元年(988年)，太宗命将图书分藏于以上三馆和秘阁。景祐元年(1034年)，命王尧臣等以四馆所藏校正条目，分类编次，共六十六卷。今本为清修《四库全书》时，据明范钦天一阁本以《永乐大典》引文补入而成。

③ 司马氏《索隐》：即司马贞所撰《史记索隐》。

④ 易：改变。

⑤ 仍：因袭。《尚书·顾命》："华玉仍几。"传曰："仍，因也。因生时几，不改作。"

⑥ 务：致力。

⑦ 笔力：指文章的气势工力。唐元稹《长庆集》卷十《代曲江老人百韵诗》："李杜诗篇敌，苏张笔力匀。"

⑧ 皇朝：指宋朝。

洎直讲王洙[①]，于崇文院雠对。靖等悉取三馆诸本及先儒注解、训传、六经、小说、《字林》、《说文》之类数百家之书，以相参校。凡所是正[②]增损数千言，尤为精备，逾年而上之。靖等又自录其雠校之说，别为《刊误》四十五卷。

《汉书问答》五卷

《崇文总目》：唐沈遵行撰。采诸儒为《汉书》说者，申释其义，有博闻之益。然篇第颇差，讨求未获，阙刘传以下数篇[③]。

《三刘汉书标注》六卷

晁氏曰：皇朝刘敞原父[④]、弟攽贡父[⑤]、子奉世仲冯[⑥]撰。刘跂尝跋其书尾云：余为学官[⑦]亳州，故中书刘舍人实为守，从容出所读《汉书》示余，曰欲作补注，未能也。然卷中题识[⑧]已多，公之子方山亚夫录以相示也。

陈氏曰：又本题《公非先生刊误》，其实一书。公非，贡父自号。《汉书》自颜监[⑨]之后，举世宗之，未有能异其说者，至刘氏兄弟，始为此书，多所辩正发明。

---

① 洎：及。直讲：始置于唐。掌佐博士、助教讲授经术。宋设直讲十人，年四十及进士九经出身，先试讲，然后就职。每二人共讲一经。

② 是正：审定，校正。三国吴韦昭《国语解》："及刘光禄于汉成世，始更考校，是正疑谬。"

③ 阙：同"缺"。刘传：指宋人刘敞等人所作书。

④ 刘敞原父：原父是刘敞的字。其号公是。

⑤ 弟攽贡父：贡父是刘敞的弟弟刘攽的字。刘攽是司马光撰《资治通鉴》的重要助手，负责该书的汉代部分。官至中书舍人。

⑥ 子奉世仲冯：仲冯是刘敞之子刘奉世的字。

⑦ 学官：掌管学校教育的教官。

⑧ 题识：题，标识(zhì)。《左传》襄公十年："舞师题以旌夏。"注曰："题，识也。以大旌表识其行列。"识(zhì)，通"帜"，标帜。《释名·释言语》："识，帜也，有章帜可按视也。"

⑨ 颜监：即颜师古。颜师古注《汉书》，集隋以前二十三家注释，纠谬补缺。官至秘书监、弘文馆学士。

吕氏《前汉论》三十卷

晁氏曰：皇朝吕大忠晋伯[①]撰。予得其本于铜梁令吕肇，修撰汲陵[②]诸孙也。

《西汉发挥》十卷

晁氏曰：皇朝刘泾巨济[③]撰。泾，蜀[④]人。

《西汉决疑》五卷

陈氏曰：国子司业宛邱王述致君撰[⑤]。一曰《失实》，二曰《引古》，三曰《异言》，四曰《杂证》，五曰《注释》。

《西汉史抄》十七卷

《中兴艺文志》[⑥]：陈傅良[⑦]撰。指摘精要，裨正阙误，如制度始末因革，则条其大意，遗其烦碎，而一代之兴衰，治体人才，纪纲风俗，亦略矣。《博议》，陈季雅所撰，关涉尤大。

《东汉刊误》一卷

晁氏曰：刘攽贡父撰，攽序。英宗读《后汉书》，见垦田字皆作"恳"字，命国子监刊正。攽为直讲，校正其谬误不可胜算，然此书世无善本，率以己意定之，治平三年[⑧]奏御。攽号[⑨]有史学，温公[⑩]修《通鉴》，以两汉事付之。

---

① 吕大忠晋伯：吕大忠，字进伯(又作"晋伯")。登第，为华阴尉、晋城令。

② 汲陵：吕大忠祖籍汲郡，其弟吕大防被封为汲郡公。

③ 刘泾巨济：姓刘名泾，字巨济。

④ 蜀：今四川。

⑤ 国子司业：学官。隋炀帝大业三年(607年)设置国子监司业，帮助祭酒(国子监主管官)教授生徒。历代沿置。宛邱王述致君：即宛邱人姓王名述，字致君。宛邱，即今河南淮阳。"邱"本"丘"字，清人改"丘"为"邱"，以避孔子讳。

⑥ 《中兴艺文志》：书名。其所记可参见《宋史·艺文志》。

⑦ 陈傅良：宋人。孝宗乾道八年(1172年)进士。官至中书舍人，宝谟阁待制。著述丰富。事迹详见《宋史》本传。

⑧ 治平三年：1066年。治平，宋英宗在位期间年号，共四年。

⑨ 号：宣称。

⑩ 温公：司马光死后被追封为温国公。

《两汉博闻》十二卷

晁氏曰：皇朝杨侃纂。景德中[①]，侃读两汉书，取其名数前儒解释为此书，以资涉猎[②]者。侃尝编《职林》，此亦其类也。

《两汉刊误补遗》十七卷

陈氏曰：国子博士吴仁杰斗南撰[③]。补三刘[④]之遗也。

《三国人物论》三卷

晁氏曰：皇朝[⑤]杨祐甫撰。蜀人。

《晋书指掌》十二卷

晁氏曰：皇朝刘夔编。以《晋书》事实，以类分为六十五门。

《唐书直笔新例》四卷

晁氏曰：皇朝吕夏卿撰。夏卿强记绝人，预修新史[⑥]，此其在书局时所建明，欧、宋[⑦]间有取焉，如增入高祖字叔德之类是也。

陈氏曰：纪、传、志各一卷，末一卷摘旧史[⑧]繁阙，又为《新例须知》附于后，略举名数，如目录之类，记新书比旧增减志传及总类。

《唐书音训》四卷

晁氏曰：皇朝窦巩撰。新书多奇[⑨]字，观者必资训释。巩问学[⑩]精博，发挥[⑪]良多，而其书时有改革者，不知何人附益[⑫]之也。

---

① 景德中：宋真宗景德年间。即1004—1007年，共四年。

② 以资涉猎：以，用来；资，帮助；涉猎，指浏览群书，不深入钻研。《汉书·贾山传》："涉猎书记，不能为醇儒。"颜师古注："涉，若涉水；猎，若猎兽。言历览之不专精也。"

③ 国子博士：学官，始置于晋。唐有太学国子诸博士，都为教官。明清沿置。吴仁杰斗南：姓吴名仁杰，字斗南。

④ 三刘：即刘敞、刘攽、刘奉世。

⑤ 皇朝：宋朝。

⑥ 新史：《新唐书》。

⑦ 欧、宋：欧阳修、宋祁。二人合修《新唐书》。

⑧ 旧史：《旧唐书》。

⑨ 奇：怪异。

⑩ 问学：请教，学习。

⑪ 发挥：发扬，阐发。

⑫ 附益：增益。

《唐书音义》三十卷

晁氏曰：未详撰人。比窦氏书[①]大略同而稍简，乃析[②]为三十卷。

《唐书辩证》二十卷（一名《纠谬》）

晁氏曰：皇朝吴缜撰。缜字廷珍，成都人，仕至郡守。数[③]《新书》初修之时，其失有八类，其舛误二十门，凡四百余事。缜不能[④]属文，多误有诋诃。如《新书·张九龄传》云：武惠妃陷太子瑛，遣官奴告之曰："废必有兴，公为援，宰相可常处。"九龄奏之，故卒[⑤]九龄相而太子无患。缜以为时九龄已相，而太子竟以废死，以为《新书》似实而虚。按史之文，谓终九龄在相位日，太子得不废也。岂谓卒以九龄为相，太子终无患乎？初名《纠谬》，其后改云《辩证》，实一书也。

王氏[⑥]《挥麈录》曰：嘉祐[⑦]中，诏宋景文、欧阳文忠[⑧]诸公重修《唐书》。时有蜀人吴缜者初登第，因范景仁[⑨]而请于文忠，愿预官属之末。上书文忠，言甚恳切。文忠以其年少轻佻拒之，缜鞅鞅而去。逮夫《新书》之成，乃从其间指摘瑕疵，为《纠谬》一书。至元祐[⑩]中，缜游宦蹉跎[⑪]，老为郡守，与《五代史纂误》俱刊行之。绍兴[⑫]中，福唐吴仲实元美[⑬]为湖州教授，复刻于郡庠[⑭]，且作后序，以谓针膏肓、起废疾。杜预

---

① 窦氏书：即前窦巩所撰《唐书音训》。

② 析：分开。

③ 数(shǔ)：责备，数说。

④ 能：能够，胜任。

⑤ 卒：最后，终于。

⑥ 王氏：王明清。其所著《挥麈录》，记北宋末至南宋初事，多可补史缺。其内容在南宋时，即已为人采用。

⑦ 嘉祐：宋仁宗在位期间年号之一。1056—1063年，共八年。

⑧ 宋景文、欧阳文忠：即宋祁、欧阳修。宋祁谥"景文"，欧阳修谥"文忠"。

⑨ 范景仁：即范镇，景仁是他的字。他与欧阳修、司马光、苏轼等均相交甚厚，同以文学著称。范镇在朝任职时间很长，自仁宗朝直至哲宗朝。

⑩ 元祐：宋哲宗在位期间年号之一。1086—1094年，共九年。

⑪ 蹉跎：失时，虚度光阴。

⑫ 绍兴：宋高宗在位期间年号之一。1131—1162年，共三十二年。

⑬ 福唐吴仲实元美：福唐人姓吴名仲实，字元美。

⑭ 郡庠：即府学。庠，周代乡学名。

实为《左氏》之忠臣，然不知缜著书之本意也。

陈氏曰：其父师孟，显于熙、丰，此书绍圣[①]初上之。

《注唐记》十卷

晁氏曰：题曰樊先生，而不详其名，近代[②]人所著新书纪也。

《唐书列传辩证》二十卷

陈氏曰：端明殿学士玉山汪应辰圣锡[③]撰。专攻[④]列传，不及纪、志。以元祐名贤谓列传记事毁于镌削，暗于藻绘[⑤]，故随事辩证之。

《新唐书略》三十五卷

陈氏曰：吕祖谦授徒，患新史难阅，摘要抹[⑥]出，而门人抄之，盖节本之有伦理者也。

《唐史要论》十卷(一作《论断》二卷)

晁氏曰：皇朝孙甫之翰[⑦]撰。欧阳永叔、司马温公、苏子瞻[⑧]称其书议论精核，以为旧史所不及，终于天章阁待制[⑨]。

《朱子语录》[⑩]：司马温公书孙公《唐史》后云：孙公之翰昔著此书，甚自重惜，尝别缄其藁于笥[⑪]，必盥手[⑫]然后启之。谓家人曰："万一有

---

① 绍圣：宋哲宗在位期间年号之一。1094—1098年，共五年。

② 近代：指宋代。

③ 玉山汪应辰圣锡：玉山人姓汪名应辰，字圣锡。

④ 专攻：专门研究。

⑤ 藻绘：文采。

⑥ 抹：涂抹。

⑦ 孙甫之翰：姓孙名甫，字之翰。

⑧ 欧阳永叔、司马温公、苏子瞻：即欧阳修、司马光、苏轼。永叔，是欧阳修的字；温公，是司马光死后所追封；子瞻，是苏轼的字。司马光死后，谥"文正"，追封温国公。

⑨ 待制：典守文物之官，位在直学士下。

⑩ 《朱子语录》：又名《朱子语类》，南宋朱熹讲学语录汇集。据其门人所闻记录汇刻。

⑪ 缄其藁于笥：封藏他的书稿于方形盛器中。缄，封闭。《晋书·顾恺之传》："恺之尝以一厨画糊题其前寄桓玄……玄乃发其厨后，窃其画而缄闭如旧以还之。"笥，方形盛器，以萑苇或竹为之。

⑫ 盥手：洗手。以手盛水冲洗。《左传》僖公二十三年："奉匜沃盥。"段氏《说文解字注》："沃者，自上浇之，盥者，手受之而下流于盘。"

水火兵甲之急，他货财尽弃之，此笥不可失也。”公私少间[①]，则增损改易，未尝去[②]手。其在江东为转运史，出行部[③]亦以自随，过亭休止，辄取修之。会宣州有急变，乘驲遽往，不暇挈以俱。既行之后，金陵大火，延及转运廨舍[④]，弟子察亲负其笥，避于沼中岛上。公在宣州闻之，亟[⑤]还。入门问曰：“《唐书》在乎？”察对曰：“在。”乃悦，余无所问。自壮年至于白首乃成，亦未以示人，文潞公[⑥]执政，尝从公借之。

又曰：伯恭[⑦]晚年，谓人曰：孙之翰《唐论》胜《唐鉴》，要之也是切于事情，只是大纲却不正了。

陈氏曰：甫以《唐书》烦冗，遗略多失体法，乃修为《唐史》，用编年体，自康定元年[⑧]，逮嘉祐元年[⑨]，成书七十五卷，为论九十二首。甫没，朝廷取其书留禁中[⑩]。其从子察录以遗温公，而世亦罕见。蜀有刻本，末有之，今惟诸论存焉。

《唐鉴》二十卷

晁氏曰：皇朝范祖禹醇夫[⑪]撰。醇夫为温公《通鉴》局编修官十五年，分掌唐史，以其所自得，著成此书。取武后临朝二十一年系[⑫]之中宗，

---

① 公私少间：即公事、私事处理完毕，稍有闲暇。

② 去：离开。

③ 行部：外出巡视部属，考察工作。

④ 廨舍：官吏办事及居住的处所。

⑤ 亟：赶快，急速。

⑥ 文潞公：即文彦博。宋仁宗时曾因镇压王则起义，升为宰相。宋哲宗时任平章军国事。元祐五年(1090年)致仕，封潞国公。著有《潞公集》四十卷。

⑦ 伯恭：吕祖谦的字。授徒多，著书多。

⑧ 康定元年：1040年。康定，宋仁宗在位期间年号之一，共两年。

⑨ 嘉祐元年：1056年。

⑩ 禁中：皇宫中。

⑪ 范祖禹醇夫：范祖禹，字淳甫，幼孤，叔祖镇抚育如己子。《通考》中改淳甫为醇夫，是因避讳而改字。

⑫ 系：依附。

其言曰："此《春秋》'公在乾侯'[①]之义也，虽得罪于君子有所不辞。"观此，则知醇夫之从公决非苟同者。凡三百六篇。

《朱子语录》曰：范太史[②]《唐鉴》第一段论守臣节处不圆，要做一书补之，不曾做得。范氏此文，字草草之甚，其人资质浑厚，说得都如此平正。只是疏多不入理，终守臣节处，于此亦须有些处置，岂可便如此休了。如此议论，岂不为英雄所笑？又曰《唐鉴》有疏处。孙之翰《唐论》精细，说得利害，如身亲历之，但理不及《唐鉴》耳。又曰《唐鉴》多说得散开无收杀[③]。如姚崇论择十道使，患未得人，他自说得意，不知范氏何故却贬其说。又曰《唐鉴》白马之祸[④]，欧公论不及此。

又曰：《唐鉴》有缓而不精确处。如言租庸调及杨炎二税之法，说得都无收杀，只云在于得人，不在乎法。有这般苟且处，他是见熙宁[⑤]间详于制度，故有激而言，只那有激便不平直。

陈氏曰：元祐初上此书。

《唐史评》三卷

晁氏曰：题曰适适先生，不详何人，门人[⑥]谯孝宁为编次。

《五代史纂误》五卷、《杂录》一卷

晁氏曰：皇朝吴缜撰，凡二百余事，皆欧阳永叔《新五代史》抵牾舛讹也。按《通鉴考异》证欧阳《史》差误，如庄宗还三矢事[⑦]之类甚众，今此书皆不及之，特证其字之脱错而已。又善本未必皆然。

---

① 公在乾侯：公，指鲁昭公。乾侯，地名，春秋晋邑。《左传》昭公二十八年记载，昭公去晋国，将要到乾侯去，派人请求晋国来人迎接。晋国让昭公回到鲁国和齐国的边境上，然后派人迎接。

② 范太史：即范祖禹。哲宗朝，范祖禹兼国史院修撰，为礼部侍郎。

③ 收杀：结局。

④ 白马之祸：唐昭宣帝天祐二年(905 年)，朱全忠在白马驿杀裴枢等朝士三十余人。

⑤ 熙宁：宋神宗在位期间年号之一。1068—1077 年，共十年。

⑥ 门人：弟子。至后汉时公卿自多教授聚徒，亲授业者为弟子，转相传授者为门人。

⑦ 庄宗还三矢事：指后唐庄宗与梁战于河上时，曾被梁善射者陆思泽射中马鞍，拔箭收藏。后陆思泽战败降唐，庄宗出箭示之，后又赦免其罪并加以重用。

陈氏曰：宇文时中守吴兴，郡庠有二史板，遂二书刻之，后皆入国子监。初，郡人思溪王氏刻《藏经》，有余板，以刊二史寘郡庠。中兴①，监书多缺，遂取其板以往，今监本是也。

《典故辩疑》二十卷

儒林郎主管尚书吏部架阁文字李大性撰。淳熙十三年投进。自为序略曰："仰惟皇朝，圣明相绍②，明良之懿③，著在青史，坦然明白，信以传信。而缨绅④相属，占毕益繁，私史荐⑤兴，说令蠭午⑥，朱紫苗莠，混为一区，熙朝⑦盛美，未免蒙翳⑧。请略举数端言之：如梅尧臣《碧云騢》，非尧臣所撰；孔平仲《杂录》，非平仲所述。《建隆遗事》以王禹偁名，而实非禹偁；《志怪集》《括异志》《倦游录》以张师正名，而实非师正。《涑水记闻》虽出于司马光，而多所增益；《谈丛》虽出于陈师道，而多所误盭⑨。以至《王安石日录》、蔡绦《国史后补》，又皆不足以取信。儒者俱尝言之，而未之详辩也。矧⑩其言者乎？盖尝推其畴⑪品，为说滋夥，数其差舛，不见殚⑫述。虽云爝火⑬之众，于大明何伤，而微尘纤

---

① 中兴：指南宋建立。

② 绍：承继。《尚书·盘庚上》："天其永我命于兹新邑，绍复先王之大业，厎绥四方。"

③ 懿：美德。

④ 缨绅：指有声望的封建士大夫。缨，结冠的带子。绅，束在腰间、一头垂下的大带。《论语·卫灵公》："子张书诸绅。"疏曰："以带束腰，垂其余以为饰，谓之绅。"古代有身份的人束绅，后因此称有地位、权势的人为绅。

⑤ 荐：推举。

⑥ 蠭午：纷然并起貌。

⑦ 熙朝：盛朝。

⑧ 蒙翳：覆盖。

⑨ 盭(lì)：古"戾"字，乖张，违反。

⑩ 矧(shěn)：况。《尚书·大诰》："厥子乃弗肯播，矧肯获？"

⑪ 畴：同类。

⑫ 殚：尽。

⑬ 爝火：炬火。《庄子·逍遥游》："日月出矣，而爝火不息。其于光也，不亦难乎？"疏曰："爝火，犹炬火也。"

埃[①]非全镜所宜有也。然则丹铅[②]点勘，寤[③]疑辩惑，匪[④]书生职欤？臣大惧私史踳驳[⑤]，或为正史之蠹，辄撷[⑥]其事而正之。伏自忖念：衡茅[⑦]之下，多未见之书，朴樕[⑧]之材，无奇特之见，固不当自寘于五不韪[⑨]之域，以奸严诛。而孤忠拳拳[⑩]，所欲辩明，怀不能已，非敢远慕昔人，作指瑕纠谬之书，以诒攻诃之诮[⑪]。独取熙朝美事，及名卿才大夫之卓卓可称而其事为野史语录所翳[⑫]者，辩而明之，参其岁月，质其名氏、爵位而考证焉。其或传闻异词，难以示信，以意逆志[⑬]，虽知其非而未有晓然依据，则姑置弗辩。其所辩者，必得所证而后为之说焉。所辩凡

---

① 微尘纤埃：指细小的物质。《大智度论》卷九十四："譬如积微尘成山，难可得移动。"又《文选》晋潘安仁(岳)《籍田赋》："微风生于轻幰，纤埃起于朱轮。"

② 丹铅：旧时点校书籍所用的丹砂与铅粉。韩愈《秋怀》诗："不如覷文字，丹铅事点勘。"又明杨慎著有《丹铅录》。杨慎对考证诸书异同的著作，都冠以"丹铅"二字。

③ 寤：醒悟，理解。

④ 匪：非。

⑤ 踳驳：杂乱。《梁书》卷五十《伏挺传》与徐勉书："扬生(雄)沉郁，且犹覆盎；惠子(施)五车，弥多踳驳。"

⑥ 撷(xié)：摘取。

⑦ 衡茅：衡门茅屋，指陋室。衡门，横木为门，喻简陋的房屋。

⑧ 朴(bú)樕：比喻浅陋、平庸。此处指才能。唐杜牧《樊川集》卷十五《贺平党项表》："臣僻左小郡，朴樕散材。"

⑨ 五不韪(wěi)：五条过错。韪，是。《左传》隐公十一年："(息侯)犯五不韪(不度德、不量力、不亲近亲戚、不辨是非、不查察有罪)，而以伐人，其丧师也，不亦宜乎!"注曰："韪，是也。"

⑩ 拳拳：恳切、忠谨貌。《礼记·中庸》："回之为人也，择乎中庸，得一善，则拳拳服膺而弗失之矣。"

⑪ 诒(yí)：传，遗留。攻诃：指责，怒斥。

⑫ 翳(yì)：障蔽。

⑬ 以意逆志：用自己的意思去揣度他人的心思。

二百条，厘[①]为二十卷，名之曰《典故辩疑》。”右史评[②]、史钞[③]。

诏 令

唐大诏令集·戒厚葬诏[④]

朕闻：死者，终也，欲物之反于真[⑤]也；葬者，藏也，欲人之不得见也。上古垂风，未闻于封树；后圣贻范[⑥]，始备于棺椁。讥僣侈[⑦]者非爱其厚费，美俭薄者实贵于无危。是以唐[⑧]圣帝也，毂林有通树之说[⑨]；

---

① 厘：更改。

② 史评：旧时图书史部分目的名称。其内容或是对史籍的评论研究，或是对历史事件的评论。本篇中的内容属前者。

③ 史钞：旧时图书史部分目的名称。《宋史·艺文志》史部分十三类，第四类叫史钞。史钞的体例不一。有选取一种史书或几种史书中有关材料，加以分类，自成体系的；亦有因古时有书不易，遇有卷帙浩繁而阅读困难，于是传抄节录，成为原书的节本的。本篇中的内容属前者。

④ 《唐大诏令集》，政书。北宋宋敏求(1019—1097年)编。一百三十卷。此书在其父宋绶原有纂辑的基础上整理成编。书成于神宗熙宁三年(1070年)。现除卷十四至卷二十四、卷八十七至卷九十八共二十三卷缺之外，分十三门、一百五十四目，收文凡一千九百六十三篇(重复六篇)，八十余万字。对当时政治、经济、法律、选举、职官、婚姻制度以及民族关系等多有记述，史料价值较高。光绪年间开始刊刻，为《适园丛书》本。本次注释所据，为1959年商务印书馆据铁琴铜剑楼原藏顾广圻校旧抄本出版的断句排印本。《戒厚葬诏》选自《唐大诏令集》卷八十，是唐太宗为革除厚葬之风，禁止丧葬逾制，于贞观十七年(643年)三月下达的一份诏书。

⑤ 反于真：真，本原，自身。即事物回到其本原。

⑥ 贻范：《说文》：“赠遗也。从贝、台声。”即遗留下的榜样。

⑦ 僣(tiè)侈：浮夸、浪费。

⑧ 唐：指唐尧，即陶唐氏，传说中上古部落的首领，名放勋，号陶唐。

⑨ 毂(gǔ)林有通树之说：毂，疑即“穀”。穀林，地名，即成阳，在今山东菏泽西北。旧史称尧葬于穀林。

秦穆明君也，橐泉无丘垅之处[1]。仲尼孝子也，防墓不坟[2]；延陵[3]慈父也，嬴博[4]可隐。洎乎阖庐[5]违礼，珠玉为凫雁[6]；始皇无度，水银如江海[7]。因多藏以速祸，由有利以招辱。朕居四海之尊，承百王之弊，未明求衣，中宵载惕[8]。虽送往之典，详诸仪制；失礼之禁，著在刑书。而勋戚之家，或流遁[9]于习俗；闾阎之内，或侈靡而伤风。以厚葬为奉终，高坟为行孝。遂使衣衾棺椁，极雕刻之华；刍灵明器[10]，穷金玉之费。富者越法度以相高，贫者破资产以不逮。徒伤教义，无益泉壤[11]。为害既深，宜有惩革。其公以下，爰及黎庶，送终之具有乖令式[12]者，明加检察，随状科罪。

在京五品以上及勋戚之家，录状闻奏。

---

① 橐泉：即坟墓。丘垅：此指高高隆起的坟堆。

② 防墓不坟：防，本义为阻水之堤，此处活用为动词，建造之义。坟：活用为动词，起坟包之义。

③ 延陵：即春秋时吴国贵族季札，封于延陵（今江苏常州），称延陵季子。

④ 嬴（yíng）：环绕。博：广大。

⑤ 阖庐：即阖闾（？—前496年），春秋末之吴国国君。姓姬，名光。公元前515—前496年在位。

⑥ 凫（fú）雁：野鸭。

⑦ 水银如江海：《史记·秦始皇本纪》："……葬始皇郦山。……以水银为百川江河大海。"近年考古学家已证实，秦始皇陵内确有大量水银蒸气。

⑧ 中宵：夜半。惕：小心谨慎。

⑨ 流遁：逡巡，徘徊。

⑩ 刍灵：茅草扎成的人马，古代用于殉葬。明器：古代以竹、木或陶土专为随葬而做的器物，后世又有以纸扎者。

⑪ 泉壤：即泉下、地下。

⑫ 令式：唐代法律分律、令、格、式。

书　目

四库全书总目·四库全书上谕[①]

朕稽古右文[②]，聿资[③]治理，几余典学[④]，日有孜孜。因思策府缥缃[⑤]，载籍极博，其巨者羽翼经训，垂范方来，固足称千秋法鉴[⑥]；即在识小之徒，专门撰述，细及名物、象数[⑦]，兼综条贯，各自成家，亦莫不有所发明，可为游艺养心之一助。是以御极[⑧]之初，即诏中外搜访遗书，并令儒臣校勘十三经、二十一史，遍布黉宫[⑨]，嘉惠后学。复开馆

---

① 《四库全书总目》，古籍解题书目。又称《四库全书总目提要》《四库总目》。清纪昀(1724—1805年)总纂，二百卷。乾隆三十八年(1773年)修《四库全书》，纪昀任总纂官，始终其事，用功甚勤。提要原为各纂修者于校阅时分撰，经他增删厘定，终总其成。几经修改后，约于乾隆六十年(1795年)刊成。全书分经、史、子、集四部四十四类，六十六子目。部、类前有总叙、大叙，子目后间附按语，阐明思想渊源、学术流派。著录了选入《四库全书》之书凡3461种、79309卷，又列《四库全书》未收之书6793种、93551卷。提要介绍作者生平、内容大旨、著述渊源，考辨文字增删、篇帙分合、本书得失，评论版本及其他方面之优劣。该书较完整系统地介绍了乾隆以前之典籍，至今仍具有重要参考价值。本篇选自《四库全书总目》卷首，是乾隆皇帝于1772年为朝廷征书工作所下的指示，所据底本为1965年中华书局本。

② 稽：考察。右：提倡。

③ 聿：以。资：助。

④ 几余典学：皇帝治理政事称为“万几”，“几余”即治政的余暇。皇帝入学，称为“典学”。

⑤ 缥缃(piāoxiāng)：缥，淡青色帛。缃，浅黄色帛。二字皆为形声字。古代用此两种帛作书帙，后以之代指书籍。

⑥ 法鉴：师法鉴戒。

⑦ 象数：《周易》中凡言天、日、山、泽之类为象，言初、上、九、六之类为数。

⑧ 御极：指皇帝即位。

⑨ 黉(hóng)宫：指学府。

纂修《纲目三编》[①]《通鉴辑览》[②]及三通诸书。凡艺林承学之士，所当户诵家弦[③]者，既已荟萃略备。第念读书固在得其要领，而多识前言往行以畜其德，惟搜罗益广，则研讨愈精。如康熙年间所修《图书集成》全部，兼收并录，极方策[④]之大观。引用诸编，率属因类取裁，势不能悉载全文，使阅者沿流溯源，一一征其来处。今内府藏书，插架不为不富，然古今来著作之手，无虑数千百家，或逸在名山，未登柱史[⑤]，正宜及时采集，汇送京师，以彰千古同文之盛。其令直省督抚会同学政等，通饬所属，加意购访。除坊肆所售举业时文及民间无用之族谱、尺牍、屏幛[⑥]、寿言[⑦]等类，又其人本无实学，不过嫁名驰骛[⑧]，编刻酬倡诗文、琐屑无当者，均无庸采取外，其历代流传旧书，内有阐明性学治法，关系世道人心者，自当首先购觅。至若发挥传注，考核典章，旁暨九流百家之言，有裨实用者，亦应备为甄择。又如历代名人洎本朝士林宿望，向有诗文专集，及近时沈潜经史，原本风雅，如顾栋高[⑨]、陈祖范[⑩]、任启运[⑪]、沈德潜[⑫]辈，亦各著成编，并非剿说卮言[⑬]可比，均应概行查明。在坊肆者或量为给价，家藏者或官为装印。其有未经镌刊、只系抄

---

① 《纲目三编》：即《通鉴纲目三编》，凡四十卷，乾隆时修，仿《通鉴纲目》体例，记述明代史事。

② 《通鉴辑览》：一百一十六卷，附南明唐、桂二王本末二卷，乾隆时修，为简明的编年通史。

③ 户诵家弦：家家户户吟诵。

④ 方策：即典籍。

⑤ 柱史：官名，柱下史的简称，掌文书及记事。汉以后称御史。

⑥ 屏幛：挂在壁上作装饰的条幅。

⑦ 寿言：祝寿之类的客套虚文。

⑧ 驰骛：奔走趋赴。

⑨ 顾栋高：字复初，江苏无锡人，康熙进士，清代著名经学家。著有《春秋大事表》等。

⑩ 陈祖范：字亦韩，江苏常熟人。有《陈司业文集》等。

⑪ 任启运：字翼圣，江苏宜兴人，雍正进士。

⑫ 沈德潜：江苏常州人，乾隆进士，诗人。

⑬ 剿(chāo)说卮(zhī)言：剿，通“抄”，剿说即抄袭他人的言论。卮，古代酒器。卮言，缺乏主见、变化不定的言论。

本存留者，不妨缮录副本，仍将原书给还。并严饬所属，一切善为经理，毋使吏胥藉端滋扰。但各省搜辑之书，卷帙必多，若不加鉴别，悉令呈送，烦复皆所不免。著该督抚等，先将各书叙列目录，注系某朝某人所著，书中要旨何在，简明开载，具折奏闻，候汇齐后令廷臣检核。有堪备阅者，再开单行知取进。庶几副在石渠①，用储乙览②，从此四库七略，益昭美备，称朕意焉。钦此。

---

① 石渠：汉代朝廷之藏书处。

② 乙览：乙，乙夜，二更时候，约为夜间十时。古代称皇帝读书为乙览。

古文献常识（二）

古汉语语法

古汉语语法，即古汉语的结构规则。它的范围较为广泛。我们仅就语法中词类的活用和宾语的倒置分别加以介绍。

在古汉语里，词的词性及其在句中的作用，通常是固定的。但在一定条件下，有些词可以按照一定的语言习惯而灵活运用，临时具有另一类词的语法功能，此即词类的活用。词类的活用中较常出现的有以下几种：一是名词用作一般动词；二是动词、形容词、名词的使动用法；三是形容词、名词的意动用法；四是名词用作状语；五是动词用作状语。

名词用作一般动词，具有跟原名词意义有着密切联系的动词的一般意义。可细分为普通名词与方位名词两类。

普通名词用作动词有以下几种情况：第一种是代词前面的名词用作动词。例如，《论语·述而》："曲肱而枕之。""枕(zhèn)"，以头枕物，用作动词；"之"为代词。又如，《史记·留侯世家》："父曰：'履我！'""履"，穿鞋，用作动词；"我"代指老父。第二种是宾语前面的名词用作动词。例如，苏轼《石钟山记》："微风鼓浪。""鼓"，吹动，振动，用作动词；"浪"是宾语。又如，《战国策·赵策》："鄂侯争之急，辩之疾，故脯鄂侯。""脯"，做成干肉，用作动词；"鄂侯"是实语。第三种是在副词后用作动词。例如，《左传》隐公元年："今京不度，非制也。""不"，否定副词，意为"不合"；"度"，法度，用作动词。又如，《史记·项羽本纪》："范增数目项王。""数(shuò)"，屡次，副词；"目"，用作动词，即"以目示意"。第四种是名词后边带有介词结构或处所名词。例如,《左传》僖公三十年:“晋军函陵,秦军氾南。”“军”,用作动词,意为“驻军”;“函陵”“氾南”,都是处所名词。又如,《国语·越语·勾践栖会稽》:“请勾践女女于王,大夫女女于大夫,士女女于士。”此句中的“于”是介词,紧靠它的“女(nǜ)”用作动词,意为“以女嫁人”,实为做奴婢。

方位名词用作动词在古书中亦常见。例如,《史记·项羽本纪》:“汉败楚,楚以故不能过荥阳而西。”“西”,往西走,方位名词用作动词。又如,《后汉书·郑玄传》:“融喟然谓门人曰:‘郑生今去,吾道东矣。’”“东”,即往东去,亦是方位名词用作动词。再如,《史记·商君列传》:“(孝公)不知膝之前于席也。”“前”,向前移动,也是方位名词用作动词。

动词、形容词、名词的使动用法,都属于古汉语语法的重要特点。所谓动词的使动用法,意即主语所代表的人物并不施行这个动词所表示的动作,而是使宾语所代表的人和事物施行这个动作。所谓形容词的使动用法,就是使宾语所代表的人或事物具有这个形容词所表示的性质或状态,即“使……具有……”的意思。名词的使动用法在古汉语里较为少见,它在词汇意义方面带有“使……成为……”的意思。

动词的使动用法可分为及物动词和不及物动词两种情况。及物动词本来是带宾语的,它作为一般动词用时,宾语是它支配的对象;做使动用法时,它所表示的动作则是主语所代表的人物使宾语所代表的人物有这种动作。例如,《孟子·公孙丑上》:“武丁朝诸侯,有天下,犹运之掌也。”“朝”,及物动词,是使动用法,是使诸侯来朝见武丁,而不是武丁朝见诸侯。又如,《战国策·齐策》:“左右以君贱之也,食以草具。”句中的“食(sì)”,是及物动词,意为使他吃,是使动用法。《左传》宣公二年:“晋侯饮赵盾酒。”“饮(yìn)”,意为使赵盾饮酒,是及物动词的使动用法。不及物动词本来不带宾语,但在古汉语中,它常以使动用法出现于句子中,因而也就带有宾语了。例如,《论语·先进》:“求也退,故进之;由也兼人,故退之。”“故进之”中的“进”,是使之进取,“故退之”中的“退”,是使之后退,“进”“退”都是不及物动词的使动用法。马中锡《中山狼传》:“先生之恩,生死而肉骨也。”“生”,使死者复生,亦为不及物动词的使动用法。《论语·季氏》:“故远人不服,则修文德以来之。”此句中的“来”,是招致的意思。以上几例是不及物动词以使动用法出现在句中时，后边都带有宾语。此外，不及物动词的后面虽然不带宾语，但从上下文的意思看，仍是使动用法，这样的例子也是有的。例如，《论语・季氏》："远人不服，而不能来也。""来"，意为"使远人来"。使动用法造成了一些本来反义的字词却意义相同的结果，例如，"胜"字被用为一般及物动词时，"胜之"，意为"战胜了他"；"败"字在用作使动时，"败之"，意为"打败了他"（或说使他打了败仗）。这样一来，"胜"与"败"这两个本来意思完全相反的词，只是用法不同，便可使之意思完全相同。

形容词活用为使动词，是古汉语里常有的现象。举例来说，《论语・尧曰》："君子正其衣冠"，"正"即用作使动词，"正其衣冠"，是"使其衣冠正"。"衣冠"是宾语，"正"是整齐，在使动用法下是使其衣冠（宾语）具有整齐的状态。又如，《史记・魏其武安侯列传》："能富贵将军者，上也。""富贵"，用作使动，"将军"是宾语，"富贵将军"，是"使将军富贵"。再如，《孟子・告子下》："必先苦其心志，劳其筋骨。""苦"和"劳"，都是使动用法。"苦其心志"，是"使其心志苦"；"劳其筋骨"，是"使其筋骨劳"。

名词活用为使动词，在古汉语里也偶尔出现。例如，《左传》襄公二十二年："吾见申叔，夫子所谓生死而肉骨也。"此句中"生死"是动宾结构，"肉骨"也是动宾结构，不同点在于"生"是不及物动词用作使动词，"肉"是名词用作使动词，"生死"是"使死者复生"，"肉骨"是"使白骨生肉"。又如，《史记・项羽本纪》："纵江东父兄怜而王我，我何面目见之？"句中的"王我"，是"使我为王"，"王"是使动用法。又如，《韩非子・问田》："楚将宗觚而失其政，魏相冯离而亡其国。"这句中的"将""相"，都是名词用作使动词，意为"使宗觚为将""使冯离为相"。名词中的方位词也有用作使动词的。例如，《诗经・小雅・斯干》："筑室百堵，西南其户。"此句中的"西南"，是方位名词用作使动，"西南其户"，是"使其门户向着西方或南方"。又如，《史记・苏秦列传》："故王不如东苏子。"此句中的"东苏子"，是"使苏子向东去"，"东"是方位名词使动用法。方位名词用作使动，使宾语所代表的事物依方位词所表示的方位而动。

形容词、名词都可用作意动词。含有"认为、以为、以……为"意义的动词叫作意动词，它表示当事人主观上认为、以为人和事物是意动词所表示的性质或状态。

形容词用作意动词，它后面的成分就是它的宾语。例如，《老子》："甘其食，美其服，安其居，乐其俗。""甘""美""安""乐"，均是形容词用作意动词。"甘其食"，即"以其食为甘"；"美其服"，即"以其服为美"；"安其居"，即"以其居为安"；"乐其俗"，即"以其俗为乐"。又如，《孟子·尽心上》："孔子登东山而小鲁，登泰山而小天下。""小"，是形容词用作意动词，"小鲁"，即"以鲁为小"；"小天下"，即"以天下为小"。再如，晁错《论贵粟疏》："是故明君贵五谷，贱金玉。"句中的"贵""贱"，都是形容词的意动用法，即"以五谷为贵""以金玉为贱"。"贵""贱"后面的成分就是它们各自的宾语。

鉴别同一个形容词在句中是使动用法还是意动用法，须根据上下文来分辨。例如，"贱"字曾在《战国策·齐策》中出现："左右以君贱之，食以草具。"又在《孟子·告子上》中出现："赵孟之所贵，赵孟能贱之。"《齐策》中的"贱之"是"认为他贱"，不是"使之贱"，故"贱"字用作意动词；《告子上》中的"贱之"是"使之贱"，故"贱"字用作使动词。如离开上下文，单独就"贱之"去区分，只能断定"之"前边的"贱"是形容词用作动词。一般来说，代词是不被形容词修饰的，如出现形容词在代词前的情况，那么这个形容词一定是被活用了，不是被活用为使动词，就是被活用为意动词。

名词用作意动词，意思是把宾语所代表的人或事物看成这个名词所表示的人或事物。例如，《荀子·赋篇·名赋》："友风而子雨。"其中的"友风"，是"把风当作朋友"；"子雨"，是"把雨当作儿子"。"友""子"都是名词用作意动词。又如，《史记·信陵君列传》："公子乃自骄而功之"，此处的"功之"，即"以之为功"，认为自己所做的事是自己的功劳。又如，《穀梁传》僖公八年："夫人之，我可以不夫人之乎?"这句中的"夫人之"，是"把她(之)看作夫人"，"夫人"是名词用作意动词。

古汉语中的普通名词，常常可以直接修饰动词做状语，有的甚至具有浓厚的修辞色彩。其具体表现形式大体可分为五种。

第一种是以做状语的名词所表示的人或事物的行动特征，去描绘动词所表示的行动的方式或状态，即比喻法。例如，《战国策·秦策》："嫂蛇行匍伏。""蛇行"，意即像蛇爬那样往前走。又如，《史记·魏公子列传》："其后秦稍蚕食魏。”“蚕食”，即像蚕吃桑叶似的。“蛇行”“蚕食”都是用动物的行为特征做比喻。《左传》庄公八年：“豕人立而啼。”说的是豕（shǐ）像人似的站着啼哭。表示比喻的意义，常用“像……一样”“跟……似的”来解释。

第二种是把动词宾语所代表的人或物，当作用作状语的那个名词所表示的人或物来对待，即表示对人或物的态度。例如，《史记·项羽本纪》：“君为我呼人，我得兄事之。”“兄事之”，把他当作哥哥那样来侍奉。又如，《史记·孙子吴起列传》：“齐将田忌善而客待之。”这句中的“客待之”，即用对待客人的态度来对待他。上述两例表示对人的态度。《荀子·天论》：“大天而思之，孰与物畜而制之。”句中的“物畜而制之”，意为像对待万物那样对待（畜养）天，支配天。这是对物的态度。古汉语中表示对人或物的态度，可释为“像对待……那样”“当作……那样”“用对待……的态度”。

第三种是把普通名词直接置于动词前做状语，表示动作所用的工具或依据。例如，《史记·商君列传》：“秦王车裂商君以徇。”“车裂”，用车把肢体拖裂（这是古代的酷刑）。又如，《史记·信陵君列传》：“朱亥袖四十斤铁椎，椎杀晋鄙。”此句中“椎杀”，指用铁椎打死。上述两例表示动作所用工具，即“用……”。《史记·陈涉世家》：“失期，法当斩。”这句中的“法当斩”，是说依照法律应当斩首，有“依据……”的意思。

第四种也是把普通名词直接置于动词前做状语，表示动作发生或进行的处所。例如，《国语·鲁语》：“舜勤于民而野死。”“野死”，就是在野外死去。又如，《史记·廉颇蔺相如列传》：“卒廷见相如，毕礼而归之。”“廷见”，即在朝廷上接见。《史记·陈涉世家》：“扶苏以数谏故，上使外将兵。”“外将兵”，即在外边统率军队。上述各例均有“在……”的意思，以表示处所。

第五种是表示动作进行的方式，也是把普通名词直接置于动词前做状语。例如，《战国策·齐策》：“群臣吏民能面刺寡人之过者，受上赏。”“面刺”，是当面指责。又如，《汉书·龚遂传》：“遂入见王，涕泣膝行。”“膝行”，是用膝盖行走。

表示处所、工具、方式等由普通名词用作状语时，其用法基本相同，要做最恰当的解释，就要注意其语言环境。

古汉语中时间名词用作状语以表示时间修饰，是时间状语经常性的职能之一。史书中此类用法不胜枚举。例如，《左传》僖公三十年：“朝济而夕设版焉。”句中的“朝”“夕”都是时间状语。又如，《左传》隐公元年：“五月辛丑，大叔出奔共。”句中的“五月辛丑”也是时间状语，即五月二十三日。

按照古汉语的习惯，“岁”“月”“日”等字常被用作状语，此时它们所表示的意义与平时就会有所不同。有这样三种情况：第一种是把“岁”“月”“日”放在具有行动性的动词前面时，可表示行动的经常性，有“岁岁”(每年)“月月”(每月)“日日”(每日)的意思。《史记·信陵君列传》：“魏王日闻其毁，不能不信。”此句中的“日”，即每日。《庄子·养生主》：“良庖岁更刀，割也；族庖月更刀，折也。”这句中的“岁”，指每年，“月”，指每月。第二种表示情况的逐渐发展，有“逐渐地”“一天天地”的意思。此时，“日”放在动词或形容词的前面。《史记·魏其武安侯列传》：“事日急。”“日”，即一天天地。《三国志·诸葛亮传》：“于是与亮情好日密。”“日密”，一天天地亲密。第三种是把“日”用在句首主语的前面，用以追溯过去，有“从前”“往日”的意思。《国语·晋语》四：“日吾来此也，非以狄为荣，可以成事也。”此句中的“日”，意为往日。《左传》昭公十六年：“日起(韩起自称)请夫環，执政弗义，弗敢复也。”这句中的“日”也是追溯过去，意为从前。

动词用作状语可细分为下列三种情况：第一种，不及物动词做状语。例如，《史记·李将军列传》：“生得一人，果匈奴射雕者也。”“生”，即活捉。又如，《汉书·卜式传》：“富豪皆争匿财。”“争”，争先恐后之意。上述两例都是把不及物动词直接加在谓语动词前面做状语。第二种，用“而”或者“以”把做状语的动词与动词谓语连接起来。例如，《战国策·燕策》：“箕踞以骂。”“箕踞”是像簸箕似的蹲坐在地上(这是一种傲慢的姿态)。又如，《史记·陈涉世家》：“佣者笑而应曰。”“笑”后面紧跟“而”，使动词状语通过“而”与动词谓语相连接。第三种，动宾词组做状语。例如，《左传》宣公二年：“触槐而死。”“触槐”是表示行为方式的。同样的例子如《孟子·梁惠王上》：“挟太山以超北海。”“挟太山”即动宾词组做状语，也用来表示方式。下面两例则是表示时间。杨恽《报孙会宗书》：“故君父至尊亲，送其终也，有时而既。”句中的“有时”，即表示时间的状语。《三国志·诸葛亮传》：“先帝知臣谨慎，故临崩寄臣以大事也。”句中的“临崩”，也是表示时间的状语。上述动词或动宾词组用作状语，是修饰动词谓语的，在意思上有主次。

宾语倒置于谓语之前是古汉语中常见的现象。“宾语前置”和“宾语提前”是宾语倒置的两种体现方式。

宾语前置是指宾语放在动词前面的现象。第一，疑问代词做宾语，使宾语前置。例如，《左传》闵公二年：“寡人有子，未知其谁立焉。”句中的“谁”是宾语，也是疑问代词，其后面的“立”是动词，“谁立”是用疑问代词做宾语，放在动词之前，构成宾语前置的现象。又如，《史记·项羽本纪》：“大王来何操?”这句中的“何”是疑问代词，在句中做宾语，“操”是动词，“何操”构成疑问代词做宾语，宾语前置。在古汉语中，“谁”“何”“安”“奚”“孰”等疑问代词做宾语的时候，一般都会出现宾语前置的现象。直到汉代以后，疑问代词做宾语才逐渐由前置改为后置。但在仿古作品中，仍沿用宾语前置。第二，否定句中，“不”“未”“莫”“毋”等否定词置于代词做宾语的前面，宾语一般放在动词前面，构成宾语前置的语法格式。例如，《论语·学而》：“不患人之不己知，患不知人也。”句中的“不己知”，是宾语前置结构，“不”是否定词，“己”是代词宾语，“知”是动词。又如，《左传》宣公二年：“谏而不入，则莫之继也。”句中的“莫之继”，是宾语前置结构，“莫”是否定词，“之”是代词宾语，“继”是动词。第三，宾语用“是”“之”等代词复指，位于动词之前。例如，《左传》僖公五年：“将虢是灭，何爱于虞?”句中“虢是灭”的格式属于宾语前置，“虢”为宾语，“是”具有复指提前的宾语的作用，是代词，由于它与被指的宾语(虢)连在一起，故可以不把它译出来。它在句中置于动词“灭”之前，构成宾语前置格式。又如，《左传》庄公三十二年：“虢多凉德，其何土之能得?”句中的“何土之能得”是宾语前置格式，“何土”是宾语词组，“之”是复指代词，“得”是动词，“能”是助动词。“之”与上文“是”的作用、性质相同，都是复指而使宾语前置。在上述宾语前面再加副词“唯”(惟)，即可表示动作行为对象的单一性或排他性。例如，《列子·汤问》：“当臣之临流持竿时，心无杂虑，唯鱼之求。”《左传》宣公十二年：“率师以来，唯敌是求。”上述“唯……之……”“唯……是……”作为一种固定格式，现在仍在沿用，常见的如“唯利是图”“唯你是问”“唯命是从”，等等。此外，“是之谓”“此之谓”等用“之”复指前置的代词宾语的格式，早在先秦就已成为固定的结构。例如，《左传》隐公元年：“《诗》曰：‘孝子不匮，永锡尔类。’其是之谓乎?”《孟子·公孙丑上》：“《诗》

云:‘自西自东,自南自北,无思不服。’此之谓也。”

宾语提前是指古汉语中有时为了强调宾语而将其提到动词前面的现象。例如,《史记·项羽本纪》:“臣死且不避,卮酒安足辞!”句中的“死且不避”“卮酒安足辞”都是宾语提前句式。“死”是“避”的宾语,“卮酒”是“辞”的宾语,都是为了强调它们而提到动词之前。又如,《汉书·晁错传》:“故民可得而有也。”句中的“民”是宾语,“可得而有”是动词词组,“民可得而有”即宾语提前句式。《聊斋·促织》:“并虫亦不能行捉矣。”句中的“虫”为宾语,“捉”是动词,宾语提前在这句中也较为明显。

此外,宾语前置和宾语提前在有些情况下可以互通。如前所述,用“之”或“是”复指而使宾语前置,这是把“之”或“是”作为代词看待;若把“之”或“是”作为助词看待,那么它们在句中即起指明词序倒置的作用,成为宾语提前的标志。

古汉语中,代词宾语“是”在不复指的情况下,也可直接放在动词之前,这与用“是”复指前置宾语的格式相似。下举二例说明。例一,《左传》僖公五年:“将虢是灭,何爱于虞?”句中的“是”为复指,是代词,置于动词“灭”之前。例二,《左传》僖公四年:“尔贡包茅不入,王祭不共,无以缩酒,寡人是征;昭王南征而不复,寡人是问。”句中的“寡人是征”和“寡人是问”中的“是”都是代词宾语,虽不是复指,也可做前置宾语。对此,必须认真分辨。

新注选篇·子部

老　子[1]

道德经上篇[2]（节选）

① 《老子》，又称《道德经》《道德真经》《老子五千文》，二卷或上下篇。春秋老聃著。老子其人，说法不一。据司马迁说，姓李，名耳，字聃，一字伯阳（或谥伯阳）楚国苦县（今河南鹿邑东）厉乡曲仁里人。曾任周守藏室之史。孔子曾问礼于老聃。后退隐著《道德经》，成为道家学派的创始人。西汉河上公作《老子章句》，分为八十一章，前三十七章为《道经》，后四十四章为《德经》。1973 年长沙马王堆三号汉墓出土的帛书《老子》甲乙两种本，均是《德经》在前，《道经》在后。后道教尊老子为教主。《史记》有《老子韩非列传》。《老子》是道家和道教的主要经典，提出了“道”的观念，来说明天地万物产生的根源。认为“道”没有具体事物的形象，但也不是虚无的东西；“道”不仅是万物的根源，也是上天的祖先；“道”生长万物是没有意志的，但天地万物都效法“道”；“道”自然而然地变化，但相反相成，有规律可循。这种观点影响深远。《老子》还提出了处世方法，“以濡弱谦下为表，以空虚不毁万物为实”。故治国主于无为，求胜敌当以卑弱自处。《老子》的通行本有明《正统道藏》本、魏王弼《老子注》、1958 年中华书局《诸子集成》本等。本篇底本为 1986 年中华书局《诸子集成》本王弼《老子注》。

② 本篇中，老子提出“道”这一概念，并为之解释，作为自己哲学体系的核心。

一　章

道①，可道②，非常道③；名④，可名⑤，非常名⑥。无⑦，名天地之始⑧；有，名万物之母⑨。故常无⑩，欲以观其妙⑪；常有⑫，欲以观其徼⑬。此两者同出而异名⑭，同谓之元⑮。元之又元⑯，众妙之门⑰。

---

① 道：金文作，会意字。即行，象街道。即首，意为领头。合起来指领路。这里指路，引申为原理、原则、规律。任继愈说："老子的'道'有两个意思：一、有时是指精神的实体。二、更多的场合下是指万物变化发展的规律。这两者在老子的观念中是不十分清楚的。"

② 道：动词，说。可道，犹言说得出。

③ 非常道：不是永恒不变的道。常，马王堆汉墓《帛书》(以下简称《帛书》)作"恒"。因避汉文帝刘恒讳，改作"常"。常道，高诱注《淮南子·氾论训》说："常道，言深隐幽冥，不可道也。"

④ 名：概念。

⑤ 名：动词，叫。可名，犹言说得出。

⑥ 非常名：不是永恒不变的名。

⑦ 无：没有，不存在。哲学上与"有"相对。

⑧ 名：说，称述。始：原始。《说文》："始，女之初也。"

⑨ 母：根本。甲骨文作，象哺乳期妇女。《说文》："从女，象怀子形。一曰象乳子也。"引申为根本。上两句有人以"无名""有名"为读。

⑩ 故：所以。常无：永恒的无。

⑪ 观其妙：观察道的微妙。

⑫ 常有：永恒的有。

⑬ 观其徼：观察道的显明。徼，《帛书》作"曒"，通"皎"，显明。

⑭ 两者：指"无"和"有"。同出：指同出一源。异名：指名称不同。

⑮ 元：通"玄"，《帛书》作"玄"，深远莫测之意。《说文》："玄，幽远也。像幽而入覆之也。"任继愈说："玄，深黑色。是《老子》中的一个重要概念，有深远看不见的神秘意思。"

⑯ 元之又元：从有形的深远境界到达无形的深远境界。

⑰ 众妙：一切神秘微妙。门：门径。

二　章[①]

天下皆知美之为美[②]，斯恶已[③]；皆知善之为善[④]，斯不善已。故有无相生[⑤]，难易相成[⑥]，长短相较[⑦]，高下相倾[⑧]，音声相和[⑨]，前后相随[⑩]。是以圣人处无为之事[⑪]，行不言之教[⑫]。万物作焉而不辞[⑬]，生而不有[⑭]，为而不恃[⑮]，功成而弗居[⑯]。夫唯弗居，是以不去[⑰]。

三　章[⑱]

不尚[⑲]贤，使民不争；不贵难得之货[⑳]，使民不为[㉑]盗；不见可欲[㉒]，

---

① 本章首先阐述世界万物的存在都具有相互依存的关系，其次阐述“圣人处无为之事，行不言之教”，任势自然，无为而有为。

② 美：美好。

③ 斯恶已：则丑恶就显露出来了。斯，则。恶，丑恶。已，通“矣”。

④ 善：善良。

⑤ 相生：互相依存。

⑥ 难易：困难和容易。相成：互相转化，相反相成。成，成就。

⑦ 相较：互相比较中显示。较，表现，显现。魏源注本作“形”。

⑧ 倾：倾斜。相倾，即相互依靠。

⑨ 音声：单音为音，和声为声。和：和谐。

⑩ 前后：《帛书》作“先后”。随：出现。

⑪ 是以：所以。圣人：指道德与智能绝顶高尚的人。处无为之事：顺其自然，行无为而治之政事。

⑫ 行不言之教：施行不用言辞的教化。

⑬ 作：兴起。不辞：不拒绝。此句意指顺应万物，无为而治。

⑭ 不有：不据为己有。

⑮ 为而不恃：有所施为而不恃恩求报。

⑯ 弗居：不居功。

⑰ 不去：不离开。指不居功而功业永存。

⑱ 本章中老子主张无知无欲，无为而治。

⑲ 尚：崇尚，尊崇。

⑳ 贵：宝贵，珍贵。货：奇货。

㉑ 为：做，干。

㉒ 可欲：可以引起贪欲。欲，欲望。

使民心不乱。是以圣人之治①，虚其心②，实③其腹，弱其志④，强其骨⑤，常使民无知无欲⑥，使夫智者不敢为⑦也。为无为⑧，则无不治。

四　章⑨

道冲⑩，而用之或不盈⑪。渊⑫兮，似万物之宗⑬。挫其锐⑭，解其纷⑮，和其光⑯，同其尘⑰，湛兮似或存⑱。吾不知谁之子⑲，象帝之先⑳。

五　章㉑

天地不仁㉒，以万物为刍狗㉓。圣人不仁，以百姓㉔为刍狗。天地之

---

① 治：治理。

② 虚其心：简化他们的思想。心，思想。

③ 实：充实。引申为饱。

④ 弱其志：削弱他们的意志。

⑤ 骨：筋骨。

⑥ 无知无欲：没有知识，没有欲望。

⑦ 智者：聪明的人。不敢为：不敢妄作主张、有所作为。

⑧ 为无为：依照无为原则办事。

⑨ 本章中老子阐述道的另一作用。道空虚无形，但似万物之宗，比创造万物的上帝更根本，是宇宙间最高的精神主宰。

⑩ 冲：虚，不可见。又作"盅"，《说文》："盅，器虚也。"

⑪ 盈：满、尽。

⑫ 渊：渊深、深邃。

⑬ 宗：宗主。引申为主宰。

⑭ 挫其锐：挫去其锋芒。

⑮ 解其纷：解脱其纠纷。

⑯ 和其光：涵蓄其光芒。

⑰ 同其尘：混同其于尘俗之中。

⑱ 湛兮：无形无象啊！《说文》："湛，没也。"《小尔雅·广诂》："没，无也。"存：存在。

⑲ 谁之子：谁的儿子。即何物所生。

⑳ 帝：上帝。先：前面。

㉑ 本章阐述无为的优越性。

㉒ 不仁：不仁爱，不仁慈。

㉓ 刍狗：古代祭祀时用草扎成的狗，用后即丢弃。说明对它既不爱，也不恨。

㉔ 百姓：指被统治者。

间其犹橐籥①乎？虚而不屈②，动而愈出③。多言数穷④，不如守中⑤。

三十章⑥

以道佐人主⑦者，不以兵强⑧天下。其事好还⑨：师之所处⑩，荆棘⑪生焉；大军⑫之后，必有凶年⑬。善有果而已⑭，不敢以取强⑮。果而勿矜⑯，果而勿伐⑰，果而勿骄，果而不得已，果而勿强⑱。物壮则老⑲，是谓不道⑳，不道早已㉑。

---

① 橐籥：风箱。吴澄说："橐籥，冶铸所以吹风炽火之器也。为函以周罩于外者，橐也；为辖以鼓扇于内者，籥也。天地间犹橐籥者，橐象太虚，包含周遍之体；籥象元气，絪缊流行之用。"

② 虚而不屈：越是空虚，越不会穷竭。

③ 动而愈出：越是鼓动，排出的风量越多。

④ 数穷：往往失败。

⑤ 守中：保持虚静。中，通"冲"，空虚。

⑥ 本章中老子告诫统治者不要以武力逞强，反对战争。不得已而用兵，要适可而止，符合于道。

⑦ 佐：辅佐。人主：君主。

⑧ 强：逞强。

⑨ 事：指用兵之事。还：报应、反应。

⑩ 师：军队。处：驻扎的地方。

⑪ 荆棘：带刺的小灌木，如酸枣之类。

⑫ 大军：大战。

⑬ 凶年：荒年。

⑭ 善：指善用兵者。果：果实，引申为成果、胜利。已：停止。

⑮ 取强：逞强。

⑯ 矜：矜伐，骄矜。

⑰ 伐：夸耀。

⑱ 果而勿强：胜利了不再用武力逞强。

⑲ 物壮则老：万物壮大了，就会走向衰老。

⑳ 不道：不合乎道。道，指事物的发展规律。

㉑ 早已：很快灭亡。已，完，引申为亡。

庄　子[①]

秋水[②]（节选）

秋水时至[③]，百川灌河[④]；泾流[⑤]之大，两涘渚崖之间[⑥]，不辩[⑦]牛马。于是焉河伯欣然自喜[⑧]，以天下之美为尽在己；顺流而东行，至于北海，东面而视，不见水端[⑨]。于是焉河伯始旋[⑩]其面目，望洋向若[⑪]而

---

① 《庄子》，唐以后又称《南华真经》《南华经》。《汉书·艺文志》著录共五十二篇，今存三十三篇。一般认为内篇七篇大体是庄周自著，外篇十五篇、杂篇十一篇则是庄周后学所作。庄周（约公元前369—前286年），战国宋蒙（今河南商丘）人。曾任蒙漆园吏，家贫，曾借粟于监河侯。也曾着麻鞋布衣见魏王，拒绝楚威王厚礼高官聘请，隐居著书，继承和发展了老子的思想，与老子同为道家学派的代表人物，世称老庄。《史记》卷六十三有传。《庄子》是道家学派最重要的代表作之一，体大思精。庄子主张“道”为宇宙之本体，无所不在；他以道之发现而为万物，自然而生，亦自然而化；他以事物经常在变化，但人对这种变化无可奈何，只有服从，因此主张“无为”。他认为一切事物都是相对的，因此否定知识，否定一切事物的差别，要求人们在无是非、无得失、无荣辱的虚无缥缈的境界中逍遥漫游。他反对现实，逃避现实，反对名利，反对人间的一切措施，强调随顺自然。这些积极或消极的思想观点，对后世产生了深远而又复杂的影响。《庄子》的通行本有明《正统道藏》本、清王先谦《庄子集解》本、郭庆藩《庄子集释》本、中华书局1954年《诸子集成》本等。本篇底本为中华书局1986年《诸子集成》本。

② 本篇节选自《庄子》外篇《秋水》的前一部分，叙述河伯与北海若的谈话，说明事物本身的相对性和认知过程的复杂性、变异性。

③ 秋水：秋天的洪水。时：按照时令。

④ 灌河：灌注到黄河里。河，指黄河。

⑤ 泾（jìng）流：水流。泾，“巠”的假借字。《说文》：“巠，水脉也。”直流的水。

⑥ 两涘（sì）渚（zhǔ）崖之间：两岸和水中的沙洲之间。涘，河岸。渚，水中的沙洲。渚崖，指水洲岸边。崖，通“涯”，岸。

⑦ 辩：通“辨”，分辨。

⑧ 于是焉：于是乎。焉，同“乎”。河伯：河神，相传姓冯（píng），名夷。伯，长者之称。

⑨ 水端：大海的尽头处。

⑩ 旋：改变。

⑪ 望洋：亦写作“望羊”“盳洋”“望阳”，有多种解释。旧注作仰视貌，其实可作常义解，望着海洋。成语“望洋兴叹”即本于此。若：海神名，即下文的“北海若”。

叹曰："野语[1]有之曰，'闻道百[2]，以为莫己若者[3]'，我之谓也。且夫我尝闻少仲尼之闻而轻伯夷之义者[4]；始吾弗信，今我睹子之难穷也[5]，吾非至于子之门，则殆[6]矣，吾长见笑于大方之家[7]。"

北海若曰："井鼃不可以语于海者[8]，拘于虚也[9]；夏虫[10]不可以语于冰者，笃于时也[11]；曲士[12]不可以语于道者，束于教也。今尔[13]出于崖涘，观于大海，乃知尔丑[14]，尔将可与语大理[15]矣。天下之水，莫大于海，万川归之，不知何时止而不盈[16]；尾闾泄之[17]，不知何时已而不虚[18]；春秋不变，水旱不知；此其过[19]江河之流，不可为量数[20]。而吾未

---

① 野语：俗语。

② 闻道百：听到很多道理。百，虚指，泛言很多。

③ 莫己若者：没有谁比得上自己。

④ 尝闻：曾经听说。少：嫌少。仲尼之闻：孔子所知道的学问。轻：轻视。伯夷之义：伯夷的高义，指伯夷饿死于首阳山之事。伯夷，殷朝诸侯孤竹国君的长子，因让君位，与其弟叔齐逃亡至周。武王伐纣，伯夷、叔齐认为以臣弑君为不义之事，极力反对。两人隐居于首阳山，不食周粟而死。

⑤ 子：你，指海神。难穷：难以穷尽。即指海水浩渺无边。

⑥ 殆：危险。

⑦ 长：常，经常。见笑：被讥笑。大方之家：指通晓大道、修养极高的人。方，道。成语"贻笑大方"源于此。

⑧ 井鼃：井底之蛙。鼃，"蛙"的异体字。语：谈论。

⑨ 拘：局限、拘束。虚：同"墟"。指所居之处。

⑩ 夏虫：生存于夏天的昆虫。

⑪ 笃：固，引申为限制。时：时令、时间。

⑫ 曲士：乡曲之士，指识见短浅的人。曲，一部分之意。

⑬ 尔：你。

⑭ 丑：丑陋、鄙俗。

⑮ 大理：大道理。

⑯ 止：停歇。针对万川归注大海而言。盈：满盈。针对大海自身而言。

⑰ 尾闾：相传是海底泄水的地方。泄：泄漏。

⑱ 已：停止。虚：空虚。指海水减少。

⑲ 过：超过。

⑳ 不可为量数：不能够用计量的方法来计算。

尝以此自多者，自以比形于天地而受气于阴阳①，吾在于天地之间，犹小石小木之在大山也。方存乎见少②，又奚③以自多？计四海之在天地之间也，不似礨空之在大泽乎④？计中国之在海内，不似稊米之在太仓乎⑤？号物⑥之数谓之万，人处一焉⑦；人卒九州⑧，谷食之所生，舟车之所通，人⑨处一焉。此⑩其比万物也，不似豪末⑪之在于马体乎？五帝之所连⑫，三王⑬之所争，仁人之所忧，任士⑭之所劳，尽此⑮矣！伯夷辞之以为名⑯，仲尼语之以为博⑰，此其自多⑱也。不似尔向⑲之自多于水乎？”

河伯曰：“然则吾大天地而小豪末⑳，可乎？”

---

① 自以：自知。比形：寄托形体。比，通“庇”，庇护，寄托。受气于阴阳：从阴和阳那里秉承了元气。

② 方存乎：正存在这样的想法。少：渺小。

③ 奚：哪里，怎么。

④ 礨(lěi)空：石块间的小孔。指蚁穴。礨，通“磊”，石块累积之意。空，孔。大泽：旷野。

⑤ 稊(tí)米：细小的米粒。太(tài)仓：储粮的大仓库。

⑥ 号物：物类名号。

⑦ 人处一焉：人类在万物中只居其一种。

⑧ 卒：通“萃”，聚集之意。九州：指全国。

⑨ 人：这里的“人”指个人。个人对众人而言，含义与上句指人类不同。

⑩ 此：指人。

⑪ 豪末：毫毛的末梢。豪，通“毫”。

⑫ 五帝：有多种说法。据《史记》，以黄帝、颛顼、帝喾、唐尧、虞舜为五帝。连：连续。古本作“运”。指五帝禅让之事。

⑬ 三王：前人指夏启(夏禹之子)、商汤、周武王。

⑭ 任士：指以天下为己任的贤能之士。

⑮ 此：指上文的“豪末”。天下比之于宇宙，不过是豪末而已。

⑯ 辞：辞让，推辞。名：名声。

⑰ 语：谈论。博：渊博。

⑱ 自多：自以为多。即自满自足。

⑲ 向：从前，先前。

⑳ 然则：那么。大：指以天地为大。小：指以豪末为小。

北海若曰："否。夫物①，量无穷②，时无止③，分无常④，终始无故⑤。是故大知观于远近⑥，故小而不寡，大而不多，知量无穷；证曏今故⑦，故遥而不闷⑧，掇而不跂⑨，知时无止；察乎盈虚⑩，故得而不喜，失而不忧，知分之无常也；明乎坦涂⑪，故生而不说⑫，死而不祸⑬，知终始之不可故也。计人之所知，不若⑭其所不知；其生之时，不若未生之时；以其至小求穷其至大之域⑮，是故迷乱⑯而不能自得也！由此观之，又何以知毫末之足以定至细之倪⑰？又何以知天地之足以穷至大之域？"

河伯曰："世之议者皆曰：'至精无形⑱，至大不可围⑲。'是信情⑳乎？"

北海若曰："夫自细视大者不尽㉑，自大视细者不明㉒。夫精，小之

① 物：万物。

② 量无穷：指万物的量是无穷无尽的。量，这里指大小。

③ 时无止：时间的长河是没有止境的。

④ 分(fēn)无常：得失之分没有不变的常规。分，指贵贱贫富的得失。常，常规。

⑤ 故：必定。此处为一成不变之意。

⑥ 大知：大智慧的人。观于远近：指观察事物的方方面面，不局限于一隅。

⑦ 证曏(xiàng)今故：证明古今。曏，明。今故，古今。

⑧ 遥：长寿。闷：厌倦。

⑨ 掇(duō)：拾取。引申为近，指短命。跂(qí)：同"企"，企求。

⑩ 察乎盈虚：洞察天道有盈有亏的道理。

⑪ 坦涂：涂，通"途"。平坦的道路。意为人从生到死的历程。

⑫ 说(yuè)：通"悦"，喜悦。

⑬ 祸：惧，惧怕。

⑭ 不若：不及，不如。

⑮ 至小：极小，极有限。这里指人的才智。穷：尽。至大：极大。指无穷的境界。域：领域。引申为范围。此句意为以有限之小智，求无穷之大境。

⑯ 迷乱：迷惑昏乱。

⑰ 倪："仪"的假借字，作度讲。这里指标准、准则。

⑱ 至精无形：最小的东西，便看不到它的形体。至精，最细小。无形，没有形体。

⑲ 至大：最大。围：古作囗，包括之意，引申为范围。

⑳ 信情：实情。信，诚，实。

㉑ 不尽：不全面。

㉒ 不明：不清楚。

微也；垺[1]，大之殷[2]也；故异便[3]。此势[4]之有也。夫精粗者，期[5]于有形者也；无形者[6]，数之所不能分也[7]；不可围者，数之所不能穷[8]也。可以言论[9]者，物之粗[10]也；可以意致[11]者，物之精[12]也。言之所不能论[13]，意之所不能察致[14]者，不期[15]精粗焉。是故大人[16]之行，不出乎害人[17]，不多[18]仁恩；动不为利[19]，不贱门隶[20]；货财弗争，不多辞让；事焉不借人[21]，不多食乎力，不贱贪污[22]；行殊[23]乎俗，不多辟异[24]；为[25]在从众，不贱佞谄[26]，世之爵禄不足为劝[27]，戮耻[28]不足以为辱；知

---

① 垺(póu)：特大的东西。大中之最大为垺。
② 殷：大。
③ 异便：大小虽异，各有其便。
④ 势：态势。
⑤ 期：限。
⑥ 无形者：指达到无形的最小之物。
⑦ 数：数字，数量。分：剖分。
⑧ 穷：尽。
⑨ 言论：用语言加以讨论。
⑩ 粗：粗浅。指事物外在的东西。
⑪ 意致：用思维去体会。意，心思，意念。致，达到。含有体察之意。
⑫ 精：精微。指事物精细的内在实质。
⑬ 论：讨论、谈论。
⑭ 察致：体察到。
⑮ 期：限制。
⑯ 大人：指道德修养高尚的人，即圣人。
⑰ 不出乎害人：不会出于对人的伤害。
⑱ 多：推重，赞美。以下同此解释。
⑲ 动：行动。利：私利。
⑳ 贱：鄙视，轻视。门隶：看守城门的仆隶，泛指地位卑贱的人。
㉑ 事焉不借人：凡事不借助于人。焉，语气助词。
㉒ 不贱贪污：不鄙薄贪婪和污浊。
㉓ 殊：不同。
㉔ 辟异：邪辟和乖异。
㉕ 为：行为，行动。
㉖ 佞谄：巧言献媚。
㉗ 爵禄：官爵和俸禄。劝：劝勉。
㉘ 戮耻：刑罚和耻辱。

是非之不可为分[1]，细大之不可为倪[2]。闻曰[3]：‘道人不闻[4]，至德不得[5]，大人无己[6]。’约分[7]之至也。”

河伯曰：“若物之外[8]，若物之内[9]，恶至而倪贵贱[10]？恶至而倪大小？”

北海若曰：“以道观之[11]，物[12]无贵贱。以物[13]观之，自贵而相贱[14]。以俗[15]观之，贵贱不在己[16]。以差[17]观之，因其所大而大之[18]，则万物莫不大；因其所小而小之，则万物莫不小；知天地之为稊米也，知豪末之为丘山也，则差数睹矣[19]。以功[20]观之，因其所有而有之[21]，则万物莫不有；因其所无而无之，则万物莫不无；知东西[22]之相反而不可以相无，

---

① 分：划分，区分。
② 倪：标准，界限。
③ 闻曰：听人说。
④ 道人：能体察大道的人。不闻：指不求闻达于世。
⑤ 至德：具有最高道德的人。不得：不求有所得，得亦不居功自傲。
⑥ 无己：忘却自己。
⑦ 约分：约束自己而达到恰如其分的境界。约，约束。分，即得失之分。
⑧ 若：如此。物之外：指事物的表面现象，如物量之大小。
⑨ 物之内：指事物的内在性质。
⑩ 恶(wū)：何，怎么。倪贵贱：区分富贵和贫贱。
⑪ 道：指超然于物外的观点。观：观察。
⑫ 物：万物。
⑬ 物：指某一物自身。
⑭ 自贵：以自物为贵。相贱：对他物互相贱视。
⑮ 俗：指世俗的观点。
⑯ 己：指万物的本身。
⑰ 差：指物与物之间差别的观点。
⑱ 因：顺，按照。大之：以之为大。
⑲ 差数：差别和数量。睹：看，指看清。
⑳ 功：指物的实用效能。
㉑ 有之：以之为有。认为具有这样的功用。
㉒ 东西：东和西。喻指事物互相对立而又互相依存的方面。

则功分[1]定矣。以趣[2]观之，因其所然而然之[3]，则万物莫不然；因其所非而非之[4]，则万物莫不非；知尧、桀之自然而相非[5]，则趣操[6]睹矣。昔者尧、舜让而帝[7]，之、哙让而绝[8]；汤、武争而王[9]，白公争而灭[10]。由此观之，争让之礼，尧、桀之行[11]，贵贱有时[12]，未可以为常[13]也。梁丽[14]可以冲城，而不可以窒穴[15]，言殊器[16]也；骐骥、骅骝[17]一日而驰千里，捕鼠不如狸狌[18]，言殊技[19]也；鸱鸺夜撮蚤[20]，察豪末，昼出瞋目[21]而不见丘山，言殊性[22]也。故曰：盖师是而无非[23]，师治而无乱乎[24]？是未明天地之理、万物之情者也。是犹师天而无地，师阴而无阳，其不可

---

① 功分：指万物的功用和分量。

② 趣：通“趋”，趋向。指事物发展的趋向。

③ 然之：以之为然。然，是，对。

④ 非之：以之为非。非，不对。

⑤ 自然：自以为然。自认为对。相非：互相以对方为非。

⑥ 趣操：趋向和操守。

⑦ 让：禅让。帝：称帝。

⑧ 之：子之，燕国的相。哙：燕王哙。公元前316年，燕王哙接受苏代的意见，仿效尧、舜禅让，将王位让给子之，引起国人不满，招致内乱。齐宣王乘机进攻，杀燕王哙及子之，燕国几乎灭亡。

⑨ 王：称王。

⑩ 白公：名胜，楚平王之孙，太子建之子。起兵争夺王位，为叶公子高所杀。

⑪ 行：行为。

⑫ 贵贱：可贵或可贱，肯定或否定。有时：有时间性。因时而异。

⑬ 常：常规。

⑭ 梁丽：屋栋，屋梁。丽，同“欐”。

⑮ 窒穴：堵塞老鼠洞。

⑯ 殊器：器物的用处不同。

⑰ 骐骥：古称千里马。骅骝：古代良马，周穆王八骏马之一。以上都指骏马。

⑱ 狸狌(shēng)：野猫和黄鼠狼。

⑲ 殊技：技能不一样。

⑳ 鸱鸺(chīxiū)：即鸱鸮。猫头鹰。夜撮蚤：夜里能捉小小的跳蚤。撮，抓取。

㉑ 瞋(chēn)目：瞪大眼睛。

㉒ 殊性：本性不一样。

㉓ 盖：大概。师是：指师心自用，专以己见为是。无非：忽略不对。

㉔ 师治：指师心自用，只看重治理。无乱：忽略动乱。

行明矣。然且语而不舍[1]，非愚则诬[2]也！帝王殊禅，三代殊继。差[3]其时逆其俗者，谓之篡夫[4]；当[5]其时顺其俗者，谓之义之徒[6]。默默乎河伯[7]！女恶知贵贱之门[8]，小大之家[9]！”

河伯曰：“然则我何为[10]乎？何不为乎？吾辞受趣舍[11]，吾终奈何[12]？”

北海若曰：“以道观之，何贵何贱，是谓反衍[13]；无拘而[14]志，与道大蹇[15]。何少何多，是谓谢施[16]；无一[17]而行，与道参差[18]。严严乎[19]若国之有君，其无私德[20]；繇繇乎若祭之有社[21]，其无私福[22]；泛泛乎其若

---

① 语而不舍：谈论不休。

② 诬：欺骗。

③ 差：错，不合于。

④ 篡夫：篡逆之徒。

⑤ 当：适，合。

⑥ 义之徒：高义的人。

⑦ 默默乎：沉默吧。意为告诫河伯不要轻易发言。

⑧ 女：通“汝”，你。门：门径。

⑨ 家：派别。

⑩ 何为：做什么。

⑪ 辞受趣舍：分别指两组对立的态度，谢绝与接受。辞，谢绝。受，接受。趣，通“趋”，趋就。舍，舍弃。意为不知何去何从。

⑫ 奈何：怎么办。

⑬ 反衍：合而为一之意。

⑭ 而：汝，你。

⑮ 蹇(jiǎn)：困厄，烦扰。

⑯ 谢施(yì)：反复委蛇之意。谢，代谢，交替。施，延续。交替为用。

⑰ 一：指偏于一面。

⑱ 参差(cēncī)：不整齐、不一致。

⑲ 严严乎：端庄、严肃的样子。严，同“俨”。原本缺一“严”字，据奚侗《补注》补。

⑳ 私德：偏私的恩惠。

㉑ 繇繇(yóu)乎：悠悠然，悠然自得的样子。社：土神。

㉒ 私福：偏私的福佑。

四方之无穷[1]，其无所畛域[2]；兼怀[3]万物，其孰承翼[4]？是谓无方[5]。万物一齐[6]，孰[7]短孰长？道无终始，物有死生，不恃[8]其成；一虚一满，不位乎其形[9]。年不可举[10]，时不可止，消息盈虚[11]，终则有始[12]。是所以语大义之方[13]，论万物之理也。物之生也，若骤若驰[14]，无动[15]而不变，无时而不移[16]。何为乎？何不为乎？夫固将自化[17]。"

河伯曰："然则何贵[18]于道邪？"

北海若曰："知道者必达于理[19]，达于理者必明于权[20]，明于权者不以物[21]害己。至德[22]者，火弗能热[23]，水弗能溺，寒暑弗能害，禽兽弗能

---

① 泛泛乎：宽广。穷：尽。

② 畛(zhěn)域：范围，界限。引申为成见。

③ 兼怀：兼容，包容。怀，容。

④ 承翼：接受翼助。承，接受，蒙受。翼，翼蔽，帮助。这里引申为庇护之意。

⑤ 无方：无所偏向。方，偏袒。与上文"一"的意思相近。

⑥ 一齐：即齐一，无所短长。

⑦ 孰：谁，哪一个。

⑧ 恃：依恃，依仗。

⑨ 位：居处，定位。形：形状，现象。意为没有固定不变的形状。

⑩ 年：年岁，岁月。举：止，停留。《文选注》引"举"作"攀"，作攀留讲。

⑪ 消息：消灭与生长。盈虚：充实和空虚。

⑫ 终则有始：终结了又开始。指循环不已，生生不息。

⑬ 大义之方：大道的正理、准则。

⑭ 骤：马急速奔跑。驰：车马疾行。均指万物生长迅速。

⑮ 动：行动，举动。

⑯ 移：移动，迁移。含变化之意。

⑰ 固：本来，一定。自化：自然变化。

⑱ 贵：重视。

⑲ 知道：知晓大道。达：通达。理：事理。

⑳ 权：权变，应变。

㉑ 物：外物。

㉒ 至德：指道德修养高尚的人。

㉓ 热：烧灼。

贼[1]。非谓其薄[2]之也，言察乎安危[3]，宁于祸福[4]，谨于去就[5]，莫之能害也。故曰：天在内[6]，人在外[7]，德在乎天[8]。知天人之行[9]，本乎天[10]，位乎得[11]；蹢躅[12]而屈伸，反要而语极[13]。”

曰：“何谓天[14]？何谓人[15]？”

北海若曰：“牛马四足，是谓天；落[16]马首，穿牛鼻，是谓人。故曰：无以人灭[17]天，无以故灭命[18]，无以得殉名[19]。谨守而勿失，是谓反其真[20]。”

---

① 贼：戕害，损害。名词作动词用。

② 薄：通“迫”。临，犯，迫近。

③ 察：明察。安危：安全与危险。

④ 宁：安。祸福：祸害与幸福。

⑤ 谨：谨慎。去就：离开和趋就。

⑥ 天在内：天然之性蕴蓄于内心。天，自然的东西。

⑦ 人在外：适应人事体现在外表上。人，人事，人为。

⑧ 德：高尚的修养。天：自然。

⑨ 知天人之行：知道的人，可以知道自然的规律和人事的变化。“天”字江南古藏本作“乎”。据文意当为“天”。

⑩ 本乎天：本于自然。

⑪ 位乎得：安于处境。得，自得。

⑫ 蹢躅（zhízhú）：即踯躅。进退不定的样子。

⑬ 反：通“返”。指返本还源。要：指道的关键、枢纽。语极：谈论最高深的道理。极，顶。

⑭ 天：自然。指先天自然的禀赋。以下同此解。

⑮ 人：人为。指后天由人力造成的形态。与“天”相对。以下同此解。

⑯ 落：同“络”。指用马辔笼住马头。

⑰ 灭：毁灭。

⑱ 故：有心曰故。指用人为的办法。命：天性。天然的禀赋。

⑲ 得：贪。一作自然的天性。殉名：求名。

⑳ 反其真：返本还源，复其真性。反，通“返”。

荀　子[1]

天　论[2]

天行有常[3]：不为尧存，不为桀亡。应之以治则吉[4]，应之以乱则凶。彊本而节用[5]，则天不能贫。养备而动时[6]，则天不能病。脩道而不贰[7]，则天不能祸。故水旱不能使之饥，寒暑不能使之疾，祆怪[8]不能使

---

① 《荀子》，又名《孙卿子》《荀卿子》，战国时荀况著。《汉书·艺文志》著录三十三篇，今存本二十卷三十二篇。荀子名况，又称荀卿、孙卿，战国时赵人。其活动时期大约在公元前 286—前 238 年。此时“诸侯异政，百家异说”的局面日渐消亡，建立统一的中央集权国家成为大势所趋。荀子的思想正是反映了这个时代的特点。孔子之后，儒学造诣最深的要数荀子和孟子，但荀子不囿于儒家之说，而是摒弃诸家之短，吸取诸家之长，在批判继承中建立了自成一派的学说体系。所以，荀子的学说不仅对自春秋以来的学术思想流派做了总结，而且为中央集权国家统治思想的形成奠定了理论基础。荀子哲学思想中最精华的部分是重人轻天思想。他认为“天行有常”，否认天有意志，主张“制天命而用之”，相信“人定胜天”，并把人对自然的主观能动作用看作是顺应万物的本性。荀子也宣称人“性恶”。他说人一生下来就有感官上的要求，是“生而好利”，要通过礼义、刑罚加以矫正。他的主张否定了天赋道德，强调后天的改造，这与他的自然观是一致的。在政治观点上，荀子重视礼治。他认为礼的作用是区分各类人的界限，规定各种人的等级，制定人们的行为规范，因此他的礼直接和法相联系，他把礼作为各种法的纲领。荀子礼治的内容是直接为封建统治者服务的。《荀子》一书大部分是其本人所撰，《大略》以下六篇是其学生所作。唐杨倞《荀子注》、清王先谦《荀子集解》、近人梁启雄《荀子简释》都是较有代表性的注本。本篇底本为中华书局 1986 年《诸子集成》本。

② 本篇选自《荀子》第十七篇，着重表述了荀子的宇宙观，讨论了天和人的关系。首先，指出了天是客观存在的自然界，有它自己的运行规律；其次，论述了“天人相分”；最后，提出了“人定胜天”的思想。本篇是《荀子》一书中的名篇。

③ 天：自然界。行：运行，一作“道”。常：规律。

④ 应：适应。治：顺情合理的措施。

⑤ 彊：同“强”。本：农桑。

⑥ 养：养生之道。备：周到。动时：行动合时宜。

⑦ 脩：应作“循”。道：礼义之道。贰：应作“忒”(tè)，偏差。

⑧ 祆怪：自然界的灾异。祆，通“妖”。

之凶。本荒而用侈[①]，则天不能使之富。养略而动罕[②]，则天不能使之全。倍道而妄行[③]，则天不能使之吉。故水旱未至而饥，寒暑未薄[④]而疾，祆怪未至而凶。受时与治世同[⑤]，而殃祸与治世异，不可以怨天，其道[⑥]然也。故明于天人之分[⑦]，则可谓至人[⑧]矣。

不为[⑨]而成，不求而得，夫是之谓天职[⑩]。如是者，虽深[⑪]，其人[⑫]不加虑焉；虽大，不加能[⑬]焉；虽精，不加察焉。夫是之谓不与天争职。天有其时[⑭]，地有其财[⑮]，人有其治[⑯]，夫是之谓能参[⑰]。舍其所以参[⑱]，而愿其所参[⑲]，则惑矣！

列星随旋[⑳]，日月递炤[㉑]，四时代御[㉒]，阴阳大化[㉓]，风雨博施[㉔]，

---

① 侈：奢侈。
② 略：残缺不备。罕：少，怠惰。
③ 倍：通“背”。妄行：蛮干。
④ 薄：迫近。
⑤ 受时：遇到的天时。治世：礼义之世。
⑥ 道：指逆天违时之道。
⑦ 分(fèn)：职分。
⑧ 至人：明于事理之人。
⑨ 不为：不待人为。
⑩ 天职：自然界的职能。
⑪ 深：天道深远。下文“大”“精”皆指天道。
⑫ 其人：即上文所说“至人”。
⑬ 能：致力。
⑭ 时：四时之变化。
⑮ 财：财富之蕴藏。
⑯ 治：治物之方法。
⑰ 参：配合。指天、地、人职分的配合。
⑱ 所以参：指人为的努力。
⑲ 所参：指天时、地利的自然条件。
⑳ 列星随旋：排列的众星相随运转。
㉑ 递炤：交替照耀。递，更易。炤，同“照”。
㉒ 四时代御：四季交替循进。御，行也。
㉓ 大化：化生万物。
㉔ 博施：普遍地施行。博，遍也。

万物各得其和①以生，各得其养②以成，不见其事而见其功，夫是之谓神。皆知其所以成，莫知其无形③，夫是之谓天功。唯圣人为不求知天。

天职既立，天功既成，形具而神生④，好恶喜怒哀乐臧⑤焉，夫是之谓天情。耳目鼻口形，能各有接而不相能也⑥，夫是之谓天官。心居中虚⑦，以治五官，夫是之谓天君。财非其类以养其类⑧，夫是之谓天养。顺其类者⑨谓之福，逆其类者谓之祸，夫是之谓天政。暗其天君⑩，乱其天官⑪，弃其天养⑫，逆其天政⑬，背其天情⑭，以丧天功⑮，夫是之谓大凶。圣人清⑯其天君，正⑰其天官，备⑱其天养，顺⑲其天政，养⑳其天情，以全其天功。如是，则知其所为，知其所不为矣；则天地官㉑而万物役矣。其行曲治㉒，其养曲适㉓，其生不伤，夫是之谓知天。

---

① 和：指各种自然条件的配合。

② 养：滋养。

③ 无形：天生成万物的自然功能并无形迹可寻。

④ 形具而神生：人的形体既已具备，精神随之而生。

⑤ 臧：同“藏”。

⑥ 耳目鼻口形，能各有接而不相能也：耳、目、鼻、口、身发挥其功能皆可以接触外物，但其功能不能互相代替。接，与外物接触。不相能，功能不能互相代替。

⑦ 中虚：指胸腔中空之处。

⑧ 财非其类以养其类：利用不属于人类的东西以养育人类。财，通“裁”，改造，利用。非其类，人类以外之物。其类，指人类。

⑨ 顺其类者：指顺适人的生理需要者。反之就是逆其类者。

⑩ 暗其天君：心受蒙蔽。暗，昏乱不清。

⑪ 乱其天官：过度追求声色，以至于感官功能紊乱。

⑫ 弃其天养：不能强本节用，丢弃了养人之物。

⑬ 逆其天政：违逆生理需要，失其养生之道。

⑭ 背其天情：指好、恶、喜、怒、哀、乐没有节制。

⑮ 以丧天功：如有上述行为，就会丧失自然生养万物之功。

⑯ 清：使之清澄。

⑰ 正：使之正常。

⑱ 备：使之完备。

⑲ 顺：使之应顺。

⑳ 养：使之涵养。

㉑ 官：履行职守。

㉒ 其行曲治：圣人的行为周到而合理。曲，周到。治，合理。

㉓ 其养曲适：圣人的养人之道周全而适宜。

故大巧[①]在所不为，大智在所不虑。所志[②]于天者，已其见象之可以期者矣[③]；所志于地者，已其见宜之可以息者矣[④]；所志于四时者，已其见数之可以事者矣[⑤]；所志于阴阳者，已其见和[⑥]之可以治者矣。官人[⑦]守天而自为守道也。

治乱[⑧]天邪？曰：日月星辰瑞历[⑨]，是禹、桀之所同也；禹以治，桀以乱，治乱非天也。时[⑩]邪？曰：繁启蕃长于春夏[⑪]，畜[⑫]积收藏于秋冬，是又禹、桀之所同也；禹以治，桀以乱，治乱非时也。地[⑬]邪？曰：得地则生，失地则死，是又禹、桀之所同也；禹以治，桀以乱，治乱非地也。《诗》曰[⑭]："天作高山[⑮]，大王荒之[⑯]；彼作[⑰]矣，文王康[⑱]之。"此之谓也。

天不为人之恶寒也辍[⑲]冬，地不为人之恶辽远也辍广，君子不为小

---

① 大巧：才智超人者。

② 志：通"识"，认识。

③ 已：通"以"。见：同"现"。期：预测。

④ 宜：地宜。息：生长繁殖。

⑤ 数：次第，规律。事：顺时理事。

⑥ 和：调和。

⑦ 官人：任人，委任专职人员。

⑧ 治乱：治世、乱世。

⑨ 瑞：吉祥。历：历象，此指历书。

⑩ 时：时令，季节。

⑪ 繁：众多。启：萌芽。蕃：茂盛。

⑫ 畜：同"蓄"。

⑬ 地：适于生存的地理环境。

⑭ 语出《诗经·周颂·天作》。

⑮ 高山：指岐山，在今陕西省宝鸡市岐山县东北。

⑯ 大王：即太王，亦称古公亶父，是周文王的祖父。荒：扩大，开辟。

⑰ 作：始创基业。

⑱ 康：安，保有。

⑲ 辍：废止。

人之匈匈辍行①。天有常道②矣，地有常数③矣，君子有常体④矣！君子道其常⑤，而小人计其功⑥。《诗》曰⑦："礼义之不愆⑧，何恤人之言兮⑨！"此之谓也。

楚王后车⑩千乘，非知⑪也；君子啜菽饮水⑫，非愚也。是节⑬然也。若夫志意⑭脩，德行厚，知虑明，生于今而志乎古⑮，则是其在我⑯者也。故君子敬其在己者，而不慕其在天者；小人错⑰其在己者，而慕其在天者。君子敬其在己者，而不慕其在天者，是以日进也；小人错其在己者，而慕其在天者，是以日退也。故君子之所以日进，与小人之所以日退，一也⑱。君子小人之所以相悬者，在此耳。

星队⑲，木鸣⑳，国人皆恐。曰：是何也？曰：无何也！是天地之变，阴阳之化，物之罕至㉑者也。怪之，可也；而畏之，非也。夫日月

---

① 匈匈：喧哗之声。行：正义的行为。

② 常道：永恒的规律。

③ 常数：不变的法则。

④ 常体：一定的规范。

⑤ 道其常：遵循一定的准则。道，遵行。

⑥ 计其功：计较一时的功利。

⑦ 此句是逸诗。

⑧ 礼义之不愆：在礼义上并无差错。愆，过失。

⑨ 何恤人之言兮：何须顾虑旁人的闲话呢。恤：担心。

⑩ 后车：侍卫之车。

⑪ 知：同"智"。

⑫ 啜(chuò)菽(shū)饮水：吃粗粮喝白水。啜，吃。菽，豆类，泛指粗粮。

⑬ 节：时也。

⑭ 志意：志向。

⑮ 志乎古：专心学习前贤往哲。

⑯ 在我：在于自身努力。

⑰ 错：通"措"，置，弃。

⑱ 一也：同也，道理一样。

⑲ 星队：流星陨落。队，通"坠"。

⑳ 木鸣：树木发出声音。

㉑ 罕至：少见。

之有蚀，风雨之不时[①]，怪星之党见[②]，是无世而不常[③]有之。上明而政平[④]，则是虽竝世起[⑤]，无伤也；上闇而政险[⑥]，则是虽无一至者，无益也。夫星之队，木之鸣，是天地之变，阴阳之化，物之罕至者也；怪之，可也；而畏之，非也。

物之已至者，人祆则可畏也[⑦]。楛[⑧]耕伤稼，耘耨失萝[⑨]，政险失民；田萝[⑩]稼恶，籴贵[⑪]民饥，道路有死人，夫是之谓人祆。政令不明，举错不时[⑫]，本事不理，勉力不时，夫是之谓人祆；礼义不脩，内外无别，男女淫乱，父子相疑，上下乖离[⑬]，寇难[⑭]竝至，夫是之谓人祆。祆是生于乱。三者错[⑮]，无安国。其说甚尔[⑯]，其菑[⑰]甚惨。勉力不时[⑱]，则牛马相生[⑲]，六畜作祆，可怪也，而不[⑳]可畏也。传[㉑]曰："万物之怪，

---

① 不时：犹言不测。

② 党：同"倘"，偶然。见：同"现"。

③ 常：通"尝"，曾经。

④ 上明：君主贤明。政平：政治清平。

⑤ 竝世起：同时发生。竝，同"并"。

⑥ 上闇：君主昏暗。政险：政治酷虐。

⑦ 人祆：人为的灾祸。则：一作"最"。

⑧ 楛(kǔ)：粗劣不精。

⑨ 耘耨(nòu)失萝(huì)：当作"楛耘失岁"。楛耘，草率地除草。失岁，给一年的收成带来损失。岁，一年的谷物收成。

⑩ 萝：同"秽"，荒芜。

⑪ 籴(dí)贵：粮价昂贵。籴，买粮。

⑫ 举错：即举措，措施。不时：不合时宜。

⑬ 乖离：背离。乖，违。

⑭ 寇：外患。难：内乱。

⑮ 错：交错而至。

⑯ 其说：指人祆之说。尔：通"迩"。浅近。

⑰ 其菑：指人祆之灾。菑，同"灾"。

⑱ 勉力：力役。不时：无时限。一本此句连同下两句在"礼义不脩"之前。

⑲ 牛马相生：指各种牲畜往往生下异类。

⑳ 不：一说为"亦"字之讹。

㉑ 传：古书。

书[①]不说。”无用之辩，不急之察[②]，弃而不治。若夫君臣之义，父子之亲，夫妇之别，则日切瑳[③]而不舍也。

雩[④]而雨，何也？曰：无何也，犹不雩而雨也。日月食[⑤]而救之，天旱而雩，卜筮然后决大事，非以为得求也，以文[⑥]之也。故君子以为文，而百姓以为神。以为文则吉，以为神则凶也。

在天者莫明于日月，在地者莫明于水火，在物者莫明于珠玉，在人者莫明于礼义。故日月不高，则光晖不赫[⑦]；水火不积[⑧]，则晖润不博[⑨]；珠玉不睹[⑩]乎外，则王公不以为宝；礼义不加于国家，则功名不白[⑪]。故人之命在天[⑫]，国之命在礼。君人者，隆礼尊贤而王，重法爱民而霸，好利多诈而危，权谋倾覆幽险而尽亡矣[⑬]！

大天而思之[⑭]，孰与物畜而制之[⑮]！从[⑯]天而颂之，孰与制天命[⑰]而用之！望时[⑱]而待之，孰与应时而使之[⑲]！因物而多之[⑳]，孰与骋能而化

---

① 书：古书。一说为“六经”。
② 不急之察：非当务之急的考察。
③ 切瑳(cuō)：即“切磋”。瑳，同“磋”。
④ 雩(yú)：求雨的祭祀。
⑤ 食：即“蚀”。
⑥ 文：文饰政事。
⑦ 晖：同“辉”。赫：强烈。
⑧ 积：充足。
⑨ 晖：火之光。润：水之泽。博：大。
⑩ 睹：当作“睹”(dǔ)，著，显。
⑪ 白：显赫。
⑫ 故人之命在天：所以人的性命是受之于自然的。
⑬ 权谋：权术阴谋。倾覆：颠覆。幽险：阴险。尽亡：彻底灭亡。
⑭ 大：尊。思：仰慕。
⑮ 孰与：哪里比得上。物畜：作为物来蓄养。制：控制。
⑯ 从：顺从。
⑰ 天命：自然界变化的规律。
⑱ 望时：空望天时。
⑲ 应时：顺应天时。使：支配。
⑳ 因物而多之：听任物类自然生长而求其多。

之[①]！思物而物之[②]，孰与理物而勿失之也[③]！愿[④]于物之所以生，孰与有[⑤]物之所以成！故错人而思天[⑥]，则失万物之情[⑦]。

百王之无变[⑧]，足以为道贯[⑨]。一废一起[⑩]，应之以贯[⑪]。理贯，不乱；不知贯，不知应变。贯之大体，未尝亡也。乱生其差[⑫]，治尽其详[⑬]。故道之所善，中[⑭]则可从；畸[⑮]则不可为，匿[⑯]则大惑。

水行者表[⑰]深，表不明，则陷[⑱]；治民者表道[⑲]，表不明，则乱。礼者，表也。非礼，昏世也；昏世，大乱也。故道无不明。外内异表[⑳]，隐显有常[㉑]，民陷乃去。

万物为道一偏[㉒]，一物为万物一偏，愚者为一物一偏[㉓]，而自以为知

---

① 骋能：施展才能。化：变通。
② 思物而物之：希望把万物据为己有。物之，占有物类。
③ 理：治理。勿失之：不使其丧失作用。
④ 愿：希望。
⑤ 有：通“佑”，帮助。
⑥ 错：同“措”，放弃。思天：希望天恩赐。
⑦ 情：本性。
⑧ 百王：历代君王。无变：不变易。
⑨ 道贯：道的一贯原则、纲领。
⑩ 一废一起：一代的废止，一代的兴起。
⑪ 应：适应。贯：即道贯。
⑫ 差：违失。
⑬ 详：明察。
⑭ 中：适中。
⑮ 畸：偏邪。
⑯ 匿：同“慝”，通“忒”，差。
⑰ 表：标准。
⑱ 陷：溺。
⑲ 表道：以道为标准。
⑳ 外内：指外事、内政。异表：标准不同。
㉑ 隐显：指内事、外事。有常：有一定的常规。
㉒ 一偏：一个方面，一个部分。
㉓ 愚者：愚笨的人。一物一偏：指仅对一个事物、一个方面的认识和了解。

道，无知也。慎子有见于后[①]，无见于先[②]；老子有见于诎[③]，无见于信[④]；墨子有见于齐[⑤]，无见于畸[⑥]；宋子有见于少[⑦]，无见于多[⑧]。有后而无先，则群众无门[⑨]；有诎而无信，则贵贱不分；有齐而无畸，则政令不施[⑩]，有少而无多，则群众不化[⑪]。《书》[⑫]曰："无有作好[⑬]，遵王之道[⑭]；无有作恶[⑮]，遵王之路。"此之谓也[⑯]。

---

① 慎子：慎到（约公元前395—约前315年），战国时期法家代表人物。后：指被动地跟在事物后面。荀子在《非十二子》中批评慎到"上则听取于上，下则取从于俗"，说他跟在事物后面，"有见于后"。

② 先：指根据事物的变化而有所创新。慎子主张人应该"推而后行，曳而后往"，被动而无所创新，故荀子说他"无见于先"。

③ 老子：姓李名耳，春秋时期思想家，著《道德经》，道家奉之为主要经典。诎：同"屈"。委曲求全。

④ 信：通"伸"，伸长。指积极进取，有所作为。

⑤ 墨子：姓墨名翟（约公元前478—前376年），春秋战国时期思想家。齐：同。指同一方向。

⑥ 畸：差异，差别。

⑦ 宋子：宋钘（约公元前382—前300年），战国时期思想家。少：指人的欲望少。

⑧ 多：指人的欲望多。

⑨ 门：此处指方向。

⑩ 施：实施。

⑪ 化：教化。

⑫ 《书》：指《尚书·洪范》。

⑬ 作好（hào）：有所偏好。

⑭ 遵王之道：遵循王者的道路。

⑮ 作恶（wù）：有所偏恶。

⑯ 此之谓也：说的就是这个道理。

韩非子[①]

五蠹(节选)

上古之世，人民少而禽兽众，人民不胜[②]禽兽虫蛇；有圣人作[③]，搆[④]木为巢以避羣[⑤]害，而民悦之，使王天下，号之曰有巢氏[⑥]。民食果蓏蚌蛤[⑦]，腥臊恶臭而伤害腹胃，民多疾病；有圣人作，钻燧[⑧]取火，以化腥臊，而民说[⑨]之，使王天下，号之曰燧人氏[⑩]。中古之世，天下大

---

① 韩非(约公元前280—前233年)是战国末期韩国人，先秦法家学说的集大成者。他出身韩国贵族，与李斯同学于荀子。当时韩国昏乱，韩非曾屡谏韩王实行富国强兵之道，并发奋著书十余万言，阐述自己的主张。韩非的主要贡献就在于他在批判地继承前期法家学说的基础上，创立了法术势相结合的法治理论。他认为国家的强盛全在于实行法治，法治是通向建立中央集权的地主阶级政治制度的必由之路。同时他还强调君主要有驾驭臣民之术，势就是赋予君主至高无上的权力，加强中央集权。韩非的主张对建立统一的中央集权国家起了极大的推进作用，但是他宣扬了极端的专制主义，严重贻害后世。他的法治理论的一个思想基础是社会历史进化的观点。他认为不同的社会条件应有不同的治世方针，嘲笑那些死守先王成规的人都是守株待兔式的蠢类。在哲学思想上，韩非以“不可陷之盾与无不陷之矛不可同世而立”的生动比喻，明确地提出了“矛盾之说”。他以矛盾的道理分析社会问题，并试图从人们的经济条件中探求矛盾产生的根源。这就使他的朴素辩证法思想和政治理论达到了他那个时代的高峰。韩非的著作被收录在《韩非子》一书中，其中大部分作品为其本人所作。《韩非子》较好的注本有清王先谦的《韩非子集解》和明陈奇猷的《韩非子集释》。本篇底本为上海人民出版社1974年版陈奇猷《韩非子集释》。

② 不胜(shēng)：禁不起。胜，任也。

③ 作：兴起。

④ 搆：同“构”，架也。

⑤ 羣：“群”的异体字。

⑥ 有巢氏：传说中巢居的发明者。

⑦ 果蓏(luǒ)：瓜果的总称。蓏，瓜类植物的果实。蚌：同“蚌”。蛤：蛤蜊。

⑧ 燧(suì)：钻而取火之术。

⑨ 说：通“悦”。

⑩ 燧人氏：传说中钻木取火的发明者。

水，而鲧、禹决渎[1]。近古之世，桀、纣暴乱[2]，而汤、武征伐。今有搆木钻燧于夏后氏之世者，必为鲧、禹笑矣；有决渎于殷、周之世者，必为汤、武笑矣。然则今有美尧、舜、汤、武、禹之道于当今之世者[3]，必为新圣笑矣。是以圣人不期脩古[4]，不法常可[5]，论世之事，因为之备。宋有人耕者，田中有株[6]，兔走触株，折颈而死，因释[7]其耒而守株，冀复得兔，兔不可复得，而身为宋国笑。今欲以先王之政治当世之民，皆守株之类也。

古者丈夫不耕，草木之实足食也；妇人不织，禽兽之皮足衣也。不事力而养足[8]，人民少而财有余，故民不争。是以厚赏不行，重罚不用，而民自治。今人有五子不为多，子又有五子，大父[9]未死，而有二十五孙。是以人民众而货财寡，事力劳而供养薄，故民争。虽倍赏累罚[10]，而不免于乱。

尧之王天下也，茅茨不翦[11]，采椽不斲[12]；粝粢[13]之食，藜藿[14]之羹；冬日麑[15]裘，夏日葛[16]衣；虽监门之服养[17]，不亏[18]于此矣。禹之王天下

---

① 鲧(gǔn)、禹决渎：传说鲧奉尧命治水，九年未成，其子禹疏导入海，洪水始退。渎，古代以江、淮、河、济为四渎，皆单独入海。

② 桀、纣：桀，夏朝末代王。纣，商朝末代王。皆因昏乱分别被商汤、周武王所灭。

③ 美：称许，赞美。尧、舜、汤、武、禹：应为“尧、舜、鲧、禹、汤、武”。

④ 不期脩古：不求循古。期，望，求。脩，通“修”，习，循。

⑤ 常可：旧例，成规。

⑥ 株：树桩。

⑦ 释：放。

⑧ 养足：养生之资充足。

⑨ 大父：祖父。

⑩ 倍赏累罚：加倍的赏赐，层层的刑罚。

⑪ 茅茨：用茅草覆盖的屋顶。翦：修剪。

⑫ 采：木名，即栎。椽(chuán)：房檩。斲：同“斫”，雕饰。

⑬ 粝：粗米。粢(zī)：稻饼。

⑭ 藜：草名，嫩时可食。藿：豆叶。

⑮ 麑(ní)：幼鹿。

⑯ 葛：麻布。

⑰ 监门：看守里门者。服养：衣食等供养。

⑱ 亏：少。

也，身执耒臿[1]，以为民先，股无胈[2]，胫[3]不生毛，虽臣虏之劳，不苦于此矣。以是言之，夫古之让天子者，是去监门之养而离臣虏之劳也，故传天下而不足多[4]也。今之县令，一日身死，子孙累世絜驾[5]，故人重之。是以人之于让也，轻辞古之天子，难去今之县令者，薄厚之实异也。夫山居而谷汲者，膢腊而相遗以水[6]；泽居苦水[7]者，买庸而决窦[8]。故饥岁之春，幼弟不饟[9]；穰岁[10]之秋，疏客必食。非疏骨肉爱过客也，多少之实异也。是以古之易财[11]，非仁也，财多也；今之争夺，非鄙也，财寡也。轻辞天子，非高也，势薄也；重争土橐[12]，非下也，权重也。故圣人议多少、论薄厚为之政。故罚薄不为慈，诛严不为戾[13]，称[14]俗而行也。故事因于世而备[15]适于事。

古者文王处丰、镐[16]之间，地方百里，行仁义而怀[17]西戎，遂王天下。徐偃王[18]处汉东，地方五百里，行仁义，割地而朝者三十有六国[19]。

---

① 耒：农具。臿(chā)：同“锸”，松土、挖土的工具。

② 股：大腿。胈(bá)：股上小毛。一说腿上的肌肉。

③ 胫(jìng)：小腿。

④ 不足多：不值得称誉。多，推重。

⑤ 絜(xié)驾：如同把马套在车辕上，即乘车，意为守其封地。絜，束。

⑥ 膢(lóu)：楚人在二月祭饮食之神的节日。腊：腊月(冬十月)祭百神的节日。遗：馈送。

⑦ 苦水：为水患所苦。

⑧ 买庸：犹言雇工。庸，即“佣”。窦：通“渎”，水。

⑨ 饟(xiǎng)：同“饷”，给食物。

⑩ 穰岁：丰年。

⑪ 易财：看轻财物。

⑫ 土：当作“士”，即“仕”。橐：通“托”，依附于诸侯。

⑬ 戾：暴虐。

⑭ 称：适应。

⑮ 备：设施。

⑯ 丰、镐(hào)：地名。丰，在今陕西省西安市鄠邑区东。镐，在今陕西省西安市长安区西南。周文王自岐山之下迁都于丰，武王又自丰迁镐。

⑰ 怀：安，抚。

⑱ 徐偃王：徐国在今江苏泗洪一带，周穆王时强大，称王，势力延及汉水以东。

⑲ 三十有六国：《论衡·非韩》作三十二国。

荆文王[①]恐其害已也，举兵伐徐，遂灭之。故文王行仁义而王天下，偃王行仁义而丧其国，是仁义用于古不用于今也。故曰：世异则事异。当舜之时，有苗[②]不服，禹将伐之。舜曰："不可，上德不厚而行武[③]，非道也。"乃修教三年，执干戚舞[④]，有苗乃服。共工之战[⑤]，铁铦钜者及乎敌[⑥]，铠甲不坚者伤乎体。是干戚用于古不用于今也。故曰：事异则备变。上古竞于道德，中世逐于智谋，当今争于气力。齐将攻鲁，鲁使子贡说[⑦]之。齐人曰："子言非不辩[⑧]也，吾所欲者土地也，非斯言所谓也。"遂举兵伐鲁，去门[⑨]十里以为界。故偃王仁义而徐亡，子贡辩智而鲁削。以是言之，夫仁义辩智，非所以持国也。去偃王之仁，息子贡之智，循[⑩]徐、鲁之力，使敌万乘[⑪]，则齐、荆之欲不得行于二国矣。

夫古今异俗，新故异备；如欲以宽缓之政，治急世[⑫]之民，犹无辔策而御駻[⑬]马，此不知[⑭]之患也。今儒、墨皆称先王兼爱天下，则视民如父母。何以明其然也？曰："司寇[⑮]行刑，君为之不举乐；闻死刑之报[⑯]，君为流涕。"此所举[⑰]先王也。夫以君臣为如父子则必治，推是言之，是

---

① 荆文王：即楚文王。但楚文王上距徐偃王有三百余年，"文"字疑是衍文。荆，当时中原人对楚人的别称。

② 有苗：即三苗，与共工、欢兜、鲧并称为"四凶"。

③ 上德：崇尚德教。上，通"尚"。厚：充分，足够。

④ 干：盾。戚：斧。

⑤ 共工之战：共工相传为尧时的水官，据《尚书·尧典》，共工是四凶之一。此处疑泛指古帝与共工交战事。

⑥ 铁铦(xiān)：标枪之类的武器。钜，一本作"距"。亦言短兵相接。

⑦ 说(shuì)：游说劝阻。

⑧ 辩：有道理。

⑨ 门：鲁国都门。

⑩ 循：顺，遵，此言推动。一说当作"修"，亦通。

⑪ 万乘：指齐、楚等大国。

⑫ 急世：乱世。

⑬ 駻(hàn)：同"猂"。马奔突不驯。

⑭ 知：同"智"。

⑮ 司寇：古代执法行刑之官。

⑯ 报：处决罪犯。

⑰ 举：称述。

无乱父子[①]也。人之情性，莫先[②]于父母，父母皆见[③]爱，而未必治[④]也，君虽厚爱，奚遽[⑤]不乱？今先王之爱民，不过父母之爱子，子未必不乱也，则民奚遽治哉！且夫以法行刑，而君为之流涕，此以效[⑥]仁，非以为治也。夫垂泣不欲刑者，仁也；然而不可不刑者，法也。先王胜其法，不听其泣，则仁之不可以为治亦明矣。

且民者固服于势，寡能怀[⑦]于义。仲尼，天下圣人也，修行明道，以游海内，海内说其仁、美其义而为服役者七十人[⑧]。盖贵仁者寡，能义者难也。故以天下之大，而为服役者七十人，而仁义者一人[⑨]。鲁哀公，下主也，南面君国，境内之民莫敢不臣。民者固服于势，诚易以服人，故仲尼反为臣而哀公顾[⑩]为君。仲尼非怀其义，服其势也。故以义，则仲尼不服于哀公；乘势，则哀公臣仲尼。今学者之说人主也，不乘必胜之势而务行仁义，则可以王；是求人主之必及仲尼，而以世之凡民皆如列徒[⑪]，此必不得之数[⑫]也。

今有不才之子，父母怒之弗为改，乡人谯[⑬]之弗为动，师长教之弗为变。夫以父母之爱、乡人之行、师长之智，三美加焉而终不动，其胫

---

① 无乱父子：父子间无纠纷。

② 先：过。

③ 见：同“现”，表露。

④ 治：和。

⑤ 遽：遂，即。

⑥ 效：表示。

⑦ 怀：感化。

⑧ 七十人：指孔子七十二门徒，通称七十子乃举其成数而言之。

⑨ 仁义者一人：行仁义者仅孔子一人。

⑩ 顾：反而。

⑪ 列徒：孔子众徒。

⑫ 数：理。

⑬ 谯(qiào)：斥骂。

毛不改[1]；州部之吏[2]，操官兵[3]，推[4]公法，而求索奸人，然后恐惧，变其节[5]，易其行矣。故父母之爱不足以教子，必待州部之严刑者，民固骄于爱，听于威矣。故十仞[6]之城，楼季[7]弗能逾者，峭[8]也；千仞之山，跛牂[9]易牧者，夷[10]也。故明王峭其法而严其刑也。布帛寻常[11]，庸人不释；铄金百溢[12]，盗跖不掇[13]。不必害[14]，则不释寻常；必害手，则不掇百溢。故明主必其诛[15]也。是以赏莫如厚而信，使民利之；罚莫如重而必，使民畏之；法莫如一[16]而固，使民知之。故主施赏不迁[17]，行诛无赦；誉辅其赏[18]，毁随其罚[19]，则贤不肖俱尽其力矣。

今则不然。以其有功也，爵之，而卑其士官也[20]；以其耕作也，赏之，而少其家业也[21]；以其不收[22]也，外之[23]，而高其轻世也[24]；以其犯

---

① 其胫毛不改：犹言其丝毫不改。一说此连其上句读为“而终不动其胫毛”，“不改”二字是衍文。

② 州部之吏：指地方官。

③ 兵：兵器。

④ 推：执行。

⑤ 节：品德。

⑥ 仞：七尺，一说八尺。

⑦ 楼季：魏文侯之弟，善跳。

⑧ 峭：高峻。

⑨ 跛牂(zāng)：跛足的母羊。

⑩ 夷：平坦。

⑪ 寻：八尺。常：十六尺。

⑫ 铄(shuò)金：熔化了的黄金。溢：同“镒”。二十四两为一镒，一说二十两。

⑬ 掇：拾取。

⑭ 不必害：没有必要受到的损害。

⑮ 必其诛：严厉地执行刑罚。

⑯ 一：一致，法律条文彼此不相抵触。

⑰ 施：颁赐。迁：变更。

⑱ 誉辅其赏：用荣誉昭彰其奖赏。

⑲ 毁随其罚：受到刑罚恶名随至。

⑳ 而卑其士官也：但鄙视他做官的行为。士官，即“仕官”。

㉑ 而少其家业也：但轻视他经营家业的行为。少，轻视。

㉒ 不收：不肯被录用。

㉓ 外之：疏远他。

㉔ 而高其轻世也：但推崇他的不慕世俗荣利。

禁也，罪之，而多其有勇也。毁誉赏罚之所加者，相与悖缪[1]也，故法禁坏而民愈乱。今兄弟被侵必攻[2]者，廉[3]也；知友被辱随仇者[4]，贞[5]也；廉贞之行成，而君上之法犯矣。人主尊贞廉之行，而忘犯禁之罪，故民程[6]于勇，而吏不能胜也。不事力而衣食，则谓之能；不战功而尊，则谓之贤；贤能之行成，而兵弱而地荒矣。人主说贤能之行，而忘兵弱地荒之祸，则私行立而公利灭矣。

儒以文[7]乱法，侠[8]以武犯禁，而人主兼礼之[9]，此所以乱也。夫离[10]法者罪，而诸先王以文学取[11]；犯禁者诛，而群侠以私剑[12]养。故法之所非，君之所取；吏之所诛，上之所养也。法趣上下[13]，四相反也，而无所定，虽有十黄帝不能治也。故行仁义者非所誉，誉之则害功[14]；工[15]文学者非所用，用之则乱法。楚之有直躬[16]，其父窃羊而谒[17]之吏；令尹[18]曰："杀之!"以为直于君而曲于父，报[19]而罪之。以是观之，夫君之直臣，父之暴子也。鲁人从君战，三战三北[20]。仲尼问其故，对曰：

---

① 缪：同"谬"。
② 攻：反击。
③ 廉：方正。
④ 知友：知己之友。随仇：以知友之仇为己仇。
⑤ 贞：正直有操守。
⑥ 程：同"逞"。一说较量。
⑦ 文：指仁义礼乐等。
⑧ 侠：游侠。
⑨ 兼礼之：同时给以礼遇。
⑩ 离：同"罹"，触犯。
⑪ 取：录用。
⑫ 私剑：刺客。
⑬ 法：法之所非。趣：同"取"，君之所取。上：上之所养。下：吏之所诛。
⑭ 功：耕战之功。
⑮ 工：擅长。一说应作"习"。
⑯ 之：一说应作"人"。直躬：似是绰号，以其行为正直，故称之。
⑰ 谒：告。
⑱ 令尹：楚国官名，为最高官职，掌军政大权。
⑲ 报：论，判。
⑳ 北：背，败走。

"吾有老父，身死莫之养也。"仲尼以为孝，举[①]而上之。以是观之，夫父之孝子，君之背臣也。故令尹诛而楚奸不上闻，仲尼赏而鲁民易降北。上下之利，若是其异也，而人主兼举匹夫之行，而求致[②]社稷之福，必不几[③]矣。

古者苍颉之作书也[④]，自环者谓之"厶"[⑤]，背厶谓之"公"。公私之相背也，乃苍颉固以[⑥]知之矣。今以为同利[⑦]者，不察之患也，然则为匹夫计者，莫如修行义而习文学。行义修则见信[⑧]，见信则受事[⑨]；文学习则为明师，为明师则显荣：此匹夫之美也。然则无功而受事，无爵而显荣，有政如此，则国必乱，主必危矣。故不兼容之事，不两立也。斩敌者受赏，而高慈惠之行[⑩]；拔城者受爵禄，而信廉爱之说；坚甲厉兵[⑪]以备难，而美荐绅[⑫]之饰；富国以农，距[⑬]敌恃卒，而贵文学之士；废敬上畏法之民，而养游侠私剑之属。举行如此，治强不可得也。国平养儒侠，难至用介士[⑭]，所利非所用，所用非所利。是故服事者简其业[⑮]，而于游学者日众，是世之所以乱也。

且世之所谓贤者，贞信之行也；所谓智者，微妙之言也。微妙之言，上智之所难知也；今为众人法而以上智之所难知[⑯]，则民无从识之矣。

---

① 举：称赞。
② 致：得到。
③ 几：通"冀"，希望。
④ 苍颉：即仓颉，相传为黄帝的史官，我国的文字是由他创造的。书：文字。
⑤ 自环：自相环绕。厶：同"私"。
⑥ 以：同"已"。
⑦ 同利：公私之利是一致的。
⑧ 见信：被国君信任。
⑨ 受事：接受国君的委任。
⑩ 高：赞扬。慈惠：犹言仁慈。
⑪ 厉兵：磨砺兵刃。厉，同"砺"。
⑫ 荐绅：插笏于衣带，指儒者的服饰。荐，同"搢"，插。绅，衣带。
⑬ 距：同"拒"。
⑭ 介士：甲士。
⑮ 服事者：从事劳动者。简：怠慢，荒废。
⑯ 今为众人法而以上智之所难知：用最聪明的人也难以懂得的微妙之言作为众人的法则。

故糟糠不饱者，不务[①]粱肉；短褐不完者[②]，不待文绣[③]。夫治世之事，急者不得[④]，则缓者非所务也[⑤]。今所治之政，民间之事，夫妇[⑥]所明知者不用，而慕上知之论，则其于治反矣。故微妙之言，非民务也。若夫贤良贞信[⑦]之行者，必将贵不欺之士[⑧]；不欺之士者，亦无不欺之术也。布衣相与交，无富厚[⑨]以相利，无威势以相惧也，故求不欺之士。今人主处制人之势，有一国之厚[⑩]，重赏严诛，得操其柄以修明术之所烛[⑪]，虽有田常、子罕之臣[⑫]，不敢欺也，奚待于不欺之士？今贞信之士不盈于十，而境内之官以百数，必任贞信之士，则人不足官。人不足官，则治者寡而乱者众矣。故明主之道，一法[⑬]而不求智，固术[⑭]而不慕信，故法不败，而群官无奸诈矣。

今人主之于言也，说其辩而不求其当焉[⑮]，其用于行也，美其声而不责其功焉[⑯]。是以天下之众，其谈言者务为辨而不周[⑰]于用，故举先王言仁义者盈廷，而政不免于乱；行身[⑱]者竞于为高而不合于功，故智士

---

① 务：追求。

② 褐：粗布衣。完：周全。

③ 文绣：文彩锦绣。

④ 急者不得：当务之急尚不能实行。

⑤ 缓者非所务也：可以从缓的事就更不是要追求的了。

⑥ 夫妇：匹夫匹妇，指一般民众。

⑦ 贤良贞信：一说“良”为衍文，当为“贤贞信”，即以贞信为贤。

⑧ 不欺之士：忠诚无私之人。

⑨ 富厚：指财富可观。

⑩ 一国之厚：整个国家的财富。

⑪ 修明术之所烛：讲求驭臣之术以洞悉隐蔽。修明，揣摩，讲求。术，驾驭臣下之术。烛，照，明察。

⑫ 田常：指陈恒，杀齐简公而立平公。子罕：宋臣，执政跋扈，曾劫持宋君。

⑬ 一法：专一用法。

⑭ 固术：固守驭臣之术。

⑮ 辩：巧言。当：恰当，适合。

⑯ 声：名声，虚名。责：要求。功：效果。

⑰ 周：切合。

⑱ 行身：立身，处世。

退处岩穴①，归禄②不受，而兵不免于弱，政不免于乱③，此其故何也？民之所誉，上之所礼，乱国之术也。

今境内之民皆言治，藏商、管之法④者家有之，而国贫，言耕者众，执耒者寡也；境内皆言兵，藏孙、吴之书⑤者家有之，而兵愈弱，言战者多，被甲者少也。故明主用其力，不听其言；赏其功，伐禁无用。故民尽死力以从其上。夫耕之用力也劳，而民为之者，曰“可得以富”也。战之为事也危，而民为之者，曰“可得以贵”也。今修文学、习言谈，则无耕之劳而有富之实，无战之危而有贵之尊，则人孰不为也！是以百人事智而一人用力。事智者众则法败，用力者寡则国贫，此世之所以乱也。故明主之国无书简之文⑥，以法为教；无先王之语，以吏为师；无私剑之捍⑦，以斩首为勇。是境内之民，其言谈者必轨⑧于法，动作者归之于功⑨，为勇者尽之于军。是故无事则国富，有事则兵强，此之谓“王资”。既畜“王资”而承敌国之亹⑩，超五帝侔⑪三王者，必此法也。

今则不然，士民纵恣于内⑫，言谈者为势于外⑬；外内称⑭恶，以待强敌，不亦殆⑮乎！故群臣之言外事⑯者，非有分于从衡之党⑰，则有仇雠之患，而借力于国也。从者，合众强以攻一弱也；而衡者，事一强以

---

① 退处岩穴：指隐居山林。
② 归禄：退还爵禄。
③ 政不免于乱：一本下有“兵不免于弱”五字。
④ 商、管之法：商鞅、管仲的法令之书。
⑤ 孙、吴之书：孙武(孙膑)、吴起的兵书。
⑥ 书简之文：典册文献。
⑦ 捍：同“悍”，强悍。
⑧ 轨：遵循。
⑨ 动作者：犹言劳作者。功：农耕之事。
⑩ 畜：同“蓄”。承：伺机而动。一说通“乘”。亹(xìn)：同“衅”，瑕隙，破绽。
⑪ 侔(móu)：齐等。
⑫ 士民：指儒者、游侠。纵恣于内：在国内放肆横行。
⑬ 言谈者：指纵横家。为势于外：借敌国的力量造就自己的权势。
⑭ 称：行。
⑮ 殆：危。
⑯ 外事：外交之事。
⑰ 分：倾向。从衡之党：或党于合纵，或党于连横。从，同“纵”。衡，同“横”。

攻众弱也——皆非所以持国也。今人臣之言衡者，皆曰："不事大[①]，则遇敌受祸矣!"事大未必有实[②]：则举图而委，效玺[③]而请矣。献图则地削[④]，效玺则名卑；地削则国削，名卑则政乱矣。事大为衡，未见其利也，而亡地乱政矣。人臣之言从者，皆曰："不救小而伐大[⑤]则失天下，失天下则国危，国危而主卑。"救小未必有实，则起兵而敌大矣。救小未必能存，而敌大未必不有疏[⑥]；有疏则为强国制矣——出兵则军败，退守则城拔。救小为从，未见其利，而亡地败军矣。

是故事强，则以外权市官于内[⑦]；救小，则以内重求利于外[⑧]。国利未立，封土厚禄至矣；主上虽卑，人臣尊矣；国地虽削，私家富矣。事成则以权长重[⑨]，事败则以富退处。人主之于其听说也于其臣，事未成则爵禄已尊矣，事败而弗诛；则游说之士孰不为用矰缴之说[⑩]，而徼幸其后[⑪]？故破国亡主，以听言谈者之浮说。此其故何也？是人君不明乎公私之利，不察当否之言，而诛罚不必其后[⑫]也。皆曰[⑬]："外事，大可以王，小可以安。"夫王者，能攻人者也，而安则不可攻也；强则能攻人者也，治则不可攻也。治强不可责于外[⑭]，内政之有[⑮]也。今不行法术于内，而事智于外，则不至于治强矣。

---

① 不事大：不侍奉大国。

② 实：结果。

③ 效玺：呈献印玺。效，献出。

④ 献图则地削：献出地图，等于割地。

⑤ 救小而伐大：救援小国，攻伐大国。

⑥ 未必不有疏：未必没有疏失。

⑦ 则以外权市官于内：(连横者)在国内借外力邀取自己的地位。市官，指猎取官位。

⑧ 则以内重求利于外：(合纵者)在国外用国内的力量求利。

⑨ 权长重：权力既长期又重大。

⑩ 矰缴之说：指猎取功名利禄的虚浮言辞。矰缴，本是猎人之箭，尾部带绳。

⑪ 徼幸其后：事败之后侥幸免祸。徼幸，即"侥幸"。

⑫ 诛罚不必其后：事后没有坚决地给以严惩。

⑬ 皆曰：此游说之士所言。

⑭ 责于外：指望对外用事。责，求。

⑮ 有：取。

鄙谚曰："长袖善舞，多钱善贾[①]。"此言多资之易为工[②]也。故治强易为谋[③]，弱乱难为计[④]。故用于秦者，十变而谋希[⑤]失；用于燕者，一变而计希得。非用于秦者必智，用于燕者必愚也，盖治乱之资异也。故周去[⑥]秦为从，朞年而举[⑦]；卫离[⑧]魏为衡，半岁而亡。是周灭于从，卫亡于衡也。使周、卫缓其从衡之计，而严其境内之治——明其法禁，必其赏罚；尽其地力以多其积，致其民死以坚其城守——天下得其地则其利少，攻其国则其伤大，万乘之国，莫敢自顿[⑨]于坚城之下，而使强敌裁[⑩]其弊也，此必不亡之术也。舍必不亡之术而道必灭之事[⑪]，治国者之过也。智困于内而政乱于外，则亡不可振[⑫]也。

民之故计[⑬]，皆就安利如辟危穷[⑭]。今为之[⑮]攻战，进则死于敌，退则死于诛，则危矣。弃私家之事，而必[⑯]汗马之劳，家困而上弗论[⑰]，则穷矣。穷、危之所在[⑱]也，民安得勿避？故事私门而完解舍[⑲]，解舍完则远战，远战则安。行货赂而袭当涂者则求得[⑳]，求得则私安，私安则利

---

① 贾(gǔ)：做买卖。
② 工：同"功"。
③ 治强易为谋：内治外强就容易成功。
④ 弱乱难为计：力弱纷乱就难以成功。
⑤ 希：通"稀"。
⑥ 去：背。
⑦ 朞(jī)年而举：一年就被秦灭了。朞，同"期"。朞年，一年。举，破、拔。
⑧ 离：叛。
⑨ 顿：困顿，挫折。一说同"屯"，驻屯。
⑩ 裁：制。
⑪ 道：行。事：指纵横事。
⑫ 振：拯救。
⑬ 故计：犹常计，即习惯的打算。
⑭ 如：而。辟：同"避"。
⑮ 为之：使之。
⑯ 必：通"毕"，尽。
⑰ 弗论：不管。
⑱ 穷、危之所在：穷、危在所难免。
⑲ 完：修缮。解舍：公家的房舍。解，同"廨"。
⑳ 袭：抄近道、走门路。当涂：当道。当涂者，即有权势者。涂，通"途"。

之所在，安得勿就？是以公民少而私人众矣[①]。

夫明王治国之政，使其商工游食之民[②]少而名卑，以寡趣本务而趋末作[③]。今世近习之请行则官爵可买[④]，官爵可买则商工不卑矣；奸财货贾得用于市则商人不少矣[⑤]。聚敛倍农[⑥]，而致尊过耕战之士，则耿介之士寡而高价之民多矣[⑦]。

是故乱国之俗，其学者则称先王之道以籍[⑧]仁义，盛[⑨]容服而饰辩说，以疑[⑩]当世之法，而贰人主之心。其言古者，为设诈称[⑪]，借于外力，以成其私，而遗社稷之利。其带剑者，聚徒属，立节操，以显其名而犯五官之禁[⑫]。其患御者[⑬]，积于私门，尽货赂而用重人之谒[⑭]，退[⑮]汗马之劳。其商工之民，修治苦窳之器[⑯]，聚弗靡[⑰]之财，蓄积待时而侔[⑱]农夫之利。此五者，邦之蠹也。人主不除此五蠹之民，不养耿介之士，则海内虽有破亡之国，削灭之朝，亦勿怪矣。

---

① 公民：为公家出力的人。私人：为贵族世卿出力的人。

② 商工游食之民：指居无定所的商人、工匠等。

③ 以寡趣本务而趋末作：一本为“以趣本务而外末作”。趣，通“趋”，归向。本务，农业。末作，工商业。

④ 近习：指国君或显贵的左右亲近之人。请：请托。

⑤ 奸财：非法之财。货贾：指不合法的商业活动。

⑥ 聚敛：指聚敛的财货。倍：一说“背”。

⑦ 耿介之士：光明正直的人。耿，明。介，正。高价之民：应为商贾之民。

⑧ 籍：同“藉”，凭借。

⑨ 盛：丰足，讲求。

⑩ 疑：一说通“拟”。比象，影射。

⑪ 为：通“伪”。设：施陈，列举。

⑫ 五官之禁：泛指国家法令。五官指司徒、司马、司空、司士、司寇。

⑬ 患御者：指远战求安的人。一说“患”读为“串”，“串御”犹言近习。御，同“禦”，守战。一说“御”当为“役”，患御者意为怕服兵役的人。

⑭ 重人：有权势者。谒：请托，谒见。

⑮ 退：摒弃。

⑯ 苦窳（yǔ）之器：粗恶之物。一说指奢侈品。

⑰ 弗靡：奢侈。一本“弗”作“沸”。

⑱ 侔：同“牟”，谋取。

吕氏春秋[①]

尊　师[②]

神农师悉诸[③]，黄帝师大挠[④]，帝颛顼师伯夷父[⑤]，帝喾师伯招[⑥]，帝尧师子州支父[⑦]，帝舜师许由[⑧]，禹师大成贽[⑨]，汤师小臣[⑩]，文王、

---

① 《吕氏春秋》，又名《吕览》，全书二十六卷，分为十二纪、八览、六论，共计一百六十篇文章，约十五万字，是战国末年秦相国吕不韦召集门人宾客儒士集体编撰的。《吕氏春秋》是先秦杂家的重要代表作，其思想以儒家和道家为主，兼采名、法、墨、农、阴阳诸家之说，同时还保存了许多有价值的先秦旧说和古代史料。但由于其书成于众手，所以也有思想不够统一、有些地方相互抵牾、行文割裂重复等缺点。《吕氏春秋》的注本，在汉代有高诱注，较为简略。清人做了许多校勘工作，基本补正了原文的脱误，通行的有毕沅校刻本。近人许维遹《吕氏春秋集释》和陈奇猷《吕氏春秋校释》二书，广集诸家之说，正以己意，可供参考。本篇底本为清毕沅《吕氏春秋校正》本。

② 本篇选自《吕氏春秋·孟夏纪》。以古代圣贤和刑辱之人尊师敬学的事例，说明了无论圣贤还是凡人，只要尊重老师，努力学习，就能全天性而显名后世的道理。文章还详细列举了尊师的具体做法。

③ 悉诸：悉，姓。诸，名。相传为神农之师。

④ 大挠(náo)：相传为黄帝的史官，始作甲子，创造了以天干地支相配纪日的方法。在《汉书·古今人表》中作“大填”。

⑤ 颛顼(zhuānxū)：古帝名，黄帝之孙，号高阳。见《史记·五帝本纪》。伯夷父：相传为颛顼之师。《汉书·古今人表》作“柏夷亮父”。父(fǔ)，古代对男子的美称。

⑥ 喾(kù)：古帝名，黄帝后人，号高辛。商人在卜辞中尊为高祖。见《史记·五帝本纪》。伯招：相传为帝喾之师。《汉书·古今人表》作“柏招”。

⑦ 子州支父：相传为古代隐士，尧曾以天下让之。

⑧ 许由：相传为古代隐士，尧让以天下，不受，隐耕于箕山之下。《汉书·古今人表》作“许繇”。

⑨ 大成贽(zhì)：相传为禹之师。

⑩ 小臣：高诱注：“小臣，谓伊尹。”伊尹，辅佐汤建立商朝的功臣。

武王师吕望、周公旦①，齐桓公师管夷吾②，晋文公师咎犯、随会③，秦穆公师百里奚、公孙枝④，楚庄王师孙叔敖、沈尹巫⑤，吴王阖闾师伍子胥、文之仪⑥，越王句践师范蠡、大夫种⑦。此十圣人六贤者⑧，未有不尊师者也。今尊不至于帝，智不至于圣，而欲无尊师，奚⑨由至哉？此五帝之所以绝，三代之所以灭⑩。

---

① 文王：周文王，姓姬，名昌。商朝末年周族首领，封西伯。武王：周武王，文王之子，名发，周王朝的建立者。吕望：姓姜，吕氏，名尚。与文王相遇于渭水之滨，立为师，号太公望。武王即位，尊为师尚父。辅佐武王灭商，建立周王朝。封于齐，为齐国始祖。周公旦：武王之弟，名旦。辅助武王灭商。武王死后，成王年幼，周公摄政，平定武庚、管叔、蔡叔叛乱，营建雒邑。封于鲁，为鲁国始祖。

② 齐桓公：姓姜，吕氏，名小白。春秋时齐国君，公元前685—前643年在位，春秋五霸之一。管夷吾：名夷吾，字仲，为齐桓公相，辅佐齐桓公进行改革，称霸诸侯。

③ 晋文公：姓姬，名重耳，春秋时晋国君，公元前636—前628年在位，春秋五霸之一。咎犯：又称舅犯，名狐偃，字子犯，为晋文公臣，辅助文公回国即位，改革内政，称霸诸侯。随会：名士会，字季，因食邑于随、范，又称随会、随季、范季，死后称武子、范武子。春秋时晋大夫，辅佐晋文公、襄公、成公、景公四公。

④ 秦穆公：姓嬴，名任好，春秋时秦国君，公元前660—前621年在位，春秋五霸之一。百里奚：姓百里，名奚，又称五羖(gǔ)大夫，为秦大夫，辅佐秦穆公称霸诸侯。公孙枝：姓公孙，名枝，字子桑，秦大夫，曾推荐百里奚于秦穆公，详见《吕氏春秋·孝行览·慎人》。

⑤ 楚庄王：姓芈(mǐ)，熊氏，名旅。春秋时楚国君，公元前614—前591年在位，春秋五霸之一。孙叔敖：𫇭氏，名敖，字孙叔，楚庄王时令尹，助庄王富国强兵，称霸诸侯。沈尹巫：又作沈尹筮，春秋时楚大夫。

⑥ 阖闾(hélǘ)：姓姬，名光，春秋末年吴国君，公元前515—前499年在位。伍子胥：姓伍，名员，字子胥，楚大夫伍奢之子，因其父被杀，入吴为大夫，助阖闾夺取王位，攻破楚国。后被吴王夫差赐令自杀。文之仪：文氏，名之仪，春秋末年吴大夫。

⑦ 句(gōu)践：春秋末年越国君，公元前496—前465年在位。范蠡(lǐ)：字少伯，春秋末年越大夫，辅助句践刻苦图强，灭亡吴国。大夫种：即文种，字少禽，或子禽，春秋末年越大夫，辅助句践强国灭吴，后被句践赐剑自杀。

⑧ 十圣人：指从神农到武王等十位古代帝王。六贤者：指从齐桓公到越王句践这六位春秋时期的诸侯。

⑨ 奚：何。陈奇猷《吕氏春秋校释》曰："奚由至，乃奚由至于帝，奚由至于圣之省文。"

⑩ "五帝"二句：高诱注："言五帝、三代之后，不复重道尊师，故所以绝灭。"

且天生人也，而使其耳可以闻，不学，其闻不若聋；使其目可以见，不学，其见不若盲；使其口可以言，不学，其言不若爽[①]；使其心可以知，不学，其知不若狂[②]。故凡学，非能益也，达天性也[③]。能全天之所生而勿败之，是谓善学。子张[④]，鲁之鄙家[⑤]也；颜涿聚[⑥]，梁父[⑦]之大盗也；学于孔子。段干木[⑧]，晋国之大驵[⑨]也，学于子夏[⑩]。高何、县子石[⑪]，齐国之暴者也，指于乡曲[⑫]，学于子墨子。索卢参[⑬]，东方之钜狡[⑭]也，学于禽滑黎[⑮]。此六人者，刑戮死辱之人也。今非徒[⑯]免于刑戮死辱也，由此为天下名士显人，以终其寿，王公大人从而礼之，此得之于学也。

---

① 爽：口病不能言。

② 狂：高诱注："阄行妄发之谓狂。"

③ 益：增加。陈奇猷曰："此文谓人之耳本可以闻，目本可以见，口本可以言，心本可以知，学非能增益其耳之闻、目之见、口之言、心之知，乃通达其天性而已。"

④ 子张：姓颛孙，名师，字子张，孔子弟子。

⑤ 鄙家：鄙陋之家。

⑥ 颜涿聚：姓颜，名庚，字涿聚，或作烛邹、斫聚，春秋时齐大夫，出身微末，曾为盗，后为孔子弟子。

⑦ 梁父：山名，在泰山之下，山东泰安东南。

⑧ 段干木：姓段干，名木，曾为晋国的牙商，后隐居西河(今河南安阳)，师事子夏，为战国初魏国贤士。

⑨ 驵(zǎng)：牙商，古代集市贸易的经纪人。

⑩ 子夏：姓卜，名商，字子夏，晋国温人，孔子弟子。孔子死后，讲学于魏国西河。

⑪ 高何：战国时齐人，曾为害乡里，后师从墨子。县子石：战国时齐人，曾为害乡里，后师从墨子。《墨子·耕柱》作"高石子""县子硕"。

⑫ 指于乡曲：高诱注："其暴虐为乡曲人所斥也。"

⑬ 索卢参：姓索卢，名参，战国时人，为墨子弟子禽滑黎之学生。

⑭ 狡：狡诈之人。

⑮ 禽滑黎：或作"禽滑厘"，战国初人，先学于子夏，后为墨子学生。

⑯ 非徒：非但，不仅。

凡学，必务进业，心则无营[①]。疾讽诵[②]，谨司闻[③]，观驩[④]愉，问书意[⑤]，顺耳目[⑥]，不逆志[⑦]，退思虑，求所谓[⑧]，时辨说[⑨]，以论道，不苟辨[⑩]，必中法[⑪]，得之无矜[⑫]，失之无惭，必反其本。

生则谨养，谨养之道，养心[⑬]为贵；死则敬祭，敬祭之术，时节为务[⑭]：此所以尊师也。治唐圃[⑮]，疾灌浸[⑯]，务种树[⑰]；织葩屦[⑱]，结罝[⑲]网，捆蒲苇；之[⑳]田野，力耕耘，事五谷；如[㉑]山林，入川泽，取鱼鳖，求鸟兽：此所以尊师也。视舆[㉒]马，慎驾御；适[㉓]衣服，务轻暖；临[㉔]饮

---

① 营：惑乱。

② 疾：致力，尽力。讽：背诵。诵：朗读。

③ 谨司闻：陈奇猷曰："犹言谨其耳之听也。"

④ 驩(huān)：同"欢"。

⑤ 问书意：高诱注："欢师欢悦以问书意。"

⑥ 顺耳目：陈奇猷曰："谓顺适师之耳目也。"

⑦ 不逆志：陈奇猷曰："谓不背逆师之志也。"

⑧ 退思虑，求所谓：李宝洤《吕氏春秋高注补正》曰："退而思虑，求师所言之道。"

⑨ 时：时时。辨说：同"辩说"，分析讨论。

⑩ 苟：随便。辨：同"辩"，诡辩。

⑪ 法：法式，规则。

⑫ 矜：自负贤能。

⑬ 养心：使老师心情愉快。

⑭ 时节为务：以合于四时节气为要务。

⑮ 唐：通"塘"。圃：种植果木瓜菜的园地。

⑯ 灌浸：灌溉。

⑰ 种树：种植。

⑱ 葩屦：毕沅《吕氏春秋校正》："葩疑葩字之误。"葩屦(fèijù)，麻鞋。

⑲ 罝(jū)：《说文解字》："罝，兔网也。"

⑳ 之：往。

㉑ 如：往。

㉒ 舆：车。

㉓ 适：使适合。

㉔ 临：整治，备办。

食，必蠲絜[①]；善调和[②]，务甘肥[③]；必恭敬，和颜色，审辞令；疾趋翔[④]，必严肃：此所以尊师也。

君子之学也，说义必称师以论道[⑤]，听从必尽力以光明。听从不尽力，命之曰背；说义不称师，命之曰叛。背叛之人，贤主弗内[⑥]之于朝，君子不与交友。故教也者，义之大者也；学也者，知[⑦]之盛者也。义之大者，莫大于利人，利人莫大于教；知之盛者，莫大于成身[⑧]，成身莫大于学。身成，则为人子弗使而孝矣，为人臣弗令而忠矣，为人君弗强而平[⑨]矣，有大势可以为天下正[⑩]矣。故子贡[⑪]问孔子曰："后世将何以称[⑫]夫子?"孔子曰："吾何足以称哉！勿已者[⑬]，则好学而不厌，好教而不倦，其惟此邪!"天子入太学[⑭]，祭先圣，则齿尝为师者弗臣[⑮]，所以见敬学与尊师也。

---

① 蠲(juān)：通"涓"，清洁。絜(jié)：同"洁"。

② 调和：调和五味。

③ 甘肥：美味浓厚的食品。

④ 趋翔：毕沅曰："翔与跄同。"趋跄，步伐有节奏的样子。

⑤ 义：通"议"。论：阐明。

⑥ 内：同"纳"，接纳。

⑦ 知：同"智"，才智。

⑧ 成身：成就自身。高诱注："成身遂为君子。"

⑨ 平：平定。

⑩ 天下正：天下之主。

⑪ 子贡：姓端木，名赐，字子贡，春秋时卫国人，孔子弟子。

⑫ 称：称道。

⑬ 勿已者：一定要说的话。已，停止。

⑭ 太学：毕沅《校正》本作太庙，今据陈奇猷《校释》本改。高诱注："太学，明堂也。"明堂，古代帝王宣明政教，举行朝会、祭祀、庆赏、选士、养老、教学等大典的地方。

⑮ 齿：排列。弗臣：不作为臣看待。

容斋随笔[①]

野史不可信[②]

野史杂说[③]，多有得之传闻及好事者缘饰[④]，故类多失实，虽前辈不能免，而士大夫颇信之。姑摭真宗朝三事于左[⑤]。

魏泰[⑥]《东轩录》云："真宗次[⑦]澶渊，语寇莱公[⑧]曰：'虏骑未退，何人可守天雄军[⑨]?'公言参知政事王钦若。退即召王于行府[⑩]，谕以上意，

---

① 《容斋随笔》，笔记性著作。分《随笔》《续笔》《三笔》《四笔》《五笔》，共七十四卷。内容涉及历史、文学、哲学、艺术等许多方面。作者洪迈(1123—1202年)，字景庐，号容斋，南宋饶州鄱阳(今江西鄱阳)人。宋孝宗乾道年间(1165—1173年)，累迁中书舍人，兼侍读、直学士院，同修国史。宋宁宗时，以端明殿学士致仕。一生著述宏富，对宋代典章制度、历史人物及历史事件等记载尤详。现有中州古籍出版社1993年出版的据《四部丛刊续编》本影印本，本篇注释即以此为底本。

② 此篇为《容斋随笔》第四卷中的一篇。篇中对北宋魏泰、沈括二人之书中有关真宗朝三件史事加以考证，说明私人所著野史与史实多有不符，批评沈括不该如此。

③ 野史杂说：中国古代私家编撰的史书和驳杂的故事。以宋、明两代为最多。

④ 传闻：口传耳闻。非为亲身经历，而是他人的传述。缘饰：文饰。《史记·平津侯主父列传》："习文法吏事，而又缘饰以儒术。"

⑤ 摭(zhí)：拾取，摘取。《汉书·司马迁传赞》："至于采经摭传，分散数家之事，甚多疏略。"真宗：北宋第三代皇帝。

⑥ 魏泰：字道辅，号溪上丈人。北宋襄州襄阳(今湖北襄阳)人。其姐夫曾布为宋徽宗时权臣。魏泰卜居汉上，颇恃势横行乡里。博极群书，喜谈朝野间事，著有《东轩笔录》《括异志》《临汉隐居诗话》。

⑦ 次：停留，驻扎。

⑧ 寇莱公：即寇准。字平仲，华州下邽(今陕西渭南)人。宋真宗景德元年(1004年)，辽(契丹)军南下攻宋时，寇准任宰相，力主抗战，促使真宗往澶州(今河南濮阳)督战。真宗天禧三年(1019年)，真宗得风疾，寇准力主太子监国，以杨亿辅政，谋泄，罢为太子太傅，封莱国公。魏泰《东轩录》称寇准为莱公，是以寇准封号追述寇准此前所经历的事。

⑨ 天雄军：治今河北大名东。

⑩ 行府：即寇准在澶渊的临时府邸。

授敕俾行①。王未及有言，公遽酌大白②饮之，命曰‘上马盃’③，且曰：‘参政勉之，回日即为同列④也。’王驰骑入魏，越十一日虏退，召为同中书门下平章事。或云王公数进疑词于上前，故莱公因事出之⑤。”

予按⑥：澶渊之役，乃景德元年九月，是时莱公为次相，钦若为参政；闰九月，钦若判天雄，二年四月，罢政⑦。三年莱公罢相，钦若复知枢密院，至天禧始拜相，距景德凡十四年⑧。

其二事者，沈括《笔谈》⑨云：“向文简⑩拜右仆射，真宗谓学士李昌武曰：‘朕自即位以来，未尝除⑪仆射，敏中应甚喜。’昌武退朝，往候之，门阑⑫悄然。明日再对，上笑曰：‘向敏中大耐⑬官职。’”存中自注⑭云：“向公拜仆射年月，未曾考于国史，因见中书记是天禧元年八月，而是年二月王钦若亦加仆射。”

予按：真宗朝，自敏中之前，拜仆射者六人：吕端、李沆、王旦，

---

① 俾行：使之出行。

② 大白：本为酒杯名，后转意为满饮一大杯酒为浮一大白。

③ 盃：盛饮料器，亦指盛羹器。

④ 同列：同等，并列。

⑤ 出之：即“使之出”。出，离开。

⑥ 予按：即我的按语。这是《容斋随笔》作者洪迈在引用魏泰《东轩录》和沈括《梦溪笔谈》时所加的评论和考证的话。

⑦ 罢政：解除参政职务。

⑧ 上海古籍出版社 1978 年版《容斋随笔》“天禧”后有“元年”，“景德”后有“初元”。

⑨ 沈括《笔谈》：沈括所著《梦溪笔谈》。沈括，字存中，杭州钱塘(今浙江杭州)人，北宋科学家、政治家。仁宗嘉祐进士。神宗时历任提举司天监、翰林学士、权三司使等职。晚年居润州，筑梦溪园(在今江苏镇江东郊)，撰《梦溪笔谈》，内容涉及天文、数学、物理、化学、生物、地质、地理、气象、医学、工程技术、文学、史事、音乐和美术等。

⑩ 向文简：名敏中，字常之，开封人。太平兴国进士。历任右谏议大夫、同知枢密院事、参知政事、知永兴军、右仆射、兼中书侍郎、平章事等职。天禧四年(1020 年)卒，真宗亲临，哭之恸，废朝三日，赠太尉、中书令，谥“文简”。

⑪ 除：拜官授职。

⑫ 门阑：门口的横格栅门。

⑬ 耐：忍受得住，禁得起。

⑭ 存中自注：即沈括对所述史事的评议。

皆自宰相转；陈尧叟以罢枢密使拜；张齐贤以故相拜；王钦若自枢密使转。及敏中转右仆射，与钦若加左仆射，同日降制①。是时，李昌武死四年矣。② 昌武者，宗谔也。

其三事者，存中《笔谈》又云："时丁晋公③从真宗巡幸，礼成，诏赐辅臣玉带。时辅臣八人，行在祗候库④止有七带。尚衣⑤有带，谓之比玉，价直数百万，上欲以足其数。公心欲之，而位在七人之下，度必不及己，乃谕有司：'某自有小私带可服，候还京别赐可也。'既⑥各受赐，而晋公一带仅如指阔。上顾近侍速易之，遂得尚衣玉带。"

予按：景德元年，真宗巡幸西京。大中祥符元年，巡幸泰山。四年幸河中。丁谓皆为行在三司使，未登政府⑦。七年幸亳州，谓始以参知政事从。时辅臣六人，王旦、向敏中为宰相，王钦若、陈尧叟为枢密使，皆在谓上。谓之下尚有枢密副使马知节，既不与此说合。且既为玉带，而又名比玉，尤可笑。魏泰无足论⑧，沈存中不应尔⑨也。

---

① 同日降制：同一天下诏令。对此，《宋史》记载不详。

② 是时，李昌武死四年矣：据《宋史》卷二百八十二《向敏中传》记载，天禧初，真宗拜向敏中为右仆射。真宗改年号为天禧，是在大中祥符九年(1016年)后，李昌武则于大中祥符六年(1013年)就已死了。此处所讲向敏中拜右仆射时李昌武在侧，且奉命侦视，属记载中互相抵牾者。

③ 丁晋公：名谓，字谓之，后改字公信。宋苏州长洲(今江苏苏州)人，淳化进士。历任知郓州兼齐、濮等州安抚使，提举转运兵马巡检使，三司使，同中书门下平章事，昭文馆大学士，封晋国公。机敏狡猾，真宗在位期间，他曾与王钦若一起倡导营造宫观，大搞祥异。与寇准交恶。仁宗即位后，他屡遭贬抑。

④ 祗候库：官库名，属太府寺。掌收受钱帛、器皿、什物、衣服、巾带、茶菽，以备皇帝殿庭赏赐和诏令颁赐。

⑤ 尚衣：存储帝王衣物的处所。

⑥ 既：已经，已然。

⑦ 未登政府：没有升任为宋朝中央官员。

⑧ 无足论：不值得评议。

⑨ 尔：如此，这样。

日知录[①]

姓 氏[②]

姓

言姓者本于五帝，见于《春秋》者得二十有二。妫，虞姓，出颛顼，封于陈。[③] 姒，夏姓，出颛顼，封于杞、鄫、越[④]。子，殷姓，出高辛，封于宋。[⑤] 姬，周姓，出黄帝，封于管、蔡、郕、霍、鲁、卫、毛、聃、郜、雍、曹、滕、毕、原、邦、郇、郇、邘、晋、应、韩、凡、蒋、邢、茅、胙、祭、吴、虞、虢、郑、燕、魏、芮、彤、荀、贾、耿、滑、焦、

---

① 《日知录》，笔记。明末清初顾炎武(1613—1682年)撰。共三十二卷。炎武字宁人，学者称亭林先生，江苏昆山人。少年时参与复社反宦官、权贵斗争。清兵南下，参加抗清战争。事败，遍游华北，图谋恢复明室。后病故于曲沃。自幼博览群书，亲身考察山川形势，撰有《肇域志》《天下郡国利病书》等。治学主张"经世致用"，侧重考据，开清代朴学风气。此书为其代表作。读书有得，随笔记录，每论一事，总是贯穿经史，参验亲身所闻，穷极根底，考证得失。积三十余年乃成书。大体按经义、政事、财赋、世风、礼治、科举、史地、兵事、艺文等以类相从，条列子目。传本多有删削，书中错误之处，经阎若璩等订正。有《国学基本丛书》本，附载《日知录之余》四卷。黄汝诚有《日知录集释》，附刊误二卷。黄侃有《日知录校记》，可参读。本次注释所据即黄汝诚本。

② 本篇选自《日知录》卷二十三，题目"姓氏"为编者所加。本文对了解上古时期的姓氏状况及姓氏合一的由来有一定帮助，至于文献所记某姓出自某上古传说人物，则不可拘泥。

③ 妫(guī)，虞姓，出颛顼，封于陈：虞，指舜。颛顼(zhuānxū)，传说中原始社会的部落首领，号高阳。出颛顼，即颛顼为妫姓之祖。舜为颛顼七世孙。周武王灭商，求舜之后，得虞胡公妫满，封于陈。

④ 封于杞、鄫、越：周武王灭商，求禹之后，得东楼公，封于杞(今河南杞县)。鄫，又作"缯"，国名，其地在今山东枣庄东。

⑤ 子，殷姓，出高辛，封于宋：高辛，名喾(kù)，传说中原始社会的部落首领。殷之始祖契，为帝喾之子，佐禹治水有功，封于商，赐子姓。周武王灭商，封纣子武庚于殷之故地。成王时，武庚叛乱，周公平叛，杀武庚，而以微子启为殷后，封于宋(今河南商丘南)。

杨、密、随、巴诸国。[①] 任、宿、须句、颛臾，风姓也，自太皞。[②] 秦、赵、梁、徐、郯、江、黄、葛、麇，嬴姓也，自少皞。[③] 莒，己姓[④]；薛，任姓；南燕，姞姓也：自黄帝。杜，祁姓也，自陶唐[⑤]。楚、夔、权，芈姓[⑥]；邾、郳[⑦]，曹姓，鄅、偪阳，妘姓[⑧]；嵕夷[⑨]，董姓也：自祝融[⑩]。齐、申、吕、许、纪、州、向，姜姓也，自炎帝[⑪]。蓼、六、舒、舒鸠，偃姓也，自咎繇[⑫]。胡，归姓；邓，曼姓；罗，熊姓；狄，隗姓；鄋瞒[⑬]，漆姓；阴戎，允姓；六者，不详其所出。

略举一二论之，则今之孟氏、季氏、孙氏、宁氏、游氏、丰氏皆

---

① 姬，周姓，出黄帝，封于管、蔡……诸国：周之始祖弃为黄帝之玄孙。弃于尧舜时封于邰。自“管”至“巴”，皆西周所封姬姓诸侯国名。

② 任、宿、须句、颛臾，风姓也，自太皞：自“任”至“颛臾”，为四风姓国国名，皆太皞之后。太皞(hào)，即伏羲氏，传说中原始社会的部落首领。

③ 秦、赵……麇，嬴姓也，自少皞：“秦”以下为九嬴姓国国名，皆少皞之后。少皞，传说中原始社会的部落首领，名挚，号青阳，黄帝之子。

④ 莒，己姓：莒为己姓之国。

⑤ 陶唐：即尧。因他初居于陶，后封唐，为唐侯，故史称陶唐。

⑥ 芈：音 mǐ。

⑦ 邾：音 zhū。郳：音 ní。

⑧ 鄅：音 yǔ。偪：音 fú。妘：音 yún。

⑨ 嵕：音 zōng。

⑩ 祝融：即重黎，颛顼曾孙。帝喾时为大正，有功，赐号祝融。

⑪ 炎帝：即神农氏，传说中原始社会的部落首领。

⑫ 蓼、六……自咎繇：蓼，音 liǎo。六，音 lù。咎繇(gāoyáo)，即皋陶，相传为舜臣，掌刑法。

⑬ 鄋：音 sōu。

姬[1]，陈氏、田氏皆妫[2]，华氏、向氏、乐氏、鱼氏皆子[3]，崔氏、马氏皆姜[4]，屈氏、昭氏、景氏皆芈[5]。自战国以下之人，以氏为姓，而五帝以来之姓亡矣。

氏族

《礼记·大传正义》[6]：诸侯赐卿大夫以氏。若同姓，公之子曰公子，公子之子曰公孙，公孙之子其亲已远，不得上连于公，故以王父字为氏。若嫡夫人之子，则以五十字伯仲[7]为氏，若鲁之仲孙、季孙[8]是也；若庶子、妾子，则以二十字为氏，则展氏、臧氏[9]是也。若异姓，则以父祖官及所食之邑为氏。以官为氏者，则司马、司城[10]是也；以邑为氏者，

---

① 孟氏、季氏……皆姬：孟氏、季氏出自春秋鲁桓公，桓公子庆父之后为孟氏(又称孟孙氏、仲孙氏)，季友之后为季氏(又称季孙氏)。孙氏、宁氏出自春秋初年卫武公，武公子惠孙，惠孙生耳，耳生武仲。武仲以王父字为氏，又名孙仲，其后为孙氏。卫武公子季亹，食邑于宁，其后以封邑为氏，为宁氏。游氏、丰氏出自春秋郑穆公，穆公子子游与子丰，其孙各以祖父之字为氏，其后分别为游氏、丰氏。

② 陈氏、田氏皆妫：陈氏，陈国之后，以国为氏。田氏，公元前672年，陈国内乱，陈厉公子完逃到齐国，在齐为田氏。

③ 华氏……皆子：华氏、乐氏，出自春秋宋戴公，戴公子考父食邑于华，其后以封邑为氏，为华氏；戴公子衎，字乐父，其孙以祖父之字为氏，其后为乐氏。向氏、鱼氏，出自春秋宋桓公，桓公子公子肸字向父，公子目夷字子鱼，其孙各以祖父之字为氏，其后分别为向氏、鱼氏。

④ 崔氏、马氏皆姜：崔氏，出自齐丁公(姜子牙之子)，丁公子季子食邑于崔，其后以封邑为氏，为崔氏。马氏，姜姓马氏不知所出。一说马氏出自嬴姓，为战国时赵国马服君赵奢之后。

⑤ 屈氏……皆芈：屈氏，出自楚武王，武王子瑕食邑于屈，其后以封邑为氏。昭氏、景氏，皆楚王族，然不知所出。

⑥ 《礼记·大传正义》：《大传》，《礼记》之篇名。正义，古代注释的一种。

⑦ 五十字伯仲：古人出生后三个月起名；年二十行冠礼，取字；年至五十，又以排行伯仲为字以称之。

⑧ 鲁之仲孙、季孙：鲁桓公死，其子同继位，是为庄公。庄公有三弟，即庆父、叔牙、季友，其子孙分别以仲孙(又称孟孙)、叔孙、季孙为氏。

⑨ 展氏、臧氏：出自西周末年鲁孝公，孝公生公子展，展孙无骇死，请氏，鲁隐公以其祖父之字命为展氏；孝公又生公子驱，字子臧，子臧孙以祖父之字为氏，其后为臧氏。

⑩ 司马、司城：春秋时皆为官名，其子孙以之为氏。司城即司空，因宋武公名司空，故改为司城。

若韩、赵、魏[①]是也。凡赐氏族者，比[②]为卿，乃赐。有大功德者，生赐以族，若叔孙得臣[③]是也；虽公子之身，若有大功德，则以公子之字赐以为族，若仲遂[④]是也。其无功德，死后乃赐族，若无骇[⑤]是也。其子孙若为卿，其君不赐族，王孙自以王父字为族也。氏、族，对文为别[⑥]，散则通也。故《左传》云“问族于众仲”，下云“公命以字为展氏”[⑦]是也。其姓与氏，散亦得通，故《春秋》有“姜氏”“子氏”[⑧]，姜、子皆姓而云“氏”是也。

战国时人大抵犹称氏族。汉人则通谓之姓，然氏族之称犹有存者。《汉书·恩泽侯表》褒鲁节侯公子宽以鲁顷公[⑨]玄孙之玄孙[⑩]奉周祀。元始[⑪]元年六月丙午封，子相如嗣，更姓公孙氏，后更为姬氏。公子、公孙，氏也；姬，姓也。此变氏称姓之一证。《水经注》：“汉武帝元鼎四年，幸洛阳，巡省豫州[⑫]。观于周室，邈[⑬]而无祀，询问耆老，乃得孽

---

① 韩、赵、魏：韩，本为周武王子封国，公元前760年为晋所灭。后来晋封曲沃桓叔之子武子于韩，即以封邑为氏，为韩氏。赵，嬴姓，其祖造父为商朝名臣蜚廉次子季胜之后，因征伐徐国有功，封于赵城，即以封邑为氏，为赵氏。魏，本姬姓国，公元前661年为晋所灭，封毕万，即以封邑为氏，为魏氏。

② 比：等到。

③ 叔孙得臣：鲁桓公之曾孙，叔牙之孙。叔牙之后以叔孙为氏。

④ 仲遂：即公子遂，鲁庄公之子。“仲”为字，“遂”为名。以字为氏，称“仲遂”。

⑤ 无骇：顾炎武认为“其无功德，死后乃赐族”与上文“有大功德者，生赐以族”之说“大多不然”。他指出：“《春秋》之文不书族者有二义”，其一，因“春秋隐、桓之时卿大夫赐氏者尚少”，所以无骇死后方“为之请族”；其二，庄、闵以下，“无不赐氏”，但有时因“一事再见，因上文而略其辞”。（详见《日知录》卷四《卿不书族》）

⑥ 氏、族，对文为别：族是有一定血缘关系的亲属的统称，即所谓家族、宗族。氏是表示家族、宗族的称号。

⑦ “公命以字为展氏”：此句与上句皆见《左传》隐公八年。

⑧ 《春秋》有“姜氏”“子氏”：见《左传》隐公二年、桓公三年等。

⑨ 鲁顷公：鲁滑公子姬仇，继滑公立，为鲁亡国之君，公元前272—前249年在位。

⑩ 玄孙：孙之孙。玄孙之玄孙，自己身以下第九代。

⑪ 元始：汉平帝年号(1—5年)。

⑫ 豫州：州名。西汉豫州领有颍川郡、汝南郡、沛郡、梁国四郡国。

⑬ 邈：时间久远。

子[1]嘉，封为周子南君，以奉周祀。”按《汲冢古文》[2]，谓卫将军文子[3]为子南弥牟，其后有子南劲[4]。《纪年》：“劲朝于魏，后惠成王[5]如卫，命子南为侯。”秦并六国，卫最后灭[6]，疑嘉是卫后，故氏子南而称君[7]也。据此，嘉本氏子南，武帝即以其氏命之为爵。而《汉书·恩泽侯表》竟作姬嘉，则没其氏而书其姓矣，与褒鲁之封公孙氏更为姬氏者正同。

姓氏之称，自太史公始混而为一。本纪于秦始皇则曰“姓赵氏”[8]，于汉高祖则曰“姓刘氏”[9]。

---

① 孽子：庶子，旁支。

② 《汲冢古文》：即《汲冢书》。晋武帝太康二年(281年)汲郡人不准盗发魏襄王墓(一说安釐王墓)，出土古文竹简数十车，共七十五篇。因其为先秦古文，故又称《汲冢古文》。

③ 卫将军文子：即卫灵公之孙，昭子郢之子公孙弥牟。郢字子南，弥牟之后为子南氏，或为南氏。弥牟生前任将军，死谥“文子”，故称将军文子。

④ 子南劲：战国中期人。据《韩非子·说疑》，他是个“朋党比周以事其君，隐正道而行私曲，上逼君，下乱治，援外以挠内，亲下以谋上”的佞臣。

⑤ 惠成王：即魏惠王。

⑥ 卫最后灭：秦二世元年(公元前209年)，废卫君角为庶人，卫亡。

⑦ 氏子南而称君：《水经注》之文，用《汉书·武帝纪》及臣瓒注。颜师古《汉书注》不同意臣瓒关于嘉“氏子南而称君”之说，认为：“子南，其封邑之号，以为周后，故总言周子南君。”此处，顾氏沿用瓒说。又，以上引文皆见《水经注》卷二十一《汝水》。

⑧ “姓赵氏”：见《史记·秦始皇本纪》。

⑨ “姓刘氏”：见《史记·高祖本纪》。

大藏经[①]

药师琉璃光七佛本愿功德经[②]（节选）

复次曼殊室利[③]：东方去此过十殑伽河沙佛土[④]，有世界名净琉璃。

---

① 《大藏经》，佛教经典丛书。佛经称“藏”，由梵文“Pitaka”汉译为“箧经”而来，谓经典能包含蕴藉无量法义。崇其神圣而卷帙丰宏，称为大藏。魏晋南北朝时，所有佛教译著称“一切经”。梁武帝总集佛教经典，凡五千四百卷，沙门宝唱撰经目。佛经集藏自此始。从隋唐撰目、成集、汇藏，到宋代雕版印行，历相当长历史过程，《大藏经》方成为佛教丛书。《大藏经》分经、律、论三部分：经属佛说教义，律属为僧侣所定戒律，论属解释和研究教理的论著，通称“三藏”。长期以来，汉译三藏通称《大藏经》。宋代以来先后有北宋《开宝藏》、南宋《碛砂版大藏经》、金代《金版大藏经》，以及1913年上海《频伽版大藏经》等刻本。另外我国还有从汉文或藏文译出来的《蒙文大藏经》和《满文大藏经》。上述多种《大藏经》所收佛经典籍种数卷册不尽相同，均为佛教徒长期翻译编纂的结晶，是研究佛教史的珍贵资料。1984年中华书局开始出版由任继愈主编的《中华大藏经》，以《赵城金藏》为底本，与另八种代表性版本校勘，收录经籍达四千二百余种，二万三千余卷。本次注释以唐义净法师译本为主，以玄奘法师译本为辅。

② 药师：系由梵语意译，亦可称为大医王佛。佛用戒、定、慧法药，医治众生的报病、业病、烦恼病，故名药师。琉璃光：也是东方佛的名字，是梵语“薜（bì）琉璃”的略释，其义为天青宝石中所含的净光，以琉璃光的明净来比喻佛德，所以东方药师佛又以琉璃光为名，称东方药师琉璃光佛。七佛：即七尊药师，各名为：善名称吉祥王如来、宝月智严光音自在王如来、金色宝光妙行成就如来、无忧最胜吉祥如来、法海雷音如来、法海胜慧游戏神通如来、药师琉璃光如来。本愿功德：本愿是学佛者所发的宏愿。功是功力，如行布施、持戒、忍辱、礼佛、坐禅等，都需要有一番功力。德即是得，修功有所得，名为功德。本篇即为介绍东方七佛之本愿功德的经文。药师佛为东方七佛的主尊，此次即节选药师佛的本愿功德部分。

③ 复次曼殊室利：（释迦牟尼佛）又对曼殊室利说。曼殊室利，即文殊师利，又称文殊菩萨。过去早已成佛，名龙种上尊王佛。曼殊室利意译为“妙吉祥”，为释迦世尊十大弟子之一，诸弟子中智慧辩才第一。其典型法相是手持宝剑，骑狮子座。

④ 殑（jìng）伽河沙佛土：殑伽河，即印度恒河的音译。河中的沙子又细又多，佛多在恒河流域一带说法，故每说到极多时，总是举恒河沙为喻。佛土，指一佛所住的国土，或一佛所教化的领土。

佛号药师琉璃光如来、应、正等觉①。

曼殊室利，彼佛世尊②从初发心行菩萨道时，发十二大愿。云何十二？第一大愿：愿我来世得佛菩提③时，自身光明照无边界，三十二相④八十随好⑤，庄严其身，令诸有情⑥如我无异。

第二大愿：愿我来世得菩提时，身如琉璃，内外清彻；光明广大，遍满诸方；焰网⑦庄严，过于日月。铁围中间，幽冥⑧之处，互得相见。或于此界暗夜游行，斯等众生见我光明，悉蒙开晓，随作众事。

第三大愿：愿我来世得菩提时，以无量无边智慧方便⑨，令诸有情所受用物⑩皆得无尽。

第四大愿：愿我来世得菩提时，若诸有情行邪道者，悉令游履菩提正路。若行声闻、独觉⑪乘者，亦令安住大乘法⑫中。

---

① 如来、应、正等觉：是佛的十大法号中的前三种。因佛的功德太大，一名不足以表诠。如来，义为如实道来而成正觉。应，义为佛功德最圆满，应受人天供养，为人天作大福田；又应已断净烦恼，应不再受生死。正等觉，义为真正普遍平等的觉悟，亦即佛的觉悟。

② 世尊：佛的尊称，因佛是世人所共尊者。佛即是觉者，能觉悟生命的奥秘，即自觉觉他、觉行圆满的大圣人。

③ 菩提：梵语。意译为“正觉”，即明辨善恶，觉悟真理。

④ 三十二相：为印度公认的大人相，特别为男子的好相，如佛足底的平满相、千辐轮相，佛身的紫金色相、顶髻(jì)相等。据印度相法，这些相是最高贵最庄严的福德相。

⑤ 八十随好：是随身体的某部位形态所具有的某种美的特征，如佛手柔软、毛发有光泽、面容丰满等。佛法本不著相，但为了导引众生，令众生喜欢生信，所以药师如来要发愿具足这些福德庄严相。

⑥ 诸有情：即众生(包括动物)。

⑦ 焰网：即光与光交相辉映结成的网络。

⑧ 幽冥：指三恶道无真理光之处。佛教认为，人都要在地狱道、恶鬼道、畜生道、人道、阿修罗道、天道这六道中轮回，其中前三道即三恶道。

⑨ 方便：指因人施教，诱导使之领悟佛之真义。

⑩ 受用物：人们衣、食、住、行上种种需要受用的物质。

⑪ 声闻、独觉：听佛的音声教化而修行悟道，叫作声闻；不待佛的教化，看见现象世界无常变化，即能悟道而会自己发心修行、开悟证果，叫作独觉。

⑫ 大乘法：乘，乘车运载之义。佛教认为，开一切智、尽未来际众生化益之教为大乘。比喻修行法门为乘大车，故名。

第五大愿：愿我来世得菩提时，若诸有情于我法[①]中修行梵行[②]，一切皆令得不缺戒[③]，善防三业[④]，无有毁犯堕恶趣[⑤]者。设有毁犯，闻我名已，专念受持，至心发露[⑥]，还得清净，乃至菩提。

第六大愿：愿我来世得菩提时，若诸有情诸根不具[⑦]，丑陋顽愚，聋盲喑哑[⑧]，挛躄背偻[⑨]，白癞癫狂，种种病苦之所缠逼，若闻我名，至心称念，皆得端严，众病除愈。

第七大愿：愿我来世得菩提时，若诸有情，贫穷困苦，无有归趣[⑩]，众病所逼，无药无医，暂闻我名，众病消散，眷属增盛，资财无乏，身心安乐，乃至菩提。

第八大愿：愿我来世得菩提时，若有女人，为女众苦之所逼切，极生厌离，愿舍女身，若闻我名，至心称念，即于现身转成男子，具丈夫相，乃至菩提。

第九大愿：愿我来世得菩提时，令诸有情出魔罗网[⑪]，复有种种邪见之徒，皆当摄受，令生正见[⑫]，渐令修习诸菩萨行，乃至菩提。

---

① 法：梵语为“达摩”，为通于一切之语，无论大小，有形无形，真实虚妄，事物道理皆为法。

② 梵行：梵，义为清净。从一般意义讲，梵行指一切清净行；从特殊意义讲，则专指出家的不淫戒。约中义说，凡佛所制的戒行，即为梵行。

③ 不缺戒：即能够严格受持所有的戒律。不缺，即能圆满受持。戒，防非止恶，不但恶事不可作，即使心怀恶的念头也不可以。

④ 三业：佛教中，人的一切善恶思想行为都叫“业”，好的叫善业，坏的叫恶业。“三业”说法很多，有称人的身、口、意三者为三业的，也有称意中的贪、嗔、痴（即贪欲、怒恨、愚痴）三者为三业的。

⑤ 恶趣：众生种恶因得恶果后所趣向之处，即三恶道。

⑥ 发露：揭发暴露。

⑦ 诸根不具：佛教称眼、耳、鼻、舌、身、意（即思想）为六根，故诸根不具是指这六方面的残疾，如眼、耳损坏或智能不足等。

⑧ 喑（yīn）哑：即哑巴。

⑨ 挛（luán）：手有残疾。躄（bì）：腿瘸。背偻：即驼背。

⑩ 无有归趣：没有归宿、依靠之意。

⑪ 魔罗网：佛教认为，若误信魔道邪说，就像被罗网罩住一样，不易解脱。

⑫ 正见：正确的见解。有了正见，就可破除俗知俗见，悟入正道。

第十大愿：愿我来世得菩提时，若诸有情，王法所拘[①]，幽禁牢狱，枷锁鞭挞，乃至极刑；复有众多苦楚之事，逼切忧恼，无暂乐时，若闻我名，以我福德威神力故，皆得解脱一切忧苦，乃至菩提。

第十一大愿：愿我来世得菩提时，若诸有情饥火所恼，为求食故，造诸恶业。若闻我名，至心称念，我当先以上妙饮食随意饱满，后以法味[②]令住安乐，乃至菩提。

第十二大愿：愿我来世得菩提时，若诸有情身无衣服，蚊虻[③]寒热之所逼恼，若闻我名，至心称念，随其所好即得种种上妙衣服，宝庄严具[④]，伎乐[⑤]、香华皆令满足，离诸苦恼，乃至菩提。

曼殊室利，是为药师琉璃光如来、应、正等觉行菩萨道时所发十二微妙上愿[⑥]。

尔时佛告曼殊室利：彼药师琉璃光如来行菩萨道时所发大愿，及彼佛土功德庄严[⑦]，我于一劫[⑧]若过一劫[⑨]，说不能尽。然彼佛土纯一清净，无诸欲染，亦无女人[⑩]及三恶趣苦恼之声，以净琉璃而为其地，城阙宫殿及诸廊宇，轩窗罗网皆七宝[⑪]成，亦如西方极乐世界[⑫]功德庄严。于彼国中有二菩萨，一名日光遍照，二名月光遍照[⑬]，于彼无量菩萨众

---

① 王法所拘：指受到国家法律的制裁。

② 法味：佛法的滋味，即用心体悟佛法，领会而心生欢喜。

③ 虻：食人畜血液的昆虫，种类很多。

④ 宝庄严具：首饰、宝石等修饰身体的珠宝俱足。

⑤ 伎乐：娱乐所用的器具。

⑥ 十二微妙上愿：此十二愿非一般誓愿可比，是纯由大悲心所流露的利他大愿，故称微妙上愿。

⑦ 庄严：以善美饰国土或以功德饰衣身者，称为庄严。

⑧ 劫：梵文“劫波”的简称，时间很长的意思。世界由成到毁，叫一劫。劫有大、中、小三种，一小劫为一千六百八十万年。

⑨ 若过一劫：或超过一劫的时间。

⑩ 无女人：没有男女之相，一律平等，无男女差别。

⑪ 七宝：指金、银、琉璃、珊瑚、砗磲(chēqú)、赤珠、玛瑙。

⑫ 西方极乐世界：即释迦牟尼所在的佛土。

⑬ 一名日光遍照，二名月光遍照：是东方净土辅佐药师如来的两位得力助手。

中而为上首①，能持彼佛正法宝藏②。是故曼殊室利，若有净信③男子女人，应当愿生彼佛世界。

抱朴子④

论仙⑤（节选）

或问曰："神仙不死，信⑥可得乎？"抱朴子答曰："虽有至明⑦，而有形者不可毕见焉。虽禀⑧极聪，而有声者不可尽闻焉。虽有大章、竖亥⑨之足，而所常履者，未若所不履之多。虽有禹、益、齐谐⑩之智，而所尝识者未若所不识之众也。万物云云⑪，何所不有，况列仙之人，盈乎竹素⑫矣。不死之道，曷为无之？"

---

① 上首：佛说法时，于听众中推居首位者，称为上首。上首或为一人，或为多人。

② 彼佛正法宝藏：即药师佛的教诲开导。

③ 净信：指极为虔诚地信仰佛教。

④ 《抱朴子》，道家著作，晋葛洪（284—364 年）撰。葛洪字稚川，自号抱朴子，丹阳句容（今属江苏）人。少好儒学，兼及神仙导养之术。东晋时任咨议参军。晚年辞官谢客，于罗浮山精研炼丹，追求神仙之术。《抱朴子》分《内篇》二十卷，《外篇》五十卷。《内篇》言神仙方药、鬼怪变化、养生延年、禳邪去祸之事，属道家。《外篇》演人间得失、世事臧否，属儒家。但以道为本，以儒为末。葛洪的神仙思想反映当时剥削阶级的厌世享乐心理及宗教麻痹，他的儒家思想企图巩固封建统治，但对东汉以来的政治和社会风气多所揭露抨击，具有一定的进步性。其阐述神仙鬼怪，多涉虚诞。有《道藏举要》本、1958 年中华书局重印《诸子集成》本。本次注释所据为 1980 年中华书局《抱朴子内篇校释》（王明校释）。

⑤ 本篇选自《抱朴子·内篇》卷二。为节选。

⑥ 信：真，确实。

⑦ 明：指视力好。

⑧ 禀：即禀性，个人先天具有的素质或性情。

⑨ 大章、竖亥：皆古时善走者。《淮南子·墬形训》云：禹使大章步自东极，至于西极，二亿三万三千五百里七十五步；使竖亥步自北极，至于南极，二亿三万三千五百里七十五步。东汉高诱注："大章、竖亥，善行人，皆禹臣也。"

⑩ 禹：夏禹。益：舜之臣。齐谐：人名。

⑪ 云云：众多状。

⑫ 竹素：竹简和白绢，指书、史。

于是问者大笑曰："夫有始者必有卒，有存者必有亡。故三、五、丘、旦之圣①，弃、疾、良、平之智②，端、婴、随、郦之辩③，贲、育、五丁之勇④，而咸死者，人理之常然，必至之大端也。徒闻有先霜而枯瘁⑤，当夏而凋青，含穗而不秀，未实而萎零，未闻有享于万年之寿，久视不已之期者矣。故古人学不求仙，言不语怪，杜彼异端，守此自然，推龟鹤于别类，以死生为朝暮也。夫苦心约己，以行无益之事⑥，镂冰雕朽，终无必成之功。未若摅⑦匡世之高策，招当年之隆祉⑧，使紫青重纡⑨，玄牡龙跱⑩，华毂易步趍⑪，鼎餗代耒耜⑫，不亦美哉？每思诗人《甫田》之刺⑬，深惟仲尼皆死之证，无为握无形之风，捕难执之影，

---

① 三、五、丘、旦之圣：即三皇、五帝、孔丘、周公旦。

② 弃、疾、良、平之智：弃，后稷名弃，好耕农，相地之宜，宜谷者稼穑焉。详见《史记·周本纪》。疾，樗里子名疾，秦惠王之弟，滑稽多智，秦人号之曰智囊。详见《史记·樗里子甘茂列传》。良，张良，辅佐刘邦。详见《史记·留侯世家》。平，陈平，辅佐刘邦，多建奇谋妙计。详见《史记·陈丞相世家》。

③ 端、婴、随、郦之辩：端，端木赐，字子贡，利口巧辩。详见《史记·仲尼弟子列传》。婴，晏婴，相齐景公，善谏说。详见《史记·管晏列传》。随，随何，善辩，为刘邦说黥布叛楚归汉。详见《史记·黥布列传》。郦，郦食其，常为说客，驰使诸侯。详见《史记·郦生陆贾列传》。

④ 贲、育、五丁之勇：贲(bēn)，孟贲，卫人，一说齐人；育，夏育，周时卫人。皆大勇士。参见《史记·范雎蔡泽列传》。五丁，秦惠王时蜀之力士。详见《华阳国志·蜀志》。

⑤ 瘁(cuì)：疾病。

⑥ 无益之事：此指求长生不老、成仙之类的事。

⑦ 摅(shū)：散布，抒发。

⑧ 隆：厚重。祉(zhǐ)：幸福。

⑨ 紫青：疑即"青紫"，古人称贵官之服为青紫。纡(yū)：系，垂。紫青重纡，意为做高官。

⑩ 玄牡：祭祀用的黑公畜。龙：名词用作状语，像龙一样。跱(zhì)：同"峙"，踞、安置。玄牡龙跱，形容祭祀规格很高，暗示其人已居高位。

⑪ 毂(gǔ)：车轮中心有孔、可以穿轴的部分。华毂，即华贵的车。步趍(qū)：即步行。华毂易步趍，意为身居高位后，以乘华贵车辆来代替步行。

⑫ 餗(sù)：装在鼎内的食物。耒耜：皆为农具。此处代指农耕。鼎餗代耒耜，意为身居高位后，可不必务农事而不乏衣食。

⑬ 《甫田》之刺：《毛诗·齐风·甫田》讥讽襄公。又《小雅》有《甫田之什》，讥讽周幽王。

索不可得之物，行必不到之路，弃荣华而涉苦困，释甚易而攻至难，有似丧者之逐游女①，必有两失之悔；单、张之信偏见②，将速内外之祸也。夫班、狄③不能削瓦石为芒针，欧冶不能铸铅锡为干将④。故不可为者，虽鬼神不能为也；不可成者，虽天地不能成也。世间亦安得奇方，能使当老者复少，而应死者反生哉？而吾子乃欲延蟪蛄⑤之命，令有历纪之寿⑥；养朝菌⑦之荣，使累晦朔⑧之积，不亦谬乎？愿加九思，不远迷复焉。”

抱朴子答曰：“夫聪之所去，则震雷不能使之闻；明之所弃，则三光⑨不能使之见，岂辒磕⑩之音细，而丽天之景微哉？而聋夫谓之无声焉，瞽者谓之无物焉。又况管弦之和音，山龙之绮粲⑪，安能赏克谐之雅韵，暐晔⑫之鳞藻哉？故聋瞽在乎形器，则不信丰隆之与玄象矣。而况物有微于此者乎！暗昧滞乎心神，则不信有周、孔于在昔矣，况告之

---

① 丧者之逐游女：“丧”当作“桑”。《列子·说符》云：“晋文公出会，欲伐卫。公子锄仰天而笑。公问何笑，曰：‘臣笑邻之人有送其妻适私家者，道见桑妇，悦而与言。然顾视其妻，亦有招之者矣。臣窃笑此也。’公寤其言，乃止。”

② 单、张之信偏见：单，单豹；张，张毅。皆鲁人。《庄子·达生》云：“鲁有单豹者，岩居而水饮，不与民共利，后为饿虎所食。有张毅者，高门县薄，无不走也。行年四十，而有内热之病以死。豹养其内，而虎食其外。毅养其外，而病攻其内。此二子者，皆不鞭其后者也。”

③ 班：公输班，战国初鲁人，又称鲁班。有巧艺，能造云梯等。详见《墨子·公输》。狄：传说为黄帝臣，始作舟。参见《山海经·海内经》。

④ 欧冶不能铸铅锡为干将：欧冶子，越人，以善铸剑闻名，越王使欧冶子造剑五枚。干将，吴人，与欧冶子同师，亦善铸剑。吴王阖闾使干将造剑二枚，一曰干将，一曰莫邪。详见《吴越春秋》卷四。

⑤ 蟪(huì)蛄：蝉的一种，黄绿色，翅有黑白条纹。

⑥ 历纪之寿：纪，古代纪年的单位。一说十二年为一纪，一说一千五百年为一纪，一说一世为一纪。

⑦ 朝菌：菌类植物，朝生暮死。《庄子·逍遥游》：“朝菌不知晦朔，蟪蛄不知春秋。”

⑧ 晦朔：指早和晚。

⑨ 三光：指日、月、星。一说日、月、五星。

⑩ 辒磕(hōngkē)：很大的声音。辒，车之声。磕，石之声。

⑪ 绮粲(qǐcàn)：美丽鲜明。

⑫ 暐晔(wěiyè)：光辉灿烂。

以神仙之道乎！夫存亡终始，诚是大体，其异同参差，或然或否，变化万品，奇怪无方，物是事非①，本钧末乖②，未可一也。夫言始者必有终者多矣，混而齐之，非通理矣。谓夏必长，而荠麦③枯焉。谓冬必凋，而竹柏茂焉。谓始必终，而天地无穷焉。谓生必死，而龟鹤长存焉。盛阳宜暑④，而夏天未必无凉日也。极阴宜寒，而严冬未必无暂温也。百川东注，而有北流⑤之浩浩。坤道至静，而或震动而崩弛⑥。水性纯冷，而有温谷之汤泉⑦；火体宜炽，而有萧丘之寒焰⑧；重类应沉，而南海有浮石之山⑨；轻物当浮，而牂柯有沉羽之流⑩。万殊之类，不可以一概断之，正如此也久矣。

有生最灵，莫过乎人。贵性之物，宜必钧一⑪。而其贤愚邪正，好丑修短，清浊贞淫，缓急迟速，趋舍所尚，耳目所欲，其为不同，已有天壤之隔，冰炭之乖矣。何独怪仙者之异，不与凡人皆死乎？

---

① 物：存在于天地间的万物。事：社会生活的一切活动和自然界的一切现象都叫事。物是事非，意为某些事物表面看上去是一个样，其内里却是另一个样。

② 本、末：皆为指事字，“本”为树根，“末”为树梢。后借指事情的开始与结尾。钧：通“均”，和谐。乖：违背，抵触。本钧末乖，意为某些事物开始时很和谐，后来却矛盾重重。

③ 荠(jì)：一本作“蒜”。麦：指冬小麦。

④ 盛阳宜暑：据古代阴阳学说，夏至之时为阳之顶点，夏至后阴长阳消。至冬至之时为阴之顶点，冬至后阳长阴消。故古代术数“奇门遁甲”中，即以夏至为阴遁之始，而以冬至为阳遁之始。

⑤ 北流：指向北方流入大海的河流。

⑥ 坤道至静，而或震动而崩弛：《易·坤卦·文言》：“坤……至静而德方。”《易·说卦》：“坤为地。”全句意为：《周易》八卦中的坤卦，其性质为至静，坤又代表大地，而大地有时却会震动使山崩地裂。

⑦ 温谷：指冬暖的山谷。汤泉：即温泉。

⑧ 萧丘之寒焰：萧丘，海岛名。《本草纲目》卷六《火之一·阳火阴火》：“有萧丘之寒火。”注曰：“萧丘在南海中，上有自然之火，春生秋灭。”

⑨ 南海有浮石之山：《交州记》云：海中有浮石山，浮在水上。

⑩ 牂柯有沉羽之流：牂(zāng)，又作“牂”。《汉书·地理志上》“牂柯郡”，颜注引应劭曰：“临牂柯江也。”沉羽之流，似弱水，不胜鸿毛。

⑪ 钧一：此处意为一致。

若谓爰气皆有一定，则雉之为蜃，雀之为蛤①，壤虫假翼②，川蛙翻飞③，水蛎为蛉④，荇苓为蛆⑤，田鼠为鴽⑥，腐草为萤⑦，鼍之为虎⑧，蛇之为龙⑨，皆不然乎？

若谓人禀正性，不同凡物，皇天赋命，无有彼此，则牛哀成虎⑩，楚妪为鼋⑪，枝离为柳⑫，秦女为石⑬，死而更生⑭，男女易形⑮，老彭

---

① 雉之为蜃(shèn)，雀之为蛤：《礼记·月令》：季秋之月，雀入大水为蛤。孟冬之月，雉入大水为蜃。蜃，大蛤蜊。

② 壤虫假翼：《尔雅·释虫》："蠰，啮桑。"郭注云："似天牛，长角，体有白点，喜啮桑树作孔。"

③ 川蛙翻飞：《淮南子·齐俗训》："虾(há)蟆为鹑。"即川蛙翻飞也。

④ 水蛎(lì)为蛉(líng)：蛎，牡蛎，产在浅海泥沙中。又名蠔。蛉，即蜻蜓。

⑤ 荇苓(xìnglíng)为蛆：荇苓，水草。蛆，《广雅·释虫》云：蛆蝶、马蜒，马蚿也。《吕氏春秋·季夏纪》："腐草化为蚈。"高诱注："蚈，马蚿也。"故曰"荇苓为蛆"。

⑥ 田鼠为鴽(rú)：鴽，即鹌鹑。《礼记·月令》：季春之月，田鼠化为鴽。

⑦ 腐草为萤：《礼记·月令》：季夏之月，腐草为萤。

⑧ 鼍(tuó)之为虎：鼍，又名猪婆龙，即扬子鳄。《国语·晋语九》："鼋鼍鱼鳖，莫不能化，唯人不能。"

⑨ 蛇之为龙：《史记·外戚世家》褚少孙引《传》曰："蛇化为龙，不变其文。"

⑩ 牛哀成虎：《淮南子·俶真训》：鲁牛哀病，七日化为虎，其兄掩户，虎搏而杀之。

⑪ 楚妪为鼋：《后汉书·五行志》：灵帝时，江夏黄氏之母，浴而化为鼋，入于深渊。

⑫ 枝离为柳：《札迻》卷十云："《庄子·至乐篇》：支离叔与滑介叔观于冥伯之丘，俄而柳生其肘。支离叔曰：子恶之乎？滑介叔曰：亡，予何恶？是生柳者乃滑介叔，非支离叔也。"

⑬ 秦女为石：宋吴淑《事类赋》卷七引《蜀记》云：梓潼县有五妇山，昔秦遗蜀五美人，蜀遣五丁迎之。至此，五丁踏地大呼，五女皆化为石。

⑭ 死而更生：《后汉书·五行志》：建安四年，武陵充县女子李娥死，埋于城外，已十四日。有行闻其冢中有声，便语其家。家往视闻声，便发出，遂活。此事又见干宝《搜神记》。

⑮ 男女易形：《汉书·五行志》：魏襄王十三年，魏有女子化为丈夫。汉哀帝建平中，豫章有男子化为女子。《后汉书·五行志》：建安七年，越巂有男子化为女子。《后汉书·方术列传》：徐登，闽中人，本女子，化为丈夫。

之寿[1]，殇子[2]之夭，其何故哉？苟有不同，则其异有何限乎？

若夫仙人，以药物养身，以术数[3]延命，使内疾不生，外患不入，虽久视不死，而旧身不改，苟有其道，无以为难也。而浅识之徒，拘俗守常，咸曰世间不见仙人，便云天下必无此事。夫目之所曾见，当何足言哉？天地之间，无外之大，其中殊奇，岂遽有限，诣老戴天，而无知其上；终身履地，而莫识其下。形骸己所自有也，而莫知其心志之所以然焉。寿命在我者也，而莫知其修短之能至焉。况乎神仙之远理，道德之幽玄[4]，仗其短浅之耳目，以断微妙之有无，岂不悲哉？”

---

① 老彭之寿：老彭即彭祖，传说为颛顼玄孙陆终氏之第三子，尧封之于彭城，因其道可祖，故谓之彭祖。

② 殇子：未成年而死者。

③ 术数：用阴阳五行生克制化的数理来推断人事吉凶，如占候、卜筮、星命等。

④ 幽玄：隐蔽深奥。

新注选篇·集部及其他

韩昌黎集[①]

讳　辩[②]

愈与李贺[③]书，劝贺举进士。贺举进士有名，与贺争名者毁之，曰："贺父名晋肃，贺不举进士为是，劝之举者为非。"听者不察也，和而唱[④]之，同然一辞。皇甫湜[⑤]曰："若不明白[⑥]，子与贺且得罪。"愈曰："然。"

---

① 《韩昌黎集》，唐代韩愈的诗文集。韩愈(768—824年)，字退之，河南府河阳县(今河南孟州)人。历任国子监祭酒、礼部侍郎、御史大夫等职。《韩昌黎集》由门人李汉编定，有诗十卷，文三十卷。本次注释据《四部备要》本《韩昌黎集》。

② 本文选自《韩昌黎集》卷十二，是一篇辩驳性文章。唐代，朝廷有关避讳的法令较宽，但臣民避讳的风尚甚盛。李贺因父名晋肃被认为不能参加进士科考试，韩愈因劝其参试而遭到非议。作者对这种非议作了有力的辩驳。

③ 李贺(790—816年)：字长吉，唐昌谷(今河南宜阳)人。因避父名讳，终身未参加进士科考试，只做过奉礼郎、协律郎等小官。为中唐重要诗人，有诗集传世。

④ 和(hè)：附和。唱：陈述意见。

⑤ 皇甫湜(shí)：人名，复姓皇甫，名湜，唐代文学家，曾跟韩愈学古文。

⑥ 白：说。

律曰[①]："二名不偏讳[②]。"释之者[③]曰："谓若言'徵'不称'在'，言'在'不称'徵'是也。[④]"律曰："不讳嫌名[⑤]。"释之者曰："谓若'禹'与'雨'、'丘'与'蓲'之类是也。"今贺父名晋肃，贺举进士，为犯二名律乎？为犯嫌名律乎？父名晋肃，子不得举进士；若父名仁，子不得为人乎？

夫讳始于何时？作法制以教天下者，非周公、孔子欤？周公作诗不讳[⑥]，孔子不偏讳二名[⑦]，《春秋》不讥不讳嫌名[⑧]。康王钊之孙，实为昭王[⑨]。曾参之父名晳，曾子不讳"昔"[⑩]。周之时有骐期，汉之时有杜度[⑪]，此其子宜如何讳？将讳其嫌，遂讳其姓乎？将不讳其嫌者乎？汉讳武帝名"彻"为"通"，不闻又讳车辙之"辙"为某字也[⑫]；讳吕后名"雉"为"野鸡"，不闻又讳治天下之"治"为某字也[⑬]。今上章及诏，不闻讳

---

① 律曰：此处"律曰"与下文"律曰"所引，皆出自《礼记·曲礼上》。唐律中有关避讳的条文有类似规定，所以称"律曰"。

② 二名：两个字的名字。偏：同"遍"，普遍，全部。此句指名字是两个字时，不用一一避讳，可用一字讳一字。

③ 释之者：指为《礼记》作注的郑玄。下同。

④ "谓若"二句：《礼记·曲礼上》郑玄注："孔子之母名徵在，言'在'不称'徵'，言'徵'不称'在'。"

⑤ 嫌名：与人名用字读音相同或相近的字，读之有犯讳嫌疑，所以称嫌名。

⑥ 周公作诗不讳：相传《诗经·周颂》诸篇作于周公摄政之时，其中《雝》有"克昌厥后"，《噫嘻》有"骏发尔私"。"昌"是周文王名用字，"发"是周武王名用字。

⑦ 孔子不偏讳二名：孔子的母亲名徵在，《论语》所载孔子的话中，用一讳一，而未二字都讳。

⑧ 《春秋》不讥不讳嫌名：据《春秋》鲁隐公四年、五年记载，卫君姬完谥"桓"。"桓""完"同音，"桓"为"完"的嫌名，而《春秋》无微词，未表异议。

⑨ 康王钊：周康王姬钊，成王子，继成王立。孙：据《史记·周本纪》，昭王为康王之子，继康王立。此言"钊""昭"同音，"昭"为"钊"之嫌名而不讳。

⑩ 不讳"昔"：据《论语·泰伯》记载，曾子说过："昔者吾友尝从事于斯矣。"

⑪ 杜度：东汉人，章帝时为齐国相，善草书。

⑫ "汉讳"二句：汉代自武帝后改彻侯为通侯，《史记》和《汉书》将汉初人蒯彻改为蒯通。

⑬ "讳吕后"二句：《汉书·高后纪》颜注引荀悦语。

“浒”“势”“秉”“饥”也。[1] 惟宦官宫妾，乃不敢言“谕[2]”及“机”，以为触犯。士君子[3]立言行事，宜何所法[4]守也？今考之于经，质[5]之于律，稽[6]之以国家之典，贺举进士为可邪？为不可邪？

凡事父母，得如曾参，可以无讥矣；作人，得如周公、孔子，亦可以止矣。今世之士，不务行曾参、周公、孔子之行，而讳亲之名则务胜于曾参、周公、孔子，亦见其惑也。夫周公、孔子、曾参，卒不可胜。胜周公、孔子、曾参，乃[7]比于宦者宫妾。则是宦者宫妾之孝于其亲，贤于周公、孔子、曾参者邪？

包拯集[8]

乞不用赃吏疏[9]

臣闻廉者，民之表[10]也；贪者，民之贼[11]也。今天下郡县至广，官吏

---

① “今上章”二句：唐高祖李渊的祖父名虎、父亲名昞，太宗名世民，玄宗名隆基。“浒”“势”“秉”“饥”分别与“虎”“世”“昞”“基”同音。

② 谕：唐代宗名豫，“谕”与“豫”同音。

③ 士君子：指官僚士大夫及有志操和学问的人。

④ 法：效法。

⑤ 质：评断。

⑥ 稽：《广韵·释言》：“稽，考也。”考核。

⑦ 乃：却。

⑧ 《包拯集》，北宋包拯(999—1062 年)撰。十卷。拯字希仁，庐州合肥(今属安徽)人。天圣五年(1027 年)进士，历官龙图阁直学士，御史中丞，知开封府，权三司使，枢密副使，迁礼部侍郎，辞不受。谥“孝肃”。一生为官清廉刚正，不畏强权。是集原称《包孝肃奏议》，有两种版本，一为门人张田编刊本，一为南宋汪应辰重编本。汪本失传，世传刻本皆依张本刊行。明永乐年间官修《历代名臣奏议》所收包拯奏议，大部分都注明时间与官职，1963 年中华书局据张本进行了校正，并补充了两篇张本所无之奏议。全书除奏议外，尚有家训一则、诗一首，并附事迹、序、跋于书后。本次注释所据为中华书局本。

⑨ 本篇为宋仁宗庆历三年至六年(1043—1046 年)包拯任监察御史时所上奏疏。

⑩ 表：表率，榜样。《礼记·表记》：“仁者，天下之表也。”

⑪ 贼：指为害社会的坏人。《论语·阳货》：“乡原，德之贼也。”

至众，而赃污擿发[①]，无日无之。洎具案来上，或横贷[②]以全其生，或推恩以除其衅[③]。虽有重律，仅同空文。贪猥[④]之徒，殊无忌惮。昔两汉以赃私致罪者，皆禁锢子孙，矧自犯之手？太宗朝尝有臣僚数人犯罪，并配少府监隶役[⑤]，及该赦宥，谓近臣曰："此辈既犯赃滥，只可放令遂便[⑥]，不可复以官爵。"其责贪残[⑦]、慎名器若此，皆先朝令典，固可遵行。欲乞今后应[⑧]臣僚犯赃抵罪，不从轻贷，并依条施行。纵遇大赦，更不录用。或所犯若轻者，只得授副使上佐[⑨]。如此，则廉吏知所劝，贪夫知所惧矣。

---

① 擿(tī)发：揭发。

② 横贷：赦免。

③ 衅：罪。

④ 猥(wěi)：卑贱。

⑤ 少府监：宋代六监之一，掌管制造门戟、神衣、旌节之物。隶役：服差役。

⑥ 放令遂便：免官令其自便。

⑦ 责贪残：惩罚贪官污吏。

⑧ 应：一应，凡是。

⑨ 副使：节度副使，无实权的散官，常以有过失的官员充任。上佐：指宋时各州府的长史、司马、别驾等官，无实权，常以有过失者充任。

睡虎地秦墓竹简[①]

田　律[②]

雨为澍(澍)[③]，及诱(秀)粟[④]，辄以书言[⑤]澍(澍)稼、诱粟及豤(垦)田[⑥]暘[⑦]毋稼者顷数。稼已生后而雨，亦辄言雨少多，所利顷数[⑧]。早(旱)及暴风雨、水潦[⑨]、夆(螽)蚰、群它物[⑩]伤稼者，亦辄言其顷数。近县令轻足行其书[⑪]，远县令邮行之，尽八月[⑫]□□之。

田律[⑬]。

---

① 《睡虎地秦墓竹简》，睡虎地秦墓竹简整理小组编。1975 年，湖北云梦睡虎地十一号秦墓中出土大量秦简。这批秦简以毛笔墨书的秦隶书写，计有《编年记》《语书》《秦律十八种》《秦律杂抄》《法律问答》《封诊式》《为吏之道》《日书》等。其内容涉及秦国的政治、经济、军事、文化各个方面，为研究秦国史提供了珍贵材料。本次注释据文物出版社 1978 年版《睡虎地秦墓竹简》。

② 《田律》是《秦律十八种》之一。它是关于农田水利、山林保护等方面的法律，从中可看出秦政府对这些方面的重视程度。

③ 澍：及时雨。《说文解字・水部》："时雨，所以树生万物。从水，封声。"

④ 秀粟：禾抽穗结实。秀，《说文解字》徐锴注："禾实也，有实之象，下垂也。"《正字通・禾部》："秀，禾吐华也。"《尔雅・释草》："不荣而实者谓之秀。"

⑤ 书言：书面报告。

⑥ 垦田：开垦的熟地。

⑦ 暘(chàng)：未种植的生地。《说文解字・田部》："暘，不生也。从田，易声。"《玉篇・田部》："暘，不生也。"

⑧ 所利顷数：受益顷数。

⑨ 水潦(liáo)：涝灾。潦，《说文解字・水部》："潦，雨水大貌。从水，寮声。"《玉篇・水部》："潦，雨水盛也。"

⑩ 螽：蝗虫。蚰(kūn)：虫类总称。群它物：其他各种害物。

⑪ 轻足：走得快的人。行其书：递送文书。

⑫ 尽八月：至八月底。

⑬ 田律：这里的田律主要是关于农业生产的律文，与汉朝关于田猎规定的田律不同。

春二月，毋敢[①]伐材木山林及雍(壅)隄水[②]。不夏月[③]，毋敢夜草为灰[④]，取生荔[⑤]、麛𪚺𪚺[⑥]，毋□□□□□□毒鱼鳖[⑦]，置穽罔(网)，到七月而纵之[⑧]。唯不幸死[⑨]，而伐绾(棺)享(椁)者，是不用时[⑩]。邑之紤(近)皂及它禁苑者[⑪]，麛时毋敢将犬以之田[⑫]。百姓犬入禁苑中不追兽及捕兽者，勿敢杀；其追兽及捕兽者，杀之。河(呵)禁所[⑬]杀犬，皆完入公[⑭]；其他禁苑杀者，食其肉而入皮。

田律。

百姓居田舍者毋敢醢(酤)酉(酒)[⑮]，田啬夫、部佐谨禁御之[⑯]，有不从令者有罪。

田律。

---

① 毋敢：不允许。

② 壅隄水：筑堤截流。隄，同"堤"。

③ 不夏月：不到夏季。

④ 夜草为灰：即刈草为灰。《礼记·月令》：仲夏之月"毋烧灰"。

⑤ 荔：疑读为"甲"。《释名·释天》："甲，孚甲也，万物解孚甲而生也。"即植物发芽时所带种皮。取生荔，即采摘刚生芽的植物。

⑥ 麛(mí)：幼鹿，此处泛指一切幼兽。𪚺：即为卵，此处泛指一切野生鸟卵。𪚺(kòu)：雏鸟。

⑦ 毋：不许。毒：毒杀。

⑧ 到七月而纵之：到了七月开禁。《逸周书·大聚》载："春三月，山林不登斧，以成草木之长；夏三月，川泽不入网罟，以成鱼鳖之长。"

⑨ 不幸死：秦汉时习语，即死亡。

⑩ 是不用时：不受此时限制。

⑪ 皂：牛马圈，此指畜养牛马的苑囿。禁苑：王室畜养禽兽的苑囿，禁止百姓入内。

⑫ 麛时毋敢将犬以之田：幼兽生长时期不准带着犬去狩猎。

⑬ 呵禁所：设置警戒的地方。

⑭ 完入公：完整地上缴官府。

⑮ 田舍：农村中的居舍。酤酒：卖酒。

⑯ 田啬夫：地方上管理农事的小官。部佐：秦代乡的辖区称乡部，部佐即乡佐一类的小吏。谨：严。御：止。

白文选篇

尔雅·释诂(下)

印吾台予朕身甫余言我也朕余躬身也台朕赉畀卜阳予也肃延诱荐倓晋寅荩进也羞饯迪烝进也诏亮左右相导也诏相导左右助勴也亮介尚右也左右亮也缉熙烈显昭皓颎光也劼巩坚笃掔虔胶固也畴孰谁也暀暀皇皇藐藐穆穆休嘉珍祎懿铄美也谐辑协和也关关噰噰音声和也勰燮和也从申神加弼崇重也斁悉卒泯忽灭罄空毕罊歼拔殄尽也苞芜茂丰也揫敛屈收戢蒐裒鸠楼聚也肃齐遄速亟屡数迅疾也寁骏肃亟遄速也壑阬阬滕徵隍漮虚也黎庶烝多丑师旅众也洋观裒众那多也流差柬择也战慄震惊戁竦恐慴惧也痡瘏虺颓玄黄劬劳咎顇瘽瘉鳏戮癙癵痙痒疷疵闵逐疚痗瘥痱瘅瘵瘼癠病也恙写悝盱繇惨恤罹忧也伦勩邛敕勤愉庸瘅劳也劳来强事谓翦篲勤也悠伤忧思也怀惟虑原念惄思也禄祉履戬祓禧褫祜福也禋祀祠蒸尝禴祭也俨恪祗翼諲恭钦寅熯敬也朝旦夙晨晙早也顉竢替戾底止徯待也噊幾烖殆危也凯汽也治肆古故也肆故今也惇亶祜笃掔仍肶埤竺腹厚也载谟食诈伪也话猷载行讹言也遘逢遇也遘逢遇遻也遘逢遇遻见也显昭覲钊觌见也监瞻临涖頫相视也鞠讻溢盈也孔魄哉延虚无之言间也瘗幽隐匿蔽窜微也讫徽妥怀安按替戾底废尼定曷遏止也豫射厌也烈绩业也绩勋功也功绩质登平明考就成也梏梗较颋庭道直也密康静也豫宁绥康柔安也平均夷弟易也矢弛也弛易也希寡鲜罕也鲜寡也酬酢侑报也毗刘暴乐也覭髳茀离也蛊谄贰疑也桢翰仪榦也弼棐辅比俌也疆界边卫圉垂也昌敌彊应丁当也滞肩摇动

蠢迪俶厉作也兹斯咨呰已此也嗟咨嗟也闲狎串贯习也曩尘伫淹留久也逮及暨与也骘假格陟跻登升也挥盏歇涸竭也挋拭刷清也鸿昏于显间代也馌馕馈也迁运徙也秉拱执也廞熙兴也卫蹶假嘉也废税赦舍也栖迟憩休苦叡鶫呬息也供峙共具也煤怜惠爱也娠蠢震戁妯骚感讹蹶动也覆察副审也契灭殄绝也郡臻仍乃侯乃也迪繇训道也佥咸胥皆也育孟耆艾正伯长也艾历也历秭算数也历傅也艾历覭胥相也乂乱靖神弗淈治也颐艾育养也汱浑陨坠也际接翜捷也毖神溢慎也郁陶繇喜也馘秭获也阻艰难也剡䂮利也允任壬佞也俾拼抨使也俾拼抨使从也儴仍因也董督正也享孝也珍享献也纵缩乱也探篡俘取也徂在存也在存省士察也烈枿余也迓迎也元良首也荐挚臻也赓扬续也袝褫祖也即尼也尼定也迩几暱近也妥安坐也貉缩纶也貉嗼安定也伊维也伊维侯也时寔是也卒猷假辍已也求酋在卒就终也崩薨无禄卒徂落殪死也

魏书·释老志(节选)

大人有作司牧生民结绳以往书契所绝故靡得而知焉自羲轩已还至于三代其神言秘策蕴图纬之文范世率民垂坟典之迹秦肆其毒灭于灰烬汉采遗籍后复丘山司马迁区别异同有阴阳儒墨名法道德六家之义刘歆著七略班固志艺文释氏之学所未曾纪案汉武元狩中遣霍去病讨匈奴至皋兰过居延斩首大获昆邪王杀休屠王将其众五万来降获其金人帝以为大神列于甘泉宫金人率长丈余不祭祀但烧香礼拜而已此则佛道流通之渐也及开西域遣张骞使大夏还传其旁有身毒国一名天竺始闻有浮屠之教哀帝元寿元年博士弟子秦景宪受大月氏王使伊存口授浮屠经中土闻之未之信了也后孝明帝夜梦金人项有日光飞行殿庭乃访群臣傅毅始以佛对帝遣郎中蔡愔博士弟子秦景等使于天竺写浮屠遗范愔仍与沙门摄摩腾竺法兰东还洛阳中国有沙门及跪拜之法自此始也愔又得佛经四十二章及释迦立像明帝令画工图佛像置清凉台及显节陵上经缄于兰台石室愔之还也以白马负经而至汉因立白马寺于洛城雍门西摩腾法兰咸卒于此寺浮屠正号曰佛陀佛陀与浮图声相近皆西方言其来转为二音华言译之则谓净觉言灭秽成明道为圣

悟凡其经旨大抵言生生之类皆因行业而起有过去当今未来历三世识神常不灭凡为善恶必有报应渐积胜业陶冶粗鄙经无数形澡练神明乃致无生而得佛道其间阶次心行等级非一皆缘浅以至深藉微而为著率在于积仁顺蠲嗜欲习虚静而成通照也故其始修心则依佛法僧谓之三归若君子之三畏也又有五戒去杀盗淫妄言饮酒大意与仁义礼智信同名为异耳云奉持之则生天人胜处亏犯则坠鬼畜诸苦又善恶生处凡有六道焉诸服其道者则剃落须发释累辞家结师资遵律度相与和居治心修净行乞以自给谓之沙门或曰桑门亦声相近总谓之僧皆胡言也僧译为和命众桑门为息心比丘为行乞俗人之信凭道法者男曰优婆塞女曰优婆夷其为沙门者初修十诫曰沙弥而终于二百五十则具足成大僧妇入道者曰比丘尼其诫至于五百皆以□为本随事增数在于防心摄身正口心去贪忿痴身除杀淫盗口断妄杂诸非正言总谓之十善道能具此谓之三业清净凡人修行粗为极云可以达恶善报渐阶圣迹初阶圣者有三种人其根业各差谓之三乘声闻乘缘觉乘大乘取其可乘运以至道为名此三人恶迹已尽但修心荡累济物进德初根人为小乘行四谛法中根人为中乘受十二因缘上根人为大乘则修六度虽阶三乘而要由修进万行拯度亿流弥历长远乃可登佛境矣所谓佛者本号释迦文者译言能仁谓德充道备堪济万物也释迦前有六佛释迦继六佛而成道处今贤劫文言将来有弥勒佛方继释迦而降世释迦即天竺迦维卫国王之子天竺其总称迦维别名也初释迦于四月八日夜从母右胁而生既生姿相超异者三十二种天降嘉瑞以应之亦三十二其本起经说之备矣释迦生时当周庄王九年春秋鲁庄公七年夏四月恒星不见夜明是也至魏武定八年凡一千二百三十七年云释迦年三十成佛导化群生四十九载乃于拘尸那城娑罗双树间以二月十五日而入般涅槃涅槃译云灭度或言常乐我净明无迁谢及诸苦累也诸佛法身有二种义一者真实二者权应真实身谓至极之体妙绝拘累不得以方处期不可以形量限有感斯应体常湛然权应身者谓和光六道同尘万类生灭随时修短应物形由感生体非实有权形虽谢真体不迁但时无妙感故莫得常见耳明佛生非实生灭非实灭也佛既谢世香木焚尸灵骨分碎大小如粒击之不坏焚亦不燋或有光明神验胡言谓之舍利弟子收奉置之宝瓶竭香花致敬慕建宫宇谓为塔塔亦胡言犹宗庙也故世称塔庙于后百年有王阿育以神力分佛舍利役诸鬼神

造八万四千塔布于世界皆同日而就今洛阳彭城姑臧临淄皆有阿育王寺盖承其遗迹焉释迦虽般涅槃而留影迹爪齿于天竺于今犹在中土来往并称见之初释迦所说教法既涅槃后有声闻弟子大迦叶阿难等五百人撰集著录阿难亲承嘱授多闻总持盖能综核深致无所漏失乃缀文字撰载三藏十二部经如九流之异统其大归终以三乘为本后数百年有罗汉菩萨相继著论赞明经义以破外道摩诃衍大小阿毗昙中论十二门论百法论成实论等是也皆傍诸藏部大义假立外问而以内法释之汉章帝时楚王英喜为浮屠斋戒遣郎中令奉黄缣白纨三十匹诣国相以赎愆诏报曰楚王尚浮屠之仁祠洁斋三月与神为誓何嫌何疑当有悔吝其还赎以助伊蒲塞桑门之盛馔因以班示诸国桓帝时襄楷言佛陀黄老道以谏欲令好生恶杀少嗜欲去奢泰尚无为魏明帝曾欲坏宫西佛图外国沙门乃金盘盛水置于殿前以佛舍利投之于水乃有五色光起于是帝叹曰自非灵异安得尔乎遂徙于道东为作周阁百间佛图故处凿为蒙汜池种芙蓉于中后有天竺沙门昙柯迦罗入洛宣译诫律中国诫律之始也自洛中构白马寺盛饰佛图画迹甚妙为四方式凡宫塔制度犹依天竺旧状而重构之从一级至三五七九世人相承谓之浮图或云佛图晋世洛中佛图有四十二所矣汉世沙门皆衣赤布后乃易以杂色晋元康中有胡沙门支恭明译佛经维摩法华三本起等微言隐义未之能究后有沙门常山卫道安性聪敏日诵经万余言研求幽旨慨无师匠独坐静室十二年覃思构精神悟妙赜以前所出经多有舛驳乃正其乖谬石勒时有天竺沙门浮图澄少于乌苌国就罗汉入道刘曜时到襄国后为石勒所宗信号为大和尚军国规谟颇访之所言多验道安曾至邺候澄澄见而异之澄卒后中国纷乱道安乃率门徒南游新野欲令玄宗在所流布分遣弟子各趣诸方法汰诣扬州法和入蜀道安与慧远之襄阳道安后入苻坚坚素钦德问既见宗以师礼时西域有胡沙门鸠摩罗什思通法门道安思与讲释每劝坚致罗什什亦承安令问谓之东方圣人或时遥拜致敬道安卒后二十余载而罗什至长安恨不及安以为深慨道安所正经义与罗什译出符会如一初无乖舛于是法旨大著中原魏先建国于玄朔风俗淳一无为以自守与西域殊绝莫能往来故浮图之教未之得闻或闻而未信也及神元与魏晋通聘文帝久在洛阳昭成又至襄国乃备究南夏佛法之事太祖平中山经略燕赵所逕郡国佛寺见诸沙门道士皆致精敬禁军旅无有所犯帝好黄老颇览佛

经但天下初定戎车屡动庶事草创未建图宇招延僧众也然时时旁求先是有沙门僧朗与其徒隐于泰山之琨瑞谷帝遣使致书以缯素旃罽银钵为礼今犹号曰朗公谷焉天兴元年下诏曰夫佛法之兴其来远矣济益之功冥及存没神踪遗轨信可依凭其敕有司于京城建饰容范修整宫舍令信向之徒有所居止是岁始作五级佛图耆阇崛山及须弥山殿加以缋饰别构讲堂禅堂及沙门座莫不严具焉太宗践位遵太祖之业亦好黄老又崇佛法京邑四方建立图像仍令沙门敷导民俗初皇始中赵郡有沙门法果诫行精至开演法籍太祖闻其名诏以礼征赴京师后以为道人统绾摄僧徒每与帝言多所惬允供施甚厚至太宗弥加崇敬永兴中前后授以辅国宜城子忠信侯安成公之号皆固辞帝常亲幸其居以门小狭不容舆辇更广大之年八十余泰常中卒未殡帝三临其丧追赠老寿将军赵胡灵公初法果每言太祖明叡好道即是当今如来沙门宜应尽礼遂常致拜谓人曰能鸿道者人主也我非拜天子乃是礼佛耳法果四十始为沙门有子曰猛诏令袭果所加爵帝后幸广宗有沙门昙证年且百岁邀见于路奉致果物帝敬其年老志力不衰亦加以老寿将军号是时鸠摩罗什为姚兴所敬于长安草堂寺集义学八百人重译经本罗什聪辩有渊思达东西方言时沙门道彤僧略道恒道衢僧肇昙影等与罗什共相提挈发明幽致诸深大经论十有余部更定章句辞义通明至今沙门共所祖习道彤等皆识学洽通僧肇尤为其最罗什之撰译僧肇常执笔定诸辞义注维摩经又著数论皆有妙旨学者宗之又沙门法显慨律藏不具自长安天竺历三十余国随有经律之处学其书语译而写之十年乃于南海师子国随商人泛舟东下昼夜昏迷将二百日乃至青州长广郡不其劳山南下乃出海焉是岁神瑞二年也法显所迳诸国传记之今行于世其所得律通译未能尽正至江南更与天竺禅师跋陀罗辩定之谓之僧祇律大备于前为今沙门所持受先是有沙门法领从扬州入西域得华严经本定律后数年跋陀罗共沙门法业重加译撰宣行于时世祖初即位亦遵太祖太宗之业每引高德沙门与共谈论于四月八日舆诸佛像行于广衢帝亲御门楼临观散花以致礼敬先是沮渠蒙逊在凉州亦好佛法有罽宾沙门昙摩谶习诸经论于姑臧与沙门智嵩等译涅槃诸经十余部又晓术数禁咒历言他国安危多所中验蒙逊每以国事咨之神䴥中帝命蒙逊送谶诣京师惜而不遣既而惧魏威责遂使人杀谶谶死之日谓门徒曰今时将有客来可早食以待之食讫而

走使至时人谓之知命智嵩亦爽悟笃志经籍后乃以新出经论于凉土教授辩论幽旨著涅槃义记戒行峻整门人齐肃知凉州将有兵役与门徒数人欲往胡地道路饥馑绝粮积日弟子求得禽兽肉谓嵩强食嵩以戒自誓遂饿死于酒泉之西山弟子积薪焚其尸骸骨灰烬唯舌独全色状不变时人以为诵说功报凉州自张轨后世信佛教敦煌地接西域道俗交得其旧式村坞相属多有塔寺太延中凉州平徙其国人于京邑沙门佛事皆俱东象教弥增矣寻以沙门众多诏罢年五十已下者世祖初平赫连昌得沙门惠始姓张家本清河闻罗什出新经遂诣长安见之观习经典坐禅于白渠北昼则入城听讲夕则还处静坐三辅有识多宗之刘裕灭姚泓留子义真镇长安义真及僚佐皆敬重焉义真之去长安也赫连屈丐追败之道俗少长咸见坑戮惠始身被白刃而体不伤众大怪异言于屈丐屈丐大怒召惠始于前以所持宝剑击之又不能害乃惧而谢罪统万平惠始到京都多所训导时人莫测其迹世祖甚重之每加礼敬始自习禅至于没世称五十余年未常寝卧或时跣行虽履泥尘初不污足色愈鲜白世号之曰白脚师太延中临终于八角寺齐洁端坐僧徒满侧凝泊而绝停尸十余日坐既不改容色如一举世神异之遂瘗寺内至真君六年制城内不得留瘗乃葬于南郊之外始死十年矣开殡俨然初不倾坏送葬者六千余人莫不感恸中书监高允为其传颂其德迹惠始冢上立石精舍图其形像经毁法时犹自全立世祖即位富于春秋既而锐志武功每以平定祸乱为先虽归宗佛法敬重沙门而未存览经教深求缘报之意及得寇谦之道帝以清净无为有仙化之证遂信行其术时司徒崔浩博学多闻帝每访以大事浩奉谦之道尤不信佛与帝言数加非毁常谓虚诞为世费害帝以其辩博颇信之会盖吴反杏城关中骚动帝乃西伐至于长安先是长安沙门种麦寺内御驺牧马于麦中帝入观马沙门饮从官酒从官入其便室见大有弓矢矛盾出以奏闻帝怒曰此非沙门所用当与盖吴通谋规害人耳命有司案诛一寺阅其财产大得酿酒具及州郡牧守富人所寄藏物盖以万计又为屈室与贵室女私行淫乱帝既忿沙门非法浩时从行因进其说诏诛长安沙门焚破佛像敕留台下四方令一依长安行事又诏曰彼沙门者假西戎虚诞妄生妖孽非所以一齐政化布淳德于天下也自王公已下有私养沙门者皆送官曹不得隐匿限今年二月十五日过期不出沙门身死容止者诛一门时恭宗为太子监国素敬佛道频上表陈刑杀沙门之滥又非图像之罪今罢其

道杜诸寺门世不修奉土木丹青自然毁灭如是再三不许乃下诏曰昔后汉荒君信惑邪伪妄假睡梦事胡妖鬼以乱天常自古九州岛之中无此也夸诞大言不本人情叔季之世闇君乱主莫不眩焉由是政教不行礼义大坏鬼道炽盛视王者之法蔑如也自此以来代经乱祸天罚亟行生民死尽五服之内鞠为丘墟千里萧条不见人迹皆由于此朕承天绪属当穷运之弊欲除伪定真复羲农之治其一切荡除胡神灭其踪迹庶无谢于风氏矣自今以后敢有事胡神及造形像泥人铜人者门诛虽言胡神问今胡人共云无有皆是前世汉人无赖子弟刘元真吕伯强之徒接乞胡之诞言用老庄之虚假附而益之皆非真实至使王法废而不行盖大奸之魁也有非常之人然后能行非常之事非朕孰能去此历代之伪物有司宣告征镇诸军刺史诸有佛图形像及胡经尽皆击破焚烧沙门无少长悉坑之是岁真君七年三月也恭宗言虽不用然犹缓宣诏书远近皆豫闻知得各为计四方沙门多亡匿获免在京邑者亦蒙全济金银宝像及诸经论大得秘藏而土木宫塔声教所及莫不毕毁矣始谦之与浩同从车驾苦与浩诤浩不肯谓浩曰卿今促年受戮灭门户矣后四年浩诛备五刑时年七十浩既诛死帝颇悔之业已行难中修复恭宗潜欲兴之未敢言也佛沦废终帝世积七八年然禁稍宽弛笃信之家得密奉事沙门专至者犹窃法服诵习焉唯不得显行于京都矣先是沙门昙曜有操尚又为恭宗所知礼佛法之灭沙门多以余能自效还俗求见曜誓欲守死恭宗亲加劝喻至于再三不得已乃止密持法服器物不暂离身闻者叹重之

太平诏书

原道醒世训

从来福大则量大量大则为大人福小则量小量小则为小人是以泰山不辞土壤故能成其高河海不择细流故能就其深　王者不卻众庶故能成其德凡此皆量为之也无如时至今日亦难言矣世道乖漓人心浇薄所爱所憎一出于私故以此国而憎彼国以彼国而憎此国者有之甚至同国以此省此府此县而憎彼省彼府彼县以彼省彼府彼县而憎此省此府此县者有之更甚至同省

府县以此乡此里此姓而憎彼乡彼里彼姓以彼乡彼里彼姓而憎此乡此里此姓者有之世道人心至此安得不相陵相夺相斗相杀而沦胥以亡乎无他其见小故其量小也其以此国而憎彼国以彼国而憎此国者其见在国国以外则不知故同国则爱之异国则憎之其以此省此府此县而憎彼省彼府彼县以彼省彼府彼县而憎此省此府此县者其见在省府县省府县以外则不知故同省同府同县则爱之异省异府异县则憎之其以此乡此里此姓则憎彼乡彼里彼姓以彼乡彼里彼姓而憎此乡此里此姓者其见在乡里姓乡里姓以外则不知故同乡同里同姓则爱之异乡异里异姓则憎之天下爱憎如此何其见未大而量之不广也遐想唐虞三代之世天下有无相恤患难相救门不闭户道不拾遗男女别涂举选尚德尧舜病博施何分此土彼土禹稷忧溺饥何分此民彼民汤武伐暴除残何分此国彼国孔孟殆车烦马何分此邦彼邦盖实见夫天下凡间分言之则有万国统言之则实一家　皇上帝天下凡间大共之父也近而中国是　皇上帝主宰化理远而番国亦然远而番国是　皇上帝生养保佑近而中国亦然天下多男人尽是兄弟之辈天下多女子尽是姊妹之群何得存此疆彼界之私何可起尔吞我并之念是故孔丘曰大道之行也天下为公选贤与能讲信修睦故人不独亲其亲不独子其子使老有所终壮有所用幼有所长鳏寡孤独废疾者皆有所养男有分女有归货恶其弃于地也不必藏于己力恶其不出于身也不必为己是故奸邪谋闭而不兴盗窃乱贼而不作故外户而不闭是谓大同而今尚可望哉然而乱极则治暗极则光天之道也于今夜退而日升矣惟愿天下凡间我们兄弟姊妹跳出邪魔之鬼门循行　上帝之真道时凛天威力遵天诫相与淑身淑世相与正己正人相与作中流之底柱相与挽已倒之狂澜行见天下一家共享太平几何乖离浇薄之世其不一旦变而为公平正直之世也几何陵夺斗杀之世其不一旦变而为强不犯弱众不暴寡智不诈愚勇不苦怯之世也在易同人于野则亨量大之谓也同人于宗则吝量小之谓也况量大则福大而人亦与之俱大量小则福小而人亦与之俱小凡有血气者安可伤天地之和而贻井底蛙之诮哉　诗云

上帝原来是老亲　水源木本急寻真
量宽异国皆同国　心好天人亦世人
兽畜相残还不义　乡邻互杀断非仁

天生天养和为贵　　各自相安享太平

原道觉世训

天下总一家凡间皆兄弟何也自人肉身论各有父母姓氏似有此疆彼界之分而万姓同出一姓一姓同出一祖共原亦未始不同若自人灵魂论其各灵魂从何以生从何以出皆禀　皇上帝一元之气以生以出所谓一本散为万殊万殊总归一本孔伋曰天命之谓性诗曰天生蒸民书曰天降下民昭昭简编洵不爽也此圣人所以天下一家时廑民吾同胞之怀而不忍一日忘天下而近代则有阎罗妖注生死邪说阎罗妖乃是老蛇妖鬼也最作怪多变迷惑缠捉凡间人灵魂天下凡间我们兄弟姊妹所当共击灭之惟恐不速者也而世人偏伸颈于他何其自失天堂之乐而自求地狱之苦哉论道有真谛大凡可通于今不可通于古可通于近不可通于远者伪道也邪道也小道也据怪人妄说阎罗妖注生死且问中国经史论及此乎曰无有番国圣经载及此乎曰无有无有则何以起怪人佛老之徒出自陷迷途贪图射利诳人以不可知之事以售己诈诱人作福建醮以肥己囊兼之魔鬼入心遂造出无数怪诞邪说迷惑害累世人如秦政时怪人诳言东海有三神山秦政遂遣人海求之此后代神仙邪说所由起也究其始不过一秦政受其惑所谓差之毫厘而后代则叠效尤于后至于固结不可解所谓失之千里者也又如汉武时怪人诳言祠灶丹砂可化黄金汉武遂信而祠之于是燕齐怪诞怪人多来言神仙怪事矣又如近代有怪人诳言东海龙妖发雨东海龙妖即是阎罗妖变身雨从天降众目所视者也孟轲云天油然作云沛然下雨则苗浡然兴之矣又周诗云天上同云雨雪雰雰益之以霢霂既优既渥既沾既足生我百谷又考番国旧遗诏书当挪亚时　皇上帝因世人背逆罪大连降四十日四十夜大雨洪水横流沉没世人此皆凿凿可据且众目所视实降于天者也而世人亦多信怪诞不经之怪说即一雨论而世人既多良心死尽大瞒天恩矣又遑论其他哉又如近代有怪和尚诳言阎罗妖怪事且有玉历记怪书讹传于世而世之读死书者亦多惑其说独不思注生死一事岂是等闲既不是等闲宜为中国番国各前代所论及且笔于书以传后世而于今历考中国番国各前圣所论及且笔于书以传后世者只说天生天降　皇上帝生养保佑人未尝说及阎罗妖也只说死生有命亦是命于　皇上帝已耳毫无关

于阎罗妖也只说　　皇上帝审判世人阴隲下民临下有赫又毫无关于阎罗妖也而世人之读死书者不信古今远近通行各经典而信怪人无端突起之怪书不亦惑哉此无他好生恶死慕福惧祸恒情也以恒情而中人心则其入之也必易是以邪说一倡而天下多靡然信之从之信从久则见闻熟见闻熟则胶固深胶固深则难寻其罅漏难寻其罅漏则难出其范围　　皇上帝纵历生聪明圣智于其间亦莫不随风而靡矣此近代所以多惘然不识　　皇上帝悍然不畏　　皇上帝尽中蛇魔阎罗妖诡计陷入地狱沉沦而不自知者也噫后之人虽欲谙天地人之道其孰从而求之甚矣人之好怪也不求其端不讯其末惟怪之欲闻予想夫天下凡间人民虽众总为　　皇上帝所化所生生于　　皇上帝长亦　　皇上帝一衣一食并赖　　皇上帝　　皇上帝天下凡间大共之父也死生祸福由其主宰服食器用皆其造成仰观夫天一切日月星辰雷雨风云莫非　　皇上帝之灵妙俯察夫地一切山原川泽飞潜动植莫非　　皇上帝之功能昭然可见灼然易知如是乃谓　　真神如是乃为天下凡间所当朝朝夕拜有执拗者说曰　　皇上帝当拜矣必然有帮　　皇上帝保佑人者譬如君长主治国中岂无官府辅治也不知君王之官府是其亲手设立调用故能辅君王以治事也至若凡人所立一切木石埿团纸画各偶像且问尔是　　皇上帝旨意设立否乎非也类皆凡人被魔鬼迷蒙灵心据愚意愚见人手造出各等奇奇怪怪也况　　皇上帝当初六日造成天地山海人物已设有其神使千千万万在天上任其差遣何用得凡人所造各等奇奇怪怪者乎且叛逆　　皇上帝实甚考旧遗诏书　　皇上帝当初下降西奈山亲手缮写十款天条在石碑付卑摩西　　皇上帝亲口吩咐摩西曰我乃　　上主皇上帝尔凡人切不好设立天上地下各偶像来跪拜也今尔凡人设立各偶像来跪拜正是违逆

皇上帝旨意尔凡人反说各偶像是帮　　皇上帝保佑人何其被魔鬼迷蒙灵心蒙懂之极乎尔不想　　皇上帝当初六日造成天地山海人物尚不要人帮助岂今日保佑人又要谁帮助且问尔设使　　皇上帝当初造天不造地尔足犹有所企立且犹有田亩开垦否乎曰无也且又问尔今荷　　皇上帝之恩既造有天地矣设使　　皇上帝不造成地上桑麻禾麦菽豆及草木水火金铁等物又不造成水中鱼虾空中飞鸟山中野兽家中畜牲等物尔身犹有所穿口犹有所食饔飧犹有所炊爨器械犹有所运用否乎曰无也且又问尔今荷

皇上帝之恩万物备足矣设使　皇上帝一年不出日照耀尔凡人一年不降雨滋润尔凡人一年不发雷替尔凡人收妖一年不吹风散尔凡人郁气尔凡人犹有收成平安否乎曰无也且又问尔今荷　皇上帝之恩既有收成平安矣设使　皇上帝一旦怒尔断绝尔灵气生命尔口犹能讲目犹能视耳犹能听手犹能持足犹能行心犹能谋画否乎曰断断不能也且又问尔天下凡间欲一时一刻不沾　皇上帝恩典得乎曰断断不得也由是观之天下凡间欲一时一刻不沾　皇上帝恩典亦不得此便是　皇上帝明明白白保佑人矣既是　皇上帝明明白白保佑人尔凡人却另立各偶像另求保佑有得食有得穿曰我菩萨灵明明　皇上帝恩典却误认为邪魔恩典其邪魔敢冒天恩者该诛该灭无论矣尔凡人良心死尽大瞒天恩究与妖魔同犯反天之罪何其愚哉嗟呼明明有至尊至贵之　真神天下凡间大共之　天父所当朝朝夕拜而不拜而拜专迷惑缠捉人灵之妖鬼愚矣明明有至灵至显之　真神天下凡间大共之　天父求则得之寻则遇著扣门则开所当朝朝夕拜而不拜而拜无知无识之木石埿团纸画各偶像有口不能言有鼻不能闻有耳不能听有手不能持有足不能行之蠢物抑又愚矣虽然流之浊山源之不清后之差由前之不谨天下凡间无人一时一刻不沾　皇上帝恩典何至于今竟罕有知谢　皇上帝恩典者其祸本何自始哉历考中国史册自盘古至三代君民一体皆敬拜　皇上帝也坏自少昊时九黎初信妖魔祸延三苗效尤三代时颇杂有邪神及有用人为尸之错然其时君民一体皆敬拜　皇上帝仍如故也至秦政出遂开神仙怪事之厉阶祀虞舜祭大禹遣入海求神仙狂悖莫甚焉　皇上帝独一无他也汉文以为有五其亦暴悖之甚矣汉武临老虽有悔悟之言曰始吾以为有神仙今乃知皆虚妄也然其始祠灶祠泰乙遣方士求神仙其亦秦政之流亚也他若汉宣祠后土遣求金马碧鸡汉明崇沙门遣求天竺佛法汉桓祠老聃梁武三舍身唐宪迎佛骨至宋徽出又改称　皇上帝为昊天金阙玉皇大帝夫称昊天金阙犹可说也乃称玉皇大帝则诚亵渎　皇上帝之甚者也　皇上帝天下凡间大共之父也其尊号岂人所得更改哉宜乎宋徽身被金虏同其子宋钦俱死漠北焉总而论之九黎秦政作罪魁于前历汉文武宣明桓梁武唐宪接迹效尤于后至宋徽又更改　皇上帝尊号自宋徽至今已历六七百年则天下多惘然不识　皇上帝悍然不畏　皇上帝又何怪焉呜

呼天地之中人为贵万物之中人为灵人何贵人何灵　　皇上帝子女也贵乎不贵灵乎不灵木石埿团纸画各偶像物也人贵于物灵于物者也何不自贵而贵于物乎何不自灵而灵于物乎近千百年间能不惑神仙怪事者非无其人究之知其一莫知其他明于此转暗于彼卒无有高出眼孔彻始彻终而洞悉乎魑魅魍魉之诡秘也北朝周武废佛道毁淫祠唐狄仁杰奏焚淫祠一千七百余所韩愈谏迎佛骨宋胡迪焚毁无数淫祠明海瑞谏建醮之数人者不可谓无特识矣第其所毁所焚所谏仅曰淫祠曰佛曰建醮则其所不毁不焚不谏者仍在不知彼所毁所焚所谏者固当毁当焚当谏即彼所不毁不焚不谏者又何独非当毁当焚当谏乎何也　　皇上帝之外无神也世间所立一切木石埿团纸画各偶像皆后起也人为也被魔鬼迷蒙灵心颠颠倒倒自惹蛇魔阎罗妖缠捉者也故今沥胆披肝实情谕尔等尔凡人何能识得　　神乎　　皇上帝乃是
真神也尔凡人跪拜各偶像正是惹鬼何也尔凡人所立各偶像其或有道德者既升天堂久矣何曾在人间受享其一切无名肿毒者类皆四方头红眼睛蛇魔阎罗妖之妖徒鬼卒自秦汉至今一二千年几多凡人灵魂被这阎罗妖缠捉磨害俗语云豆腐是水阎罗是鬼尔等还不醒哉及今不醒恐怕迟矣实情谕尔等尔凡人何能识得　　帝乎　　皇上帝乃是帝也虽世间之主称王足矣岂容一毫僭越于其间哉　　救世主耶稣　　皇上帝太子也亦只称主已耳天上地下人间有谁大过　耶稣者乎　耶稣尚不得称帝他是何人敢称　　帝者乎只见其妄自尊大自干永远地狱之灾也噫吁敬拜　　皇上帝则为　　皇上帝子女生前皇上帝看顾死后魂升天堂永远在天上享福何等快活威风溺信各邪神则变成妖徒鬼卒生前惹鬼缠死后被鬼捉永远在地狱受苦何等羞辱愁烦孰得孰失请自思之天下凡间我们兄弟姊妹可不醒哉若终不醒则真生贱矣真鬼迷矣真有福不知享矣明明千年万万载在天上永远快活威风如此大福都不愿享情愿大犯天条与魔鬼同犯反天之罪致惹　　皇上帝义怒罚落十八重地狱受永苦深可悯哉良足慨已

曾文正公集卷五(节选)

内河水师三获胜仗折　咸丰四年十二月三十日

奏为内河水师三获胜仗恭折驰奏仰慰

圣怀事窃水师于十二日焚烧湖口卡内贼船乘胜冲入内河业经另折具奏萧捷三段莹器等及各营长龙三板百二十余号挂帆上驶行至大姑塘尚无贼艅即行宿泊十三日上至平凰地方见贼战船民船共二百余号突起击之该逆自恃在湖口卡内百里不虞我军之猝至也大礮群枪抵死抗拒我军先烧其民船贼阵既乱乃焚其战舟凡焚船二百余号夺获三十五号夺礮七十余位各三板自先日出队小艇不便宿食至是始得一餐十四日该逆以前夕所拾我军之船冒为官兵自湖口驶上袭我内河之师辅以小划百余号时萧捷三段莹器等已闻十二夜老营被烧之信矣因约各哨寂静以待逆船扑近众礮齐发群子喷飞该逆立刻败下纷纷凫水击沈烧去小划三板共五十余号追至湖口见该逆搭浮桥二道旧卡一道关锁牢固势难冲出收队回泊大姑塘以上各营官以十三所抢民船恐其累重为贼所乘至是尽数焚之外既与九江大营隔绝内又与江省远离银两子药俱无所出不得已就取于南康十九日入至吴城镇探悉逆匪由彭泽湖口而来者约有数千人窃据都昌县城筑城挖濠据有大小船只四百余号停泊县河装载辎重二十六日水军各营官在灌子口熟商以都昌既有逆船窃踞倘我军一出仍复滋扰转不能一律肃清不如趁此时烧尽因派定三板划船四十余支营官萧捷三孙昌国段莹器贺虎臣邓翼升亲督之于二十七日五更即开行并派熟悉河道之翟秉懋前往指引是晨烟雾迷漫严戒各船不准放一礮出其不意突而袭之巳刻抵都昌县见逆船排于河面大小数百号黄旗飘拂该逆尚未警觉各营蜂拥而前枪礮齐施火毬火箭并发时值东南风顷刻之间火光贯日将逆匪辎重船数百号烧毁净尽贼匪击死者扑水死者不计其数生擒五十一名即时正法余匪奔入县城因无陆兵不敢上岸穷追师还路过鸡公湖有小划船三百余号各营官带勇下水概行烧尽免为贼有此搜剿都昌河内大获全胜之实在情形也伏查水师自冲入内河日夜辛勤三获全胜

搜洗鄱湖支河劳勚可嘉然冒险冲入与外江水师相隔疏失实甚目下外江苦乏小船即拟起添民划内河水师饬令决战冲出两面会剿以期力破湖口一关所有内河水师屡胜缘由谨会同江西抚臣陈启迈恭折由驿驰奏伏乞

皇上圣鉴训示施行谨

奏

水师三次获胜两次败挫折　咸丰四年十二月三十日

奏为水师三次获胜两次败挫恭折驰奏仰祈

圣鉴事窃水师攻破贼簰陆军在梅家洲获胜业经驰奏在案初十日胡林翼罗泽南等锐意欲攻破梅家洲贼垒负布袋囊土人持火包一拥而前冲突于贼礮攒簇之间前者虽伤后者犹进逼近贼墙超跃而入已入数十人矣抛掷火包误伤同入之侣以数人负送而出在外者误认为败退适南头一垒贼队冲出西路官军相率退奔入垒者恐外队挫失亦即退出奔溃至三四里之遥始行卓旗驻立迴军与战该逆亦反奔我军追之更急杀贼三十余人该逆遁入坚垒固匿不出水师自初六日攻破贼簰后该逆连夜将大船凿沈江心实以砂石仅西岸留一隘口拦以篾缆初十日陆军攻垒之时约水师同攻此卡彭玉麟孙昌国萧捷三等督三板各船斩缆冲入焚其战船三十余号民船三百余号毙贼约数百名我军受其隘口三面之礮伤亡亦数十人十二日陆军复攻贼垒攻逼终日以礮多垒坚卒不能破水师复冲入卡内燔贼战舟三十余号民船约五十号自是贼所夺江西战舟焚烧略尽仅余夹洲内十余船自湖口至姑塘四十里贼艅肃清矣此初十十二日陆军攻垒水师战胜之实在情形也营官萧捷三段莹器孙昌国等欲肃清鄱湖以内遂乘胜追至姑塘以上从之者各营长龙三板百二十余号皆轻便之舟勇锐之士扬帆内驶日暮不归讵料该逆窥我军小船冲入内河即出小划二十余号突出卡外围我军快蟹大船保升都司史久立首当其冲被围良久船只延烧力战死之是夜三更该逆复用小划三四十号攒入老营烧我船只两岸贼匪数千火箭喷筒迷离施放呼声震天我军以内河百余小船未归无以御之被焚大战船九号小者数号杂色坐船三十余号各勇狃于屡胜之余变起仓卒快蟹长龙等船挂帆上驶李孟群彭玉麟不能禁止次日悉回九江大营臣国藩闻信之下不胜愤懑战船焚失虽属无多而百余轻捷之船二千

精健之卒陷入鄱湖内河业被贼卡隔绝外江所存多笨重船只运掉不灵如鸟去翼如虫去足实觉无以自立副将杨载福自攻破田镇后即在武穴养病因飞调来营十七日力疾往下游进剿行抵浔城十五里之张家洲头贼船已分两路上犯杨载福派哨官张荣贵陈金鳌等由新河下击自率各哨由老河下击澄海营官何敦五亦由老河随剿鏖战良久该逆败退下窜追至老湾其快蟹船贴靠北岸陆贼护之不能夺取礮毙贼数十名我军哨官沈光云阵亡张荣贵等自新河下者遇贼三板及小划约三十只我军九船胜之追至湖口县绕出老河与杨载福会合两路凡焚船二十六号夺船五号四更收队此十二夜水师败挫十七日进剿获胜之实在情形也自十二夜水师失利后贼之凶焰顿长梅家洲之贼夜夜往扑胡林翼罗泽南等营赖并力坚守得挫凶锋湖口之贼渡江上犯扎营九江对岸之小池口二十一日臣等派副将周凤山渡江击之四更渡毕黎明开仗该逆猝不及防踏平贼营一座杀贼百余江边一枝追出街外堤内一枝因抢夺马匹衣物为贼所乘先胜后挫被追七八里之遥臣等酌商以水师既陷于内河陆军复挫于小池口遂调胡林翼罗泽南二军由湖口回剿九江二十五日驻扎南岸官牌夹是夜三更浔城与小池口两岸之贼各抬小划数十只入江乘月黑迷漫攒入我军船夹内火弹喷筒百枝齐放右营被烧战船一只各哨慌乱挂帆上驶臣国藩坐三板督禁黑夜不许开船江阔船多莫能禁止该逆已用小划数十将臣坐船围住管驾官广东把总刘盛槐李子成监印官安乡县典史潘兆奎文生葛荣册阵亡文案全失臣国藩遂饬各战船与罗泽南陆营紧相依护而遣人四出追回上驶之船黎明陆续归队复将贼船追击夺回船三只此二十一日陆军先胜后挫二十五夜水军复挫之实在情形也伏查水师自岳州以来屡获大捷武汉田镇声威尤震自至湖口苦战经月破艂焚船费尽气力贼舟所存无几讵意各营长龙三板过于勇鸷冲入内河竟夜不归而外江老营两次为该逆所偷袭实堪愤恨皆臣国藩调度无方所致应请

旨饬部将臣国藩交部严加议处广东保升蓝翎把总刘盛槐保升把总李子成典史潘兆奎请交部照例议恤哨官保升都司史久立奋勇忠直为阖营所推服请照都司例从优议恤候补把总李允升李选众或中礮阵亡或烧伤殒命均请交部议恤蓝翎军功沈光云田镇案内拟保把总尚未出奏文生葛荣册襄办劳勚田镇案内拟保主簿尚未出奏吁恳

天恩沈光云即照把总例

赐恤葛荣册即照主簿例

赐恤其余查明察例办理除内河水师屡获胜仗另折奏报外所有水师三胜两挫缘由谨会同湖广总督臣杨霈江西巡抚臣陈启迈恭折由驿具奏伏乞

皇上圣鉴训示施行谨

奏

附录一　实习系列(上学期)

学习古代汉语，是一项实践性较强的任务。本教材突出文字学、音韵学、训诂学内容，学习这些知识更需要在实践中提高。为此本教材特设实习系列。

本书若分两个学期讲授，则每学期可安排实习三至四次，此为上学期实习方案。

实习系列共计九次，均可采取小测验形式进行(下列实习方案，将在实践中不断发展与完善)。

实习一：工具书(一)

①教师在课堂上讲授运用《辞海》《辞源》查找字词的方法——拼音检字法、旧部首检字法等。

②布置学生课下到实习室、图书馆练习。

③选择六至十个汉字，限定时间，让学生在实习室查阅《辞海》《辞源》等工具书，记下每个字的前五个义项。教师根据查找情况评分。

④比较两部辞书的解说，总结出二者各有什么特点。

⑤分小组讨论二者特点，然后每组推选一人在全班发言。

⑥教师对发言加以讲评、总结。

实习二：工具书(二)

①教师在课堂上介绍《说文解字》《古文字类编》的作者、成书时代背景、

学术价值，以及查阅方法。

②布置学生课下到实习室、图书馆练习。

③选择四至六个汉字，限时在实习室查阅《说文解字》和《古文字类编》，记下其解说和古文字字形。教师评分。

④将《说文解字》与《辞海》《辞源》做比较，总结出其特点。

⑤分小组讨论二者特点，然后每组推选一人在全班发言。

⑥教师对发言加以讲评、总结。

实习三：文字学(一)

①教师在课堂上讲解文字学常识与选篇。

②在实习室运用《辞海》《辞源》，限时查出实习二中所查的四至六个汉字，记下前五个义项。

③运用文字学知识，分析这些汉字各属于“六书”的哪一种，并分析五个义项中，哪个是其本义，哪些是引申义，并尽可能说明这些含义是如何引申的。

④在上述分析的基础上，写出自己对“六书”，以及对汉字的结构与发展的认识，尝试总结出汉字字义引申的一些途径。

⑤教师对上述各项评分。

实习四：文字学(二)

①在实习室运用《说文解字》查出实习一中所查的六至十个汉字。

②运用文字学知识，分析这些汉字各属于“六书”的哪一种，并分析五个义项中，哪个是其本义，哪些是引申义，并尽可能说明这些含义是如何引申的。

③在上述分析的基础上，写出自己对“六书”，以及对汉字的结构与发展的认识，尝试总结出汉字字义引申的一些途径。

④教师对上述各项评分。

附录二　实习系列(下学期)

实习一：音韵学(一)

①教师在课堂上讲授音韵学常识与选篇。

②选取若干汉字，让学生在实习室用韵书查出其反切音。

③运用《古韵通晓》《上古音手册》等书，查出这些字的反切上字与下字的声纽和韵部。

④比较这些字的反切音与今音有何相同与不同，并运用音韵学知识对这些异同加以说明。

实习二：音韵学(二)

①教师在课堂上讲授音韵学常识与选篇。

②选取若干汉字，让学生在实习室用韵书查出其反切音。

③运用《古韵通晓》《上古音手册》等书，查出这些字的反切上字与下字的声纽和韵部。

④比较这些字的反切音与今音有何相同与不同，并运用音韵学知识对这些异同加以说明。

⑤总结《古韵通晓》《上古音手册》等书的特点。

实习三：阅读线装书

①教师在实习室让学生任选一段线装书《资治通鉴》的原文，限时阅读，

然后当堂向教师口头翻译为白话文。

②教师评分。

③教师在课堂上加以总结，讲解标点的方法、避讳常识等阅读原著时所遇到的问题。

实习四：训诂学(一)

①教师在课堂上讲授训诂学常识与选篇。

②在课堂上选读课本中的《旧注选篇》，让学生指出哪些旧注是形训，哪些是声训，哪些是义训。

③选取上述三种情况的典型例句，到实习室通过查阅《说文解字》《古韵通晓》等书，来确定这些旧注是否允当。

④从上述实例中总结出形训、声训、义训各自的特点。

实习五：训诂学(二)

①教师在课堂上讲授训诂学常识与选篇。

②在实习室阅读有旧注的古书，依照课上讲的训诂学术语，从旧注中抄录出含有这些术语的注释。

③说明每条注释中不同术语的特定作用。

④教师评分。

后　记

从上次修订至今，又一个十年过去了，然而《中国历史文选》在学生们学习历史乃至今后研究历史中的重要作用，丝毫没有改变，这也正是本次修订出版的意义所在。

特别感谢本书的策划编辑刘东明先生和责任编辑岳蕾女士，他们为本教材的出版付出了艰苦的劳动！

在这里还要提到的是参加本书初版编写的诸位先生，他们是：来可泓，张富祥，梁方健，刘淑英，邱居里，周洪，张升，汝企和——他们共同的辛勤劳动为本次修订奠定了坚实基础，于此再次向他们真诚地致谢！

汝企和

2020 年春